最新

最新中华人民共和国法律配套解读与实例系列

10

中华人民共和国

刑法

配套解读与实例

郝英兵　编著

法律出版社
LAW PRESS·CHINA
北京

图书在版编目（CIP）数据

最新中华人民共和国刑法配套解读与实例 / 郝英兵编著. -- 5 版. -- 北京 : 法律出版社, 2024. -- ISBN 978 -7 -5197 -9324 -1

Ⅰ. D924.05

中国国家版本馆 CIP 数据核字第 2024EN0159 号

最新中华人民共和国刑法配套解读与实例
ZUI XIN ZHONGHUA RENMIN GONGHEGUO XINGFA PEITAO JIEDU YU SHILI

郝英兵 编著

责任编辑 陶玉霞
装帧设计 李 瞻

出版发行 法律出版社
编辑统筹 法规出版分社
责任校对 张红蕊
责任印制 耿润瑜
经　　销 新华书店

开本 710 毫米×1000 毫米 1/16
印张 35.75　**字数** 620 千
版本 2024 年 10 月第 5 版
印次 2024 年 10 月第 1 次印刷
印刷 保定市中画美凯印刷有限公司

地址:北京市丰台区莲花池西里 7 号(100073)
网址:www.lawpress.com.cn
投稿邮箱:info@lawpress.com.cn
举报盗版邮箱:jbwq@lawpress.com.cn

销售电话:010 - 83938349
客服电话:010 - 83938350
咨询电话:010 - 63939796

书号:ISBN 978 -7 -5197 -9324 -1
定价:79.00 元

出 版 说 明

“最新中华人民共和国法律配套解读与实例系列”丛书由相关领域法律专家编写，收录法律标准文本，解读法律重点条文，并对与法律条文相配套的法律、法规、部门规章、司法解释、审判政策和典型案例予以精要分析。丛书自2014年出版以来，得到了广大读者的关注与厚爱，连续再版。

近年来，随着我国立法的完善与发展，国家出台或者修改了与丛书各个领域联系紧密的法律、法规、部门规章及司法解释，如《刑法修正案(十二)》《公司法》《安全生产法》《民事诉讼法》《道路交通安全法》等。为了进一步适应新的形势需要，编者再次对丛书进行了较为系统的修改和完善。

丛书此次修订，重点吸纳最新的配套规定，精选近年来最高人民法院公报案例、最高人民法院和最高人民检察院指导案例及典型案例，旨在提高案例的典型性和代表性，增强案例的针对性。

丛书编写以实用、易用为原则，编写体例如下：

1. 法律适用提要。分册皆由该领域法律专家撰写适用提要，帮助读者对立法背景、主要内容、注意事项有更全面深入的理解。

2. 重点法条注释。对重点法条进行条文解读，且给每个条文都提炼条文主旨，帮助读者准确理解法条内容。

3. 配套法规解读。对与主体法重点条文配套的其他法律、法规、部门规章、司法解释、审判政策进行解读，使观点更为鲜明、准确，语言更为通俗、精练，主体法更便于读者理解和适用。

4. 关联法规索引。详细列出与主体法条文相关联的法规的名目，方便读者查询使用。

5. 典型案例精选。重点条文下精选典型案例，以案说法、以案析法。

6. 附录法规实用。书末收录与本领域紧密相关的法律、法规和司法解释，增强法律法规的实效性。

需要说明的是，本丛书的“适用提要”“条文主旨”“条文解读”“法规解读”等内容皆是编者为方便读者阅读、理解而编写，非国家正式颁布的法律文本，不具有法律效力。

总之，我们所有的付出都旨在提高本书的实用性，以满足广大读者的需求。书中不足之处还望读者在使用过程中不吝赐教，提出宝贵意见，以便本书继续修订完善。

法律出版社法规中心

2024 年 9 月

目　录

附　录

《中华人民共和国刑法》适用提要

《刑法》[1]是国家的基本法律。1979 年制定的《刑法》，对于打击犯罪，保护人民，维护国家的统一和安全，维护社会秩序，维护人民民主专政的政权和社会主义制度，保障社会主义建设事业的顺利进行，发挥了重要的作用。同时，也存在一些问题：一是制定《刑法》时对有些犯罪行为具体分析研究不够，规定得不够具体明确，不好操作，或者适用时随意性较大，如渎职罪、流氓罪、投机倒把罪 3 个“口袋罪”，规定得都比较笼统；二是有些犯罪行为已经变得很严重，如走私犯罪、毒品犯罪，需要相应加重刑罚；三是随着我国政治、经济和社会生活的发展变化，出现了许多新情况、新问题，发生了一些新的犯罪行为。为了适应与犯罪斗争的实际需要，有必要对《刑法》进行修订、补充和完善。

自 1982 年决定研究修改《刑法》至 1996 年期间，全国人民代表大会常务委员会陆续对《刑法》作出了 22 个修改补充规定和决定。另外，在一些民事、经济、行政法律中规定了“依照”“比照”《刑法》的有关规定追究刑事责任的有 130 条。1996 年，在进行调查研究、广泛征求意见的基础上，全国人民代表大会常务委员会法制工作委员会会同公检法等有关部门和法律专家，认真总结 17 年来实施《刑法》的实践经验，研究国外有关刑事法律规定和现代刑事立法的发展趋势，草拟了刑法修订草案。

修订《刑法》，主要考虑到以下几个方面：首先，要制定一部统一的、比较完备的刑法典。(1)将《刑法》实施 17 年来由全国人民代表大会常务委员会作出的有关《刑法》的修改补充规定和决定研究修改编入《刑法》；(2)将一些民事、经济、行政

[1] 为方便阅读，本书中的法律法规均使用简称。

法律中“依照”“比照”《刑法》有关条文追究刑事责任的规定，改为《刑法》的具体条款；(3)将拟制定的反贪污贿赂法和中央军委提请全国人民代表大会常务委员会审议的《惩治军人违反职责罪暂行条例》编入《刑法》，在《刑法》中规定为贪污贿赂罪和军人违反职责罪两章；(4)对于新出现的需要追究刑事责任的犯罪行为，经过研究认为比较成熟的，尽量增加规定。其次，注意保持法律的连续性和稳定性。对《刑法》的原有规定，包括文字表述和量刑规定，原则上没什么问题的，尽量不作修改。最后，对一些原来比较笼统、原则的规定，尽量把犯罪行为研究清楚，作出具体规定。1997 年 3 月 14 日，第八届全国人民代表大会第五次会议审议通过了修订后的《刑法》，将《刑法》条文由原来的 192 条增至 452 条。制定一部统一的、比较完备的刑法典，是进一步完善我国刑事法律制度和司法制度的重大步骤，对于进一步实行依法治国，建设社会主义法治国家，具有重要的意义。

1999 年 12 月 25 日，第九届全国人民代表大会常务委员会第十三次会议通过了《刑法修正案》，在惩治违反会计法犯罪和惩治期货犯罪方面作了补充和修改。

为了惩治毁林开垦和乱占滥用林地的犯罪，切实保护森林资源，2001 年 8 月 31 日，第九届全国人民代表大会常务委员会第二十三次会议通过了《刑法修正案(二)》，将《刑法》第 342 条修改为：“违反土地管理法规，非法占用耕地、林地等农用地，改变被占用土地用途，数量较大，造成耕地、林地等农用地大量毁坏的，处五年以下有期徒刑或者拘役，并处或者单处罚金。”

为了严厉打击恐怖活动犯罪，更好地维护国家安全和社会秩序，保障人民生命、财产安全，2001 年 12 月 29 日，第九届全国人民代表大会常务委员会第二十五次会议通过了《刑法修正案(三)》，对《刑法》的相关条文作了补充和修改。

为了惩治破坏社会主义市场经济秩序、妨害社会管理秩序和国家机关工作人员的渎职犯罪行为，保障社会主义现代化建设的顺利进行，保障公民的人身安全，2002 年 12 月 28 日，第九届全国人民代表大会常务委员会第三十一次会议通过了《刑法修正案(四)》，对《刑法》的相关条文作了修改和补充。

1997 年修改后的《刑法》，对妨害公司、企业管理秩序的犯罪，破坏金融管理秩序的犯罪，金融诈骗犯罪以及侵犯公民人身权利的犯罪，危害国防利益的犯罪等作了规定。之后，在这些方面又出现了一些新的应当给予刑事制裁的严重违法行为。为此，2005 年 2 月 28 日，第十届全国人民代表大会常务委员会第十四次会议通过了《刑法修正案(五)》，对这些犯罪行为的定罪和量刑作了补充和修改。

为了加强安全生产，惩治妨害安全生产的犯罪行为，以及维护正常的经济秩序，打击商业贿赂行为和操纵证券价格等犯罪行为，2006 年 6 月 29 日，第十届全国人民代表大会常务委员会第二十二次会议通过了《刑法修正案（六）》，对 1997 年《刑法》的相关条文作了补充和修改。

2009 年 2 月 28 日，第十一届全国人民代表大会常务委员会第七次会议通过了《刑法修正案（七）》，确立了个人信息刑事保护制度；对网络犯罪界定扩大，加大了打击力度；对偷税罪处理方式也进行了重大修改，确立了“先行政处罚后刑事追究”的基本原则；此外，还扩大了索贿受贿罪的主体范围，提高了巨额财产来源不明罪的法定刑。

2009 年 8 月 27 日，第十一届全国人民代表大会常务委员会第十次会议通过了《关于修改部分法律的决定》，对《刑法》中关于“征用”的规定作出修改。

为了适应经济社会出现的新问题和新情况，贯彻落实宽严相济的刑事政策，2011 年 2 月 25 日，第十一届全国人民代表大会常务委员会第十九次会议通过了《刑法修正案（八）》。该修正案完善了死刑的法律规定，适当减少死刑罪名，取消了 13 个经济性非暴力犯罪的死刑，并调整死刑与无期徒刑、有期徒刑之间的结构关系，改变原来存在的死刑偏重、生刑偏轻等问题；完善黑社会性质组织等犯罪的法律规定，扩大特殊累犯的范围，加大对恐怖活动犯罪的惩处力度；完善未成年人和老年人犯罪从宽处理的规定，进一步明确缓刑适用条件；完善管制刑及缓刑、假释的执行方式，进一步落实坦白从宽的刑事政策；加强对民生的保护，修改《刑法》第 141 条、第 338 条的法律规定，降低入罪门槛；增加一些对社会危害严重、人民反响强烈的罪名，加大对损害弱势群体的犯罪的惩处力度。此外，该修正案还对危害国家安全的有关犯罪、盗窃罪的规定等作了修改或者补充。

2015 年 8 月 29 日，第十二届全国人民代表大会常务委员会第十六次会议通过了《刑法修正案（九）》，这是对《刑法》的又一次重要修改。主要内容有：（1）进一步减少适用死刑罪名。其一，取消了 9 个罪名的死刑。其二，对死刑缓期执行制度作了进一步完善。其三，调整了分则中对绑架犯罪的量刑幅度，取消了绝对死刑的适用，使刑罚更好地体现罪责刑相适应原则。（2）加大对恐怖主义、极端主义犯罪的惩治力度。一是增加规定了一些新的犯罪行为；二是注重对恐怖活动犯罪规定自由刑的同时规定财产刑；三是增加规定了为参加恐怖活动组织，接受恐怖活动培训或者实施恐怖活动偷越国（边）境的犯罪。（3）完善惩处网络犯罪的法律规定。

一是进一步加强对公民个人信息的保护,扩大犯罪主体的范围;二是针对网络治理方面存在的突出问题,增加规定了一些新的犯罪行为。(4)严密反腐败法网,加大对腐败犯罪的惩处力度。一是进一步完善了贪污、受贿罪的规定;二是完善了行贿犯罪的规定。此外,《刑法修正案(九)》从司法实际出发,对判处有期徒刑、拘役、管制的并罚进一步作了相应的制度安排,突破了一直以来对数罪只执行一种主刑的惯例,使《刑法》中各刑种的并罚都有了着落,制度更加周延。规定了职业禁止,进一步完善了非刑罚的预防性措施。

2017 年 11 月 4 日,第十二届全国人民代表大会常务委员会第三十次会议通过了《刑法修正案(十)》,在《刑法》第 299 条增加一款作为第 2 款,以惩治侮辱国歌的犯罪行为,切实维护国歌奏唱、使用的严肃性和国家尊严。

2020 年 12 月 26 日,第十三届全国人民代表大会常务委员会第二十四次会议通过了《刑法修正案(十一)》,这次修改主要围绕维护人民群众生命安全、安全生产、金融市场秩序、知识产权、生态环境、与疫情防控相关的公共卫生安全等领域。主要内容有:(1)明确在特定情形下,经特别程序,对法定最低刑事责任年龄作个别下调。(2)增加特殊职责人员性侵未成年人犯罪规定。(3)高空抛物、干扰公共交通工具正常行驶等行为危及公共安全入刑。(4)完善惩治食品药品犯罪,与《药品管理法》等法律做好衔接。(5)强化公共卫生刑事保障。一是修改妨害传染病防治罪,进一步明确依法确定采取甲类传染病管理措施的传染病,属于本罪调整范围;二是在维护国家安全和生物安全方面,防范生物威胁,与《生物安全法》相衔接,增加 3 类犯罪,即非法植入基因编辑、克隆胚胎犯罪,严重危害国家人类遗传资源安全犯罪和非法处置外来入侵物种犯罪;三是将以食用为目的的非法猎捕、收购、运输、出售除珍贵、濒危野生动物以外的在野外环境自然生长繁殖的陆生野生动物,情节严重的行为增加规定为犯罪,从源头上控制重大公共卫生风险的发生。(6)对知识产权犯罪进行了重大修改。一是对假冒注册商标罪,销售假冒注册商标的商品罪,非法制造、销售非法制造的注册商标标识罪,侵犯著作权罪,销售侵权复制品罪,侵犯商业秘密罪等有关规定作出修改完善,适当提高这 6 个犯罪的刑罚,进一步加大惩治力度;二是根据实践需要,与修改后的《著作权法》《商标法》等衔接,增加侵犯服务商标犯罪规定,完善侵犯著作权罪中作品种类、侵权情形、有关表演者权等邻接权,以及完善侵犯商业秘密的情形等;三是完善有关犯罪门槛规定等。

2023 年 12 月 29 日,第十四届全国人民代表大会常务委员会第七次会议审议通过了《刑法修正案(十二)》,这次修改主要涉及两个方面的内容:(1)加大对行贿犯罪的惩治力度。一是修改完善《刑法》第390条行贿罪的处罚规定。对多次行贿、向多人行贿,国家工作人员行贿等7类情形从重处罚。同时,调整行贿罪的起刑点和刑罚档次,与受贿罪相衔接。二是加大对单位受贿、对单位行贿犯罪行为的惩处力度。将《刑法》第387条单位受贿罪的刑罚由原来最高判处5年有期徒刑的一档刑罚,修改为“三年以下有期徒刑或者拘役”和“三年以上十年以下有期徒刑”两档刑罚;在《刑法》第391条对单位行贿罪中,增加一档“三年以上七年以下有期徒刑,并处罚金”的刑罚。三是调整、提高《刑法》第393条单位行贿罪的刑罚。将单位行贿罪刑罚由原来最高判处5年有期徒刑的一档刑罚,修改为“三年以下有期徒刑或者拘役,并处罚金”和“三年以上十年以下有期徒刑,并处罚金”两档刑罚。(2)增加惩治民营企业内部人员腐败相关犯罪。《刑法》第165条、第166条和第169条分别规定了国有公司、企业相关人员非法经营同类营业罪,为亲友非法牟利罪和徇私舞弊低价折股、出售国有资产罪,此次修改在上述3个条文中各增加一款,将现行对“国有公司、企业”等相关人员适用的犯罪扩展到民营企业,民营企业内部人员具有上述相应行为,故意损害民营企业利益,造成重大损失的,也要追究刑事责任,进一步加大对民营企业产权和企业家权益保护力度,加强对民营企业平等保护。

为保证刑法规范得以正确运用,全国人民代表大会常务委员会从2000年起陆续公布13个关于《刑法》的法律解释。《立法法》明确规定,法律解释同法律具有同等效力。

中华人民共和国刑法

（1979年7月1日第五届全国人民代表大会第二次会议通过　1997年3月14日第八届全国人民代表大会第五次会议修订　根据1998年12月29日第九届全国人民代表大会常务委员会第六次会议通过的《全国人民代表大会常务委员会关于惩治骗购外汇、逃汇和非法买卖外汇犯罪的决定》、1999年12月25日第九届全国人民代表大会常务委员会第十三次会议通过的《中华人民共和国刑法修正案》、2001年8月31日第九届全国人民代表大会常务委员会第二十三次会议通过的《中华人民共和国刑法修正案（二）》、2001年12月29日第九届全国人民代表大会常务委员会第二十五次会议通过的《中华人民共和国刑法修正案（三）》、2002年12月28日第九届全国人民代表大会常务委员会第三十一次会议通过的《中华人民共和国刑法修正案（四）》、2005年2月28日第十届全国人民代表大会常务委员会第十四次会议通过的《中华人民共和国刑法修正案（五）》、2006年6月29日第十届全国人民代表大会常务委员会第二十二次会议通过的《中华人民共和国刑法修正案（六）》、2009年2月28日第十一届全国人民代表大会常务委员会第七次会议通过的《中华人民共和国刑法修正案（七）》、2009年8月27日第十一届全国人民代表大会常务委员会第十次会议通过的《全国人民代表大会常务委员会关于修改部分法律的决定》、2011年2月25日第十一届全国人民代表大会常务委员会第十九次会议通过的《中华人民共和国刑法修正案（八）》、2015年8月29日第十二届全国人民代表大会常务委员会第十六次会议通过的《中华人民共和国刑法修正案（九）》、2017年11月4日第十二届全国人民代表大会常务委员会第三十次会议通过的《中华人民共和国刑法修正案（十）》、2020年12月26日第十三届全国人民代表大会常务委员会第二十四次会议通过的《中华人民共和国刑法修正案（十一）》和2023年12月29日第十四届全国人民代表大会常务委员会第七次会议通过的《中华人民共和国刑法修正案（十二）》修正）

第一编 总 则

《刑法》主体内容分为总则、分则和附则三部分。第一编总则是规定犯罪与刑罚(以及其他法律后果)的一般原则、条件和要求;第二编分则规定具体的犯罪及其法定刑;附则是关于《刑法》生效日期及相关法律废止与保留的规定。《刑法》总则包括五章内容:第一章刑法的任务、基本原则和适用范围;第二章犯罪;第三章刑罚;第四章刑罚的具体运用;第五章其他规定。

第一章 刑法的任务、基本原则和适用范围

本章介绍

本章是关于《刑法》的任务、基本原则和适用范围的规定。《刑法》的任务是指《刑法》所承担的打击谁、保护谁的历史和现实使命。我国《刑法》的任务是惩罚犯罪、保护国家和人民的利益。《刑法》的基本原则是《刑法》本身所具有的,必须得到普遍遵循的,具有全局性、根本性的准则。我国《刑法》的基本原则有三个:罪刑法定原则、法律面前人人平等原则、罪责刑相适应原则。《刑法》的适用范围即《刑法》的空间、时间效力。我国《刑法》规定的空间效力包括属地管辖原则、属人管辖原则、保护管辖原则、普遍管辖原则;属地管辖原则和属人管辖原则是基本原则,保护管辖原则和普遍管辖原则是补充原则。我国《刑法》规定的时间效力问题中最重要的是溯及力问题。根据罪刑法定原则的内容与精神,我国《刑法》采“从旧兼从轻”的原则。

第一条　【立法目的与根据】 为了惩罚犯罪，保护人民，根据宪法，结合我国同犯罪作斗争的具体经验及实际情况，制定本法。

第二条　【任务】 中华人民共和国刑法的任务，是用刑罚同一切犯罪行为作斗争，以保卫国家安全，保卫人民民主专政的政权和社会主义制度，保护国有财产和劳动群众集体所有的财产，保护公民私人所有的财产，保护公民的人身权利、民主权利和其他权利，维护社会秩序、经济秩序，保障社会主义建设事业的顺利进行。

第三条　【罪刑法定原则】 法律明文规定为犯罪行为的，依照法律定罪处刑；法律没有明文规定为犯罪行为的，不得定罪处刑。

条文解读

本法第3条是关于罪刑法定原则的规定。罪刑法定原则不仅是制定《刑法》的基本原则，还是解释《刑法》、适用《刑法》的基本原则。罪刑法定原则的基本含义是“法无明文规定不为罪，法无明文规定不处罚”，即犯罪法定化与刑罚法定化。罪刑法定原则具体内容分为“形式侧面”与“实质侧面”。“形式侧面”旨在限制刑事司法权，防止司法人员恣意妄断、任意出入人罪，使公民的合法权益得到切实保障。其内容包括：一是法律主义，即法官只能根据成文法律定罪量刑；二是禁止溯及既往，即不能适用事后法；三是禁止类推解释，即不得对法律未规定但与之相类似的行为定罪量刑；四是禁止绝对不定期刑，即不得判处犯罪人绝对不确定的刑期。“实质侧面”主要在于限制立法权，反对恶法亦法，是实质法治的表现。其内容包括：一是刑事法规的明确性原则，即刑事法律条文必须清楚明确，使人能确切了解违法行为的内容，准确判定犯罪行为与非犯罪行为的范围；二是禁止处罚不当罚的行为，即立法者只能将当罚的行为规定为犯罪，而不能将不当罚的行为规定为犯罪；三是禁止不均衡的、残虐的刑罚。1979年《刑法》基本也是按照罪刑法定原则的精神制定的。当时考虑到《刑法》分则只有103条，明文规定需要追究的刑事犯罪行为不够完全，可能有些犯罪必须追究，而法律又没有明文规定，不得不规定可以采用类推办法。1997年《刑法》进一步明确规定了罪刑法定原则，取消了1979年《刑法》第79条的类推规定。这表明我国《刑法》在民主与法治的道路上迈出了重要的一步，具有里程碑式的意义。

第四条 【法律面前人人平等原则】 对任何人犯罪，在适用法律上一律平等。不允许任何人有超越法律的特权。

条文解读

本条是关于法律面前人人平等原则的规定。法律面前人人平等原则在我国《宪法》中已有规定，而在《刑法》中再次明确规定是有实际意义的。刑法面前人人平等，是刑事司法公正、平等的基础和前提。刑法面前人人平等原则有两层含义：一是要做到刑事司法公正，即定罪公正、量刑公正、行刑公正。人民法院、人民检察院、公安机关对犯罪的任何人，不分民族、种族、职业、出身、性别、宗教信仰、教育程度、财产情况、职位高低和功劳大小等，都应予以刑事追究，公正、平等地适用法律。二是不允许任何人有超越法律的特权。

第五条 【罪责刑相适应原则】 刑罚的轻重，应当与犯罪分子所犯罪行和承担的刑事责任相适应。

条文解读

本条是关于罪责刑相适应原则的规定。罪责刑相适应原则是在罪刑相当原则的基础上发展而来，比罪刑相当原则的内容更丰富、全面。它不仅指出刑罚的轻重要和犯罪行为的社会危害程度相适应，而且还提出刑罚要与行为人的刑事责任相适应，即结合行为人的主观恶性和人身危险性的大小，把握罪行和罪犯各个方面的因素，确定刑事责任，适用轻重相当的刑罚。

第六条 【属地管辖】 凡在中华人民共和国领域内犯罪的，除法律有特别规定的以外，都适用本法。

凡在中华人民共和国船舶或者航空器内犯罪的，也适用本法。

犯罪的行为或者结果有一项发生在中华人民共和国领域内的，就认为是在中华人民共和国领域内犯罪。

条文解读

本条是关于刑事管辖中的属地原则(或称领土原则)的规定。属地原则,是指以本国领域为适用刑法的范围,无论犯罪人是本国人还是外国人,凡是在本国领域内犯罪者,一律适用本国刑法的管辖原则。属地原则的基础是国家主权原则。根据国际法的一般原则,国家享有属地优越权(或称领土最高权)。因此,在一国境内,无论是本国人还是外国人犯了罪,该国均有刑事管辖权,并对罪行适用本国刑法进行追诉。《最高人民法院研究室关于外国公司、企业、事业单位在我国领域内犯罪如何适用法律问题的答复》中指出,"符合我国法人资格条件的外国公司、企业、事业单位,在我国领域内实施危害社会的行为,依照我国《刑法》构成犯罪的,应当依照我国《刑法》关于单位犯罪的规定追究刑事责任"。换言之,境外公司在我国境内犯罪的,可依属地管辖原则追究刑事责任。属地性是行使管辖权的首要根据。

本国领域是国家主权行使的空间范围。它由国际法和各国国内法来确定,包括领陆、领水和领空等国家领土的各个组成部分。此外,其还包括以下几个方面:第一,拟制领土。对悬挂本国国旗的舰船、飞机,不论其航(飞)行于何处,或停泊(降落)于何处,国旗国对舰船、飞机上发生的刑事案件均有刑事管辖权,理论上称为"国旗主义"。本条第 2 款就是关于拟制领土的规定。第二,一国驻外使馆所在地依照对等原则和国际惯例享有不受所在国法律管辖的特权。第三,有些国家的学者认为,一国军队驻外所在地或占领地,也应视为本国领域,不受所在国的刑事管辖。

根据本条第 3 款的规定,犯罪行为与结果均发生在我国领域内的,适用我国《刑法》;仅行为发生在我国领域内或仅结果发生在我国领域内的,也适用我国《刑法》。不仅如此,只有一部分行为或者只有一部分结果发生在我国领域内时,也适用我国《刑法》。根据《最高人民法院关于适用〈中华人民共和国刑事诉讼法〉的解释》第 2 条的规定,犯罪地包括犯罪行为地和犯罪结果地。针对或者主要利用计算机网络实施的犯罪,犯罪地包括用于实施犯罪行为的网络服务使用的服务器所在地,网络服务提供者所在地,被侵害的信息网络系统及其管理者所在地,犯罪过程中被告人、被害人使用的信息网络系统所在地,以及被害人被侵害时所在地和被害人财产遭受损失地等。

关联法规索引

《最高人民法院关于审理发生在我国管辖海域相关案件若干问题的规定(一)》;《最高人民法院关于审理发生在我国管辖海域相关案件若干问题的规定(二)》

第七条 【属人管辖】中华人民共和国公民在中华人民共和国领域外犯本法规定之罪的,适用本法,但是按本法规定的最高刑为三年以下有期徒刑的,可以不予追究。

中华人民共和国国家工作人员和军人在中华人民共和国领域外犯本法规定之罪的,适用本法。

条文解读

本条是关于刑事管辖中属人原则的规定。属人原则,是指以自然人的国籍为标准的刑法适用原则。我国《刑法》的属人管辖是指对具有中国国籍公民的刑法适用原则。根据《国籍法》的规定,我国不承认双重国籍。定居在国外的我国公民,凡自愿加入或取得外国国籍的,即自动丧失我国国籍,不再属于我国公民。

本条第1款是对我国一般公民的域外管辖。为维护国家的安全和利益,保护我国公民的权益,1997年修订后的《刑法》扩大了属人管辖的范围。根据本款规定,对于我国一般公民在国外实施的触犯我国《刑法》的犯罪行为,无论按照当地法律规定是否认为是犯罪,亦无论罪行是轻是重,原则上都适用我国《刑法》。只是法定最高刑为3年以下有期徒刑的犯罪,可以不予追究,而不是不能追究。

本条第2款是对我国特定公民的域外管辖。国家工作人员和军人由于身份特殊,如果在境外犯罪会比一般的人影响更恶劣、危害更大。因此,本款规定,国家工作人员和军人在中华人民共和国领域外犯我国《刑法》规定之罪,均适用我国《刑法》。

典型案例

陈某贵聚众扰乱社会秩序案[1]

※**要旨**：中华人民共和国公民在中华人民共和国领域外犯我国《刑法》规定之罪，但是按《刑法》规定的最高刑为3年以下有期徒刑的，只是"可以"不予追究。侵害重大且在国际上产生恶劣影响，后果严重的，仍应依法追究其刑事责任。

第八条　【保护管辖】外国人在中华人民共和国领域外对中华人民共和国国家或者公民犯罪，而按本法规定的最低刑为三年以上有期徒刑的，可以适用本法，但是按照犯罪地的法律不受处罚的除外。

条文解读

本条是关于刑事管辖中保护管辖原则的规定。我国《刑法》从保护国家和公民利益出发，在一定程度上采取了保护管辖原则。之所以说是在"一定程度上"，是因为我国《刑法》对于外国人在域外犯罪行使管辖权受到一些条件的限制。一是对中华人民共和国国家或者公民犯罪的。这是从犯罪的性质和范围上，限定是否适用我国《刑法》。对中华人民共和国国家犯罪，主要是指我国《刑法》规定的危害我国国家安全和利益的各种犯罪；对中华人民共和国公民犯罪，主要是指《刑法》规定侵犯我国公民人身权利、民主权利和其他权利的一些犯罪。二是按我国《刑法》规定的最低刑为3年以上有期徒刑的犯罪。最低法定3年以上有期徒刑，是指我国《刑法》规定的一种罪的最低起刑点必须是3年以上有期徒刑。三是根据犯罪地的法律，也认为是犯罪，应当给予刑事处罚的，才能适用我国《刑法》。如果犯罪地法律规定不予处罚，尽管符合前两个条件，也不能适用我国《刑法》。本条中的"外国人"，是指具有外国国籍和无国籍的人。

---

〔1〕 参见《刑事审判参考》总第8辑第61号案例。

第九条 【普遍管辖】对于中华人民共和国缔结或者参加的国际条约所规定的罪行，中华人民共和国在所承担条约义务的范围内行使刑事管辖权的，适用本法。

条文解读

本条是关于刑事管辖中普遍管辖原则的规定。普遍管辖原则以保护各国的共同利益为标准，认为凡是国际条约所规定的侵犯各国共同利益的犯罪，不管犯罪人的国籍与犯罪地的属性，缔约国或参加国发现罪犯在其领域之内时就应行使刑事管辖权。根据本条的规定，普遍管辖权的行使会受到一定限制：(1)我国行使普遍管辖权的犯罪应是国际条约所规定的罪行；(2)我国是相关条约的缔约国或参加国；(3)该行为被我国《刑法》规定为犯罪。我国1979年《刑法》关于空间效力的规定中，原来没有涉及普遍管辖权的内容。随着社会生活的不断变迁和国际关系的不断发展，为适应我国参加国际社会与某些国际犯罪共同进行斗争的需要，1997年《刑法》规定了普遍管辖原则。

第十条 【域外刑事判决的消极承认】凡在中华人民共和国领域外犯罪，依照本法应当负刑事责任的，虽然经过外国审判，仍然可以依照本法追究，但是在外国已经受过刑罚处罚的，可以免除或者减轻处罚。

第十一条 【外交代表的刑事豁免】享有外交特权和豁免权的外国人的刑事责任，通过外交途径解决。

条文解读

本法第11条是关于外交代表的刑事豁免的规定。享有外交特权和豁免权，是指根据国际公约，在国家互惠的基础上，为保证驻在本国的外交代表机构及其工作人员正常执行职务而给予的一种特别权利和待遇。享有外交特权和豁免权的外国人主要包括外交代表、使馆行政技术人员以及与他们共同生活的配偶、未成年子女，来访的外国国家元首、政府首脑、外交部长及其他同等身份的官员等。至于参加联合国及其专门机构召开的国际会议的外国代表、临时来中国的联合国及其专门机构的官员和专家、联合国及其专门机构的代表机构和工作人员等，按中国加入的有关国际公约和签订的有关协议，事实上也享有外交特权和豁免权。享有外交特权和豁免权的外国人不受我国《刑法》管辖，但是如果派遣国政府明确表示放弃，那么意味着上述管辖上的障碍消除，仍有适用我国《刑法》追究刑事责任的余地。例如，《外交特权与豁免条例》第 15 条第 1 款规定，“外交代表和第二十条规定享有豁免的人员的管辖豁免可以由派遣国政府明确表示放弃”。

享有外交特权和豁免权的外国人不能恣意违反我国法律规定，为所欲为。《外交特权与豁免条例》第 25 条规定，享有外交特权与豁免的人员：(1)应当尊重中国的法律、法规；(2)不得干涉中国的内政；(3)不得在中国境内为私人利益从事任何职业或者商业活动；(4)不得将使馆馆舍和使馆工作人员寓所充作与使馆职务不相符合的用途。如果他们的行为构成犯罪，虽然不能刑事追责但可以通过外交途径解决。一般有以下几种方式：一是要求派遣国召回；二是建议派遣国依法处理；三是对罪行严重的，由我国政府宣布其为“不受欢迎”的人，要求限期出境。

第十二条　【溯及力】中华人民共和国成立以后本法施行以前的行为，如果当时的法律不认为是犯罪的，适用当时的法律；如果当时的法律认为是犯罪的，依照本法总则第四章第八节的规定应当追诉的，按照当时的法律追究刑事责任，但是如果本法不认为是犯罪或者处刑较轻的，适用本法。

本法施行以前，依照当时的法律已经作出的生效判决，继续有效。

条文解读

本条是关于《刑法》溯及力的规定。《刑法》的溯及力，即《刑法》溯及既往的效力，是指《刑法》生效后，对它生效前未经审判或者判决尚未确定的行为是否适用的问题。如果适用生效前的案件，即为有溯及力；反之则为无溯及力。我国《刑法》的溯及力原则上采“从旧兼从轻”原则，即《刑法》原则上并不具有溯及既往的效力，但新《刑法》(1997 年《刑法》)不认为是犯罪或者处刑较轻的，则应适用新《刑法》。从旧兼从轻原则排斥绝对从新原则，以防止国家刑罚权的无限扩张。根据从旧兼从轻原则，应当按以下情况分别处理：(1)当时的法律不认为是犯罪，而新《刑法》认为是犯罪的，适用当时的法律。(2)当时的法律认为是犯罪，而新《刑法》不认为是犯罪的,只要是在新《刑法》施行以前尚未处理或者处理尚未确定的案件,就应适用新《刑法》。(3)当时法律认为是犯罪,新《刑法》亦规定为犯罪,如果新《刑法》处刑较轻,适用新《刑法》;如果旧《刑法》处刑较轻,适用旧《刑法》。处刑较轻,是指《刑法》对某种犯罪规定的刑罚即法定刑比修订前《刑法》轻。法定刑较轻,是指法定最高刑较轻;如果法定最高刑相同,则指法定最低刑较轻。

配套法规及解读

《最高人民法院、最高人民检察院关于适用刑事司法解释时间效力问题的规定》(2001年12月16日)

为正确适用司法解释办理案件,现对适用刑事司法解释时间效力问题提出如下意见:

一、司法解释是最高人民法院对审判工作中具体应用法律问题和最高人民检察院对检察工作中具体应用法律问题所作的具有法律效力的解释,自发布或者规定之日起施行,效力适用于法律的施行期间。

二、对于司法解释实施前发生的行为,行为时没有相关司法解释,司法解释施行后尚未处理或者正在处理的案件,依照司法解释的规定办理。

三、对于新的司法解释实施前发生的行为,行为时已有相关司法解释,依照行为时的司法解释办理,但适用新的司法解释对犯罪嫌疑人、被告人有利的,适用新的司法解释。

四、对于在司法解释施行前已办结的案件,按照当时的法律和司法解释,认定事实和适用法律没有错误的,不再变动。

※法规解读:

理解本规定,需要重点把握以下三个方面的内容:

1. 司法解释适用于法律的施行期间。司法解释是对司法实践中如何具体应用法律问题所作的具有法律效力的解释,以便于法律的贯彻实施,故司法解释的时间效力与法律本身的时间效力一致,效力适用于法律的整个施行期间。司法解释只是对司法工作中如何具体应用法律问题所作的具体法律效力的解释,不是新的立法。司法解释从属于法律,其效力适用于法律的整个施行期间。

2. 关于司法解释的溯及力问题。本规定对以下两种情况作出了规定:一是司法解释本身的溯及力问题。本规定第2条规定，对于司法解释实施前发生的行为，行为时没有相关司法解释，司法解释施行后尚未处理或者正在处理的案件，依照司法解释的规定办理。这一规定表明，司法解释是有溯及力的。这也是前述司法解释效力适用于整个法律施行期间这一总体原则的应有之义。二是对同一个具体应用法律问题先后有两个司法解释时的处理原则。本规定第3条规定，对于新的司法解释实施前发生的行为，行为时已有相关司法解释，依照行为时的司法解释办理，但适用新的司法解释对犯罪嫌疑人、被告人有利的，适用新的司法解释。这一规定体现了从旧兼从轻的原则。我国刑法规定了从旧兼从轻原则，而司法解释既然从属于法律，那么其在溯及力问题上的原则也应与法律溯及力的原则一致。

3. 关于司法解释施行前已办结案件的处理原则。由于实践中不断有人依据新的司法解释去衡量以往的案件，甚至以此提出申诉，本规定第4条明确规定，对于在司法解释施行前已办结的案件，按照当时的法律和司法解释，认定事实和适用法律没有错误的，不再变动。这一规定也是我国法律稳定性原则的体现和司法实践的一贯做法，有利于保持社会关系的稳定性，最大限度地节约司法资源。

关联法规索引

《最高人民法院关于适用刑法时间效力规定若干问题的解释》；《最高人民检察院关于对跨越修订刑法施行日期的继续犯罪、连续犯罪以及其他同种数罪应如何具体适用刑法问题的批复》

第二章　犯　　罪

本章介绍

本章是关于犯罪的规定，包括犯罪概念、犯罪类型、犯罪构成共同要件、正当化事由以及犯罪形态、共同犯罪和单位犯罪的规定。《刑法》第13条明确了犯罪的概念。犯罪类型是《刑法》对犯罪按照一定标准所划分的类别，包括故意犯罪和过失犯罪。犯罪构成共同要件是指构成犯罪所必须具备的、具有一般性的要件，如责任年龄和责任能力的规定。正当化事由就是排除犯罪的事由，即形式上符合犯罪构成，但实质上不具有社会危害性的行为，主要有正当防卫和紧急避险。犯罪形态指犯罪的完成状态，包括既遂、预备、未遂和中止。共同犯罪是指二人以上共同故意犯罪。单位犯罪是指由单位实施的犯罪而不是自然人实施的犯罪。

第一节　犯罪和刑事责任

第十三条　【犯罪概念】一切危害国家主权、领土完整和安全，分裂国家、颠覆人民民主专政的政权和推翻社会主义制度，破坏社会秩序和经济秩序，侵犯国有财产或者劳动群众集体所有的财产，侵犯公民私人所有的财产，侵犯公民的人身权利、民主权利和其他权利，以及其他危害社会的行为，依照法律应当受刑罚处罚的，都是犯罪，但是情节显著轻微危害不大的，不认为是犯罪。

条文解读

本条是关于犯罪概念的规定。根据本条规定，犯罪具有两个基本特征：一是严重的社会危害性。首先，犯罪必须具有社会危害性，不具有社会危害性的行为不能构成犯罪。其次，犯罪必须具有严重的社会危害性，“情节显著轻微危害不大的”行为,不能构成犯罪。最后,社会危害性不仅包括对法益造成的实害,而且包括对法益的现实危险。二是根据法律规定应当受到刑罚处罚性。只有"依照法律应当受刑罚处罚"的行为,才构成犯罪。只有同时符合严重的社会危害性和根据法律规定应当受到刑罚处罚的行为,才构成犯罪,缺一不可。简言之,根据法律规定应当受到刑罚处罚的严重危害社会的行为,就构成犯罪。

第十四条 【故意犯罪】明知自己的行为会发生危害社会的结果,并且希望或者放任这种结果发生,因而构成犯罪的,是故意犯罪。

故意犯罪,应当负刑事责任。

条文解读

本条是关于故意犯罪的规定。根据本条规定,故意犯罪的主观方面即犯罪故意,包括认识因素与意志因素。认识因素的内容是"明知自己的行为会发生危害社会的结果";意志因素的内容是"希望或者放任这种结果发生"。故意是认识因素与意志因素的统一。根据故意的认识因素与意志因素内容的不同,故意分为直接故意与间接故意。直接故意是指明知自己的行为会发生危害社会的结果,并且希望这种结果发生的心理态度。间接故意是指明知自己的行为可能发生危害社会的结果,并且放任这种结果发生的心理态度。

直接故意与间接故意的首要区别在于意志内容的不同。直接故意表现为"希望"危害结果的发生,而间接故意表现为"放任"危害结果的发生。"希望"有积极追求的意思,而"放任"则是听之任之的态度。直接故意与间接故意不仅在意志内容上有区别,而且在认识内容上也有差异。虽然条文规定采取相同的表述,但在理论上要作不同的解读。直接故意的认识是明知自己的行为会发生危害社会的结果,包括"必然"会发生危害结果的认识和"可能"会发生危害结果的认识;间接故意的认识则只包括"可能"会发生危害社会结果的认识。因为意志因素以认识因素为前提,反过来,意志因素的内容又限制认识因素的内容,如果认识到危害结果必然发生,则不可能再放任危害结果的发生。在相同情况下,直接故意行为人的主观恶性要比间接故意行为人的主观恶性更大一些,对此在量刑时应当予以考虑。

与过失犯罪相比,故意犯罪的主观恶性及社会危害性(针对特定的法益)更大,是《刑法》规制的主要对象,故本条第 2 款规定,“故意犯罪,应当负刑事责任”。

第十五条 【过失犯罪】应当预见自己的行为可能发生危害社会的结果,因为疏忽大意而没有预见,或者已经预见而轻信能够避免,以致发生这种结果的,是过失犯罪。

过失犯罪,法律有规定的才负刑事责任。

条文解读

本条是关于过失犯罪的规定。过失,是指应当预见自己的行为可能发生危害社会的结果,因为疏忽大意而没有预见,或者已经预见而轻信能够避免,以致发生这种结果的心理态度。根据本条第 1 款的规定,过失可分为疏忽大意的过失与过于自信的过失两种。疏忽大意的过失与过于自信的过失的区别主要表现在:前者未认识到危害结果的发生;后者则认识到危害结果的发生,只是轻信能够避免,最终造成危害结果的发生。疏忽大意的过失与过于自信的过失虽然存在区别,但二者的法律评价相同。与故意犯罪相比,过失犯罪处于从属地位。《刑法》规制的主要对象是故意犯罪。故意犯罪的主观恶性及社会危害性(针对特定的法益)显然大于过失犯罪。因此,本条第 2 款对过失犯罪处罚原则的规定为“法律有规定的才负刑事责任”,而故意犯罪的处罚原则为“应当负刑事责任”。

司法实践中适用本条时,应当注意以下三点:一是在认定疏忽大意的过失犯罪时,应当注意与意外事件的区分,以划清罪与非罪的界限。疏忽大意的过失犯罪和意外事件的区别在于前者的行为人主观上有过失,即行为人由于疏忽大意,对自己的行为可能发生危害社会的结果应当预见而没有预见,以致发生了这种危害结果;后者是由于客观上不可预见、不可抗拒的原因造成了危害社会的结果,行为人主观上没有过失心理,不负刑事责任。二是在认定过于自信的过失犯罪时,应当注意与间接故意犯罪的区分。虽然二者的行为人对于其行为可能发生危害结果皆已有预见,但在主观意志上,前者的行为人对于危害结果的发生持反对态度,也就是说,危害结果的发生是违背其意志的;后者的行为人对于危害结果的发生则持放任的态度,即危害结果的发生不违背其意志。相较而言,间接故意犯罪人的主观恶性大于过于自信的过失犯罪人的主观恶性。三是在认定过失犯罪时,应注意过失转化为故意的情况，即行为人的过失行为导致对某种法益的危险，但行为人故意不消除危险，希望或者放任结果的发生。例如，行为人开荒时将烟头随意丢在树丛中，存在发生森林火灾的危险，行为人能够及时消除危险，但故意不消除危险，导致火灾的发生。这便由过失转化为故意，应认定为放火罪而不是失火罪。

第十六条　【不可抗力和意外事件】 行为在客观上虽然造成了损害结果，但是不是出于故意或者过失，而是由于不能抗拒或者不能预见的原因所引起的，不是犯罪。

条文解读

本条是关于不可抗力和意外事件的规定。“不能抗拒”，是指行为人虽然认识到自己的行为会发生损害结果，但由于当时主客观条件限制，行为人无力排除或阻止损害结果的发生。“不能预见”，是指根据行为人的主观情况和发生损害结果当时的客观情况，行为人不具有能够预见的条件和能力，损害结果的发生完全出乎行为人的意料。不可抗力与意外事件导致危害结果的，之所以行为人不负刑事责任，是因为行为人主观上没有故意或过失，对实际发生的危害结果没有罪过。这样的规定充分体现了我国《刑法》主客观相统一的原则。

第十七条　【刑事责任年龄】 已满十六周岁的人犯罪，应当负刑事责任。

已满十四周岁不满十六周岁的人，犯故意杀人、故意伤害致人重伤或者死亡、强奸、抢劫、贩卖毒品、放火、爆炸、投放危险物质罪的，应当负刑事责任。

已满十二周岁不满十四周岁的人，犯故意杀人、故意伤害罪，致人死亡或者以特别残忍手段致人重伤造成严重残疾，情节恶劣，经最高人民检察院核准追诉的，应当负刑事责任。

对依照前三款规定追究刑事责任的不满十八周岁的人，应当从轻或者减轻处罚。

因不满十六周岁不予刑事处罚的，责令其父母或者其他监护人加以管教；在必要的时候，依法进行专门矫治教育。

条文解读

本条是关于刑事责任年龄的规定。本法将刑事责任年龄划分为完全负刑事责任年龄、相对负刑事责任年龄和完全不负刑事责任年龄三个阶段。其中相对负刑事责任年龄段又分为已满14周岁不满16周岁和已满12周岁不满14周岁两个年龄段。

本条第1款是关于完全负刑事责任年龄段的规定。已满16周岁的人完全负刑事责任,其实施本法规定的任何一种犯罪行为,都应当负刑事责任。

本条第2款是关于相对负刑事责任年龄段之已满14周岁不满16周岁年龄段的规定。已满14周岁不满16周岁的人,不是对所有犯罪都负刑事责任,而是只对8种严重暴力犯罪行为负刑事责任,它们分别是故意杀人、故意伤害致人重伤或者死亡、强奸、抢劫、贩卖毒品、放火、爆炸、投放危险物质罪。需要指出的是,这里所规定的8种犯罪,是指具体犯罪行为而不是具体罪名。2002年7月24日,《全国人民代表大会常务委员会法制工作委员会关于已满十四周岁不满十六周岁的人承担刑事责任范围问题的答复意见》指出:"刑法第十七条第二款规定的八种犯罪,是指具体犯罪行为而不是具体罪名。对于刑法第十七条中规定的'犯故意杀人、故意伤害致人重伤或者死亡',是指只要故意实施了杀人、伤害行为并且造成了致人重伤、死亡后果的,都应负刑事责任。而不是指只有犯故意杀人罪、故意伤害罪的,才负刑事责任,绑架撕票的,不负刑事责任。对司法实践中出现的已满十四周岁不满十六周岁的人绑架人质后杀害被绑架人、拐卖妇女、儿童而故意造成被拐卖妇女、儿童重伤或死亡的行为,依据刑法是应当追究其刑事责任的。"

本条第3款是关于相对负刑事责任年龄段之已满12周岁不满14周岁年龄段的规定。已满12周岁不满14周岁的人,只有犯故意杀人、故意伤害罪,致人死亡或者以特别残忍手段致人重伤造成严重残疾,情节恶劣,并且经最高人民检察院核准追诉的,才应当负刑事责任。一方面对法定最低刑事责任年龄作个别下调,另一方面加以严格限制。

本条第4款是关于对未成年人犯罪处罚原则的规定。根据本款规定,对被追究刑事责任的不满18周岁的人,应当从轻或者减轻处罚。这里规定的是"应当"而不是"可以",也就是说,必须从轻或者减轻处罚。

本条第5款是关于对不予刑事处罚的未成年人处理的规定。根据本款规定,对于实施了危害社会的行为,但因不满16周岁不予刑事处罚的,责令其父母或者其他监护人加以管教;在必要的时候,依法进行专门矫治教育。这样规定是为了维护正常的社会秩序,也是为了教育和保护未成年人。

关联法规索引

《最高人民法院关于审理未成年人刑事案件具体应用法律若干问题的解释》;《最高人民法院关于贯彻宽严相济刑事政策的若干意见》第20条;《最高人民检察院关于"骨龄鉴定"能否作为确定刑事责任年龄证据使用的批复》

第十七条之一　【老年人刑事责任】已满七十五周岁的人故意犯罪的,可以从轻或者减轻处罚;过失犯罪的,应当从轻或者减轻处罚。

条文解读

本条是关于老年人刑事责任的特殊规定。对已满75周岁的老年人犯罪予以从宽处罚,体现了对老年人的特殊保护。根据本条规定,已满75周岁的老年人故意犯罪的,可以从轻或者减轻处罚,而非"应当",即不是必须从轻或者减轻处罚;已满75周岁的老年人过失犯罪的,应当从轻或者减轻处罚,而非"可以",即必须从轻或者减轻处罚。对"故意"和"过失"犯罪的区别对待,是宽严相济刑事政策的具体运用。

第十八条　【精神病人与醉酒的人的刑事责任能力】精神病人在不能辨认或者不能控制自己行为的时候造成危害结果,经法定程序鉴定确认的,不负刑事责任,但是应当责令他的家属或者监护人严加看管和医疗;在必要的时候,由政府强制医疗。

间歇性的精神病人在精神正常的时候犯罪,应当负刑事责任。

尚未完全丧失辨认或者控制自己行为能力的精神病人犯罪的,应当负刑事责任,但是可以从轻或者减轻处罚。

醉酒的人犯罪,应当负刑事责任。

条文解读

本条是关于精神病人和醉酒的人的刑事责任能力的规定。本条第1~3款是关于精神病人刑事责任能力的规定。对精神病人刑事责任能力的判断不仅要进行医学判断,还要进行心理学判断。首先,判断行为人是否患有精神病,由精神病医学专家鉴定;其次,判断行为人是否因为患有精神病而不能辨认或者不能控制自己的行为,由司法工作人员判断。如果精神病医学专家的鉴定意见是行为人没有患精神病,司法工作人员就必须肯定行为人具有责任能力;如果精神病医学专家的鉴定意见是行为人患有精神病,司法工作人员则应在此基础上进一步判断行为人是否具有责任能力。对于间歇性精神病人,如果其在实施犯罪行为时精神正常,具有责任能力,当然应对自己的行为承担刑事责任;即使其是在实施行为后精神不正常的,也应承担责任。尚未完全丧失辨认或者控制自己行为能力的精神病人,其尚能辨认或者控制自己行为,只是这种能力有所减弱而非丧失,因此,行为人应当承担刑事责任,但是可以从轻或者减轻处罚。

本条第4款是关于醉酒者刑事责任能力的规定。醉酒的人犯罪,应当负刑事责任。但是醉酒分为生理性醉酒与病理性醉酒两种情况,需要区别对待。生理性醉酒即普通醉酒,它不是精神病的一种。一般认为,在生理性醉酒情况下,还具有责任能力,故对其实施的犯罪行为应当负刑事责任;即使其责任有所减弱,但醉酒是由行为人自己的原因造成的,属于原因自由行为,也不得从轻或者减轻处罚。病理性醉酒则属于精神病的一种。病理性醉酒人的行为紊乱、记忆缺失、出现意识障碍,并伴有幻觉、错觉、妄想等精神病症状。一般认为,病理性醉酒人属于精神病人,完全丧失责任能力,在没有意识到病理性醉酒的情况下不承担刑事责任。如果具有责任能力的行为人,已知自己有病理性醉酒的历史,而故意或者过失使自己一时陷入丧失或者尚未完全丧失责任能力的状态,并在该状态下实施了符合客观构成要件的违法行为,则应当承担刑事责任。

典型案例

徐某富强制医疗案[1]

※要旨：对于被申请人或者被告人是否“有继续危害社会可能”，应当综合被申请人或者被告人所患精神病的种类、症状，案件审理时其病情是否已经好转，以及其家属或者监护人有无严加看管和自行送医治疗的意愿和能力等情况予以判定。必要时，可以委托相关机构或者专家进行评估。

第十九条　【又聋又哑的人或盲人犯罪的刑事责任】又聋又哑的人或者盲人犯罪，可以从轻、减轻或者免除处罚。

条文解读

本条是关于又聋又哑的人或者盲人犯罪的刑事责任的规定。根据本条规定，又聋又哑的人或者盲人犯罪，可以从轻、减轻或者免除处罚；只聋不哑或只哑不聋的人犯罪不适用本条。行为人具有又聋又哑或者眼睛失明的生理缺陷，属于生理发育不健全的人，在社会生活中，接受教育、了解事物，都会受到一定限制和影响，辨认事物的能力也会低于正常人。因此，对他们的处罚要轻于正常人。但由于具有上述生理缺陷的人实施犯罪的情节，造成危害结果的严重程度，以及行为人具有的生理缺陷等具体情况不同，处罚的轻重程度也应不同。“可以从轻、减轻或者免除处罚”，是指根据行为人的上述具体情况，决定是否从轻、减轻或者免除处罚，而不是必须从轻、减轻或者免除处罚。对于极少数知识和智力水平不低于正常人、犯罪时具备完全刑事责任能力的又聋又哑的人或者盲人，可以不予考虑从宽处罚。

第二十条　【正当防卫】为了使国家、公共利益、本人或者他人的人身、财产和其他权利免受正在进行的不法侵害，而采取的制止不法侵害的行为，对不法侵害人造成损害的，属于正当防卫，不负刑事责任。

---

〔1〕 参见最高人民法院指导性案例第63号。

正当防卫明显超过必要限度造成重大损害的，应当负刑事责任，但是应当减轻或者免除处罚。

对正在进行行凶、杀人、抢劫、强奸、绑架以及其他严重危及人身安全的暴力犯罪，采取防卫行为，造成不法侵害人伤亡的，不属于防卫过当，不负刑事责任。

条文解读

本条是关于正当防卫的规定。正当防卫，是指为了国家、公共利益、本人或者他人的人身、财产和其他权利免受正在进行的不法侵害，而采取的制止不法侵害并对不法侵害人造成损害的行为。正当防卫成立必须满足以下条件：(1)存在实际的不法侵害。对依法执行职务的合法行为，如依法拘留、逮捕、依法没收财产等，不能实行正当防卫。(2)不法侵害必须正在进行。如果不法侵害已经结束，或行为人已经放弃了不法侵害行为，防卫人不得实施正当防卫行为。(3)必须是为了使国家、公共利益、本人或他人的人身、财产和其他权利免受不法侵害，即主观上要求防卫人必须是出于防卫意图。如果不是出于防卫意图，而是偶然防卫，则不构成正当防卫。(4)防卫行为必须针对不法侵害人进行。正当防卫，既可以针对不法侵害人的人身进行防卫，也可以针对其财产进行防卫，但在通常情况下是针对不法侵害人的人身进行防卫。(5)防卫行为没有明显超过必要限度，造成重大损害。

本条第 2 款是关于防卫过当的规定。防卫过当，是指防卫明显超过必要限度，造成重大损害，应当负刑事责任的犯罪行为。防卫过当应当同时具备以下特征：(1)防卫过当必须明显超过必要限度。明显超过必要限度，是指一般人都能够认识到其防卫强度已经超过了正当防卫所必需的强度。(2)对不法侵害人造成了重大损害。重大损害，是指由于防卫人明显超过必要限度的防卫行为造成不法侵害人人身伤亡及其他能够避免的严重的损害。防卫过当的行为应当负刑事责任，但防卫过当的行为毕竟不能等同于犯罪行为，所以应当减轻或者免除处罚。

本条第 3 款是关于特殊防卫权或无限防卫权的规定。对于正在进行行凶、杀人、抢劫、强奸、绑架以及其他严重危及人身安全的暴力犯罪，采取防卫行为，不受正当防卫必要限度的限制。这是本条第 2 款规定的例外情形，是特殊情况下对公民正当防卫权的特殊保障。

典型案例

于某故意伤害案[1]

※要旨：(1)对正在进行的非法限制他人人身自由的行为，应当认定为《刑法》第20条第1款规定的"不法侵害"，可以进行正当防卫。(2)对非法限制他人人身自由并伴有侮辱、轻微殴打的行为，不应当认定为《刑法》第20条第3款规定的"严重危及人身安全的暴力犯罪"。(3)判断防卫是否过当，应当综合考虑不法侵害的性质、手段、强度、危害程度，以及防卫行为的性质、时机、手段、强度、所处环境和损害后果等情节。对非法限制他人人身自由并伴有侮辱、轻微殴打，且并不十分紧迫的不法侵害，进行防卫致人死亡重伤的，应当认定为《刑法》第20条第2款规定的"明显超过必要限度造成重大损害"。(4)防卫过当案件，如系因被害人实施严重贬损他人人格尊严或者亵渎人伦的不法侵害引发的，量刑时对此应予充分考虑，以确保司法裁判既经得起法律检验，也符合社会公平正义观念。

第二十一条　【紧急避险】为了使国家、公共利益、本人或者他人的人身、财产和其他权利免受正在发生的危险，不得已采取的紧急避险行为，造成损害的，不负刑事责任。

紧急避险超过必要限度造成不应有的损害的，应当负刑事责任，但是应当减轻或者免除处罚。

第一款中关于避免本人危险的规定，不适用于职务上、业务上负有特定责任的人。

条文解读

本条是关于紧急避险的规定。紧急避险，是指为了使国家、公共利益、本人或者他人的人身、财产和其他权利免受正在发生的危险，在紧急情形下不得已采

〔1〕 参见最高人民法院指导性案例第93号。

取的损害较小合法权益的行为。紧急避险的成立必须具备以下条件:(1)客观上存在一定的危险。只有在“危险”是客观真实存在的情况下,才能实施紧急避险。如果实际中并不存在危险,而行为人主观想象或臆测误认为存在危险并实行所谓的避险,致使合法权益受到损害,则在刑法理论上称为“假想避险”。对假想避险,应根据处理事实认识错误的原则,确定是否应当负刑事责任。(2)危险正在发生。在危险尚未开始或者已经结束的情况下,实行所谓的避险而对合法权益造成损害的,称为“避险不适时”。(3)必须是不得已的紧急情况。所谓“不得已”,是指在危险已经发生的非常时刻,从当时的实际情况看,除了采取紧急避险措施外,别无他法能够避免危险,即紧急避险成为唯一的选择。(4)必须具有避险意图。如果行为人主观上没有避险的意图,那么其行为尽管在客观上避免了某种合法权益免遭危害,也不属于紧急避险。(5)必须没有超过必要限度造成不应有的损害。

本条第2款是关于避险过当的规定。避险过当具有两个特征:其一,避险行为客观上超过了必要限度造成了不应有的损害。这是避险过当行为人承担刑事责任的客观基础。其二,行为人对过当的行为及结果主观上具有罪过,即存在故意或过失。这是其承担刑事责任的主观基础。避险过当的,应当负刑事责任,但是应当减轻或者免除处罚。

本条第3款是对紧急避险主体设置的一项特殊限制规定。在职务上、业务上负有特定责任的人,不得因为避免本人的合法权益免受损害而实行紧急避险。所谓在职务上、业务上负有特定责任,是指行为人所担任的职务或所从事业务的性质要求其负有接触或排除一定危险的责任,如医师、护士有防治传染病的责任,消防人员有扑灭火灾的责任,船长、船员面对海损事故有坚守岗位的责任,民航客机机组人员在客机发生故障的情况下有排除险情的责任等。

第二节　犯罪的预备、未遂和中止

第二十二条　【犯罪预备】为了犯罪,准备工具、制造条件的,是犯罪预备。

对于预备犯,可以比照既遂犯从轻、减轻处罚或者免除处罚。

条文解读

本条是关于犯罪预备的规定。根据本条规定，犯罪预备的成立需要满足以下条件：第一，主观上有犯罪故意；第二，客观上实施了犯罪预备行为，但尚未着手实施犯罪；第三，未能着手实施犯罪是行为人意志以外的原因造成的，而非犯罪人自动中止。犯罪预备主要包括准备工具和制造条件两种情况。准备工具，是指准备实施犯罪所必需的作案工具和其他物品。准备包括收集、购买、制造以及非法获取等活动。制造条件，是指除准备犯罪工具和其他物品以外的其他为顺利进行犯罪活动、达到犯罪目的而创造条件的行为。从准备工具对实施犯罪所起的作用来看，准备犯罪工具也是为实施犯罪制造条件。行为人在犯罪预备阶段虽然未着手实施犯罪，但是为犯罪做准备，已经对法益构成威胁，具有一定的危害性。这是追究其刑事责任的客观依据。

本条第 2 款是关于预备犯的处罚规定。犯罪预备仅处于犯罪的预备阶段，尚未着手实施犯罪，犯罪结果也未发生，其社会危害程度要轻于既遂犯。因此，对预备犯的处罚要轻于既遂犯，可以比照既遂犯从轻、减轻处罚或者免除处罚。

在认定犯罪预备行为时，应当注意罪与非罪的界限，慎重适用，防止打击面过宽。同时，在认定犯罪预备行为时，要注意其与犯罪未遂、犯罪中止的区别。犯罪预备与犯罪未遂区别的关键在于行为人是否已经着手实施犯罪行为。犯罪预备发生在着手实施犯罪行为之前；犯罪未遂发生在着手实施犯罪行为之后。犯罪预备与犯罪中止区别的关键在于行为人是由于外界因素被迫停止犯罪预备行为，还是自动停止犯罪预备行为。

第二十三条　【犯罪未遂】已经着手实行犯罪，由于犯罪分子意志以外的原因而未得逞的，是犯罪未遂。

对于未遂犯，可以比照既遂犯从轻或者减轻处罚。

条文解读

本条是关于犯罪未遂的规定。根据本条规定，犯罪未遂的成立需要满足以下条件：第一，行为人已经着手实行犯罪；第二，犯罪未得逞；第三，犯罪未得逞的原因是行为人意志以外的原因，而非犯罪人自动中止。已经着手实行犯罪，表明行为人已经从犯罪预备阶段进入实行阶段，即行为人从为实施犯罪创造条件进入了开始完成犯罪意图的阶段。犯罪未得逞，即犯罪分子没有实现本法分则规定的具体犯罪的犯罪构成的客观要件。犯罪未得逞即说明犯罪还未造成实际的危害后果，因此，犯罪未遂的社会危害性要小于犯罪既遂，对未遂犯可以比照既遂犯从轻或者减轻处罚。但是，犯罪未遂毕竟已经进入犯罪行为实施阶段，对于《刑法》所要保护的法益的威胁明显比犯罪预备要高，故对其处罚一般重于犯罪预备。

在认定犯罪未遂时，要注意其与犯罪中止的区别。犯罪未遂发生在着手实施犯罪行为之后，犯罪得逞之前；犯罪中止则可以发生在犯罪过程中的任何阶段。犯罪未遂是行为人意志以外的原因造成的；犯罪中止则是行为人自动放弃或者自动有效地防止犯罪结果发生导致的。

第二十四条　【犯罪中止】在犯罪过程中，自动放弃犯罪或者自动有效地防止犯罪结果发生的，是犯罪中止。

对于中止犯，没有造成损害的，应当免除处罚；造成损害的，应当减轻处罚。

条文解读

本条是关于犯罪中止的规定。根据本条的规定，犯罪中止应当同时具有以下特征：(1)犯罪中止发生在犯罪过程中。犯罪中止是故意犯罪发展过程中的一种犯罪形态，既可能发生在犯罪预备阶段，也可能发生在犯罪的实行阶段。“犯罪过程中”，是指犯罪既遂前的整个犯罪过程中，犯罪既遂之后的任何主动弥补损失的行为都不是犯罪中止，只是悔罪的表现。(2)犯罪中止必须是犯罪分子自动放弃或者自动有效地防止犯罪结果的发生。“自动放弃犯罪”，是指犯罪分子在着手实施犯罪之前，主动放弃犯罪意图和为犯罪创造条件，停止着手实施犯罪，或者在着手实施犯罪之后，犯罪结果发生之前，主动放弃继续犯罪，中止犯罪行为。“自动有效地防止犯罪结果发生”，是指犯罪人在已经着手实施犯罪之后，犯罪结果发生之前，主动放弃继续犯罪，并采取积极措施防止了犯罪结果的发生。自动性是犯罪中止的本质特征，也是它与犯罪未遂、犯罪预备的本质区别。

第三节 共同犯罪

第二十五条 【共同犯罪的概念】共同犯罪是指二人以上共同故意犯罪。

二人以上共同过失犯罪,不以共同犯罪论处;应当负刑事责任的,按照他们所犯的罪分别处罚。

条文解读

本条是关于共同犯罪概念和范围的规定。根据本条规定,共同犯罪成立需要满足以下条件:(1)有两个以上达到刑事责任年龄、具有刑事责任能力的人。(2)主观上必须具有共同的犯罪故意,包括实行故意、组织故意、教唆故意、帮助故意。(3)客观上必须具有共同的犯罪行为,包括实行行为、组织行为、教唆行为、帮助行为。行为人具有共同犯罪故意,对他人犯罪暗中进行帮助的,构成片面共犯,应认定为共同犯罪。二人以上共谋实行某犯罪行为,但只有一部分人基于共同的意思实行了犯罪的,没有直接实行犯罪的共谋人与实行了犯罪的人,一起构成共同犯罪。二人以上共同过失犯罪,不以共同犯罪论处,按照他们所犯的过失罪分别处罚。此外,有身份者和无身份者共同犯罪的定性应当取决于两个因素:第一,是否真实反映共同犯罪的原貌和性质。要认清共同犯罪的原貌就必须考察主犯对共同犯罪的导向作用,主犯的性质也要体现在共同犯罪的定罪中。毕竟,共同犯罪的基本特征是由主犯犯罪的基本特征决定的。第二,是否实现罪刑均衡。鉴于此,在对无身份者与有身份者共同犯罪定罪时,应当坚持以下规则:可以区分主从犯的,按照主犯的罪名定罪;不能区分主从犯的,如有身份者与无身份者在犯罪中共同合谋,相互为对方的行为提供帮助,共同推动犯罪的完成,各共同犯罪人的关系是“互为帮助犯的想象竞合”,对此按照想象竞合犯的定罪规则,应当从一重罪处罚。

第二十六条 【主犯】组织、领导犯罪集团进行犯罪活动的或者在共同犯罪中起主要作用的,是主犯。

三人以上为共同实施犯罪而组成的较为固定的犯罪组织，是犯罪集团。

对组织、领导犯罪集团的首要分子，按照集团所犯的全部罪行处罚。

对于第三款规定以外的主犯，应当按照其所参与的或者组织、指挥的全部犯罪处罚。

条文解读

本条是关于共同犯罪中主犯的规定。主犯包括两类：一是组织、领导犯罪集团进行犯罪活动的犯罪分子；二是其他在共同犯罪中起主要作用的犯罪分子。组织、领导犯罪集团进行犯罪活动的犯罪分子，就是犯罪集团的首要分子。“组织”主要是指为首纠集他人组成犯罪集团，使集团成员固定或基本固定。联系本法第 97 条的规定，“领导”就是指策划、指挥。在共同犯罪中起主要作用的犯罪分子，是指除犯罪集团的首要分子以外的在共同犯罪中对共同犯罪的形成、实施与完成起决定或重要作用的犯罪分子。

需要注意的是，首要分子并不都是主犯，主犯也并不都是首要分子。根据本法第 97 条的规定，首要分子分为两类：一类是犯罪集团中的首要分子；另一类是聚众犯罪中的首要分子。犯罪集团中的首要分子都是主犯；除了首要分子外，其他起主要作用的犯罪分子也是主犯。聚众犯罪中，《刑法》分则规定只处罚首要分子的，如果首要分子只有一人，那么只有一人构成犯罪，无共同犯罪，也无所谓主犯与从犯之分；如果首要分子有二人以上，那么应根据各首要分子在聚众犯罪中所起的作用，分别认定为主犯与从犯，而非都是主犯。

关联法规索引

《最高人民法院关于贯彻宽严相济刑事政策的若干意见》第 30、31、33 条

第二十七条　【从犯】在共同犯罪中起次要或者辅助作用的，是从犯。

对于从犯，应当从轻、减轻处罚或者免除处罚。

条文解读

本条是关于从犯的规定。在共同犯罪中，从犯是相对于主犯而言的。没有主犯就不可能有从犯；同样，没有从犯，也就不存在作为对应方的主犯。两者是相互作为参照物而存在的。从犯可分为两类：一类是在共同犯罪中起次要作用的犯罪分子，即对共同犯罪的形成与共同犯罪行为的实施、完成起次于主犯作用的犯罪分子；另一类是在共同犯罪中起辅助作用的犯罪分子，即为共同犯罪提供方便、帮助创造条件的犯罪分子，主要是指帮助犯。认定从犯时，要根据行为人在共同犯罪中所处的地位、对共同故意形成的作用、实际参与的程度、具体行为的样态、对结果所起的作用等进行具体分析，判断其是否在共同犯罪中起次要或辅助作用。

由于从犯在共同犯罪中起次于主犯的作用，《刑法》对其采取了必减原则。本条第 2 款规定，对于从犯，应当从轻、减轻处罚或者免除处罚。需要注意的是，从犯从轻、减轻处罚不是比照主犯量刑，而是在其法定刑幅度内从轻、减轻处罚；是“应当”从轻、减轻处罚或者免除处罚，而非“可以”，也就是必减，而非可减。

第二十八条　【胁从犯】对于被胁迫参加犯罪的，应当按照他的犯罪情节减轻处罚或者免除处罚。

条文解读

本条是关于胁从犯的规定。胁从犯，是指被胁迫参加犯罪的人，即在他人威胁下不完全自愿地参加共同犯罪，并在共同犯罪中起较小作用的人。胁迫的内容包括揭发隐私、毁损财物、剥夺生命等；胁迫的程度为足以使行为人产生恐惧。如果以不服从则加以诅咒来胁迫行为人，则显然达不到使人恐惧的地步，不能认为是胁迫。被胁迫参加犯罪虽非自愿，有违背其意志的一面，但最后参加犯罪仍是由其意志决定的。胁从犯主观上有罪过，应当负刑事责任。如果行为人身体完全受强制、完全丧失意志自由或者符合紧急避险条件实施了某种行为，不构成胁从犯。例如，飞机在飞行中突遭歹徒劫持，机长为避免机毁人亡，不得已将飞机开往歹徒指定地点。此时机长的行为是紧急避险，而不是劫机犯的胁从犯。

第二十九条 【教唆犯】 教唆他人犯罪的，应当按照他在共同犯罪中所起的作用处罚。教唆不满十八周岁的人犯罪的，应当从重处罚。

如果被教唆的人没有犯被教唆的罪，对于教唆犯，可以从轻或者减轻处罚。

条文解读

本条是关于教唆犯的规定。教唆犯，是指教唆他人犯罪的人，即故意唆使他人实施其犯罪意图的人。教唆犯有两个基本特征：第一，教唆犯是犯意的制造者，也即通过对他人灌输犯罪意图，以制造犯意为己任的共同犯罪人。第二，教唆犯通过他人实施其犯罪意图。教唆犯在共同犯罪中起主要作用的，按主犯处罚；起次要作用的，按从犯处罚。由于未成年人经历少，认识事物的能力与辨别是非的能力较低，思想尚未成熟，容易被教唆，教唆未成年人犯罪的行为具有更大的社会危害性。另外，也是出于对未成年人的保护，本条规定教唆不满 18 周岁的人犯罪的，应当从重处罚。

本条第 2 款是关于教唆未遂处罚的规定。教唆犯罪既遂与否，应以教唆结果是否发生为标准。教唆行为没有引起被教唆的人的犯意或者被教唆的人没有实施被教唆的犯罪而是实施了其他犯罪的，对于教唆犯而言，均是未得逞，视为教唆未遂。被教唆人实施了被教唆的具体犯罪行为，但是由于教唆人意志以外的原因，使被教唆人实施的犯罪未遂，属于未遂犯的教唆犯。如果被教唆的人没有犯被教唆的罪，对于教唆犯，可以从轻或者减轻处罚。被教唆的人实施了被教唆的犯罪而未得逞的，对于教唆犯既要考虑犯罪未遂情节，又要考虑其在共犯中所起的作用进行量刑处罚。

第四节 单位犯罪

第三十条 【单位犯罪】 公司、企业、事业单位、机关、团体实施的危害社会的行为，法律规定为单位犯罪的，应当负刑事责任。

条文解读

本条是关于单位犯罪的规定。单位犯罪,是指公司、企业、事业单位、机关、团体为本单位谋取非法利益,由单位的决策机构按照单位的决策程序决定,由直接责任人员具体实施的,且《刑法》有明文规定的犯罪。“公司、企业、事业单位”既包括国有、集体所有的公司、企业、事业单位,也包括依法设立的合资经营企业、合作经营企业和具有法人资格的独资、私营等公司、企业、事业单位。单位犯罪具有以下特征:(1)单位犯罪是公司、企业、事业单位、机关、团体犯罪,即单位本身犯罪,而不是单位的各个成员的犯罪之集合;(2)单位犯罪是由单位的决策机构按照单位的决策程序决定,由直接责任人员实施的,即单位犯罪是在单位整体意志的支配下实施的;(3)单位犯罪以《刑法》有明文规定为前提,即只有当《刑法》规定了单位可以成为某种犯罪的行为主体时,才可能将单位认定为犯罪主体。例如,“小偷公司”实施犯罪的,不构成单位犯罪,只能依自然人实施盗窃罪定罪处罚。具有下列情形的,不以单位犯罪论处:(1)个人为进行违法犯罪活动而设立的公司、企业、事业单位实施犯罪的;(2)公司、企业、事业单位设立后,以实施犯罪为主要活动的;(3)盗用单位名义实施犯罪,违法所得由实施犯罪的个人私分的。

关联法规索引

《全国人民代表大会常务委员会关于〈中华人民共和国刑法〉第三十条的解释》;《最高人民法院关于审理单位犯罪案件对其直接负责的主管人员和其他直接责任人员是否区分主犯、从犯问题的批复》;《最高人民法院关于审理单位犯罪案件具体应用法律有关问题的解释》

典型案例

邱某特等销售假冒注册商标的商品案〔1〕

※**要旨**:单位行为是否构成单位犯罪,必须以《刑法》明文规定

〔1〕 参见《刑事审判参考》总第78集第676号案例。

为前提。只有法律规定单位应负刑事责任的行为才可能构成单位犯罪,同时,也只有合法成立的公司、企业、事业单位、机关、团体才能成为单位犯罪的主体。然而,对于公司实施的违法犯罪行为,应区别对待,并非绝对认定为或不认定为单位犯罪。以下几种情形通常不被认定为单位犯罪:(1)无法人资格的独资、合伙企业犯罪的;(2)个人以实施犯罪活动为主要目的而设立公司、企业、事业单位实施犯罪的;(3)单位设立后,以实施犯罪为主要活动的;(4)盗用单位名义实施犯罪,违法所得由个人私分的。对于此类犯罪一般不实行"双罚制",而是依法追究直接负责的主管人员和其他直接责任人员的刑事责任。在司法实践中,有些单位有正规的主营业务,但是在部分业务往来中没有按正常途径操作,或者是偶尔实施了不法行为,对于此类公司行为可以按单位犯罪来认定。但对于以实施犯罪为主要目的而设立或者设立后以实施犯罪为主要活动的单位,即使是偶尔经营部分正当业务的,一般也不认定为单位犯罪。

第三十一条　【单位犯罪的处罚原则】单位犯罪的,对单位判处罚金,并对其直接负责的主管人员和其他直接责任人员判处刑罚。本法分则和其他法律另有规定的,依照规定。

第三章　刑　　罚

本章介绍

本章是关于刑罚及犯罪行为其他法律后果的规定。刑罚是由《刑法》规定的，对犯罪人适用的建立在剥夺性痛苦基础上的最严厉的强制措施。刑罚可分为两大类：主刑和附加刑。主刑是指只能单独适用而不能附加适用的刑罚。附加刑是指既可以单独适用又可以附加适用的刑罚。主刑包括管制、拘役、有期徒刑、无期徒刑和死刑。附加刑包括罚金、剥夺政治权利和没收财产。法律除规定刑罚外，还规定了犯罪行为的其他法律后果。例如，《刑法》第 37 条规定的非刑罚性处置措施，包括训诫或者责令具结悔过、赔礼道歉、赔偿损失以及由主管部门予以行政处罚或者行政处分。

第一节　刑罚的种类

第三十二条　【刑罚的分类】 刑罚分为主刑和附加刑。

第三十三条　【主刑种类】 主刑的种类如下：

（一）管制；

（二）拘役；

（三）有期徒刑；

（四）无期徒刑；

（五）死刑。

条文解读

本法第 33 条是关于主刑种类的规定。主刑的种类包括管制、拘役、有期徒刑、无期徒刑和死刑。(1)管制。管制是对犯罪分子不实行关押，但限制其一定自由，依法实行社区矫正的刑罚方法。(2)拘役。拘役是对犯罪分子短期剥夺人身自由,实行就近关押改造的刑罚方法。它适用于罪行较轻的犯罪分子。(3)有期徒刑。有期徒刑是对犯罪分子剥夺一定期限的人身自由,并进行教育改造的刑罚方法。(4)无期徒刑。无期徒刑是剥夺犯罪分子终身自由的刑罚方法,是仅次于死刑的一种严厉的刑罚方法,只适用于严重的犯罪。(5)死刑。死刑是指剥夺犯罪分子生命的刑罚方法。从执行方式上,死刑又可分为死刑立即执行和死刑缓期执行。死刑只适用于罪行极其严重的犯罪分子。

第三十四条 【附加刑种类及其适用】附加刑的种类如下:

(一)罚金;

(二)剥夺政治权利;

(三)没收财产。

附加刑也可以独立适用。

条文解读

本条是关于附加刑种类及其适用的规定。附加刑的种类包括罚金、剥夺政治权利、没收财产。(1)罚金。罚金是指强制犯罪分子向国家缴纳一定数额金钱,对罪犯进行经济制裁的一种刑罚方法。它主要适用于破坏社会主义市场经济秩序的犯罪和其他牟利型、侵财型的犯罪。(2)剥夺政治权利。剥夺政治权利是指依法剥夺犯罪分子一定期限参加国家管理和政治活动权利的刑罚方法。它主要适用于危害国家安全和其他严重危害社会治安的犯罪分子。对被判处无期徒刑和死刑的犯罪分子,应当附加剥夺政治权利终身。(3)没收财产。没收财产是指将犯罪分子个人所有的财产的一部分或者全部强行无偿地收归国有的一种刑罚方法。它主要适用于危害国家安全罪、破坏社会主义市场经济秩序罪、侵犯财产罪及妨害社会管理秩序罪中较严重的犯罪。

本条第 2 款是关于附加刑可以独立适用的规定。根据本条的规定,附加刑一般是随主刑附加适用的,但也可以独立适用。附加刑可以独立适用于犯罪性质、情节较轻的犯罪。

关联法规索引

《最高人民法院关于刑事裁判涉财产部分执行的若干规定》

第三十五条　【驱逐出境】对于犯罪的外国人,可以独立适用或者附加适用驱逐出境。

条文解读

本条是关于驱逐出境的规定。根据本条规定,对于犯罪的外国人,可以独立适用或者附加适用驱逐出境。驱逐出境,是指对犯罪的外国人强迫离开中国国(边)境的一种特殊的刑罚方法。它只对犯罪的外国人适用,不具有普遍适用的性质。因此,《刑法》没有把"驱逐出境"列入一般刑种体系中,而是将其作为对犯罪的外国人适用的特殊刑种作了单独规定。这条规定体现了我国的主权原则。人民法院可以根据维护国家和人民利益的需要,决定是否判处实施犯罪行为的外国人驱逐出境。

关联法规索引

《最高人民法院、最高人民检察院、公安部、外交部、司法部、财政部关于强制外国人出境的执行办法的规定》

第三十六条　【刑事损害赔偿责任】由于犯罪行为而使被害人遭受经济损失的,对犯罪分子除依法给予刑事处罚外,并应根据情况判处赔偿经济损失。

承担民事赔偿责任的犯罪分子,同时被判处罚金,其财产不足以全部支付的,或者被判处没收财产的,应当先承担对被害人的民事赔偿责任。

关联法规索引

《最高人民法院关于审理未成年人刑事案件具体应用法律若干问题的解释》第19条;《最高人民法院研究室关于对参加聚众斗殴受重伤或者死亡的人及其家属提出的民事赔偿请求能否予以支持问题的答复》

典型案例

昆明闽某纸业有限责任公司等污染环境刑事附带民事公益诉讼案[1]

※**要旨**：企业在生产经营过程中，应当承担合理利用资源、采取措施防治污染、履行保护环境的社会责任。企业违反国家法律规定，在无排污许可的前提下，未对生产废水进行有效处理并通过暗管直接排放，严重污染环境，不仅需要依法承担刑事责任，还应承担生态环境损害赔偿民事责任。公司股东滥用公司法人独立地位、股东有限责任，导致公司不能履行其应当承担的生态环境损害修复、赔偿义务，国家规定的机关或者法律规定的组织请求股东对此依照《公司法》的规定承担连带责任的，人民法院依法应当予以支持。

第三十七条 【非刑罚性处置措施】对于犯罪情节轻微不需要判处刑罚的，可以免予刑事处罚，但是可以根据案件的不同情况，予以训诫或者责令具结悔过、赔礼道歉、赔偿损失，或者由主管部门予以行政处罚或者行政处分。

条文解读

本条是关于非刑罚性处置措施的规定。根据本条规定，对犯罪情节轻微不需要判处刑罚的，可免予刑事处罚，但可以适用非刑罚性处置措施。刑罚的目的是通过惩罚，教育和挽救犯罪分子以预防特殊犯罪，以及通过警示教育他人，以预防一般犯罪。对于犯罪情节轻微的犯罪分子，由于其行为对社会的危害不大，人身危险性较低，同时被效仿的可能性较小，不予刑事处罚，而是予以训诫或者责令具结悔过、赔礼道歉、赔偿损失，或由主管部门予以行政处罚或者行政处分，同样可以达到刑罚的目的。这样不仅节约了司法资源，而且体现了罪责刑相适应的原则。适用本条时，需要正确理解免予刑事处罚的两个条件，即“犯罪情节轻微”和“不需要判处刑罚”。“犯罪情节轻微”，是指已经构成犯罪，但犯罪的性质和情节及危害后果

〔1〕 参见最高人民法院指导性案例第215号。

都很轻。如果犯罪情节显著轻微危害不大，已经不构成犯罪，也不是本条中的“犯罪情节轻微”。“不需要判处刑罚”，是指不适用刑罚而采取非刑罚的方法亦可达到刑罚的目的。只有同时满足这两个条件，才可以免予刑事处罚。

关联法规索引

《最高人民法院关于贯彻宽严相济刑事政策的若干意见》第15条；《最高人民法院关于审理未成年人刑事案件具体应用法律若干问题的解释》第17条

第三十七条之一 【从业禁止规定】因利用职业便利实施犯罪，或者实施违背职业要求的特定义务的犯罪被判处刑罚的，人民法院可以根据犯罪情况和预防再犯罪的需要，禁止其自刑罚执行完毕之日或者假释之日起从事相关职业，期限为三年至五年。

被禁止从事相关职业的人违反人民法院依照前款规定作出的决定的，由公安机关依法给予处罚；情节严重的，依照本法第三百一十三条的规定定罪处罚。

其他法律、行政法规对其从事相关职业另有禁止或者限制性规定的，从其规定。

条文解读

本条是关于从业禁止的规定。从业禁止，是指人民法院对利用所从事职业便利或违背职业要求的特定义务实施犯罪被判处刑罚的人，依法禁止其在一定期限内从事相关职业以预防其再次实施犯罪的法律措施。利用职业便利实施犯罪，是指利用自己从事该职业所形成的管理、经手、权力、地位等便利条件实施犯罪，如犯罪人利用职业便利实施的职务侵占犯罪等，从事证券、银行、保险等行业的人员利用职业便利实施的妨害对公司、企业的管理秩序罪、破坏金融管理秩序罪等。实施违背职业要求的特定义务的犯罪，是指违背一些特定行业、领域有关特定义务的要求，违背行业标准、规章制度以及职业道德、职业信誉所实施的犯罪。

本条第1款规定了从业禁止的适用对象、适用条件和期限。(1)从业禁止规定适用的对象,即利用职业便利实施犯罪或者实施违背职业要求的特定义务的犯罪被判处刑罚的犯罪人。“被判处刑罚”包括被判处主刑和附加刑。对于依照本法第37条规定予以定罪,但免予刑事处罚的犯罪分子,不适用从业禁止的规定。(2)根据犯罪情况和预防再犯罪的需要,人民法院可以对犯罪分子决定适用从业禁止规定。“根据犯罪情况和预防再犯罪的需要”,主要是根据犯罪的性质、情节、社会危害程度、造成的社会影响,以及犯罪分子的主观恶性、再次犯罪的可能性等方面来确定的。从业禁止规定的适用不是“应当”而是“可以”,即既可以适用也可以不适用,由人民法院根据具体情况来判断。一般来说,对于主观恶性大、犯罪情节恶劣,不适用从业禁止可能严重影响公众安全感,难以预防其再次犯罪的,适用从业禁止规定。对于主观恶性小、犯罪情节较轻、再次犯罪可能性较小的,可以不适用从业禁止的规定。(3)从业禁止规定的期限为3~5年,人民法院可以根据犯罪情况和预防再犯罪的需要,在3~5年之间,酌情确定具体期限。从业禁止期限自刑罚执行完毕或者假释之日起计算。从业禁止的效力当然适用于刑罚执行期间。

本条第2款是关于违反从业禁止决定的后果的规定。违反从业禁止决定,情节较轻的,由公安机关依法给予处罚。这主要是针对违反人民法院作出的从业禁止决定,但情节比较轻微,尚不构成犯罪的情况。违反从业禁止决定,情节严重的,依照本法第313条的规定,以拒不执行判决、裁定罪定罪处罚。这主要是指违反人民法院从业禁止决定,经有关部门劝告、纠正仍不改正的,因违反从业禁止决定受到行政处罚又违反的,或者违反从业禁止决定且在从业过程中又有违法行为的情形。

本条第3款是关于其他法律、行政法规对从事相关职业另有禁止或者限制性规定时如何处理的规定。“从业禁止”这类措施在许多行政管理法律法规中都有类似的规定,如《证券法》《公司法》《法官法》《教师法》《公务员法》等。这些法律、行政法规的规定与本条规定的从业禁止适用条件、禁止期限等方面存在一定差异。对于其他法律、行政法规对从事相关职业另有禁止或者限制性规定的,从其规定,即依照这些法律、行政法规的规定处理。

关联法规索引

《最高人民法院关于〈中华人民共和国刑法修正案(九)〉时间效力问题的解释》第1条;《最高人民法院、最高人民检察院、教育部关于落实从业禁止制度的意见》

第二节　管　　制

第三十八条　【管制的期限、执行方式及禁止令规定】 管制的期限，为三个月以上二年以下。

判处管制，可以根据犯罪情况，同时禁止犯罪分子在执行期间从事特定活动，进入特定区域、场所，接触特定的人。

对判处管制的犯罪分子，依法实行社区矫正。

违反第二款规定的禁止令的，由公安机关依照《中华人民共和国治安管理处罚法》的规定处罚。

第三十九条　【被管制罪犯的义务与权利】 被判处管制的犯罪分子，在执行期间，应当遵守下列规定：

（一）遵守法律、行政法规，服从监督；

（二）未经执行机关批准，不得行使言论、出版、集会、结社、游行、示威自由的权利；

（三）按照执行机关规定报告自己的活动情况；

（四）遵守执行机关关于会客的规定；

（五）离开所居住的市、县或者迁居，应当报经执行机关批准。

对于被判处管制的犯罪分子，在劳动中应当同工同酬。

关联法规索引

《治安管理处罚法》第60条

第四十条　【管制的解除】 被判处管制的犯罪分子，管制期满，执行机关应即向本人和其所在单位或者居住地的群众宣布解除管制。

第四十一条　【管制刑期的计算】 管制的刑期，从判决执行之日起计算；判决执行以前先行羁押的，羁押一日折抵刑期二日。

条文解读

本法第 41 条是关于管制刑期计算和折抵的规定。管制的刑期从判决执行之日起计算。判决执行之日指判决生效之日。羁押，是指将犯罪嫌疑人或被告人依法拘留或逮捕后关押于看守所或其他规定场所。羁押对于有罪者而言是提前执行刑罚，故羁押应当从判决确定的刑期中减除。因羁押属于剥夺自由，而管制是限制自由的刑罚，因此，法律规定羁押 1 日折抵刑期 2 日是公平合理的。

第三节　拘　　役

第四十二条　【拘役的期限】 拘役的期限，为一个月以上六个月以下。

第四十三条　【拘役的执行】 被判处拘役的犯罪分子，由公安机关就近执行。

在执行期间，被判处拘役的犯罪分子每月可以回家一天至两天；参加劳动的，可以酌量发给报酬。

条文解读

本法第 43 条是关于拘役执行的规定。拘役的刑期较短；被判处拘役的犯罪分子，有的已被先期羁押，折抵后实际执行拘役的刑期更短。

拘役由公安机关执行，主要是指在公安机关的看管之下进行劳动改造，其人身自由已被剥夺，并应置于执行人员的看管之下。这里所说的“就近执行”，是指由犯罪分子所在地的县、市或市辖区的公安机关设置的拘役所执行；没有建立拘役所的，可在公安机关的看守所执行。

被判处拘役的犯罪分子，每月回家的天数应当计算在刑期之内。根据第 43 条第 2 款的规定，对参加劳动的拘役人员，可以“酌量发给报酬”。这里规定的是“可以”酌量发给报酬，而不是必须发给报酬。

第四十四条　【拘役刑期的计算】 拘役的刑期，从判决执行之日起计算；判决执行以前先行羁押的，羁押一日折抵刑期一日。

第四节　有期徒刑、无期徒刑

第四十五条　【有期徒刑的期限】 有期徒刑的期限，除本法第五十条、第六十九条规定外，为六个月以上十五年以下。

第四十六条　【有期徒刑与无期徒刑的执行】 被判处有期徒刑、无期徒刑的犯罪分子，在监狱或者其他执行场所执行；凡有劳动能力的，都应当参加劳动，接受教育和改造。

第四十七条　【有期徒刑刑期的计算】 有期徒刑的刑期，从判决执行之日起计算；判决执行以前先行羁押的，羁押一日折抵刑期一日。

第五节　死　　刑

第四十八条　【死刑、死缓及核准程序】 死刑只适用于罪行极其严重的犯罪分子。对于应当判处死刑的犯罪分子，如果不是必须立即执行的，可以判处死刑同时宣告缓期二年执行。

死刑除依法由最高人民法院判决的以外，都应当报请最高人民法院核准。死刑缓期执行的，可以由高级人民法院判决或者核准。

条文解读

本条是关于死刑、死缓及核准程序的规定。死刑剥夺犯罪人的生命，是最严厉的刑罚。根据本条规定，死刑只适用于罪行极其严重的犯罪分子。所谓罪行极其严重，是指所犯罪行对国家和人民的利益危害特别严重、情节特别恶劣。与之相应，《刑法》分则对于可以适用死刑的犯罪作了严格的限制。例如，对可以判处死刑的，都规定了"对国家和人民危害特别严重、情节特别恶劣""致人重伤、死亡或者使公私财产遭受重大损失"等构成条件。死刑包括死刑立即执行与死刑缓期二年执行两种情况。死刑缓期二年执行简称"死缓"，是死刑的执行方法，而不是独立的刑种。选择死刑的执行方式，要考虑犯罪分子是否具备免死情节。一般认为，适用死刑缓期执行的条件是犯罪分子罪该当死，但考虑到犯罪分子具备法定或酌定从轻处罚情节，人身危险程度相对较低，仍然有改造的可能，从人道主义的角度来讲应当免其一死。本条规定死刑缓期执行，也有助于贯彻“少杀慎杀”的刑事司法政策。

本条第2款是关于死刑核准程序的规定。由最高人民法院核准死刑立即执行判决，有利于及时查明犯罪事实，既使罪行极其严重的犯罪分子及时得到处罚，又能够避免无罪、罪轻之人被剥夺生命。本款中的“可以”，意指死刑缓期执行的核准是高级人民法院的职权而不是裁量权。

关联法规索引

《刑事诉讼法》第261条；《最高人民法院关于贯彻宽严相济刑事政策的若干意见》第29条

典型案例

王某才故意杀人案[1]

※要旨：因恋爱、婚姻矛盾激化引发的故意杀人案件，被告人犯罪手段残忍，论罪应当判处死刑，但被告人具有坦白悔罪、积极赔偿等从轻处罚情节，同时被害人亲属要求严惩的，人民法院根据案件性质、犯罪情节、危害后果和被告人的主观恶性及人身危险性，可以依法判处被告人死刑，缓期二年执行，同时决定限制减刑，以有效化解社会矛盾，促进社会和谐。

李某故意杀人案[2]

※要旨：对于因民间矛盾引发的故意杀人案件，被告人犯罪手段残忍，且系累犯，论罪应当判处死刑，但被告人亲属主动协助公安机关将其抓捕归案，并积极赔偿的，人民法院根据案件具体情节，从尽量化解社会

[1] 参见最高人民法院指导性案例第4号。
[2] 参见最高人民法院指导性案例第12号。

矛盾角度考虑，可以依法判处被告人死刑，缓期二年执行，同时决定限制减刑。

第四十九条 【死刑适用对象的限制】犯罪的时候不满十八周岁的人和审判的时候怀孕的妇女，不适用死刑。

审判的时候已满七十五周岁的人，不适用死刑，但以特别残忍手段致人死亡的除外。

条文解读

本条是关于死刑适用对象的限制的规定。

本条第1款是关于对未成年人和怀孕妇女不适用死刑的规定。需要注意的是，我国《刑法》规定的死刑包括死刑立即执行和死刑缓期二年执行。因此，犯罪时未满18周岁的人和审判的时候怀孕的妇女，也不能被判处死刑缓期二年执行。另外，根据《最高人民法院关于对怀孕妇女在羁押期间自然流产审判时是否可以适用死刑问题的批复》的规定，怀孕妇女因涉嫌犯罪在羁押期间自然流产后，又因同一事实被起诉、交付审判的，应当视为“审判的时候怀孕的妇女”，依法不适用死刑。

本条第2款是关于对老年人适用死刑的规定。根据本款规定，审判的时候已满75周岁的人，原则上不适用死刑，包括死刑缓期二年执行与死刑立即执行，但是以特别残忍手段致人死亡的情况除外。

第五十条 【死缓变更】判处死刑缓期执行的，在死刑缓期执行期间，如果没有故意犯罪，二年期满以后，减为无期徒刑；如果确有重大立功表现，二年期满以后，减为二十五年有期徒刑；如果故意犯罪，情节恶劣的，报请最高人民法院核准后执行死刑；对于故意犯罪未执行死刑的，死刑缓期执行的期间重新计算，并报最高人民法院备案。

对被判处死刑缓期执行的累犯以及因故意杀人、强奸、抢劫、绑架、放火、爆炸、投放危险物质或者有组织的暴力性犯罪被判处死刑缓期执行的犯罪分子，人民法院根据犯罪情节等情况可以同时决定对其限制减刑。

条文解读

本条是关于死缓变更的规定。由于死缓不是独立刑种，故判处死缓后会出现4种不同的结局：其一，在死缓执行期间，如果没有故意犯罪，2年期满后，减为无期徒刑。是否构成故意犯罪，具体要看行为人的行为是否符合《刑法》分则关于个罪犯罪构成的要件的规定。其二，在死缓执行期间，如果确有重大立功表现，2年期满后，减为25年有期徒刑。其中的重大立功表现，根据本法第78条予以确定。其三，在死缓执行期间，如果故意犯罪，情节恶劣的，报请最高人民法院核准后执行死刑。是否构成故意犯罪，需要经人民法院审判确定。"情节恶劣"需要结合犯罪的动机、手段、危害后果等犯罪情节，以及罪犯在缓期执行期间的改造、悔罪表现等综合确定。其四，在死缓执行期间，如果故意犯罪，对于故意犯罪未执行死刑的，死刑缓期执行的期间重新计算，并报最高人民法院备案。"故意犯罪未执行死刑的"，是指故意犯罪，但不属于情节恶劣，因而不执行死刑的。在这种情况下，死缓执行期间重新计算，自故意犯罪的判决确定之日起计算。

对被判处死刑缓期执行的累犯以及因故意杀人、强奸、抢劫、绑架、放火、爆炸、投放危险物质或者有组织的暴力性犯罪被判处死刑缓期执行的犯罪分子，人民法院可以根据犯罪情节决定限制减刑，但不能一律决定限制减刑。

关联法规索引

《最高人民法院关于〈中华人民共和国刑法修正案（八）〉时间效力问题的解释》第2条；《最高人民法院关于〈中华人民共和国刑法修正案（九）〉时间效力问题的解释》第2条

第五十一条 【死缓执行期间的计算】死刑缓期执行的期间，从判决确定之日起计算。死刑缓期执行减为有期徒刑的刑期，从死刑缓期执行期满之日起计算。

第六节 罚 金

第五十二条 【罚金的判处】判处罚金,应当根据犯罪情节决定罚金数额。

关联法规索引

《最高人民法院关于审理未成年人刑事案件具体应用法律若干问题的解释》第15条;《最高人民法院关于适用财产刑若干问题的规定》第1~4条

第五十三条 【罚金的缴纳】罚金在判决指定的期限内一次或者分期缴纳。期满不缴纳的,强制缴纳。对于不能全部缴纳罚金的,人民法院在任何时候发现被执行人有可以执行的财产,应当随时追缴。

由于遭遇不能抗拒的灾祸等原因缴纳确实有困难的,经人民法院裁定,可以延期缴纳、酌情减少或者免除。

条文解读

本条是关于罚金缴纳的规定。本条规定了罚金缴纳的4种情况:(1)一次缴纳。一次缴纳就是在判决所确定的期限内,强制犯罪分子一次性地将判决所确定的罚金额全部缴清。一次缴纳的执行方式主要适用于罚金数额不多,或者罚金数额虽然较多,但犯罪分子经济状况良好,缴纳并不困难的情况。(2)分期缴纳。分期缴纳是指在判决确定期限内,分多次强制犯罪分子把判决所确定的罚金额全部缴清。分期缴纳适用于罚金数额较多,犯罪分子无力一次缴纳,或者尽管罚金数额不多,但犯罪分子经济能力较差而无力一次缴纳的情况。(3)强制缴纳。强制缴纳即强迫犯罪分子缴纳罚金。它适用于有能力缴纳而拒不缴纳罚金的犯罪分子。(4)随时追缴。随时追缴是指对于不能全部缴纳罚金的犯罪分子,人民法院在发现被执行人有可以执行的财产的任何时候,都可以强制要求犯罪分子缴纳罚金的执行方式。

本条第2款规定，犯罪分子由于遭遇不能抗拒的灾祸等原因缴纳确实有困难的，经人民法院裁定，可以延期缴纳、酌情减少或者免除。“不能抗拒的灾祸等原因”，是指遭遇火灾、水灾等自然灾害或者罪犯及其家属重病、伤残等，以及其他一些导致缴纳罚金确实有困难的情形。不能抗拒的灾祸等原因是延期缴纳或者减免罚金的必要条件，而不是充分条件，不是所有上述情况都可以延期缴纳或者减免罚金。

关联法规索引

《最高人民法院关于适用财产刑若干问题的规定》第5～11条

第七节 剥夺政治权利

第五十四条 【剥夺政治权利的内容】 剥夺政治权利是剥夺下列权利：

（一）选举权和被选举权；

（二）言论、出版、集会、结社、游行、示威自由的权利；

（三）担任国家机关职务的权利；

（四）担任国有公司、企业、事业单位和人民团体领导职务的权利。

条文解读

本条是关于剥夺政治权利的内容的规定。剥夺政治权利，是指剥夺犯罪人参加国家管理和政治活动的权利的一种刑罚方法。剥夺的政治权利包括以下4项：(1)选举权和被选举权。所谓选举权和被选举权，是指公民可以参加选举活动，按照本人的自由意志投票选举人民代表等职务的权利，以及被提名为人民代表等职务的候选人，当选为人民代表等职务的权利。选举权和被选举权是公民的一项基本政治权利。(2)言论、出版、集会、结社、游行、示威自由的权利。这6项自由是我国《宪法》规定的公民的基本政治自由，是人民发表意见、参加政治活动和国家管理的自由权利。(3)担任国家机关职务的权利。既包括担任领导职务，也包括担任其他职务。(4)担任国有公司、企业、事业单位和人民团体领导职务的权利。担任国有公司、企业、事业单位和人民团体非领导职务，或担任集体、私营公司、企业和事业单位领导职务的权利皆不属于犯罪人被剥夺政治权利的范围。

关联法规索引

《最高人民法院关于审理未成年人刑事案件具体应用法律若干问题的解释》第14条

第五十五条 【剥夺政治权利的期限】 剥夺政治权利的期限，除本法第五十七条规定外，为一年以上五年以下。

判处管制附加剥夺政治权利的，剥夺政治权利的期限与管制的期限相等，同时执行。

第五十六条 【剥夺政治权利的适用对象】 对于危害国家安全的犯罪分子应当附加剥夺政治权利；对于故意杀人、强奸、放火、爆炸、投毒、抢劫等严重破坏社会秩序的犯罪分子，可以附加剥夺政治权利。

独立适用剥夺政治权利的，依照本法分则的规定。

关联法规索引

《最高人民法院关于对故意伤害、盗窃等严重破坏社会秩序的犯罪分子能否附加剥夺政治权利问题的批复》

第五十七条 【对死刑、无期徒刑罪犯剥夺政治权利的适用】 对于被判处死刑、无期徒刑的犯罪分子，应当剥夺政治权利终身。

在死刑缓期执行减为有期徒刑或者无期徒刑减为有期徒刑的时候，应当把附加剥夺政治权利的期限改为三年以上十年以下。

第五十八条 【剥夺政治权利的刑期计算】 附加剥夺政治权利的刑期，从徒刑、拘役执行完毕之日或者从假释之日起计算；剥夺政治权利的效力当然施用于主刑执行期间。

被剥夺政治权利的犯罪分子，在执行期间，应当遵守法律、行政法规和国

务院公安部门有关监督管理的规定，服从监督；不得行使本法第五十四条规定的各项权利。

条文解读

本法第58条是关于剥夺政治权利的刑期计算的规定。本条第1款规定了附加剥夺政治权利的刑期如何计算和剥夺政治权利的效力是否适用于主刑执行期间。对于判处有期徒刑、拘役的犯罪分子，附加适用剥夺政治权利的，从主刑执行完毕之日或假释之日起计算剥夺政治权利的刑期，剥夺政治权利的效力从主刑执行之日起已经发生，在主刑执行期间，政治权利也应同时被剥夺。对于在执行附加刑剥夺政治权利期间犯新罪的，根据2009年5月25日《最高人民法院关于在执行附加刑剥夺政治权利期间犯新罪应如何处理的批复》的规定：(1)对判处有期徒刑并处剥夺政治权利的罪犯，主刑已执行完毕，在执行附加刑剥夺政治权利期间又犯新罪，如果所犯新罪无须附加剥夺政治权利的，依照《刑法》第71条的规定数罪并罚。(2)前罪尚未执行完毕的附加刑剥夺政治权利的刑期从新罪的主刑有期徒刑执行之日起停止计算，并依照《刑法》第58条规定从新罪的主刑有期徒刑执行完毕之日或者假释之日起继续计算；附加刑剥夺政治权利的效力施用于新罪的主刑执行期间。(3)对判处有期徒刑的罪犯，主刑已执行完毕，在执行附加刑剥夺政治权利期间又犯新罪，如果所犯新罪也剥夺政治权利的，依照《刑法》第55、57、71条的规定并罚。

第58条第2款是关于被剥夺政治权利的犯罪分子应当遵守有关监督管理规定的规定。被剥夺政治权利的犯罪分子，在执行期间必须遵守国家法律、行政法规，不得有违法行为。根据我国《刑事诉讼法》第270条的规定，对被判处剥夺政治权利的罪犯，由公安机关执行。

第八节　没收财产

第五十九条　【没收财产的范围】没收财产是没收犯罪分子个人所有财产的一部或者全部。没收全部财产的，应当对犯罪分子个人及其扶养的家属保留必需的生活费用。

在判处没收财产的时候，不得没收属于犯罪分子家属所有或者应有的财产。

条文解读

本条是关于没收财产的范围的规定。没收财产是司法机关依据《刑法》的有关规定，将犯罪分子个人所有财产的一部分或者全部强制无偿地收归国家所有。根据罪责自负的原则，没收财产刑只能针对犯罪分子个人的财产，不得没收属于犯罪分子家属所有或应有的财产。犯罪分子个人所有的财产包括以下几个方面：一是犯罪分子的合法收入、储蓄、房屋和其他生活资料；二是依法归犯罪分子所有的生产资料；三是犯罪分子所有的股份、股票、债券和其他财产。需要注意的是，没收全部财产的，应当对犯罪分子个人及其扶养的家属保留必需的生活费用。

没收财产与《刑法》第 64 条关于"犯罪分子违法所得的一切财物，应当予以追缴或者责令退赔""违禁品和供犯罪所用的本人财物，应当予以没收"的规定有重大区别：前者是一种刑罚方法；后者没收犯罪分子违法所得的一切财物，是因为犯罪分子本无权占有这些财物，自然应予追缴或责令退赔，查明物主的要退还给物主，使国家、集体或公民个人的合法财产恢复原状。至于没收违禁品和供犯罪所用的本人财物，如枪支、弹药、毒品和淫秽物品等，是刑罚以外的对这部分涉案财物的处理。

第六十条　【以没收的财产偿还债务】没收财产以前犯罪分子所负的正当债务，需要以没收的财产偿还的，经债权人请求，应当偿还。

关联法规索引

《最高人民法院关于适用财产刑若干问题的规定》第 7 条

第四章　刑罚的具体运用

本章介绍

本章是关于刑罚的具体运用的规定，包括量刑的一般原则、累犯、自首和立功、数罪并罚、缓刑、减刑、假释和时效的规定。量刑应当“以事实为根据，以法律为准绳”，适当量刑。量刑情节根据刑罚适用的轻重，分为从重、从轻和减轻3种。累犯为法定量刑从重情节；自首和立功为法定从轻量刑情节。缓刑是附条件的不执行刑罚。减刑和假释是犯罪人服刑过程中减轻或附条件不执行刑罚的规定。时效主要指追诉时效而不包括行刑时效。追诉时效就是经过一定期限不再追诉犯罪行为的规定。

第一节　量　　刑

第六十一条　【量刑根据】对于犯罪分子决定刑罚的时候，应当根据犯罪的事实、犯罪的性质、情节和对于社会的危害程度，依照本法的有关规定判处。

关联法规索引

《最高人民法院、最高人民检察院、公安部、国家安全部、司法部关于适用认罪认罚从宽制度的指导意见》；《人民检察院办理认罪认罚案件开展量刑建议工作的指导意见》；《最高人民法院、最高人民检察院关于常见犯罪的量刑指导意见（试行）》

第六十二条　【从重处罚与从轻处罚】犯罪分子具有本法规定的从重处罚、从轻处罚情节的，应当在法定刑的限度以内判处刑罚。

条文解读

本条是关于从重处罚与从轻处罚的规定。根据本条规定，具有法定从重、从轻处罚情节的，应当在法定刑的限度以内判处刑罚：(1)从重处罚，是指在法定的幅度内，对犯罪分子适用较重的刑种或者处以相对较长的刑期。所谓在法定刑幅度内适用相对较重的刑罚，是指在犯罪分子所犯罪行应适用的法定刑幅度内相对从重。《刑法》分则对某罪名规定数个刑罚幅度的，首先要依法确定该犯罪分子应适用的幅度，然后在该幅度内从重。从重也并不意味着一律判处该幅度的最高刑罚，而是根据犯罪分子的具体犯罪行为和情节、危害后果等，相对于其如果没有该从重情节的情况下所应判处的刑罚，适当从重。(2)具有本法规定的从轻处罚情节的，在法定刑的幅度内，对犯罪分子适用相对较轻的刑种或者处以较短的刑期。我国《刑法》规定的从轻处罚的情节大多数见于总则中，如犯罪形态中的预备犯、未遂犯，共同犯罪中的从犯等。《刑法》规定的从轻处罚的情节可以分为两类：一类是应当予以从轻处罚；另一类是可以予以从轻处罚。对于应当予以从轻处罚的，法院量刑时必须处以相对较轻的处罚；对于可以从轻处罚的情节，法院量刑时需要充分考虑该情节，并综合全案情况，决定是否予以从轻处罚。原则上，对于此种情况，法院应先考虑从轻处罚；如果有特殊情况，适用从轻处罚有失罪刑均衡时，再考虑不适用从轻处罚。

从重处罚与从轻处罚都不能高于法定刑或低于法定刑判处刑罚。从重处罚与从轻处罚并不意味着在法定刑"中间线"以上或以下判处刑罚。从重处罚与从轻处罚是相对于既没有从重处罚情节又没有从轻处罚情节的一般情况下所应判处的刑罚而言的。

典型案例

林某彬等人组织、领导、参加黑社会性质组织案[1]

※要旨：认罪认罚从宽制度可以适用于所有刑事案件，没有适

〔1〕 参见最高人民检察院指导性案例第84号。

用罪名和可能判处刑罚的限定，涉黑涉恶犯罪案件依法可以适用该制度。认罪认罚从宽制度贯穿刑事诉讼全过程，适用于侦查、起诉、审判各个阶段。

琚某忠盗窃案[1]

※**要旨**：对于犯罪事实清楚，证据确实、充分，被告人自愿认罪认罚，一审法院采纳从宽量刑建议判决的案件，因被告人无正当理由上诉而不再具有认罪认罚从宽的条件，检察机关可以依法提出抗诉，建议法院取消因认罪认罚给予被告人的从宽量刑。

第六十三条　【减轻处罚】犯罪分子具有本法规定的减轻处罚情节的，应当在法定刑以下判处刑罚；本法规定有数个量刑幅度的，应当在法定量刑幅度的下一个量刑幅度内判处刑罚。

犯罪分子虽然不具有本法规定的减轻处罚情节，但是根据案件的特殊情况，经最高人民法院核准，也可以在法定刑以下判处刑罚。

第六十四条　【涉案财物的处理】犯罪分子违法所得的一切财物，应当予以追缴或者责令退赔；对被害人的合法财产，应当及时返还；违禁品和供犯罪所用的本人财物，应当予以没收。没收的财物和罚金，一律上缴国库，不得挪用和自行处理。

条文解读

本法第 64 条是关于涉案财物的处理的规定。对犯罪分子违法所得的财物和违禁品等的处理分为以下 4 种情况：

1. 犯罪分子违法所得的一切财物，应当予以追缴或者责令退赔。“违法所得的一切财物”，是指犯罪分子因实施犯罪活动而取得的全部财物，包括金钱或者物品。“追缴”，是指将犯罪分子的违法所得强制收归国有。“责令退赔”，是指即使犯罪分子已将违法所得使用、挥霍或者毁坏，也要责令其按违法所得财物的价值退赔。

2. 对于追缴和退赔的违法所得，如果是属于被害人的合法财产，应当及时返

[1] 参见最高人民检察院指导性案例第 83 号。

还。对于被害人的合法财产被损坏或者已经不存在的,应当折价退赔。

3. 对于违禁品和供犯罪所用的本人财物,应当予以没收。"违禁品",是指依照国家规定,公民不得私自留存、使用的物品,如枪支、弹药、毒品以及淫秽物品等。"供犯罪所用的本人财物",是指供犯罪分子进行犯罪活动而使用的属于他本人所有的钱款和物品。

4. 对于依法没收的财物和罚金,一律上缴国库,即由最后结案的单位统一上缴国家财政,不得挪作他用和自行处理。

关联法规索引

《最高人民法院关于被告人亲属主动为被告人退缴赃款应如何处理的批复》;《最高人民法院、最高人民检察院关于办理赌博刑事案件具体应用法律若干问题的解释》第 8 条

第二节 累 犯

第六十五条 【一般累犯】 被判处有期徒刑以上刑罚的犯罪分子,刑罚执行完毕或者赦免以后,在五年以内再犯应当判处有期徒刑以上刑罚之罪的,是累犯,应当从重处罚,但是过失犯罪和不满十八周岁的人犯罪的除外。

前款规定的期限,对于被假释的犯罪分子,从假释期满之日起计算。

条文解读

本条是关于一般累犯的规定。构成一般累犯的条件如下:(1)前罪和后罪必须都被判处有期徒刑以上刑罚,包括被判处有期徒刑、无期徒刑或者死刑缓期二年执行。其中,后罪是未然的,即审判人员根据犯罪人的犯罪事实、犯罪性质、犯罪情节等作出的对犯罪人应判处有期徒刑以上刑罚的预判断。(2)后罪发生的时间必须在前罪的刑罚执行完毕或者赦免以后 5 年以内。在刑罚执行期间再犯罪的,不适用本条第 1 款规定,应当依照本法关于数罪并罚的规定处罚。这里的"刑罚执行完毕"仅指主刑执行完毕。确定刑罚执行完毕以后"五年以内"的起始日期,应当从

刑满释放之日起计算,而非刑满释放后第2日起算。对被假释的犯罪人而言,在假释考验期满后5年内又故意犯新罪的,可以构成累犯,因为假释犯的假释考验期满时就“认为原判刑罚已经执行完毕”。但对于被判处有期徒刑宣告缓刑的犯罪人而言,在缓刑考验期满后的5年内又犯新罪的,不能构成累犯。根据《最高人民法院、最高人民检察院关于缓刑犯在考验期满后五年内再犯应当判处有期徒刑以上刑罚之罪应否认定为累犯问题的批复》的规定,被判处有期徒刑宣告缓刑的犯罪分子,在缓刑考验期满后5年内再犯应当判处有期徒刑以上刑罚之罪的,因前罪判处的有期徒刑并未执行,不具备《刑法》第65条规定的“刑罚执行完毕”的要件,故不应认定为累犯,但可作为对新罪确定刑罚的酌定从重情节予以考虑。(3)前罪和后罪必须都是故意犯罪。如果其中有一个罪是过失犯罪,就不符合累犯的条件。(4)犯罪分子在犯前罪和后罪时必须都是已满18周岁的人。如果犯前罪时是不满18周岁的未成年人,即使犯后罪时年满18周岁,也不构成累犯。对于累犯应当在法定刑的幅度内从重处罚。

关联法规索引

《最高人民法院关于贯彻宽严相济刑事政策的若干意见》第11条;《最高人民检察院关于认定累犯如何确定刑罚执行完毕以后“五年以内”起始日期的批复》

第六十六条 【特殊累犯】危害国家安全犯罪、恐怖活动犯罪、黑社会性质的组织犯罪的犯罪分子,在刑罚执行完毕或者赦免以后,在任何时候再犯上述任一类罪的,都以累犯论处。

条文解读

本条是关于特殊累犯的规定。构成特殊累犯必须符合以下3个条件:(1)犯罪分子所犯的前罪和后罪必须是危害国家安全犯罪、恐怖活动犯罪、黑社会性质的组织犯罪中的一种。(2)不论是否判处刑罚、判处何种刑罚或者刑罚的轻重,只要构成犯罪即可,不受判处有期徒刑以上刑罚的限制。(3)特殊累犯不受5年期限的限制。

关联法规索引

《最高人民法院关于〈中华人民共和国刑法修正案(八)〉时间效力问题的解释》第3条第2、3款

第三节 自首和立功

第六十七条 【自首】犯罪以后自动投案,如实供述自己的罪行的,是自首。对于自首的犯罪分子,可以从轻或者减轻处罚。其中,犯罪较轻的,可以免除处罚。

被采取强制措施的犯罪嫌疑人、被告人和正在服刑的罪犯,如实供述司法机关还未掌握的本人其他罪行的,以自首论。

犯罪嫌疑人虽不具有前两款规定的自首情节,但是如实供述自己罪行的,可以从轻处罚;因其如实供述自己罪行,避免特别严重后果发生的,可以减轻处罚。

条文解读

本条是关于自首的规定。本条第1款是关于一般自首的规定。一般自首,是指犯罪人自动投案,如实供述自己罪行的行为。一般自首必须具备以下条件:(1)犯罪人自动投案。自动投案,是指犯罪人在犯罪之后归案之前,主动、直接向公安机关、人民检察院、人民法院交代自己的犯罪事实,听候司法机关处理的行为。(2)犯罪人如实供述自己的罪行。如实供述自己的罪行,是指犯罪嫌疑人自动投案后,如实交代自己的主要犯罪事实。犯有数罪的犯罪嫌疑人仅如实供述所犯数罪中部分犯罪的,只对如实供述部分犯罪的行为,认定为自首。共同犯罪案件中的犯罪嫌疑人,除如实供述自己的罪行,还应当供述所知的同案犯;主犯则应当供述所知其他同案犯的共同犯罪事实,才能认定为自首。犯罪嫌疑人自动投案并如实供述自己的罪行后又翻供的,不能认定为自首;但在一审判决前又能如实供述的,应当认定为自首。

本条第2款是关于特别自首的规定。特别自首,是指已经被采取强制措施的犯罪嫌疑人、被告人和正在服刑的罪犯,如实供述司法机关尚未掌握,并且与司法

机关已掌握的或者判决确定的罪行属不同种罪行的行为。如果供述司法机关尚未掌握的罪行,但与司法机关已掌握的或者判决确定的罪行属同种罪行的,可以酌情从轻处罚;如果供述的同种罪行较重,一般应当从轻处罚。如果司法机关已经掌握了犯罪人的其他罪行,只是向犯罪嫌疑人核实其他罪行的有关情况,不成立自首。

本条第3款对除自首以及以自首论的情况外,能够如实供述自己罪行的,增加了可以从轻、减轻处罚的规定。犯罪嫌疑人虽不具有前两款规定的自首情节,但是如实供述自己罪行的,可以从轻处罚;因其如实供述自己罪行,避免特别严重后果发生的,可以减轻处罚。犯罪人自动投案,如实供述自己罪行,但对行为性质进行辩解的,根据《最高人民法院关于被告人对行为性质的辩解是否影响自首成立问题的批复》规定,不影响自首的成立。

关联法规索引

《最高人民法院关于〈中华人民共和国刑法修正案(八)〉时间效力问题的解释》第4条;《最高人民法院关于处理自首和立功具体应用法律若干问题的解释》第1~3条;《最高人民法院、最高人民检察院关于办理职务犯罪案件认定自首、立功等量刑情节若干问题的意见》;《最高人民法院关于处理自首和立功若干具体问题的意见》第1~3条

第六十八条 【立功】犯罪分子有揭发他人犯罪行为,查证属实的,或者提供重要线索,从而得以侦破其他案件等立功表现的,可以从轻或者减轻处罚;有重大立功表现的,可以减轻或者免除处罚。

条文解读

本条是关于立功的规定。立功,是指犯罪分子揭发他人犯罪行为,查证属实,或者提供重要线索,从而得以侦破其他案件,以及其他对国家和社会有突出贡献的行为。立功根据表现形式,可分为以下3种情况:一是揭发他人的犯罪行为,查证属实的。揭发他人犯罪行为,是指揭发同案犯共同犯罪以外的其他犯罪。二是提供重要线索,从而使司法机关得以侦破其他案件的。所谓重要线索,是指对侦破案

件具有决定意义的线索。三是其他立功表现，如阻止他人犯罪活动、协助司法机关抓捕其他犯罪嫌疑人（包括同案犯）、阻止其他犯罪人逃跑、在抢险救灾中表现突出等。根据犯罪分子立功的大小，立功可分为一般立功和重大立功两种情况：一般立功，是指犯罪分子揭发他人的犯罪行为经查证属实是较轻的犯罪，或者司法机关根据犯罪分子提供的线索侦破的是一般犯罪的案件；重大立功，是指提供侦破其他重大案件的重要线索、阻止他人实施重大犯罪活动等。

关联法规索引

《最高人民法院关于〈中华人民共和国刑法修正案（八）〉时间效力问题的解释》第5条；《最高人民法院关于处理自首和立功具体应用法律若干问题的解释》第5～7条；《最高人民法院、最高人民检察院关于办理职务犯罪案件认定自首、立功等量刑情节若干问题的意见》；《最高人民法院关于贯彻宽严相济刑事政策的若干意见》第18条

第四节　数罪并罚

第六十九条　【数罪并罚的原则】判决宣告以前一人犯数罪的，除判处死刑和无期徒刑的以外，应当在总和刑期以下、数刑中最高刑期以上，酌情决定执行的刑期，但是管制最高不能超过三年，拘役最高不能超过一年，有期徒刑总和刑期不满三十五年的，最高不能超过二十年，总和刑期在三十五年以上的，最高不能超过二十五年。

数罪中有判处有期徒刑和拘役的，执行有期徒刑。数罪中有判处有期徒刑和管制，或者拘役和管制的，有期徒刑、拘役执行完毕后，管制仍须执行。

数罪中有判处附加刑的，附加刑仍须执行，其中附加刑种类相同的，合并执行，种类不同的，分别执行。

条文解读

本条是关于数罪并罚原则的规定。数罪并罚原则，是指对一人犯数罪处罚所

依据的规则。它主要是解决判决宣告前一人犯了两种或两种以上不同的罪，应当如何决定执行刑罚的问题。

理解本条，应注意以下几点：(1)数刑中只要有1个是死刑或者无期徒刑，就应当执行死刑或者无期徒刑。对其他犯罪仍应当分别裁量刑罚作出判决，不能因为采用吸收原则而只判处1个死刑或者无期徒刑。(2)数刑中有2个以上有期徒刑、2个以上拘役或者2个以上管制的，应当在总和刑期以下、数刑中最高刑期以上酌情决定应该执行的刑期，但管制最高不能超过3年；拘役最高不能超过1年；有期徒刑总和刑期不满35年的，最高不能超过20年；总和刑期在35年以上的，最高不能超过25年。我国《刑法》对犯数罪的有期徒刑犯、拘役犯、管制犯采用的是限制加重原则。(3)数刑中有期徒刑和拘役并存的，执行有期徒刑即可，拘役不再执行，不能并罚；数刑中有期徒刑和管制，或拘役和管制并存的，有期徒刑、拘役执行完毕后，管制仍需执行，即有期徒刑和管制，或者拘役和管制采取并罚的方式。(4)如果数罪中判处有附加刑的，附加刑仍须执行。不论何种主刑都不影响附加刑的执行，体现了对主刑和附加刑的并科原则。其中，附加刑种类相同的合并执行；种类不同的分别执行。

关联法规索引

《最高人民法院关于〈中华人民共和国刑法修正案(八)〉时间效力问题的解释》第6条；《最高人民法院关于〈中华人民共和国刑法修正案(九)〉时间效力问题的解释》第3条

第七十条　【判决宣告后发现漏罪的并罚】判决宣告以后，刑罚执行完毕以前，发现被判刑的犯罪分子在判决宣告以前还有其他罪没有判决的，应当对新发现的罪作出判决，把前后两个判决所判处的刑罚，依照本法第六十九条的规定，决定执行的刑罚。已经执行的刑期，应当计算在新判决决定的刑期以内。

条文解读

本条是关于判决宣告后发现漏罪的并罚的规定。人民法院的判决宣告并已发生法律效力后,刑罚还没有执行完毕以前,发现被判刑的犯罪分子在判决宣告以前还有其他罪没有判决的,无论新发现的罪与原判决的罪是否属于同种罪,都应当实行数罪并罚;已经执行的刑期,应当计算在新判决决定的刑期以内。具体来说,就是先对漏罪进行判决,确定漏罪的执行刑期;再与前罪判决的执行刑期合并计算总和刑期,决定数罪并罚的执行刑期;最后减去前罪已执行完的刑罚,剩下的就是犯罪分子还应当执行的刑期。但如果在第一审人民法院的判决宣告以后,被告人提出上诉或者人民检察院提出抗诉,判决尚未发生法律效力的情况下,第二审人民法院在审理期间,发现原审被告人在第一审判决宣告以前还有同种漏罪没有判决的,第二审人民法院应当裁定撤销原判,发回原审人民法院重新审判;第一审人民法院重新审判时,不适用数罪并罚的规定。罪犯被裁定减刑后,因被发现漏罪或者又犯新罪而依法进行数罪并罚时,根据《最高人民法院关于罪犯因漏罪、新罪数罪并罚时原减刑裁定应如何处理的意见》的规定,经减刑裁定减去的刑期不计入已经执行的刑期;在此后对因漏罪数罪并罚的罪犯依法减刑,决定减刑的频次、幅度时,应当对其原经减刑裁定减去的刑期酌予考虑。

关联法规索引

《最高人民法院关于判决宣告后又发现被判刑的犯罪分子的同种漏罪是否实行数罪并罚问题的批复》

第七十一条　【判决宣告后又犯新罪的并罚】判决宣告以后,刑罚执行完毕以前,被判刑的犯罪分子又犯罪的,应当对新犯的罪作出判决,把前罪没有执行的刑罚和后罪所判处的刑罚,依照本法第六十九条的规定,决定执行的刑罚。

条文解读

本条是关于判决宣告后又犯新罪的并罚的规定。被判刑的犯罪分子又犯罪的，是指被判刑的犯罪分子在刑罚执行期间又犯依照《刑法》应当受到刑罚处罚的新罪。对这种情况的并罚采取的是先减后并的原则，即将前罪没有执行的刑罚与新犯的罪所判处的刑罚进行并罚，犯罪分子已经执行的刑期不计算在新的判决确定的刑期之内。此时犯罪分子实际执行的刑期可能会超过《刑法》第69条规定的最高刑期的限制。这是因为犯罪分子又犯新罪比发现漏罪更能表明其人身危险性和改造的难度。这里的“刑罚执行完毕”应当是指主刑执行完毕，不包括罚金、剥夺政治权利等附加刑。

关联法规索引

《最高人民法院关于罪犯因漏罪、新罪数罪并罚时原减刑裁定应如何处理的意见》

第五节　缓　　刑

第七十二条　【缓刑适用条件】 对于被判处拘役、三年以下有期徒刑的犯罪分子，同时符合下列条件的，可以宣告缓刑，对其中不满十八周岁的人、怀孕的妇女和已满七十五周岁的人，应当宣告缓刑：

（一）犯罪情节较轻；

（二）有悔罪表现；

（三）没有再犯罪的危险；

（四）宣告缓刑对所居住社区没有重大不良影响。

宣告缓刑，可以根据犯罪情况，同时禁止犯罪分子在缓刑考验期限内从事特定活动，进入特定区域、场所，接触特定的人。

被宣告缓刑的犯罪分子，如果被判处附加刑，附加刑仍须执行。

关联法规索引

《最高人民法院关于〈中华人民共和国刑法修正案（八）〉时间效力问题的解释》第1条第1款；《最高人民法院关于审理未成年人刑事案件具体应用法律若干问题的解释》第16条；《最高人民检察院法律政策研究室关于对数罪并罚决定执行

刑期为三年以下有期徒刑的犯罪分子能否适用缓刑问题的复函》

典型案例

董某某、宋某某抢劫案[1]

※**要旨**：对判处管制或者宣告缓刑的未成年被告人，可以根据其犯罪的具体情况以及禁止事项与所犯罪行的关联程度，对其适用“禁止令”。对于未成年人因上网诱发犯罪的，可以禁止其在一定期限内进入网吧等特定场所。

第七十三条　【考验期限】 拘役的缓刑考验期限为原判刑期以上一年以下，但是不能少于二个月。

有期徒刑的缓刑考验期限为原判刑期以上五年以下，但是不能少于一年。

缓刑考验期限，从判决确定之日起计算。

第七十四条　【不适用缓刑的对象】 对于累犯和犯罪集团的首要分子，不适用缓刑。

第七十五条　【缓刑犯应遵守的规定】 被宣告缓刑的犯罪分子，应当遵守下列规定：

（一）遵守法律、行政法规，服从监督；

（二）按照考察机关的规定报告自己的活动情况；

（三）遵守考察机关关于会客的规定；

（四）离开所居住的市、县或者迁居，应当报经考察机关批准。

第七十六条　【缓刑的考验】 对宣告缓刑的犯罪分子，在缓刑考验期限内，依法实行社区矫正，如果没有本法第七十七条规定的情形，缓刑考验期满，原判的刑罚就不再执行，并公开予以宣告。

〔1〕 参见最高人民法院指导性案例第14号。

关联法规索引

《社区矫正法实施办法》第 54 条

第七十七条　【缓刑的撤销】 被宣告缓刑的犯罪分子，在缓刑考验期限内犯新罪或者发现判决宣告以前还有其他罪没有判决的，应当撤销缓刑，对新犯的罪或者新发现的罪作出判决，把前罪和后罪所判处的刑罚，依照本法第六十九条的规定，决定执行的刑罚。

被宣告缓刑的犯罪分子，在缓刑考验期限内，违反法律、行政法规或者国务院有关部门关于缓刑的监督管理规定，或者违反人民法院判决中的禁止令，情节严重的，应当撤销缓刑，执行原判刑罚。

条文解读

本条是关于缓刑撤销的规定。缓刑犯在缓刑考验期限内的不同表现，决定着对他们的处理结果。对缓刑犯的处理结果分以下 3 种情况：

一是，缓刑犯在缓刑考验期限内如果又犯新罪，或者发现在判决宣告以前还有其他罪没有判决的，应当撤销缓刑，对新发现的罪或者新犯的罪作出判决，把前罪和后罪所判处的刑罚按照《刑法》第 69 条的规定实行数罪并罚。对被宣告缓刑的犯罪分子撤销缓刑执行原判刑罚的，其在宣告缓刑前羁押的时间应当折抵刑期。

二是，缓刑犯在缓刑考验期限内如果违反法律、行政法规或者国务院有关部门有关缓刑的监督管理规定，或者违反人民法院判决中的禁止令，情节严重的，应当撤销缓刑，执行原判刑罚。

三是，缓刑犯在缓刑考验期限内如果没有上述情况，缓刑考验期满，原判的刑罚就不再执行，并予以公开宣告。

关联法规索引

《最高人民法院关于〈中华人民共和国刑法修正案（八）〉时间效力问题的解释》第 1 条第 2 款；《最高人民法院关于撤销缓刑时罪犯在宣告缓刑前羁押的时间能否折抵刑期问题的批复》

第六节　减　　刑

第七十八条　【减刑适用条件与限度】 被判处管制、拘役、有期徒刑、无期徒刑的犯罪分子,在执行期间,如果认真遵守监规,接受教育改造,确有悔改表现的,或者有立功表现的,可以减刑;有下列重大立功表现之一的,应当减刑:

（一）阻止他人重大犯罪活动的;

（二）检举监狱内外重大犯罪活动,经查证属实的;

（三）有发明创造或者重大技术革新的;

（四）在日常生产、生活中舍己救人的;

（五）在抗御自然灾害或者排除重大事故中,有突出表现的;

（六）对国家和社会有其他重大贡献的。

减刑以后实际执行的刑期不能少于下列期限:

（一）判处管制、拘役、有期徒刑的,不能少于原判刑期的二分之一;

（二）判处无期徒刑的,不能少于十三年;

（三）人民法院依照本法第五十条第二款规定限制减刑的死刑缓期执行的犯罪分子,缓期执行期满后依法减为无期徒刑的,不能少于二十五年,缓期执行期满后依法减为二十五年有期徒刑的,不能少于二十年。

条文解读

本条是关于减刑适用条件与限度的规定。减刑,是指对被判处管制、拘役、有期徒刑、无期徒刑的犯罪分子,在刑罚执行期间,如果认真遵守监规,接受教育改造,确有悔改表现的,或者有立功表现的,适当减轻原判刑罚的制度。减轻刑罚即将较重的刑种减为较轻的刑种,或把较长的刑期减为较短的刑期。减刑的适用必须具备以下条件:一是减刑的适用对象限于被判处管制、拘役、有期徒刑、无期徒刑的犯罪分子。二是从适用减刑的实质条件上看,减刑分为弹性减刑和硬性减刑。对于弹性减刑来说,只要犯罪分子在刑罚执行期间认真遵守监规,接受教育改造,确有悔改或立功表现,就可以适用减刑。对于硬性减刑来说,只要犯罪分子在刑罚执行期间具有法定的6种重大立功表现时,就应当适用减刑。三是减刑幅度必须适当。犯罪分子在刑罚执行期间的减刑,既可以是一次减刑,也可以是多次减刑,但无论是一次还是多次都不能超过本条规定的限度。对于被判处管制、拘役、有期徒刑的,实际执行刑期不能少于原判刑期的1/2;对于被判处无期徒刑的,不能少于13年;对于被判处死刑缓期执行并限制减刑的犯罪分子,缓期执行期满后依法减为无期徒刑的,不能少于25年,缓期执行期满后依法减为25年有期徒刑的,不能少于20年。

配套法规及解读

《最高人民法院关于办理减刑、假释案件具体应用法律的规定》(2016年11月14日)

第一条 减刑、假释是激励罪犯改造的刑罚制度,减刑、假释的适用应当贯彻宽严相济刑事政策,最大限度地发挥刑罚的功能,实现刑罚的目的。

第二条 对于罪犯符合刑法第七十八条第一款规定"可以减刑"条件的案件,在办理时应当综合考察罪犯犯罪的性质和具体情节、社会危害程度、原判刑罚及生效裁判中财产性判项的履行情况、交付执行后的一贯表现等因素。

第三条 "确有悔改表现"是指同时具备以下条件:

(一)认罪悔罪;

(二)遵守法律法规及监规,接受教育改造;

(三)积极参加思想、文化、职业技术教育;

(四)积极参加劳动,努力完成劳动任务。

对职务犯罪、破坏金融管理秩序和金融诈骗犯罪、组织(领导、参加、包庇、纵容)黑社会性质组织犯罪等罪犯,不积极退赃、协助追缴赃款赃物、赔偿损失,或者服刑期间利用个人影响力和社会关系等不正当手段意图获得减刑、假释的,不认定其"确有悔改表现"。

罪犯在刑罚执行期间的申诉权利应当依法保护,对其正当申诉不能不加分析地认为是不认罪悔罪。

第四条 具有下列情形之一的,可以认定为有"立功表现":

(一)阻止他人实施犯罪活动的;

（二）检举、揭发监狱内外犯罪活动，或者提供重要的破案线索，经查证属实的；

（三）协助司法机关抓捕其他犯罪嫌疑人的；

（四）在生产、科研中进行技术革新，成绩突出的；

（五）在抗御自然灾害或者排除重大事故中，表现积极的；

（六）对国家和社会有其他较大贡献的。

第（四）项、第（六）项中的技术革新或者其他较大贡献应当由罪犯在刑罚执行期间独立或者为主完成，并经省级主管部门确认。

第五条 具有下列情形之一的，应当认定为有"重大立功表现"：

（一）阻止他人实施重大犯罪活动的；

（二）检举监狱内外重大犯罪活动，经查证属实的；

（三）协助司法机关抓捕其他重大犯罪嫌疑人的；

（四）有发明创造或者重大技术革新的；

（五）在日常生产、生活中舍己救人的；

（六）在抗御自然灾害或者排除重大事故中，有突出表现的；

（七）对国家和社会有其他重大贡献的。

第（四）项中的发明创造或者重大技术革新应当是罪犯在刑罚执行期间独立或者为主完成并经国家主管部门确认的发明专利，且不包括实用新型专利和外观设计专利；第（七）项中的其他重大贡献应当由罪犯在刑罚执行期间独立或者为主完成，并经国家主管部门确认。

第六条 被判处有期徒刑的罪犯减刑起始时间为：不满五年有期徒刑的，应当执行一年以上方可减刑；五年以上不满十年有期徒刑的，应当执行一年六个月以上方可减刑；十年以上有期徒刑的，应当执行二年以上方可减刑。有期徒刑减刑的起始时间自判决执行之日起计算。

确有悔改表现或者有立功表现的，一次减刑不超过九个月有期徒刑；确有悔改表现并有立功表现的，一次减刑不超过一年有期徒刑；有重大立功表现的，一次减刑不超过一年六个月有期徒刑；确有悔改表现并有重大立功表现的，一次减刑不超过二年有期徒刑。

被判处不满十年有期徒刑的罪犯，两次减刑间隔时间不得少于一年；被判处十年以上有期徒刑的罪犯，两次减刑间隔时间不得少于一年六个月。减刑间隔时间不得低于上次减刑减去的刑期。

罪犯有重大立功表现的，可以不受上述减刑起始时间和间隔时间的限制。

第七条 对符合减刑条件的职务犯罪罪犯，破坏金融管理秩序和金融诈骗犯罪罪犯，组织、领导、参加、包庇、纵容黑社会性质组织犯罪罪犯，危害国家安全犯罪罪犯，恐怖活动犯罪罪犯，毒品犯罪集团的首要分子及毒品再犯，累犯，确有履行能力而不履行或者不全部履行生效裁判中财产性判项的罪犯，被判处十年以下有期徒刑的，执行二年以上方可减刑，减刑幅度应当比照本规定第六条从严掌握，一次减刑不超过一年有期徒刑，两次减刑之间应当间隔一年以上。

对被判处十年以上有期徒刑的前款罪犯，以及因故意杀人、强奸、抢劫、绑架、放火、爆炸、投放危险物质或者有组织的暴力性犯罪被判处十年以上有期徒刑的罪犯，数罪并罚且其中两罪以上被判处十年以上有期徒刑的罪犯，执行二年以上方可减刑，减刑幅度应当比照本规定第六条从严掌握，一次减刑不超过一年有期徒刑，两次减刑之间应当间隔一年六个月以上。

罪犯有重大立功表现的，可以不受上述减刑起始时间和间隔时间的限制。

第八条 被判处无期徒刑的罪犯在刑罚执行期间，符合减刑条件的，执行二年以上，可以减刑。减刑幅度为：确有悔改表现或者有立功表现的，可以减为二十二年有期徒刑；确有悔改表现并有立功表现的，可以减为二十一年以上二十二年以下有期徒刑；有重大立功表现的，可以减为二十年以上二十一年以下有期徒刑；确有悔改表现并有重大立功表现的，可以减为十九年以上二十年以下有期徒刑。无期徒刑罪犯减为有期徒刑后再减刑时，减刑幅度依照本规定第六条的规定执行。两次减刑间隔时间不得少于二年。

罪犯有重大立功表现的，可以不受上述减刑起始时间和间隔时间的限制。

第九条 对被判处无期徒刑的职务犯罪罪犯，破坏金融管理秩序和金融诈骗犯罪罪犯，组织、领导、参加、包庇、纵容黑社会性质组织犯罪罪犯，危害国家安全犯罪罪犯，恐怖活动犯罪罪犯，毒品犯罪集团的首要分子及毒品再犯，累犯以及因故意杀人、强奸、抢劫、绑架、放火、爆炸、投放危险物质或者有组织的暴力性犯罪的罪犯，确有履行能力而不履行或者不全部履行生效裁判中财产性判项的罪犯，数罪并罚被判处无期徒刑的罪犯，符合减刑条件的，执行三年以上方可减刑，减刑幅度应当比照本规定第八条从严掌握，减刑后的刑期最低不得少于二十年有期徒刑；减为有期徒刑后再减刑时，减刑幅度比照本规定第六条从严掌握，一次不超过一年有期徒刑，两次减刑之间应当间隔二年以上。

罪犯有重大立功表现的,可以不受上述减刑起始时间和间隔时间的限制。

第十条 被判处死刑缓期执行的罪犯减为无期徒刑后,符合减刑条件的,执行三年以上方可减刑。减刑幅度为:确有悔改表现或者有立功表现的,可以减为二十五年有期徒刑;确有悔改表现并有立功表现的,可以减为二十四年以上二十五年以下有期徒刑;有重大立功表现的,可以减为二十三年以上二十四年以下有期徒刑;确有悔改表现并有重大立功表现的,可以减为二十二年以上二十三年以下有期徒刑。

被判处死刑缓期执行的罪犯减为有期徒刑后再减刑时,比照本规定第八条的规定办理。

第十一条 对被判处死刑缓期执行的职务犯罪罪犯,破坏金融管理秩序和金融诈骗犯罪罪犯,组织、领导、参加、包庇、纵容黑社会性质组织犯罪罪犯,危害国家安全犯罪罪犯,恐怖活动犯罪罪犯,毒品犯罪集团的首要分子及毒品再犯,累犯以及因故意杀人、强奸、抢劫、绑架、放火、爆炸、投放危险物质或者有组织的暴力性犯罪的罪犯,确有履行能力而不履行或者不全部履行生效裁判中财产性判项的罪犯,数罪并罚被判处死刑缓期执行的罪犯,减为无期徒刑后,符合减刑条件的,执行三年以上方可减刑,一般减为二十五年有期徒刑,有立功表现或者重大立功表现的,可以比照本规定第十条减为二十三年以上二十五年以下有期徒刑;减为有期徒刑后再减刑时,减刑幅度比照本规定第六条从严掌握,一次不超过一年有期徒刑,两次减刑之间应当间隔二年以上。

第十二条 被判处死刑缓期执行的罪犯经过一次或者几次减刑后,其实际执行的刑期不得少于十五年,死刑缓期执行期间不包括在内。

死刑缓期执行罪犯在缓期执行期间不服从监管、抗拒改造,尚未构成犯罪的,在减为无期徒刑后再减刑时应当适当从严。

第十三条 被限制减刑的死刑缓期执行罪犯,减为无期徒刑后,符合减刑条件的,执行五年以上方可减刑。减刑间隔时间和减刑幅度依照本规定第十一条的规定执行。

第十四条 被限制减刑的死刑缓期执行罪犯,减为有期徒刑后再减刑时,一次减刑不超过六个月有期徒刑,两次减刑间隔时间不得少于二年。有重大立功表现的,间隔时间可以适当缩短,但一次减刑不超过一年有期徒刑。

第十五条 对被判处终身监禁的罪犯,在死刑缓期执行期满依法减为无期徒刑的裁定中,应当明确终身监禁,不得再减刑或者假释。

第十六条 被判处管制、拘役的罪犯,以及判决生效后剩余刑期不满二年有期徒刑的罪犯,符合减刑条件的,可以酌情减刑,减刑起始时间可以适当缩短,但实际执行的刑期不得少于原判刑期的二分之一。

第十七条 被判处有期徒刑罪犯减刑时,对附加剥夺政治权利的期限可以酌减。酌减后剥夺政治权利的期限,不得少于一年。

被判处死刑缓期执行、无期徒刑的罪犯减为有期徒刑时,应当将附加剥夺政治权利的期限减为七年以上十年以下,经过一次或者几次减刑后,最终剥夺政治权利的期限不得少于三年。

第十八条 被判处拘役或者三年以下有期徒刑,并宣告缓刑的罪犯,一般不适用减刑。

前款规定的罪犯在缓刑考验期内有重大立功表现的,可以参照刑法第七十八条的规定予以减刑,同时应当依法缩减其缓刑考验期。缩减后,拘役的缓刑考验期限不得少于二个月,有期徒刑的缓刑考验期限不得少于一年。

第十九条 对在报请减刑前的服刑期间不满十八周岁,且所犯罪行不属于刑法第八十一条第二款规定情形的罪犯,认罪悔罪,遵守法律法规及监规,积极参加学习、劳动,应当视为确有悔改表现。

对上述罪犯减刑时,减刑幅度可以适当放宽,或者减刑起始时间、间隔时间可以适当缩短,但放宽的幅度和缩短的时间不得超过本规定中相应幅度、时间的三分之一。

第二十条 老年罪犯、患严重疾病罪犯或者身体残疾罪犯减刑时,应当主要考察其认罪悔罪的实际表现。

对基本丧失劳动能力,生活难以自理的上述罪犯减刑时,减刑幅度可以适当放宽,或者减刑起始时间、间隔时间可以适当缩短,但放宽的幅度和缩短的时间不得超过本规定中相应幅度、时间的三分之一。

第二十一条 被判处有期徒刑、无期徒刑的罪犯在刑罚执行期间又故意犯罪,新罪被判处有期徒刑的,自新罪判决确定之日起三年内不予减刑;新罪被判处无期徒刑的,自新罪判决确定之日起四年内不予减刑。

罪犯在死刑缓期执行期间又故意犯罪,未被执行死刑的,死刑缓期执行的期间重新计算,减为无期徒刑后,五年内不予减刑。

被判处死刑缓期执行罪犯减刑后，在刑罚执行期间又故意犯罪的，依照第一款规定处理。

第三十二条　人民法院按照审判监督程序重新审理的案件，裁定维持原判决、裁定的，原减刑、假释裁定继续有效。

再审裁判改变原判决、裁定的，原减刑、假释裁定自动失效，执行机关应当及时报请有管辖权的人民法院重新作出是否减刑、假释的裁定。重新作出减刑裁定时，不受本规定有关减刑起始时间、间隔时间和减刑幅度的限制。重新裁定时应综合考虑各方面因素，减刑幅度不得超过原裁定减去的刑期总和。

再审改判为死刑缓期执行或者无期徒刑的，在新判决减为有期徒刑之时，原判决已经实际执行的刑期一并扣减。

再审裁判宣告无罪的，原减刑、假释裁定自动失效。

第三十三条　罪犯被裁定减刑后，刑罚执行期间因故意犯罪而数罪并罚时，经减刑裁定减去的刑期不计入已经执行的刑期。原判死刑缓期执行减为无期徒刑、有期徒刑，或者无期徒刑减为有期徒刑的裁定继续有效。

第三十四条　罪犯被裁定减刑后，刑罚执行期间因发现漏罪而数罪并罚的，原减刑裁定自动失效。如漏罪系罪犯主动交代的，对其原减去的刑期，由执行机关报请有管辖权的人民法院重新作出减刑裁定，予以确认；如漏罪系有关机关发现或者他人检举揭发的，由执行机关报请有管辖权的人民法院，在原减刑裁定减去的刑期总和之内，酌情重新裁定。

第三十五条　被判处死刑缓期执行的罪犯，在死刑缓期执行期内被发现漏罪，依据刑法第七十条规定数罪并罚，决定执行死刑缓期执行的，死刑缓期执行期间自新判决确定之日起计算，已经执行的死刑缓期执行期间计入新判决的死刑缓期执行期间内，但漏罪被判处死刑缓期执行的除外。

第三十六条　被判处死刑缓期执行的罪犯，在死刑缓期执行期满后被发现漏罪，依据刑法第七十条规定数罪并罚，决定执行死刑缓期执行的，交付执行时对罪犯实际执行无期徒刑，死缓考验期不再执行，但漏罪被判处死刑缓期执行的除外。

在无期徒刑减为有期徒刑时，前罪死刑缓期执行减为无期徒刑之日起至新判决生效之日止已经实际执行的刑期，应当计算在减刑裁定决定执行的刑期以内。

原减刑裁定减去的刑期依照本规定第三十四条处理。

第三十七条　被判处无期徒刑的罪犯在减为有期徒刑后因发现漏罪，依据刑法第七十条规定数罪并罚，决定执行无期徒刑的，前罪无期徒刑生效之日起至新判决生效之日止已经实际执行的刑期，应当在新判决的无期徒刑减为有期徒刑时，在减刑裁定决定执行的刑期内扣减。

无期徒刑罪犯减为有期徒刑后因发现漏罪判处三年有期徒刑以下刑罚，数罪并罚决定执行无期徒刑的，在新判决生效后执行一年以上，符合减刑条件的，可以减为有期徒刑，减刑幅度依照本规定第八条、第九条的规定执行。

原减刑裁定减去的刑期依照本规定第三十四条处理。

第三十八条 人民法院作出的刑事判决、裁定发生法律效力后，在依照刑事诉讼法第二百五十三条、第二百五十四条[1]的规定将罪犯交付执行刑罚时，如果生效裁判中有财产性判项，人民法院应当将反映财产性判项执行、履行情况的有关材料一并随案移送刑罚执行机关。罪犯在服刑期间本人履行或者其亲属代为履行生效裁判中财产性判项的，应当及时向刑罚执行机关报告。刑罚执行机关报请减刑时应随案移送以上材料。

人民法院办理减刑、假释案件时，可以向原一审人民法院核实罪犯履行财产性判项的情况。原一审人民法院应当出具相关证明。

刑罚执行期间，负责办理减刑、假释案件的人民法院可以协助原一审人民法院执行生效裁判中的财产性判项。

※法规解读：

本规定第1~21、32~38条主要是关于减刑方面的内容。

1."确有悔改表现"的认定。本规定明确"确有悔改表现"应具备四个方面的情形：第一，认罪悔罪；第二，遵守法律法规及监规，接受教育改造；第三，积极参加思想、文化、职业技术教育；第四，积极参加劳动，努力完成劳动任务。

2."立功表现""重大立功表现"的认定。本规定将2012年《最高人民法院关于办理减刑、假释案件具体应用法律若干问题的规定》第3条第5项即"在抢险救灾或者排除重大事故中表现突出的"修改为"在抗御自然灾害或者排除重大事故中，表现积极的"；将2012年《最高人民法院关于办理减刑、假释案件具体应用法律若干问题的规定》第4条第6项即"在抗御自然灾害或者排除重大事故中，有特别突出表现的"修改为"在抗御自然灾害或者排除重大事故中，有突出表现的"，降低

---

〔1〕 对应2018年10月26日修正后的《刑事诉讼法》第264、265条。

了“立功表现”和“重大立功表现”的认定标准，体现了宽严相济刑事政策与激励罪犯改造的宗旨。

3. 有期徒刑罪犯的减刑。第一，为严格规范减刑，本规定不仅进一步细化了不同刑期罪犯减刑的起始时间、间隔时间和减刑幅度，而且作了从严规定。第二，本规定对符合减刑条件的职务犯罪罪犯，破坏金融管理秩序和金融诈骗犯罪罪犯，组织、领导、参加、包庇、纵容黑社会性质组织犯罪罪犯，危害国家安全犯罪罪犯，恐怖活动犯罪罪犯，毒品犯罪集团的首要分子及毒品再犯，累犯，确有履行能力而不履行或者不全部履行生效裁判中财产性判项的罪犯，以及严重暴力罪犯等，新增了减刑起始时间、间隔时间、减刑幅度从严的规定。

4. 无期徒刑罪犯的减刑。第一，本规定进一步细化了无期徒刑罪犯减刑的起始时间、间隔时间和减刑幅度，并且作了从严规定。第二，本规定对被判处无期徒刑的职务犯罪罪犯，破坏金融管理秩序和金融诈骗犯罪罪犯，组织、领导、参加、包庇、纵容黑社会性质组织犯罪罪犯，危害国家安全犯罪罪犯，恐怖活动犯罪罪犯，毒品犯罪集团的首要分子及毒品再犯，累犯以及因故意杀人、强奸、抢劫、绑架、放火、爆炸、投放危险物质或者有组织的暴力性犯罪的罪犯，确有履行能力而不履行或者不全部履行生效裁判中财产性判项的罪犯，数罪并罚被判处无期徒刑的罪犯，新增了减刑起始时间、间隔时间、减刑幅度从严的规定。

5. 死刑缓期执行罪犯减为无期徒刑或有期徒刑后的减刑。第一，本规定进一步细化了死刑缓期执行罪犯减为无期徒刑后的减刑的起始时间、间隔时间和减刑幅度，并且作了从严规定。第二，本规定对被判处死刑缓期执行的职务犯罪罪犯，破坏金融管理秩序和金融诈骗犯罪罪犯，组织、领导、参加、包庇、纵容黑社会性质组织犯罪罪犯，危害国家安全犯罪罪犯，恐怖活动犯罪罪犯，毒品犯罪集团的首要分子及毒品再犯，累犯以及因故意杀人、强奸、抢劫、绑架、放火、爆炸、投放危险物质或者有组织的暴力性犯罪的罪犯，确有履行能力而不履行或者不全部履行生效裁判中财产性判项的罪犯，数罪并罚被判处死刑缓期执行的罪犯，减为无期徒刑后，符合减刑条件的，新增了减刑起始时间、间隔时间、减刑幅度从严的规定。

6. 被限制减刑的死刑缓期执行罪犯减为无期徒刑或有期徒刑后的减刑。第一，本规定从严规定了被限制减刑的死刑缓期执行罪犯减为无期徒刑后的减刑的起始时间、间隔时间和减刑幅度。被限制减刑的死刑缓期执行罪犯，减为无期徒刑后，符合减刑条件的，执行5年以上方可减刑。减刑间隔时间和减刑幅度依照本规定第 11 条的规定执行。第二,本规定从严规定了被限制减刑的死刑缓期执行罪犯减为有期徒刑后的减刑的起始时间、间隔时间和减刑幅度。被限制减刑的死刑缓期执行罪犯,减为有期徒刑后再减刑时,一次减刑不超过 6 个月有期徒刑,两次减刑间隔时间不得少于 2 年。有重大立功表现的,间隔时间可以适当缩短,但一次减刑不超过 1 年有期徒刑。

7. 关于被判处终身监禁罪犯的规定。对被判处终身监禁的罪犯,在死刑缓期执行期满依法减为无期徒刑的裁定中,应当明确终身监禁,不得再减刑或者假释。

关联法规索引

《最高人民法院关于〈中华人民共和国刑法修正案(八)〉时间效力问题的解释》第 7 条;《最高人民法院关于贯彻宽严相济刑事政策的若干意见》第 34 条;《最高人民法院关于办理减刑、假释案件具体应用法律的补充规定》

典型案例

宣告缓刑罪犯蔡某等 12 人减刑监督案[1]

※要旨:对于判处拘役或者 3 年以下有期徒刑并宣告缓刑的罪犯,在缓刑考验期内确有悔改表现或者有一般立功表现,一般不适用减刑。在缓刑考验期内有重大立功表现的,可以参照《刑法》第 78 条的规定予以减刑。

社区矫正对象王某减刑监督案[2]

※要旨:人民检察院开展社区矫正法律监督工作,应当坚持客观公正立场,既监督纠正社区矫正中的违法行为,又依法维护社区矫正对象合法权益。发现宣告缓刑的社区矫正对象有见义勇为、抢险救灾等突出表现的,应当监督相关部门审查确定是否属于重大立功情形,是否符合减刑条件。

---

〔1〕 参见最高人民检察院指导性案例第 70 号。

〔2〕 参见最高人民检察院指导性案例第 133 号。

第七十九条　【减刑程序】 对于犯罪分子的减刑，由执行机关向中级以上人民法院提出减刑建议书。人民法院应当组成合议庭进行审理，对确有悔改或者立功事实的，裁定予以减刑。非经法定程序不得减刑。

关联法规索引

《最高人民法院关于减刑、假释案件审理程序的规定》;《最高人民法院、最高人民检察院、公安部、司法部关于加强减刑、假释案件实质化审理的意见》

第八十条　【无期徒刑减刑的刑期计算】 无期徒刑减为有期徒刑的刑期，从裁定减刑之日起计算。

第七节　假　　释

第八十一条　【假释适用条件】 被判处有期徒刑的犯罪分子，执行原判刑期二分之一以上，被判处无期徒刑的犯罪分子，实际执行十三年以上，如果认真遵守监规，接受教育改造，确有悔改表现，没有再犯罪的危险的，可以假释。如果有特殊情况，经最高人民法院核准，可以不受上述执行刑期的限制。

对累犯以及因故意杀人、强奸、抢劫、绑架、放火、爆炸、投放危险物质或者有组织的暴力性犯罪被判处十年以上有期徒刑、无期徒刑的犯罪分子，不得假释。

对犯罪分子决定假释时，应当考虑其假释后对所居住社区的影响。

条文解读

本条是关于假释适用条件的规定。假释，是指对于被判处有期徒刑、无期徒刑的犯罪分子，在执行一定刑罚之后，确有悔改表现，不致再危害社会的，附条件地予以提前释放的制度。假释的适用必须具备以下条件：(1)假释适用被判处有期徒刑和无期徒刑的犯罪分子，但对累犯以及因故意杀人、强奸、抢劫、绑架、放火、爆炸、投放危险物质或者有组织的暴力性犯罪被判处10年以上有期徒刑、无期徒刑的犯罪分子,不得假释。对"有组织的暴力性犯罪"这一概念的理解需要把握两点:一是"暴力性";二是"有组织",这里的"组织"不一定需要像黑社会性质组织那样逐步形成或者长期存在,可以是临时纠集的,只要是为了有目的地实施某次犯罪或某个犯罪活动而聚集起来的即可。(2)假释只适用于已经执行部分刑期的犯罪分子,即被判处有期徒刑的犯罪分子执行原判刑期1/2以上,被判处无期徒刑的犯罪分子,实际执行13年以上。因为只有通过一定时间的刑罚执行才能确切掌握犯罪分子是否悔改并预测其是否会危害社会。本条规定不受上述刑期限制的"特殊情况",是指国家政治、国防、外交等方面特殊需要的情况。(3)适用假释必须满足一定的实质条件,即犯罪分子必须认真遵守监规,接受教育改造,确有悔改表现,不致再危害社会。

本条第3款规定,对犯罪分子决定假释时,应当考虑其假释后对所居住社区的影响。一般来说,犯罪分子假释后都要回到原社区居住,如果犯罪分子假释后对所居住社区的影响不好,则不利于社会的稳定与安宁。因此,对犯罪分子决定假释时,应当考虑其假释后对所居住社区的影响。

配套法规及解读

《最高人民法院关于办理减刑、假释案件具体应用法律的规定》(2016年11月14日)

第二十二条 办理假释案件,认定"没有再犯罪的危险",除符合刑法第八十一条规定的情形外,还应当根据犯罪的具体情节、原判刑罚情况,在刑罚执行中的一贯表现,罪犯的年龄、身体状况、性格特征,假释后生活来源以及监管条件等因素综合考虑。

第二十三条 被判处有期徒刑的罪犯假释时,执行原判刑期二分之一的时间,应当从判决执行之日起计算,判决执行以前先行羁押的,羁押一日折抵刑期一日。

被判处无期徒刑的罪犯假释时,刑法中关于实际执行刑期不得少于十三年的时间,应当从判决生效之日起计算。判决生效以前先行羁押的时间不予折抵。

被判处死刑缓期执行的罪犯减为无期徒刑或者有期徒刑后,实际执行十五年以上,方可假释,该实际执行时间应当从死刑缓期执行期满之日起计算。死刑缓期执行期间不包括在内，判决确定以前先行羁押的时间不予折抵。

第二十四条 刑法第八十一条第一款规定的“特殊情况”，是指有国家政治、国防、外交等方面特殊需要的情况。

第二十五条 对累犯以及因故意杀人、强奸、抢劫、绑架、放火、爆炸、投放危险物质或者有组织的暴力性犯罪被判处十年以上有期徒刑、无期徒刑的罪犯，不得假释。

因前款情形和犯罪被判处死刑缓期执行的罪犯，被减为无期徒刑、有期徒刑后，也不得假释。

第二十六条 对下列罪犯适用假释时可以依法从宽掌握：

（一）过失犯罪的罪犯、中止犯罪的罪犯、被胁迫参加犯罪的罪犯；

（二）因防卫过当或者紧急避险过当而被判处有期徒刑以上刑罚的罪犯；

（三）犯罪时未满十八周岁的罪犯；

（四）基本丧失劳动能力、生活难以自理，假释后生活确有着落的老年罪犯、患严重疾病罪犯或者身体残疾罪犯；

（五）服刑期间改造表现特别突出的罪犯；

（六）具有其他可以从宽假释情形的罪犯。

罪犯既符合法定减刑条件，又符合法定假释条件的，可以优先适用假释。

第二十七条 对于生效裁判中有财产性判项，罪犯确有履行能力而不履行或者不全部履行的，不予假释。

第二十八条 罪犯减刑后又假释的，间隔时间不得少于一年；对一次减去一年以上有期徒刑后，决定假释的，间隔时间不得少于一年六个月。

罪犯减刑后余刑不足二年，决定假释的，可以适当缩短间隔时间。

第二十九条 罪犯在假释考验期内违反法律、行政法规或者国务院有关部门关于假释的监督管理规定的，作出假释裁定的人民法院，应当在收到报请机关或者检察机关撤销假释建议书后及时审查，作出是否撤销假释的裁定，并送达报请机关，同时抄送人民检察院、公安机关和原刑罚执行机关。

罪犯在逃的，撤销假释裁定书可以作为对罪犯进行追捕的依据。

第三十条 依照刑法第八十六条规定被撤销假释的罪犯，一般不得再假释。但依照该条第二款被撤销假释的罪犯，如果罪犯对漏罪曾作如实供述但原判未予认定，或者漏罪系其自首，符合假释条件的，可以再假释。

被撤销假释的罪犯，收监后符合减刑条件的，可以减刑，但减刑起始时间自收监之日起计算。

第三十一条 年满八十周岁、身患疾病或者生活难以自理、没有再犯罪危险的罪犯，既符合减刑条件，又符合假释条件的，优先适用假释；不符合假释条件的，参照本规定第二十条有关的规定从宽处理。

※法规解读：

本规定第22～31条主要是关于假释方面的内容。

1."没有再犯罪的危险"的认定。根据本规定，"没有再犯罪的危险"的判断因素可以归纳为以下三个方面：第一，犯罪情节及原判刑罚情况。这是判断罪犯是否符合假释条件的参照基础，不能疏于考量。第二，罪犯改造表现及人身危险性表征。罪犯在改造期间认真遵守监规，接受教育改造，确有悔改表现，也是假释适用的基本条件。同时，还应调查罪犯犯罪前的一贯表现，罪犯的性格特征、心理状态等人格状况，以进一步判断其人身危险性高低，这对于假释适用会产生直接影响。第三，罪犯假释后的社会接纳情况。罪犯被假释后的生活来源、监管条件以及共同居住的家庭成员及收入情况等，对于罪犯能否顺利重新回归社会有重要影响，也是决定假释适用的重要因素。

2.假释的起始时间。本规定细化了假释的起始时间，并作了从严规定。(1)被判处有期徒刑的罪犯假释时，执行原判刑期1/2的时间，应当从判决执行之日起计算，判决执行以前先行羁押的，羁押1日折抵刑期1日。(2)被判处无期徒刑的罪犯假释时，刑法中关于实际执行刑期不得少于13年的时间，应当从判决生效之日起计算。判决生效以前先行羁押的时间不予折抵。(3)被判处死刑缓期执行的罪犯减为无期徒刑或者有期徒刑后，实际执行15年以上，方可假释，该实际执行时间应当从死刑缓期执行期满之日起计算。死刑缓期执行期间不包括在内，判决确定以前先行羁押的时间不予折抵。

3.假释"特殊情况"的认定。根据我国《刑法》的规定，被判处有期徒刑和无期徒刑的罪犯，如果有特殊情况并经最高人民法院核准，假释可以不受最低执行刑期的限制。本规定第24条将"特殊情况"解释为"有国家政治、国防、外交等方面特殊需要的情况"。

4."不得假释"的情形。不得假释制度一直备受法律理论界和实务界的关注。1997年《最高人民法院关于办理减刑、假释案件具体应用法律若干问题的规定》第

12条对《刑法》关于不得假释制度的规定作了限制解释,2012年《最高人民法院关于办理减刑、假释案件具体应用法律若干问题的规定》第18条第1款对此予以进一步明确,同时增加第2款规定:"因前款情形和犯罪被判处死刑缓期执行的罪犯,被减为无期徒刑、有期徒刑后,也不得假释。"本规定第25条保留了上述规定。

5.适用假释依法从宽掌握的情形。从司法实践看,假释制度比减刑制度改造效果更好,假释罪犯再犯罪率更低。本规定第26条规定了罪犯适用假释时可以依法从宽掌握的情形。

6.余刑不足2年有期徒刑罪犯假释及罪犯减刑后又假释的间隔时间。对减刑后余刑不足2年的罪犯加大假释力度,符合扩大非监禁刑适用的司法改革精神,也有利于刑罚执行机关对已无刑期可减的罪犯的管教,具有积极的理论和实践价值。本规定第28条第2款保留了2012年《最高人民法院关于办理减刑、假释案件具体应用法律若干问题的规定》第22条第2款内容:"罪犯减刑后余刑不足二年,决定假释的,可以适当缩短间隔时间。"同时,对于罪犯减刑后又假释的间隔时间,本规定也根据一般减刑幅度的修改作了相应调整。

关联法规索引

《最高人民法院关于〈中华人民共和国刑法修正案(八)〉时间效力问题的解释》第7、8条;《最高人民法院关于办理减刑、假释案件具体应用法律的补充规定》;《最高人民法院关于审理未成年人刑事案件具体应用法律若干问题的解释》第18条

第八十二条　【假释程序】对于犯罪分子的假释,依照本法第七十九条规定的程序进行。非经法定程序不得假释。

关联法规索引

《最高人民法院关于减刑、假释案件审理程序的规定》;《最高人民法院、最高人民检察院、公安部、司法部关于加强减刑、假释案件实质化审理的意见》

第八十三条　【考验期限】有期徒刑的假释考验期限，为没有执行完毕的刑期；无期徒刑的假释考验期限为十年。

假释考验期限，从假释之日起计算。

第八十四条　【假释犯应遵守的规定】被宣告假释的犯罪分子，应当遵守下列规定：

（一）遵守法律、行政法规，服从监督；

（二）按照监督机关的规定报告自己的活动情况；

（三）遵守监督机关关于会客的规定；

（四）离开所居住的市、县或者迁居，应当报经监督机关批准。

第八十五条　【假释考验】对假释的犯罪分子，在假释考验期限内，依法实行社区矫正，如果没有本法第八十六条规定的情形，假释考验期满，就认为原判刑罚已经执行完毕，并公开予以宣告。

第八十六条　【假释的撤销】被假释的犯罪分子，在假释考验期限内犯新罪，应当撤销假释，依照本法第七十一条的规定实行数罪并罚。

在假释考验期限内，发现被假释的犯罪分子在判决宣告以前还有其他罪没有判决的，应当撤销假释，依照本法第七十条的规定实行数罪并罚。

被假释的犯罪分子，在假释考验期限内，有违反法律、行政法规或者国务院有关部门关于假释的监督管理规定的行为，尚未构成新的犯罪的，应当依照法定程序撤销假释，收监执行未执行完毕的刑罚。

条文解读

本法第 86 条是关于假释撤销的规定。假释的撤销有以下 3 种情形：

1. 如果假释犯在假释考验期限内又犯新罪，无论所犯的新罪是故意犯罪还是过失犯罪，是重罪还是轻罪，都要撤销假释，并对新罪作出判决，将新罪所判处的刑罚与前罪没有执行完的刑罚，按照本法第 71 条规定的数罪并罚原则决定应当执行的刑罚。

2. 在假释考验期限内，如果发现假释犯在原判决前还有未判决的罪，而且未判决的罪没有超过追诉时效，也应撤销假释，并对没有判决的罪作出判决，将未判之罪所判处的刑罚与前罪判处的刑罚按照本法第 70 条规定的数罪并罚原则决定应当执行的刑罚。

3. 在假释考验期限内,假释犯有违反法律、行政法规或者国务院有关部门关于假释的监督管理规定的行为,尚未构成新的犯罪的,应当依照法定程序撤销假释,收监执行未执行完毕的刑罚。

第八节　时　　效

第八十七条　【追诉时效】 犯罪经过下列期限不再追诉:

(一)法定最高刑为不满五年有期徒刑的,经过五年;

(二)法定最高刑为五年以上不满十年有期徒刑的,经过十年;

(三)法定最高刑为十年以上有期徒刑的,经过十五年;

(四)法定最高刑为无期徒刑、死刑的,经过二十年。如果二十年以后认为必须追诉的,须报请最高人民检察院核准。

典型案例

杨某云(故意杀人)不核准追诉案[1]

※要旨: 因婚姻家庭等民间矛盾激化引发的犯罪,经过20年追诉期限,犯罪嫌疑人没有再犯罪危险性,被害人及其家属对犯罪嫌疑人表示谅解,不追诉有利于化解社会矛盾、恢复正常社会秩序,同时不会影响社会稳定或者产生其他严重后果的,对犯罪嫌疑人可以不再追诉。

第八十八条　【不受追诉时效限制】 在人民检察院、公安机关、国家安全机关立案侦查或者在人民法院受理案件以后,逃避侦查或者审判的,不受追诉期限的限制。

被害人在追诉期限内提出控告,人民法院、人民检察院、公安机关应当立

〔1〕 参见最高人民检察院指导性案例第22号。

案而不予立案的，不受追诉期限的限制。

第八十九条 【追诉期限的计算】 追诉期限从犯罪之日起计算；犯罪行为有连续或者继续状态的，从犯罪行为终了之日起计算。

在追诉期限以内又犯罪的，前罪追诉的期限从犯后罪之日起计算。

第五章　其他规定

本章介绍

本章主要是关于《刑法》适用范围的变通规定，法律中规定的特定财物、人员范围的界定，法律术语的澄清，前科报告制度和总则适用范围的规定。《刑法》适用范围的变通规定主要是针对民族自治地方不能全部适用本法内容的情况作出的变通性规定。法律中规定的特定财物主要包括公共财产、私人财产；特定的人员包括国家工作人员、司法工作人员。法律术语需要澄清的包括重伤的标准、违反国家规定的含义、首要分子的范围、告诉才处理的含义、“以上、以下、以内”的界定等。

第九十条　【民族自治地方刑法适用的变通】 民族自治地方不能全部适用本法规定的，可以由自治区或者省的人民代表大会根据当地民族的政治、经济、文化的特点和本法规定的基本原则，制定变通或者补充的规定，报请全国人民代表大会常务委员会批准施行。

第九十一条　【公共财产的范围】 本法所称公共财产，是指下列财产：

（一）国有财产；

（二）劳动群众集体所有的财产；

（三）用于扶贫和其他公益事业的社会捐助或者专项基金的财产。

在国家机关、国有公司、企业、集体企业和人民团体管理、使用或者运输中的私人财产，以公共财产论。

第九十二条　【公民私人所有财产的范围】 本法所称公民私人所有的财产，是指下列财产：

（一）公民的合法收入、储蓄、房屋和其他生活资料；

（二）依法归个人、家庭所有的生产资料；

（三）个体户和私营企业的合法财产；

（四）依法归个人所有的股份、股票、债券和其他财产。

第九十三条 【国家工作人员的范围】 本法所称国家工作人员，是指国家机关中从事公务的人员。

国有公司、企业、事业单位、人民团体中从事公务的人员和国家机关、国有公司、企业、事业单位委派到非国有公司、企业、事业单位、社会团体从事公务的人员，以及其他依照法律从事公务的人员，以国家工作人员论。

条文解读

本法第93条是关于国家工作人员范围的规定。国家工作人员的本质特征在于他们均是从事公务者，而非必须具有国家工作人员的资格身份。关于从事公务，首先，从活动的职能来看，从事公务的活动是一种具有领导、指导、组织、监督、管理性质的职能活动。其次，从活动的内容来看，从事的公务属于公共事务。公共事务包括国家事务、地方事务、社区事务、公有企事业单位事务和社会公益事务等。

根据国家工作人员的本质属性，本条规定国家工作人员包括四类：国家机关中从事公务的人员、国家机关除外的国有单位中从事公务的人员、国有单位派往非国有单位从事公务的人员和其他依照法律从事公务的人员。根据2005年《最高人民法院关于如何认定国有控股、参股股份有限公司中的国有公司、企业人员的解释》的规定，国有公司、企业委派到国有控股、参股公司从事公务的人员，以国有公司、企业人员论。

配套法规及解读

《全国人民代表大会常务委员会关于〈中华人民共和国刑法〉第九十三条第二款的解释》(2009年8月27日修正)

村民委员会等村基层组织人员协助人民政府从事下列行政管理工作，属于刑法第九十三条第二款规定的“其他依照法律从事公务的人员”：

（一）救灾、抢险、防汛、优抚、扶贫、移民、救济款物的管理；

（二）社会捐助公益事业款物的管理；

（三）国有土地的经营和管理；

（四）土地征收、征用补偿费用的管理；

（五）代征、代缴税款；

（六）有关计划生育、户籍、征兵工作；

（七）协助人民政府从事的其他行政管理工作。

村民委员会等村基层组织人员从事前款规定的公务，利用职务上的便利，非法占有公共财物、挪用公款、索取他人财物或者非法收受他人财物，构成犯罪的，适用刑法第三百八十二条和第三百八十三条贪污罪、第三百八十四条挪用公款罪、第三百八十五条和第三百八十六条受贿罪的规定。

※法规解读：

对本立法解释的解读，需要把握以下3点：

1. 村民委员会等村基层组织人员的含义。根据《宪法》和《村民委员会组织法》的规定，村民委员会是村民自我管理、自我教育、自我服务的基层群众性自治组织。村民委员会办理本村的公共事务和公益事业，调解民间纠纷，协助维护社会治安，向人民政府反映村民的意见、要求和提出建议。解释中所说的“村民委员会等村基层组织人员”，主要是指村党支部、村民委员会和村经济联合社、经济合作社、农工商联合企业等掌管村经济活动的组织的人员。

2. 应当以行为人从事公务作为将其以国家工作人员论的标准。根据《刑法》第93条的规定，国家工作人员分为4类。无论哪一类国家工作人员，其共同点都是“从事公务”。即使是在国家机关中工作的人员，如果其所承担的具体工作不属于公务活动，仍然不能作为国家工作人员，如各级各类国家机关中的工勤人员等。当然，如果这些人员临时受指派从事公务活动或者虽然在内部编制上属于工勤人员，但是实际上承担从事公务活动职责的，也属于国家工作人员，如一些国家机关中“以工代干”的人员。

根据《村民委员会组织法》的规定，乡镇基层人民政府对村民委员会的工作给予指导、支持和帮助，村民委员会协助基层人民政府开展工作。因此，村民委员会等村基层组织的人员在依法协助基层人民政府开展工作或者受基层人民政府委托办理一些行政管理事项时，就属于《刑法》第93条第2款规定的“其他依照法律从事公务的人员”，应当以国家工作人员论。

3. 应当注意准确理解“依照法律从事公务”的含义。根据《刑法》第93条第2款的规定，村民委员会等村基层组织的人员依照法律从事公务时，应当以国家工作人员论。因此,准确理解“依照法律从事公务”的含义,对于正确适用《刑法》的有关规定至关重要。“公务”按照一般理解是指公共事务,按照其性质可以分为国家事务和集体事务。国家事务,是指为了实现国家的政治、军事、经济、文化等职能而进行的组织、领导、监督、管理活动。集体事务,是指集体组织内部的事务的组织、领导、监督、管理活动。《刑法》第93条规定的公务显然是指国家事务,不包括集体事务。村民委员会等村基层组织担负着大量村集体事务的职责,同时又要协助乡镇基层人民政府工作。这些基层组织的人员在从事国家事务或者本集体内部事务的过程中,都存在利用职务之便实施违法犯罪活动的可能性,但是其所构成的犯罪的性质又可能完全不同,因此,在认定其所从事的公务的性质时,要注意具体问题具体分析,防止任意扩大公务范围的倾向。为了明确村民委员会等村基层组织人员从事哪些活动时属于依法从事公务,本解释明确规定上述人员协助人民政府从事救灾、抢险、防汛、优抚、扶贫、移民、救济款物的管理,社会捐助公益事业款物的管理,国有土地的经营和管理,土地征收、征用补偿费用的管理,代征、代缴税款,有关计划生育、户籍、征兵工作,以及协助人民政府从事其他行政管理工作时,属于依照法律从事公务。

上述事务的共同特征就是均已超出了村集体事务的范围,属于应当由政府从事管理的事务的范畴。实践中,在认定这类情形时,要注意从行为人所从事的公务性质、内容、来源进行区分,防止把这些人员从事的本村的公共事务的管理认定为协助政府从事公务,以致不当地扩大公务的范围。

关联法规索引

《最高人民检察院关于〈全国人民代表大会常务委员会关于《中华人民共和国刑法》第九十三条第二款的解释〉的时间效力的批复》;《最高人民法院研究室关于国家工作人员在农村合作基金会兼职从事管理工作如何认定身份问题的答复》

第九十四条　【司法工作人员的范围】本法所称司法工作人员,是指有侦查、检察、审判、监管职责的工作人员。

第九十五条　【重伤】本法所称重伤,是指有下列情形之一的伤害:

(一)使人肢体残废或者毁人容貌的;

（二）使人丧失听觉、视觉或者其他器官机能的；

（三）其他对于人身健康有重大伤害的。

第九十六条 【违反国家规定的含义】 本法所称违反国家规定，是指违反全国人民代表大会及其常务委员会制定的法律和决定，国务院制定的行政法规、规定的行政措施、发布的决定和命令。

第九十七条 【首要分子的范围】 本法所称首要分子，是指在犯罪集团或者聚众犯罪中起组织、策划、指挥作用的犯罪分子。

第九十八条 【告诉才处理的含义】 本法所称告诉才处理，是指被害人告诉才处理。如果被害人因受强制、威吓无法告诉的，人民检察院和被害人的近亲属也可以告诉。

第九十九条 【以上、以下、以内的界定】 本法所称以上、以下、以内，包括本数。

第一百条 【前科报告制度】 依法受过刑事处罚的人，在入伍、就业的时候，应当如实向有关单位报告自己曾受过刑事处罚，不得隐瞒。

犯罪的时候不满十八周岁被判处五年有期徒刑以下刑罚的人，免除前款规定的报告义务。

条文解读

本法第100条是关于前科报告制度的规定。

第1款规定了两项内容：一是依法受过刑事处罚的人，应当如实向单位报告自己曾受过刑事处罚，不得隐瞒。依法受过刑事处罚的人，是指依照我国刑事法律，经人民法院判处刑罚的人。经人民法院判处刑罚，包括被人民法院依法判处的主刑和附加刑。二是如实报告仅限于在入伍、就业的时候。入伍，是指加入中国人民解放军或者中国人民武装警察部队。就业包括参加任何种类的工作，如进入国家机关、各种公司、企业、事业单位、各种团体等。

第2款是关于免除报告义务的规定，即免除报告义务有两个条件：一是犯罪时不满18周岁，入伍就业时已满18周岁的成年人，只要犯罪时不满18周岁，就构成适用本条规定的条件之一；二是被判处5年有期徒刑以下刑罚，包括被判处5年以下有期徒刑、拘役、管制、单处附加刑以及适用缓刑的情形。这样规定充分体现了我国对未成年犯实行教育为主,惩罚为辅,重在教育、挽救和改造的方针。

第一百零一条 【总则的效力】 本法总则适用于其他有刑罚规定的法律,但是其他法律有特别规定的除外。

第二编　分　　则

《刑法》分则系统地规定了具体犯罪及其法律后果。我国《刑法》分则原则上依照犯罪行为侵害的同类客体(法益)将具体犯罪分为10类,每一章规定一类犯罪;总体上依据各类犯罪的危害程度对十类罪进行排列,排列顺序依次为:危害国家安全罪,危害公共安全罪,破坏社会主义市场经济秩序罪,侵犯公民人身权利、民主权利罪,侵犯财产罪,妨害社会管理秩序罪,危害国防利益罪,贪污贿赂罪,渎职罪,军人违反职责罪。《刑法》分则条文通常由犯罪具体情形与法定刑构成。

第一章　危害国家安全罪

本章介绍

本章是关于危害国家安全罪及其处罚的规定。危害国家安全罪,是指故意危害中华人民共和国的主权、领土完整与安全,颠覆国家政权、推翻社会主义制度的行为。危害国家安全罪客观上表现为实施危害国家安全的行为,造成危害国家安全的抽象危险或者具体危险。危害国家安全的行为,是指分裂国家独立与完整、危害国家的安全与存在、破坏国家的国体与政体、妨害国家的机能与作用的行为。主观方面为故意,即明知自己的违法行为会发生危害中华人民共和国国家安全的结果,并且希望或者放任这种结果的发生。

第一百零二条　【背叛国家罪】 勾结外国,危害中华人民共和国的主权、领土完整和安全的,处无期徒刑或者十年以上有期徒刑。

与境外机构、组织、个人相勾结,犯前款罪的,依照前款的规定处罚。

第一百零三条 **【分裂国家罪】** 组织、策划、实施分裂国家、破坏国家统一的，对首要分子或者罪行重大的，处无期徒刑或者十年以上有期徒刑；对积极参加的，处三年以上十年以下有期徒刑；对其他参加的，处三年以下有期徒刑、拘役、管制或者剥夺政治权利。

【煽动分裂国家罪】 煽动分裂国家、破坏国家统一的，处五年以下有期徒刑、拘役、管制或者剥夺政治权利；首要分子或者罪行重大的，处五年以上有期徒刑。

关联法规索引

《最高人民法院关于审理非法出版物刑事案件具体应用法律若干问题的解释》第1条；《最高人民法院、最高人民检察院关于办理妨害预防、控制突发传染病疫情等灾害的刑事案件具体应用法律若干问题的解释》第10条

第一百零四条 **【武装叛乱、暴乱罪】** 组织、策划、实施武装叛乱或者武装暴乱的，对首要分子或者罪行重大的，处无期徒刑或者十年以上有期徒刑；对积极参加的，处三年以上十年以下有期徒刑；对其他参加的，处三年以下有期徒刑、拘役、管制或者剥夺政治权利。

策动、胁迫、勾引、收买国家机关工作人员、武装部队人员、人民警察、民兵进行武装叛乱或者武装暴乱的，依照前款的规定从重处罚。

第一百零五条 **【颠覆国家政权罪】** 组织、策划、实施颠覆国家政权、推翻社会主义制度的，对首要分子或者罪行重大的，处无期徒刑或者十年以上有期徒刑；对积极参加的，处三年以上十年以下有期徒刑；对其他参加的，处三年以下有期徒刑、拘役、管制或者剥夺政治权利。

【煽动颠覆国家政权罪】 以造谣、诽谤或者其他方式煽动颠覆国家政权、推翻社会主义制度的，处五年以下有期徒刑、拘役、管制或者剥夺政治权利；首要分子或者罪行重大的，处五年以上有期徒刑。

关联法规索引

《全国人民代表大会常务委员会关于维护互联网安全的决定》第2条

第一百零六条　【与境外勾结的处罚规定】与境外机构、组织、个人相勾结，实施本章第一百零三条、第一百零四条、第一百零五条规定之罪的，依照各该条的规定从重处罚。

第一百零七条　【资助危害国家安全犯罪活动罪】境内外机构、组织或者个人资助实施本章第一百零二条、第一百零三条、第一百零四条、第一百零五条规定之罪的，对直接责任人员，处五年以下有期徒刑、拘役、管制或者剥夺政治权利；情节严重的，处五年以上有期徒刑。

第一百零八条　【投敌叛变罪】投敌叛变的，处三年以上十年以下有期徒刑；情节严重或者带领武装部队人员、人民警察、民兵投敌叛变的，处十年以上有期徒刑或者无期徒刑。

第一百零九条　【叛逃罪】国家机关工作人员在履行公务期间，擅离岗位，叛逃境外或者在境外叛逃的，处五年以下有期徒刑、拘役、管制或者剥夺政治权利；情节严重的，处五年以上十年以下有期徒刑。

掌握国家秘密的国家工作人员叛逃境外或者在境外叛逃的，依照前款的规定从重处罚。

第一百一十条　【间谍罪】有下列间谍行为之一，危害国家安全的，处十年以上有期徒刑或者无期徒刑；情节较轻的，处三年以上十年以下有期徒刑：

（一）参加间谍组织或者接受间谍组织及其代理人的任务的；

（二）为敌人指示轰击目标的。

条文解读

本法第110条是关于间谍罪及其处罚的规定。本罪客观方面包括3种危害国家安全的行为：(1)参加间谍组织。这里的间谍组织，是指外国或境外敌对势力设立的，旨在搜集我国政治、经济、军事、文化等各方面国家秘密或情报，进行颠覆、破坏活动，危害我国国家安全的组织。参加间谍组织，是指经过一定程序和手续成为该组织的从事间谍活动的正式成员。(2)虽未参加却接受间谍组织及其代理人任务。这里的间谍组织代理人，是指受间谍组织或者其成员的指使、委托、资助，进行或者授意、指使他人进行危害中华人民共和国国家安全活动的人。接受间谍组织及其代理人的任务，是指虽然没有参加该间谍组织成为其正式成员，但是一次或数次接受间谍组织及其代理人的指示，为其进行收集、刺探、窃取、提供我国情报的间谍活动，危害国家安全。(3)为敌人指示轰击目标。为敌人指示轰击目标，是指采取各种方式，向敌人指明其所要轰炸或者攻击的我方目标的位置、特征等，为敌人提供方便。主观构成要件为故意。故意的内容因行为方式不同而不完全相同：参加间谍组织的，必须明知是间谍组织而参加；接受间谍任务的，必须明知是间谍组织或其代理人派遣的任务而接受；指示轰击目标的，必须明知对方是敌人而向其指示轰击目标。但不论行为人实施何种行为，都明知自己的行为会发生危害国家安全的结果，并且希望或者放任这种结果的发生，因此是故意犯罪。

关联法规索引

《反间谍法》第 4 条；《反间谍法实施细则》第 4 条

典型案例

吴某某间谍案[1]

※**要旨**：接受间谍组织代理人任务，利用自己所从事工作的职务之便，多次刺探、截获政府机关重要人员的行程信息，并将信息提供给间谍组织代理人的，构成间谍罪。

第一百一十一条　【为境外窃取、刺探、收买、非法提供国家秘密、情报罪】为境外的机构、组织、人员窃取、刺探、收买、非法提供国家秘密或者情报的，处五年以上十年以下有期徒刑；情节特别严重的，处十年以上有期徒刑或者无期徒刑；情节较轻的，处五年以下有期徒刑、拘役、管制或者剥夺政治权利。

关联法规索引

《最高人民法院关于审理为境外窃取、刺探、收买、非法提供国家秘密、情报案

[1] 参见《检察机关依法惩治危害国家安全犯罪典型案例》之三。

件具体应用法律若干问题的解释》

典型案例

陈某某为境外刺探、非法提供国家秘密案[1]

※**要旨：**明知对方是境外人员的情况下，为获取报酬，多次前往军港等军事基地，观察、搜集、拍摄涉军装备及部队位置等涉及军事机密的信息，并通过通信软件将信息传递给对方的，构成为境外刺探、非法提供国家秘密罪。

第一百一十二条　【资敌罪】战时供给敌人武器装备、军用物资资敌的，处十年以上有期徒刑或者无期徒刑；情节较轻的，处三年以上十年以下有期徒刑。

第一百一十三条　【危害国家安全罪适用死刑、没收财产的规定】本章上述危害国家安全罪行中，除第一百零三条第二款、第一百零五条、第一百零七条、第一百零九条外，对国家和人民危害特别严重、情节特别恶劣的，可以判处死刑。

犯本章之罪的，可以并处没收财产。

〔1〕 参见《检察机关依法惩治危害国家安全犯罪典型案例》之一。

第二章　危害公共安全罪

本章介绍

本章是关于危害公共安全罪及其处罚的规定。危害公共安全罪，是指故意或过失地实施危害不特定或者多数人的生命、健康或者重大公私财产的行为。危害公共安全罪客观上表现为实施了危害不特定或者多数人的生命、健康或者重大公私财产的行为，并造成了相应的危害或者侵害结果；主观上既包括故意，也包括过失。危害公共安全罪从处罚根据上分为三类：第一类是实害犯或侵害犯，如失火罪，交通肇事罪等；第二类是具体的危险犯，如放火罪，爆炸罪，投放危险物质罪等；第三类是抽象的危险犯，如非法制造、买卖、运输、邮寄、储存枪支、弹药、爆炸物罪，抢劫枪支、弹药、爆炸物、危险物质罪等。

第一百一十四条　【放火罪；决水罪；爆炸罪；投放危险物质罪；以危险方法危害公共安全罪】放火、决水、爆炸以及投放毒害性、放射性、传染病病原体等物质或者以其他危险方法危害公共安全，尚未造成严重后果的，处三年以上十年以下有期徒刑。

关联法规索引

《最高人民法院、最高人民检察院关于办理妨害预防、控制突发传染病疫情等灾害的刑事案件具体应用法律若干问题的解释》第1条；《最高人民法院、最高人民检察院、公安部关于依法惩治妨害公共交通工具安全驾驶违法犯罪行为的指导意见》；《最高人民法院、最高人民检察院、公安部关于办理涉窨井盖相关刑事案件的指导意见》第2条

第一百一十五条　【放火罪；决水罪；爆炸罪；投放危险物质罪；以危险方法危害公共安全罪】放火、决水、爆炸以及投放毒害性、放射性、传染病病原体等物质或者以其他危险方法致人重伤、死亡或者使公私财产遭受重大损失的，处十年以上有期徒刑、无期徒刑或者死刑。

【失火罪；过失决水罪；过失爆炸罪；过失投放危险物质罪；过失以危险方法危害公共安全罪】过失犯前款罪的，处三年以上七年以下有期徒刑；情节较轻的，处三年以下有期徒刑或者拘役。

关联法规索引

《最高人民检察院、公安部关于公安机关管辖的刑事案件立案追诉标准的规定(一)》第1条；《最高人民法院、最高人民检察院、公安部关于依法惩治妨害公共交通工具安全驾驶违法犯罪行为的指导意见》；《最高人民法院、最高人民检察院关于办理妨害预防、控制突发传染病疫情等灾害的刑事案件具体应用法律若干问题的解释》第1条；《最高人民法院、最高人民检察院、公安部关于办理涉窨井盖相关刑事案件的指导意见》第2条

第一百一十六条　【破坏交通工具罪】破坏火车、汽车、电车、船只、航空器，足以使火车、汽车、电车、船只、航空器发生倾覆、毁坏危险，尚未造成严重后果的，处三年以上十年以下有期徒刑。

条文解读

本条是关于破坏交通工具罪及其处罚的规定。本罪的客观方面表现为：(1)行为破坏的对象是正在使用中的直接关系交通运输安全的火车、汽车、电车、船只、航空器。“正在使用中的”交通设施，是指交通设施已经交付使用或者处于正在使用中，而不是正在建设或正在修理且未交付使用的交通设施或已废弃不用的交通设施。(2)行为人实施了破坏行为。不影响交通运输安全的破坏行为不包括在内。(3)破坏行为足以使火车、汽车、电车、船只或者航空器发生倾覆、毁坏危险。本罪主观方面是故意，既包括直接故意，亦包括间接故意。

第一百一十七条 【破坏交通设施罪】 破坏轨道、桥梁、隧道、公路、机场、航道、灯塔、标志或者进行其他破坏活动,足以使火车、汽车、电车、船只、航空器发生倾覆、毁坏危险,尚未造成严重后果的,处三年以上十年以下有期徒刑。

第一百一十八条 【破坏电力设备罪;破坏易燃易爆设备罪】 破坏电力、燃气或者其他易燃易爆设备,危害公共安全,尚未造成严重后果的,处三年以上十年以下有期徒刑。

配套法规及解读

《最高人民法院关于审理破坏电力设备刑事案件具体应用法律若干问题的解释》(2007年8月15日)

第三条 盗窃电力设备,危害公共安全,但不构成盗窃罪的,以破坏电力设备罪定罪处罚;同时构成盗窃罪和破坏电力设备罪的,依照刑法处罚较重的规定定罪处罚。

盗窃电力设备,没有危及公共安全,但应当追究刑事责任的,可以根据案件的不同情况,按照盗窃罪等犯罪处理。

第四条 本解释所称电力设备,是指处于运行、应急等使用中的电力设备;已经通电使用,只是由于枯水季节或电力不足等原因暂停使用的电力设备;已经交付使用但尚未通电的电力设备。不包括尚未安装完毕,或者已经安装完毕但尚未交付使用的电力设备。

本解释中直接经济损失的计算范围,包括电量损失金额,被毁损设备材料的购置、更换、修复费用,以及因停电给用户造成的直接经济损失等。

※法规解读:

本解释的重点是澄清两个问题:一是关于破坏电力设备罪与其他相关犯罪的区别;二是关于电力设备的范围。

1. 关于破坏电力设备罪与其他相关犯罪的区别。本解释第3条明确了破坏电力设备罪和盗窃罪等犯罪的界限,即在何种情形下以何种罪名定罪量刑的处罚原则。其主要包括以下3种情形:一是盗窃电力设备危害公共安全,但不构成盗窃罪的,以破坏电力设备罪定罪处罚。这种情形主要是盗窃电力设备,其行为危害了公共安全,符合破坏电力设备罪的构成,但其盗窃的电力设备价值较低,盗窃数额尚未达到盗窃罪的数额标准。此时,该行为不构成盗窃罪,而应当以破坏电力设备罪定罪处罚。二是盗窃电力设备,同时构成盗窃罪和破坏电力设备罪的,依照《刑法》处罚较重的规定定罪处罚。与前一种情形不同,这种情形下的盗窃电力设备,盗窃数额达到了盗窃罪的数额标准,构成盗窃罪;同时,该行为又危害了公共安全,也构成破坏电力设备罪。此时,应当按照"择一重罪处罚"的原则,即依照《刑法》处罚较重的规定定罪处罚。这种情形下,既可能以盗窃罪定罪处罚,也可能以破坏电力设备罪定罪处罚。三是盗窃电力设备,没有危及公共安全,但应当追究刑事责任的,可以根据案件的不同情况,按照盗窃罪等犯罪处理。与前两种情形都不同,这种情形下盗窃电力设备没有危及公共安全的,不能以破坏电力设备罪定罪处罚;但如果该行为构成其他犯罪,如盗窃数额达到盗窃罪标准的,以盗窃罪定罪处罚;盗窃数额尚未达到盗窃罪标准,不构成盗窃罪,但应当追究刑事责任的,根据具体情况,可以分别以故意毁坏财物罪、破坏生产经营罪等犯罪处理。

2. 关于电力设备的范围。关于电力设备的范围的争议,主要是电力设备是否等同于电力设施的问题,对此问题的正确回答应当是,电力设备不等同于电力设施,否则本解释中就会直接使用"电力设施"而不是"电力设备"。从《刑法》的立法目的来看,重点保护的是那些为维持电力运行所必需的电力设备,而非广义的电力设施。破坏电力设备罪是危害公共安全的犯罪,而有些电力设施,主要是一些辅助设施,即使遭到破坏,也不可能对公共安全造成任何影响。另外,本解释所称电力设备是正在使用的电力设备,不包括尚未安装完毕,或者已经安装完毕但尚未交付使用的电力设备。

关联法规索引

《最高人民法院、最高人民检察院、公安部关于办理盗窃油气、破坏油气设备等刑事案件适用法律若干问题的意见》第1~4条

第一百一十九条 【破坏交通工具罪;破坏交通设施罪;破坏电力设备罪;破坏易燃易爆设备罪】破坏交通工具、交通设施、电力设备、燃气设备、易燃易爆设备,造成严重后果的,处十年以上有期徒刑、无期徒刑或者死刑。

【过失损坏交通工具罪；过失损坏交通设施罪；过失损坏电力设备罪；过失损坏易燃易爆设备罪】过失犯前款罪的，处三年以上七年以下有期徒刑；情节较轻的，处三年以下有期徒刑或者拘役。

关联法规索引

《最高人民法院关于审理破坏电力设备刑事案件具体应用法律若干问题的解释》第1、2条；《最高人民法院、最高人民检察院关于办理盗窃油气、破坏油气设备等刑事案件具体应用法律若干问题的解释》第2条；《最高人民法院、最高人民检察院、公安部关于办理涉窨井盖相关刑事案件的指导意见》第1条

第一百二十条 【组织、领导、参加恐怖组织罪】组织、领导恐怖活动组织的，处十年以上有期徒刑或者无期徒刑，并处没收财产；积极参加的，处三年以上十年以下有期徒刑，并处罚金；其他参加的，处三年以下有期徒刑、拘役、管制或者剥夺政治权利，可以并处罚金。

犯前款罪并实施杀人、爆炸、绑架等犯罪的，依照数罪并罚的规定处罚。

条文解读

本条是关于组织、领导、参加恐怖组织罪及其处罚的规定。根据《反恐怖主义法》第3条的规定，恐怖主义，是指通过暴力、破坏、恐吓等手段，制造社会恐慌、危害公共安全、侵犯人身财产，或者胁迫国家机关、国际组织，以实现其政治、意识形态等目的的主张和行为。恐怖活动，是指具有恐怖主义性质的下列行为：(1)组织、策划、准备实施、实施造成或者意图造成人员伤亡、重大财产损失、公共设施损坏、社会秩序混乱等严重社会危害的活动的；(2)宣扬恐怖主义，煽动实施恐怖活动，或者非法持有宣扬恐怖主义的物品，强制他人在公共场所穿戴宣扬恐怖主义的服饰、标志的；(3)组织、领导、参加恐怖活动组织的；(4)为恐怖活动组织、恐怖活动人员、实施恐怖活动或者恐怖活动培训提供信息、资金、物资、劳务、技术、场所等支持、协助、便利的；(5)其他恐怖活动。恐怖活动组织，是指3人以上为实施恐怖活动而组成的犯罪组织。组织恐怖活动组织，是指发起、推动和组建恐怖活动组织的

行为；领导恐怖活动组织，是指在恐怖活动组织中处于领导地位，策划、指挥恐怖活动组织的具体活动；参加恐怖活动组织，是指加入恐怖活动组织，使自己成为其中一员。

本条第 2 款是关于犯组织、领导、参加恐怖组织罪的同时，又实施杀人、爆炸、绑架等犯罪的处罚规定。犯组织、领导、参加恐怖组织罪并实施杀人、爆炸、绑架等犯罪的，依照数罪并罚的规定处罚。

第一百二十条之一　【帮助恐怖活动罪】资助恐怖活动组织、实施恐怖活动的个人的，或者资助恐怖活动培训的，处五年以下有期徒刑、拘役、管制或者剥夺政治权利，并处罚金；情节严重的，处五年以上有期徒刑，并处罚金或者没收财产。

为恐怖活动组织、实施恐怖活动或者恐怖活动培训招募、运送人员的，依照前款的规定处罚。

单位犯前两款罪的，对单位判处罚金，并对其直接负责的主管人员和其他直接责任人员，依照第一款的规定处罚。

条文解读

本条是关于帮助恐怖活动罪及其处罚的规定。本条第 1 款是关于资助恐怖活动组织、实施恐怖活动的个人以及资助恐怖活动培训的犯罪及其处罚的规定。构成本罪应当符合以下条件：(1)主观上必须是故意，即明知对方是恐怖活动组织、实施恐怖活动的个人或者从事、参加恐怖活动培训而予以资助。(2)必须实施了相应的资助行为，即实施了为恐怖活动组织、实施恐怖活动的个人或者恐怖活动培训筹集、提供经费、物资或者提供场所以及其他物质便利的行为。(3)资助的对象必须是恐怖活动组织、实施恐怖活动的个人或者恐怖活动培训。“实施恐怖活动的个人”包括预谋实施、准备实施和实际实施恐怖活动的个人。“恐怖活动培训”既包括为实施恐怖活动而进行的培训活动，也包括去参加或者接受恐怖活动培训的行为。实践中，对于有多次资助、持续资助、提供大量资金资助等情形的，可以认定为本款规定的“情节严重”。

本条第 2 款是关于为恐怖活动组织、实施恐怖活动或者恐怖活动培训招募、运送人员的犯罪及其处罚的规定。这里所规定的“招募”，是指通过所谓“合法”或者非法途径，面向特定或者不特定的群体募集人员的行为。“运送”，是指用各种交通工具运输人员。这些行为，在本质上也属于资助行为。根据本款规定，只要为恐怖活动组织、实施恐怖活动或者恐怖活动培训招募、运送人员的，就构成犯罪，依照本条第 1 款的规定处罚。本罪在主观上必须是故意，即犯罪分子知道或者应当知道对方是恐怖活动组织、实施恐怖活动或者恐怖活动培训而为其招募、运送人员。对于不明真相，或者因上当受骗而为其提供招募、运送服务的，不构成本条规定的犯罪。

本条第 3 款是关于单位犯资助恐怖活动组织、实施恐怖活动的个人或者资助恐怖活动培训，以及为恐怖活动组织、实施恐怖活动或者恐怖活动培训招募、运送人员的犯罪及其处罚的规定。根据本款规定，单位犯本条规定之罪的，对单位判处罚金，并对其直接负责的主管人员和其他直接责任人员依照第 1 款的规定处罚。

关联法规索引

《反恐怖主义法》第 3 条;《最高人民检察院、公安部关于公安机关管辖的刑事案件立案追诉标准的规定(二)》第 1 条

第一百二十条之二 【准备实施恐怖活动罪】 有下列情形之一的，处五年以下有期徒刑、拘役、管制或者剥夺政治权利，并处罚金；情节严重的，处五年以上有期徒刑，并处罚金或者没收财产：

(一) 为实施恐怖活动准备凶器、危险物品或者其他工具的；

(二) 组织恐怖活动培训或者积极参加恐怖活动培训的；

(三) 为实施恐怖活动与境外恐怖活动组织或者人员联络的；

(四) 为实施恐怖活动进行策划或者其他准备的。

有前款行为，同时构成其他犯罪的，依照处罚较重的规定定罪处罚。

条文解读

本条第 1 款是关于准备实施恐怖活动罪及其处罚的规定。准备实施恐怖活动

的犯罪行为包括以下情形：

1. 为实施恐怖活动准备凶器、危险物品或者其他工具的。这一行为的前提是“为实施恐怖活动”。“凶器”，是指用来实施犯罪行为，能够对人身健康、生命等造成危险的枪支、刀具、棍棒、爆炸物等物品。“危险物品”，是指具有燃烧性、爆炸性、腐蚀性、毒害性、放射性等特性，能够引起人身伤亡，或者造成公共利益和人民群众重大财产损害的物品，如剧毒物品、放射性物品和其他易燃易爆物品等。“其他工具”，是指能够为恐怖活动犯罪提供便利，或者有利于提高实施暴力恐怖活动能力的物品，如汽车等交通工具、手机等通信工具等。

2. 组织恐怖活动培训或者积极参加恐怖活动培训的。“恐怖活动培训”，在内容上，既可以是传授、灌输恐怖主义思想、主张，使恐怖活动人员形成更顽固的思想，也可以是进行心理、体能训练或者传授、训练制造工具、武器、炸弹等方面的犯罪技能和方法，还可以是进行恐怖活动的实战训练等。在具体的组织方式上，包括当面讲授、开办培训班、组建训练营、开办论坛、组织收听观看含有恐怖主义内容的音视频材料、在网上注册成员建立共同的交流指导平台等。

3. 为实施恐怖活动与境外恐怖活动组织或者人员联络的。关于联络的目的，有的是参加境外的恐怖活动组织，有的是出境参加“圣战”、接受培训，有的是寻求支持、支援或者帮助，有的是要求对方提供情报信息，有的是协同发动恐怖袭击以制造更大的恐慌和影响等。进行联络的方式也多种多样，包括直接见面、写信、打电话、发电子邮件等。只要是为实施恐怖活动与境外恐怖活动组织或者人员联络的，都要依照本款规定追究刑事责任。

4. 为实施恐怖活动进行策划或者其他准备的。“策划”，是指制订恐怖活动计划，选择实施恐怖活动的目标、地点、时间，分配恐怖活动任务等行为。“其他准备”是关于准备实施恐怖活动犯罪的兜底性规定，指上述规定的准备行为之外的其他为实施恐怖活动而进行的准备活动。

这里所说的“情节严重”，是指准备凶器、危险品数量巨大，培训人员数量众多，与境外恐怖活动组织频繁联络，策划袭击可能造成重大人员伤亡以及重大目标破坏等情形。

本条第 2 款是关于实施本条规定的犯罪同时构成其他犯罪如何处理的规定。犯罪分子实施本条第 1 款规定的犯罪行为，也可能同时构成《刑法》规定的其他犯罪。比如，行为人为了准备实施恐怖活动犯罪而制造、买卖、运输、储存枪支、弹药、爆炸物或者危险物质等，对于这些犯罪行为，如果与本款规定的犯罪行为出现了竞合的情形，则应当依照处罚较重的规定定罪处罚。

第一百二十条之三　【宣扬恐怖主义、极端主义、煽动实施恐怖活动罪】以制作、散发宣扬恐怖主义、极端主义的图书、音频视频资料或者其他物品，或者通过讲授、发布信息等方式宣扬恐怖主义、极端主义的，或者煽动实施恐怖活动的，处五年以下有期徒刑、拘役、管制或者剥夺政治权利，并处罚金；情节严重的，处五年以上有期徒刑，并处罚金或者没收财产。

条文解读

本条是关于宣扬恐怖主义、极端主义，煽动实施恐怖活动罪及其处罚的规定。“宣扬”，是指以各种方式散布、传播恐怖主义、极端主义观念、思想和主张的行为。“煽动”，是指以各种方式对他人进行鼓动、怂恿，意图使他人产生犯意，去实施被煽动的行为。煽动的具体内容，既包括煽动参加恐怖活动组织、煽动实施暴力恐怖活动，也包括煽动资助或者以其他方式帮助暴力恐怖活动。

本条列举了宣扬恐怖主义、极端主义和煽动实施恐怖活动常见的一些形式。主要包括：

1. 制作、散发宣扬恐怖主义、极端主义的图书、音频视频资料或者其他物品。“制作”，是指编写、出版、印刷、复制载有恐怖主义、极端主义思想内容的图书、音频视频资料或者其他物品的行为。“散发”，是指通过发行，当面散发，以邮寄、手机短信、电子邮件等方式发送，或者通过网络、微信等即时通信工具公开发帖、转载，以使他人接触到恐怖主义、极端主义信息的行为。“图书、音频视频资料或者其他物品”，包括图书、报纸、期刊、音像制品、电子出版物，载有恐怖主义、极端主义思想内容的传单、图片、标语等，在手机、移动存储介质、电子阅读器、网络上展示的图片、文稿、音频、视频、音像制品，以及带有恐怖主义、极端主义标记、符号、文字、图像的服饰、纪念品、生活用品等。

2. 讲授、发布信息。“讲授”，是指为宣扬对象讲解、传授恐怖主义、极端主义思想、观念、主张。讲授的对象，既可以是明确的一人或者数人，也可以是一定范围内的不特定的人。“发布信息”，则是面向特定个人或者不特定个人，通过手机短信、电子邮件等方式宣扬恐怖主义、极端主义，也可以是在网络平台上发布相关信息，使特定人或者不特定人看到这些信息的行为。

3. 其他方式。本条在列举宣扬、煽动的具体方式中使用了“等方式”的表述。“等方式”，意思是说宣扬恐怖主义、极端主义，煽动实施恐怖活动的方式不限于本条所列举的情形。对于一些在私人场合或者秘密场合，在家庭、朋友之间，或者通过投寄信件、利用不开放的网络论坛或者聊天室等进行的宣扬、煽动行为，也可能构成本条规定的犯罪。

在实践中，对于是否属于“情节严重”，可以根据制作、散布的图书、音像制品等物品的数量，讲授、发布信息的次数和数量，宣扬、煽动的内容、场所和对象范围，以及引起恐怖活动发生的现实危险程度等因素综合进行衡量。

关联法规索引

《反恐怖主义法》第80条

第一百二十条之四 【利用极端主义破坏法律实施罪】利用极端主义煽动、胁迫群众破坏国家法律确立的婚姻、司法、教育、社会管理等制度实施的，处三年以下有期徒刑、拘役或者管制，并处罚金；情节严重的，处三年以上七年以下有期徒刑，并处罚金；情节特别严重的，处七年以上有期徒刑，并处罚金或者没收财产。

条文解读

本条是关于利用极端主义破坏法律实施罪及其处罚的规定。构成本条规定的犯罪，须符合以下几个条件：

1. 本罪的行为方式表现为利用极端主义煽动、胁迫群众。这里的“煽动”，是指利用极端主义，以各种方式对他人进行鼓动、怂恿，意图使他人产生犯意，去实施被煽动的行为。这里的“胁迫”，是指通过暴力、威胁或者以给被胁迫者或者其亲属等造成人身、心理、经济等方面的损害相要挟，迫使其从事胁迫者希望其实施的特定行为。胁迫的方式既可以是暴力手段，也可以是言语威胁或者对被胁迫者的利益进行限制、剥夺等。实践中，还存在以关爱朋友、亲情等为借口，或者以孤立、排斥等方法施加压力的情况。

2. 本罪中煽动、胁迫的目的，是破坏国家法律制度的实施。虽然行为人在进行煽动、胁迫时经常打着维护宗教教义或者民族风俗习惯的旗号，但其背后的真实目的是要煽动歧视、煽动仇恨，崇尚、鼓吹、挑动暴力，煽动、胁迫人们对政府管理活动的抵制甚至对抗，蛊惑人们不遵守国家法律确立的婚姻、司法、教育、社会管理等制度，引起社会秩序的混乱。

3. 本罪的直接危害，是破坏国家法律规定的管理制度，使国家法律确立的婚姻、司法、教育、社会管理等制度得不到有效实施。同时，本罪的危害还在于，这一行为还会使被煽动、胁迫的特定对象产生认识混乱或者恐惧心理，损害其个人的合法权益，进而危及公共利益、社会安全和秩序。因此，本罪不以被煽动、胁迫者实施破坏国家法律制度的具体行为为必要条件，只要行为人实施了煽动、胁迫的行为，就已经构成本罪。

第一百二十条之五　【强制穿戴宣扬恐怖主义、极端主义服饰、标志罪】以暴力、胁迫等方式强制他人在公共场所穿着、佩戴宣扬恐怖主义、极端主义服饰、标志的，处三年以下有期徒刑、拘役或者管制，并处罚金。

条文解读

本条是关于强制穿戴宣扬恐怖主义、极端主义服饰、标志罪及其处罚的规定。本罪的主体为一般主体，即任何强制他人在公共场所穿着、佩戴宣扬恐怖主义、极端主义服饰、标志的人。主观要件为故意，对强制他人在公共场所穿着、佩戴宣扬恐怖主义、极端主义服饰、标志的行为和结果都是明知并且希望结果的发生。除了暴力、胁迫手段以外，通过采用对被害人产生肉体强制或者精神强制的其他手段，强制他人在公共场所穿着、佩戴宣扬恐怖主义、极端主义服饰、标志的，也构成本罪。这里的“公共场所”既包括群众进行公开活动的场所，如商店、影剧院、体育场、街道等；也包括各类单位，如机关、团体、事业单位的办公场所，企业生产经营场所，医院、学校、幼儿园等；还包括公共交通工具，如火车、轮船、长途客运汽车、公共电车、汽车、民用航空器等。

第一百二十条之六　【非法持有宣扬恐怖主义、极端主义物品罪】明知是宣扬恐怖主义、极端主义的图书、音频视频资料或者其他物品而非法持有，情节严重的，处三年以下有期徒刑、拘役或者管制，并处或者单处罚金。

第一百二十一条　【劫持航空器罪】以暴力、胁迫或者其他方法劫持航空器的，处十年以上有期徒刑或者无期徒刑；致人重伤、死亡或者使航空器遭受严重破坏的，处死刑。

第一百二十二条　【劫持船只、汽车罪】以暴力、胁迫或者其他方法劫持船只、汽车的，处五年以上十年以下有期徒刑；造成严重后果的，处十年以上有期徒刑或者无期徒刑。

第一百二十三条　【暴力危及飞行安全罪】对飞行中的航空器上的人员使用暴力，危及飞行安全，尚未造成严重后果的，处五年以下有期徒刑或者拘役；造成严重后果的，处五年以上有期徒刑。

第一百二十四条　【破坏广播电视设施、公用电信设施罪】破坏广播电视设施、公用电信设施，危害公共安全的，处三年以上七年以下有期徒刑；造成严重后果的，处七年以上有期徒刑。

【过失损坏广播电视设施、公用电信设施罪】过失犯前款罪的，处三年以上七年以下有期徒刑；情节较轻的，处三年以下有期徒刑或者拘役。

条文解读

本法第124条第1款是关于破坏广播电视设施、公用电信设施罪及其处罚的规定。广播电视设施，主要是指发射无线电广播信号的台站，传播新闻信息的电视发射台、转播台和电视台的接收电视图像的设备以及有线广播电视传播覆盖设施等。公用电信设施，主要是指无线电发报设施、设备，电话交换局、台、站和无线电通信网络、微波、监测、传真电信设备，卫星电信的发射与接收电讯号的设备以及用于航海、航空的无线电通信、导航设备、设施等。破坏行为主要表现为两种形态：一是使广播电视设施、公用电信设施受到物理上的毁损；二是使广播电视设施、公用电信设施丧失应有性能。根据《最高人民法院关于审理破坏公用电信设施刑事案件具体应用法律若干问题的解释》第1条的规定，破坏公用电信设施，除了可以采用截断通信线路、损毁通信设备的方法外，还可以通过删除、修改、增加电信网计算机信息系统中存储、处理或者传输的数据和应用程序等手段实施。

第 124 条第 2 款是关于过失损坏广播电视设施、公用电信设施罪及其处罚的规定。过失损坏广播电视设施、公用电信设施罪，是指过失破坏广播电视设施、公用电信设施，危害公共安全的行为。

配套法规及解读

《最高人民法院关于审理破坏广播电视设施等刑事案件具体应用法律若干问题的解释》(2011 年 6 月 7 日)

第一条 采取拆卸、毁坏设备，剪割缆线，删除、修改、增加广播电视设备系统中存储、处理、传输的数据和应用程序，非法占用频率等手段，破坏正在使用的广播电视设施，具有下列情形之一的，依照刑法第一百二十四条第一款的规定，以破坏广播电视设施罪处三年以上七年以下有期徒刑：

(一)造成救灾、抢险、防汛和灾害预警等重大公共信息无法发布的；

(二)造成县级、地市(设区的市)级广播电视台中直接关系节目播出的设施无法使用，信号无法播出的；

(三)造成省级以上广播电视传输网内的设施无法使用，地市(设区的市)级广播电视传输网内的设施无法使用三小时以上，县级广播电视传输网内的设施无法使用十二小时以上，信号无法传输的；

(四)其他危害公共安全的情形。

第五条 盗窃正在使用的广播电视设施，尚未构成盗窃罪，但具有本解释第一条、第二条规定情形的，以破坏广播电视设施罪定罪处罚；同时构成盗窃罪和破坏广播电视设施罪的，依照处罚较重的规定定罪处罚。

※法规解读：

本解释第 1 条是关于破坏广播电视设施行为与入罪标准的规定。根据本解释第 1 条的规定，破坏广播电视设施行为可以分为物理性破坏和功能性破坏两类。物理性破坏是故意对广播电视硬件设施的毁坏，主要有拆卸、毁坏设备，剪割缆线等行为。司法实践中，有的犯罪分子向传输缆线中插针以截取广播电视信号，有的通过“改造”缆线来插播非法节目。这些行为都可使硬件设施遭到破坏，属于物理性破坏。功能性破坏主要是指删除、修改、增加广播电视设备系统中的数据和应用程序，非法占用频率等，使设备的正常功能无法发挥。这两种破坏行为都属于破坏广播电视设施的行为，都应当被追究刑事责任。

本解释第5条是关于盗窃罪与破坏广播电视设施罪的竞合问题。实践中，因盗窃广播电视设施特别是盗割缆线而造成广播电视设施损坏的情况频繁发生，危害严重。这种行为同时构成了盗窃罪和破坏广播电视设施罪。根据刑法上的想象竞合理论的处罚原则，以处罚较重的规定定罪处罚。

关联法规索引

《最高人民法院关于审理破坏公用电信设施刑事案件具体应用法律若干问题的解释》第1~3条

第一百二十五条　【非法制造、买卖、运输、邮寄、储存枪支、弹药、爆炸物罪】非法制造、买卖、运输、邮寄、储存枪支、弹药、爆炸物的，处三年以上十年以下有期徒刑；情节严重的，处十年以上有期徒刑、无期徒刑或者死刑。

【非法制造、买卖、运输、储存危险物质罪】非法制造、买卖、运输、储存毒害性、放射性、传染病病原体等物质，危害公共安全的，依照前款的规定处罚。

单位犯前两款罪的，对单位判处罚金，并对其直接负责的主管人员和其他直接责任人员，依照第一款的规定处罚。

条文解读

本条第1款是关于非法制造、买卖、运输、邮寄、储存枪支、弹药、爆炸物罪及其处罚的规定。非法制造、买卖、运输、邮寄、储存枪支、弹药、爆炸物罪，是指违反国家有关枪支、弹药、爆炸物管理法规，擅自制造、买卖、运输、邮寄、储存枪支、弹药、爆炸物，危害公共安全的行为。本罪中的枪支、弹药，是指军用和民用各种枪支，如步枪、手枪、冲锋枪、射击运动用的枪支、狩猎用的有膛线枪、霰弹枪、火药枪、麻醉动物用的注射枪和能发射金属弹丸的气枪，以及上述枪支所使用的弹药；发射金属弹丸的钢珠枪也包含在内。爆炸物，是指能够引起爆炸，具有较大杀伤力的物品，如雷管、炸药、导爆索以及军用的手榴弹、地雷等,但理论上一般认为不包括烟花、鞭炮之类的娱乐用品。

非法制造,主要是指非法加工制作、组装、改装等行为。将已报废的枪支进行修理,使其恢复射击功能,也应视为制造。非法买卖,是指违反有关法规,购买或者出售枪支、弹药、爆炸物。介绍买卖枪支、弹药、爆炸物的,以买卖枪支、弹药、爆炸物共犯论处。非法运输,是指非法将枪支、弹药、爆炸物从一地运往另一地。非法邮寄,是指违反有关法规,通过邮政部门寄递枪支、弹药、爆炸物。非法储存,是指明知是他人非法制造、买卖、运输、邮寄的枪支、弹药而为其存放的行为,或者非法存放爆炸物的行为。

本条第 2 款是关于非法制造、买卖、运输、储存危险物质罪及其处罚的规定。非法制造、买卖、运输、储存危险物质罪,是指非法制造、买卖、运输、储存毒害性、放射性、传染病病原体等物质,危害公共安全的行为。本罪属于具体危险犯,行为必须对公共安全造成了现实的、具体的危险。

在司法实践中,对于非法制造、买卖、运输、邮寄、储存、持有、私藏、走私以压缩气体为动力且枪口比动能较低的枪支的行为,根据《最高人民法院、最高人民检察院关于涉以压缩气体为动力的枪支、气枪铅弹刑事案件定罪量刑问题的批复》的规定,在决定是否追究刑事责任以及如何裁量刑罚时,不仅应当考虑涉案枪支的数量,而且应当充分考虑涉案枪支的外观、材质、发射物、购买场所和渠道、价格、用途、致伤力大小、是否易于通过改制提升致伤力,以及行为人的主观认知、动机目的、一贯表现、违法所得、是否规避调查等情节,综合评估社会危害性,坚持主客观相统一,确保罪责刑相适应。

关联法规索引

《最高人民检察院、公安部关于公安机关管辖的刑事案件立案追诉标准的规定(一)》第 2 条;《最高人民法院关于审理非法制造、买卖、运输枪支、弹药、爆炸物等刑事案件具体应用法律若干问题的解释》;《最高人民法院、最高人民检察院关于办理非法制造、买卖、运输、储存毒鼠强等禁用剧毒化学品刑事案件具体应用法律若干问题的解释》

典型案例

王某成等非法买卖、储存危险物质案[1]

※要旨：(1)国家严格监督管理的氰化钠等剧毒化学品，易致人中毒或者死亡，对人体、环境具有极大的毒害性和危险性，属于《刑法》第125条第2款规定的“毒害性”物质。(2)“非法买卖”毒害性物质，是指违反法律和国家主管部门规定，未经有关主管部门批准许可，擅自购买或者出售毒害性物质的行为，并不需要兼有买进和卖出的行为。

第一百二十六条　【违规制造、销售枪支罪】 依法被指定、确定的枪支制造企业、销售企业，违反枪支管理规定，有下列行为之一的，对单位判处罚金，并对其直接负责的主管人员和其他直接责任人员，处五年以下有期徒刑；情节严重的，处五年以上十年以下有期徒刑；情节特别严重的，处十年以上有期徒刑或者无期徒刑：

（一）以非法销售为目的，超过限额或者不按照规定的品种制造、配售枪支的；

（二）以非法销售为目的，制造无号、重号、假号的枪支的；

（二）非法销售枪支或者在境内销售为出口制造的枪支的。

关联法规索引

《最高人民法院关于审理非法制造、买卖、运输枪支、弹药、爆炸物等刑事案件具体应用法律若干问题的解释》第3条；《最高人民检察院、公安部关于公安机关管辖的刑事案件立案追诉标准的规定(一)》第3条

第一百二十七条　【盗窃、抢夺枪支、弹药、爆炸物、危险物质罪】 盗窃、抢夺枪支、弹药、爆炸物的，或者盗窃、抢夺毒害性、放射性、传染病病原体等

[1] 参见最高人民法院指导性案例第13号。

物质，危害公共安全的，处三年以上十年以下有期徒刑；情节严重的，处十年以上有期徒刑、无期徒刑或者死刑。

【抢劫枪支、弹药、爆炸物、危险物质罪】抢劫枪支、弹药、爆炸物的，或者抢劫毒害性、放射性、传染病病原体等物质，危害公共安全的，或者盗窃、抢夺国家机关、军警人员、民兵的枪支、弹药、爆炸物的，处十年以上有期徒刑、无期徒刑或者死刑。

关联法规索引

《最高人民法院关于审理非法制造、买卖、运输枪支、弹药、爆炸物等刑事案件具体应用法律若干问题的解释》第4条

第一百二十八条 【非法持有、私藏枪支、弹药罪】违反枪支管理规定，非法持有、私藏枪支、弹药的，处三年以下有期徒刑、拘役或者管制；情节严重的，处三年以上七年以下有期徒刑。

【非法出租、出借枪支罪】依法配备公务用枪的人员，非法出租、出借枪支的，依照前款的规定处罚。

【非法出租、出借枪支罪】依法配置枪支的人员，非法出租、出借枪支，造成严重后果的，依照第一款的规定处罚。

单位犯第二款、第三款罪的，对单位判处罚金，并对其直接负责的主管人员和其他直接责任人员，依照第一款的规定处罚。

条文解读

本条第1款是关于非法持有、私藏枪支、弹药罪及其处罚的规定。根据《最高人民法院关于审理非法制造、买卖、运输枪支、弹药、爆炸物等刑事案件具体应用法律若干问题的解释》的规定，非法持有，是指不符合配备、配置枪支、弹药条件的人员，违反枪支管理法律、法规的规定，擅自持有枪支、弹药的行为。私藏，是指依法配备、配置枪支、弹药的人员，在配备、配置枪支、弹药的条件消除后，违反枪支管理法律、法规的规定，私自藏匿所配备、配置的枪支、弹药且拒不交出的行为。

本条第2、3款是关于非法出租、出借枪支罪及其处罚的规定。依法配备公务用枪的人员，包括公安机关、国家安全机关、监狱、劳教机关的人民警察，人民法院、人民检察院的司法警察和担负案件侦查任务的检察人员，海关的缉私人员，国家重要的军工、金融、仓储、科研等单位的专职守护人员、押运人员等。依法配置枪支的人员或单位，包括经省级人民政府体育行政主管部门批准，可以配置射击运动枪支的营业性射击场；经省级以上人民政府林业和草原行政主管部门批准，可以配置猎枪的狩猎场；因业务需要，可以配置猎枪、麻醉注射枪的野生动物保护、科研单位以及牧区、猎区依法申请配置猎枪的牧民、猎民等。非法出租，是指违反国家有关枪支管理的规定，擅自将枪支在一段时间内有偿租给他人或单位使用的行为。非法出借，是指违反国家有关枪支管理的规定，擅自将枪支无偿借给他人或单位使用的行为。若明知他人使用枪支进行犯罪行为，而出租、出借枪支给他人的，则与他人成立相应犯罪的共犯。

关联法规索引

《最高人民法院关于审理非法制造、买卖、运输枪支、弹药、爆炸物等刑事案件具体应用法律若干问题的解释》第5、8条；《最高人民检察院关于将公务用枪用作借债质押的行为如何适用法律问题的批复》；《最高人民检察院、公安部关于公安机关管辖的刑事案件立案追诉标准的规定(一)》第4、5条

第一百二十九条　【丢失枪支不报罪】依法配备公务用枪的人员，丢失枪支不及时报告，造成严重后果的，处三年以下有期徒刑或者拘役。

关联法规索引

《最高人民检察院、公安部关于公安机关管辖的刑事案件立案追诉标准的规定(一)》第6条

第一百三十条 【非法携带枪支、弹药、管制刀具、危险物品危及公共安全罪】非法携带枪支、弹药、管制刀具或者爆炸性、易燃性、放射性、毒害性、腐蚀性物品，进入公共场所或者公共交通工具，危及公共安全，情节严重的，处三年以下有期徒刑、拘役或者管制。

关联法规索引

《最高人民法院关于审理非法制造、买卖、运输枪支、弹药、爆炸物等刑事案件具体应用法律若干问题的解释》第6条；《最高人民检察院、公安部关于公安机关管辖的刑事案件立案追诉标准的规定(一)》第7条

第一百三十一条 【重大飞行事故罪】航空人员违反规章制度，致使发生重大飞行事故，造成严重后果的，处三年以下有期徒刑或者拘役；造成飞机坠毁或者人员死亡的，处三年以上七年以下有期徒刑。

关联法规索引

《民用航空法》第199条

第一百三十二条 【铁路运营安全事故罪】铁路职工违反规章制度，致使发生铁路运营安全事故，造成严重后果的，处三年以下有期徒刑或者拘役；造成特别严重后果的，处三年以上七年以下有期徒刑。

第一百三十三条 【交通肇事罪】违反交通运输管理法规，因而发生重大事故，致人重伤、死亡或者使公私财产遭受重大损失的，处三年以下有期徒刑或者拘役；交通运输肇事后逃逸或者有其他特别恶劣情节的，处三年以上七年以下有期徒刑；因逃逸致人死亡的，处七年以上有期徒刑。

条文解读

本法第133条是关于交通肇事罪及其处罚的规定。交通肇事罪，是指违反交

通运输管理法规,因而发生重大事故,致人重伤、死亡或者使公私财产遭受重大损失的行为。本罪主体是一般主体,即凡是达到刑事责任年龄、具有刑事责任能力的人皆可构成本罪。本罪的客观方面表现为:(1)行为人必须有违反交通运输管理法规的行为。交通运输管理法规,是指与保障交通运输安全有关的各种法规,包括海上、内河、公路、城市道路等交通安全管理法规,如《海上交通安全法》《内河交通安全管理条例》等。(2)必须有重大交通事故发生,致人重伤、死亡或者使公私财产遭受重大损失。(3)重大交通事故必须发生在交通过程中以及与交通有直接关系的活动中。(4)重大交通事故与行为人违反交通运输法规具有因果关系。本罪的主观方面是过失。这种过失是行为人对自己违反交通法规行为所造成的严重后果的心理态度而言,而不是对于违反交通法规的行为而言。根据《最高人民法院关于审理交通肇事刑事案件具体应用法律若干问题的解释》的规定,因逃逸致人死亡,是指行为人在交通肇事后为逃避法律追究而逃跑,致使被害人因得不到救助而死亡的情形。交通肇事后,单位主管人员、机动车辆所有人、承包人或者乘车人指使肇事人逃逸,致使被害人因得不到救助而死亡的,以交通肇事罪的共犯论处。行为人在交通肇事后为逃避法律追究,将被害人带离事故现场后隐藏或者遗弃,致使被害人无法得到救助而死亡或者严重残疾的,应当分别依照《刑法》第 232 条、第 234 条第 2 款的规定,以故意杀人罪或者故意伤害罪定罪处罚。

配套法规及解读

《最高人民法院关于审理交通肇事刑事案件具体应用法律若干问题的解释》(2000 年 11 月 15 日)

第一条　从事交通运输人员或者非交通运输人员,违反交通运输管理法规发生重大交通事故,在分清事故责任的基础上,对于构成犯罪的,依照刑法第一百三十三条的规定定罪处罚。

第二条　交通肇事具有下列情形之一的,处三年以下有期徒刑或者拘役:

(一)死亡一人或者重伤三人以上,负事故全部或者主要责任的;

(二)死亡三人以上,负事故同等责任的;

(三)造成公共财产或者他人财产直接损失,负事故全部或者主要责任,无能力赔偿数额在三十万元以上的。

交通肇事致一人以上重伤，负事故全部或者主要责任，并具有下列情形之一的，以交通肇事罪定罪处罚：

（一）酒后、吸食毒品后驾驶机动车辆的；

（二）无驾驶资格驾驶机动车辆的；

（三）明知是安全装置不全或者安全机件失灵的机动车辆而驾驶的；

（四）明知是无牌证或者已报废的机动车辆而驾驶的；

（五）严重超载驾驶的；

（六）为逃避法律追究逃离事故现场的。

第三条 “交通运输肇事后逃逸”，是指行为人具有本解释第二条第一款规定和第二款第（一）至（五）项规定的情形之一，在发生交通事故后，为逃避法律追究而逃跑的行为。

第四条 交通肇事具有下列情形之一的，属于“有其他特别恶劣情节”，处三年以上七年以下有期徒刑：

（一）死亡二人以上或者重伤五人以上，负事故全部或者主要责任的；

（二）死亡六人以上，负事故同等责任的；

（三）造成公共财产或者他人财产直接损失，负事故全部或者主要责任，无能力赔偿数额在六十万元以上的。

第五条 “因逃逸致人死亡”，是指行为人在交通肇事后为逃避法律追究而逃跑，致使被害人因得不到救助而死亡的情形。

交通肇事后，单位主管人员、机动车辆所有人、承包人或者乘车人指使肇事人逃逸，致使被害人因得不到救助而死亡的，以交通肇事罪的共犯论处。

第六条 行为人在交通肇事后为逃避法律追究，将被害人带离事故现场后隐藏或者遗弃，致使被害人无法得到救助而死亡或者严重残疾的，应当分别依照刑法第二百三十二条、第二百三十四条第二款的规定，以故意杀人罪或者故意伤害罪定罪处罚。

第七条 单位主管人员、机动车辆所有人或者机动车辆承包人指使、强令他人违章驾驶造成重大交通事故，具有本解释第二条规定情形之一的，以交通肇事罪定罪处罚。

第八条 在实行公共交通管理的范围内发生重大交通事故的，依照刑法第一百三十三条和本解释的有关规定办理。

在公共交通管理的范围外，驾驶机动车辆或者使用其他交通工具致人伤亡或者致使公共财产或者他人财产遭受重大损失，构成犯罪的，分别依照刑法第一百三十四条、第一百三十五条、第二百三十三条等规定定罪处罚。

第九条 各省、自治区、直辖市高级人民法院可以根据本地实际情况，在三十万元至六十万元、六十万元至一百万元的幅度内，确定本地区执行本解释第二条第一款第(三)项、第四条第(三)项的起点数额标准，并报最高人民法院备案。

※法规解读：

本解释主要包括以下内容：

1. 关于交通肇事罪中财产损失的认定。根据《刑法》第133条的规定，发生重大交通事故，造成公私财产遭受重大损失的，依法追究刑事责任。对于"公私财产"是否包括肇事者个人财产问题，在有些情况下，成为区分罪与非罪的界限。有的案件中，肇事者造成的公共财产及他人的财产损失数额不大，但自身遭受的财产损失惨重(如名贵车肇事与低档车俱毁)。本着从严惩处这类犯罪的需要，应当将肇事人的个人财产损失一并计入损失数额。但是，交通肇事罪的危害在于对公共财产、他人人身及其财产造成的损失，其自身的财产损失应当视为肇事人为自己的违章行为承担的经济责任，而不应将其作为承担刑事责任的条件。

2. 关于肇事后逃逸的认定。实践中，交通肇事后的逃逸行为具有较大的危害性，往往导致被害人无法得到救助、损失无法得到赔偿、案件查处难度增大等，必须依法予以惩处。本解释第3条规定："'交通运输肇事后逃逸'，是指行为人具有本解释第二条第一款规定和第二款第(一)至(五)项规定的情形之一，在发生交通事故后，为逃避法律追究而逃跑的行为。"实践中，肇事人逃跑的目的大多是想逃避法律追究，但也有少数人逃跑的目的是怕受害方或者其他围观群众对其进行殴打等。同样是逃跑，但这些人往往在逃离现场后，能够通过报告单位领导或者报警等方式，接受法律的处理。因此，对逃跑行为作上述区分是必要的，以保证准确适用法律，不枉不纵。本解释规定的"逃跑"，并没有时间和场所的限定。如果仅将逃逸界定为逃离现场，那么性质同样恶劣的逃避法律追究的行为就得不到严惩，可能会影响对这类犯罪行为的打击力度。

3. 关于逃逸致人死亡的认定。实践中，交通肇事逃逸后，发生被害人死亡结果的情形有多种，应当区分不同情况予以定性：

首先，本解释第5条第1款规定，"因逃逸致人死亡"，是指行为人在交通肇事后为逃避法律追究而逃跑，致使被害人因得不到救助而死亡的情形。这一规定强调的是“被害人因得不到救助而死亡”，主要是指行为人主观上并不希望发生被害人死亡的后果，但是没有救助被害人或者未采取得力的救助措施，导致发生被害人死亡结果的情形。

其次，针对实践中较为多见的，司机在交通肇事后，单位主管人员、机动车辆所有人、承包人或者乘车人指使肇事人逃逸的行为，本解释第5条第2款规定：“交通肇事后，单位主管人员、机动车辆所有人、承包人或者乘车人指使肇事人逃逸，致使被害人因得不到救助而死亡的，以交通肇事罪的共犯论处。”

最后，本解释第6条规定，行为人在交通肇事后为逃避法律追究，将被害人带离事故现场后隐藏或者遗弃，致使被害人无法得到救助而死亡或者严重残疾的，以故意杀人罪或者故意伤害罪定罪处罚。也就是说，行为人在肇事后，为了掩盖罪行、毁灭证据，逃避法律追究，将被害人带离事故现场后隐藏或者遗弃，使被害人处于无法获得救助的境遇。其主观上是希望或者放任被害人死亡结果的发生。对这种情形，根据被害人伤亡的结果对行为人定罪处罚是适宜的。

4. 关于在公共交通管理的范围外，因使用交通工具致人伤亡行为的定性。实践中，在机关、厂矿、学校、封闭的住宅小区等没有实行公共交通管理的范围内，因使用交通工具致人伤亡或者造成财产损失的情形也较多，如何定性处理是困扰司法实践的一个重要问题。依照道路交通管理法规的规定，交通运输部门只对在实行公共交通管理的范围内，如道路上发生的交通事故进行处理。同样是使用交通工具肇事，但由于不是在交通管理的范围内，交通运输部门无法进行处理。其他职能部门也多以这种行为属于交通肇事为由推诿管辖，致使一些案件被害人告状无门，犯罪行为得不到及时惩处。为此，本解释第8条第2款规定：“在公共交通管理的范围外，驾驶机动车辆或者使用其他交通工具致人伤亡或者致使公共财产或者他人财产遭受重大损失，构成犯罪的，分别依照刑法第一百三十四条、第一百三十五条、第二百三十三条等规定定罪处罚。”

关联法规索引

《最高人民法院、最高人民检察院、公安部关于依法办理“碰瓷”违法犯罪案件的指导意见》第6条

第一百三十三条之一　【危险驾驶罪】在道路上驾驶机动车,有下列情形之一的,处拘役,并处罚金:

(一)追逐竞驶,情节恶劣的;

(二)醉酒驾驶机动车的;

(三)从事校车业务或者旅客运输,严重超过额定乘员载客,或者严重超过规定时速行驶的;

(四)违反危险化学品安全管理规定运输危险化学品,危及公共安全的。

机动车所有人、管理人对前款第三项、第四项行为负有直接责任的,依照前款的规定处罚。

有前两款行为,同时构成其他犯罪的,依照处罚较重的规定定罪处罚。

条文解读

本条第 1 款是关于危险驾驶罪及其处罚的规定。危险驾驶罪的犯罪主体为一般主体,即任何在道路上行驶机动车的驾驶人。本罪侵害的是双重客体,主要是道路交通秩序,同时也威胁到不特定多数人的生命、财产安全。犯罪人在主观上应当为故意,尽管犯罪人在主观上并没有追求交通事故、人员伤亡等后果的发生,但是对于危险驾驶的行为是明知或者放任发生的。根据本款规定,构成危险驾驶罪的行为有以下 4 种:

1. 追逐竞驶,情节恶劣的。"追逐竞驶",就是平常所说的"飙车",是指在道路上,以在较短的时间内通过某条道路为目标或者以同行的其他车辆为竞争目标,追逐行驶。具体情形包括在道路上进行汽车驾驶"计时赛",或者若干车辆在同时行进中互相追赶等。判断是否"情节恶劣",应结合追逐竞驶所在的道路、时段、人员流量,追逐竞驶造成的危害程度以及危害后果等方面进行认定。

2. 醉酒驾驶机动车的。道路交通安全法规的相关规定区分了饮酒和醉酒两种情形。根据《最高人民法院、最高人民检察院、公安部、司法部关于办理醉酒危险驾驶刑事案件的意见》第 4 条第 1 款的规定,在道路上驾驶机动车,经呼气酒精含量检测,显示血液酒精含量达到 80 毫克/100 毫升以上的,公安机关应当依照《刑事诉讼法》和该意见的规定决定是否立案。对情节显著轻微、危害不大,不认为是犯罪的,不予立案。

3. 从事校车业务或者旅客运输,严重超过额定乘员载客,或者严重超过规定时速行驶的。校车,是指依照国家规定取得使用许可,用于接送接受义务教育的学生上下学的 7 座以上的载客汽车。依照国务院颁布的《校车安全管理条例》的有关规定,从事校车业务应当取得许可。禁止使用未取得校车标牌的车辆提供校车服务。从事旅客运输的车辆,包括需要具备营运资格的公路客运、公交客运、出租客运、旅游客运以及其他从事旅客运输的微型面包车等非营运客车。从事旅客运输的驾驶人员需要具备一定的资质,由有关部门颁发准驾证明。未取得许可或者不具备相关资质,不影响本罪刑事责任的认定,只要是从事了校车业务或者旅客运输,严重超过额定乘员载客,或者严重超过规定时速行驶的,都应当依照本条规定追究刑事责任。

4. 违反危险化学品安全管理规定运输危险化学品,危及公共安全的。根据国务院发布的《危险化学品安全管理条例》的规定,危险化学品,是指具有毒害、腐蚀、爆炸、燃烧、助燃等性质,对人体、设施、环境具有危害的剧毒化学品和其他化学品。危险化学品道路运输企业应当配备专职安全管理人员。驾驶人员、装卸管理人员、押运人员应当经交通运输主管部门考核合格,取得从业资格。"危及公共安全的",是划分罪与非罪的重要界限。在实践中,对于是否危及公共安全,应当结合运输的危险化学品的性质、品种及数量,运输的时间、路线,违反安全管理规定的具体内容及严重程度等综合作出判断。

本条第 2 款是关于机动车所有人、管理人对危险驾驶行为承担刑事责任的规定。根据本款规定,机动车所有人、管理人对从事校车业务或者旅客运输的车辆驾驶人严重超过额定乘员载客,或者严重超过规定时速行驶负有直接责任的,对运输危险化学品的车辆驾驶人违反危险化学品安全管理规定,危及公共安全负有直接责任的,依照本条第 1 款追究刑事责任。

本条第 3 款是关于有危险驾驶行为,同时又构成其他犯罪如何适用法律的规定。根据本款规定,具有上述竞合情形的,应当依照处罚较重的规定定罪处罚。如果行为人有第 1 款规定的危险驾驶行为,造成人员伤亡或者公私财产重大损失,符合本法第 133 条交通肇事罪构成要件或者构成其他犯罪,根据本款规定的原则,应当依照本法第 133 条的规定以交通肇事罪定罪处罚,或者依照本法其他有关规定定罪处罚,而行为人危险驾驶的行为,将会被作为处罚的量刑情节予以考虑。

配套法规及解读

《最高人民法院、最高人民检察院、公安部、司法部关于办理醉酒危险驾驶刑事案件的意见》(2023 年 12 月 13 日)

一、总体要求

第一条　人民法院、人民检察院、公安机关办理醉驾案件,应当坚持分工负责,互相配合,互相制约,坚持正确适用法律,坚持证据裁判原则,严格执法,公正司法,提高办案效率,实现政治效果、法律效果和社会效果的有机统一。人民检察院依法对醉驾案件办理活动实行法律监督。

第二条　人民法院、人民检察院、公安机关办理醉驾案件,应当全面准确贯彻宽严相济刑事政策,根据案件的具体情节,实行区别对待,做到该宽则宽,当严则严,罚当其罪。

第三条　人民法院、人民检察院、公安机关和司法行政机关应当坚持惩治与预防相结合,采取多种方式强化综合治理、诉源治理,从源头上预防和减少酒后驾驶行为发生。

二、立案与侦查

第四条　在道路上驾驶机动车,经呼气酒精含量检测,显示血液酒精含量达到 80 毫克/100 毫升以上的,公安机关应当依照刑事诉讼法和本意见的规定决定是否立案。对情节显著轻微、危害不大,不认为是犯罪的,不予立案。

公安机关应当及时提取犯罪嫌疑人血液样本送检。认定犯罪嫌疑人是否醉酒,主要以血液酒精含量鉴定意见作为依据。

犯罪嫌疑人经呼气酒精含量检测,显示血液酒精含量达到 80 毫克/100 毫升以上,在提取血液样本前脱逃或者找人顶替的,可以以呼气酒精含量检测结果作为认定其醉酒的依据。

犯罪嫌疑人在公安机关依法检查时或者发生道路交通事故后,为逃避法律追究,在呼气酒精含量检测或者提取血液样本前故意饮酒的,可以以查获后血液酒精含量鉴定意见作为认定其醉酒的依据。

第五条　醉驾案件中"道路""机动车"的认定适用道路交通安全法有关"道路""机动车"的规定。

对机关、企事业单位、厂矿、校园、居民小区等单位管辖范围内的路段是否认定为“道路”,应当以其是否具有“公共性”,是否“允许社会机动车通行”作为判断标准。只允许单位内部机动车、特定来访机动车通行的,可以不认定为“道路”。

第六条 对醉驾犯罪嫌疑人、被告人,根据案件具体情况,可以依法予以拘留或者取保候审。具有下列情形之一的,一般予以取保候审:

(一)因本人受伤需要救治的;

(二)患有严重疾病,不适宜羁押的;

(三)系怀孕或者正在哺乳自己婴儿的妇女;

(四)系生活不能自理的人的唯一扶养人;

(五)其他需要取保候审的情形。

对符合取保候审条件,但犯罪嫌疑人、被告人不能提出保证人,也不交纳保证金的,可以监视居住。对违反取保候审、监视居住规定的犯罪嫌疑人、被告人,情节严重的,可以予以逮捕。

第七条 办理醉驾案件,应当收集以下证据:

(一)证明犯罪嫌疑人情况的证据材料,主要包括人口信息查询记录或者户籍证明等身份证明;驾驶证、驾驶人信息查询记录;犯罪前科记录、曾因饮酒后驾驶机动车被查获或者行政处罚记录、本次交通违法行政处罚决定书等;

(二)证明醉酒检测鉴定情况的证据材料,主要包括呼气酒精含量检测结果、呼气酒精含量检测仪标定证书、血液样本提取笔录、鉴定委托书或者鉴定机构接收检材登记材料、血液酒精含量鉴定意见、鉴定意见通知书等;

(三)证明机动车情况的证据材料,主要包括机动车行驶证、机动车信息查询记录、机动车照片等;

(四)证明现场执法情况的照片,主要包括现场检查机动车、呼气酒精含量检测、提取与封装血液样本等环节的照片,并应当保存相关环节的录音录像资料;

(五)犯罪嫌疑人供述和辩解。

根据案件具体情况,还应当收集以下证据:

(一)犯罪嫌疑人是否饮酒、驾驶机动车有争议的,应当收集同车人员、现场目击证人或者共同饮酒人员等证人证言、饮酒场所及行驶路段监控记录等;

(二)道路属性有争议的,应当收集相关管理人员、业主等知情人员证言、管理单位或者有关部门出具的证明等;

(三)发生交通事故的,应当收集交通事故认定书、事故路段监控记录、人体损伤程度等鉴定意见、被害人陈述等；

（四）可能构成自首的，应当收集犯罪嫌疑人到案经过等材料；

（五）其他确有必要收集的证据材料。

第八条 对犯罪嫌疑人血液样本提取、封装、保管、送检、鉴定等程序，按照公安部、司法部有关道路交通安全违法行为处理程序、鉴定规则等规定执行。

公安机关提取、封装血液样本过程应当全程录音录像。血液样本提取、封装应当做好标记和编号，由提取人、封装人、犯罪嫌疑人在血液样本提取笔录上签字。犯罪嫌疑人拒绝签字的，应当注明。提取的血液样本应当及时送往鉴定机构进行血液酒精含量鉴定。因特殊原因不能及时送检的，应当按照有关规范和技术标准保管检材并在五个工作日内送检。

鉴定机构应当对血液样品制备和仪器检测过程进行录音录像。鉴定机构应当在收到送检血液样本后三个工作日内，按照有关规范和技术标准进行鉴定并出具血液酒精含量鉴定意见，通知或者送交委托单位。

血液酒精含量鉴定意见作为证据使用的，办案单位应当自收到血液酒精含量鉴定意见之日起五个工作日内，书面通知犯罪嫌疑人、被告人、被害人或者其法定代理人。

第九条 具有下列情形之一，经补正或者作出合理解释的，血液酒精含量鉴定意见可以作为定案的依据；不能补正或者作出合理解释的，应当予以排除：

（一）血液样本提取、封装、保管不规范的；

（二）未按规定的时间和程序送检、出具鉴定意见的；

（三）鉴定过程未按规定同步录音录像的；

（四）存在其他瑕疵或者不规范的取证行为的。

三、刑事追究

第十条 醉驾具有下列情形之一，尚不构成其他犯罪的，从重处理：

（一）造成交通事故且负事故全部或者主要责任的；

（二）造成交通事故后逃逸的；

（三）未取得机动车驾驶证驾驶汽车的；

（四）严重超员、超载、超速驾驶的；

（五）服用国家规定管制的精神药品或者麻醉药品后驾驶的；

（六）驾驶机动车从事客运活动且载有乘客的；

（七）驾驶机动车从事校车业务且载有师生的；

（八）在高速公路上驾驶的；

（九）驾驶重型载货汽车的；

（十）运输危险化学品、危险货物的；

（十一）逃避、阻碍公安机关依法检查的；

（十二）实施威胁、打击报复、引诱、贿买证人、鉴定人等人员或者毁灭、伪造证据等妨害司法行为的；

（十三）二年内曾因饮酒后驾驶机动车被查获或者受过行政处罚的；

（十四）五年内曾因危险驾驶行为被判决有罪或者作相对不起诉的；

（十五）其他需要从重处理的情形。

第十一条 醉驾具有下列情形之一的，从宽处理：

（一）自首、坦白、立功的；

（二）自愿认罪认罚的；

（三）造成交通事故，赔偿损失或者取得谅解的；

（四）其他需要从宽处理的情形。

第十二条 醉驾具有下列情形之一，且不具有本意见第十条规定情形的，可以认定为情节显著轻微、危害不大，依照刑法第十三条、刑事诉讼法第十六条的规定处理：

（一）血液酒精含量不满150毫克/100毫升的；

（二）出于急救伤病人员等紧急情况驾驶机动车，且不构成紧急避险的；

（三）在居民小区、停车场等场所因挪车、停车入位等短距离驾驶机动车的；

（四）由他人驾驶至居民小区、停车场等场所短距离接替驾驶停放机动车的，或者为了交由他人驾驶，自居民小区、停车场等场所短距离驶出的；

（五）其他情节显著轻微的情形。

醉酒后出于急救伤病人员等紧急情况，不得已驾驶机动车，构成紧急避险的，依照刑法第二十一条的规定处理。

第十三条 对公安机关移送审查起诉的醉驾案件，人民检察院综合考虑犯罪嫌疑人驾驶的动机和目的、醉酒程度、机动车类型、道路情况、行驶时间、速度、距离以及认罪悔罪表现等因素，认为属于犯罪情节轻微的，依照刑法第三十七条、刑事诉讼法第一百七十七条第二款的规定处理。

第十四条 对符合刑法第七十二条规定的醉驾被告人,依法宣告缓刑。具有下列情形之一的,一般不适用缓刑:

(一)造成交通事故致他人轻微伤或者轻伤,且负事故全部或者主要责任的;

(二)造成交通事故且负事故全部或者主要责任,未赔偿损失的;

(三)造成交通事故后逃逸的;

(四)未取得机动车驾驶证驾驶汽车的;

(五)血液酒精含量超过180毫克/100毫升的;

(六)服用国家规定管制的精神药品或者麻醉药品后驾驶的;

(七)采取暴力手段抗拒公安机关依法检查,或者实施妨害司法行为的;

(八)五年内曾因饮酒后驾驶机动车被查获或者受过行政处罚的;

(九)曾因危险驾驶行为被判决有罪或者作相对不起诉的;

(十)其他情节恶劣的情形。

第十五条 对被告人判处罚金,应当根据醉驾行为、实际损害后果等犯罪情节,综合考虑被告人缴纳罚金的能力,确定与主刑相适应的罚金数额。起刑点一般不应低于道路交通安全法规定的饮酒后驾驶机动车相应情形的罚款数额;每增加一个月拘役,增加一千元至五千元罚金。

第十六条 醉驾同时构成交通肇事罪、过失以危险方法危害公共安全罪、以危险方法危害公共安全罪等其他犯罪的,依照处罚较重的规定定罪,依法从严追究刑事责任。

醉酒驾驶机动车,以暴力、威胁方法阻碍公安机关依法检查,又构成妨害公务罪、袭警罪等其他犯罪的,依照数罪并罚的规定处罚。

第十七条 犯罪嫌疑人醉驾被现场查获后,经允许离开,再经公安机关通知到案或者主动到案,不认定为自动投案;造成交通事故后保护现场、抢救伤者,向公安机关报告并配合调查的,应当认定为自动投案。

第十八条 根据本意见第十二条第一款、第十三条、第十四条处理的案件,可以将犯罪嫌疑人、被告人自愿接受安全驾驶教育、从事交通志愿服务、社区公益服务等情况作为作出相关处理的考量因素。

第十九条 对犯罪嫌疑人、被告人决定不起诉或者免予刑事处罚的,可以根据案件的不同情况,予以训诫或者责令具结悔过、赔礼道歉、赔偿损失,需要给予行政处罚、处分的,移送有关主管机关处理。

第二十条 醉驾属于严重的饮酒后驾驶机动车行为。血液酒精含量达到80毫克/100毫升以上，公安机关应当在决定不予立案、撤销案件或者移送审查起诉前，给予行为人吊销机动车驾驶证行政处罚。根据本意见第十二条第一款处理的案件，公安机关还应当按照道路交通安全法规定的饮酒后驾驶机动车相应情形，给予行为人罚款、行政拘留的行政处罚。

人民法院、人民检察院依据本意见第十二条第一款、第十三条处理的案件，对被不起诉人、被告人需要予以行政处罚的，应当提出检察意见或者司法建议，移送公安机关依照前款规定处理。公安机关应当将处理情况通报人民法院、人民检察院。

※法规解读：

理解本意见，需要重点把握四个方面的内容。

1. 对醉酒危险驾驶行为的界定。本意见对"醉酒"的认定沿用了强制性国家标准《车辆驾驶人员血液、呼气酒精含量阈值与检验》(GB 19522—2010)关于"醉酒后驾车"的规定，即车辆驾驶人员血液酒精含量达到80毫克/100毫升以上的，属于醉酒驾驶。关于"道路""机动车"的认定，适用《道路交通安全法》的有关规定。本意见第5条第2款进一步明确，对机关、企事业单位、厂矿、校园、居民小区等单位管辖范围内的路段是否认定为"道路"，应当以其是否具有"公共性"，是否"允许社会机动车通行"作为判断标准。只允许单位内部机动车、特定来访机动车通行的，可以不认定为"道路"。

2. 对检验、认定醉酒危险驾驶的规定。首先，关于采取何种方法检验犯罪嫌疑人醉酒驾驶的问题。为确保证明犯罪嫌疑人醉酒驾驶的证据确实、充分，公安部制定的《关于公安机关办理醉酒驾驶机动车犯罪案件的指导意见》(公交管〔2011〕190号)规定，交通民警在检查中发现机动车驾驶人有酒后驾驶机动车嫌疑的，应当立即进行呼气酒精测试；对涉嫌醉酒驾驶机动车发生交通事故的应当立即提取血样，送交县级以上公安机关检验鉴定机构或者其他具备资格的检验鉴定机构检验，实践证明效果良好。故本意见规定，血液酒精含量检验鉴定意见是认定犯罪嫌疑人是否醉酒的依据，也可以说是最主要的依据。其次，本意见对逃避血液酒精含量检验的行为作了特殊规定。一是犯罪嫌疑人经呼气酒精含量检测，显示血液酒精含量达到80毫克/100毫升以上，在提取血液样本前脱逃或者找人顶替的，可以以呼气酒精含量检测结果作为认定其醉酒的依据。二是犯罪嫌疑人在公安机关依法检查时或者发生道路交通事故后，为逃避法律追究，在呼气酒精含量检测或者提取血液样本前故意饮酒的，可以以查获后血液酒精含量鉴定意见作为认定其醉酒的依据。这样规定的主要考虑是，如果犯罪嫌疑人醉酒驾驶后可以以此方法逃避法律追究，将会产生不良示范效应，不利于对社会安全和公众利益的保护。

3. 对醉酒危险驾驶出罪事由的规定。根据本意见第12条规定，在不具有本意见第10条规定情形的，可以认定为情节显著轻微、危害不大的情形有：(1)血液酒精含量不满150毫克/100毫升的；(2)出于急救伤病人员等紧急情况驾驶机动车，且不构成紧急避险的；(3)在居民小区、停车场等场所因挪车、停车入位等短距离驾驶机动车的；(4)由他人驾驶至居民小区、停车场等场所短距离接替驾驶停放机动车的，或者为了交由他人驾驶，自居民小区、停车场等场所短距离驶出的；(5)其他情节显著轻微的情形。具有上述情形的醉驾不作为犯罪处理，但应按照《道路交通安全法》的规定给予行政处罚。此外，醉酒后出于急救伤病人员等紧急情况，不得已驾驶机动车，构成紧急避险。本意见的这一规定充分体现了宽严相济刑事政策的要求，彰显了依法入罪、合理出罪的现代刑事司法理念。

4. 对醉酒危险驾驶犯罪量刑情节的规定。本意见第10条从醉酒驾驶的后果、醉酒驾驶行为的危险性、行为人的主观恶性、前科行为等方面，规定了15种从重处罚的情形，包括造成交通事故且负事故全部或者主要责任的，造成交通事故后逃逸的，未取得机动车驾驶证驾驶汽车的，等等。本意见第11条规定了从宽处理的情形，包括自首、坦白、立功的，自愿认罪认罚的，造成交通事故、赔偿损失或者取得谅解的，以及其他需要从宽处理的情形。

典型案例

张某某、金某危险驾驶案〔1〕

※要旨：(1)机动车驾驶人员出于竞技、追求刺激、斗气或者其他动机，在道路上曲折穿行、快速追赶行驶的，属于《刑法》第133条之一规定的“追逐竞驶”。(2)追逐竞驶虽未造成人员伤亡或财产损失，但综合考虑超过限速、闯红灯、强行超车、抗拒交通执法等严重违反《道路交通安全法》的行

〔1〕 参见最高人民法院指导性案例第32号。

为,足以威胁他人生命、财产安全的,属于危险驾驶罪中“情节恶劣”的情形。

第一百三十三条之二 【妨害安全驾驶罪】 对行驶中的公共交通工具的驾驶人员使用暴力或者抢控驾驶操纵装置,干扰公共交通工具正常行驶,危及公共安全的,处一年以下有期徒刑、拘役或者管制,并处或者单处罚金。

前款规定的驾驶人员在行驶的公共交通工具上擅离职守,与他人互殴或者殴打他人,危及公共安全的,依照前款的规定处罚。

有前两款行为,同时构成其他犯罪的,依照处罚较重的规定定罪处罚。

条文解读

本条是关于妨害安全驾驶罪及其处罚的规定。

本条第1款是关于对行驶中的公共交通工具的驾驶人员使用暴力或者抢控驾驶操纵装置,危及安全驾驶的犯罪及其处罚的规定。构成本款规定的犯罪应符合以下条件:

1. 犯罪的主体主要是公共交通工具上的乘客等人员。在公共交通工具行驶过程中,与驾驶员发生冲突的一般都是乘客,个别情况下,车辆上的售票员或者安保员也有可能与驾驶员发生冲突。

2. 行为发生在行驶的公共交通工具上。“公共交通工具”,主要是指公共汽车,公路客运车,大、中型出租车等车辆。

3. 行为人实施了对驾驶人员使用暴力或者抢控驾驶操纵装置的行为。“对驾驶人员使用暴力或者抢控驾驶操纵装置”,主要是指行为人对公共交通工具的驾驶人员实施殴打、推搡拉拽等暴力行为,或者实施抢夺控制方向盘、变速杆等驾驶操纵装置的行为。“驾驶操纵装置”,主要是指供驾驶人员控制车辆行驶的装置,包括方向盘、离合器踏板、加速踏板、制动踏板、变速杆、驻车制动手柄等。本款所说的“抢控驾驶操纵装置”并不需要行为人实际控制驾驶操纵装置,只要实施了争抢行为即可。

4. 行为人的行为干扰公共交通工具的正常行驶,危及公共安全,这是划分罪与非罪的重要界限。“干扰公共交通工具正常行驶,危及公共安全的”,主要是指行为人的行为足以导致公共交通工具不能安全行驶,车辆失控,随时可能发生乘客、道路上的行人伤亡或者财产损失的现实危险。如果行为人只是辱骂、轻微拉扯驾驶员或者轻微争抢方向盘，并没有影响车辆的正常行驶，不宜作为犯罪处理，但违反《治安管理处罚法》规定的，应当依法予以治安处罚。

本条第2款是关于驾驶人员擅离职守，与他人互殴或者殴打他人，危及公共安全的犯罪及其处罚的规定。构成本款规定的犯罪应符合以下条件：

1. 犯罪的主体是公共交通工具的驾驶人员。

2. 行为发生在行驶的公共交通工具上，这是构成本款规定犯罪的前提条件。关于公共交通工具在第1款已经叙述，这里不再赘述。

3. 行为人实施了擅离职守，与他人互殴或者殴打他人的行为。"擅离职守"，主要是指驾驶人员未采取任何安全措施控制车辆，擅自离开驾驶位置，或者双手离开方向盘等。"与他人互殴或者殴打他人"，是指驾驶人员与乘客等互相殴打，或者驾驶人员殴打乘客等行为。

4. 行为人的行为危及公共安全，这是划分罪与非罪的重要界限。

本条第3款是关于实施本条规定的犯罪同时构成其他犯罪如何处理的规定。行为人实施本条第1、2款规定的犯罪行为，也可能同时触犯《刑法》的其他规定，构成《刑法》规定的其他犯罪，如果与本条规定的犯罪行为出现了竞合的情形，应当依照处罚较重的规定定罪处罚。

第一百三十四条　【重大责任事故罪】在生产、作业中违反有关安全管理的规定，因而发生重大伤亡事故或者造成其他严重后果的，处三年以下有期徒刑或者拘役；情节特别恶劣的，处三年以上七年以下有期徒刑。

【强令、组织他人违章冒险作业罪】强令他人违章冒险作业，或者明知存在重大事故隐患而不排除，仍冒险组织作业，因而发生重大伤亡事故或者造成其他严重后果的，处五年以下有期徒刑或者拘役；情节特别恶劣的，处五年以上有期徒刑。

条文解读

本条第1款是关于重大责任事故罪及其处罚的规定。本罪主体为自然人，包括在各类生产经营活动中从事生产、作业及其指挥管理的人员。本罪的客观方面表现为在生产、作业中违反有关安全管理的规定,因而发生重大伤亡事故或者造成其他严重后果的行为。“违反有关安全管理的规定”,是指违反有关生产、作业安全方面的法律、法规和内部安全管理方面的规章制度。这种行为只能发生在生产、作业过程中,并与生产、作业有直接联系。行为人主观方面表现为过失。

本条第2款是关于强令、组织他人违章冒险作业罪及其处罚的规定。

1. 强令他人违章冒险作业罪。主要是指负有生产、作业指挥和管理职责的人员,为了获取高额利润,在生产、作业人员拒绝的情况下,利用职权或者其他强制手段强令工人违章冒险作业,因而发生重大伤亡事故或者造成其他严重后果的行为。这种“强令”,不一定表现为恶劣的态度、强硬的语言或者行动,只要是利用组织、指挥、管理职权,能够对工人产生精神强制,使其不敢违抗命令,不得不违章冒险作业的,均构成“强令”。

2. 组织他人违章冒险作业罪。理解本规定,需要注意以下问题:

(1)关于重大事故隐患。本款规定的“重大事故隐患”具有相应的标准,应当按照法律、行政法规或者相关部门发布的有关国家、行业标准确定。《安全生产法》第118条第2款规定:“国务院应急管理部门和其他负有安全生产监督管理职责的部门应当根据各自的职责分工,制定相关行业、领域重大危险源的辨识标准和重大事故隐患的判定标准。”

(2)“明知”存在重大事故隐患而不排除。对事故隐患的存在主观上具有明知,虽然对危害结果的发生不是积极追求的故意,但是在对重大隐患的认识上是明知的,主观上存在一种鲁莽、轻率心态,即意欲完全凭借侥幸或者为了生产作业而不管不问的心态。

(3)仍冒险组织作业。这是本罪的客观行为,即在明知具有重大事故隐患未排除的情况下,仍然组织冒险作业。例如,已发现事故苗头,仍然不听劝阻、一意孤行,拒不采纳工人和技术人员的意见,导致事故发生的;通过恶劣手段掩盖安全生产隐患,蒙骗工人作业,在出现险情的情况下仍然继续生产、作业或者指挥工人生产、作业等。组织冒险作业的主体是冒险作业的组织者、指挥者,对一般从事、参与冒险作业的不适用本款规定。

配套法规及解读

《最高人民法院、最高人民检察院关于办理危害生产安全刑事案件适用法律若干问题的解释》(2015年12月14日)

第一条　刑法第一百三十四条第一款规定的犯罪主体,包括对生产、作业负有组织、指挥或者管理职责的负责人、管理人员、实际控制人、投资人等人员,以及直接从事生产、作业的人员。

第二条　刑法第一百三十四条第二款规定的犯罪主体,包括对生产、作业负有组织、指挥或者管理职责的负责人、管理人员、实际控制人、投资人等人员。

第三条　刑法第一百三十五条规定的"直接负责的主管人员和其他直接责任人员",是指对安全生产设施或者安全生产条件不符合国家规定负有直接责任的生产经营单位负责人、管理人员、实际控制人、投资人,以及其他对安全生产设施或者安全生产条件负有管理、维护职责的人员。

第四条　刑法第一百三十九条之一规定的"负有报告职责的人员",是指负有组织、指挥或者管理职责的负责人、管理人员、实际控制人、投资人,以及其他负有报告职责的人员。

第五条　明知存在事故隐患、继续作业存在危险,仍然违反有关安全管理的规定,实施下列行为之一的,应当认定为刑法第一百三十四条第二款规定的"强令他人违章冒险作业":

(一)利用组织、指挥、管理职权,强制他人违章作业的;

(二)采取威逼、胁迫、恐吓等手段,强制他人违章作业的;

(三)故意掩盖事故隐患,组织他人违章作业的;

(四)其他强令他人违章作业的行为。

第六条　实施刑法第一百三十二条、第一百三十四条第一款、第一百三十五条、第一百三十五条之一、第一百三十六条、第一百三十九条规定的行为,因而发生安全事故,具有下列情形之一的,应当认定为"造成严重后果"或者"发生重大伤亡事故或者造成其他严重后果",对相关责任人员,处三年以下有期徒刑或者拘役:

(一)造成死亡一人以上,或者重伤三人以上的;

(二)造成直接经济损失一百万元以上的;

(三)其他造成严重后果或者重大安全事故的情形。

实施刑法第一百三十四条第二款规定的行为，因而发生安全事故，具有本条第一款规定情形的，应当认定为“发生重大伤亡事故或者造成其他严重后果”，对相关责任人员，处五年以下有期徒刑或者拘役。

实施刑法第一百三十七条规定的行为，因而发生安全事故，具有本条第一款规定情形的，应当认定为“造成重大安全事故”，对直接责任人员，处五年以下有期徒刑或者拘役，并处罚金。

实施刑法第一百三十八条规定的行为，因而发生安全事故，具有本条第一款第一项规定情形的，应当认定为“发生重大伤亡事故”，对直接责任人员，处三年以下有期徒刑或者拘役。

第七条 实施刑法第一百三十二条、第一百三十四条第一款、第一百三十五条、第一百三十五条之一、第一百三十六条、第一百三十九条规定的行为，因而发生安全事故，具有下列情形之一的，对相关责任人员，处三年以上七年以下有期徒刑：

（一）造成死亡三人以上或者重伤十人以上，负事故主要责任的；

（二）造成直接经济损失五百万元以上，负事故主要责任的；

（三）其他造成特别严重后果、情节特别恶劣或者后果特别严重的情形。

实施刑法第一百三十四条第二款规定的行为，因而发生安全事故，具有本条第一款规定情形的，对相关责任人员，处五年以上有期徒刑。

实施刑法第一百三十七条规定的行为，因而发生安全事故，具有本条第一款规定情形的，对直接责任人员，处五年以上十年以下有期徒刑，并处罚金。

实施刑法第一百三十八条规定的行为，因而发生安全事故，具有下列情形之一的，对直接责任人员，处三年以上七年以下有期徒刑：

（一）造成死亡三人以上或者重伤十人以上，负事故主要责任的；

（二）具有本解释第六条第一款第一项规定情形，同时造成直接经济损失五百万元以上并负事故主要责任的，或者同时造成恶劣社会影响的。

第十条 在安全事故发生后，直接负责的主管人员和其他直接责任人员故意阻挠开展抢救，导致人员死亡或者重伤，或者为了逃避法律追究，对被害人进行隐藏、遗弃，致使被害人因无法得到救助而死亡或者重度残疾的，分别依照刑法第二百三十二条、第二百三十四条的规定，以故意杀人罪或者故意伤害罪定罪处罚。

第十二条 实施刑法第一百三十二条、第一百三十四条至第一百三十九条之一规定的犯罪行为，具有下列情形之一的，从重处罚：

（一）未依法取得安全许可证件或者安全许可证件过期、被暂扣、吊销、注销后从事生产经营活动的；

（二）关闭、破坏必要的安全监控和报警设备的；

（三）已经发现事故隐患，经有关部门或者个人提出后，仍不采取措施的；

（四）一年内曾因危害生产安全违法犯罪活动受过行政处罚或者刑事处罚的；

（五）采取弄虚作假、行贿等手段，故意逃避、阻挠负有安全监督管理职责的部门实施监督检查的；

（六）安全事故发生后转移财产意图逃避承担责任的；

（七）其他从重处罚的情形。

实施前款第五项规定的行为，同时构成刑法第三百八十九条规定的犯罪的，依照数罪并罚的规定处罚。

第十三条　实施刑法第一百三十二条、第一百三十四条至第一百三十九条之一规定的犯罪行为，在安全事故发生后积极组织、参与事故抢救，或者积极配合调查、主动赔偿损失的，可以酌情从轻处罚。

第十四条　国家工作人员违反规定投资入股生产经营，构成本解释规定的有关犯罪的，或者国家工作人员的贪污、受贿犯罪行为与安全事故发生存在关联性的，从重处罚；同时构成贪污、受贿犯罪和危害生产安全犯罪的，依照数罪并罚的规定处罚。

第十五条　国家机关工作人员在履行安全监督管理职责时滥用职权、玩忽职守，致使公共财产、国家和人民利益遭受重大损失的，或者徇私舞弊，对发现的刑事案件依法应当移交司法机关追究刑事责任而不移交，情节严重的，分别依照刑法第三百九十七条、第四百零二条的规定，以滥用职权罪、玩忽职守罪或者徇私舞弊不移交刑事案件罪定罪处罚。

公司、企业、事业单位的工作人员在依法或者受委托行使安全监督管理职责时滥用职权或者玩忽职守，构成犯罪的，应当依照《全国人民代表大会常务委员会关于〈中华人民共和国刑法〉第九章渎职罪主体适用问题的解释》的规定，适用渎职罪的规定追究刑事责任。

※法规解读：

本解释共17条，内容涵盖相关罪名主体范围、定罪量刑标准、宽严相济刑事政策的具体把握、相关公职人员贪污贿赂以及渎职犯罪的认定处理等法律适用方面的多个问题。

1. 关于犯罪主体。本解释第1～4条将对生产、作业负有组织、指挥或者管理职责的负责人、管理人员等具有生产经营单位管理者身份和职务的人员纳入相关犯罪的主体范围。除此之外，本解释还明确将单位实际控制人、投资人纳入刑事追究的范围，但实践中对于实际控制人、投资人的范围界定问题一直存在争议，需要进一步明确。

2. 关于定罪标准。本解释原则上以造成死亡1人以上，或者重伤3人以上，或者造成直接经济损失100万元以上作为相关犯罪的定罪标准。但是，根据《刑法》第138条的规定，教育设施重大安全事故罪的定罪标准为“致使发生重大伤亡事故”，故该罪的定罪标准仅应限定为人员伤亡结果，具体伤亡人数采用与其他危害生产安全犯罪罪名相同的标准。

3. 关于量刑标准。首先，关于事故后果标准。本解释对处第二档法定刑的直接经济损失数额标准作了适当提高，按照入罪标准的5倍确定。另外，关于教育设施重大安全事故罪处第二档法定刑的条件，《刑法》第138条规定为“后果特别严重”。为与定罪标准相协调，本解释规定教育设施安全事故达到定罪人身伤亡标准，同时造成直接经济损失500万元以上，或者同时造成恶劣社会影响的，也可认定为达到了处第二档法定刑的事故后果标准。

其次，关于事故责任标准。本解释将处第二档法定刑的犯罪人限定为对事故负主要责任的人员，具体责任的划分标准，可以按照《最高人民法院关于进一步加强危害生产安全刑事案件审判工作的意见》第8条的相关规定处理。

4. 关于强令违章冒险作业罪〔1〕的具体认定。《最高人民法院、最高人民检察院关于办理危害生产安全刑事案件适用法律若干问题的解释(二)》对这个问题进行了修改，具体见下文。

5. 关于生产安全领域中故意杀人、故意伤害罪的认定。实践中，某些“黑煤窑”“黑矿山”个体业主在安全事故发生后，为掩盖事故事实、逃避法律追究，不仅不组织实施抢救和向相关政府部门报告，反而故意隐匿、遗弃事故受伤人员，甚至作出堵塞出事矿井、掩盖事故发生的恶劣行为，导致被困人员因无法脱离险境而

〔1〕 2021年2月26日《最高人民法院、最高人民检察院关于执行〈中华人民共和国刑法〉确定罪名的补充规定(七)》已将本罪名更改为强令、组织他人违章冒险作业罪。

死亡或重伤，本解释第10条明确，对类似行为应认定为故意杀人罪或者故意伤害罪。

6. 关于从重及从轻处罚情节。本解释第12条第1款第1～3项规定的内容属于实践中较为常见的典型非法、违法生产经营行为。行为人为追求生产经营利润，无视事故隐患的存在和一线生产、作业者的生命财产安全，盲目组织、开展生产作业，表明其一贯不遵守安全管理规定，主观恶性较深，因此发生安全事故的，应处以较重的法定刑。

7. 关于相关公职人员犯罪的认定和处理。本解释第14条针对危害生产安全犯罪可能涉及的公职人员犯罪行为，规定了两种从重处罚情形：(1)国家工作人员违反相关规定投资入股生产经营，构成危害生产安全犯罪的，应当从重处罚。(2)根据《安全生产法》第23条的规定，生产经营单位应当具备的安全生产条件所必需的资金投入，由生产经营单位的决策机构、主要负责人或者个人经营的投资人予以保证，并对由于安全生产所必需的资金投入不足导致的后果承担责任。相关生产经营单位的国家工作人员利用职务之便贪污公款，导致该单位安全生产投入不足，进而发生安全事故的，对该国家工作人员应从重处罚。

《最高人民法院、最高人民检察院关于办理危害生产安全刑事案件适用法律若干问题的解释(二)》(2022年12月15日)

第一条　明知存在事故隐患，继续作业存在危险，仍然违反有关安全管理的规定，有下列情形之一的，属于刑法第一百三十四条第二款规定的“强令他人违章冒险作业”：

(一)以威逼、胁迫、恐吓等手段，强制他人违章作业的；

(二)利用组织、指挥、管理职权，强制他人违章作业的；

(三)其他强令他人违章冒险作业的情形。

明知存在重大事故隐患，仍然违反有关安全管理的规定，不排除或者故意掩盖重大事故隐患，组织他人作业的，属于刑法第一百三十四条第二款规定的“冒险组织作业”。

※法规解读：

本解释第1条是关于强令、组织他人违章冒险作业罪的行为方式的规定，对2015年《最高人民法院、最高人民检察院关于办理危害生产安全刑事案件适用法律若干问题的解释》第5条作了修改。

1. 关于《刑法》规定的“违章”的含义。此处的“违章”，是指违反有关安全管理的规定。关于安全管理规定的具体范围，按照《最高人民法院关于进一步加强危害生产安全刑事案件审判工作的意见》规定的内容认定，即“认定相关人员是否违反有关安全管理规定，应当根据相关法律、行政法规，参照地方性法规、规章及国家标准、行业标准，必要时可参考公认的惯例和生产经营单位制定的安全生产规章制度、操作规程”。

2. 关于“强令他人违章冒险作业”的具体行为方式。(1)本条第1款第1、2项规定了强令他人违章冒险作业的两种常见方式。一是采取威逼、胁迫、恐吓等强制性手段强制他人违章作业，如采取威胁实施罚款、降低工资待遇、解除劳动关系等强制手段，均系强令违章冒险作业的典型行为方式，也是“强令”一词的核心含义。二是生产经营单位管理者利用自身享有的组织、指挥、管理职权，强制他人违章作业，这种行为方式的强制性特征不太明显，但由于管理者与一线作业者之间存在领导与被领导、管理与被管理的权属关系，管理者作出的安排或者下达的指令自然带有一线作业者必须服从的权威，从而在客观上对一线作业者形成心理压力。因此，管理者利用自身组织、指挥、管理职权提出的指令和要求，足以对一线作业者的心理意志产生强制效力，也应认定为强令。(2)本条第1款第3项为兜底条款。司法解释难以对实践中存在的各种情况进行毫无遗漏的列举式规定，除前两项规定的两种强令违章冒险作业情形外，对于未来实践中可能出现的其他强令违章冒险作业的行为，可依法归入第3项的规定范围处理。

3. 关于“冒险组织作业”的行为方式。冒险组织作业不同于强令他人违章冒险作业，二者的主要区别在于生产经营单位的管理者是否有强制命令行为、一线生产作业人员对于冒险开展作业在主观上是否情愿。在强令他人违章冒险作业的情况下，管理者利用自己的职权或者采用其他手段强迫一线生产作业人员在违章情况下冒险作业，对一线生产作业人员产生了精神强制，导致一线生产作业人员不敢违抗命令、不得不违章冒险作业；在组织他人违章冒险作业的情况下，并不要求管理者对一线生产作业人员的精神产生强制，即使一线生产作业人员未受到精神强制、对开展生产作业活动无明显排斥心态，管理者的行为也可能构成犯罪。在生产经营单位的管理者故意掩盖重大事故隐患的情况下，一线生产作业人员对生产作业环境存在重大事故隐患、属于违章冒险作业并不明知，其主观上对开展生产作业活动并不存在排斥心态，单位管理者亦未实施强制命令行为，对此种情形应当认定为冒险组织作业。

典型案例

宋某某等人重大责任事故案[1]

※要旨：(1)对相关部门出具的安全生产事故调查报告，要综合全案证据进行审查，准确认定案件事实和相关人员责任。(2)要正确区分相关涉案人员的责任和追责方式，发现漏犯及时追诉，对不符合起诉条件的，依法作出不起诉处理。

夏某某等人重大责任事故案[2]

※要旨：(1)内河运输中发生的船舶交通事故，相关责任人员可能同时涉嫌交通肇事罪和重大责任事故罪，要根据运输活动是否具有营运性质以及相关人员的具体职责和行为，准确适用罪名。(2)重大责任事故往往涉案人员较多，因果关系复杂，要准确认定涉案单位投资人、管理人员及相关国家工作人员等涉案人员的刑事责任。

第一百三十四条之一　【危险作业罪】在生产、作业中违反有关安全管理的规定，有下列情形之一，具有发生重大伤亡事故或者其他严重后果的现实危险的，处一年以下有期徒刑、拘役或者管制：

(一)关闭、破坏直接关系生产安全的监控、报警、防护、救生设备、设施，或者篡改、隐瞒、销毁其相关数据、信息的；

(二)因存在重大事故隐患被依法责令停产停业、停止施工、停止使用有关设备、设施、场所或者立即采取排除危险的整改措施，而拒不执行的；

(三)涉及安全生产的事项未经依法批准或者许可，擅自从事矿山开采、

[1] 参见最高人民检察院指导性案例第95号。

[2] 参见最高人民检察院指导性案例第97号。

金属冶炼、建筑施工,以及危险物品生产、经营、储存等高度危险的生产作业活动的。

条文解读

本条是关于危险作业罪及其处罚的规定。本条所列的三项行为是实践中多发易发的重大安全生产违法违规情形。

1. 关闭、破坏直接关系生产安全的监控、报警、防护、救生设备、设施,或者篡改、隐瞒、销毁其相关数据、信息。本项针对的是生产、作业中已经发现危险,但故意关闭、破坏报警、监控设备,或者修改设备阈值,破坏检测设备正常工作条件,使有关监控、监测设备不能正常工作,而继续冒险作业,逃避监管的行为。关闭、破坏的设备、设施属于"直接关系生产安全"的设备、设施,这是限定条件。"直接关系生产安全"是指该设备、设施直接检测安全环境数据,关闭、破坏后可能导致事故发生,具有重大危险。

2. 因存在重大事故隐患被依法责令停产停业、停止施工、停止使用有关设备、设施、场所或者立即采取排除危险的整改措施,而拒不执行。"重大事故隐患"具有明确的国家标准、行业标准。《安全生产法》第 118 条第 2 款规定:"国务院应急管理部门和其他负有安全生产监督管理职责的部门应当根据各自的职责分工,制定相关行业、领域重大危险源的辨识标准和重大事故隐患的判定标准。"目前在主要安全生产领域,如煤矿、金属非金属矿山、化工和危险化学品、烟花爆竹、工贸行业、火灾隐患、水利工程,危险货物港口作业等领域,制定了重大隐患判断标准。责令整改包括两种情况:一是被执法部门依法责令停产停业、停止施工、停止使用有关设备、设施、场所。根据《安全生产法》第 70 条的规定,执法部门对存在重大事故隐患的,依法作出停产停业等决定,企业拒不执行,有发生生产安全事故的现实危险的,可以采取通知有关单位停止供电、停止供应民用爆炸物品等措施,强制生产经营单位履行决定。二是不采取排除危险的整改措施。监管部门虽未责令停产停业,但对采取排除危险的整改措施、期限等作出明确规定,拒不执行有发生生产安全事故危险的情况。

3. 涉及安全生产的事项未经依法批准或者许可,擅自从事矿山开采、金属冶炼、建筑施工,以及危险物品生产、经营、储存等高度危险的生产作业活动。本项规定的是安全生产的事项未经批准擅自生产经营的，即通常所说的"黑矿山""黑加油站"等。《安全生产法》第63条规定，负有安全生产监督管理职责的部门依照有关法律、法规的规定，对涉及安全生产的事项需要审查批准（包括批准、核准、许可、注册、认证、颁发证照等）或者验收的，必须严格依照有关法律、法规和国家标准或者行业标准规定的安全生产条件和程序进行审查；不符合有关法律、法规和国家标准或者行业标准规定的安全生产条件的，不得批准或者验收通过。对未依法取得批准或者验收合格的单位擅自从事有关活动的，负责行政审批的部门发现或者接到举报后应当立即予以取缔，并依法予以处理。对已经依法取得批准的单位，负责行政审批的部门发现其不再具备安全生产条件的，应当撤销原批准。同时根据《矿山安全法》《危险化学品安全管理条例》等法律法规的规定，从事矿山开采、金属冶炼、建筑施工、危险物品等行业生产经营，应当依法取得有关安全生产事项的批准。

4. 关于本条规定的"具有发生重大伤亡事故或者其他严重后果的现实危险的"理解。"现实危险"，主要是指已经出现了重大险情，或者出现了"冒顶""渗漏"等"小事故"，虽然最终没有发生严重后果，但这种没有发生的原因，有的是被及时制止了，有的是开展了有效救援，有的完全是偶然性的客观原因而未发生。认定"具有发生现实危险"的具体判断标准还需要在进一步总结司法实践经验的基础上，在案件中具体把握。

配套法规及解读

《最高人民法院、最高人民检察院关于办理危害生产安全刑事案件适用法律若干问题的解释（二）》（2022年12月15日）

第二条　刑法第一百三十四条之一规定的犯罪主体，包括对生产、作业负有组织、指挥或者管理职责的负责人、管理人员、实际控制人、投资人等人员，以及直接从事生产、作业的人员。

第三条　因存在重大事故隐患被依法责令停产停业、停止施工、停止使用有关设备、设施、场所或者立即采取排除危险的整改措施，有下列情形之一的，属于刑法第一百三十四条之一第二项规定的"拒不执行"：

（一）无正当理由故意不执行各级人民政府或者负有安全生产监督管理职责的部门依法作出的上述行政决定、命令的；

（二）虚构重大事故隐患已经排除的事实，规避、干扰执行各级人民政府或者负有安全生产监督管理职责的部门依法作出的上述行政决定、命令的；

（三）以行贿等不正当手段，规避、干扰执行各级人民政府或者负有安全生产监督管理职责的部门依法作出的上述行政决定、命令的。

有前款第三项行为，同时构成刑法第三百八十九条行贿罪、第三百九十三条单位行贿罪等犯罪的，依照数罪并罚的规定处罚。

认定是否属于“拒不执行”，应当综合考虑行政决定、命令是否具有法律、行政法规等依据，行政决定、命令的内容和期限要求是否明确、合理，行为人是否具有按照要求执行的能力等因素进行判断。

第五条 在生产、作业中违反有关安全管理的规定，有刑法第一百三十四条之一规定情形之一，因而发生重大伤亡事故或者造成其他严重后果，构成刑法第一百三十四条、第一百三十五条至第一百三十九条等规定的重大责任事故罪、重大劳动安全事故罪、危险物品肇事罪、工程重大安全事故罪等犯罪的，依照该规定定罪处罚。

※法规解读：

本解释第2条是关于危险作业罪的犯罪主体的规定。《刑法》第134条之一关于危险作业罪的犯罪情形表述为“在生产、作业中违反有关安全管理的规定”，与第134条第1款关于重大责任事故罪的犯罪情形表述总体一致，仅在是否造成实际危害后果方面存在区别，故危险作业罪的犯罪主体范围原则上应与重大责任事故罪相同。另外，第134条之一规定的3种行为方式中，第2种和第3种行为方式一般情况下仅能由对生产作业活动负有组织、指挥、管理职责的人员实施，但第1种行为方式“关闭、破坏直接关系生产安全的监控、报警、防护、救生设备、设施，或者篡改、隐瞒、销毁其相关数据、信息的”行为，负有组织、指挥、管理职责的人员和一线生产作业人员均可实施。故本解释第2条明确，危险作业罪的犯罪主体，包括对生产、作业负有组织、指挥或者管理职责的负责人、管理人员、实际控制人、投资人等人员，以及直接从事生产、作业的人员。

本解释第3条是关于危险作业罪具体行为方式的认定。司法实践中，对于《刑法》第134条之一第2项规定的“拒不执行”的内涵和外延存在一定争议，部分案件处理中对“拒不执行”的理解和界定过于狭窄，导致对危险作业行为的刑事处罚不力。本解释第3条第1款明确列举了3种可认定为“拒不执行”的行为方式。在生产作业场所存在重大事故隐患的情况下，行为人无正当理由故意不执行责令停产停业、停止施工、停止使用有关设备、设施、场所或者立即采取排除危险的整改措施的，属于《刑法》第134条之一第2项规定的“拒不执行”。行为人在收到安全生产监督管理部门作出的上述行政决定、命令后，故意弄虚作假虚构重大事故隐患已经排除的事实，或者采取行贿等不正当手段，使安全生产监督管理部门解除上述处罚决定或者整改措施，规避、干扰有关行政决定、命令的执行的，与无正当理由故意不执行行为并无实质上的区别，而且社会危害性更加严重，认定为“拒不执行”符合《刑法》规定的目的。本解释第3条第2款依照《刑法》和已有司法解释确定的处断原则，明确以行贿等不正当手段规避、干扰执行依法作出的行政决定、命令，同时构成行贿罪、单位行贿罪等犯罪的，应当依法数罪并罚。本解释第3条第3款对认定是否属于《刑法》第134条之一第2项规定的“拒不执行”作了进一步原则性规定，明确应当综合考虑相关行政决定、命令是否具有法律、行政法规等依据，行政决定、命令的内容和期限要求是否明确、合理，行为人是否具有按照要求执行的能力等因素进行判断。设置上述规定，有利于合理确定危险作业罪的适用范围，也可以进一步督促安全生产监督管理部门规范履行职责。

本解释第5条是关于危险作业罪与相关结果犯罪名的关系的规定。对于危险作业罪与重大责任事故罪等罪名而言，危险作业罪的定罪条件是“具有发生重大伤亡事故或者其他严重后果的现实危险”，属于具体危险犯；重大责任事故罪等罪名的构成要件是“发生重大伤亡事故或者造成其他严重后果”，属于结果犯。根据刑法理论，作为犯罪构成要件的危险与结果是两个不同的概念，危险进一步发展才会造成结果，故作为危险作业罪定罪条件的“现实危险”不应包括发生重大伤亡事故或者造成其他严重后果的情形。行为人实施了危险作业行为、导致发生重大伤亡事故或者造成其他严重后果的，符合重大责任事故罪等结果犯罪名的构成要件，但并不符合危险作业罪的构成要件，故不属于刑法理论上的想象竞合。危险作业罪与重大责任事故罪等结果犯罪名之间总体上属于基本犯与结果加重犯的关系，不构成想象竞合犯。本解释第5条明确，在生产、作业中违反有关安全管理的规定，有《刑法》第134条之一规定情形之一，因而发生重大伤亡事故或者造成其他严重后果，构成重大责任事故罪等结果犯罪名的，应当依照基本犯与结果加重犯的关系原理，以结果加重犯，即重大责任事故罪等罪名定罪量刑。

第一百三十五条 【重大劳动安全事故罪】 安全生产设施或者安全生产条件不符合国家规定,因而发生重大伤亡事故或者造成其他严重后果的,对直接负责的主管人员和其他直接责任人员,处三年以下有期徒刑或者拘役;情节特别恶劣的,处三年以上七年以下有期徒刑。

第一百三十五条之一 【大型群众性活动重大安全事故罪】 举办大型群众性活动违反安全管理规定,因而发生重大伤亡事故或者造成其他严重后果的,对直接负责的主管人员和其他直接责任人员,处三年以下有期徒刑或者拘役;情节特别恶劣的,处三年以上七年以下有期徒刑。

关联法规索引

《最高人民法院、最高人民检察院关于办理危害生产安全刑事案件适用法律若干问题的解释》第3、6、7、12、13条

第一百三十六条 【危险物品肇事罪】 违反爆炸性、易燃性、放射性、毒害性、腐蚀性物品的管理规定,在生产、储存、运输、使用中发生重大事故,造成严重后果的,处三年以下有期徒刑或者拘役;后果特别严重的,处三年以上七年以下有期徒刑。

关联法规索引

《最高人民法院、最高人民检察院关于办理危害生产安全刑事案件适用法律若干问题的解释》第6、7、12、13条

第一百三十七条 【工程重大安全事故罪】 建设单位、设计单位、施工单位、工程监理单位违反国家规定,降低工程质量标准,造成重大安全事故的,对直接责任人员,处五年以下有期徒刑或者拘役,并处罚金;后果特别严重的,处五年以上十年以下有期徒刑,并处罚金。

关联法规索引

《最高人民法院、最高人民检察院关于办理危害生产安全刑事案件适用法律若干问题的解释》第6、7、12、13条；《最高人民法院、最高人民检察院、公安部关于办理涉窨井盖相关刑事案件的指导意见》第5条

第一百三十八条　【教育设施重大安全事故罪】明知校舍或者教育教学设施有危险，而不采取措施或者不及时报告，致使发生重大伤亡事故的，对直接责任人员，处三年以下有期徒刑或者拘役；后果特别严重的，处三年以上七年以下有期徒刑。

关联法规索引

《教育法》第73条；《最高人民法院、最高人民检察院关于办理危害生产安全刑事案件适用法律若干问题的解释》第6、7、12、13条

第一百三十九条　【消防责任事故罪】违反消防管理法规，经消防监督机构通知采取改正措施而拒绝执行，造成严重后果的，对直接责任人员，处三年以下有期徒刑或者拘役；后果特别严重的，处三年以上七年以下有期徒刑。

关联法规索引

《最高人民法院、最高人民检察院关于办理危害生产安全刑事案件适用法律若干问题的解释》第6、7、12、13条

第一百三十九条之一　【不报、谎报安全事故罪】在安全事故发生后，负有报告职责的人员不报或者谎报事故情况，贻误事故抢救，情节严重的，处三年以下有期徒刑或者拘役；情节特别严重的，处三年以上七年以下有期徒刑。

条文解读

本条是关于不报、谎报安全事故罪及其处罚的规定。不报、谎报安全事故罪具有以下特征:(1) 犯罪的主体是特殊主体,即对安全事故的发生负有报告职责的人员。这里的“安全事故”,是指环境污染、水灾、矿难、大型群众性活动中发生的各种重大伤亡事故。“负有报告职责的人员”,通常是指生产经营单位的主要负责人、雇主,对安全生产、作业负有组织、监督、管理职责的部门的监督检查人员,以及直接造成安全事故的责任人员。(2)行为人实施了不报或者谎报的行为。“不报”,是指行为人不按照规定及时报告。实践中,有的行为人一开始隐瞒了事故真实情况,被发现后不得已才报告,这种情况应视为不报。“谎报”,是指行为人虽然将发生安全事故这件事按照规定向有关部门作了报告,但对事故的真实情况,如人员伤亡、财产损失、事故原因等作了虚假的描述或隐瞒了某些情况,作避重就轻的描述。(3)由于行为人不报或者谎报事故情况,贻误事故抢救,情节严重的才构成犯罪,这是罪与非罪的界限。“贻误事故抢救”既包括贻误对受伤人员的救治,也包括贻误对财产的抢救。“情节严重”,主要是指由于负有报告职责的人不报或者谎报事故情况,使原本可以得救的人员失去了生还的机会;或者由于行为人不报或者谎报事故情况,使有关部门没能采取及时有效的救助措施,造成伤员人数、财产损失扩大等情况。“情节特别严重”,主要是指负有报告职责的人在事故发生后不仅自己不报、谎报事故情况,而且还指使、授意甚至阻止他人报告,或者逃匿、伪造、破坏事故现场,转移、藏匿、销毁有关证据,不仅贻误了事故抢救,而且还给事故调查处理设置障碍等情况。

关联法规索引

《最高人民法院、最高人民检察院关于办理危害生产安全刑事案件适用法律若干问题的解释》第4、8、9、12、13条

典型案例

黄某某等人重大责任事故、谎报安全事故案[1]

※**要旨:**认定谎报安全事故罪,要重点审查谎报行为与贻误事故抢救结果之间的因果关系。对同时构成重大责任事故罪和谎报安全事故罪的,应当数罪并罚。应注重督促涉事单位或有关部门及时赔偿被害人损失,有效化解社会矛盾。

〔1〕参见最高人民检察院指导性案例第96号。

第三章　破坏社会主义市场经济秩序罪

本章介绍

本章是关于破坏社会主义市场经济秩序罪及其处罚的规定。破坏社会主义市场经济秩序罪客观上表现为，违反国家的市场经济管理法规，破坏社会主义市场经济秩序，危害市场经济发展。主观上大多数为故意，即明知自己的行为会发生破坏社会主义市场经济秩序的结果，并且希望或者放任这种结果的发生。其中许多犯罪具有特定目的。需要强调的是，本章犯罪的行为主体，大部分既可以是自然人，也可以是单位。破坏社会主义市场经济秩序罪分为八类：生产、销售伪劣商品罪，走私罪，妨害对公司、企业的管理秩序罪，破坏金融管理秩序罪，金融诈骗罪，危害税收征管罪，侵犯知识产权罪，扰乱市场秩序罪。

第一节　生产、销售伪劣商品罪

第一百四十条　【生产、销售伪劣产品罪】 生产者、销售者在产品中掺杂、掺假，以假充真，以次充好或者以不合格产品冒充合格产品，销售金额五万元以上不满二十万元的，处二年以下有期徒刑或者拘役，并处或者单处销售金额百分之五十以上二倍以下罚金；销售金额二十万元以上不满五十万元的，处二年以上七年以下有期徒刑，并处销售金额百分之五十以上二倍以下罚金；销售金额五十万元以上不满二百万元的，处七年以上有期徒刑，并处销售金额百分之五十以上二倍以下罚金；销售金额二百万元以上的，处十五年有期徒刑或者无期徒刑，并处销售金额百分之五十以上二倍以下罚金或者没收财产。

配套法规及解读

《最高人民法院、最高人民检察院关于办理生产、销售伪劣商品刑事案件具体应用法律若干问题的解释》(2001年4月9日)

第一条　刑法第一百四十条规定的"在产品中掺杂、掺假",是指在产品中掺入杂质或者异物,致使产品质量不符合国家法律、法规或者产品明示质量标准规定的质量要求,降低、失去应有使用性能的行为。

刑法第一百四十条规定的"以假充真",是指以不具有某种使用性能的产品冒充具有该种使用性能的产品的行为。

刑法第一百四十条规定的"以次充好",是指以低等级、低档次产品冒充高等级、高档次产品,或者以残次、废旧零配件组合、拼装后冒充正品或者新产品的行为。

刑法第一百四十条规定的"不合格产品",是指不符合《中华人民共和国产品质量法》第二十六条第二款规定的质量要求的产品。

对本条规定的上述行为难以确定的,应当委托法律、行政法规规定的产品质量检验机构进行鉴定。

第二条　刑法第一百四十条、第一百四十九条规定的"销售金额",是指生产者、销售者出售伪劣产品后所得和应得的全部违法收入。

伪劣产品尚未销售,货值金额达到刑法第一百四十条规定的销售金额三倍以上的,以生产、销售伪劣产品罪(未遂)定罪处罚。

货值金额以违法生产、销售的伪劣产品的标价计算;没有标价的,按照同类合格产品的市场中间价格计算。货值金额难以确定的,按照国家计划委员会、最高人民法院、最高人民检察院、公安部1997年4月22日联合发布的《扣押、追缴、没收物品估价管理办法》的规定,委托指定的估价机构确定。

多次实施生产、销售伪劣产品行为,未经处理的,伪劣产品的销售金额或者货值金额累计计算。

第九条　知道或者应当知道他人实施生产、销售伪劣商品犯罪,而为其提供贷款、资金、账号、发票、证明、许可证件,或者提供生产、经营场所或者运输、仓储、保管、邮寄等便利条件,或者提供制假生产技术的,以生产、销售伪劣商品犯罪的共犯论处。

第十条 实施生产、销售伪劣商品犯罪,同时构成侵犯知识产权、非法经营等其他犯罪的,依照处罚较重的规定定罪处罚。

第十一条 实施刑法第一百四十条至第一百四十八条规定的犯罪,又以暴力、威胁方法抗拒查处,构成其他犯罪的,依照数罪并罚的规定处罚。

第十二条 国家机关工作人员参与生产、销售伪劣商品犯罪的,从重处罚。

※法规解读:

本解释第1条对《刑法》第140条规定的"在产品中掺杂、掺假""以假充真""以次充好""以不合格产品冒充合格产品"4种行为方式进行了界定。第一,关于在产品中掺杂、掺假。从立法本意考虑,《刑法》打击的重点应该是该种行为的结果,即"致使产品不符合质量要求,降低、失去应有的使用性能"。其中,产品的质量要求有些由法律、法规规定,有些由国家标准、行业标准规定,有些由产品或其包装上注明采用的产品标准以及产品说明、实物样品等方式表明。第二,关于以假充真。以假充真本质上是以不具有某种使用性能的产品冒充具有该种使用性能的产品的行为。假冒他人的品牌、产地、厂名、厂址的行为,一般不认为属于以假充真,不构成本罪。根据《刑法》有关规定,对于假冒他人注册商标构成犯罪的行为,如果假冒产品的质量合格,应认定为侵犯注册商标的犯罪;如果假冒产品的质量不合格,则应当属于生产、销售伪劣商品中的以次充好,而不是以假充真。第三,关于以次充好。以次充好,是指以质量差的产品冒充质量好的产品的行为,即以低等级、低档次产品冒充高等级、高档次产品的行为。在实践中大量发生的以残、次、废的零配件组合、拼装后冒充正品的行为,以及以旧的零配件组合、拼装后冒充新的产品的行为,也属于以次充好。第四,关于不合格产品。《产品质量法》第26条第2款规定:"产品质量应当符合下列要求:(一)不存在危及人身、财产安全的不合理的危险,有保障人体健康和人身、财产安全的国家标准、行业标准的,应当符合该标准;(二)具备产品应当具备的使用性能,但是,对产品存在使用性能的瑕疵作出说明的除外;(三)符合在产品或者其包装上注明采用的产品标准,符合以产品说明、实物样品等方式表明的质量状况。"《产品质量法》第26条第2款是对产品质量的总的要求,因此,本解释第1条第4款规定,《刑法》第140条规定的"不合格产品",是指不符合《产品质量法》第26条第2款规定的质量要求的产品。

本解释第2条对销售金额的认定作了规定。首先,本解释第2条第1款明确规定,《刑法》第140、149条规定的"销售金额",是指生产者、销售者出售伪劣产品后所得和应得的全部违法收入。其次，本解释第 2 条第 2 款对伪劣商品尚未销售时的金额标准问题作了规定。这主要是考虑到已经生产和准备销售伪劣商品的行为，其社会危害性是客观存在的。如果对这类行为中情节严重的情形也不定罪处罚，将会使绝大多数的制假、贩假的人逃避法律追究。但由于产品并未卖出，属于犯罪未遂状态，故规定“货值金额达到刑法第一百四十条规定的销售金额三倍以上的，以生产、销售伪劣产品罪(未遂)定罪处罚”。最后，本解释第 2 条第 3 款规定，货值金额以违法生产、销售的伪劣产品的标价计算；没有标价的，按照同类合格产品的市场中间价格计算。至于货值金额难以确定的问题，应当按照国家计划委员会、最高人民法院、最高人民检察院、公安部 1997 年 4 月 22 日联合发布的《扣押、追缴、没收物品估价管理办法》(计办〔1997〕808 号)的规定，委托指定的估价机构确定。

《最高人民法院、最高人民检察院关于办理非法生产、销售烟草专卖品等刑事案件具体应用法律若干问题的解释》(2010 年 3 月 2 日)

第一条 生产、销售伪劣卷烟、雪茄烟等烟草专卖品，销售金额在五万元以上的，依照刑法第一百四十条的规定，以生产、销售伪劣产品罪定罪处罚。

未经卷烟、雪茄烟等烟草专卖品注册商标所有人许可，在卷烟、雪茄烟等烟草专卖品上使用与其注册商标相同的商标，情节严重的，依照刑法第二百一十三条的规定，以假冒注册商标罪定罪处罚。

销售明知是假冒他人注册商标的卷烟、雪茄烟等烟草专卖品，销售金额较大的，依照刑法第二百一十四条的规定，以销售假冒注册商标的商品罪定罪处罚。

伪造、擅自制造他人卷烟、雪茄烟注册商标标识或者销售伪造、擅自制造的卷烟、雪茄烟注册商标标识，情节严重的，依照刑法第二百一十五条的规定，以非法制造、销售非法制造的注册商标标识罪定罪处罚。

违反国家烟草专卖管理法律法规，未经烟草专卖行政主管部门许可，无烟草专卖生产企业许可证、烟草专卖批发企业许可证、特种烟草专卖经营企业许可证、烟草专卖零售许可证等许可证明，非法经营烟草专卖品，情节严重的，依照刑法第二百二十五条的规定，以非法经营罪定罪处罚。

第二条 伪劣卷烟、雪茄烟等烟草专卖品尚未销售，货值金额达到刑法第一百四十条规定的销售金额定罪起点数额标准的三倍以上的，或者销售金额未达到五万元,但与未销售货值金额合计达到十五万元以上的,以生产、销售伪劣产品罪(未遂)定罪处罚。

销售金额和未销售货值金额分别达到不同的法定刑幅度或者均达到同一法定刑幅度的,在处罚较重的法定刑幅度内酌情从重处罚。

查获的未销售的伪劣卷烟、雪茄烟,能够查清销售价格的,按照实际销售价格计算。无法查清实际销售价格,有品牌的,按照该品牌卷烟、雪茄烟的查获地省级烟草专卖行政主管部门出具的零售价格计算;无品牌的,按照查获地省级烟草专卖行政主管部门出具的上年度卷烟平均零售价格计算。

※法规解读:

本解释第1条第1款规定制售伪劣卷烟、雪茄烟等烟草专卖品以生产、销售伪劣产品罪定罪处罚。《烟草专卖法》第3条规定:"国家对烟草专卖品的生产、销售、进出口依法实行专卖管理,并实行烟草专卖许可证制度。"烟草专卖品的生产、销售都需要经烟草专卖行政主管部门批准,取得相应许可。生产、销售伪劣卷烟、雪茄烟,即通常所说的制售假烟,是指未经许可、没有生产资质的单位或者个人非法生产卷烟、雪茄烟,并销售(包括批发和零售)给他人,或者购买伪劣卷烟、雪茄烟后予以批发或者零售的行为。实践中,假烟一般是指既假冒又伪劣的卷烟、雪茄烟。这些假烟冒用正规生产厂家的厂名、品牌、商标,其原料、配方及生产工艺均达不到正规生产厂家的合格产品要求,以假充真,以次充好。本解释规定,对于生产、销售假烟的行为,销售金额达到5万元以上的,依照《刑法》第140条的规定,以生产、销售伪劣产品罪定罪处罚。

本解释第2条第1款规定,伪劣卷烟、雪茄烟等烟草专卖品尚未销售,货值金额达到《刑法》第140条规定的销售金额定罪起点数额标准的3倍以上的,也就是15万元以上,或者销售金额未达到5万元,但与未销售货值金额合计达到15万元以上的,以生产、销售伪劣产品罪(未遂)定罪处罚。实践中有的案件销售金额和未销售金额分别计算都没有达到定罪标准,也就是说,销售金额不足5万元,未销售的货值金额不足15万元,但两者相加的数额达到了15万元。对这种情形,也应以生产、销售伪劣产品罪(未遂)定罪处罚。

关联法规索引

《最高人民法院、最高人民检察院关于办理妨害预防、控制突发传染病疫情等灾害的刑事案件具体应用法律若干问题的解释》第2条；《最高人民检察院、公安部关于公安机关管辖的刑事案件立案追诉标准的规定(一)》第16条；《最高人民法院、最高人民检察院关于办理危害食品安全刑事案件适用法律若干问题的解释》第15条

典型案例

柳某国等人生产、销售有毒、有害食品，生产、销售伪劣产品案[1]

※要旨：(1)明知对方是食用油经销者，仍将用餐厨废弃油(俗称“地沟油”)加工而成的劣质油脂销售给对方，导致劣质油脂流入食用油市场供人食用的，构成生产、销售有毒、有害食品罪。(2)明知油脂经销者向饲料生产企业和药品生产企业等单位销售豆油等食用油，仍将用餐厨废弃油加工而成的劣质油脂销售给对方，导致劣质油脂流向饲料生产企业和药品生产企业等单位的，构成生产、销售伪劣产品罪。

申某明、王某中销售伪劣产品案[2]

※要旨：以不合格的兽药冒充合格的兽药进行销售，销售金额巨大，其行为构成销售伪劣产品罪。到案后如实供述自己的罪行，并积极退赔，可从轻处罚。自动投案，并如实供述自己的罪行，具有自首情节，可以减轻处罚。

---

〔1〕参见最高人民检察院指导性案例第12号。

〔2〕参见2022年《最高人民法院发布三件“农资打假”典型案例》之二。

第一百四十一条 【生产、销售、提供假药罪】 生产、销售假药的，处三年以下有期徒刑或者拘役，并处罚金；对人体健康造成严重危害或者有其他严重情节的，处三年以上十年以下有期徒刑，并处罚金；致人死亡或者有其他特别严重情节的，处十年以上有期徒刑、无期徒刑或者死刑，并处罚金或者没收财产。

药品使用单位的人员明知是假药而提供给他人使用的，依照前款的规定处罚。

配套法规及解读

《最高人民法院、最高人民检察院关于办理危害药品安全刑事案件适用法律若干问题的解释》(2022年3月3日)

第一条 生产、销售、提供假药，具有下列情形之一的，应当酌情从重处罚：

(一)涉案药品以孕产妇、儿童或者危重病人为主要使用对象的；

(二)涉案药品属于麻醉药品、精神药品、医疗用毒性药品、放射性药品、生物制品，或者以药品类易制毒化学品冒充其他药品的；

(三)涉案药品属于注射剂药品、急救药品的；

(四)涉案药品系用于应对自然灾害、事故灾难、公共卫生事件、社会安全事件等突发事件的；

(五)药品使用单位及其工作人员生产、销售假药的；

(六)其他应当酌情从重处罚的情形。

第二条 生产、销售、提供假药，具有下列情形之一的，应当认定为刑法第一百四十一条规定的“对人体健康造成严重危害”：

(一)造成轻伤或者重伤的；

(二)造成轻度残疾或者中度残疾的；

(三)造成器官组织损伤导致一般功能障碍或者严重功能障碍的；

(四)其他对人体健康造成严重危害的情形。

第三条 生产、销售、提供假药，具有下列情形之一的，应当认定为刑法第一百四十一条规定的“其他严重情节”：

(一)引发较大突发公共卫生事件的；

（二）生产、销售、提供假药的金额二十万元以上不满五十万元的；

（三）生产、销售、提供假药的金额十万元以上不满二十万元，并具有本解释第一条规定情形之一的；

（四）根据生产、销售、提供的时间、数量、假药种类、对人体健康危害程度等，应当认定为情节严重的。

第四条　生产、销售、提供假药，具有下列情形之一的，应当认定为刑法第一百四十一条规定的“其他特别严重情节”：

（一）致人重度残疾以上的；

（二）造成三人以上重伤、中度残疾或者器官组织损伤导致严重功能障碍的；

（三）造成五人以上轻度残疾或者器官组织损伤导致一般功能障碍的；

（四）造成十人以上轻伤的；

（五）引发重大、特别重大突发公共卫生事件的；

（六）生产、销售、提供假药的金额五十万元以上的；

（七）生产、销售、提供假药的金额二十万元以上不满五十万元，并具有本解释第一条规定情形之一的；

（八）根据生产、销售、提供的时间、数量、假药种类、对人体健康危害程度等，应当认定为情节特别严重的。

第五条　生产、销售、提供劣药，具有本解释第一条规定情形之一的，应当酌情从重处罚。

生产、销售、提供劣药，具有本解释第二条规定情形之一的，应当认定为刑法第一百四十二条规定的“对人体健康造成严重危害”。

生产、销售、提供劣药，致人死亡，或者具有本解释第四条第一项至第五项规定情形之一的，应当认定为刑法第一百四十二条规定的“后果特别严重”。

第六条　以生产、销售、提供假药、劣药为目的，合成、精制、提取、储存、加工炮制药品原料，或者在将药品原料、辅料、包装材料制成成品过程中，进行配料、混合、制剂、储存、包装的，应当认定为刑法第一百四十一条、第一百四十二条规定的“生产”。

药品使用单位及其工作人员明知是假药、劣药而有偿提供给他人使用的，应当认定为刑法第一百四十一条、第一百四十二条规定的“销售”；无偿提供给他人使用的，应当认定为刑法第一百四十一条、第一百四十二条规定的“提供”。

第七条 实施妨害药品管理的行为，具有下列情形之一的，应当认定为刑法第一百四十二条之一规定的“足以严重危害人体健康”：

（一）生产、销售国务院药品监督管理部门禁止使用的药品，综合生产、销售的时间、数量、禁止使用原因等情节，认为具有严重危害人体健康的现实危险的；

（二）未取得药品相关批准证明文件生产药品或者明知是上述药品而销售，涉案药品属于本解释第一条第一项至第三项规定情形的；

（三）未取得药品相关批准证明文件生产药品或者明知是上述药品而销售，涉案药品的适应症、功能主治或者成分不明的；

（四）未取得药品相关批准证明文件生产药品或者明知是上述药品而销售，涉案药品没有国家药品标准，且无核准的药品质量标准，但检出化学药成分的；

（五）未取得药品相关批准证明文件进口药品或者明知是上述药品而销售，涉案药品在境外也未合法上市的；

（六）在药物非临床研究或者药物临床试验过程中故意使用虚假试验用药品，或者瞒报与药物临床试验用药品相关的严重不良事件的；

（七）故意损毁原始药物非临床研究数据或者药物临床试验数据，或者编造受试动物信息、受试者信息、主要试验过程记录、研究数据、检测数据等药物非临床研究数据或者药物临床试验数据，影响药品的安全性、有效性和质量可控性的；

（八）编造生产、检验记录，影响药品的安全性、有效性和质量可控性的；

（九）其他足以严重危害人体健康的情形。

对于涉案药品是否在境外合法上市，应当根据境外药品监督管理部门或者权利人的证明等证据，结合犯罪嫌疑人、被告人及其辩护人提供的证据材料综合审查，依法作出认定。

对于“足以严重危害人体健康”难以确定的，根据地市级以上药品监督管理部门出具的认定意见，结合其他证据作出认定。

第八条 实施妨害药品管理的行为，具有本解释第二条规定情形之一的，应当认定为刑法第一百四十二条之一规定的“对人体健康造成严重危害”。

实施妨害药品管理的行为，足以严重危害人体健康，并具有下列情形之一的，应当认定为刑法第一百四十二条之一规定的“有其他严重情节”：

（一）生产、销售国务院药品监督管理部门禁止使用的药品，生产、销售的金额五十万元以上的；

（二）未取得药品相关批准证明文件生产、进口药品或者明知是上述药品而销售，生产、销售的金额五十万元以上的；

（三）药品申请注册中提供虚假的证明、数据、资料、样品或者采取其他欺骗手段，造成严重后果的；

（四）编造生产、检验记录，造成严重后果的；

（五）造成恶劣社会影响或者具有其他严重情节的情形。

实施刑法第一百四十二条之一规定的行为，同时又构成生产、销售、提供假药罪、生产、销售、提供劣药罪或者其他犯罪的，依照处罚较重的规定定罪处罚。

第九条 明知他人实施危害药品安全犯罪，而有下列情形之一的，以共同犯罪论处：

（一）提供资金、贷款、账号、发票、证明、许可证件的；

（二）提供生产、经营场所、设备或者运输、储存、保管、邮寄、销售渠道等便利条件的；

（三）提供生产技术或者原料、辅料、包装材料、标签、说明书的；

（四）提供虚假药物非临床研究报告、药物临床试验报告及相关材料的；

（五）提供广告宣传的；

（六）提供其他帮助的。

第十条 办理生产、销售、提供假药、生产、销售、提供劣药、妨害药品管理等刑事案件，应当结合行为人的从业经历、认知能力、药品质量、进货渠道和价格、销售渠道和价格以及生产、销售方式等事实综合判断认定行为人的主观故意。具有下列情形之一的，可以认定行为人有实施相关犯罪的主观故意，但有证据证明确实不具有故意的除外：

（一）药品价格明显异于市场价格的；

（二）向不具有资质的生产者、销售者购买药品，且不能提供合法有效的来历证明的；

（三）逃避、抗拒监督检查的；

（四）转移、隐匿、销毁涉案药品、进销货记录的；

（五）曾因实施危害药品安全违法犯罪行为受过处罚，又实施同类行为的；

（六）其他足以认定行为人主观故意的情形。

第十一条 以提供给他人生产、销售、提供药品为目的，违反国家规定，生产、销售不符合药用要求的原料、辅料，符合刑法第一百四十条规定的，以生产、销售伪劣产品罪从重处罚；同时构成其他犯罪的，依照处罚较重的规定定罪处罚。

第十二条 广告主、广告经营者、广告发布者违反国家规定，利用广告对药品作虚假宣传，情节严重的，依照刑法第二百二十二条的规定，以虚假广告罪定罪处罚。

第十三条 明知系利用医保骗保购买的药品而非法收购、销售，金额五万元以上的，应当依照刑法第三百一十二条的规定，以掩饰、隐瞒犯罪所得罪定罪处罚；指使、教唆、授意他人利用医保骗保购买药品，进而非法收购、销售，符合刑法第二百六十六条规定的，以诈骗罪定罪处罚。

对于利用医保骗保购买药品的行为人是否追究刑事责任，应当综合骗取医保基金的数额、手段、认罪悔罪态度等案件具体情节，依法妥当决定。利用医保骗保购买药品的行为人是否被追究刑事责任，不影响对非法收购、销售有关药品的行为人定罪处罚。

对于第一款规定的主观明知，应当根据药品标志、收购渠道、价格、规模及药品追溯信息等综合认定。

第十四条 负有药品安全监督管理职责的国家机关工作人员，滥用职权或者玩忽职守，构成药品监管渎职罪，同时构成商检徇私舞弊罪、商检失职罪等其他渎职犯罪的，依照处罚较重的规定定罪处罚。

负有药品安全监督管理职责的国家机关工作人员滥用职权或者玩忽职守，不构成药品监管渎职罪，但构成前款规定的其他渎职犯罪的，依照该其他犯罪定罪处罚。

负有药品安全监督管理职责的国家机关工作人员与他人共谋，利用其职务便利帮助他人实施危害药品安全犯罪行为，同时构成渎职犯罪和危害药品安全犯罪共犯的，依照处罚较重的规定定罪从重处罚。

第十五条 对于犯生产、销售、提供假药罪、生产、销售、提供劣药罪、妨害药品管理罪的，应当结合被告人的犯罪数额、违法所得，综合考虑被告人缴纳罚金的能力，依法判处罚金。罚金一般应当在生产、销售、提供的药品金额二倍以上；共同犯罪的，对各共同犯罪人合计判处的罚金一般应当在生产、销售、提供的药品金额二倍以上。

第十六条 对于犯生产、销售、提供假药罪、生产、销售、提供劣药罪、妨害药品管理罪的，应当依照刑法规定的条件，严格缓刑、免予刑事处罚的适用。对于被判处刑罚的，可以根据犯罪情况和预防再犯罪的需要，依法宣告职业禁止或者禁止令。《中华人民共和国药品管理法》等法律、行政法规另有规定的，从其规定。

对于被不起诉或者免予刑事处罚的行为人，需要给予行政处罚、政务处分或者其他处分的，依法移送有关主管机关处理。

第十七条　单位犯生产、销售、提供假药罪、生产、销售、提供劣药罪、妨害药品管理罪的，对单位判处罚金，并对直接负责的主管人员和其他直接责任人员，依照本解释规定的自然人犯罪的定罪量刑标准处罚。

单位犯罪的，对被告单位及其直接负责的主管人员、其他直接责任人员合计判处的罚金一般应当在生产、销售、提供的药品金额二倍以上。

第十八条　根据民间传统配方私自加工药品或者销售上述药品，数量不大，且未造成他人伤害后果或者延误诊治的，或者不以营利为目的实施带有自救、互助性质的生产、进口、销售药品的行为，不应当认定为犯罪。

对于是否属于民间传统配方难以确定的，根据地市级以上药品监督管理部门或者有关部门出具的认定意见，结合其他证据作出认定。

第十九条　刑法第一百四十一条、第一百四十二条规定的"假药""劣药"，依照《中华人民共和国药品管理法》的规定认定。

对于《中华人民共和国药品管理法》第九十八条第二款第二项、第四项及第三款第三项至第六项规定的假药、劣药，能够根据现场查获的原料、包装，结合犯罪嫌疑人、被告人供述等证据材料作出判断的，可以由地市级以上药品监督管理部门出具认定意见。对于依据《中华人民共和国药品管理法》第九十八条第二款、第三款的其他规定认定假药、劣药，或者是否属于第九十八条第二款第二项、第三款第六项规定的假药、劣药存在争议的，应当由省级以上药品监督管理部门设置或者确定的药品检验机构进行检验，出具质量检验结论。司法机关根据认定意见、检验结论，结合其他证据作出认定。

第二十条　对于生产、提供药品的金额，以药品的货值金额计算；销售药品的金额，以所得和可得的全部违法收入计算。

※法规解读：

本解释重点规定了以下内容：

1.关于生产、销售、提供假药罪酌情从重处罚的规定。生产、销售、提供假药罪为行为犯，而非危险犯，只要实施了生产、销售、提供假药的行为，无论数量多少，均依法构成生产、销售、提供假药罪。生产、销售、提供假药行为具有本解释第1条规定的5种具体情形的，不仅依法构成生产、销售、提供假药罪，而且还要酌情从重处罚，第6项为兜底条款。需要注意的是，这里规定的是酌情而不是法定，需要司法人员在实践中根据具体情况来把握。

2. 关于"生产""销售""提供"的认定。本解释第6条分两款，对生产、销售、提供假药、劣药罪中的"生产"、"销售"和"提供"的含义予以明确。第1款规定，以生产、销售、提供假药、劣药为目的，合成、精制、提取、储存、加工炮制药品原料，或者在将药品原料、辅料、包装材料制成成品过程中，进行配料、混合、制剂、储存、包装的，应当认定为"生产"；第2款规定，药品使用单位及其工作人员明知是假药、劣药而有偿提供给他人使用的，应当认定为"销售"，无偿提供给他人使用的，应当认定为"提供"。

3. 关于犯罪主观要件的认定。根据本解释第10条的规定，办理生产、销售、提供假药、生产、销售、提供劣药、妨害药品管理等刑事案件，应当结合行为人的从业经历、认知能力、药品质量、进货渠道和价格、销售渠道和价格以及生产、销售方式等事实综合判断认定行为人的主观故意。该条还列举了可予以认定的5种具体情形，并以"其他足以认定行为人主观故意的情形"作为兜底条款。

4. 关于"假药""劣药"的认定。根据本解释第19条的规定，"假药""劣药"，依照《药品管理法》的规定认定。

5. 关于"生产、销售金额"的含义。根据本解释第20条的规定，对于生产、提供药品的金额，以药品的货值金额计算。销售药品的金额，以所得和可得的全部违法收入计算，包括销售药品后已经获得的收入额以及还没有销售药品的货值金额或者已经销售但还没有收取的金额。

第一百四十二条　【生产、销售、提供劣药罪】生产、销售劣药，对人体健康造成严重危害的，处三年以上十年以下有期徒刑，并处罚金；后果特别严重的，处十年以上有期徒刑或者无期徒刑，并处罚金或者没收财产。

药品使用单位的人员明知是劣药而提供给他人使用的，依照前款的规定处罚。

关联法规索引

《最高人民法院、最高人民检察院关于办理危害药品安全刑事案件适用法律若干问题的解释》第5、6、19条

第一百四十二条之一　【妨害药品管理罪】违反药品管理法规，有下列情形之一，足以严重危害人体健康的，处三年以下有期徒刑或者拘役，并处或者单处罚金；对人体健康造成严重危害或者有其他严重情节的，处三年以上七年以下有期徒刑，并处罚金：

（一）生产、销售国务院药品监督管理部门禁止使用的药品的；

（二）未取得药品相关批准证明文件生产、进口药品或者明知是上述药品而销售的；

（三）药品申请注册中提供虚假的证明、数据、资料、样品或者采取其他欺骗手段的；

（四）编造生产、检验记录的。

有前款行为，同时又构成本法第一百四十一条、第一百四十二条规定之罪或者其他犯罪的，依照处罚较重的规定定罪处罚。

条文解读

本条第1款是关于妨害药品管理罪及其处罚的规定。构成本罪的行为有以下4种：

1. 生产、销售国务院药品监督管理部门禁止使用的药品的。“禁止使用的药品”，包括按照《药品管理法》第83条的规定，属于疗效不确切、不良反应大或者因其他原因危害人体健康的情形，被依法注销药品注册证书，禁止使用的药品。对国务院药品监督管理部门禁止使用的药品，药品生产企业、批发单位等应当严格遵守规定，不得生产、销售和使用。如果继续生产、销售和使用这类药品，应按照《药品管理法》第124条的规定，给予行政处罚。符合本条规定的入刑条件的，依法追究刑事责任。

2. 未取得药品相关批准证明文件生产、进口药品或者明知是上述药品而销售

的。按照《药品管理法》第24、41条的规定，从事药品生产、经营活动，应当取得药品生产、经营许可证。在中国境内上市的药品，应当经国务院药品监管部门批准，取得药品注册证书。医疗机构配制制剂，按照《药品管理法》第74条、《中医药法》第32条的规定，应当取得医疗机构制剂许可证、制剂批准文号；进口药品，按照《药品进口管理办法》第5条第1款的规定："进口药品必须取得国家食品药品监督管理局核发的《进口药品注册证》（或者《医药产品注册证》），或者《进口药品批件》后，方可办理进口备案和口岸检验手续。"未得到上述药品相关批准证明文件，生产、进口药品及销售上述药品的行为，既不能保证所生产、进口的药品具有预防、治疗、诊断疾病的功能，又严重违反药品监督管理秩序，造成药品监管市场秩序混乱，可以按照《药品管理法》第124条的规定，给予行政处罚。符合本条规定的入刑条件的，依法追究刑事责任。

3. 药品申请注册中提供虚假的证明、数据、资料、样品或者采取其他欺骗手段的。药品注册申请，是指药品注册申请人依照法定程序和相关要求提出药物临床试验、药品上市许可、再注册等申请以及补充申请的行为。依照《药品管理法》第24条第2款的规定，申请药品注册，应当提供真实、充分、可靠的数据、资料和样品。这里的"数据、资料和样品"，包括药物临床试验、药品上市许可、再注册等申请以及补充申请的数据、资料和样品。对于在药品申请注册中提供虚假的证明、数据、资料、样品或者采取其他欺骗手段的，可以按照《药品管理法》第123条的规定，给予行政处罚。符合本条规定的入刑条件的，依法追究刑事责任。

4. 编造生产、检验记录的。生产、检验记录涉及药品生产管理、质量管理的实施过程，有利于实现生产过程的可追溯，是实现药品质量可控的重要手段。依照《药品管理法》第44条的规定，生产、检验记录应当完整准确，不得编造。对于编造生产、检验记录的行为，可以按照《药品管理法》第124条的规定，给予行政处罚。符合本条规定的入刑条件的，依法追究刑事责任。

本条第2款是关于构成妨害药品管理罪，又构成其他犯罪，如何适用法律的规定。根据本款规定，具有上述竞合情形的，应当依照处罚较重的规定定罪处罚。

关联法规索引

《最高人民法院、最高人民检察院关于办理危害药品安全刑事案件适用法律若

干问题的解释》第7、8条

第一百四十三条　【生产、销售不符合安全标准的食品罪】 **生产、销售不符合食品安全标准的食品，足以造成严重食物中毒事故或者其他严重食源性疾病的，处三年以下有期徒刑或者拘役，并处罚金；对人体健康造成严重危害或者有其他严重情节的，处三年以上七年以下有期徒刑，并处罚金；后果特别严重的，处七年以上有期徒刑或者无期徒刑，并处罚金或者没收财产。**

配套法规及解读

《最高人民法院、最高人民检察院关于办理危害食品安全刑事案件适用法律若干问题的解释》(2021年12月30日)

第一条　生产、销售不符合食品安全标准的食品，具有下列情形之一的，应当认定为刑法第一百四十三条规定的"足以造成严重食物中毒事故或者其他严重食源性疾病"：

（一）含有严重超出标准限量的致病性微生物、农药残留、兽药残留、生物毒素、重金属等污染物质以及其他严重危害人体健康的物质的；

（二）属于病死、死因不明或者检验检疫不合格的畜、禽、兽、水产动物肉类及其制品的；

（三）属于国家为防控疾病等特殊需要明令禁止生产、销售的；

（四）特殊医学用途配方食品、专供婴幼儿的主辅食品营养成分严重不符合食品安全标准的；

（五）其他足以造成严重食物中毒事故或者严重食源性疾病的情形。

第二条　生产、销售不符合食品安全标准的食品，具有下列情形之一的，应当认定为刑法第一百四十三条规定的"对人体健康造成严重危害"：

（一）造成轻伤以上伤害的；

（二）造成轻度残疾或者中度残疾的；

（三）造成器官组织损伤导致一般功能障碍或者严重功能障碍的；

（四）造成十人以上严重食物中毒或者其他严重食源性疾病的；

（五）其他对人体健康造成严重危害的情形。

第三条 生产、销售不符合食品安全标准的食品，具有下列情形之一的，应当认定为刑法第一百四十三条规定的“其他严重情节”：

（一）生产、销售金额二十万元以上的；

（二）生产、销售金额十万元以上不满二十万元，不符合食品安全标准的食品数量较大或者生产、销售持续时间六个月以上的；

（三）生产、销售金额十万元以上不满二十万元，属于特殊医学用途配方食品、专供婴幼儿的主辅食品的；

（四）生产、销售金额十万元以上不满二十万元，且在中小学校园、托幼机构、养老机构及周边面向未成年人、老年人销售的；

（五）生产、销售金额十万元以上不满二十万元，曾因危害食品安全犯罪受过刑事处罚或者二年内因危害食品安全违法行为受过行政处罚的；

（六）其他情节严重的情形。

第四条 生产、销售不符合食品安全标准的食品，具有下列情形之一的，应当认定为刑法第一百四十三条规定的“后果特别严重”：

（一）致人死亡的；

（二）造成重度残疾以上的；

（三）造成三人以上重伤、中度残疾或者器官组织损伤导致严重功能障碍的；

（四）造成十人以上轻伤、五人以上轻度残疾或者器官组织损伤导致一般功能障碍的；

（五）造成三十人以上严重食物中毒或者其他严重食源性疾病的；

（六）其他特别严重的后果。

第五条 在食品生产、销售、运输、贮存等过程中，违反食品安全标准，超限量或者超范围滥用食品添加剂，足以造成严重食物中毒事故或者其他严重食源性疾病的，依照刑法第一百四十三条的规定以生产、销售不符合安全标准的食品罪定罪处罚。

在食用农产品种植、养殖、销售、运输、贮存等过程中，违反食品安全标准，超限量或者超范围滥用添加剂、农药、兽药等，足以造成严重食物中毒事故或者其他严重食源性疾病的，适用前款的规定定罪处罚。

第六条 生产、销售有毒、有害食品，具有本解释第二条规定情形之一的，应当认定为刑法第一百四十四条规定的“对人体健康造成严重危害”。

第七条　生产、销售有毒、有害食品，具有下列情形之一的，应当认定为刑法第一百四十四条规定的“其他严重情节”：

（一）生产、销售金额二十万元以上不满五十万元的；

（二）生产、销售金额十万元以上不满二十万元，有毒、有害食品数量较大或者生产、销售持续时间六个月以上的；

（三）生产、销售金额十万元以上不满二十万元，属于特殊医学用途配方食品、专供婴幼儿的主辅食品的；

（四）生产、销售金额十万元以上不满二十万元，且在中小学校园、托幼机构、养老机构及周边面向未成年人、老年人销售的；

（五）生产、销售金额十万元以上不满二十万元，曾因危害食品安全犯罪受过刑事处罚或者二年内因危害食品安全违法行为受过行政处罚的；

（六）有毒、有害的非食品原料毒害性强或者含量高的；

（七）其他情节严重的情形。

第八条　生产、销售有毒、有害食品，生产、销售金额五十万元以上，或者具有本解释第四条第二项至第六项规定的情形之一的，应当认定为刑法第一百四十四条规定的“其他特别严重情节”。

第九条　下列物质应当认定为刑法第一百四十四条规定的“有毒、有害的非食品原料”：

（一）因危害人体健康，被法律、法规禁止在食品生产经营活动中添加、使用的物质；

（二）因危害人体健康，被国务院有关部门列入《食品中可能违法添加的非食用物质名单》《保健食品中可能非法添加的物质名单》和国务院有关部门公告的禁用农药、《食品动物中禁止使用的药品及其他化合物清单》等名单上的物质；

（三）其他有毒、有害的物质。

第十条　刑法第一百四十四条规定的“明知”，应当综合行为人的认知能力、食品质量、进货或者销售的渠道及价格等主、客观因素进行认定。

具有下列情形之一的，可以认定为刑法第一百四十四条规定的“明知”，但存在相反证据并经查证属实的除外：

（一）长期从事相关食品、食用农产品生产、种植、养殖、销售、运输、贮存行业，不依法履行保障食品安全义务的；

（二）没有合法有效的购货凭证，且不能提供或者拒不提供销售的相关食品来源的；

（三）以明显低于市场价格进货或者销售且无合理原因的；

（四）在有关部门发出禁令或者食品安全预警的情况下继续销售的；

（五）因实施危害食品安全行为受过行政处罚或者刑事处罚，又实施同种行为的；

（六）其他足以认定行为人明知的情形。

第十一条 在食品生产、销售、运输、贮存等过程中，掺入有毒、有害的非食品原料，或者使用有毒、有害的非食品原料生产食品的，依照刑法第一百四十四条的规定以生产、销售有毒、有害食品罪定罪处罚。

在食用农产品种植、养殖、销售、运输、贮存等过程中，使用禁用农药、食品动物中禁止使用的药品及其他化合物等有毒、有害的非食品原料，适用前款的规定定罪处罚。

在保健食品或者其他食品中非法添加国家禁用药物等有毒、有害的非食品原料的，适用第一款的规定定罪处罚。

第十二条 在食品生产、销售、运输、贮存等过程中，使用不符合食品安全标准的食品包装材料、容器、洗涤剂、消毒剂，或者用于食品生产经营的工具、设备等，造成食品被污染，符合刑法第一百四十三条、第一百四十四条规定的，以生产、销售不符合安全标准的食品罪或者生产、销售有毒、有害食品罪定罪处罚。

第十三条 生产、销售不符合食品安全标准的食品，有毒、有害食品，符合刑法第一百四十三条、第一百四十四条规定的，以生产、销售不符合安全标准的食品罪或者生产、销售有毒、有害食品罪定罪处罚。同时构成其他犯罪的，依照处罚较重的规定定罪处罚。

生产、销售不符合食品安全标准的食品，无证据证明足以造成严重食物中毒事故或者其他严重食源性疾病，不构成生产、销售不符合安全标准的食品罪，但构成生产、销售伪劣产品罪，妨害动植物防疫、检疫罪等其他犯罪的，依照该其他犯罪定罪处罚。

第十四条 明知他人生产、销售不符合食品安全标准的食品，有毒、有害食品，具有下列情形之一的，以生产、销售不符合安全标准的食品罪或者生产、销售有毒、有害食品罪的共犯论处：

（一）提供资金、贷款、账号、发票、证明、许可证件的；

（二）提供生产、经营场所或者运输、贮存、保管、邮寄、销售渠道等便利条件的；

（三）提供生产技术或者食品原料、食品添加剂、食品相关产品或者有毒、有害的非食品原料的；

（四）提供广告宣传的；

（五）提供其他帮助行为的。

第十五条　生产、销售不符合食品安全标准的食品添加剂，用于食品的包装材料、容器、洗涤剂、消毒剂，或者用于食品生产经营的工具、设备等，符合刑法第一百四十条规定的，以生产、销售伪劣产品罪定罪处罚。

生产、销售用超过保质期的食品原料、超过保质期的食品、回收食品作为原料的食品，或者以更改生产日期、保质期、改换包装等方式销售超过保质期的食品、回收食品，适用前款的规定定罪处罚。

实施前两款行为，同时构成生产、销售不符合安全标准的食品罪，生产、销售不符合安全标准的产品罪等其他犯罪的，依照处罚较重的规定定罪处罚。

第十六条　以提供给他人生产、销售食品为目的，违反国家规定，生产、销售国家禁止用于食品生产、销售的非食品原料，情节严重的，依照刑法第二百二十五条的规定以非法经营罪定罪处罚。

以提供给他人生产、销售食用农产品为目的，违反国家规定，生产、销售国家禁用农药、食品动物中禁止使用的药品及其他化合物等有毒、有害的非食品原料，或者生产、销售添加上述有毒、有害的非食品原料的农药、兽药、饲料、饲料添加剂、饲料原料，情节严重的，依照前款的规定定罪处罚。

第十七条　违反国家规定，私设生猪屠宰厂（场），从事生猪屠宰、销售等经营活动，情节严重的，依照刑法第二百二十五条的规定以非法经营罪定罪处罚。

在畜禽屠宰相关环节，对畜禽使用食品动物中禁止使用的药品及其他化合物等有毒、有害的非食品原料，依照刑法第一百四十四条的规定以生产、销售有毒、有害食品罪定罪处罚；对畜禽注水或者注入其他物质，足以造成严重食物中毒事故或者其他严重食源性疾病的，依照刑法第一百四十三条的规定以生产、销售不符合安全标准的食品罪定罪处罚；虽不足以造成严重食物中毒事故或者其他严重食源性疾病，但符合刑法第一百四十条规定的，以生产、销售伪劣产品罪定罪处罚。

第十八条　实施本解释规定的非法经营行为，非法经营数额在十万元以上，或者违法所得数额在五万元以上的，应当认定为刑法第二百二十五条规定的"情节严重"；非法经营数额在五十万元以上，或者违法所得数额在二十五万元以上的，应当认定为刑法第二百二十五条规定的"情节特别严重"。

实施本解释规定的非法经营行为，同时构成生产、销售伪劣产品罪，生产、销售不符合安全标准的食品罪，生产、销售有毒、有害食品罪，生产、销售伪劣农药、兽药罪等其他犯罪的，依照处罚较重的规定定罪处罚。

第十九条 违反国家规定，利用广告对保健食品或者其他食品作虚假宣传，符合刑法第二百二十二条规定的，以虚假广告罪定罪处罚；以非法占有为目的，利用销售保健食品或者其他食品诈骗财物，符合刑法第二百六十六条规定的，以诈骗罪定罪处罚。同时构成生产、销售伪劣产品罪等其他犯罪的，依照处罚较重的规定定罪处罚。

第二十条 负有食品安全监督管理职责的国家机关工作人员滥用职权或者玩忽职守，构成食品监管渎职罪，同时构成徇私舞弊不移交刑事案件罪、商检徇私舞弊罪、动植物检疫徇私舞弊罪、放纵制售伪劣商品犯罪行为罪等其他渎职犯罪的，依照处罚较重的规定定罪处罚。

负有食品安全监督管理职责的国家机关工作人员滥用职权或者玩忽职守，不构成食品监管渎职罪，但构成前款规定的其他渎职犯罪的，依照该其他犯罪定罪处罚。

负有食品安全监督管理职责的国家机关工作人员与他人共谋，利用其职务行为帮助他人实施危害食品安全犯罪行为，同时构成渎职犯罪和危害食品安全犯罪共犯的，依照处罚较重的规定定罪从重处罚。

第二十一条 犯生产、销售不符合安全标准的食品罪，生产、销售有毒、有害食品罪，一般应当依法判处生产、销售金额二倍以上的罚金。

共同犯罪的，对各共同犯罪人合计判处的罚金一般应当在生产、销售金额的二倍以上。

第二十二条 对实施本解释规定之犯罪的犯罪分子，应当依照刑法规定的条件，严格适用缓刑、免予刑事处罚。对于依法适用缓刑的，可以根据犯罪情况，同时宣告禁止令。

对于被不起诉或者免予刑事处罚的行为人，需要给予行政处罚、政务处分或者其他处分的，依法移送有关主管机关处理。

第二十三条　单位实施本解释规定的犯罪的，对单位判处罚金，并对直接负责的主管人员和其他直接责任人员，依照本解释规定的定罪量刑标准处罚。

第二十四条　“足以造成严重食物中毒事故或者其他严重食源性疾病”“有毒、有害的非食品原料”等专门性问题难以确定的，司法机关可以依据鉴定意见、检验报告、地市级以上相关行政主管部门组织出具的书面意见，结合其他证据作出认定。必要时，专门性问题由省级以上相关行政主管部门组织出具书面意见。

※法规解读：

本解释主要规定了以下几个方面的问题：

1. 明确界定生产、销售不符合安全标准的食品罪和生产销售有毒、有害食品罪的定罪量刑标准。为明确和统一司法适用，依法对严重犯罪从严惩处，本解释对这两个罪的定罪量刑情节认定标准作出了具体规定。其中，针对生产、销售不符合安全标准的食品罪中“足以造成严重食物中毒事故或者其他严重食源性疾病”这一构成犯罪的要件难以认定的问题，本解释第1条采取列举的方式，将实践中具有高度危险的一些典型情形予以类型化：“（一）含有严重超出标准限量的致病性微生物、农药残留、兽药残留、生物毒素、重金属等污染物质以及其他严重危害人体健康的物质的；（二）属于病死、死因不明或者检验检疫不合格的畜、禽、兽、水产动物肉类及其制品的；（三）属于国家为防控疾病等特殊需要明令禁止生产、销售的；（四）特殊医学用途配方食品、专供婴幼儿的主辅食品营养成分严重不符合食品安全标准的；（五）其他足以造成严重食物中毒事故或者严重食源性疾病的情形。”本解释明确规定，只要具有这些情形之一的，即可认定为足以造成《刑法》第143条规定的危险，增强了司法实践的可操作性。针对以往司法实践中仅从轻伤、重伤的角度对“人身危害后果”这一加重结果要件进行理解和认定存在的局限性，本解释结合危害食品安全犯罪案件的特点，从伤害、残疾程度以及器官组织损伤导致的功能障碍等方面规定了多重认定标准。

2. 从严惩处滥用食品添加剂行为。滥用食品添加剂是当前较为突出的一个食品安全问题。为依法惩治此类犯罪，本解释第5条从三个方面明确了相关法律适用标准：一是针对现实生活中大量存在流通、贮存环节的添加行为，将《刑法》规定的“生产、销售”细化为“生产、销售、运输、贮存”等环节，以此实现对食品加工、流通等整个链条的全程覆盖；二是针对食用农产品种植、养殖中的滥用添加剂问题，明确《刑法》规定的“食品”除加工食品之外，还包括食用农产品；三是明确违反食品安全标准,超限量或者超范围滥用添加剂,足以造成严重食物中毒事故或者其他严重食源性疾病的,应以生产、销售不符合安全标准的食品罪定罪处罚。

3. 明确对《刑法》第144条"明知"的认定。"明知"是构成销售有毒、有害食品罪的主观构成要件。但是在实践中,如何认定"明知"存在一定的困难。本解释第10条进一步明确了对"明知"的认定。除了指出一般性的认定方法,即"应当综合行为人的认知能力、食品质量、进货或者销售的渠道及价格等主、客观因素进行认定",还列举了5种可予以认定的具体情形,并规定了"其他足以认定行为人明知的情形"的兜底条款。

4. 严厉打击食品非法添加行为。食品非法添加行为的危害极其严重。为依法惩治此类犯罪,本解释第11条从三个方面明确了法律适用标准问题:一是针对实践中存在的使用有毒、有害的非食品原料生产食品的行为,如利用"地沟油"加工食用油等,明确此类"反向添加"行为同样属于《刑法》规定的"在生产、销售的食品中掺入有毒、有害的非食品原料";二是基于国家禁用物质具有的严重危害性,明确国家禁用物质即属有毒、有害物质,凡是在食品中添加禁用物质的行为均应以生产、销售有毒、有害食品罪定罪处罚;三是基于保健食品中非法添加禁用药物易发、多发的特点,明确规定对此类行为应以生产、销售有毒、有害食品罪定罪处罚。

5. 明确界定危害食品安全犯罪竞合的处理原则。鉴于危害食品安全犯罪行为可能同时触犯多个罪名,考虑到《刑法修正案(八)》对生产、销售不符合安全标准的食品罪,生产、销售有毒、有害食品罪增加了"其他严重情节"等规定,为进一步加大对危害食品安全犯罪的打击力度,本解释第13条确立了危害食品安全犯罪行为一般应适用危害食品安全犯罪两个基本罪名定罪处罚的原则。构成这两个基本罪名的犯罪,同时构成其他犯罪的,依照处罚较重的规定定罪处罚;虽不构成这两个基本罪名但构成其他犯罪的,应适用《刑法》有关其他犯罪的规定定罪处罚。

6. 依法严惩危害食品安全犯罪的共犯。危害食品安全犯罪具有链条性、团伙性等特点。惩治危害食品安全犯罪,不仅要严厉惩治危害食品安全犯罪的实行行为,还要依法惩治危害食品安全犯罪的各种帮助行为,扫除滋生危害食品安全犯罪的环境条件,做到除恶务尽。为此,本解释第14条明确,明知他人生产、销售不符合食品安全标准的食品或有毒、有害食品,仍为其提供资金、许可证件、经营场所、运输、贮存、销售渠道、生产技术等各种帮助或者便利条件的,应当以生产、销售不符合安全标准的食品罪或者生产、销售有毒、有害食品罪的共犯论处。

7. 明确生产、销售不符合食品安全标准的食品添加剂、食品相关产品行为的定罪处罚标准。这类行为直接影响食品生产、销售的质量安全。为确保食品生产、销售源头产品及其他食品相关产品的安全，本解释第15条明确规定，生产、销售不符合食品安全标准的食品添加剂，用于食品的包装材料、容器、洗涤剂、消毒剂，或者用于食品生产经营的工具、设备等，构成犯罪的，依照《刑法》第140条的规定以生产、销售伪劣产品罪定罪处罚。

8. 从严惩处食品监管渎职犯罪。鉴于《刑法》对食品监管渎职犯罪规定了多项交织罪名，为便于司法实践中准确适用罪名，依法严惩食品监管渎职犯罪，本解释第20条对食品监管渎职犯罪各罪名的适用以及共犯的处理提出了明确意见：一是在《刑法修正案(八)》增设食品监管渎职罪[1]后，食品监管渎职行为应以食品监管渎职罪定罪处罚，不再适用法定刑较轻的滥用职权罪或者玩忽职守罪；二是同时构成食品监管渎职罪和商检徇私舞弊罪、动植物检疫徇私舞弊罪、徇私舞弊不移交刑事案件罪、放纵制售伪劣商品犯罪行为罪等其他渎职犯罪的，依照处罚较重的规定定罪处罚；三是不构成食品监管渎职罪，但构成商检徇私舞弊罪等其他渎职犯罪的，依照相关犯罪定罪处罚；四是负有食品安全监督管理职责的国家机关工作人员与他人共谋，利用其职务行为帮助他人实施危害食品安全犯罪行为，同时构成渎职犯罪和危害食品安全犯罪共犯的，依照处罚较重的规定定罪从重处罚。

9. 对危害食品安全犯罪从严适用刑罚。为进一步加大对危害食品安全犯罪分子的经济处罚力度，剥夺其再犯能力和条件，确保对危害食品安全犯罪分子的刑罚执行效果，本解释第21条规定，对于危害食品安全犯罪分子一般应当依法判处生产、销售金额2倍以上的罚金。本解释第22条规定，对于危害食品安全犯罪分子应严格适用缓刑、免予刑事处罚；对于依法适用缓刑的，可以根据犯罪情况，同时宣告禁止令。

10. 从严惩处单位犯罪。单位实施的食品安全犯罪往往具有更大的社会危害性。为体现从严打击的政策精神，同时考虑到食品企业中单位与个人的利益密切相关，本解释第23条明确规定，单位实施危害食品安全犯罪的，对单位判处罚金，并对直接负责的主管人员和其他直接责任人员，依照本解释规定的定罪量刑标准处罚。

---

[1] 《最高人民法院、最高人民检察院关于执行〈中华人民共和国刑法〉确定罪名的补充规定(七)》已将本罪名更改为食品、药品监管渎职罪。

关联法规索引

《最高人民法院、最高人民检察院关于办理生产、销售伪劣商品刑事案件具体应用法律若干问题的解释》第4条;《最高人民检察院、公安部关于公安机关管辖的刑事案件立案追诉标准的规定(一)》第19条

第一百四十四条 【生产、销售有毒、有害食品罪】 在生产、销售的食品中掺入有毒、有害的非食品原料的,或者销售明知掺有有毒、有害的非食品原料的食品的,处五年以下有期徒刑,并处罚金;对人体健康造成严重危害或者有其他严重情节的,处五年以上十年以下有期徒刑,并处罚金;致人死亡或者有其他特别严重情节的,依照本法第一百四十一条的规定处罚。

关联法规索引

《最高人民法院、最高人民检察院关于办理危害食品安全刑事案件适用法律若干问题的解释》第6~13条;《最高人民法院、最高人民检察院关于办理生产、销售伪劣商品刑事案件具体应用法律若干问题的解释》第5条;《最高人民检察院、公安部关于公安机关管辖的刑事案件立案追诉标准的规定(一)》第20条;《最高人民法院、最高人民检察院关于办理非法生产、销售、使用禁止在饲料和动物饮用水中使用的药品等刑事案件具体应用法律若干问题的解释》第3、4条

典型案例

北京阳光一佰生物技术开发有限公司、习某有等生产、销售有毒、有害食品案[1]

※要旨:行为人在食品生产经营中添加的虽然不是国务院有关部门公布的《食品中可能违法添加的非食用物质名单》和《保健食品中可能非法添加的物质名单》中的物质,但如果该物质与上述名单中所列物质具有同等属性,并

〔1〕 参见最高人民法院指导性案例第70号。

且根据检验报告和专家意见等相关材料能够确定该物质对人体具有同等危害的，应当认定为《刑法》第144条规定的“有毒、有害的非食品原料”。

第一百四十五条　【生产、销售不符合标准的医用器材罪】生产不符合保障人体健康的国家标准、行业标准的医疗器械、医用卫生材料，或者销售明知是不符合保障人体健康的国家标准、行业标准的医疗器械、医用卫生材料，足以严重危害人体健康的，处三年以下有期徒刑或者拘役，并处销售金额百分之五十以上二倍以下罚金；对人体健康造成严重危害的，处三年以上十年以下有期徒刑，并处销售金额百分之五十以上二倍以下罚金；后果特别严重的，处十年以上有期徒刑或者无期徒刑，并处销售金额百分之五十以上二倍以下罚金或者没收财产。

关联法规索引

《最高人民法院、最高人民检察院关于办理生产、销售伪劣商品刑事案件具体应用法律若干问题的解释》第6条；《最高人民法院、最高人民检察院关于办理妨害预防、控制突发传染病疫情等灾害的刑事案件具体应用法律若干问题的解释》第3条；《最高人民检察院、公安部关于公安机关管辖的刑事案件立案追诉标准的规定(一)》第21条

第一百四十六条　【生产、销售不符合安全标准的产品罪】生产不符合保障人身、财产安全的国家标准、行业标准的电器、压力容器、易燃易爆产品或者其他不符合保障人身、财产安全的国家标准、行业标准的产品，或者销售明知是以上不符合保障人身、财产安全的国家标准、行业标准的产品，造成严重后果的，处五年以下有期徒刑，并处销售金额百分之五十以上二倍以下罚金；后果特别严重的，处五年以上有期徒刑，并处销售金额百分之五十以上二倍以下罚金。

关联法规索引

《最高人民检察院、公安部关于公安机关管辖的刑事案件立案追诉标准的规定（一）》第22条

第一百四十七条 【生产、销售伪劣农药、兽药、化肥、种子罪】生产假农药、假兽药、假化肥，销售明知是假的或者失去使用效能的农药、兽药、化肥、种子，或者生产者、销售者以不合格的农药、兽药、化肥、种子冒充合格的农药、兽药、化肥、种子，使生产遭受较大损失的，处三年以下有期徒刑或者拘役，并处或者单处销售金额百分之五十以上二倍以下罚金；使生产遭受重大损失的，处三年以上七年以下有期徒刑，并处销售金额百分之五十以上二倍以下罚金；使生产遭受特别重大损失的，处七年以上有期徒刑或者无期徒刑，并处销售金额百分之五十以上二倍以下罚金或者没收财产。

关联法规索引

《最高人民法院、最高人民检察院关于办理生产、销售伪劣商品刑事案件具体应用法律若干问题的解释》第7条；《最高人民检察院、公安部关于公安机关管辖的刑事案件立案追诉标准的规定（一）》第23条；《最高人民法院关于进一步加强涉种子刑事审判工作的指导意见》第3条

典型案例

南京百分百公司等生产、销售伪劣农药案[1]

※要旨：（1）未取得农药登记证的企业或者个人，借用他人农药登记证、生产许可证、质量标准证等许可证明文件生产、销售农药，使生产遭受较大损失的，以生产、销售伪劣农药罪追究刑事责任。（2）对于使用伪劣农药造成的农业生产损失，可采取田间试验的方法确定受损原因，并以农作物绝

〔1〕 参见最高人民检察院指导性案例第62号。

收折损面积、受害地区前三年该类农作物的平均亩产量和平均销售价格为基准，综合计算认定损失金额。

第一百四十八条　【生产、销售不符合卫生标准的化妆品罪】 生产不符合卫生标准的化妆品，或者销售明知是不符合卫生标准的化妆品，造成严重后果的，处三年以下有期徒刑或者拘役，并处或者单处销售金额百分之五十以上二倍以下罚金。

关联法规索引

《最高人民检察院、公安部关于公安机关管辖的刑事案件立案追诉标准的规定(一)》第24条

第一百四十九条　【对生产、销售伪劣商品行为的法条适用原则】 生产、销售本节第一百四十一条至第一百四十八条所列产品，不构成各该条规定的犯罪，但是销售金额在五万元以上的，依照本节第一百四十条的规定定罪处罚。

生产、销售本节第一百四十一条至第一百四十八条所列产品，构成各该条规定的犯罪，同时又构成本节第一百四十条规定之罪的，依照处罚较重的规定定罪处罚。

第一百五十条　【单位实施相关犯罪的处罚规定】 单位犯本节第一百四十条至第一百四十八条规定之罪的，对单位判处罚金，并对其直接负责的主管人员和其他直接责任人员，依照各该条的规定处罚。

第二节 走私罪

第一百五十一条 【走私武器、弹药罪;走私核材料罪;走私假币罪】 走私武器、弹药、核材料或者伪造的货币的,处七年以上有期徒刑,并处罚金或者没收财产;情节特别严重的,处无期徒刑,并处没收财产;情节较轻的,处三年以上七年以下有期徒刑,并处罚金。

【走私文物罪;走私贵重金属罪;走私珍贵动物、珍贵动物制品罪】 走私国家禁止出口的文物、黄金、白银和其他贵重金属或者国家禁止进出口的珍贵动物及其制品的,处五年以上十年以下有期徒刑,并处罚金;情节特别严重的,处十年以上有期徒刑或者无期徒刑,并处没收财产;情节较轻的,处五年以下有期徒刑,并处罚金。

【走私国家禁止进出口的货物、物品罪】 走私珍稀植物及其制品等国家禁止进出口的其他货物、物品的,处五年以下有期徒刑或者拘役,并处或者单处罚金;情节严重的,处五年以上有期徒刑,并处罚金。

单位犯本条规定之罪的,对单位判处罚金,并对其直接负责的主管人员和其他直接责任人员,依照本条各款的规定处罚。

配套法规及解读

《最高人民法院、最高人民检察院关于办理走私刑事案件适用法律若干问题的解释》(2014年8月12日)

第一条 走私武器、弹药,具有下列情形之一的,可以认定为刑法第一百五十一条第一款规定的"情节较轻":

(一)走私以压缩气体等非火药为动力发射枪弹的枪支二支以上不满五支的;

(二)走私气枪铅弹五百发以上不满二千五百发,或者其他子弹十发以上不满五十发的;

(三)未达到上述数量标准,但属于犯罪集团的首要分子,使用特种车辆从事走私活动,或者走私的武器、弹药被用于实施犯罪等情形的;

(四)走私各种口径在六十毫米以下常规炮弹、手榴弹或者枪榴弹等分别或者合计不满五枚的。

具有下列情形之一的，依照刑法第一百五十一条第一款的规定处七年以上有期徒刑，并处罚金或者没收财产：

（一）走私以火药为动力发射枪弹的枪支一支，或者以压缩气体等非火药为动力发射枪弹的枪支五支以上不满十支的；

（二）走私第一款第二项规定的弹药，数量在该项规定的最高数量以上不满最高数量五倍的；

（三）走私各种口径在六十毫米以下常规炮弹、手榴弹或者枪榴弹等分别或者合计达到五枚以上不满十枚，或者各种口径超过六十毫米以上常规炮弹合计不满五枚的；

（四）达到第一款第一、二、四项规定的数量标准，且属于犯罪集团的首要分子，使用特种车辆从事走私活动，或者走私的武器、弹药被用于实施犯罪等情形的。

具有下列情形之一的，应当认定为刑法第一百五十一条第一款规定的“情节特别严重”：

（一）走私第二款第一项规定的枪支，数量超过该项规定的数量标准的；

（二）走私第一款第二项规定的弹药，数量在该项规定的最高数量标准五倍以上的；

（三）走私第二款第三项规定的弹药，数量超过该项规定的数量标准，或者走私具有巨大杀伤力的非常规炮弹一枚以上的；

（四）达到第二款第一项至第三项规定的数量标准，且属于犯罪集团的首要分子，使用特种车辆从事走私活动，或者走私的武器、弹药被用于实施犯罪等情形的。

走私其他武器、弹药，构成犯罪的，参照本条各款规定的标准处罚。

第二条　刑法第一百五十一条第一款规定的“武器、弹药”的种类，参照《中华人民共和国进口税则》及《中华人民共和国禁止进出境物品表》的有关规定确定。

第三条　走私枪支散件，构成犯罪的，依照刑法第一百五十一条第一款的规定，以走私武器罪定罪处罚。成套枪支散件以相应数量的枪支计，非成套枪支散件以每三十件为一套枪支散件计。

第四条　走私各种弹药的弹头、弹壳，构成犯罪的，依照刑法第一百五十一条第一款的规定，以走私弹药罪定罪处罚。具体的定罪量刑标准，按照本解释第一条规定的数量标准的五倍执行。

走私报废或者无法组装并使用的各种弹药的弹头、弹壳，构成犯罪的，依照刑法第一百五十三条的规定，以走私普通货物、物品罪定罪处罚；属于废物的，依照刑法第一百五十二条第二款的规定，以走私废物罪定罪处罚。

弹头、弹壳是否属于前款规定的“报废或者无法组装并使用”或者“废物”，由国家有关技术部门进行鉴定。

第五条 走私国家禁止或者限制进出口的仿真枪、管制刀具，构成犯罪的，依照刑法第一百五十一条第三款的规定，以走私国家禁止进出口的货物、物品罪定罪处罚。具体的定罪量刑标准，适用本解释第十一条第一款第六、七项和第二款的规定。

走私的仿真枪经鉴定为枪支，构成犯罪的，依照刑法第一百五十一条第一款的规定，以走私武器罪定罪处罚。不以牟利或者从事违法犯罪活动为目的，且无其他严重情节的，可以依法从轻处罚；情节轻微不需要判处刑罚的，可以免予刑事处罚。

第六条 走私伪造的货币，数额在二千元以上不满二万元，或者数量在二百张（枚）以上不满二千张（枚）的，可以认定为刑法第一百五十一条第一款规定的“情节较轻”。

具有下列情形之一的，依照刑法第一百五十一条第一款的规定处七年以上有期徒刑，并处罚金或者没收财产：

（一）走私数额在二万元以上不满二十万元，或者数量在二千张（枚）以上不满二万张（枚）的；

（二）走私数额或者数量达到第一款规定的标准，且具有走私的伪造货币流入市场等情节的。

具有下列情形之一的，应当认定为刑法第一百五十一条第一款规定的“情节特别严重”：

（一）走私数额在二十万元以上，或者数量在二万张（枚）以上的；

（二）走私数额或者数量达到第二款第一项规定的标准，且属于犯罪集团的首要分子，使用特种车辆从事走私活动，或者走私的伪造货币流入市场等情形的。

第七条 刑法第一百五十一条第一款规定的“货币”，包括正在流通的人民币和境外货币。伪造的境外货币数额，折合成人民币计算。

第八条 走私国家禁止出口的三级文物二件以下的，可以认定为刑法第一百五十一条第二款规定的“情节较轻”。

具有下列情形之一的,依照刑法第一百五十一条第二款的规定处五年以上十年以下有期徒刑,并处罚金:

(一)走私国家禁止出口的二级文物不满三件,或者三级文物三件以上不满九件的;

(二)走私国家禁止出口的三级文物不满三件,且具有造成文物严重毁损或者无法追回等情节的。

具有下列情形之一的,应当认定为刑法第一百五十一条第二款规定的"情节特别严重":

(一)走私国家禁止出口的一级文物一件以上,或者二级文物三件以上,或者三级文物九件以上的;

(二)走私国家禁止出口的文物达到第二款第一项规定的数量标准,且属于犯罪集团的首要分子,使用特种车辆从事走私活动,或者造成文物严重毁损、无法追回等情形的。

第九条　走私国家一、二级保护动物未达到本解释附表中(一)规定的数量标准,或者走私珍贵动物制品数额不满二十万元的,可以认定为刑法第一百五十一条第二款规定的"情节较轻"。

具有下列情形之一的,依照刑法第一百五十一条第二款的规定处五年以上十年以下有期徒刑,并处罚金:

(一)走私国家一、二级保护动物达到本解释附表中(一)规定的数量标准的;

(二)走私珍贵动物制品数额在二十万元以上不满一百万元的;

(三)走私国家一、二级保护动物未达到本解释附表中(一)规定的数量标准,但具有造成该珍贵动物死亡或者无法追回等情节的。

具有下列情形之一的,应当认定为刑法第一百五十一条第二款规定的"情节特别严重":

(一)走私国家一、二级保护动物达到本解释附表中(二)规定的数量标准的;

(二)走私珍贵动物制品数额在一百万元以上的;

(三)走私国家一、二级保护动物达到本解释附表中(一)规定的数量标准,且属于犯罪集团的首要分子,使用特种车辆从事走私活动,或者造成该珍贵动物死亡、无法追回等情形的。

不以牟利为目的,为留作纪念而走私珍贵动物制品进境,数额不满十万元的,可以免予刑事处罚；情节显著轻微的，不作为犯罪处理。

第十条 刑法第一百五十一条第二款规定的“珍贵动物”，包括列入《国家重点保护野生动物名录》中的国家一、二级保护野生动物，《濒危野生动植物种国际贸易公约》附录Ⅰ、附录Ⅱ中的野生动物，以及驯养繁殖的上述动物。

走私本解释附表中未规定的珍贵动物的，参照附表中规定的同属或者同科动物的数量标准执行。

走私本解释附表中未规定珍贵动物的制品的，按照《最高人民法院、最高人民检察院、国家林业局、公安部、海关总署关于破坏野生动物资源刑事案件中涉及的CITES附录Ⅰ和附录Ⅱ所列陆生野生动物制品价值核定问题的通知》（林濒发〔2012〕239号）的有关规定核定价值。

第十一条 走私国家禁止进出口的货物、物品，具有下列情形之一的，依照刑法第一百五十一条第三款的规定处五年以下有期徒刑或者拘役，并处或者单处罚金：

（一）走私国家一级保护野生植物五株以上不满二十五株，国家二级保护野生植物十株以上不满五十株，或者珍稀植物、珍稀植物制品数额在二十万元以上不满一百万元的；

（二）走私重点保护古生物化石或者未命名的古生物化石不满十件，或者一般保护古生物化石十件以上不满五十件的；

（三）走私禁止进出口的有毒物质一吨以上不满五吨，或者数额在二万元以上不满十万元的；

（四）走私来自境外疫区的动植物及其产品五吨以上不满二十五吨，或者数额在五万元以上不满二十五万元的；

（五）走私木炭、硅砂等妨害环境、资源保护的货物、物品十吨以上不满五十吨，或者数额在十万元以上不满五十万元的；

（六）走私旧机动车、切割车、旧机电产品或者其他禁止进出口的货物、物品二十吨以上不满一百吨，或者数额在二十万元以上不满一百万元的；

（七）数量或者数额未达到本款第一项至第六项规定的标准，但属于犯罪集团的首要分子，使用特种车辆从事走私活动，造成环境严重污染，或者引起甲类传染病传播、重大动植物疫情等情形的。

具有下列情形之一的，应当认定为刑法第一百五十一条第三款规定的“情节严重”：

（一）走私数量或者数额超过前款第一项至第六项规定的标准的；

（二）达到前款第一项至第六项规定的标准，且属于犯罪集团的首要分子，使用特种车辆从事走私活动，造成环境严重污染，或者引起甲类传染病传播、重大动植物疫情等情形的。

第十二条　刑法第一百五十一条第三款规定的“珍稀植物”，包括列入《国家重点保护野生植物名录》《国家重点保护野生药材物种名录》《国家珍贵树种名录》中的国家一、二级保护野生植物、国家重点保护的野生药材、珍贵树木，《濒危野生动植物种国际贸易公约》附录Ⅰ、附录Ⅱ中的野生植物，以及人工培育的上述植物。

本解释规定的“古生物化石”，按照《古生物化石保护条例》的规定予以认定。走私具有科学价值的古脊椎动物化石、古人类化石，构成犯罪的，依照刑法第一百五十一条第二款的规定，以走私文物罪定罪处罚。

第二十一条　未经许可进出口国家限制进出口的货物、物品，构成犯罪的，应当依照刑法第一百五十一条、第一百五十二条的规定，以走私国家禁止进出口的货物、物品罪等罪名定罪处罚；偷逃应缴税额，同时又构成走私普通货物、物品罪的，依照处罚较重的规定定罪处罚。

取得许可，但超过许可数量进出口国家限制进出口的货物、物品，构成犯罪的，依照刑法第一百五十三条的规定，以走私普通货物、物品罪定罪处罚。

租用、借用或者使用购买的他人许可证，进出口国家限制进出口的货物、物品的，适用本条第一款的规定定罪处罚。

第二十二条　在走私的货物、物品中藏匿刑法第一百五十一条、第一百五十二条、第三百四十七条、第三百五十条规定的货物、物品，构成犯罪的，以实际走私的货物、物品定罪处罚；构成数罪的，实行数罪并罚。

第二十三条　实施走私犯罪，具有下列情形之一的，应当认定为犯罪既遂：

（一）在海关监管现场被查获的；

（二）以虚假申报方式走私，申报行为实施完毕的；

（三）以保税货物或者特定减税、免税进口的货物、物品为对象走私，在境内销售的，或者申请核销行为实施完毕的。

第二十四条　单位犯刑法第一百五十一条、第一百五十二条规定之罪，依照本解释规定的标准定罪处罚。

单位犯走私普通货物、物品罪,偷逃应缴税额在二十万元以上不满一百万元的,应当依照刑法第一百五十三条第二款的规定,对单位判处罚金,并对其直接负责的主管人员和其他直接责任人员,处三年以下有期徒刑或者拘役;偷逃应缴税额在一百万元以上不满五百万元的,应当认定为"情节严重";偷逃应缴税额在五百万元以上的,应当认定为"情节特别严重"。

※法规解读:

本解释共25条,重点包括以下五个方面的内容:

1.关于走私武器、弹药罪的定罪量刑标准。(1)枪支的划分。本解释第1条以枪支发射枪弹的动力来源为标准,将枪支分类调整为"以火药为动力发射枪弹的枪支"和"以压缩气体等非火药为动力发射枪弹的枪支"。(2)弹药的划分。与前述调整相对应,本解释不再以"军用"和"非军用"作为子弹划分的标准,而是按照发射动力的不同,将其分为"气枪铅弹"和"其他子弹",并分别规定了不同的定罪量刑标准。

2.关于走私仿真枪、管制刀具行为的定罪处罚。(1)走私仿真枪、管制刀具行为的性质认定。根据本解释第5条第1款的规定,该种行为以走私国家禁止进出口的货物、物品罪定罪处罚。(2)走私仿真枪、管制刀具的定罪量刑标准。本解释第5条第1款以指引的方式就走私仿真枪、管制刀具的定罪量刑标准作了规定,即应适用本解释第11条第1款第6、7项和第2款的规定。适用该标准时应注意,本解释第11条第1款第6项采用的是数额与数量标准并列规定的方式,行为人走私仿真枪、管制刀具的数额或者数量达到其中任一标准,即应定罪处罚。(3)走私的仿真枪经鉴定为枪支的处理。根据有关枪支性能鉴定标准及仿真枪管理的规定,发射弹丸的枪口比动能大于或者等于1.8焦耳/平方厘米的仿真枪,应当认定为枪支。据此,本解释第5条第2款规定,走私的仿真枪经鉴定为枪支,构成犯罪的,应以走私武器罪定罪处罚。同时,考虑到行为人走私仿真枪多是出于个人爱好,并非为了从事违法犯罪活动,此种情形的处理与其他走私枪支的行为应有所区别。故此,本解释第5条第2款同时规定,走私的仿真枪虽经鉴定为枪支并构成犯罪,但不是以牟利或者从事违法犯罪活动为目的走私,且无其他严重情节的,可以依法从宽处理。

3.关于走私珍贵动物制品罪的定罪处罚。(1)走私珍贵动物制品罪的定罪量刑标准。本解释基于个案情况的实证分析,对走私珍贵动物制品罪的定罪量刑标准作了规定:一是将走私珍贵动物制品情节较轻的标准确定为数额不满20万元。

二是将走私珍贵动物制品的一般量刑情节确定为数额20万元以上不满100万元。三是将走私珍贵动物制品情节特别严重的标准确定为数额100万元以上。(2)走私珍贵动物制品罪的从宽处理。境外务工、旅游人员出于留作个人纪念的目的,将在境外购买的少量珍贵动物制品非法携带入境的现象时有发生。对于此种主观恶性不大、社会危害性较小的情形,需要按照宽严相济刑事政策的精神要求,在处理上与以牟利为目的的走私珍贵动物制品行为有所区别。本解释第9条第4款规定,不以牟利为目的,为留作纪念而走私珍贵动物制品进境,数额不满10万元的,可以免予刑事处罚;情节显著轻微,不构成犯罪的,按一般行政违法行为处理。

4. 关于走私国家禁止进出口的货物、物品罪的定罪处罚。(1)国家禁止进出口的货物、物品的范围。除珍稀植物及其制品、古生物化石等禁止进出口的货物、物品以外,其他禁止进出口的货物、物品,根据其性质和危害程度可大致分为以下4类:第一类是国家禁止进出口或者严格限制进出口的有毒化学品及含有这类化学品的物质。走私这类货物、物品,可能引起重大的环境污染或者安全事故,危害人体健康和环境安全。第二类是来自境外疫区的动植物及其产品。第三类是国家出于保护国内资源和自然环境的需要而禁止进出口的货物、物品,如硅砂、木炭、腐殖土等。第四类是上述货物、物品以外的其他禁止进出口的货物、物品,主要有切割车、旧汽车、旧机电产品以及仿真枪、管制刀具等。(2)走私国家禁止进出口的货物、物品罪定罪量刑标准。本解释第11条根据上述国家禁止进出口的货物、物品的属性以及社会危害性的大小,分别确定了不同的定罪量刑标准。适用本解释时应注意以下问题:①除古生物化石外,本解释第11条第1款就走私其他5类禁止进出口的货物、物品规定了数额与数量并用的定罪量刑标准,达到其中任一标准即构成犯罪。这样规定主要是考虑到即使在同一种类的禁止进出口货物、物品中,不同的货物、物品之间计算价值、计量数额的方式也不尽相同,不宜只规定一种标准。②有毒物质的范围,可参照2023年《最高人民法院、最高人民检察院关于办理环境污染刑事案件适用法律若干问题的解释》第17条的规定。③来自境外疫区的动植物及其产品是否属于国家禁止进口的货物、物品,应以是否为我国进出境检验检疫机构所明令禁止作为认定依据。

5. 关于走私犯罪既遂的认定。基于走私犯罪表现形式的多样性、行为实施的多环节性以及查获的现场性等特点,本解释第23条区分情形对走私犯罪的既遂认定标准作出了具体规定,现分别说明如下:(1)监管现场查获情形的既遂认定。本解释规定,在海关监管现场被查获的,应当认定为犯罪既遂。海关监管现场包括多种场所,既可能是通关场所,也可能是绕关场所,不管是通关走私还是绕关走私,凡是在海关监管现场被查获的,均按犯罪既遂处理。海关有权执法的地域空间并不限于海关监管区,在有权执法的地域行使执法权力时查获走私犯罪,均应认定为在海关监管现场被查获。(2)虚假申报通关走私的既遂认定。本解释规定,以虚假申报方式走私,申报行为实施完毕的,应当认定为犯罪既遂。(3)后续走私的既遂认定。本解释规定,以保税货物或者特定减税、免税进口的货物、物品为对象走私,在境内销售的,或者申请核销行为实施完毕的,应认定为犯罪既遂。适用本规定时需要注意以下三点:一是是否实际牟利不影响既遂的认定。牟利系后续走私犯罪的主观目的要件而非客观要件,牟利目的的实现与否不影响后续走私犯罪既遂的认定。二是销售行为需要客观实施,但不要求销售行为实施完毕,销售行为是后续走私犯罪的一个重要客观行为。在销售过程中被查获的,也应认定为犯罪既遂。三是尚未实施销售行为但申请核销行为已经实施完毕的,以犯罪既遂论处。

关联法规索引

《最高人民法院、最高人民检察院关于办理妨害文物管理等刑事案件适用法律若干问题的解释》第1条;《最高人民法院关于审理走私、非法经营、非法使用兴奋剂刑事案件适用法律若干问题的解释》第1条;《最高人民法院、最高人民检察院关于办理破坏野生动物资源刑事案件适用法律若干问题的解释》第1、2条;《最高人民检察院、公安部关于公安机关管辖的刑事案件立案追诉标准的规定(二)》第2条

典型案例

蓑某义则走私文物案[1]

※要旨:依据《文物保护法》,古脊椎动物化石、古人类化石可以视同为文物,走私这两类古生物化石应以走私文物罪定罪。除此之

[1] 参见《刑事审判参考》总第53集第416号案例。

外的其他古生物化石，如无脊椎动物化石等，因《文物保护法》没有规定对其与文物同等保护，故走私此类古生物化石的行为就不能以走私文物罪追究行为人的刑事责任。

第一百五十二条　【走私淫秽物品罪】 以牟利或者传播为目的，走私淫秽的影片、录像带、录音带、图片、书刊或者其他淫秽物品的，处三年以上十年以下有期徒刑，并处罚金；情节严重的，处十年以上有期徒刑或者无期徒刑，并处罚金或者没收财产；情节较轻的，处三年以下有期徒刑、拘役或者管制，并处罚金。

【走私废物罪】 逃避海关监管将境外固体废物、液态废物和气态废物运输进境，情节严重的，处五年以下有期徒刑，并处或者单处罚金；情节特别严重的，处五年以上有期徒刑，并处罚金。

单位犯前两款罪的，对单位判处罚金，并对其直接负责的主管人员和其他直接责任人员，依照前两款的规定处罚。

关联法规索引

《最高人民检察院、公安部关于公安机关管辖的刑事案件立案追诉标准的规定（一）》第25条；《最高人民法院、最高人民检察院关于办理走私刑事案件适用法律若干问题的解释》第13～15、20～24条

第一百五十三条　【走私普通货物、物品罪】 走私本法第一百五十一条、第一百五十二条、第三百四十七条规定以外的货物、物品的，根据情节轻重，分别依照下列规定处罚：

（一）走私货物、物品偷逃应缴税额较大或者一年内曾因走私被给予二次行政处罚后又走私的，处三年以下有期徒刑或者拘役，并处偷逃应缴税额一倍以上五倍以下罚金。

（二）走私货物、物品偷逃应缴税额巨大或者有其他严重情节的，处三年以上十年以下有期徒刑，并处偷逃应缴税额一倍以上五倍以下罚金。

（三）走私货物、物品偷逃应缴税额特别巨大或者有其他特别严重情节的，处十年以上有期徒刑或者无期徒刑，并处偷逃应缴税额一倍以上五倍以下罚金或者没收财产。

单位犯前款罪的，对单位判处罚金，并对其直接负责的主管人员和其他直接责任人员，处三年以下有期徒刑或者拘役；情节严重的，处三年以上十年以下有期徒刑；情节特别严重的，处十年以上有期徒刑。

对多次走私未经处理的，按照累计走私货物、物品的偷逃应缴税额处罚。

关联法规索引

《最高人民法院、最高人民检察院关于办理走私刑事案件适用法律若干问题的解释》第16～18条；《最高人民法院、最高人民检察院、海关总署关于办理走私刑事案件适用法律若干问题的意见》第8～10条

第一百五十四条 【走私保税货物和特定减免税货物犯罪】 下列走私行为，根据本节规定构成犯罪的，依照本法第一百五十三条的规定定罪处罚：

（一）未经海关许可并且未补缴应缴税额，擅自将批准进口的来料加工、来件装配、补偿贸易的原材料、零件、制成品、设备等保税货物，在境内销售牟利的；

（二）未经海关许可并且未补缴应缴税额，擅自将特定减税、免税进口的货物、物品，在境内销售牟利的。

关联法规索引

《最高人民检察院关于擅自销售进料加工保税货物的行为法律适用问题的解释》；《最高人民法院、最高人民检察院、海关总署关于办理走私刑事案件适用法律若干问题的意见》第13条；《最高人民法院、最高人民检察院关于办理走私刑事案件适用法律若干问题的解释》第19条

第一百五十五条 【以走私罪论处的间接走私行为】 下列行为,以走私罪论处,依照本节的有关规定处罚:

(一)直接向走私人非法收购国家禁止进口物品的,或者直接向走私人非法收购走私进口的其他货物、物品,数额较大的;

(二)在内海、领海、界河、界湖运输、收购、贩卖国家禁止进出口物品的,或者运输、收购、贩卖国家限制进出口货物、物品,数额较大,没有合法证明的。

关联法规索引

《最高人民法院、最高人民检察院、海关总署关于办理走私刑事案件适用法律若干问题的意见》第14条;《最高人民法院、最高人民检察院关于办理走私刑事案件适用法律若干问题的解释》第20条

第一百五十六条 【走私罪共犯】 与走私罪犯通谋,为其提供贷款、资金、帐号、发票、证明,或者为其提供运输、保管、邮寄或者其他方便的,以走私罪的共犯论处。

条文解读

本条是关于走私罪共犯的规定。根据本条规定,与走私罪犯通谋,为其提供贷款、资金、帐号、发票、证明,或者为其提供运输、保管、邮寄或者其他方便的,以走私罪的共犯论处。与走私罪犯通谋,是指犯罪行为人之间事先或者事中形成的共同的走私故意。下列情形可以认定为通谋:(1)明知他人从事走私活动而同意为其提供贷款、资金、帐号、发票、证明、海关单证,提供运输、保管、邮寄或者其他方便的;(2)多次为同一走私犯罪分子的走私行为提供前项帮助的。

关联法规索引

《最高人民法院、最高人民检察院、海关总署关于办理走私刑事案件适用法律若干问题的意见》第15条

第一百五十七条 【武装掩护走私、抗拒缉私的处罚规定】 武装掩护走私的，依照本法第一百五十一条第一款的规定从重处罚。

以暴力、威胁方法抗拒缉私的，以走私罪和本法第二百七十七条规定的阻碍国家机关工作人员依法执行职务罪，依照数罪并罚的规定处罚。

第三节 妨害对公司、企业的管理秩序罪

第一百五十八条 【虚报注册资本罪】 申请公司登记使用虚假证明文件或者采取其他欺诈手段虚报注册资本，欺骗公司登记主管部门，取得公司登记，虚报注册资本数额巨大、后果严重或者有其他严重情节的，处三年以下有期徒刑或者拘役，并处或者单处虚报注册资本金额百分之一以上百分之五以下罚金。

单位犯前款罪的，对单位判处罚金，并对其直接负责的主管人员和其他直接责任人员，处三年以下有期徒刑或者拘役。

关联法规索引

《全国人民代表大会常务委员会关于〈中华人民共和国刑法〉第一百五十八条、第一百五十九条的解释》；《最高人民检察院、公安部关于公安机关管辖的刑事案件立案追诉标准的规定(二)》第3条

第一百五十九条 【虚假出资、抽逃出资罪】 公司发起人、股东违反公司法的规定未交付货币、实物或者未转移财产权，虚假出资，或者在公司成立后又抽逃其出资，数额巨大、后果严重或者有其他严重情节的，处五年以下有期徒刑或者拘役，并处或者单处虚假出资金额或者抽逃出资金额百分之二以上百分之十以下罚金。

单位犯前款罪的，对单位判处罚金，并对其直接负责的主管人员和其他直接责任人员，处五年以下有期徒刑或者拘役。

关联法规索引

《全国人民代表大会常务委员会关于〈中华人民共和国刑法〉第一百五十八条、第一百五十九条的解释》;《最高人民检察院、公安部关于公安机关管辖的刑事案件立案追诉标准的规定(二)》第4条

第一百六十条　【欺诈发行证券罪】在招股说明书、认股书、公司、企业债券募集办法等发行文件中隐瞒重要事实或者编造重大虚假内容,发行股票或者公司、企业债券、存托凭证或者国务院依法认定的其他证券,数额巨大、后果严重或者有其他严重情节的,处五年以下有期徒刑或者拘役,并处或者单处罚金;数额特别巨大、后果特别严重或者有其他特别严重情节的,处五年以上有期徒刑,并处罚金。

控股股东、实际控制人组织、指使实施前款行为的,处五年以下有期徒刑或者拘役,并处或者单处非法募集资金金额百分之二十以上一倍以下罚金;数额特别巨大、后果特别严重或者有其他特别严重情节的,处五年以上有期徒刑,并处非法募集资金金额百分之二十以上一倍以下罚金。

单位犯前两款罪的,对单位判处非法募集资金金额百分之二十以上一倍以下罚金,并对其直接负责的主管人员和其他直接责任人员,依照第一款的规定处罚。

条文解读

本条是关于欺诈发行证券罪及其处罚的规定。

本条第1款是关于个人触犯欺诈发行证券罪及其处罚的规定。构成本罪必须具备以下几个要件:(1)行为人在主观方面有欺诈发行的故意。(2)行为人"在招股说明书、认股书、公司、企业债券募集办法等发行文件中隐瞒重要事实或者编造重大虚假内容"。这里的"招股说明书、认股书、公司、企业债券募集办法等发行文件"是公司、企业设立和公司、企业向社会筹集资金的重要书面文件。"等发行文件"包含了在发行过程中与"招股说明书、认股书、公司、企业债券募集办法"具有同等重要性的其他发行文件,包括公司的监事会对募集说明书的真实性、准确性、

完整性的审核意见,募集资金使用的可行性报告,以及增发、发行可转换公司债券等涉及的发行文件等。需要注意的是,注册制施行后,需要通过交易所审核和证券监督管理部门注册两个环节完成股票、债券等的注册发行。交易所审核主要通过向发行人提出问题、发行人回答问题的方式来进行。这种"问答"环节所形成的文件也属于这里规定的发行文件。本款所说的"隐瞒重要事实或者编造重大虚假内容",是指违反《公司法》《证券法》及有关法律、法规的规定制作的招股说明书、认股书、公司、企业债券募集办法等发行文件的内容全部是虚构的,或者对其中重要的事项和部分内容作虚假的陈述或记载,或者对某些重要事实进行夸大或者隐瞒,或者故意遗漏有关的重要事项等。例如,虚构发起人认购股份数额;故意夸大公司、企业生产经营利润和公司、企业净资产额;对所筹资金的使用提出虚假的计划和虚假的经营生产项目;故意隐瞒公司、企业所负债务和正在进行的重大诉讼;故意遗漏公司、企业签订的重要合同等。(3)行为人实施了"发行股票或者公司、企业债券、存托凭证或者国务院依法认定的其他证券"的行为。(4)只有满足"数额巨大、后果严重或者有其他严重情节"的入罪门槛,才构成犯罪。这里所说的"数额巨大",是指欺诈发行的股票或者公司、企业债券、存托凭证或者国务院依法认定的其他证券的数额巨大,如果数额不大,且又无其他严重后果或严重情节,则虽然违法,但不构成犯罪。这里的"后果严重",主要是指造成了投资者或者其他债权人的重大经济损失;严重影响了投资人、债权人的生产、经营活动;破坏了投资人、债权人的正常生活甚至激发了一些社会矛盾,影响了社会安定和正常的社会生活秩序等。"其他严重情节",主要是指严重违反法律规定,扰乱金融和社会管理秩序的其他情节。

本条第 2 款是关于控股股东、实际控制人组织、指使实施欺诈发行行为构成犯罪及其处罚的规定。控股股东,是指持有的股份占公司股本总额 50% 以上的股东,或者持有股份虽不足 50% ,但持有股份所享有的表决权足以对股东会的决议产生重大影响的股东。实际控制人,是指虽不是公司的股东,但通过投资关系、协议或者其他安排,能够实际支配公司的人。根据《刑法》总则有关共同犯罪的规定,控股股东、实际控制人组织、指使公司、企业的董事、监事、高级管理人员以发行人的名义实施欺诈发行行为的,应当按照共同犯罪处理,通常情况下还应当作为主犯,追究其刑事责任。

本条第 3 款是对单位犯欺诈发行证券罪的处罚规定。这里所说的"单位"包括有限责任公司、股份有限公司和其他企业法人。对单位犯罪，本款包含了两种情形。(1)单位直接构成欺诈发行犯罪的。(2)控股股东、实际控制人是单位，组织、指使实施欺诈发行行为，构成欺诈发行犯罪的。实践中，确实存在控股股东、实际控制人是单位的情况，特别是上市公司的控股股东、实际控制人多数为单位。这里对单位采取了双罚制原则，即对单位判处非法募集资金金额20%以上1倍以下罚金，并对其直接负责的主管人员和其他直接责任人员，按照本条第1款的规定处罚。

关联法规索引

《最高人民检察院、公安部关于公安机关管辖的刑事案件立案追诉标准的规定(二)》第5条

第一百六十一条　【违规披露、不披露重要信息罪】依法负有信息披露义务的公司、企业向股东和社会公众提供虚假的或者隐瞒重要事实的财务会计报告，或者对依法应当披露的其他重要信息不按照规定披露，严重损害股东或者其他人利益，或者有其他严重情节的，对其直接负责的主管人员和其他直接责任人员，处五年以下有期徒刑或者拘役，并处或者单处罚金；情节特别严重的，处五年以上十年以下有期徒刑，并处罚金。

前款规定的公司、企业的控股股东、实际控制人实施或者组织、指使实施前款行为的，或者隐瞒相关事项导致前款规定的情形发生的，依照前款的规定处罚。

犯前款罪的控股股东、实际控制人是单位的，对单位判处罚金，并对其直接负责的主管人员和其他直接责任人员，依照第一款的规定处罚。

关联法规索引

《最高人民检察院、公安部关于公安机关管辖的刑事案件立案追诉标准的规定(二)》第6条

典型案例

博元投资股份有限公司、余某妮等人违规披露、不披露重要信息案[1]

※**要旨**：《刑法》规定违规披露、不披露重要信息罪只处罚单位直接负责的主管人员和其他直接责任人员，不处罚单位。公安机关以本罪将单位移送起诉的，检察机关应当对单位直接负责的主管人员及其他直接责任人员提起公诉，对单位依法作出不起诉决定。

第一百六十二条　【妨害清算罪】公司、企业进行清算时，隐匿财产，对资产负债表或者财产清单作虚伪记载或者在未清偿债务前分配公司、企业财产，严重损害债权人或者其他人利益的，对其直接负责的主管人员和其他直接责任人员，处五年以下有期徒刑或者拘役，并处或者单处二万元以上二十万元以下罚金。

关联法规索引

《最高人民检察院、公安部关于公安机关管辖的刑事案件立案追诉标准的规定（二）》第7条

第一百六十二条之一　【隐匿、故意销毁会计凭证、会计账簿、财务会计报告罪】隐匿或者故意销毁依法应当保存的会计凭证、会计帐簿、财务会计报告，情节严重的，处五年以下有期徒刑或者拘役，并处或者单处二万元以上二十万元以下罚金。

单位犯前款罪的，对单位判处罚金，并对其直接负责的主管人员和其他直接责任人员，依照前款的规定处罚。

[1] 参见最高人民检察院指导性案例第66号。

关联法规索引

《全国人民代表大会常务委员会法制工作委员会关于对"隐匿、销毁会计凭证、会计账簿、财务会计报告构成犯罪的主体范围"问题的答复意见》;《最高人民检察院、公安部关于公安机关管辖的刑事案件立案追诉标准的规定(二)》第8条

第一百六十二条之二　【虚假破产罪】 公司、企业通过隐匿财产、承担虚构的债务或者以其他方法转移、处分财产,实施虚假破产,严重损害债权人或者其他人利益的,对其直接负责的主管人员和其他直接责任人员,处五年以下有期徒刑或者拘役,并处或者单处二万元以上二十万元以下罚金。

关联法规索引

《最高人民检察院、公安部关于公安机关管辖的刑事案件立案追诉标准的规定(二)》第9条

第一百六十三条　【非国家工作人员受贿罪】 公司、企业或者其他单位的工作人员,利用职务上的便利,索取他人财物或者非法收受他人财物,为他人谋取利益,数额较大的,处三年以下有期徒刑或者拘役,并处罚金;数额巨大或者有其他严重情节的,处三年以上十年以下有期徒刑,并处罚金;数额特别巨大或者有其他特别严重情节的,处十年以上有期徒刑或者无期徒刑,并处罚金。

公司、企业或者其他单位的工作人员在经济往来中,利用职务上的便利,违反国家规定,收受各种名义的回扣、手续费,归个人所有的,依照前款的规定处罚。

国有公司、企业或者其他国有单位中从事公务的人员和国有公司、企业或者其他国有单位委派到非国有公司、企业以及其他单位从事公务的人员有前两款行为的,依照本法第三百八十五条、第三百八十六条的规定定罪处罚。

条文解读

本条是关于非国家工作人员受贿罪及其处罚的规定。首先,本罪的犯罪主体为"公司、企业或者其他单位的工作人员"。公司、企业的工作人员,是指在公司、企业中从事领导、组织、管理工作的人员,如公司的董事、监事及公司、企业的经理、厂长、财会人员以及其他受公司、企业聘用从事管理事务的人员。其他单位的工作人员包括非国有事业单位或者其他组织的工作人员,如教育、科研、医疗、体育、出版等单位从事组织领导以及履行监督、管理职责的人员。国有公司、企业或者其他国有单位中从事公务的人员以及其他国家工作人员不是本罪的犯罪主体,这些人利用职务上的便利索取、收受贿赂的,构成《刑法》第 385 条规定的受贿罪。其次,本罪行为内容为利用职务上的便利,索取他人财物或者非法收受他人财物,为他人谋取利益,数额较大的行为。"利用职务上的便利",是指公司、企业或者其他单位的工作人员利用自己职务上组织、领导、监管、主管、经管、负责某项工作的便利条件。"索取他人财物",主要是指公司、企业或者其他单位的工作人员以为他人谋取利益为条件,向他人索取财物。"非法收受他人财物",主要是指公司、企业或者其他单位的工作人员利用其职务上的便利或权力,接受他人主动送予的财物。"为他人谋取利益",从谋取利益的性质来看,既包括他人应当得到的合法的、正当的利益,也包括他人不应当得到的非法的、不正当的利益;从利益的实现方面看,既包括已为他人谋取的利益,也包括意图谋取或者正在谋取,但尚未谋取到的利益。最后,对本罪的处罚,分为三档刑:数额较大的,处 3 年以下有期徒刑或者拘役,并处罚金;数额巨大或者有其他严重情节的,处 3 年以上 10 年以下有期徒刑,并处罚金;数额特别巨大或者有其他特别严重情节的,处 10 年以上有期徒刑或者无期徒刑,并处罚金。

本条第 2 款是关于对公司、企业或者其他单位的工作人员收受回扣、手续费的处罚规定。公司、企业或者其他单位的工作人员在经济往来中,利用职务上的便利,违反国家规定,收受各种名义的回扣、手续费,归个人所有的,即构成非国家工作人员受贿罪。"回扣",是指在商品或者劳务活动中,由卖方从所收到的价款中,按照一定的比例扣除一部分返还给买方或者其经办人的款项。"手续费",是指在经济活动中,除回扣以外,其他违反国家规定支付给公司、企业或者其他单位的工作人员的各种名义的费用,如信息费、顾问费、劳务费、辛苦费、好处费等。违反国家规定收取的各种名义的回扣、手续费，是否归个人所有，是区分罪与非罪的主要界限，收取的回扣、手续费，都上交给公司、企业或者本单位的，不构成犯罪；只有将收取的回扣、手续费归个人所有的，才构成犯罪。根据本款规定，对收受各种名义的回扣、手续费，归个人所有的，按照第1款的规定处罚。

本条第3款是关于国有公司、企业或者其他国有单位中从事公务的人员和国有公司、企业或者其他国有单位委派到非国有公司、企业或者其他单位从事公务的人员有本条第1、2款犯罪行为如何定罪处罚的规定。这样规定，主要体现了对国家工作人员犯罪要比一般的公司、企业或者其他单位的工作人员从重处罚的立法精神。

关联法规索引

《最高人民法院、最高人民检察院关于办理贪污贿赂刑事案件适用法律若干问题的解释》第11条；《最高人民检察院、公安部关于公安机关管辖的刑事案件立案追诉标准的规定(二)》第10条

第一百六十四条　【对非国家工作人员行贿罪】为谋取不正当利益，给予公司、企业或者其他单位的工作人员以财物，数额较大的，处三年以下有期徒刑或者拘役，并处罚金；数额巨大的，处三年以上十年以下有期徒刑，并处罚金。

【对外国公职人员、国际公共组织官员行贿罪】为谋取不正当商业利益，给予外国公职人员或者国际公共组织官员以财物的，依照前款的规定处罚。

单位犯前两款罪的，对单位判处罚金，并对其直接负责的主管人员和其他直接责任人员，依照第一款的规定处罚。

行贿人在被追诉前主动交待行贿行为的，可以减轻处罚或者免除处罚。

关联法规索引

《最高人民检察院、公安部关于公安机关管辖的刑事案件立案追诉标准的规定(二)》第11、12条

第一百六十五条　【非法经营同类营业罪】国有公司、企业的董事、监事、高级管理人员，利用职务便利，自己经营或者为他人经营与其所任职公司、企业同类的营业，获取非法利益，数额巨大的，处三年以下有期徒刑或者拘役，并处或者单处罚金；数额特别巨大的，处三年以上七年以下有期徒刑，并处罚金。

其他公司、企业的董事、监事、高级管理人员违反法律、行政法规规定，实施前款行为，致使公司、企业利益遭受重大损失的，依照前款的规定处罚。

第一百六十六条　【为亲友非法牟利罪】国有公司、企业、事业单位的工作人员，利用职务便利，有下列情形之一，致使国家利益遭受重大损失的，处三年以下有期徒刑或者拘役，并处或者单处罚金；致使国家利益遭受特别重大损失的，处三年以上七年以下有期徒刑，并处罚金：

（一）将本单位的盈利业务交由自己的亲友进行经营的；

（二）以明显高于市场的价格从自己的亲友经营管理的单位采购商品、接受服务或者以明显低于市场的价格向自己的亲友经营管理的单位销售商品、提供服务的；

（三）从自己的亲友经营管理的单位采购、接受不合格商品、服务的。

其他公司、企业的工作人员违反法律、行政法规规定，实施前款行为，致使公司、企业利益遭受重大损失的，依照前款的规定处罚。

第一百六十七条　【签订、履行合同失职被骗罪】国有公司、企业、事业单位直接负责的主管人员，在签订、履行合同过程中，因严重不负责任被诈骗，致使国家利益遭受重大损失的，处三年以下有期徒刑或者拘役；致使国家利益遭受特别重大损失的，处三年以上七年以下有期徒刑。

条文解读

本法第167条是关于签订、履行合同失职被骗罪及其处罚的规定。签订、履行合同失职被骗罪具有以下特征：(1)犯罪主体是特殊主体，即国有公司、企业、事业单位直接负责的主管人员。(2)行为人在签订、履行合同过程中，因严重不负责任被诈骗。应当注意的是，本条规定的犯罪是以单位作为受害人。这是因为订立合同、履行合同的行为都是以单位名义实施，同时所产生的经济后果也是由单位来承担的。另外,单位的上述行为又是直接责任人员严重不负责任造成的。因此,对这种犯罪行为,本条规定,只追究直接负责的主管人员的刑事责任。"严重不负责任"在实践中表现为各种各样的行为:有的盲目轻信,不认真审查对方当事人的合同主体资格、资信情况;有的不认真审查对方的履约能力和货源情况;有的贪图个人私利,关心的不是产品的质量和价格,而是个人能否得到回扣,从中捞取多少好处;有的以权谋私,导致被骗;有的无视规章制度和工作纪律,擅自越权,签订或者履行经济合同;有的急于推销商品,导致上当受骗等。(3)本罪以"致使国家利益遭受重大损失"为必要条件。"国家利益遭受重大损失",包括造成大量财物被诈骗,因为被骗,对方根本无法供货,造成工厂停产、濒临破产、倒闭等。

关联法规索引

《全国人民代表大会常务委员会关于惩治骗购外汇、逃汇和非法买卖外汇犯罪的决定》第7条

第一百六十八条 【国有公司、企业、事业单位人员失职罪;国有公司、企业、事业单位人员滥用职权罪】 国有公司、企业的工作人员,由于严重不负责任或者滥用职权,造成国有公司、企业破产或者严重损失,致使国家利益遭受重大损失的,处三年以下有期徒刑或者拘役;致使国家利益遭受特别重大损失的,处三年以上七年以下有期徒刑。

国有事业单位的工作人员有前款行为,致使国家利益遭受重大损失的,依照前款的规定处罚。

国有公司、企业、事业单位的工作人员,徇私舞弊,犯前两款罪的,依照第一款的规定从重处罚。

关联法规索引

《最高人民法院关于审理扰乱电信市场管理秩序案件具体应用法律若干问题的解释》第6条;《最高人民法院、最高人民检察院关于办理妨害预防、控制突发传染病疫情等灾害的刑事案件具体应用法律若干问题的解释》第4条

第一百六十九条 【徇私舞弊低价折股、出售公司、企业资产罪】 国有公司、企业或者其上级主管部门直接负责的主管人员，徇私舞弊，将国有资产低价折股或者低价出售，致使国家利益遭受重大损失的，处三年以下有期徒刑或者拘役；致使国家利益遭受特别重大损失的，处三年以上七年以下有期徒刑。

其他公司、企业直接负责的主管人员，徇私舞弊，将公司、企业资产低价折股或者低价出售，致使公司、企业利益遭受重大损失的，依照前款的规定处罚。

条文解读

本条是关于徇私舞弊低价折股、出售公司、企业资产罪及其处罚的规定。本罪的主体为特殊主体，即国有公司、企业或者其上级主管部门直接负责的主管人员，其他主体不能单独构成本罪。本罪的主观方面，必须由故意构成，并有明确的徇私动机。如果行为人不是出于故意，不具有徇私舞弊的动机，而是由于其思想水平低，专业知识不足，在国有资产折股和出售时发生错误，则不能构成本罪。本罪在客观上表现为违反国家规定，徇私舞弊，将国有资产低价折股或低价出售的行为。“低价折股”，是指将国有公司、企业的实物财产、工业产权、非专利技术或者土地使用权，故意低估作价，折合为股份作为出资。“低价出售”，是指将上述国有资产以低于其实际价值的价格出卖给他人。

本条第 2 款是《刑法修正案（十二）》所增加的内容，将本罪的主体扩大到“其他公司、企业直接负责的主管人员”。本罪的主观方面是故意，过失行为不构成本罪。如在企业资产重组、收购等过程中，由于决策失误或者市场行情变化，企业资产在交易中受到损失的，不能认定为本罪。认定本罪要把握住行为人徇私舞弊、搞利益输送的犯罪本质。对于实践中经过公司、企业决策同意或者授权的资产处置行为，即使有关主管人员的处置行为没有达到企业资产处置的预期效果，客观上给企业造成了损失，也不宜将有关人员的行为认定为本罪。

关联法规索引

《最高人民法院、最高人民检察院关于办理国家出资企业中职务犯罪案件具体应用法律若干问题的意见》

第一百六十九条之一　【背信损害上市公司利益罪】上市公司的董事、监事、高级管理人员违背对公司的忠实义务，利用职务便利，操纵上市公司从事下列行为之一，致使上市公司利益遭受重大损失的，处三年以下有期徒刑或者拘役，并处或者单处罚金；致使上市公司利益遭受特别重大损失的，处三年以上七年以下有期徒刑，并处罚金：

（一）无偿向其他单位或者个人提供资金、商品、服务或者其他资产的；

（二）以明显不公平的条件，提供或者接受资金、商品、服务或者其他资产的；

（三）向明显不具有清偿能力的单位或者个人提供资金、商品、服务或者其他资产的；

（四）为明显不具有清偿能力的单位或者个人提供担保，或者无正当理由为其他单位或者个人提供担保的；

（五）无正当理由放弃债权、承担债务的；

（六）采用其他方式损害上市公司利益的。

上市公司的控股股东或者实际控制人，指使上市公司董事、监事、高级管理人员实施前款行为的，依照前款的规定处罚。

犯前款罪的上市公司的控股股东或者实际控制人是单位的，对单位判处罚金，并对其直接负责的主管人员和其他直接责任人员，依照第一款的规定处罚。

关联法规索引

《最高人民检察院、公安部关于公安机关管辖的刑事案件立案追诉标准的规定（二）》第13条

第四节　破坏金融管理秩序罪

第一百七十条　【伪造货币罪】伪造货币的，处三年以上十年以下有期徒刑，并处罚金；有下列情形之一的，处十年以上有期徒刑或者无期徒刑，并处罚金或者没收财产：

（一）伪造货币集团的首要分子；

（二）伪造货币数额特别巨大的；

（三）有其他特别严重情节的。

配套法规及解读

《最高人民法院关于审理伪造货币等案件具体应用法律若干问题的解释（二）》（2010年10月20日）

第一条　仿照真货币的图案、形状、色彩等特征非法制造假币，冒充真币的行为，应当认定为刑法第一百七十条规定的“伪造货币”。

对真货币采用剪贴、挖补、揭层、涂改、移位、重印等方法加工处理，改变真币形态、价值的行为，应当认定为刑法第一百七十三条规定的“变造货币”。

第三条　以正在流通的境外货币为对象的假币犯罪，依照刑法第一百七十条至第一百七十三条的规定定罪处罚。

假境外货币犯罪的数额，按照案发当日中国外汇交易中心或者中国人民银行授权机构公布的人民币对该货币的中间价折合成人民币计算。中国外汇交易中心或者中国人民银行授权机构未公布汇率中间价的境外货币，按照案发当日境内银行人民币对该货币的中间价折算成人民币，或者该货币在境内银行、国际外汇市场对美元汇率，与人民币对美元汇率中间价进行套算。

※法规解读：

本解释第1条规定，伪造货币，是指仿照真货币的图案、形状、色彩等特征非法制造假币，冒充真币的行为；变造货币，是指对真货币采用剪贴、挖补、揭层、涂改、移位、重印等方法加工处理，改变真币形态、价值的行为。在具体认定伪造货币行为时，应注意以下几个问题：

1.伪造货币是以“仿照真货币”为前提条件。伪造货币罪不仅侵犯了货币发行权，还侵犯了货币的公共信用和流通秩序。不以真实的货币为样本，仅凭行为人主观臆想而制造出来的“货币”（臆造币），由于根本没有被国家发行过，不存在破坏货币的公共信用和流通秩序的可能。从行为方式而言，臆造币的使用方式与伪造币的使用方式有所不同：后者侧重于货币的“正常”使用；前者侧重于虚构事实，骗取他人钱财。所以，对于制造臆造币的行为，以诈骗罪处理更为妥当。

2.把握伪造币的外观特征。能否成立伪造货币罪，关键在于是否仿照真币，只要伪造的货币在图案、形状、色彩等方面具备了真币的基本要素，行为人就可成立伪造货币罪。至于实际伪造出来的假币的外观效果和逼真程度如何，不应成为伪造货币罪的定罪要件，既不能因为伪造货币尚未制成成品，也不能因为做工粗糙而否认行为人实施了或者正在实施伪造货币行为，所以本解释未对伪造币的外观特征进行限定。

3.伪造货币是以“冒充真币”为要件。明确冒充真币要件，实际上间接说明了伪造货币应以意图流通或者行使为其目的要件。据此，伪造后不以冒充真币使用为目的，为炫耀画技或者供鉴赏、教学、科研使用而不进入流通领域的，不属于伪造货币行为。

本解释第3条对伪造在境内不可兑换的境外货币行为的性质作了规定。《最高人民法院关于审理伪造货币等案件具体应用法律若干问题的解释》第7条第1款规定：“本解释所称‘货币’是指可在国内市场流通或者兑换的人民币和境外货币。”随着假币犯罪活动的不断发展，该规定已经难以满足打击假币犯罪的现实需要。这集中体现在两个方面：一是单纯伪造在境内不可兑换的境外货币，尚未实施诈骗财物活动的，难以依法追究刑事责任；二是以诈骗罪追究伪造并使用在境内不可兑换的境外货币行为，难以做到罪刑均衡。因此，本解释第3条规定“以正在流通的境外货币为对象的假币犯罪”，扩大了假币犯罪的范围，即伪造在境内不可兑换的境外货币的行为，也可构成伪造货币罪。

关联法规索引

《最高人民法院关于审理伪造货币等案件具体应用法律若干问题的解释》第1条；《最高人民检察院、公安部关于公安机关管辖的刑事案件立案追诉标准的规定（二）》第14条

典型案例

郭某记、徐某伦等人伪造货币案[1]

※**要旨**：行为人为直接实施伪造货币人员提供专门用于伪造货币的技术或者物资的，应当认定其具有伪造货币的共同犯罪故意。通过网络积极宣传、主动为直接实施伪造货币人员提供伪造货币的关键技术、物资，或者明知他人有伪造货币意图，仍积极提供专门从事伪造货币相关技术、物资等，应当认定其在共同伪造货币犯罪中起主要作用，系主犯，对其实际参与的伪造货币犯罪总额负责。

第一百七十一条 【出售、购买、运输假币罪】 出售、购买伪造的货币或者明知是伪造的货币而运输，数额较大的，处三年以下有期徒刑或者拘役，并处二万元以上二十万元以下罚金；数额巨大的，处三年以上十年以下有期徒刑，并处五万元以上五十万元以下罚金；数额特别巨大的，处十年以上有期徒刑或者无期徒刑，并处五万元以上五十万元以下罚金或者没收财产。

【金融工作人员购买假币、以假币换取货币罪】 银行或者其他金融机构的工作人员购买伪造的货币或者利用职务上的便利，以伪造的货币换取货币的，处三年以上十年以下有期徒刑，并处二万元以上二十万元以下罚金；数额巨大或者有其他严重情节的，处十年以上有期徒刑或者无期徒刑，并处二万元以上二十万元以下罚金或者没收财产；情节较轻的，处三年以下有期徒刑或者拘役，并处或者单处一万元以上十万元以下罚金。

【伪造货币罪】 伪造货币并出售或者运输伪造的货币的，依照本法第一百七十条的规定定罪从重处罚。

关联法规索引

《最高人民法院关于审理伪造货币等案件具体应用法律若干问题的解释》第

---

〔1〕 参见最高人民检察院指导性案例第176号。

2～4条;《最高人民检察院、公安部关于公安机关管辖的刑事案件立案追诉标准的规定(二)》第15、16条

第一百七十二条　【持有、使用假币罪】明知是伪造的货币而持有、使用,数额较大的,处三年以下有期徒刑或者拘役,并处或者单处一万元以上十万元以下罚金;数额巨大的,处三年以上十年以下有期徒刑,并处二万元以上二十万元以下罚金;数额特别巨大的,处十年以上有期徒刑,并处五万元以上五十万元以下罚金或者没收财产。

关联法规索引

《最高人民法院关于审理伪造货币等案件具体应用法律若干问题的解释》第5条;《最高人民检察院、公安部关于公安机关管辖的刑事案件立案追诉标准的规定(二)》第17条

第一百七十三条　【变造货币罪】变造货币,数额较大的,处三年以下有期徒刑或者拘役,并处或者单处一万元以上十万元以下罚金;数额巨大的,处三年以上十年以下有期徒刑,并处二万元以上二十万元以下罚金。

关联法规索引

《最高人民法院关于审理伪造货币等案件具体应用法律若干问题的解释》第6条;《最高人民检察院、公安部关于公安机关管辖的刑事案件立案追诉标准的规定(二)》第18条

第一百七十四条　【擅自设立金融机构罪】未经国家有关主管部门批准,擅自设立商业银行、证券交易所、期货交易所、证券公司、期货经纪公司、保险公司或者其他金融机构的,处三年以下有期徒刑或者拘役,并处或者单处二万元以上二十万元以下罚金;情节严重的,处三年以上十年以下有期徒

刑,并处五万元以上五十万元以下罚金。

【伪造、变造、转让金融机构经营许可证、批准文件罪】伪造、变造、转让商业银行、证券交易所、期货交易所、证券公司、期货经纪公司、保险公司或者其他金融机构的经营许可证或者批准文件的,依照前款的规定处罚。

单位犯前两款罪的,对单位判处罚金,并对其直接负责的主管人员和其他直接责任人员,依照第一款的规定处罚。

关联法规索引

《最高人民检察院、公安部关于公安机关管辖的刑事案件立案追诉标准的规定(二)》第19、20条

第一百七十五条 【高利转贷罪】以转贷牟利为目的,套取金融机构信贷资金高利转贷他人,违法所得数额较大的,处三年以下有期徒刑或者拘役,并处违法所得一倍以上五倍以下罚金;数额巨大的,处三年以上七年以下有期徒刑,并处违法所得一倍以上五倍以下罚金。

单位犯前款罪的,对单位判处罚金,并对其直接负责的主管人员和其他直接责任人员,处三年以下有期徒刑或者拘役。

条文解读

本条是关于高利转贷罪及其处罚的规定。构成本罪须符合以下条件:(1)行为人在客观上实施了套取金融机构信贷资金并高利转贷给他人以牟利的行为。“套取金融机构信贷资金高利转贷他人”,是指编造虚假理由,从银行、信托公司、农村信用社、农村合作银行等金融机构获得信贷资金后又转贷给第三人。行为人转贷给他人的资金必须是金融机构的信贷资金。如果行为人只是将自己的剩余资金借贷给他人,不构成犯罪。“高利转贷他人”,是指行为人以比金融机构贷款利率高的利率将套取的金融机构的信贷资金转贷他人,从中获取不法利益。(2)行为人在主观上有转贷牟利的目的。如果行为人在主观上有非法占有信贷资金的目的,则可能构成他罪。(3)行为人将金融机构信贷资金转贷他人,获取非法利益,数额较大

的,才构成犯罪,这是区分罪与非罪的重要界限。

关联法规索引

《最高人民检察院、公安部关于公安机关管辖的刑事案件立案追诉标准的规定(二)》第21条

第一百七十五条之一　【骗取贷款、票据承兑、金融票证罪】以欺骗手段取得银行或者其他金融机构贷款、票据承兑、信用证、保函等,给银行或者其他金融机构造成重大损失的,处三年以下有期徒刑或者拘役,并处或者单处罚金;给银行或者其他金融机构造成特别重大损失或者有其他特别严重情节的,处三年以上七年以下有期徒刑,并处罚金。

单位犯前款罪的,对单位判处罚金,并对其直接负责的主管人员和其他直接责任人员,依照前款的规定处罚。

条文解读

本条是关于骗取贷款、票据承兑、金融票证罪及其处罚的规定。构成本罪须符合以下条件:

1. 犯罪人必须采取了欺骗的手段。"欺骗手段",是指行为人在取得银行或者其他金融机构的贷款、票据承兑、信用证、保函等信贷资金、信用时,采用的是虚构事实、隐瞒真相等手段,掩盖了客观事实,骗取了银行或者其他金融机构的信任。比如,申请人在申请贷款的过程中有虚构事实、掩盖真相的情节,或者提供假证明、假材料。需要注意的是,对"欺骗手段"的理解不能过于宽泛,欺骗手段应当是严重影响银行对借款人资信状况、还款能力判断的实质性事项,这类事项应当属于银行等金融机构一旦知晓真实情况就会基于风险控制而不会为其融资的事项。例如,行为人编造虚假的资信证明、资金用途、抵押物价值等虚假材料,导致银行或者其他金融机构高估其资信现状的,可以认定为使用"欺骗手段"。

2. 犯罪的对象是银行或者其他金融机构的贷款、票据承兑、信用证、保函等。"银行",包括中国人民银行和各类商业银行。"其他金融机构",是指除银行以外

的各种开展金融业务的机构，如证券、保险、期货、外汇、融资租赁、信托投资公司等。“贷款”，是指贷款人向借款人提供的、按照借款合同的约定还本付息的货币资金。“票据承兑”，是指汇票付款人承诺在汇票到期日支付汇票金额的票据行为，其目的在于使承兑人依票据载明的义务承担支付票据金额的义务。“信用证”，是指开证银行根据客户（申请开证人）的请求或者自己主动向一方（受益人）所签发的一种书面约定，如果受益人满足了该书面约定的各项条款，则开证银行即向受益人支付该书面约定的款项的凭证。实际上，信用证就是开证行有条件地向受益人付款的书面凭证。“保函”，是指银行以自身的信用为他人承担责任的担保文件，是重要的银行资信文件。

3. 给银行或者其他金融机构造成重大损失，这是确定是否构成本罪的关键。一般来说，并非出于诈骗银行资金目的，在向银行等金融机构融资过程中存在违规行为，使用了“欺骗手段”获得资金，但归还了银行资金，未给银行造成重大损失的，不作为犯罪处理。“给银行或者其他金融机构造成重大损失”是一个客观标准，指的是上述行为直接造成的经济损失，如贷款无法追回，银行由于出具的信用所承担的还款或者付款等实际经济损失。

关联法规索引

《最高人民检察院、公安部关于公安机关管辖的刑事案件立案追诉标准的规定（二）》第22条

第一百七十六条 【非法吸收公众存款罪】非法吸收公众存款或者变相吸收公众存款，扰乱金融秩序的，处三年以下有期徒刑或者拘役，并处或者单处罚金；数额巨大或者有其他严重情节的，处三年以上十年以下有期徒刑，并处罚金；数额特别巨大或者有其他特别严重情节的，处十年以上有期徒刑，并处罚金。

单位犯前款罪的，对单位判处罚金，并对其直接负责的主管人员和其他直接责任人员，依照前款的规定处罚。

有前两款行为，在提起公诉前积极退赃退赔，减少损害结果发生的，可以从轻或者减轻处罚。

条文解读

本条第1款是关于非法吸收公众存款罪及其处罚的规定。非法吸收公众存款,是指行为人违反国家法律、法规的规定在社会上以存款的形式公开吸收公众资金的行为。广义的非法吸收公众存款包含两种情况:一是行为人不具有吸收存款的主体资格而吸收公众存款,破坏金融秩序;二是行为人具有吸收存款的主体资格,但是其吸收公众存款所采用的方法是违法的。对后一种情况,《商业银行法》已具体规定了行政处罚,一般不宜作为犯罪处理。本款所说的变相吸收公众存款,是指行为人不以存款的名义而是通过其他形式吸收公众资金,从而达到吸收公众存款的目的的行为。例如,有些单位和个人,未经批准成立各种基金会吸收公众的资金,或者以投资、集资入股等名义吸收公众资金,但并不按正常投资的形式分配利润、股息,而是以一定的利息进行支付投资收益的行为。变相吸收公众存款规避国家对吸收公众存款的监督管理,其危害和犯罪的性质与非法吸收公众存款是相同的。非法吸收公众存款罪的主观方面是故意,即明知自己非法吸收或者变相吸收公众存款的行为会发生扰乱金融秩序的结果,并且希望或放任这种结果的发生。

本条第2款是关于单位犯非法吸收公众存款罪及其处罚的规定。根据本款规定,对于单位犯前款罪的,采取双罚制原则,即对单位判处罚金,对单位直接负责的主管人员和其他直接责任人员根据犯罪的不同情节,分别依第1款规定的刑罚处罚。

本条第3款是关于在提起公诉前积极退赃退赔可以从轻处理的规定。本款是《刑法修正案(十一)》增加的规定。根据本款规定,对非法吸收公众存款犯罪从宽处理必须同时符合以下条件:(1)在提起公诉前。(2)行为人必须积极退赃退赔。“退赃”是指将非法吸收的存款退回原所有人。“退赔”是指在非法吸收的存款无法直接退回的情况下,赔偿等值财产。(3)减少损害结果的发生。行为人积极退赃退赔必须要达到避免或者减少损害结果发生的实际效果。在同时具备以上前提的条件下,对犯非法吸收公众存款罪的行为人,可以根据不同情形,从轻或者减轻处罚。

配套法规及解读

《最高人民法院关于审理非法集资刑事案件具体应用法律若干问题的解释》(2022年2月23日修正)

第一条　违反国家金融管理法律规定,向社会公众(包括单位和个人)吸收资金的行为，同时具备下列四个条件的，除刑法另有规定的以外，应当认定为刑法第一百七十六条规定的“非法吸收公众存款或者变相吸收公众存款”：

（一）未经有关部门依法许可或者借用合法经营的形式吸收资金；

（二）通过网络、媒体、推介会、传单、手机信息等途径向社会公开宣传；

（三）承诺在一定期限内以货币、实物、股权等方式还本付息或者给付回报；

（四）向社会公众即社会不特定对象吸收资金。

未向社会公开宣传，在亲友或者单位内部针对特定对象吸收资金的，不属于非法吸收或者变相吸收公众存款。

第二条 实施下列行为之一，符合本解释第一条第一款规定的条件的，应当依照刑法第一百七十六条的规定，以非法吸收公众存款罪定罪处罚：

（一）不具有房产销售的真实内容或者不以房产销售为主要目的，以返本销售、售后包租、约定回购、销售房产份额等方式非法吸收资金的；

（二）以转让林权并代为管护等方式非法吸收资金的；

（三）以代种植（养殖）、租种植（养殖）、联合种植（养殖）等方式非法吸收资金的；

（四）不具有销售商品、提供服务的真实内容或者不以销售商品、提供服务为主要目的，以商品回购、寄存代售等方式非法吸收资金的；

（五）不具有发行股票、债券的真实内容，以虚假转让股权、发售虚构债券等方式非法吸收资金的；

（六）不具有募集基金的真实内容，以假借境外基金、发售虚构基金等方式非法吸收资金的；

（七）不具有销售保险的真实内容，以假冒保险公司、伪造保险单据等方式非法吸收资金的；

（八）以网络借贷、投资入股、虚拟币交易等方式非法吸收资金的；

（九）以委托理财、融资租赁等方式非法吸收资金的；

（十）以提供“养老服务”、投资“养老项目”、销售“老年产品”等方式非法吸收资金的；

（十一）利用民间“会”“社”等组织非法吸收资金的；

（十二）其他非法吸收资金的行为。

※法规解读:

本解释第1条对非法集资概念的特征要件予以细化,明确成立非法集资须同时具备非法性、公开性、利诱性、社会性4个特征:(1)未经有关部门依法许可或者借用合法经营的形式吸收资金;(2)通过网络、媒体、推介会、传单、手机短信等途径向社会公开宣传;(3)承诺在一定期限内以货币、实物、股权等方式还本付息或者给付回报;(4)向社会公众即社会不特定对象吸收资金。准确理解该4个特征要件,需注意以下几点。

1.关于非法性特征。非法性特征,是指违反国家金融管理法律规定吸收资金。具体表现为未经有关部门依法批准吸收资金和借用合法经营的形式吸收资金两种行为。其中,国家金融管理法律规定包含3个层面的内容:一是金融管理法律规定不是单指某一个具体的法律,而是一个法律体系;二是非法集资违反的是融资管理法律规定,而不能是其他法律规定;三是只有融资管理法律规定明确禁止的吸收资金行为才有违法性。未经有关部门依法批准主要表现为以下4种情形:一是未经有关部门批准;二是骗取批准欺诈发行;三是具有主体资格,但具体业务未经批准;四是具有主体资格,但经营行为违法。

2.关于公开性特征。公开性特征,是指通过网络、媒体、推介会、传单、手机短信等途径向社会公开宣传。公开宣传是公开性的实质,而具体宣传途径可以多种多样。本解释仅列举了通过网络、媒体、推介会、传单、手机信息几种公开宣传途径,主要是考虑到实践中这几种途径比较典型,但这只是例示性的规定,宣传途径并不以此为限。实践中常见的宣传途径还有标语、横幅、宣传册、宣传画、讲座、论坛、研讨会等形式。

3.关于利诱性特征。利诱性特征,是指集资人向集资群众承诺在一定期限内以货币、实物、股权等方式还本付息或者给付回报。利诱性特征包含有偿性和承诺性两个方面内容。首先,非法集资是有偿集资,对于非经济领域的公益性集资,不宜纳入非法集资的范畴;其次,非法集资具有承诺性,即不是现时给付回报,而是承诺将来给付回报。回报的方式,既包括固定回报,也包括非固定回报;给付回报的形式,除货币之外,还有实物、消费、股权等形式;具体给付回报名义,除了较为常见的利息、分红之外,还有所谓的"工资""奖金""销售提成"等。

4.关于社会性特征。社会性特征,是指向社会公众即社会不特定对象吸收资金。社会性是非法集资的本质特征。禁止非法集资的重要目的在于保护公众投资者的利益。社会性特征包含两个层面的内容:一是指向对象的广泛性;二是指向对象的不特定性。这里的“社会公众”不宜作为一个日常生活用语来理解。在法律上,自然人和单位均属于民商事行为的主体,具有平等的法律地位,单位同样可以成为非法集资的对象,以单位为对象的集资同样应当计入集资数额,故本解释明确,社会公众包括单位和个人。

关联法规索引

《最高人民检察院、公安部关于公安机关管辖的刑事案件立案追诉标准的规定(二)》第 23 条

典型案例

杨某国等人非法吸收公众存款案[1]

※**要旨**:单位或个人假借开展网络借贷信息中介业务之名,未经依法批准,归集不特定公众的资金设立资金池,控制、支配资金池中的资金,并承诺还本付息的,构成非法吸收公众存款罪。

第一百七十七条　【伪造、变造金融票证罪】 有下列情形之一,伪造、变造金融票证的,处五年以下有期徒刑或者拘役,并处或者单处二万元以上二十万元以下罚金;情节严重的,处五年以上十年以下有期徒刑,并处五万元以上五十万元以下罚金;情节特别严重的,处十年以上有期徒刑或者无期徒刑,并处五万元以上五十万元以下罚金或者没收财产:

(一)伪造、变造汇票、本票、支票的;

(二)伪造、变造委托收款凭证、汇款凭证、银行存单等其他银行结算凭证的;

(三)伪造、变造信用证或者附随的单据、文件的;

---

[1] 参见最高人民检察院指导性案例第 64 号。

(四)伪造信用卡的。

单位犯前款罪的,对单位判处罚金,并对其直接负责的主管人员和其他直接责任人员,依照前款的规定处罚。

配套法规及解读

《最高人民法院、最高人民检察院关于办理妨害信用卡管理刑事案件具体应用法律若干问题的解释》(2018年11月28日修正)

第一条 复制他人信用卡、将他人信用卡信息资料写入磁条介质、芯片或者以其他方法伪造信用卡一张以上的,应当认定为刑法第一百七十七条第一款第四项规定的"伪造信用卡",以伪造金融票证罪定罪处罚。

伪造空白信用卡十张以上的,应当认定为刑法第一百七十七条第一款第四项规定的"伪造信用卡",以伪造金融票证罪定罪处罚。

伪造信用卡,有下列情形之一的,应当认定为刑法第一百七十七条规定的"情节严重":

(一)伪造信用卡五张以上不满二十五张的;

(二)伪造的信用卡内存款余额、透支额度单独或者合计数额在二十万元以上不满一百万元的;

(三)伪造空白信用卡五十张以上不满二百五十张的;

(四)其他情节严重的情形。

伪造信用卡,有下列情形之一的,应当认定为刑法第一百七十七条规定的"情节特别严重":

(一)伪造信用卡二十五张以上的;

(二)伪造的信用卡内存款余额、透支额度单独或者合计数额在一百万元以上的;

(三)伪造空白信用卡二百五十张以上的;

(四)其他情节特别严重的情形。

本条所称"信用卡内存款余额、透支额度",以信用卡被伪造后发卡行记录的最高存款余额、可透支额度计算。

※法规解读：

本解释第1条规定了伪造金融票证罪中“伪造信用卡”的认定标准，“伪造空白信用卡”的认定，伪造信用卡“情节严重”“情节特别严重”的认定标准，以及“信用卡内存款余额、透支额度”的认定方法。

本解释第1条第1款规定了应当认定为“伪造信用卡”的行为方式。从司法实践反映的情况看，伪造信用卡的行为方式通常包括以下几种：一是复制他人信用卡，即将他人信用卡中的信息资料复制到伪造的信用卡中，制作所谓的“克隆卡”；二是将他人信用卡信息资料写入磁条介质、芯片，即将窃取、收买或者非法获取的他人信用卡信息资料写入伪造信用卡中的磁条介质、芯片；三是以其他方法伪造信用卡1张以上的，其他伪造方法，如在过期卡、作废卡、盗窃卡、丢失卡等信息完整的真实信用卡的基础上篡改关键信息，或者对非法获取的发卡银行的空白信用卡进行凸印、写磁制成信用卡等。

本解释第1条第2款规定了对“伪造空白信用卡”的处理。目前，信用卡犯罪呈现出分工专业化、手段高智能化的特点，制作、运输、销售各环节相对独立，伪造空白信用卡是伪造信用卡犯罪链中的一环。犯罪分子常使用较为专业的成套制卡机器、设备及材料，大批量制造与真实信用卡的质地、模式、板块、图样相仿的空白信用卡。为了严密法网，避免实践中的法律适用困难，有必要将伪造空白信用卡列为伪造信用卡的行为方式之一。

本解释第1条第5款规定了“信用卡内存款余额、透支额度”的认定方法。根据是否具有透支功能，信用卡分为借记卡和贷记卡。借记卡内记载存款余额；贷记卡内记载透支额度。伪造的信用卡内的存款余额、透支额度越高，则其对发卡行和持卡人可能造成的经济损失就越大，社会危害性也越大。同时，由于被伪造信用卡的持卡人或持伪卡的人可能取现或者消费，卡内存款余额、透支额度处于变动之中，为了从严惩处此类犯罪，本解释规定以信用卡被伪造后发卡行记录的最高存款余额、可透支额度计算信用卡内存款余额、透支额度。

关联法规索引

《最高人民检察院、公安部关于公安机关管辖的刑事案件立案追诉标准的规定（二）》第24条

第一百七十七条之一　【妨害信用卡管理罪】 有下列情形之一，妨害信用卡管理的，处三年以下有期徒刑或者拘役，并处或者单处一万元以上十万元以下罚金；数量巨大或者有其他严重情节的，处三年以上十年以下有期徒刑，并处二万元以上二十万元以下罚金：

（一）明知是伪造的信用卡而持有、运输的，或者明知是伪造的空白信用卡而持有、运输，数量较大的；

（二）非法持有他人信用卡，数量较大的；

（三）使用虚假的身份证明骗领信用卡的；

（四）出售、购买、为他人提供伪造的信用卡或者以虚假的身份证明骗领的信用卡的。

【窃取、收买、非法提供信用卡信息罪】 窃取、收买或者非法提供他人信用卡信息资料的，依照前款规定处罚。

银行或者其他金融机构的工作人员利用职务上的便利，犯第二款罪的，从重处罚。

条文解读

本条第1款是关于妨害信用卡管理罪及其处罚的规定。根据本款规定，构成妨害信用卡管理罪应当具备以下条件：(1)行为人主观上为故意，即行为人明知该行为会发生妨害信用卡管理的后果，并希望或放任这种后果的发生。(2)行为人客观上实施了妨害信用卡管理的行为。

本条第2款是关于窃取、收买、非法提供信用卡信息罪及其处罚的规定。伪造信用卡的最后也是最关键的环节，是在信用卡的磁条或者芯片上写入事先非法获取的他人信用卡的磁条或芯片的信息。信用卡犯罪集团非法获取他人信用卡信息的一种方式是窃取，主要是使用望远镜偷窃、在ATM机上安装摄像头偷录，或者安装吞卡装置并张贴假的客服电话骗取等方式。另一种方式是收买，即收买特约商户的收银员、金融机构工作人员，利用受理信用卡业务之机盗录他人信用卡磁条或芯片信息。

本条第3款是关于银行或者其他金融机构的工作人员利用职务上的便利，犯窃取、收买、非法提供信用卡信息罪，从重处罚的规定。

配套法规及解读

《最高人民法院、最高人民检察院关于办理妨害信用卡管理刑事案件具体应用法律若干问题的解释》(2018年11月28日修正)

第二条 明知是伪造的空白信用卡而持有、运输十张以上不满一百张的,应当认定为刑法第一百七十七条之一第一款第一项规定的“数量较大”;非法持有他人信用卡五张以上不满五十张的,应当认定为刑法第一百七十七条之一第一款第二项规定的“数量较大”。

有下列情形之一的,应当认定为刑法第一百七十七条之一第一款规定的“数量巨大”:

(一)明知是伪造的信用卡而持有、运输十张以上的;

(二)明知是伪造的空白信用卡而持有、运输一百张以上的;

(三)非法持有他人信用卡五十张以上的;

(四)使用虚假的身份证明骗领信用卡十张以上的;

(五)出售、购买、为他人提供伪造的信用卡或者以虚假的身份证明骗领的信用卡十张以上的。

违背他人意愿,使用其居民身份证、军官证、士兵证、港澳居民往来内地通行证、台湾居民来往大陆通行证、护照等身份证明申领信用卡的,或者使用伪造、变造的身份证明申领信用卡的,应当认定为刑法第一百七十七条之一第一款第三项规定的“使用虚假的身份证明骗领信用卡”。

※法规解读:

本解释第2条第1款规定了妨害信用卡管理罪第一档量刑幅度中两个“数量较大”的适用标准。根据《刑法》第177条之一的规定,妨害信用卡管理罪有多种行为方式。其中,明知是伪造的信用卡而持有、运输,使用虚假的身份证明骗领信用卡,出售、购买、为他人提供伪造的信用卡或者以虚假的身份证明骗领信用卡这几种行为方式没有数量的要求,即涉及1张信用卡即可构成犯罪。明知是伪造的空白信用卡而持有、运输或者非法持有他人信用卡的,则要求“数量较大”,才构成本罪。因此,本解释第1款对这两种行为方式分别规定了10张以上和5张以上的数量标准。

本解释第2条第2款规定了妨害信用卡管理罪第二档量刑幅度中“数量巨大”

的适用标准。

本解释第2条第3款是关于"使用虚假的身份证明骗领信用卡"认定的规定。使用虚假身份证明包括违背他人意愿使用他人身份证明和使用伪造、变造的身份证明两种情形。对于实践中多发的非法中介协助利用虚假资信证明申请信用卡的行为，申请人向银行申请信用卡时需要提交个人真实的身份证明和资信证明。两者既有联系又有区别：身份证明是用于证明申请人主体资格的身份信息；资信证明是用于证明申请人还款能力和还款意愿等信用程度的信息。资信证明不能被解释为身份证明；对利用虚假资信证明申请信用卡的行为可以依照《刑法》的其他规定予以处理。因此，本解释第3款中列明的仅是申请人申请信用卡时需要出具的身份证明，如居民身份证、军官证、士兵证、港澳居民往来内地通行证、台湾居民来往大陆通行证、护照等，而不包括资信证明。

关联法规索引

《最高人民检察院、公安部关于公安机关管辖的刑事案件立案追诉标准的规定（二）》第25、26条

第一百七十八条　【伪造、变造国家有价证券罪】伪造、变造国库券或者国家发行的其他有价证券，数额较大的，处三年以下有期徒刑或者拘役，并处或者单处二万元以上二十万元以下罚金；数额巨大的，处三年以上十年以下有期徒刑，并处五万元以上五十万元以下罚金；数额特别巨大的，处十年以上有期徒刑或者无期徒刑，并处五万元以上五十万元以下罚金或者没收财产。

【伪造、变造股票、公司、企业债券罪】伪造、变造股票或者公司、企业债券，数额较大的，处三年以下有期徒刑或者拘役，并处或者单处一万元以上十万元以下罚金；数额巨大的，处三年以上十年以下有期徒刑，并处二万元以上二十万元以下罚金。

单位犯前两款罪的，对单位判处罚金，并对其直接负责的主管人员和其他直接责任人员，依照前两款的规定处罚。

关联法规索引

《最高人民检察院、公安部关于公安机关管辖的刑事案件立案追诉标准的规定(二)》第27、28条

第一百七十九条 【擅自发行股票、公司、企业债券罪】 未经国家有关主管部门批准，擅自发行股票或者公司、企业债券，数额巨大、后果严重或者有其他严重情节的，处五年以下有期徒刑或者拘役，并处或者单处非法募集资金金额百分之一以上百分之五以下罚金。

单位犯前款罪的，对单位判处罚金，并对其直接负责的主管人员和其他直接责任人员，处五年以下有期徒刑或者拘役。

关联法规索引

《最高人民法院关于审理非法集资刑事案件具体应用法律若干问题的解释》第10条;《最高人民检察院、公安部关于公安机关管辖的刑事案件立案追诉标准的规定(二)》第29条

第一百八十条 【内幕交易、泄露内幕信息罪】 证券、期货交易内幕信息的知情人员或者非法获取证券、期货交易内幕信息的人员，在涉及证券的发行，证券、期货交易或者其他对证券、期货交易价格有重大影响的信息尚未公开前，买入或者卖出该证券，或者从事与该内幕信息有关的期货交易，或者泄露该信息，或者明示、暗示他人从事上述交易活动，情节严重的，处五年以下有期徒刑或者拘役，并处或者单处违法所得一倍以上五倍以下罚金；情节特别严重的，处五年以上十年以下有期徒刑，并处违法所得一倍以上五倍以下罚金。

单位犯前款罪的，对单位判处罚金，并对其直接负责的主管人员和其他直接责任人员，处五年以下有期徒刑或者拘役。

内幕信息、知情人员的范围，依照法律、行政法规的规定确定。

【利用未公开信息交易罪】 证券交易所、期货交易所、证券公司、期货经

纪公司、基金管理公司、商业银行、保险公司等金融机构的从业人员以及有关监管部门或者行业协会的工作人员，利用因职务便利获取的内幕信息以外的其他未公开的信息，违反规定，从事与该信息相关的证券、期货交易活动，或者明示、暗示他人从事相关交易活动，情节严重的，依照第一款的规定处罚。

条文解读

本条是关于内幕交易、泄露内幕信息罪和利用未公开信息交易罪及其处罚的规定。内幕交易、泄露内幕信息罪为身份犯。行为主体必须是证券、期货交易内幕信息的知情人员或者非法获取证券、期货交易内幕信息的人员与单位。内幕信息，是指为内幕人员所知悉的、尚未公开的，并对证券的发行，证券、期货交易或者价格有重大影响的信息。其具体范围根据法律、行政法规的规定确定。内幕信息主要有两个特点：(1)秘密性，即信息持有人所知悉的信息，尚未被其他投资人知悉，或者尚未公布；(2)市场性，即该信息足以使某公司的股票或期货于信息公开后受到影响。知情人员包括：(1)通过履行职务接触或者获得内幕信息的人员；(2)因其业务可能接触或者获得内幕信息的人员；(3)对证券发行、期货交易可以行使一定管理权或监督权的人员；(4)其他可能通过合法途径接触或者获得内幕信息的人员。

利用未公开信息交易罪又被形象地称为“老鼠仓”。“内幕信息以外的其他未公开的信息”，主要是指资产管理金融机构、代客投资理财机构即将用客户资金购买证券、期货等金融产品的决策信息。因其不属于法律规定的“内幕信息”，也未要求必须公开，故称“内幕信息以外的其他未公开的信息”。“违反规定，从事与该信息相关的证券、期货交易活动”，不仅包括证券投资基金等法律、行政法规所规定的禁止资产处理金融机构的从业人员从事损害客户利益的交易等行为，而且包括中国证监会发布的禁止资产管理金融机构的从业人员从事违背受托义务的交易活动等行为。具体行为主要是指资产管理金融机构的从业人员在用客户资金买入证券或者其衍生品、期货或者期权合约等金融产品前，自己先行买入，或者在卖出前，自己先行卖出等行为。

配套法规及解读

《最高人民法院、最高人民检察院关于办理内幕交易、泄露内幕信息刑事案件具体应用法律若干问题的解释》(2012年3月29日)

第一条 下列人员应当认定为刑法第一百八十条第一款规定的"证券、期货交易内幕信息的知情人员":

(一)证券法第七十四条规定的人员;

(二)期货交易管理条例第八十五条第十二项规定的人员。

第二条 具有下列行为的人员应当认定为刑法第一百八十条第一款规定的"非法获取证券、期货交易内幕信息的人员":

(一)利用窃取、骗取、套取、窃听、利诱、刺探或者私下交易等手段获取内幕信息的;

(二)内幕信息知情人员的近亲属或者其他与内幕信息知情人员关系密切的人员,在内幕信息敏感期内,从事或者明示、暗示他人从事,或者泄露内幕信息导致他人从事与该内幕信息有关的证券、期货交易,相关交易行为明显异常,且无正当理由或者正当信息来源的;

(三)在内幕信息敏感期内,与内幕信息知情人员联络、接触,从事或者明示、暗示他人从事,或者泄露内幕信息导致他人从事与该内幕信息有关的证券、期货交易,相关交易行为明显异常,且无正当理由或者正当信息来源的。

第三条 本解释第二条第二项、第三项规定的"相关交易行为明显异常",要综合以下情形,从时间吻合程度、交易背离程度和利益关联程度等方面予以认定:

(一)开户、销户、激活资金账户或者指定交易(托管)、撤销指定交易(转托管)的时间与该内幕信息形成、变化、公开时间基本一致的;

(二)资金变化与该内幕信息形成、变化、公开时间基本一致的;

(三)买入或者卖出与内幕信息有关的证券、期货合约时间与内幕信息的形成、变化和公开时间基本一致的;

(四)买入或者卖出与内幕信息有关的证券、期货合约时间与获悉内幕信息的时间基本一致的;

(五)买入或者卖出证券、期货合约行为明显与平时交易习惯不同的;

(六)买入或者卖出证券、期货合约行为,或者集中持有证券、期货合约行为与该证券、期货公开信息反映的基本面明显背离的；

（七）账户交易资金进出与该内幕信息知情人员或者非法获取人员有关联或者利害关系的；

（八）其他交易行为明显异常情形。

第四条　具有下列情形之一的，不属于刑法第一百八十条第一款规定的从事与内幕信息有关的证券、期货交易：

（一）持有或者通过协议、其他安排与他人共同持有上市公司百分之五以上股份的自然人、法人或者其他组织收购该上市公司股份的；

（二）按照事先订立的书面合同、指令、计划从事相关证券、期货交易的；

（三）依据已被他人披露的信息而交易的；

（四）交易具有其他正当理由或者正当信息来源的。

第五条　本解释所称"内幕信息敏感期"是指内幕信息自形成至公开的期间。

证券法第六十七条第二款所列"重大事件"的发生时间，第七十五条规定的"计划"、"方案"以及期货交易管理条例第八十五条第十一项规定的"政策"、"决定"等的形成时间，应当认定为内幕信息的形成之时。

影响内幕信息形成的动议、筹划、决策或者执行人员，其动议、筹划、决策或者执行初始时间，应当认定为内幕信息的形成之时。

内幕信息的公开，是指内幕信息在国务院证券、期货监督管理机构指定的报刊、网站等媒体披露。

第六条　在内幕信息敏感期内从事或者明示、暗示他人从事或者泄露内幕信息导致他人从事与该内幕信息有关的证券、期货交易，具有下列情形之一的，应当认定为刑法第一百八十条第一款规定的"情节严重"：

（一）证券交易成交额在五十万元以上的；

（二）期货交易占用保证金数额在三十万元以上的；

（三）获利或者避免损失数额在十五万元以上的；

（四）三次以上的；

（五）具有其他严重情节的。

第七条　在内幕信息敏感期内从事或者明示、暗示他人从事或者泄露内幕信息导致他人从事与该内幕信息有关的证券、期货交易，具有下列情形之一的，应当认定为刑法第一百八十条第一款规定的"情节特别严重"：

(一)证券交易成交额在二百五十万元以上的;

(二)期货交易占用保证金数额在一百五十万元以上的;

(三)获利或者避免损失数额在七十五万元以上的;

(四)具有其他特别严重情节的。

第八条 二次以上实施内幕交易或者泄露内幕信息行为,未经行政处理或者刑事处理的,应当对相关交易数额依法累计计算。

第九条 同一案件中,成交额、占用保证金额、获利或者避免损失额分别构成情节严重、情节特别严重的,按照处罚较重的数额定罪处罚。

构成共同犯罪的,按照共同犯罪行为人的成交总额、占用保证金总额、获利或者避免损失总额定罪处罚,但判处各被告人罚金的总额应掌握在获利或者避免损失总额的一倍以上五倍以下。

第十条 刑法第一百八十条第一款规定的"违法所得",是指通过内幕交易行为所获利益或者避免的损失。

内幕信息的泄露人员或者内幕交易的明示、暗示人员未实际从事内幕交易的,其罚金数额按照因泄露而获悉内幕信息人员或者被明示、暗示人员从事内幕交易的违法所得计算。

第十一条 单位实施刑法第一百八十条第一款规定的行为,具有本解释第六条规定情形之一的,按照刑法第一百八十条第二款的规定定罪处罚。

※法规解读:

本解释共11条,需要重点把握以下内容。

1.关于内幕信息的知情人员的范围。内幕信息的知情人员,包括基于管理地位、监督地位、职业地位或者通过职务行为能够接触或者获得内幕信息的人员。关于内幕信息的知情人员范围,本解释援引了《证券法》《期货交易管理条例》的规定。司法实践中,对内幕信息知情人员的认定,要注意把握以下三个问题:(1)严格区分证券、期货监督管理机构的规定与证券、期货监督管理机构的认定。(2)发行人(上市公司)的控股股东、实际控制人控制的其他公司的董事、监事、高级管理人员不是法定的内幕信息知情人员。(3)内幕信息的知情人员不包括单位。

2.关于非法获取内幕信息的人员的范围。非法获取内幕信息的人员概括起来包括三类:一是非法手段型获取内幕信息的人员,即获取信息的手段行为本身是非法的,如通过窃取、刺探手段获取内幕信息的;二是特定身份型获取内幕信息的人员,即获取信息的手段行为未必是非法的,但其作为特定身份的人员不应获取内幕信息,如内幕信息知情人员的配偶从知情人员处获取内幕信息;三是积极联系型获取内幕信息的人员,即主动联络、接触行为未必是非法的,但结合行为目的分析,行为人是从内幕信息的知情人员处获取不应该获取的内幕信息,因此获取行为是非法的。

3. 关于非法获取内幕信息的人员的认定。因为窃取、骗取、套取、窃听、利诱、刺探或者私下交易这些手段本身是非法的,所以对于非法手段型获取内幕信息人员的认定相对简单。本解释规定,对特定身份型非法获取内幕信息人员的认定,先由司法机关认定相关交易行为是否明显异常。在这一前提下,司法机关必须进而认定相关明显异常交易有无正当理由或者正当信息来源,相关交易的明示、暗示人员或者泄露内幕信息人员可以就其行为有无正当理由或者正当信息来源提出抗辩;对于无正当理由或者无正当信息来源的,应当认定行为人为非法获取内幕信息的人员。

4. 关于"相关交易行为明显异常"的认定。本解释规定的"相关交易行为"包括3类:第一类是指内幕信息的知情人员从事的与该内幕信息有关的证券、期货交易;第二类是指被明示、暗示的人员从事的与内幕信息有关的证券、期货交易;第三类是指非法获取内幕信息的人员从事的与内幕信息有关的证券、期货交易。实践中,对相关交易行为明显异常的认定主要从交易时间吻合程度、交易背离程度、利益关联程度三个方面进行综合把握:一是时间吻合程度,即从行为时间与内幕信息形成、变化、公开的时间吻合程度把握。所要比对的时间主要有以下3类:其一,行为人开户、销户、激活资金账户或者指定交易(托管)、撤销指定交易(转托管)时间;其二,资金变化时间;其三,相关证券、期货合约买入或者卖出时间。二是交易背离程度,即从交易行为与正常交易的背离程度把握。正常交易主要体现在以下两点:其一,基于平时交易习惯而采取的交易行为;其二,基于证券、期货公开信息反映的基本面而理应采取的交易行为。三是利益关联程度,即从账户交易资金进出与该内幕信息的知情人员或者非法获取人员有无关联或者利害关系综合把握。所谓综合把握,是指不能单纯从上述某一个方面认定交易是否明显异常,而必须综合三个方面进行全面分析、论证,考虑到实际情况错综复杂,许多情形难以预料,本解释第3条第8项还规定了兜底项。

《最高人民法院、最高人民检察院关于办理利用未公开信息交易刑事案件适用法律若干问题的解释》(2019 年 6 月 27 日)

第一条 刑法第一百八十条第四款规定的“内幕信息以外的其他未公开的信息”,包括下列信息:

(一)证券、期货的投资决策、交易执行信息;

(二)证券持仓数量及变化、资金数量及变化、交易动向信息;

(三)其他可能影响证券、期货交易活动的信息。

第二条 内幕信息以外的其他未公开的信息难以认定的,司法机关可以在有关行政主(监)管部门的认定意见的基础上,根据案件事实和法律规定作出认定。

第三条 刑法第一百八十条第四款规定的“违反规定”,是指违反法律、行政法规、部门规章、全国性行业规范有关证券、期货未公开信息保护的规定,以及行为人所在的金融机构有关信息保密、禁止交易、禁止利益输送等规定。

第四条 刑法第一百八十条第四款规定的行为人“明示、暗示他人从事相关交易活动”,应当综合以下方面进行认定:

(一)行为人具有获取未公开信息的职务便利;

(二)行为人获取未公开信息的初始时间与他人从事相关交易活动的初始时间具有关联性;

(三)行为人与他人之间具有亲友关系、利益关联、交易终端关联等关联关系;

(四)他人从事相关交易的证券、期货品种、交易时间与未公开信息所涉证券、期货品种、交易时间等方面基本一致;

(五)他人从事的相关交易活动明显不具有符合交易习惯、专业判断等正当理由;

(六)行为人对明示、暗示他人从事相关交易活动没有合理解释。

第五条 利用未公开信息交易,具有下列情形之一的,应当认定为刑法第一百八十条第四款规定的“情节严重”:

(一)违法所得数额在一百万元以上的;

(二)二年内三次以上利用未公开信息交易的;

(三)明示、暗示三人以上从事相关交易活动的。

第六条 利用未公开信息交易,违法所得数额在五十万元以上,或者证券交易成交额在五百万元以上,或者期货交易占用保证金数额在一百万元以上,具有下列

情形之一的,应当认定为刑法第一百八十条第四款规定的“情节严重”:

(一)以出售或者变相出售未公开信息等方式,明示、暗示他人从事相关交易活动的;

(二)因证券、期货犯罪行为受过刑事追究的;

(三)二年内因证券、期货违法行为受过行政处罚的;

(四)造成恶劣社会影响或者其他严重后果的。

第七条　刑法第一百八十条第四款规定的“依照第一款的规定处罚”,包括该条第一款关于“情节特别严重”的规定。

利用未公开信息交易,违法所得数额在一千万元以上的,应当认定为“情节特别严重”。

违法所得数额在五百万元以上,或者证券交易成交额在五千万元以上,或者期货交易占用保证金数额在一千万元以上,具有本解释第六条规定的四种情形之一的,应当认定为“情节特别严重”。

第八条　二次以上利用未公开信息交易,依法应予行政处理或者刑事处理而未经处理的,相关交易数额或者违法所得数额累计计算。

第九条　本解释所称“违法所得”,是指行为人利用未公开信息从事与该信息相关的证券、期货交易活动所获利益或者避免的损失。

行为人明示、暗示他人利用未公开信息从事相关交易活动,被明示、暗示人员从事相关交易活动所获利益或者避免的损失,应当认定为“违法所得”。

第十条　行为人未实际从事与未公开信息相关的证券、期货交易活动的,其罚金数额按照被明示、暗示人员从事相关交易活动的违法所得计算。

※法规解读:

本解释共12条,需要重点把握以下四个方面的问题。

1.关于“未公开信息”的认定问题。本解释第1条就“未公开信息”作了界定。第1项是证券、期货的投资决策、交易执行信息,如基金投资公司即将建仓、出仓的信息等,这是“未公开信息”的常见类型,过去查处的“老鼠仓”案件所涉信息基本属于此类信息。第2项是证券持仓数量及变化、资金数量及变化、交易动向信息,通常是指证券交易所、证券结算中心等金融机构工作人员利用职务便利能够获取,并且应当予以保密的重要信息,如本单位受托管理的资金的运营情况,客户的交易信息等。因为这类信息不属于《证券法》规定的内幕信息,但又对证券交易活动具有影响，所以被视为“未公开信息”。第3项是其他可能影响证券、期货交易活动的信息。司法实践中，对于是否属于“未公开信息”难以认定的，本解释第2条作了提示性规定。对于“未公开信息”难以认定的，司法机关可以在有关行政主管、监管部门认定意见的基础上，根据案件事实和法律规定作出认定。

2. 关于“违反规定”的认定问题。本解释第3条明确规定，《刑法》第184条第4款规定的“违反规定”包括违反法律、行政法规、部门规章、全国性行业规范有关证券、期货未公开信息保护的规定，以及行为人所在的金融机构有关信息保密、禁止交易、禁止利益输送等规定。之所以将“行为人所在的金融机构有关信息保密、禁止交易、禁止利益输送等规定”纳入“违反规定”的范围，主要考虑是：法律、行政法规、部门规章、全国性行业规范有关未公开信息保护的规定比较原则，实践中需要结合行为人所在的金融机构有关信息保密、禁止交易、禁止利益输送等规定予以认定。

3. 关于“明示、暗示他人从事相关交易活动”的认定问题。本解释第4条从六个方面明确了《刑法》第184条第4款规定的行为人“明示、暗示他人从事相关交易活动”的综合认定标准。

(1)行为人具有获取未公开信息的职务便利，即从主体方面判断行为人是否具有获取未公开信息的职务便利。本罪是特殊主体，行为人必须具备获取未公开信息的职务便利。行为人的职务不是金融机构的一般职务，而是涉密岗位的相关职务。对于非涉密岗位人员(如银行中与证券、期货交易无关的工作人员)偶然听到未公开信息而从事相关交易的，则不属于利用职务之便获取未公开信息。

(2)行为人获取未公开信息的初始时间与他人从事相关交易活动的初始时间具有关联性，即从时间关联性来判断他人从事相关交易活动是否受到行为人的明示或者暗示。例如，行为人系股票投资基金的决策者，他人在行为人投资决策期间买入了相关股票，行为人明示、暗示他人交易的关联性较强；如果他人在行为人投资决策之后买入相关股票，则具有关联性，但关联性相对较弱，须结合其他项的规定进行综合判断；如果他人在行为人投资决策前或该信息失效后买入相关股票，则不具有关联性，应排除行为人明示、暗示他人从事相关交易活动的嫌疑。因此，要根据他人从事相关交易的初始时间，与未公开信息的生成时间、行为人获取信息的初始时间进行关联判断，这也是案件证据审查的重点内容之一。

(3)行为人与他人之间具有亲友关系、利益关联、交易终端关联等关联关系，即从行为人与他人之间的关联关系判断他人从事相关交易活动是否受到行为人的明示或者暗示。实践中，通常是从交易者与未公开信息知情人之间是否存在亲友关系、交易终端关联以及利益关联等方面进行排查，并据此发现明示、暗示他人交易的犯罪嫌疑人。如果交易者与行为人之间存在夫妻、父母、子女等密切关系，或者交易终端关联（共同使用交易的电脑、手机）等，一般就可以锁定嫌疑人。如果交易者与某未公开信息知情人仅是一般朋友关系，该知情人是否为明示、暗示人，则要结合其他证据进行综合判断。

(4)他人从事相关交易的证券、期货品种、交易时间与未公开信息所涉证券、期货品种、交易时间等方面基本一致，即从他人从事相关交易的证券、期货品种、交易时间与未公开信息所涉证券、期货品种、交易时间等方面是否基本一致，判断他人从事相关交易活动是否受到行为人的明示或者暗示。例如，某个人账户与机构账户交易的多只股票重合度高且在相近时间同买、同卖，即两个账户交易的股票品种及交易时间基本一致，实践中又称为“高度趋同交易”，这种情况下，明示、暗示他人从事相关交易活动的可能性就很大。趋同度的高低，通常是由证券交易所等监管机构从两个账户相近时间、交易方向相同的品种重合度等客观方面，再结合概率统计等科学方法，以百分比的方式计算。司法实践中，“高度趋同”一般以趋同度达到60%以上为标准。这是认定他人利用未公开信息从事相关交易活动的重要客观依据。

(5)他人从事的相关交易活动明显不具有符合交易习惯、专业判断等正当理由。

(6)行为人对明示、暗示他人从事相关交易活动没有合理解释，即对明示、暗示他人从事相关交易活动的行为人和被明示、暗示人给予合理辩解的机会，并着重提示监管稽查人员及司法人员应当充分听取有关辩解，并查证辩解的合理性。

需要注意的是，行为人明示、暗示他人从事相关交易活动，如果“他人”是行为人的配偶、父母等特殊亲属，行为人与“他人”系不可分割的利益共同体，则可认定为共同犯罪。

4. 关于犯罪数额的认定问题。利用未公开信息交易的相关交易数额或者违法所得数额是定罪量刑的依据，依法应当累计计算，但犯罪数额累计计算的前提条件是，单次利用未公开信息交易行为必须是依法应予行政处理或者刑事处理而未经处理的。对于不构成犯罪但超过行政处罚时效期限，或者构成犯罪但超过追诉期限的,相关数额不应累计计算。据此,本解释第8条规定,二次以上利用未公开信息交易,依法应予行政处理或者刑事处理而未经处理的,相关交易数额或者违法所得数额累计计算。实践中,利用未公开信息交易有两种情形:一是行为人利用未公开信息从事与该信息相关的证券、期货交易活动,二是行为人本人未利用未公开信息从事相关交易活动,但被明示、暗示人利用该未公开信息从事相关交易活动。据此,本解释第9条第1款规定,“违法所得”,是指行为人利用未公开信息从事与该信息相关的证券、期货交易活动所获利益或者避免的损失。第9条第2款规定,行为人明示、暗示他人利用未公开信息从事相关交易活动,被明示、暗示人员从事相关交易活动所获利益或者避免的损失,应当认定为“违法所得”。

关联法规索引

《最高人民检察院、公安部关于公安机关管辖的刑事案件立案追诉标准的规定(二)》第30、31条

典型案例

王某等人利用未公开信息交易案〔1〕

※要旨:具有获取未公开信息职务便利条件的金融机构从业人员及其近亲属从事相关证券交易行为明显异常,且与未公开信息相关交易高度趋同,即使其拒不供述未公开信息传递过程等犯罪事实,但其他证据之间相互印证,能够形成证明利用未公开信息犯罪的完整证明体系,足以排除其他可能的,可以依法认定犯罪事实。

马某利用未公开信息交易案〔2〕

※要旨:《刑法》第180条第4款规定的利用未公开信息交易罪援引法定刑的情形,应当是对第1款内幕交易、泄露内幕信息罪全部

〔1〕 参见最高人民检察院指导性案例第65号。
〔2〕 参见最高人民法院指导性案例第61号。

法定刑的引用，即利用未公开信息交易罪应有“情节严重”“情节特别严重”两种情形和两个量刑档次。

第一百八十一条　【编造并传播证券、期货交易虚假信息罪】编造并且传播影响证券、期货交易的虚假信息，扰乱证券、期货交易市场，造成严重后果的，处五年以下有期徒刑或者拘役，并处或者单处一万元以上十万元以下罚金。

【诱骗投资者买卖证券、期货合约罪】证券交易所、期货交易所、证券公司、期货经纪公司的从业人员，证券业协会、期货业协会或者证券期货监督管理部门的工作人员，故意提供虚假信息或者伪造、变造、销毁交易记录，诱骗投资者买卖证券、期货合约，造成严重后果的，处五年以下有期徒刑或者拘役，并处或者单处一万元以上十万元以下罚金；情节特别恶劣的，处五年以上十年以下有期徒刑，并处二万元以上二十万元以下罚金。

单位犯前两款罪的，对单位判处罚金，并对其直接负责的主管人员和其他直接责任人员，处五年以下有期徒刑或者拘役。

关联法规索引

《最高人民检察院、公安部关于公安机关管辖的刑事案件立案追诉标准的规定(二)》第32、33条

第一百八十二条　【操纵证券、期货市场罪】有下列情形之一，操纵证券、期货市场，影响证券、期货交易价格或者证券、期货交易量，情节严重的，处五年以下有期徒刑或者拘役，并处或者单处罚金；情节特别严重的，处五年以上十年以下有期徒刑，并处罚金：

(一)单独或者合谋，集中资金优势、持股或者持仓优势或者利用信息优势联合或者连续买卖的；

(二)与他人串通，以事先约定的时间、价格和方式相互进行证券、期货交易的；

（三）在自己实际控制的帐户之间进行证券交易，或者以自己为交易对象，自买自卖期货合约的；

（四）不以成交为目的，频繁或者大量申报买入、卖出证券、期货合约并撤销申报的；

（五）利用虚假或者不确定的重大信息，诱导投资者进行证券、期货交易的；

（六）对证券、证券发行人、期货交易标的公开作出评价、预测或者投资建议，同时进行反向证券交易或者相关期货交易的；

（七）以其他方法操纵证券、期货市场的。

单位犯前款罪的，对单位判处罚金，并对其直接负责的主管人员和其他直接责任人员，依照前款的规定处罚。

条文解读

本条是关于操纵证券、期货市场罪及其处罚的规定。本罪的犯罪主体为一般主体，自然人和单位均可构成本罪的主体，主观方面由故意构成，客观方面表现为操纵证券、期货市场的行为，具体包括以下 7 种类型：

1. 单独或者合谋，集中资金优势、持股或者持仓优势或者利用信息优势联合或者连续买卖的行为，俗称“连续交易型操纵”。其通常指资金、持仓、持股大户利用大量资金或者某一股票、期货合约的大量持仓，对该股票、期货合约连续买进或者卖出，通过连续交易行为推高证券、期货价格然后卖出，或者压低证券、期货价格然后再买进，行为人通常利用多个账户对特定证券、期货品种进行连续交易，影响交易价格和交易量，同时进行反向操作，在高位套现，在低位买进，获取非法巨额利益。

2. 与他人串通，以事先约定的时间、价格和方式相互进行证券、期货交易的行为，俗称“约定交易型操纵”。这种操纵证券价格的方式又称为“对敲”，主要表现为行为人与他人通谋，约定交易时间和价格，反复买卖特定证券、期货品种，一定时间内影响市场价格和交易量，造成交易活跃的假象，使其他投资者陷入错误判断而交易相应证券、期货合约品种。

3. 在自己实际控制的帐户之间进行证券交易，或者以自己为交易对象，自买自卖期货合约的行为,俗称“洗售型操纵”。“在自己实际控制的帐户之间进行证券交易”,是指将预先配好的委托分别下达给两个证券公司,由一个证券公司买进,另一个证券公司卖出,实际上是自买自卖证券的行为,其所有权并没有发生转移。这种行为实际上也对证券的交易价格和交易量产生了很大的影响。“以自己为交易对象,自买自卖期货合约”,主要是指以不转移期货合约形式进行虚假买卖。这种情况也称为虚假交易,主要包括两种情况:一种是自我买卖,即会员单位或者客户在期货交易中既作卖方又作买方,形式上买进卖出,实际上期货合约的所有人并没有发生变化,实践中这种人往往在开设帐户时一客多户,或假借他人帐户,或用假名虚设帐户,在买卖期货过程中,形式上是多个客户在交易,实质为同一客户;另一种是不同行为人之间进行的交易,他们事先合谋,相互买卖期货合约,事后再由买进的一方返还给另一方。这种不转移合约所有权形式的虚假交易行为,显然会影响期货行情,制造出虚假价格。

4. 不以成交为目的,频繁或者大量申报买入、卖出证券、期货合约并撤销申报的行为。这种操纵方式通常称为“虚假申报操纵”或者“恍骗交易操纵”,具体包括分层挂单、反向交易等行为,其核心特征是通过不以成交为目的的挂单,诱骗其他投资者交易或者放弃交易,从而实现对证券、期货交易价格或者交易量的影响。随着计算机程序交易的普及,通过计算机程序快速下单和撤单已经具备了可能性。该种操纵方式多利用程序化交易等技术手段进行,以实现高频交易或者大量申报但最终不成交,进而影响证券交易的数据,从而抬高股价,谋取非法利益。

5. 利用虚假或者不确定的重大信息,诱导投资者进行证券、期货交易的行为。这种操纵证券、期货市场的行为通常称为“蛊惑交易操纵”。实践中,这种行为通过公开传播虚假、重大误导性信息来影响投资者的判断和交易,进而影响特定证券、期货交易的价格、交易量。实施这类操纵行为的犯罪行为人利用许多投资者存在迷信内部消息、追捧热点信息的心理,通过“编故事、画大饼”等方式,传播公司重组意图、投资意向、行业信息等所谓重大信息,引起证券、期货市场关注和反应,吸引大量投资者跟风交易,以达到行为人操纵证券、期货市场的目的。

6. 对证券、证券发行人、期货交易标的公开作出评价、预测或者投资建议,同时进行反向证券交易或者相关期货交易的行为,俗称“抢帽子型操纵”,又称“黑嘴荐股操纵”。这里作出公开评价、预测或者投资建议的主体是不特定主体,既有证券公司、证券咨询机构、专业中介机构及其工作人员等,也有各种所谓炒股专家、专业分析师等,其往往预先买入证券、期货合约,然后利用其身份在互联网、电视等平台对其买入的股票、证券发行人、期货标的进行公开评价、预测及推荐,影响股票、期货的价格以及交易量,并通过操作获利。

7. 以其他方法操纵证券、期货市场的行为。操纵证券、期货市场的行为主要是前述6种,但实践中绝不止于此。以其他方法操纵证券、期货市场的行为,目前有利用职务便利操纵证券、期货市场,主要是证券交易所、期货交易所、证券公司、期货经纪公司及其从业人员,利用手中掌握的证券、期货委托、报价交易等职务便利,人为地压低或者抬高证券、期货价格,从中牟取暴利,其表现形式包括:擅自篡改证券、期货行情记录,引起证券、期货价格波动;在委托交易中,利用时间差,进行强买强卖故意引起价格波动;串通客户共同操纵证券、期货价格;在证券、期货代理过程中,违反规定取得多个客户的全权委托,并实际操作客户帐户,实施操纵交易;会员单位或客户利用多个会员或客户的帐户与注册编码,规避交易所持股、持仓量或交易头寸的限制超量持股、持仓以及借股、借仓交易等操纵价格的行为;交易所会员或客户在现货市场上超越自身经营范围或实际需求,囤积居奇,企图或实际严重影响期货市场价格;交易所会员或客户超越自身经营范围或实际要求,控制大量交易所指定仓库标准仓单,企图或实际严重影响期货市场价格;交易所会员故意阻止、延误或改变客户某一方向的交易指令,或擅自下达交易指令或诱导、强制客户按照自己的意志进行交易,操纵证券、期货交易价格;等等。

配套法规及解读

《最高人民法院、最高人民检察院关于办理操纵证券、期货市场刑事案件适用法律若干问题的解释》(2019年6月27日)

第一条 行为人具有下列情形之一的,可以认定为刑法第一百八十二条第一款第四项规定的"以其他方法操纵证券、期货市场":

(一)利用虚假或者不确定的重大信息,诱导投资者作出投资决策,影响证券、期货交易价格或者证券、期货交易量,并进行相关交易或者谋取相关利益的;

(二)通过对证券及其发行人、上市公司、期货交易标的公开作出评价、预测或者投资建议,误导投资者作出投资决策,影响证券、期货交易价格或者证券、期货交易量,并进行与其评价、预测、投资建议方向相反的证券交易或者相关期货交易的;

（三）通过策划、实施资产收购或者重组、投资新业务、股权转让、上市公司收购等虚假重大事项，误导投资者作出投资决策，影响证券交易价格或者证券交易量，并进行相关交易或者谋取相关利益的；

（四）通过控制发行人、上市公司信息的生成或者控制信息披露的内容、时点、节奏，误导投资者作出投资决策，影响证券交易价格或者证券交易量，并进行相关交易或者谋取相关利益的；

（五）不以成交为目的，频繁申报、撤单或者大额申报、撤单，误导投资者作出投资决策，影响证券、期货交易价格或者证券、期货交易量，并进行与申报相反的交易或者谋取相关利益的；

（六）通过囤积现货，影响特定期货品种市场行情，并进行相关期货交易的；

（七）以其他方法操纵证券、期货市场的。

第二条 操纵证券、期货市场，具有下列情形之一的，应当认定为刑法第一百八十二条第一款规定的“情节严重”：

（一）持有或者实际控制证券的流通股份数量达到该证券的实际流通股份总量百分之十以上，实施刑法第一百八十二条第一款第一项操纵证券市场行为，连续十个交易日的累计成交量达到同期该证券总成交量百分之二十以上的；

（二）实施刑法第一百八十二条第一款第二项、第三项操纵证券市场行为，连续十个交易日的累计成交量达到同期该证券总成交量百分之二十以上的；

（三）实施本解释第一条第一项至第四项操纵证券市场行为，证券交易成交额在一千万元以上的；

（四）实施刑法第一百八十二条第一款第一项及本解释第一条第六项操纵期货市场行为，实际控制的账户合并持仓连续十个交易日的最高值超过期货交易所限仓标准的二倍，累计成交量达到同期该期货合约总成交量百分之二十以上，且期货交易占用保证金数额在五百万元以上的；

（五）实施刑法第一百八十二条第一款第二项、第三项及本解释第一条第一项、第二项操纵期货市场行为，实际控制的账户连续十个交易日的累计成交量达到同期该期货合约总成交量百分之二十以上，且期货交易占用保证金数额在五百万元以上的；

（六）实施本解释第一条第五项操纵证券、期货市场行为，当日累计撤回申报量达到同期该证券、期货合约总申报量百分之五十以上，且证券撤回申报额在一千万元以上、撤回申报的期货合约占用保证金数额在五百万元以上的；

（七）实施操纵证券、期货市场行为，违法所得数额在一百万元以上的。

第三条 操纵证券、期货市场，违法所得数额在五十万元以上，具有下列情形之一的，应当认定为刑法第一百八十二条第一款规定的“情节严重”：

（一）发行人、上市公司及其董事、监事、高级管理人员、控股股东或者实际控制人实施操纵证券、期货市场行为的；

（二）收购人、重大资产重组的交易对方及其董事、监事、高级管理人员、控股股东或者实际控制人实施操纵证券、期货市场行为的；

（三）行为人明知操纵证券、期货市场行为被有关部门调查，仍继续实施的；

（四）因操纵证券、期货市场行为受过刑事追究的；

（五）二年内因操纵证券、期货市场行为受过行政处罚的；

（六）在市场出现重大异常波动等特定时段操纵证券、期货市场的；

（七）造成恶劣社会影响或者其他严重后果的。

第四条 具有下列情形之一的，应当认定为刑法第一百八十二条第一款规定的“情节特别严重”：

（一）持有或者实际控制证券的流通股份数量达到该证券的实际流通股份总量百分之十以上，实施刑法第一百八十二条第一款第一项操纵证券市场行为，连续十个交易日的累计成交量达到同期该证券总成交量百分之五十以上的；

（二）实施刑法第一百八十二条第一款第二项、第三项操纵证券市场行为，连续十个交易日的累计成交量达到同期该证券总成交量百分之五十以上的；

（三）实施本解释第一条第一项至第四项操纵证券市场行为，证券交易成交额在五千万元以上的；

（四）实施刑法第一百八十二条第一款第一项及本解释第一条第六项操纵期货市场行为，实际控制的账户合并持仓连续十个交易日的最高值超过期货交易所限仓标准的五倍，累计成交量达到同期该期货合约总成交量百分之五十以上，且期货交易占用保证金数额在二千五百万元以上的；

（五）实施刑法第一百八十二条第一款第二项、第三项及本解释第一条第一项、第二项操纵期货市场行为，实际控制的账户连续十个交易日的累计成交量达到同期该期货合约总成交量百分之五十以上，且期货交易占用保证金数额在二千五百万元以上的；

（六）实施操纵证券、期货市场行为，违法所得数额在一千万元以上的。

实施操纵证券、期货市场行为，违法所得数额在五百万元以上，并具有本解释第三条规定的七种情形之一的，应当认定为“情节特别严重”。

第五条　下列账户应当认定为刑法第一百八十二条中规定的“自己实际控制的账户”：

（一）行为人以自己名义开户并使用的实名账户；

（二）行为人向账户转入或者从账户转出资金，并承担实际损益的他人账户；

（三）行为人通过第一项、第二项以外的方式管理、支配或者使用的他人账户；

（四）行为人通过投资关系、协议等方式对账户内资产行使交易决策权的他人账户；

（五）其他有证据证明行为人具有交易决策权的账户。

有证据证明行为人对前款第一项至第三项账户内资产没有交易决策权的除外。

第六条　二次以上实施操纵证券、期货市场行为，依法应予行政处理或者刑事处理而未经处理的，相关交易数额或者违法所得数额累计计算。

第七条　符合本解释第二条、第三条规定的标准，行为人如实供述犯罪事实，认罪悔罪，并积极配合调查，退缴违法所得的，可以从轻处罚；其中犯罪情节轻微的，可以依法不起诉或者免予刑事处罚。

符合刑事诉讼法规定的认罪认罚从宽适用范围和条件的，依照刑事诉讼法的规定处理。

第八条　单位实施刑法第一百八十二条第一款行为的，依照本解释规定的定罪量刑标准，对其直接负责的主管人员和其他直接责任人员定罪处罚，并对单位判处罚金。

第九条　本解释所称“违法所得”，是指通过操纵证券、期货市场所获利益或者避免的损失。

本解释所称“连续十个交易日”，是指证券、期货市场开市交易的连续十个交易日，并非指行为人连续交易的十个交易日。

第十条　对于在全国中小企业股份转让系统中实施操纵证券市场行为，社会危害性大，严重破坏公平公正的市场秩序的，比照本解释的规定执行，但本解释第二条第一项、第二项和第四条第一项、第二项除外。

※法规解读：

本解释共11条，择其重要问题解读如下。

1. 关于“以其他方法操纵证券、期货市场”的认定问题。

本解释第1条规定了7种操纵证券、期货市场的其他方法。

(1)蛊惑交易操纵。其行为特征是：行为人通过公开传播虚假、不确定的重大信息来影响投资者的交易行为，影响特定证券、期货的交易价格、交易量，从中谋取利益。

(2)抢帽子交易操纵，即利用“黑嘴”荐股操纵。其行为特征是：行为人通过对证券及其发行人、上市公司、期货交易标的公开作出评价、预测或者投资建议，影响特定证券、期货的交易价格、交易量，并进行反向证券交易或者相关期货交易，从中谋取利益。

(3)重大事件操纵，即“编故事、画大饼”型操纵行为。其行为特征是：行为人通过策划、实施虚假重组、虚假投资、虚假股权转让、虚假收购等重大事项，影响特定证券的交易价格、交易量，从中谋取利益。

(4)利用信息优势操纵。其行为特征是：行为人通过控制发行人、上市公司信息的生成或者控制信息披露的内容、时点、节奏，影响特定证券的交易价格、交易量，从中谋取利益。

(5)虚假申报操纵(恍骗交易操纵)。其行为特征是：行为人通过不以成交为目的的频繁申报、撤单或者大额申报、撤单，误导其他投资者交易或者不交易，影响特定证券、期货的交易价格、交易量，并进行反向交易或者谋取相关利益。

(6)跨期、现货市场操纵。其行为特征是：行为人超过自己实际需要大量囤积现货，影响特定期货品种市场行情，并进行相关期货交易，从中谋取利益。

(7)以其他方法操纵证券、期货市场。

2. 关于操纵证券、期货市场罪的定罪量刑标准。

本解释第2条针对《刑法》第182条第1款第1～3项规定的3种操纵手段，以及本解释第1条规定的7种其他操纵方法，分别规定了7项入罪标准：

第1项是连续交易操纵的入罪标准，即持有或者实际控制证券的流通股份数量达到该证券实际流通股份总量10%以上，连续10个交易日的累计成交量达到同期该证券总成交量20%以上的。持股比例、交易期限和成交量是影响证券交易价格、交易量的关键因素，行为人连续交易操纵达到上述标准时，已经严重危害该证券的自由市场定价机制，扰乱证券市场正常交易秩序，有必要予以刑事处罚。

第2项是约定交易操纵、自买自卖操纵的入罪标准，即连续10个交易日的累计成交量达到同期该证券总成交量20%以上的。约定交易操纵、自买自卖操纵的行为实质是通过虚假交易制造假象，抬高或者打压特定证券的价格，行为人乘机买入或者卖出，从中谋利或者转嫁风险。

第3项是蛊惑交易操纵、抢帽子交易操纵、重大事件操纵、利用信息优势操纵的入罪标准。综合考虑这些操纵手段的行为特点和发案态势，本项以证券交易成交额在1000万元以上作为入罪标准。

第4、5项是操纵期货市场的入罪标准。操纵期货市场行为对期货市场正常交易秩序的危害性主要体现在持仓量超过限仓标准的数量、累计成交量占比、期货交易占用保证金数额等几方面因素。经研究并征求各方面意见建议，第4、5项重新调整确定了期货交易占用保证金数额在500万元以上、累计成交量占比20%以上等操纵期货市场入罪标准。

第6项是虚假申报操纵的入罪标准，即当日累计撤回申报量达到同期该证券、期货合约总申报量50%以上，且证券撤回申报额在1000万元以上、撤回申报的期货合约占用保证金数额在500万元以上的。

第7项是各类操纵证券、期货市场行为的违法所得数额标准。本项中的数额标准是违法所得数额在100万元以上。

另外，本解释第4条规定了“情节特别严重”的认定标准。

3. 关于“自己实际控制的账户”的认定问题。

本解释第5条以行为人对账户内资产是否具有交易决策权作为认定标准，明确列举了5种可以认定为“自己实际控制的账户”的情形：第1项是行为人以自己名义开户并使用的实名账户；第2项是行为人向账户转入或者从账户转出资金，并承担实际损益的他人账户；第3项是行为人通过第1、2项以外的方式管理、支配或者使用的他人账户；第4项是行为人通过投资关系、协议等方式对账户内资产行使交易决策权的他人账户；第5项是其他有证据证明行为人具有交易决策权的账户。同时，该条第2款还规定了“自己实际控制的账户”的例外情形，即有证据证明行为人对第1～3项账户内资产没有交易决策权的除外。

关联法规索引

《最高人民检察院、公安部关于公安机关管辖的刑事案件立案追诉标准的规定(二)》第34条

第一百八十三条 【保险公司工作人员虚假理赔的犯罪及处罚】 保险公司的工作人员利用职务上的便利,故意编造未曾发生的保险事故进行虚假理赔,骗取保险金归自己所有的,依照本法第二百七十一条的规定定罪处罚。

国有保险公司工作人员和国有保险公司委派到非国有保险公司从事公务的人员有前款行为的,依照本法第三百八十二条、第三百八十三条的规定定罪处罚。

第一百八十四条 【非国家工作人员受贿罪】 银行或者其他金融机构的工作人员在金融业务活动中索取他人财物或者非法收受他人财物,为他人谋取利益的,或者违反国家规定,收受各种名义的回扣、手续费,归个人所有的,依照本法第一百六十三条的规定定罪处罚。

国有金融机构工作人员和国有金融机构委派到非国有金融机构从事公务的人员有前款行为的,依照本法第三百八十五条、第三百八十六条的规定定罪处罚。

第一百八十五条 【挪用资金罪】 商业银行、证券交易所、期货交易所、证券公司、期货经纪公司、保险公司或者其他金融机构的工作人员利用职务上的便利,挪用本单位或者客户资金的,依照本法第二百七十二条的规定定罪处罚。

【挪用公款罪】 国有商业银行、证券交易所、期货交易所、证券公司、期货经纪公司、保险公司或者其他国有金融机构的工作人员和国有商业银行、证券交易所、期货交易所、证券公司、期货经纪公司、保险公司或者其他国有金融机构委派到前款规定中的非国有机构从事公务的人员有前款行为的,依照本法第三百八十四条的规定定罪处罚。

第一百八十五条之一 【背信运用受托财产罪】 商业银行、证券交易所、期货交易所、证券公司、期货经纪公司、保险公司或者其他金融机构,违背受

托义务，擅自运用客户资金或者其他委托、信托的财产，情节严重的，对单位判处罚金，并对其直接负责的主管人员和其他直接责任人员，处三年以下有期徒刑或者拘役，并处三万元以上三十万元以下罚金；情节特别严重的，处三年以上十年以下有期徒刑，并处五万元以上五十万元以下罚金。

【违法运用资金罪】社会保障基金管理机构、住房公积金管理机构等公众资金管理机构，以及保险公司、保险资产管理公司、证券投资基金管理公司，违反国家规定运用资金的，对其直接负责的主管人员和其他直接责任人员，依照前款的规定处罚。

关联法规索引

《最高人民检察院、公安部关于公安机关管辖的刑事案件立案追诉标准的规定(二)》第35、36条

第一百八十六条　【违法发放贷款罪】银行或者其他金融机构的工作人员违反国家规定发放贷款，数额巨大或者造成重大损失的，处五年以下有期徒刑或者拘役，并处一万元以上十万元以下罚金；数额特别巨大或者造成特别重大损失的，处五年以上有期徒刑，并处二万元以上二十万元以下罚金。

银行或者其他金融机构的工作人员违反国家规定，向关系人发放贷款的，依照前款的规定从重处罚。

单位犯前两款罪的，对单位判处罚金，并对其直接负责的主管人员和其他直接责任人员，依照前两款的规定处罚。

关系人的范围，依照《中华人民共和国商业银行法》和有关金融法规确定。

关联法规索引

《最高人民检察院、公安部关于公安机关管辖的刑事案件立案追诉标准的规定(二)》第37条

第一百八十七条　【吸收客户资金不入账罪】 银行或者其他金融机构的工作人员吸收客户资金不入帐，数额巨大或者造成重大损失的，处五年以下有期徒刑或者拘役，并处二万元以上二十万元以下罚金；数额特别巨大或者造成特别重大损失的，处五年以上有期徒刑，并处五万元以上五十万元以下罚金。

单位犯前款罪的，对单位判处罚金，并对其直接负责的主管人员和其他直接责任人员，依照前款的规定处罚。

关联法规索引

《最高人民检察院、公安部关于公安机关管辖的刑事案件立案追诉标准的规定（二）》第 38 条

第一百八十八条　【违规出具金融票证罪】 银行或者其他金融机构的工作人员违反规定，为他人出具信用证或者其他保函、票据、存单、资信证明，情节严重的，处五年以下有期徒刑或者拘役；情节特别严重的，处五年以上有期徒刑。

单位犯前款罪的，对单位判处罚金，并对其直接负责的主管人员和其他直接责任人员，依照前款的规定处罚。

关联法规索引

《最高人民检察院、公安部关于公安机关管辖的刑事案件立案追诉标准的规定（二）》第 39 条

第一百八十九条　【对违法票据承兑、付款、保证罪】 银行或者其他金融机构的工作人员在票据业务中，对违反票据法规定的票据予以承兑、付款或者保证，造成重大损失的，处五年以下有期徒刑或者拘役；造成特别重大损失的，处五年以上有期徒刑。

单位犯前款罪的，对单位判处罚金，并对其直接负责的主管人员和其他直接责任人员，依照前款的规定处罚。

关联法规索引

《最高人民检察院、公安部关于公安机关管辖的刑事案件立案追诉标准的规定(二)》第40条

第一百九十条 【逃汇罪】 公司、企业或者其他单位,违反国家规定,擅自将外汇存放境外,或者将境内的外汇非法转移到境外,数额较大的,对单位判处逃汇数额百分之五以上百分之三十以下罚金,并对其直接负责的主管人员和其他直接责任人员,处五年以下有期徒刑或者拘役;数额巨大或者有其他严重情节的,对单位判处逃汇数额百分之五以上百分之三十以下罚金,并对其直接负责的主管人员和其他直接责任人员,处五年以上有期徒刑。

关联法规索引

《最高人民检察院、公安部关于公安机关管辖的刑事案件立案追诉标准的规定(二)》第41条

第一百九十一条 【洗钱罪】 为掩饰、隐瞒毒品犯罪、黑社会性质的组织犯罪、恐怖活动犯罪、走私犯罪、贪污贿赂犯罪、破坏金融管理秩序犯罪、金融诈骗犯罪的所得及其产生的收益的来源和性质,有下列行为之一的,没收实施以上犯罪的所得及其产生的收益,处五年以下有期徒刑或者拘役,并处或者单处罚金;情节严重的,处五年以上十年以下有期徒刑,并处罚金:

(一)提供资金帐户的;

(二)将财产转换为现金、金融票据、有价证券的;

(三)通过转帐或者其他支付结算方式转移资金的;

(四)跨境转移资产的;

(五)以其他方法掩饰、隐瞒犯罪所得及其收益的来源和性质的。

单位犯前款罪的,对单位判处罚金,并对其直接负责的主管人员和其他直接责任人员,依照前款的规定处罚。

条文解读

本条是关于洗钱罪及其处罚的规定。构成本罪须具备以下条件。

1. 主观上是为掩饰、隐瞒上游犯罪的所得及其产生的收益的来源和性质。"掩饰、隐瞒"是指行为人以窝藏、转移、转换、收购等方法将自己或者他人实施上游犯罪的所得及其产生的收益予以掩盖或洗白,本条对"掩饰、隐瞒"的方法作了具体列举。行为人的主观方面,可以通过行为人的认知能力,接触和掌握上游犯罪及其犯罪所得和收益的情况,犯罪所得及其收益的种类、数额,掩饰、隐瞒犯罪所得及其收益的方式等,结合客观实际与犯罪意图综合判断。本条规定的上游犯罪,为"毒品犯罪、黑社会性质的组织犯罪、恐怖活动犯罪、走私犯罪、贪污贿赂犯罪、破坏金融管理秩序犯罪、金融诈骗犯罪"。这里的类罪也应包括基于实施"毒品犯罪"等七类犯罪的目的而实施其他犯罪的情况,具体确定的罪名不一定是这七类罪。如为参加恐怖活动组织、接受恐怖活动培训或者实施恐怖活动,偷越国(边)境的,当行为人因涉恐怖活动而触犯《刑法》第322条"偷越国(边)境罪"时,该罪也应属于本罪规定的"恐怖活动犯罪"。犯罪"所得及其产生的收益的来源和性质",是指上游犯罪行为人犯罪所获得的非法利益以及利用犯罪所得的非法利益所产生的孳息或者进行经营活动所产生的经济利益的来源和性质。

2. 行为人实施了掩饰、隐瞒毒品犯罪、黑社会性质的组织犯罪、恐怖活动犯罪、走私犯罪、贪污贿赂犯罪、破坏金融管理秩序犯罪、金融诈骗犯罪的所得及其产生收益的来源和性质的行为。洗钱罪的本质在于为特定上游犯罪的犯罪所得披上合法外衣,消灭犯罪线索和证据,逃避法律追究和制裁,实现犯罪所得的安全循环使用。本条列举了5种洗钱行为:(1)提供资金帐户,是指为犯罪行为人提供金融机构帐户等的行为,包括提供各种真名帐户、匿名帐户、假名帐户等,为其转移犯罪所得及其收益提供方便。(2)将财产转换为现金、金融票据或者有价证券,是指犯罪行为人本人或者协助他人将犯罪所得及其收益的财产通过交易等方式转换为现金或者汇票、本票、支票等金融票据或者股票、债券等有价证券,以掩饰、隐瞒犯罪所得财产的真实所有权关系。(3)通过转帐或者其他支付结算方式转移资金。这种行为的目的是犯罪行为人为自己或者为他人掩盖犯罪所得资金的来源、去向。支付结算方式包括转帐、票据承兑和贴现等资金支付结算业务。(4)跨境转移资产,是指以各种方式将犯罪所得的资产转移到境外的国家或地区,兑换成外币、动产、不动产等，或者将犯罪所得的资产从境外转移到境内，兑换成人民币、动产、不动产等。实践中，跨境转移资产有直接跨境实施的，如通过运输、邮寄、携带等方式跨越国（边）境实现资产转移，以投资等方式购买境外资产等；也有间接跨境实施的，如犯罪集团控制境内、境外分别设立的两个资金池，当境内完成收款后，通知境外资金向外放款，实现跨境转移资产。（5）以其他方法掩饰、隐瞒犯罪所得及其收益的来源和性质，是一个兜底性规定，包括将犯罪所得投资于各种行业进行合法经营，将非法获得的收入注入合法收入中，或者用犯罪所得购买不动产等各种手段，掩饰、隐瞒犯罪所得及其收益的来源和性质的行为。

配套法规及解读

《最高人民法院、最高人民检察院关于办理洗钱刑事案件适用法律若干问题的解释》（2024年8月19日）

为依法惩治洗钱犯罪活动，根据《中华人民共和国刑法》、《中华人民共和国刑事诉讼法》的规定，现就办理洗钱刑事案件适用法律的若干问题解释如下：

第一条　为掩饰、隐瞒本人实施刑法第一百九十一条规定的上游犯罪的所得及其产生的收益的来源和性质，实施该条第一款规定的洗钱行为的，依照刑法第一百九十一条的规定定罪处罚。

第二条　知道或者应当知道是他人实施刑法第一百九十一条规定的上游犯罪的所得及其产生的收益，为掩饰、隐瞒其来源和性质，实施该条第一款规定的洗钱行为的，依照刑法第一百九十一条的规定定罪处罚。

第三条　认定"知道或者应当知道"，应当根据行为人所接触、接收的信息，经手他人犯罪所得及其收益的情况，犯罪所得及其收益的种类、数额，犯罪所得及其收益的转移、转换方式，交易行为、资金账户等异常情况，结合行为人职业经历、与上游犯罪人员之间的关系以及其供述和辩解，同案人指证和证人证言等情况综合审查判断。有证据证明行为人确实不知道的除外。

将刑法第一百九十一条规定的某一上游犯罪的犯罪所得及其收益，认作该条规定的上游犯罪范围内的其他犯罪所得及其收益的，不影响"知道或者应当知道"的认定。

第四条　洗钱数额在五百万元以上的，且具有下列情形之一的，应当认定为刑法第一百九十一条规定的“情节严重”：

（一）多次实施洗钱行为的；

（二）拒不配合财物追缴，致使赃款赃物无法追缴的；

（三）造成损失二百五十万元以上的；

（四）造成其他严重后果的。

二次以上实施洗钱犯罪行为，依法应予刑事处理而未经处理的，洗钱数额累计计算。

第五条 为掩饰、隐瞒实施刑法第一百九十一条规定的上游犯罪的所得及其产生的收益的来源和性质，实施下列行为之一的，可以认定为刑法第一百九十一条第一款第五项规定的“以其他方法掩饰、隐瞒犯罪所得及其收益的来源和性质”：

（一）通过典当、租赁、买卖、投资、拍卖、购买金融产品等方式，转移、转换犯罪所得及其收益的；

（二）通过与商场、饭店、娱乐场所等现金密集型场所的经营收入相混合的方式，转移、转换犯罪所得及其收益的；

（三）通过虚构交易、虚设债权债务、虚假担保、虚报收入等方式，转移、转换犯罪所得及其收益的；

（四）通过买卖彩票、奖券、储值卡、黄金等贵金属等方式，转换犯罪所得及其收益的；

（五）通过赌博方式，将犯罪所得及其收益转换为赌博收益的；

（六）通过“虚拟资产”交易、金融资产兑换方式，转移、转换犯罪所得及其收益的；

（七）以其他方式转移、转换犯罪所得及其收益的。

第六条 掩饰、隐瞒刑法第一百九十一条规定的上游犯罪的犯罪所得及其产生的收益，构成刑法第一百九十一条规定的洗钱罪，同时又构成刑法第三百一十二条规定的掩饰、隐瞒犯罪所得、犯罪所得收益罪的，依照刑法第一百九十一条的规定定罪处罚。

实施刑法第一百九十一条规定的洗钱行为，构成洗钱罪，同时又构成刑法第三百四十九条、第二百二十五条、第一百七十七条之一或者第一百二十条之一规定的犯罪的，依照处罚较重的规定定罪处罚。

第七条 认定洗钱罪应当以上游犯罪事实成立为前提。有下列情形的，不影响洗钱罪的认定：

（一）上游犯罪尚未依法裁判，但有证据证明确实存在的；

（二）有证据证明上游犯罪确实存在，因行为人逃匿未到案的；

（三）有证据证明上游犯罪确实存在，因行为人死亡等原因依法不予追究刑事责任的；

（四）有证据证明上游犯罪确实存在，但同时构成其他犯罪而以其他罪名定罪处罚的。

第八条　刑法第一百九十一条规定的“黑社会性质的组织犯罪的所得及其产生的收益”，是指黑社会性质组织及其成员实施相关犯罪的所得及其产生的收益，包括黑社会性质组织的形成、发展过程中，该组织及组织成员通过违法犯罪活动聚敛的全部财物、财产性权益及其孳息、收益。

第九条　犯洗钱罪，判处五年以下有期徒刑或者拘役，并处或者单处罚金的，判处一万元以上罚金；判处五年以上十年以下有期徒刑的，并处二十万元以上罚金。

第十条　符合本解释第一条、第二条的规定，行为人如实供述犯罪事实，认罪悔罪，并积极配合追缴犯罪所得及其产生的收益的，可以从轻处罚；犯罪情节轻微的，可以依法不起诉或者免予刑事处罚。

第十一条　单位实施洗钱犯罪的，依照本解释规定的相应自然人犯罪的定罪量刑标准，对单位判处罚金，并对其直接负责的主管人员和其他直接责任人员定罪处罚。

第十二条　本解释所称“上游犯罪”，是指刑法第一百九十一条规定的毒品犯罪、黑社会性质的组织犯罪、恐怖活动犯罪、走私犯罪、贪污贿赂犯罪、破坏金融管理秩序犯罪、金融诈骗犯罪。

第十三条　本解释自 2024 年 8 月 20 日起施行。《最高人民法院关于审理洗钱等刑事案件具体应用法律若干问题的解释》（法释〔2009〕15 号）同时废止。

※法规解读：

本解释共 13 条，主要内容包括：

1. 明确“自洗钱”“他洗钱”犯罪的认定标准，以及“他洗钱”犯罪主观认识的审查认定标准。《刑法修正案（十一）》修改了《刑法》第 191 条关于洗钱罪的罪状描述，删除了“明知”的用语，为了与修订后的《刑法》条文表述相一致，本解释不再以

2009年《最高人民法院关于审理洗钱等刑事案件具体应用法律若干问题的解释》中的“明知”来表述洗钱罪的主观要件，而采用“知道或者应当知道”作为“他洗钱”犯罪主观要件的认定内容。需要重点把握的是：认定“知道或者应当知道”要以客观事实为依据，办案时应当调查核实行为人所接触、接收的信息，经手他人犯罪所得及其收益的情况，犯罪所得及其收益的种类、数额，犯罪所得及其收益的转移、转换方式，交易行为、资金账户等异常情况，作为推定“知道或者应当知道”的基础事实依据。同时，应当从多角度审查认定是否属于“知道或者应当知道”，全面审查行为人供述和辩解、同案人指认和证人证言等证据，并且结合行为人职业经历、与上游犯罪人员之间的关系等因素，形成关于认定其主观认知的内心确信。

2. 明确洗钱罪“情节严重”的认定标准。洗钱数额在500万元以上，且具有多次实施洗钱行为；拒不配合财物追缴，致使赃款赃物无法追缴；造成损失250万元以上；或者造成其他严重后果情形之一的，应当认定为“情节严重”。

3. 明确“以其他方法掩饰、隐瞒犯罪所得及其收益的来源和性质”的多种具体情形。

4. 明确洗钱罪与掩饰、隐瞒犯罪所得、犯罪所得收益罪的竞合处罚原则。掩饰、隐瞒《刑法》第191条规定的上游犯罪的犯罪所得及其产生的收益，构成洗钱罪，同时又构成掩饰、隐瞒犯罪所得、犯罪所得收益罪的，依照洗钱罪定罪处罚。

5. 明确罚金数额标准。规定了在不同法定刑幅度判处罚金的最低数额，即判处5年以下有期徒刑或者拘役，并处或者单处罚金的，判处1万元以上罚金；判处5年以上10年以下有期徒刑的，并处20万元以上罚金。

6. 明确从宽处罚的标准。行为人如实供述洗钱犯罪事实，认罪悔罪，并积极配合追缴犯罪所得及其产生的收益的，可以从轻处罚；犯罪情节轻微的，可以依法不起诉或者免予刑事处罚。

关联法规索引

《最高人民检察院、公安部关于公安机关管辖的刑事案件立案追诉标准的规定(二)》第43条

第五节　金融诈骗罪

第一百九十二条　【集资诈骗罪】以非法占有为目的，使用诈骗方法非法集资，数额较大的，处三年以上七年以下有期徒刑，并处罚金；数额巨大或者有其他严重情节的，处七年以上有期徒刑或者无期徒刑，并处罚金或者没收财产。

单位犯前款罪的，对单位判处罚金，并对其直接负责的主管人员和其他直接责任人员，依照前款的规定处罚。

条文解读

本条是关于集资诈骗罪及其处罚的规定。集资诈骗罪是诈骗犯罪的一种特殊类型，要求行为人主观上具有“以非法占有为目的”。“以非法占有为目的”，是指犯罪行为人在主观上具有将非法聚集的资金据为己有的目的。这里的“非法占有”是广义的，通常是指将非法募集的资金的所有权转归为自己所有，或任意挥霍，或占有资金后携款潜逃等。在司法实践中，认定是否具有非法占有的目的，应当坚持主客观相一致的原则，既要避免单纯根据损失结果客观归罪，也不能仅凭被告人自己的供述，而应当根据案件具体情况具体分析。使用诈骗方法非法集资，具有下列情形之一的，可以认定为“以非法占有为目的”：(1)集资后不用于生产经营活动或者用于生产经营活动与筹集资金规模明显不成比例，致使集资款不能返还的；(2)肆意挥霍集资款，致使集资款不能返还的；(3)携带集资款逃匿的；(4)将集资款用于违法犯罪活动的；(5)抽逃、转移资金、隐匿财产，逃避返还资金的；(6)隐匿、销毁账目，或者搞假破产、假倒闭，逃避返还资金的；(7)拒不交代资金去向，逃避返还资金的；(8)其他可以认定非法占有目的的情形。集资诈骗罪中的非法占有目的，应当区分情形进行具体认定。行为人部分非法集资行为具有非法占有目的的，对该部分非法集资行为所涉集资款以集资诈骗罪定罪处罚；非法集资共同犯罪中部分行为人具有非法占有目的，其他行为人没有非法占有集资款的共同故意和行为的，对具有非法占有目的的行为人以集资诈骗罪定罪处罚。本罪的客观方面表现为以诈骗的方法非法集资。“以诈骗的方法”，是指行为人以非法占有为目的，通过编造谎言、捏造或者隐瞒事实真相等欺骗的方法，骗取他人资金的行为。

司法实践中要注意本罪与非法吸收公众存款罪的区别：第一，犯罪的目的不同。集资诈骗罪行为人的目的是非法占有所募集到的资金，而非法吸收公众存款罪的行为人在主观上不具有非法占有的目的。第二，犯罪的行为不同。集资诈骗罪以诈骗的方法非法集资，而非法吸收公众存款罪不以使用诈骗方法作为客观要件。

配套法规及解读

《最高人民法院关于审理非法集资刑事案件具体应用法律若干问题的解释》(2022年2月23日修正)

第七条 以非法占有为目的，使用诈骗方法实施本解释第二条规定所列行为的，应当依照刑法第一百九十二条的规定，以集资诈骗罪定罪处罚。

使用诈骗方法非法集资，具有下列情形之一的，可以认定为"以非法占有为目的"：

（一）集资后不用于生产经营活动或者用于生产经营活动与筹集资金规模明显不成比例，致使集资款不能返还的；

（二）肆意挥霍集资款，致使集资款不能返还的；

（三）携带集资款逃匿的；

（四）将集资款用于违法犯罪活动的；

（五）抽逃、转移资金、隐匿财产，逃避返还资金的；

（六）隐匿、销毁账目，或者搞假破产、假倒闭，逃避返还资金的；

（七）拒不交代资金去向，逃避返还资金的；

（八）其他可以认定非法占有目的的情形。

集资诈骗罪中的非法占有目的，应当区分情形进行具体认定。行为人部分非法集资行为具有非法占有目的的，对该部分非法集资行为所涉集资款以集资诈骗罪定罪处罚；非法集资共同犯罪中部分行为人具有非法占有目的，其他行为人没有非法占有集资款的共同故意和行为的，对具有非法占有目的的行为人以集资诈骗罪定罪处罚。

※法规解读：

本解释第7条规定了7种可以认定为“以非法占有为目的”的具体情形。适用该条规定时，应注意以下问题。

(1)非法占有目的的认定原则。认定是否具有非法占有目的，应当坚持主客观相一致的原则，既要避免以诈骗方法的认定替代非法占有目的的认定，又要避免单纯根据损失结果客观归罪，同时也不能仅凭行为人自己的供述，而是应当根据案件具体情况具体分析。对于经营不善、市场风险等意志以外的原因，造成较大数额的集资款不能返还的，不应当认定为集资诈骗罪；对于行为人使用诈骗方法非法集资，具有本解释规定情形之一，致使数额较大集资款不能返还或者逃避返还，即使行为人不予供认的，也可以认定为集资诈骗罪。

(2)对“明知没有归还能力”的理解。鉴于实践中反映《全国法院审理金融犯罪案件工作座谈会纪要》中规定的“明知没有归还能力”不易掌握，本解释第7条第2款第1项将其修改为“集资后不用于生产经营活动或者用于生产经营活动与筹集资金规模明显不成比例”，故该项规定实际上是对“明知没有归还能力”的具体化。对于该项规定中的“生产经营活动与筹集资金规模明显不成比例”，主要是指仅将筹集到的资金中的少量资金(或者小部分资金)用于生产经营活动。

(3)对“肆意挥霍”的理解。首先，这里有一个“度”的把握问题。行为人将大部分资金用于投资或生产经营活动，而将少量资金用于个人消费或挥霍的，不应仅以此认定其具有非法占有的目的。这也是本解释强调“肆意”二字的本意所在。其次，“挥霍”通常指的是消费性支出。实践中存在一些“挥霍性投资”的情形，对此需要具体情况具体分析。如行为人仅将投资行为作为对外宣传等行骗手段，投资行为纯属消耗性的，行为人也不指望从该投资行为获取收益的，可以视为“挥霍”。

(4)对“携带集资款逃匿”的理解。首先，逃匿包含逃跑和藏匿的双重含义。以往司法文件中均采用“逃跑”一词，本解释将其修改为“逃匿”，意在突出行为人逃避刑事追究的一面，避免不加区分地将各种逃跑的情形一概作集资诈骗处理。其次，逃匿必须与携款联系起来进行综合分析。逃匿可能出于躲债、筹资等多种原因，只有携款潜逃的，才足以说明行为人具有拒绝返还集资款的主观目的。

(5)对“将集资款用于违法犯罪活动”的理解。将“用于违法犯罪活动”作为认定非法占有目的的一种情形，主要是基于政策考虑所作出的一种法律上的拟制，以体现从严打击的需要。

(6)对"拒不交代资金去向"的理解。鉴于实践中行为人拒不交代资金去向的情形较为突出,此种情形已经明显反映出非法占有的主观故意,为了从严打击此类犯罪分子,尽可能地挽回集资群众的经济损失,本解释增加规定了这一情形。

关联法规索引

《最高人民检察院、公安部关于公安机关管辖的刑事案件立案追诉标准的规定(二)》第44条

典型案例

周某集资诈骗案[1]

※要旨:网络借贷信息中介机构或其控制人,利用网络借贷平台发布虚假信息,非法建立资金池募集资金,所得资金大部分未用于生产经营活动,主要用于借新还旧和个人挥霍,无法归还所募资金数额巨大,应认定为具有非法占有目的,以集资诈骗罪追究刑事责任。

张某强等人非法集资案[2]

※要旨:违反私募基金管理有关规定,以发行销售私募基金形式公开宣传,向社会公众吸收资金,并承诺还本付息的,属于变相非法集资。向私募基金投资者隐瞒未将募集资金用于约定项目的事实,虚构投资项目经营情况,应当认定为使用诈骗方法。非法集资人虽然将部分集资款投入生产经营活动,但投资随意,明知经营活动盈利能力不具有支付本息的现实可能性,仍然向社会公众大规模吸收资金,还本付息主要通过募新还旧实现,致使集资款不能返还的,应当认定其具有非法占有目的。在共同犯罪或者单位犯罪中,应当根据非法集资人是否具有非法占有目的,认定其构成集资诈骗罪还是非法吸收公众存款罪。

---

〔1〕 参见最高人民检察院指导性案例第40号。

〔2〕 参见最高人民检察院指导性案例第175号。

第一百九十三条 【贷款诈骗罪】 有下列情形之一，以非法占有为目的，诈骗银行或者其他金融机构的贷款，数额较大的，处五年以下有期徒刑或者拘役，并处二万元以上二十万元以下罚金；数额巨大或者有其他严重情节的，处五年以上十年以下有期徒刑，并处五万元以上五十万元以下罚金；数额特别巨大或者有其他特别严重情节的，处十年以上有期徒刑或者无期徒刑，并处五万元以上五十万元以下罚金或者没收财产：

（一）编造引进资金、项目等虚假理由的；

（二）使用虚假的经济合同的；

（三）使用虚假的证明文件的；

（四）使用虚假的产权证明作担保或者超出抵押物价值重复担保的；

（五）以其他方法诈骗贷款的。

关联法规索引

《最高人民检察院、公安部关于公安机关管辖的刑事案件立案追诉标准的规定（二）》第45条

第一百九十四条 【票据诈骗罪】 有下列情形之一，进行金融票据诈骗活动，数额较大的，处五年以下有期徒刑或者拘役，并处二万元以上二十万元以下罚金；数额巨大或者有其他严重情节的，处五年以上十年以下有期徒刑，并处五万元以上五十万元以下罚金；数额特别巨大或者有其他特别严重情节的，处十年以上有期徒刑或者无期徒刑，并处五万元以上五十万元以下罚金或者没收财产：

（一）明知是伪造、变造的汇票、本票、支票而使用的；

（二）明知是作废的汇票、本票、支票而使用的；

（三）冒用他人的汇票、本票、支票的；

（四）签发空头支票或者与其预留印鉴不符的支票，骗取财物的；

（五）汇票、本票的出票人签发无资金保证的汇票、本票或者在出票时作虚假记载，骗取财物的。

【金融凭证诈骗罪】使用伪造、变造的委托收款凭证、汇款凭证、银行存单等其他银行结算凭证的，依照前款的规定处罚。

关联法规索引

《最高人民检察院、公安部关于公安机关管辖的刑事案件立案追诉标准的规定(二)》第46、47条

第一百九十五条 【信用证诈骗罪】有下列情形之一，进行信用证诈骗活动的，处五年以下有期徒刑或者拘役，并处二万元以上二十万元以下罚金；数额巨大或者有其他严重情节的，处五年以上十年以下有期徒刑，并处五万元以上五十万元以下罚金；数额特别巨大或者有其他特别严重情节的，处十年以上有期徒刑或者无期徒刑，并处五万元以上五十万元以下罚金或者没收财产：

(一)使用伪造、变造的信用证或者附随的单据、文件的；

(二)使用作废的信用证的；

(三)骗取信用证的；

(四)以其他方法进行信用证诈骗活动的。

关联法规索引

《最高人民检察院、公安部关于公安机关管辖的刑事案件立案追诉标准的规定(二)》第48条

第一百九十六条 【信用卡诈骗罪】有下列情形之一，进行信用卡诈骗活动，数额较大的，处五年以下有期徒刑或者拘役，并处二万元以上二十万元以下罚金；数额巨大或者有其他严重情节的，处五年以上十年以下有期徒刑，并处五万元以上五十万元以下罚金；数额特别巨大或者有其他特别严重情节的，处十年以上有期徒刑或者无期徒刑，并处五万元以上五十万元以下罚金或者没收财产：

（一）使用伪造的信用卡，或者使用以虚假的身份证明骗领的信用卡的；

（二）使用作废的信用卡的；

（三）冒用他人信用卡的；

（四）恶意透支的。

前款所称恶意透支，是指持卡人以非法占有为目的，超过规定限额或者规定期限透支，并且经发卡银行催收后仍不归还的行为。

盗窃信用卡并使用的，依照本法第二百六十四条的规定定罪处罚。

条文解读

本条第1、2款是关于信用卡诈骗罪及其处罚的规定。“信用卡”并非狭义的信用卡，而是指由商业银行或者其他金融机构发行的具有消费支付、信用贷款、转账结算、存取现金等全部功能或者部分功能的电子支付卡。信用卡诈骗的具体方式有以下4种：（1）使用伪造的信用卡或者使用以虚假的身份证明骗领的信用卡，包括使用自己伪造或以虚假的身份证明骗领的信用卡，以及使用明知是他人伪造或以虚假的身份证明骗领的信用卡进行购物、取得服务或者提取现金。（2）使用作废的信用卡。作废信用卡，是指超过有效期、被挂失等原因而作废，不允许使用的信用卡。（3）冒用他人信用卡。按照有关规定，信用卡只限于合法持卡人自己使用。冒充合法持卡人使用他人的信用卡进行诈骗活动，就是信用卡诈骗。（4）恶意透支。恶意透支，是指持卡人以非法占有为目的，超过规定限额或者规定期限透支，并且经发卡银行催收后仍不归还的行为。根据《最高人民法院、最高人民检察院关于妨害信用卡管理刑事案件具体应用法律若干问题的解释》规定，具有以下情形之一的，应当认定为“以非法占有为目的”，但有证据证明持卡人确实不具有非法占有目的的除外：（1）明知没有还款能力而大量透支，无法归还的；（2）使用虚假资信证明申领信用卡后透支，无法归还的；（3）透支后通过逃匿、改变联系方式等手段，逃避银行催收的；（4）抽逃、转移资金，隐匿财产，逃避还款的；（5）使用透支的资金进行犯罪活动的；（6）其他非法占有资金，拒不归还的情形。

本条第3款是关于盗窃信用卡并使用的处罚规定。根据该款规定，对于盗窃信用卡并使用的，依照《刑法》第264条的规定定罪处罚，即按照盗窃罪定罪处罚。而明知是他人盗窃的信用卡而使用的，成立盗窃罪的共犯。

关联法规索引

《最高人民检察院关于拾得他人信用卡并在自动柜员机(ATM 机)上使用的行为如何定性问题的批复》;《最高人民检察院、公安部关于公安机关管辖的刑事案件立案追诉标准的规定(二)》第 49 条;《最高人民法院、最高人民检察院关于办理妨害信用卡管理刑事案件具体应用法律若干问题的解释》

第一百九十七条 【有价证券诈骗罪】使用伪造、变造的国库券或者国家发行的其他有价证券,进行诈骗活动,数额较大的,处五年以下有期徒刑或者拘役,并处二万元以上二十万元以下罚金;数额巨大或者有其他严重情节的,处五年以上十年以下有期徒刑,并处五万元以上五十万元以下罚金;数额特别巨大或者有其他特别严重情节的,处十年以上有期徒刑或者无期徒刑,并处五万元以上五十万元以下罚金或者没收财产。

关联法规索引

《最高人民检察院、公安部关于公安机关管辖的刑事案件立案追诉标准的规定(二)》第 50 条

第一百九十八条 【保险诈骗罪】有下列情形之一,进行保险诈骗活动,数额较大的,处五年以下有期徒刑或者拘役,并处一万元以上十万元以下罚金;数额巨大或者有其他严重情节的,处五年以上十年以下有期徒刑,并处二万元以上二十万元以下罚金;数额特别巨大或者有其他特别严重情节的,处十年以上有期徒刑,并处二万元以上二十万元以下罚金或者没收财产:

(一)投保人故意虚构保险标的,骗取保险金的;

(二)投保人、被保险人或者受益人对发生的保险事故编造虚假的原因或者夸大损失的程度,骗取保险金的;

(三)投保人、被保险人或者受益人编造未曾发生的保险事故,骗取保险金的;

(四)投保人、被保险人故意造成财产损失的保险事故,骗取保险金的;

（五）投保人、受益人故意造成被保险人死亡、伤残或者疾病，骗取保险金的。

有前款第四项、第五项所列行为，同时构成其他犯罪的，依照数罪并罚的规定处罚。

单位犯第一款罪的，对单位判处罚金，并对其直接负责的主管人员和其他直接责任人员，处五年以下有期徒刑或者拘役；数额巨大或者有其他严重情节的，处五年以上十年以下有期徒刑；数额特别巨大或者有其他特别严重情节的，处十年以上有期徒刑。

保险事故的鉴定人、证明人、财产评估人故意提供虚假的证明文件，为他人诈骗提供条件的，以保险诈骗的共犯论处。

关联法规索引

《最高人民检察院法律政策研究室关于保险诈骗未遂能否按犯罪处理问题的答复》；《最高人民检察院、公安部关于公安机关管辖的刑事案件立案追诉标准的规定（二）》第51条

第一百九十九条[1]　［删除］

第二百条　【单位犯金融诈骗罪的处罚规定】单位犯本节第一百九十四条、第一百九十五条规定之罪的，对单位判处罚金，并对其直接负责的主管人员和其他直接责任人员，处五年以下有期徒刑或者拘役，可以并处罚金；数额巨大或者有其他严重情节的，处五年以上十年以下有期徒刑，并处罚金；数额特别巨大或者有其他特别严重情节的，处十年以上有期徒刑或者无期徒刑，并处罚金。

〔1〕　本条根据2015年8月29日公布的《刑法修正案（九）》删除。

第六节 危害税收征管罪

第二百零一条 【逃税罪】纳税人采取欺骗、隐瞒手段进行虚假纳税申报或者不申报,逃避缴纳税款数额较大并且占应纳税额百分之十以上的,处三年以下有期徒刑或者拘役,并处罚金;数额巨大并且占应纳税额百分之三十以上的,处三年以上七年以下有期徒刑,并处罚金。

扣缴义务人采取前款所列手段,不缴或者少缴已扣、已收税款,数额较大的,依照前款的规定处罚。

对多次实施前两款行为,未经处理的,按照累计数额计算。

有第一款行为,经税务机关依法下达追缴通知后,补缴应纳税款,缴纳滞纳金,已受行政处罚的,不予追究刑事责任;但是,五年内因逃避缴纳税款受过刑事处罚或者被税务机关给予二次以上行政处罚的除外。

条文解读

本条是关于逃税罪及其处罚的规定。根据本条第1款的规定,构成本罪须具备3个条件:一是犯罪主体必须是纳税人。纳税人,是指根据法律、法规规定负有纳税义务的单位和个人。二是行为人实施了逃税行为。其手段主要包括虚假纳税申报,或者不申报。其中,虚假纳税申报,是指纳税人在进行纳税申报过程中制造虚假情况,不如实填写或者提供纳税申报表、财务会计报表及其他的纳税资料等。三是逃避缴纳税款达到一定数额并且同时达到《刑法》规定的占应纳税额的比例,即逃避缴纳税款数额较大并且占应纳税额10%以上的,处3年以下有期徒刑或者拘役,并处罚金;数额巨大并且占应纳税额30%以上的,处3年以上7年以下有期徒刑,并处罚金。应当注意的是,逃税数额占应纳税额的比例和实际逃税的数额这两种数额必须都达到本条规定的标准,才构成逃税罪。

本条第2款中的"扣缴义务人",是指根据不同的税种,由有关法律、法规规定的,负有代扣代缴、代收代缴税收义务的单位和个人。他们所代扣代缴和代收代缴的税款,应依法上缴税务机关。

本条第3款是关于对多次犯有前两款规定的违法行为未经处理的,按照累计数额计算的规定。这里规定的“未经处理”，是指未经税务机关或者司法机关处理，既包括行政处罚，也包括刑事处罚。“按照累计数额计算”，是指按照行为人历次逃税的数额累计相加。多次犯有逃税行为，不管每次的数额多少，只要累计达到了法定的起刑数额标准，就应按本条的规定追究刑事责任。

本条第4款是对逃税构成犯罪不予追究刑事责任的特殊规定。打击逃税犯罪的目的是加强税收征管，保证国家税款收入。行为人经税务机关催缴后主动补交税款和滞纳金，接受处罚的，不追究其刑事责任，事实上更有利于巩固税源和扩大税基，有利于提高公民、企业自觉纳税意识和加强税收征管力度。但是对于5年内曾因逃避缴纳税款受过刑事处罚或者被税务机关给予两次以上行政处罚的，不适用前述规定，依然需要追究刑事责任。

关联法规索引

《最高人民检察院、公安部关于公安机关管辖的刑事案件立案追诉标准的规定（二）》第52条

第二百零二条　【抗税罪】以暴力、威胁方法拒不缴纳税款的，处三年以下有期徒刑或者拘役，并处拒缴税款一倍以上五倍以下罚金；情节严重的，处三年以上七年以下有期徒刑，并处拒缴税款一倍以上五倍以下罚金。

条文解读

本条是关于抗税罪及其处罚的规定。本罪主体为纳税人。非纳税人单独以暴力、威胁方法阻碍税务机关工作人员履行税收职责的，构成妨害公务罪。非纳税人与纳税人共同故意抗税的，构成抗税罪的共犯。暴力包括两种情况：一是对人暴力，即对税务人员的人身行使暴力，使其不能正常履行职责；二是对物暴力，即冲击、打砸税务机关，使税务机关不能进行正常的税收活动。威胁方法，是指对履行税收职责的税务人员威胁恐吓，使其不敢或者难以正常履行税收职责。唆使、煽动纳税人、代征人、扣缴义务人抗税，或者以其他手段共同实施抗税罪的，以抗税共犯论处。对同一税款，既犯逃税罪，又犯抗税罪的，实行数罪并罚。

关联法规索引

《最高人民法院、最高人民检察院关于办理危害税收征管刑事案件适用法律若干问题的解释》第5条;《最高人民检察院、公安部关于公安机关管辖的刑事案件立案追诉标准的规定(二)》第53条

第二百零三条 【逃避追缴欠税罪】 纳税人欠缴应纳税款,采取转移或者隐匿财产的手段,致使税务机关无法追缴欠缴的税款,数额在一万元以上不满十万元的,处三年以下有期徒刑或者拘役,并处或者单处欠缴税款一倍以上五倍以下罚金;数额在十万元以上的,处三年以上七年以下有期徒刑,并处欠缴税款一倍以上五倍以下罚金。

关联法规索引

《最高人民检察院、公安部关于公安机关管辖的刑事案件立案追诉标准的规定(二)》第54条

第二百零四条 【骗取出口退税罪】 以假报出口或者其他欺骗手段,骗取国家出口退税款,数额较大的,处五年以下有期徒刑或者拘役,并处骗取税款一倍以上五倍以下罚金;数额巨大或者有其他严重情节的,处五年以上十年以下有期徒刑,并处骗取税款一倍以上五倍以下罚金;数额特别巨大或者有其他特别严重情节的,处十年以上有期徒刑或者无期徒刑,并处骗取税款一倍以上五倍以下罚金或者没收财产。

纳税人缴纳税款后,采取前款规定的欺骗方法,骗取所缴纳的税款的,依照本法第二百零一条的规定定罪处罚;骗取税款超过所缴纳的税款部分,依照前款的规定处罚。

条文解读

本条是关于骗取出口退税罪及其处罚的规定。出口退税制度,是指对在国内

已征收过的产品税、增值税、营业税、特别消费税的产品，在其出口时对其已征收过的上述税款予以退回，以增强出口商品在国际市场上的竞争力，促进对外贸易的发展。假报出口，是指以虚构完税货物出口事实为目的，实施伪造或者签订虚假的外贸合同或虚开、伪造、非法购买增值税专用发票或者其他可用于出口退税的发票等行为。

关联法规索引

《最高人民检察院、公安部关于公安机关管辖的刑事案件立案追诉标准的规定(二)》第55条；《最高人民法院、最高人民检察院关于办理危害税收征管刑事案件适用法律若干问题的解释》第7、8条

第二百零五条　【虚开增值税专用发票、用于骗取出口退税、抵扣税款发票罪】 虚开增值税专用发票或者虚开用于骗取出口退税、抵扣税款的其他发票的，处三年以下有期徒刑或者拘役，并处二万元以上二十万元以下罚金；虚开的税款数额较大或者有其他严重情节的，处三年以上十年以下有期徒刑，并处五万元以上五十万元以下罚金；虚开的税款数额巨大或者有其他特别严重情节的，处十年以上有期徒刑或者无期徒刑，并处五万元以上五十万元以下罚金或者没收财产。

单位犯本条规定之罪的，对单位判处罚金，并对其直接负责的主管人员和其他直接责任人员，处三年以下有期徒刑或者拘役；虚开的税款数额较大或者有其他严重情节的，处三年以上十年以下有期徒刑；虚开的税款数额巨大或者有其他特别严重情节的，处十年以上有期徒刑或者无期徒刑。

虚开增值税专用发票或者虚开用于骗取出口退税、抵扣税款的其他发票，是指有为他人虚开、为自己虚开、让他人为自己虚开、介绍他人虚开行为之一的。

条文解读

本条是关于虚开增值税专用发票、用于骗取出口退税、抵扣税款发票罪及其处

罚的规定。增值税专用发票,是指由国家税务总局监制设计印制的,只限于增值税一般纳税人领购使用的,既作为纳税人反映经济活动中的重要会计凭证,又是兼记销货方纳税义务和购货方进项税额的合法证明,是增值税计算和管理中重要的、决定性的、合法的专用发票。出口退税、抵扣税款的其他发票,是指除增值税专用发票以外的,具有出口退税、抵扣税款功能的收付款凭证或者完税凭证。虚开专用发票包括为他人虚开、为自己虚开、让他人为自己虚开、介绍他人虚开专用发票4种情况。

关联法规索引

《全国人民代表大会常务委员会关于〈中华人民共和国刑法〉有关出口退税、抵扣税款的其他发票规定的解释》;《最高人民检察院、公安部关于公安机关管辖的刑事案件立案追诉标准的规定(二)》第56条

第二百零五条之一　【虚开发票罪】虚开本法第二百零五条规定以外的其他发票,情节严重的,处二年以下有期徒刑、拘役或者管制,并处罚金;情节特别严重的,处二年以上七年以下有期徒刑,并处罚金。

单位犯前款罪的,对单位判处罚金,并对其直接负责的主管人员和其他直接责任人员,依照前款的规定处罚。

关联法规索引

《最高人民检察院、公安部关于公安机关管辖的刑事案件立案追诉标准的规定(二)》第57条

第二百零六条　【伪造、出售伪造的增值税专用发票罪】伪造或者出售伪造的增值税专用发票的,处三年以下有期徒刑、拘役或者管制,并处二万元以上二十万元以下罚金;数量较大或者有其他严重情节的,处三年以上十年以下有期徒刑,并处五万元以上五十万元以下罚金;数量巨大或者有其他特别严重情节的,处十年以上有期徒刑或者无期徒刑,并处五万元以上五十万

元以下罚金或者没收财产。

单位犯本条规定之罪的，对单位判处罚金，并对其直接负责的主管人员和其他直接责任人员，处三年以下有期徒刑、拘役或者管制；数量较大或者有其他严重情节的，处三年以上十年以下有期徒刑；数量巨大或者有其他特别严重情节的，处十年以上有期徒刑或者无期徒刑。

关联法规索引

《最高人民检察院、公安部关于公安机关管辖的刑事案件立案追诉标准的规定(二)》第58条

第二百零七条　【非法出售增值税专用发票罪】非法出售增值税专用发票的，处三年以下有期徒刑、拘役或者管制，并处二万元以上二十万元以下罚金；数量较大的，处三年以上十年以下有期徒刑，并处五万元以上五十万元以下罚金；数量巨大的，处十年以上有期徒刑或者无期徒刑，并处五万元以上五十万元以下罚金或者没收财产。

关联法规索引

《最高人民检察院、公安部关于公安机关管辖的刑事案件立案追诉标准的规定(二)》第59条

第二百零八条　【非法购买增值税专用发票、购买伪造的增值税专用发票罪】非法购买增值税专用发票或者购买伪造的增值税专用发票的，处五年以下有期徒刑或者拘役，并处或者单处二万元以上二十万元以下罚金。

非法购买增值税专用发票或者购买伪造的增值税专用发票又虚开或者出售的，分别依照本法第二百零五条、第二百零六条、第二百零七条的规定定罪处罚。

关联法规索引

《最高人民检察院、公安部关于公安机关管辖的刑事案件立案追诉标准的规定(二)》第60条

第二百零九条 【非法制造、出售非法制造的用于骗取出口退税、抵扣税款发票罪】伪造、擅自制造或者出售伪造、擅自制造的可以用于骗取出口退税、抵扣税款的其他发票的,处三年以下有期徒刑、拘役或者管制,并处二万元以上二十万元以下罚金;数量巨大的,处三年以上七年以下有期徒刑,并处五万元以上五十万元以下罚金;数量特别巨大的,处七年以上有期徒刑,并处五万元以上五十万元以下罚金或者没收财产。

【非法制造、出售非法制造的发票罪】伪造、擅自制造或者出售伪造、擅自制造的前款规定以外的其他发票的,处二年以下有期徒刑、拘役或者管制,并处或者单处一万元以上五万元以下罚金;情节严重的,处二年以上七年以下有期徒刑,并处五万元以上五十万元以下罚金。

【非法出售用于骗取出口退税、抵扣税款发票罪】非法出售可以用于骗取出口退税、抵扣税款的其他发票的,依照第一款的规定处罚。

【非法出售发票罪】非法出售第三款规定以外的其他发票的,依照第二款的规定处罚。

关联法规索引

《最高人民检察院、公安部关于公安机关管辖的刑事案件立案追诉标准的规定(二)》第61~64条

第二百一十条 【盗窃、诈骗增值税专用发票用于骗取出口退税、抵扣税款发票的处罚】盗窃增值税专用发票或者可以用于骗取出口退税、抵扣税款的其他发票的,依照本法第二百六十四条的规定定罪处罚。

使用欺骗手段骗取增值税专用发票或者可以用于骗取出口退税、抵扣税款的其他发票的,依照本法第二百六十六条的规定定罪处罚。

第二百一十条之一　【持有伪造的发票罪】明知是伪造的发票而持有，数量较大的，处二年以下有期徒刑、拘役或者管制，并处罚金；数量巨大的，处二年以上七年以下有期徒刑，并处罚金。

单位犯前款罪的，对单位判处罚金，并对其直接负责的主管人员和其他直接责任人员，依照前款的规定处罚。

关联法规索引

《最高人民检察院、公安部关于公安机关管辖的刑事案件立案追诉标准的规定（二）》第65条

第二百一十一条　【单位犯危害税收征管罪的处罚规定】单位犯本节第二百零一条、第二百零三条、第二百零四条、第二百零七条、第二百零八条、第二百零九条规定之罪的，对单位判处罚金，并对其直接负责的主管人员和其他直接责任人员，依照各该条的规定处罚。

第二百一十二条　【税收征缴优先原则】犯本节第二百零一条至第二百零五条规定之罪，被判处罚金、没收财产的，在执行前，应当先由税务机关追缴税款和所骗取的出口退税款。

第七节　侵犯知识产权罪

第二百一十三条　【假冒注册商标罪】未经注册商标所有人许可，在同一种商品、服务上使用与其注册商标相同的商标，情节严重的，处三年以下有期徒刑，并处或者单处罚金；情节特别严重的，处三年以上十年以下有期徒刑，并处罚金。

条文解读

本条是关于假冒注册商标罪及其处罚的规定。构成本罪须具备以下条件：

1. 行为人未经注册商标所有人许可使用他人注册商标。"注册商标所有人"，即商标注册人。在我国，凡依法提出商标注册申请，并经商标局核准的商标注册申请人即成为注册商标所有人。"未经注册商标所有人许可"，是指行为人使用他人注册商标时，未经注册商标所有人同意。这是构成本罪的前提条件。如果行为人已得到注册商标所有人的许可，而只是未按法定程序办理有关手续，不能认为构成犯罪。

2. 行为人客观上实施了在同一种商品、服务上使用与他人注册商标相同的商标的行为，即商标相同，使用该商标的商品、服务为同一种类，这两个条件必须同时具备。"相同的商标"，是指违法行为人使用的商标与权利人注册商标高度一致。当然，毕竟是假冒注册商标行为，很多情况下二者之间不可能完全一样，没有任何差别。有些假冒者会有意细微改变注册商标的字体、字母大小写或者文字横竖排列、间距等，意图规避法律追究。对此，应当结合假冒商标和注册商标的具体情况，从二者在视觉上的差别大小、社会公众看到假冒商标是不是足以被误导等综合判断。同时，需要注意的是，虽有细微差别但不视为"相同"程度的商标，与"类似"程度的商标，应当是有明显区别的，对于二者不能混淆。根据2011年《最高人民法院、最高人民检察院、公安部关于办理侵犯知识产权刑事案件适用法律若干问题的意见》第5条的规定，名称相同的商品以及名称不同但指同一事物的商品，可以认定为"同一种商品"。"名称"，是指国家注册商标主管部门在商标注册工作中对商品使用的名称，通常即《商标注册用商品和服务国际分类》中规定的商品名称。"名称不同但指同一事物的商品"，是指在功能、用途、主要原料、消费对象、销售渠道等方面相同或者基本相同，相关公众一般认为是同一种事物的商品。认定"同一种商品"，应当在权利人注册商标核定使用的商品和行为人实际生产销售的商品之间进行比较。关于"与其注册商标相同的商标"的认定问题，根据2020年《最高人民法院、最高人民检察院关于办理侵犯知识产权刑事案件具体应用法律若干问题的解释(三)》第1条的规定，具有下列情形之一，可以认定为"与其注册商标相同的商标"：(1)改变注册商标的字体、字母大小写或者文字横竖排列，与注册商标之间基本无差别的；(2)改变注册商标的文字、字母、数字等之间的间距，与注册商标之间基本无差别的；(3)改变注册商标颜色，不影响体现注册商标显著特征的；(4)在注册商标上仅增加商品通用名称、型号等缺乏显著特征要素，不影响体现注册商标显著特征的；(5)与立体注册商标的三维标志及平面要素基本无差别的；

(6)其他与注册商标基本无差别、足以对公众产生误导的商标。

3. 根据本条规定,行为人的上述行为,情节严重的才构成犯罪,这是区分罪与非罪的界限。根据2004年12月8日发布的《最高人民法院、最高人民检察院关于办理侵犯知识产权刑事案件具体应用法律若干问题的解释》第1条的规定,未经注册商标所有人许可,在同一种商品上使用与其注册商标相同的商标,具有下列情形之一的,属于《刑法》第213条规定的"情节严重":(1)非法经营数额在5万元以上或者违法所得数额在3万元以上的;(2)假冒两种以上注册商标,非法经营数额在3万元以上或者违法所得数额在2万元以上的;(3)其他情节严重的情形。对于尚不构成犯罪的假冒注册商标的违法行为,根据《商标法》第57条和第60条的规定,市场监督管理部门可以责令停止侵权行为,没收、销毁侵权商品,违法经营额5万元以上的,可以处违法经营额5倍以下的罚款,没有违法经营额或者违法经营额不足5万元的,可以处25万元以下的罚款。

配套法规及解读

《最高人民法院、最高人民检察院关于办理侵犯知识产权刑事案件具体应用法律若干问题的解释(三)》(2020年9月12日)

第一条 具有下列情形之一的,可以认定为刑法第二百一十三条规定的"与其注册商标相同的商标":

(一)改变注册商标的字体、字母大小写或者文字横竖排列,与注册商标之间基本无差别的;

(二)改变注册商标的文字、字母、数字等之间的间距,与注册商标之间基本无差别的;

(三)改变注册商标颜色,不影响体现注册商标显著特征的;

(四)在注册商标上仅增加商品通用名称、型号等缺乏显著特征要素,不影响体现注册商标显著特征的;

(五)与立体注册商标的三维标志及平面要素基本无差别的;

(六)其他与注册商标基本无差别、足以对公众产生误导的商标。

※法规解读:

本解释第1条是关于假冒注册商标罪"相同商标"的认定。2004年《最高人民法院、最高人民检察院关于办理侵犯知识产权刑事案件具体应用法律若干问题的解释》第8条第1款规定,《刑法》第213条规定的“相同的商标”,是指与被假冒的注册商标完全相同,或者与被假冒的注册商标在视觉上基本无差别、足以对公众产生误导的商标。2011年《最高人民法院、最高人民检察院、公安部关于办理侵犯知识产权刑事案件适用法律若干问题的意见》第6条对“相同的商标”进行了细化。但是,在具体案件中对如何把握“与被假冒的注册商标在视觉上基本无差别、足以对公众产生误导”这一问题,仍存在较大分歧。为进一步明确标准、统一认识,本解释在上述两司法解释的基础上进行了调整和补充,强调既要严厉打击假冒注册商标行为,又要防止突破“相同商标”的标准,将近似商标纳入刑法规制范围。

1. 对2011年《最高人民法院、最高人民检察院、公安部关于办理侵犯知识产权刑事案件适用法律若干问题的意见》第6条的规定进行了调整。一是将第6条第1项中的“仅有细微差别”、第2项中的“不影响体现注册商标显著特征”均表述为“与注册商标之间基本无差别”,与2004年司法解释第8条的规定保持一致,统一认定标准。二是根据新情况和司法需要,对第6条第3、4项进行了调整。鉴于司法实践中对颜色组合商标,如改变注册商标颜色,可能会改变注册商标的显著特征,不宜一律认定为相同商标,在第3项中增加“不影响体现注册商标显著特征”的限定条件;鉴于《商标法》规定了声音商标,因此在兜底条款删除了“在视觉上”这个限定条件。

2. 对在注册商标上增加内容的情形及立体商标如何认定相同商标进行了明确。在注册商标上增加内容易突破“相同商标”的界限,本着从严认定原则,本解释第1条第4项从两个方面予以限制:一是增加的内容仅限于描述商品通用名称、型号等缺乏显著特征要素的文字,二是增加的内容不能影响体现注册商标的显著特征。司法实践中,对于增加并非缺乏显著特征要素的,一般情况下,应当认为影响了体现注册商标显著特征,不宜认定为相同商标;对于在注册商标上增加商品通用名称、型号等缺乏显著特征要素的,还要对是否影响注册商标的显著特征进行判断,继而认定是否属于相同商标。本解释第1条第4项未明确规定增加商品的图形的情形,主要是考虑到在具体案件中,增加商品的图形往往会影响注册商标的显著特征。因此,对于在注册商标上增加商品的图形的案件,认定相同商标应当慎重。判断立体商标是否构成相同商标,应当全面考虑立体商标的三维标志和平面要素,平面要素亦应当与立体注册商标的平面要素基本无差别。

关联法规索引

《最高人民法院、最高人民检察院关于办理非法生产、销售烟草专卖品等刑事案件具体应用法律若干问题的解释》第1条;《最高人民法院、最高人民检察院关于办理侵犯知识产权刑事案件具体应用法律若干问题的解释》第1、8条;《最高人民法院、最高人民检察院、公安部关于办理侵犯知识产权刑事案件适用法律若干问题的意见》第5、6条

典型案例

郭某升、郭某锋、孙某标假冒注册商标案[1]

※要旨:假冒注册商标犯罪的非法经营数额、违法所得数额,应当综合被告人供述、证人证言、被害人陈述、网络销售电子数据、被告人银行账户往来记录、送货单、快递公司电脑系统记录、被告人等所作记账等证据认定。被告人辩解称网络销售记录存在刷信誉的不真实交易,但无证据证实的,对其辩解不予采纳。

邓某城、双善食品(厦门)有限公司等销售假冒注册商标的商品案[2]

※要旨:办理侵犯注册商标类犯罪案件,应注意结合被告人销售假冒商品数量、扩散范围、非法获利数额及在上下游犯罪中的地位、作用等因素,综合判断犯罪行为的社会危害性,确保罪责刑相适应。在认定犯罪的主观明知时,不仅考虑被告人供述,还应综合考虑交易场所、交易时间、交易价格等客观行为,坚持主客观相一致。对侵害众多消费者利益的情形,可以建议相关社会组织或自行提起公益诉讼。

---

〔1〕 参见最高人民法院指导性案例第87号。
〔2〕 参见最高人民检察院指导性案例第98号。

第二百一十四条 【销售假冒注册商标的商品罪】 销售明知是假冒注册商标的商品,违法所得数额较大或者有其他严重情节的,处三年以下有期徒刑,并处或者单处罚金;违法所得数额巨大或者有其他特别严重情节的,处三年以上十年以下有期徒刑,并处罚金。

条文解读

本条是关于销售假冒注册商标的商品罪及其处罚的规定。构成本罪须具备以下条件:

1. 行为人主观上必须明知是假冒他人注册商标的商品仍然销售,从中谋取非法利益。如果行为人不知道其销售的商品为假冒他人注册商标的商品,则不构成本罪。至于如何判断行为人"明知",根据2004年《最高人民法院、最高人民检察院关于办理侵犯知识产权刑事案件具体应用法律若干问题的解释》第9条第2款的规定,具有下列情形之一的,应当认定为属于《刑法》第214条规定的"明知":(1)知道自己销售的商品上的注册商标被涂改、调换或者覆盖的;(2)因销售假冒注册商标的商品受到过行政处罚或者承担过民事责任、又销售同一种假冒注册商标的商品的;(3)伪造、涂改商标注册人授权文件或者知道该文件被伪造、涂改的;(4)其他知道或者应当知道是假冒注册商标的商品的情形。

2. 行为人在客观上实施了销售明知是假冒注册商标的商品的行为。这里的"销售"应是广义的,包括批发、零售、代售、贩卖等各个销售环节。"假冒注册商标",是指假冒他人已经注册了的商标。如果将还未有人注册过的商标冒充已经注册的商标在商品上使用,不构成本条规定的犯罪,而是属于违反注册商标管理的行为。

3. 违法所得必须达到数额较大或者有其他严重情节的,才构成犯罪,这也是罪与非罪的重要界限。这里规定的"其他严重情节",主要是指违法所得金额较大之外的情形,其他如销售金额数额较大,销售侵权商品持续时间长、数量大,给权利人造成的损失大,给消费者造成了人身、财产等方面较大的损失等。具体认定时,可以根据侵权行为持续的时间长短、销售能力和销售规模的大小、犯罪的组织化程度等因素综合进行判断。

在司法实践中需要注意,如果行为人销售的假冒注册商标的商品,是其本人实施假冒注册商标行为而来的商品，构成犯罪的，以假冒注册商标罪定罪处罚。如果行为人既有销售本人假冒注册商标的商品的行为，又有销售他人的假冒注册商标的商品的行为，分别构成犯罪的，应当以假冒注册商标罪和本罪数罪并罚。另外，如果行为人销售的商品假冒了他人的注册商标，同时商品本身是伪劣产品，构成生产、销售伪劣商品罪的，应依照《刑法》规定从重处罚。

关联法规索引

《最高人民法院、最高人民检察院、公安部关于办理侵犯知识产权刑事案件适用法律若干问题的意见》第 8 条；《最高人民法院、最高人民检察院关于办理非法生产、销售烟草专卖品等刑事案件具体应用法律若干问题的解释》第 1 条；《最高人民法院、最高人民检察院关于办理侵犯知识产权刑事案件具体应用法律若干问题的解释》第 2、9 条

典型案例

广州卡门实业有限公司涉嫌销售假冒注册商标的商品立案监督案[1]

※**要旨**：在办理注册商标类犯罪的立案监督案件时，对符合《商标法》规定的正当合理使用情形而未侵犯注册商标专用权的，应依法监督公安机关撤销案件，以保护涉案企业合法权益。必要时可组织听证，增强办案透明度和监督公信力。

第二百一十五条　【非法制造、销售非法制造的注册商标标识罪】伪造、擅自制造他人注册商标标识或者销售伪造、擅自制造的注册商标标识，情节严重的，处三年以下有期徒刑，并处或者单处罚金；情节特别严重的，处三年以上十年以下有期徒刑，并处罚金。

---

〔1〕 参见最高人民检察院指导性案例第 99 号。

关联法规索引

《最高人民法院、最高人民检察院关于办理侵犯知识产权刑事案件具体应用法律若干问题的解释》第3条;《最高人民法院、最高人民检察院、公安部关于办理侵犯知识产权刑事案件适用法律若干问题的意见》第9条;《最高人民法院、最高人民检察院关于办理非法生产、销售烟草专卖品等刑事案件具体应用法律若干问题的解释》第1条

第二百一十六条 【假冒专利罪】假冒他人专利,情节严重的,处三年以下有期徒刑或者拘役,并处或者单处罚金。

条文解读

本条是关于假冒专利罪及其处罚的规定。专利主要指专利权,就是由国家知识产权主管机关依据《专利法》授予申请人的一种实施其发明创造的专有权。发明创造被授予专利权以后,《专利法》保护专利权不受侵犯。任何人要实施专利,除法律另有规定的以外,都必须得到专利权人的许可,并按双方协议支付使用费,否则就是侵权。根据《最高人民法院、最高人民检察院关于办理侵犯知识产权刑事案件具体应用法律若干问题的解释》第10条的规定,实施下列行为之一的,属于本条规定的"假冒他人专利"的行为:(1)未经许可,在其制造或者销售的产品、产品的包装上标注他人专利号的;(2)未经许可,在广告或者其他宣传材料中使用他人的专利号,使人将所涉及的技术误认为是他人专利技术的;(3)未经许可,在合同中使用他人的专利号,使人将合同涉及的技术误认为是他人专利技术的;(4)伪造或者变造他人的专利证书、专利文件或者专利申请文件的。

关联法规索引

《最高人民法院、最高人民检察院关于办理侵犯知识产权刑事案件具体应用法律若干问题的解释》第4、10条

第二百一十七条　【侵犯著作权罪】以营利为目的，有下列侵犯著作权或者与著作权有关的权利的情形之一，违法所得数额较大或者有其他严重情节的，处三年以下有期徒刑，并处或者单处罚金；违法所得数额巨大或者有其他特别严重情节的，处三年以上十年以下有期徒刑，并处罚金：

（一）未经著作权人许可，复制发行、通过信息网络向公众传播其文字作品、音乐、美术、视听作品、计算机软件及法律、行政法规规定的其他作品的；

（二）出版他人享有专有出版权的图书的；

（三）未经录音录像制作者许可，复制发行、通过信息网络向公众传播其制作的录音录像的；

（四）未经表演者许可，复制发行录有其表演的录音录像制品，或者通过信息网络向公众传播其表演的；

（五）制作、出售假冒他人署名的美术作品的；

（六）未经著作权人或者与著作权有关的权利人许可，故意避开或者破坏权利人为其作品、录音录像制品等采取的保护著作权或者与著作权有关的权利的技术措施的。

条文解读

本条是关于侵犯著作权罪及其处罚的规定。构成本罪须具备以下条件：

1. 行为人在主观上是故意的，并且以营利为目的。“以营利为目的”，是指行为人侵犯他人权利的行为是为了获取非法利益。根据2011年《最高人民法院、最高人民检察院、公安部关于办理侵犯知识产权刑事案件适用法律若干问题的意见》第10条的规定，除销售外，具有下列情形之一的，可以认定为“以营利为目的”：(1)以在他人作品中刊登收费广告、捆绑第三方作品等方式直接或者间接收取费用的；(2)通过信息网络传播他人作品，或者利用他人上传的侵权作品，在网站或者网页上提供刊登收费广告服务，直接或者间接收取费用的；(3)以会员制方式通过信息网络传播他人作品，收取会员注册费或者其他费用的；(4)其他利用他人作品牟利的情形。

2. 行为人在客观上实施了本条规定的侵犯他人著作权的行为，主要包括：(1)未经著作权人许可，复制发行、通过信息网络向公众传播其文字作品、音乐、美术、视听作品、计算机软件及法律、行政法规规定的其他作品。“著作权人”，是指著作权的主体，即著作权权利义务的承受者。“未经著作权人许可”，是指没有得到著作权人授权，或者伪造、涂改著作权人授权许可文件或者超出授权许可范围的情形。“复制”，是指以印刷、复印、拓印、录音、录像、翻录、翻拍等方式将作品制作一份或多份的行为。“发行”，是指以出售或者赠与方式向公众提供作品的原件或者复制件的行为。“复制发行”，包括复制、发行或者既复制又发行的行为。随着侵权行为网络化，通过信息网络向公众传播作品也成为侵犯著作权的重要途径和方式。“作品”，是指法律、行政法规规定的所有作品类型，包括《著作权法》第 3 条规定的文字作品，口述作品，音乐、戏剧、曲艺、舞蹈、杂技艺术作品，美术、建筑作品，摄影作品，视听作品，工程设计图、产品设计图、地图、示意图等图形作品和模型作品，计算机软件，符合作品特征的其他智力成果等。(2)出版他人享有专有出版权的图书。“出版”，是指将作品编辑加工后，通过复制向公众发行。“专有出版权”，是指图书出版者依据其与著作权人之间订立的出版合同而享有独家出版权，《著作权法》第 33 条对此作了规定。(3)未经录音录像制作者许可，复制发行、通过信息网络向公众传播其制作的录音录像。录音录像制作者，通过对原著作品编辑加工，以声音图像直观感性的形式把抽象的原著作品再现出来，对再现出来的作品形式享有专有出版权。未经录音录像制作者许可，复制发行、通过信息网络向公众传播其制作的录音录像，是一种侵犯他人著作权的行为，需要予以处罚。(4)未经表演者许可，复制发行录有其表演的录音录像制品，或者通过信息网络向公众传播其表演。根据《著作权法》第 39 条第 1 款第 5 项和第 6 项的规定，表演者有许可他人复制、发行、出租录有其表演的录音录像制品，通过信息网络向公众传播其表演，并获得报酬的权利。这是表演者的一项重要权利，行为人未经表演者许可，擅自复制发行录有其表演的录音录像制品，或者通过信息网络向公众传播其表演的，是一种严重的侵权行为。(5)制作、出售假冒他人署名的美术作品。“美术作品”，是指以线条、色彩或其他方式构成的有审美意义的平面或立体的造型艺术作品，包括绘画、书法、雕塑、工艺美术等。制作出售假冒他人署名的美术作品，包括以下两种方式：一是把自己制作的美术作品署上他人的姓名，假冒他人的作品出售；二是将第三人的美术作品署上他人的姓名，假冒他人的作品出售，从中牟利。(6)未经著作权人或者与著作权有关的权利人许可，故意避开或者破坏权利人为其作品、录音录像制品等采取的保护著作权或者与著作权有关的权利的技术措施。当前，通过信息网络向公众传播作品、录音录像已经成为普遍现象，行为人采取加密保护等技术措施，是为了防止、限制他人不经其许可的使用和传播。行为人为了实施侵犯他人著作权的行为，对于他人采取的加密保护技术措施，通过解密等方式加以避开或者破坏的行为，实际上为侵权行为清除了障碍，同样是损害权利人利益、扰乱市场秩序的违法行为。比如，实践中一些行为人开发聚合链接类盗版视频平台，就是典型的避开或者破坏权利人的技术保护措施，侵犯权利人的著作权，同时占用权利人视频网站的带宽资源的违法行为。值得一提的是，《著作权法》第 50 条对可以避开技术措施的情形作了规定，包括国家机关执行公务；进行加密研究或者计算机软件反向工程研究等，上述情形属于合理地避开技术措施，不属于违法行为。

3. 行为人的上述行为，违法所得数额较大或者有其他严重情节的，才构成犯罪。根据 2004 年《最高人民法院、最高人民检察院关于办理侵犯知识产权刑事案件具体应用法律若干问题的解释》第 5 条的规定，违法所得数额在 3 万元以上的，属于"违法所得数额较大"。根据 2011 年《最高人民法院、最高人民检察院、公安部关于办理侵犯知识产权刑事案件适用法律若干问题的意见》第 13 条的规定，以营利为目的，未经著作权人许可，通过信息网络向公众传播他人文字作品、音乐、电影、电视、美术、摄影、录像作品、录音录像制品、计算机软件及其他作品，具有下列情形之一的，属于《刑法》第 217 条规定的"其他严重情节"：(1)非法经营数额在 5 万元以上的；(2)传播他人作品的数量合计在 500 件(部)以上的；(3)传播他人作品的实际被点击数达到 5 万次以上的；(4)以会员制方式传播他人作品，注册会员达到 1000 人以上的；(5)数额或者数量虽未达到第 1 ~4 项规定标准，但分别达到其中 2 项以上标准一半以上的；(6)其他严重情节的情形。实施上述行为，数额或者数量达到第 1 ~5 项规定标准 5 倍以上的，属于《刑法》第 217 条规定的"其他特别严重情节"。

配套法规及解读

《最高人民法院、最高人民检察院关于办理侵犯知识产权刑事案件具体应用法律若干问题的解释(二)》(2007 年 4 月 5 日)

第一条　以营利为目的，未经著作权人许可，复制发行其文字作品、音乐、电影、电视、录像作品、计算机软件及其他作品，复制品数量合计在五百张(份)以上的，属于刑法第二百一十七条规定的"有其他严重情节"；复制品数量在二千五百张

(份)以上的,属于刑法第二百一十七条规定的“有其他特别严重情节”。

第二条 刑法第二百一十七条侵犯著作权罪中的“复制发行”,包括复制、发行或者既复制又发行的行为。

侵权产品的持有人通过广告、征订等方式推销侵权产品的,属于刑法第二百一十七条规定的“发行”。

非法出版、复制、发行他人作品,侵犯著作权构成犯罪的,按照侵犯著作权罪定罪处罚。

※法规解读:

本解释第2条第1款对侵犯著作权罪中“复制发行”作了明确解释。《著作权法》第10条对复制权和发行权分别作了规定,即以印刷、复印、拓印、录音、录像、翻录、翻拍、数字化等方式将作品制作一份或者多份的权利是复制权,以出售或者赠与方式向公众提供作品的原件或者复制件的权利是发行权。实践中,侵犯著作权的行为比较复杂,有单独的复制行为,有复制并出租的行为,有复制后向特定人销售的行为,也有单独的发行行为,还有既复制又发行的行为。复制权和发行权都是法律规定的属于著作权人的权利。未经著作权人许可,不管是实施复制行为,还是发行行为,或者是既复制又发行的行为都侵犯了著作权人的著作权。从保护著作权人的权利角度考虑,《刑法》第217条规定的“复制发行”应当包括复制、发行或者既复制又发行的行为。

实践中,在侵权产品尚未销售的情况下,行为人的行为是否属于《刑法》第217条侵犯著作权罪规定的“发行”行为一直有争议。如果行为人仅持有侵权产品,没有其销售的证据,存在行为人替别人保管或者其他可能,则难以认定其实施了侵犯知识产权的行为;如果仅有行为人通过广告、征订等方式大肆宣传的证据,没有查获侵权产品,则难以认定其侵犯了知识产权。但如果行为人持有侵权产品,同时通过广告、征订等方式推销侵权产品,在两方面的证据都存在的情形下,则行为人侵犯知识产权的行为比较明显。因此,本解释第2条第2款对此问题作出明确规定,即这种情形属于《刑法》第217条规定的“发行”。

《最高人民法院、最高人民检察院关于办理侵犯知识产权刑事案件具体应用法律若干问题的解释(三)》(2020年9月12日)

第二条 在刑法第二百一十七条规定的作品、录音制品上以通常方式署名的自然人、法人或者非法人组织,应当推定为著作权人或者录音制作者,且该作品、录音制品上存在着相应权利,但有相反证明的除外。

在涉案作品、录音制品种类众多且权利人分散的案件中,有证据证明涉案复制品系非法出版、复制发行,且出版者、复制发行者不能提供获得著作权人、录音制作者许可的相关证据材料的,可以认定为刑法第二百一十七条规定的“未经著作权人许可”“未经录音制作者许可”。但是,有证据证明权利人放弃权利、涉案作品的著作权或者录音制品的有关权利不受我国著作权法保护、权利保护期限已经届满的除外。

※法规解读:

本解释第 2 条是侵犯著作权罪的相关推定。为进一步明确实践中著作权权属认定问题,提升打击实效,本解释第 2 条第 1 款参照《著作权法》第 12 条第 1 款等相关内容,规定“在刑法第二百一十七条规定的作品、录音制品上以通常方式署名的自然人、法人或者非法人组织,应当推定为著作权人或者录音制作者,且该作品、录音制品上存在着相应权利,但有相反证明的除外”。需要注意的是,《刑法》第 217 条规定的“作品”“录音录像制品”,应当属于《著作权法》保护的对象。实践中,司法机关仍然要对涉案作品、录音录像制品是否符合《著作权法》保护的条件进行审查。另外,权属推定是一种法律推定,如果有相反证据足以推翻,则应按照相反的证据予以认定。司法实践中,司法机关应当根据案件具体情况对是否存在相反证据进行审查,对于被告人提出辩解的,应当审查判断。“未经著作权人许可”是侵犯著作权罪的构成要件之一。一般情况下,未经著作权人许可的证明责任应当由公诉机关承担,而不应将证明责任配置给犯罪嫌疑人(被告人),防止强迫犯罪嫌疑人(被告人)自证其罪。实践中,有些案件,特别是利用互联网侵犯著作权的案件,涉案侵权作品的种类、数量众多,且被侵权作品的权利人较为分散,侦查机关确实难以一一调取未经著作权人许可的相关证据材料。本解释第 2 条第 2 款采取较灵活的规定,即在涉案作品、录音制品种类众多且权利人分散的案件中,在符合“有证据证明涉案复制品系非法出版、复制发行”的条件下,出版者、复制发行者不能提供获得著作权人、录音制作者许可的相关证据材料的,可以认定为“未经著作权人许可”“未经录音制作者许可”。

关联法规索引

《最高人民法院、最高人民检察院关于办理侵犯著作权刑事案件中涉及录音录像制品有关问题的批复》;《最高人民法院、最高人民检察院、公安部关于办理侵犯知识产权刑事案件适用法律若干问题的意见》第10~13条;《最高人民法院、最高人民检察院关于办理侵犯知识产权刑事案件具体应用法律若干问题的解释》第5、11、14条

典型案例

陈某等八人侵犯著作权案[1]

※**要旨**:办理网络侵犯视听作品著作权犯罪案件,应注意及时提取、固定和保全相关电子数据,并围绕客观性、合法性、关联性要求对电子数据进行全面审查。对涉及众多作品的案件,在认定"未经著作权人许可"时,应围绕涉案复制品是否系非法出版、复制发行且被告人能否提供获得著作权人许可的相关证明材料进行审查。

梁某平、王某航等十五人侵犯著作权案[2]

※**要旨**:办理网络侵犯著作权刑事案件,应当准确理解把握"避风港规则"适用条件,通过审查网络服务提供者是否明知侵权,认定其无罪辩解是否成立。涉案侵权视听作品数量较大的,可通过鉴定机构抽样鉴定的方式,结合权利人鉴别意见,综合认定作品是否构成实质性相似。对于涉案人员众多的网络知识产权案件,应根据涉案人员在案件中的地位、作用、参与程度以及主观恶性等因素,按照宽严相济刑事政策分层分类处理。

第二百一十八条 【销售侵权复制品罪】以营利为目的,销售明知是本法第二百一十七条规定的侵权复制品,违法所得数额巨大或者有其他严重情节的,处五年以下有期徒刑,并处或者单处罚金。

〔1〕 参见最高人民检察院指导性案例第100号。
〔2〕 参见最高人民检察院指导性案例第193号。

关联法规索引

《最高人民法院、最高人民检察院关于办理侵犯知识产权刑事案件具体应用法律若干问题的解释》第6、15条;《最高人民检察院、公安部关于公安机关管辖的刑事案件立案追诉标准的规定(一)》第27条

第二百一十九条　【侵犯商业秘密罪】有下列侵犯商业秘密行为之一,情节严重的,处三年以下有期徒刑,并处或者单处罚金;情节特别严重的,处三年以上十年以下有期徒刑,并处罚金:

(一)以盗窃、贿赂、欺诈、胁迫、电子侵入或者其他不正当手段获取权利人的商业秘密的;

(二)披露、使用或者允许他人使用以前项手段获取的权利人的商业秘密的;

(三)违反保密义务或者违反权利人有关保守商业秘密的要求,披露、使用或者允许他人使用其所掌握的商业秘密的。

明知前款所列行为,获取、披露、使用或者允许他人使用该商业秘密的,以侵犯商业秘密论。

本条所称权利人,是指商业秘密的所有人和经商业秘密所有人许可的商业秘密使用人。

条文解读

本条是关于侵犯商业秘密罪及其刑罚的规定。本条第1款具体列举了3种侵犯商业秘密的行为:(1)以盗窃、贿赂、欺诈、胁迫、电子侵入或者其他不正当手段获取权利人的商业秘密。实施这一行为的人,一般是享有商业秘密的权利人的竞争对手。"贿赂",是指通过给予因工作关系等实际知悉商业秘密的人财物,以获取权利人的商业秘密;"胁迫",是指通过声称对他人本人或者亲友等实施人身伤害、披露隐私等方式,迫使他人向其提供商业秘密;"电子侵入",是指通过技术手段侵入计算机网络等信息系统,非法获取他人的商业秘密;"其他不正当手段",是兜底性规定,是指行为人采取以上明确列举的行为之外的,其他属于不正当竞争行为的方

式,非法获取他人的秘密的各种行为。(2)披露、使用或者允许他人使用以前项手段获取的权利人的商业秘密。“披露”,是指向他人透露行为人以盗窃、贿赂、欺诈、胁迫、电子侵入或者其他不正当手段获取的他人商业秘密的行为,将权利人的商业秘密披露公开,会破坏权利人的竞争优势;“使用”,是指自己使用;“允许他人使用”,是指将非法手段获取的商业秘密,提供给其他人使用的行为。无论是行为人自己使用还是允许他人使用上述商业秘密,都是侵犯权利人商业秘密的非法行为。(3)违反保密义务或者违反权利人有关保守商业秘密的要求,披露、使用或者允许他人使用其所掌握的商业秘密。其主要是指行为人所掌握的商业秘密虽然是先前合法获取的,但是违反了保密义务或者违反了权利人有关保守商业秘密的要求,向第三人披露、使用或者允许第三人使用其所获取的商业秘密。

本条第2款是关于以侵犯商业秘密论的行为的规定。根据这一规定,第三人自己虽未直接实施上述侵权行为,但如果明知他人具有上述3种侵犯商业秘密的行为,仍然从他人那里获取、披露、使用或者允许他人使用该商业秘密,则以侵犯商业秘密论。第三人不是非法获取商业秘密的直接责任人,因此第三人主观上必须是明知,才构成犯罪。如果第三人不知道该信息是他人非法获取、披露、使用的商业秘密,则不属于本条规定的侵犯商业秘密的行为。

本条第3款是关于权利人范围的规定。根据这一规定,权利人包括商业秘密的所有人和经商业秘密所有人许可的商业秘密使用人。商业秘密使用人,是与商业秘密所有人订立商业秘密使用许可合同的人。

配套法规及解读

《最高人民法院、最高人民检察院关于办理侵犯知识产权刑事案件具体应用法律若干问题的解释(三)》(2020年9月12日)

第三条 采取非法复制、未经授权或者超越授权使用计算机信息系统等方式窃取商业秘密的,应当认定为刑法第二百一十九条第一款第一项规定的“盗窃”。

以贿赂、欺诈、电子侵入等方式获取权利人的商业秘密的,应当认定为刑法第二百一十九条第一款第一项规定的“其他不正当手段”。

※法规解读:

本解释第3条第2款是关于侵犯商业秘密罪“其他不正当手段”的认定。实践中，行为人为非法获取商业秘密，多采用偷拍偷录、复印记录或者未经授权、超越授权进入计算机信息系统拷贝、下载等方式秘密窃取，本解释第 3 条第 1 款将该类行为明确规定为《刑法》第 219 条第 1 款第 1 项的“盗窃”，突出打击重点。适用本条应当注意：一是《刑法》第 219 条第 1 款第 1 项规定的“以盗窃、贿赂、欺诈、胁迫、电子侵入或者其他不正当手段获取权利人的商业秘密”，规制的是不正当获取行为本身，故其他不正当手段的性质应当与盗窃、贿赂、欺诈、胁迫等相当，本身就是不法行为。二是认定以不正当手段获取商业秘密的前提是，行为人此前并不掌握、知悉或者持有该项商业秘密，以区别于《刑法》第 219 条第 1 款第 3 项规定的违约侵犯商业秘密的行为。行为人合法正当获取商业秘密后违反保密义务侵犯商业秘密，属于《刑法》第 219 条第 1 款第 3 项规定的行为，而不属于该条款第 1 项规定的情形。例如，商业秘密权利人的员工参与了商业秘密研发或者因日常工作使用而知悉该项商业秘密，获取行为是合法正当的，其违反保密协议擅自复制商业秘密的行为，不属于《刑法》第 219 条第 1 款第 1 项规定的“不正当手段”。又如，商业秘密权利人的合同相对方依据合同或者在签订合同过程中知悉了权利人的商业秘密，后违反有关保守商业秘密的要求而披露、使用或者允许他人使用商业秘密的，也不应当认定为“以不正当手段获取权利人的商业秘密”。

关联法规索引

《最高人民法院、最高人民检察院关于办理侵犯知识产权刑事案件具体应用法律若干问题的解释》第 7、15 条

典型案例

金某盈侵犯商业秘密案〔1〕

※要旨：办理侵犯商业秘密犯罪案件，被告人作无罪辩解的，既要注意审查商业秘密的成立及侵犯商业秘密的证据，又要依法排除

〔1〕 参见最高人民检察院指导性案例第 102 号。

被告人取得商业秘密的合法来源，形成指控犯罪的证据链。对鉴定意见的审查，必要时可聘请或指派有专门知识的人辅助办案。

第二百一十九条之一　【为境外窃取、刺探、收买、非法提供商业秘密罪】为境外的机构、组织、人员窃取、刺探、收买、非法提供商业秘密的，处五年以下有期徒刑，并处或者单处罚金；情节严重的，处五年以上有期徒刑，并处罚金。

第二百二十条　【单位犯侵犯知识产权罪的处罚规定】单位犯本节第二百一十三条至第二百一十九条之一规定之罪的，对单位判处罚金，并对其直接负责的主管人员和其他直接责任人员，依照本节各该条的规定处罚。

第八节　扰乱市场秩序罪

第二百二十一条　【损害商业信誉、商品声誉罪】捏造并散布虚伪事实，损害他人的商业信誉、商品声誉，给他人造成重大损失或者有其他严重情节的，处二年以下有期徒刑或者拘役，并处或者单处罚金。

关联法规索引

《最高人民检察院、公安部关于公安机关管辖的刑事案件立案追诉标准的规定(二)》第66条；《最高人民法院、最高人民检察院关于办理利用信息网络实施诽谤等刑事案件适用法律若干问题的解释》第9条

第二百二十二条　【虚假广告罪】广告主、广告经营者、广告发布者违反国家规定，利用广告对商品或者服务作虚假宣传，情节严重的，处二年以下有期徒刑或者拘役，并处或者单处罚金。

条文解读

本条是关于虚假广告罪及其处罚的规定。本罪的主体是特殊主体,不仅包括实施虚假广告犯罪行为的广告主,而且包括实施虚假广告犯罪行为的广告经营者和广告发布者。他们都是与广告活动有关的具有特殊身份的主体。广告主,是指推销商品或者提供服务,自身或者委托他人设计、制作、发布广告的法人、其他经济组织或者个人。广告经营者,是指受委托提供广告设计、制作、代理服务的法人、其他经济组织或者个人。广告发布者,是指为广告主或者广告主委托的广告经营者发布广告的法人或者其他经济组织。作虚假宣传主要包括两种情况:一是对商品或者服务作夸大失实的宣传,即对生产、经销的产品质量、制作成分、性能、用途、生产者、有效期限、产地、来源等情况,或者对所提供的服务的质量规格、技术标准、价格等交易资料进行夸大、无中生有的与实际情况不符的宣传。二是对商品或者服务作语意含糊、令人误解的宣传,即通过措辞的技巧,以明示或者暗示、省略或者含糊的手段,使消费者对商品或者服务产生误解。

关联法规索引

《最高人民法院关于审理非法集资刑事案件具体应用法律若干问题的解释》第12条;《最高人民检察院、公安部关于公安机关管辖的刑事案件立案追诉标准的规定(二)》第67条

第二百二十三条 【串通投标罪】投标人相互串通投标报价,损害招标人或者其他投标人利益,情节严重的,处三年以下有期徒刑或者拘役,并处或者单处罚金。

投标人与招标人串通投标,损害国家、集体、公民的合法利益的,依照前款的规定处罚。

典型案例

许某某、包某某串通投标立案监督案[1]

※要旨：《刑法》规定了串通投标罪，但未规定串通拍卖行为构成犯罪。对于串通拍卖行为，不能以串通投标罪予以追诉。公安机关对串通竞拍国有资产行为以涉嫌串通投标罪刑事立案的，检察机关应当通过立案监督，依法通知公安机关撤销案件。

关联法规索引

《最高人民检察院、公安部关于公安机关管辖的刑事案件立案追诉标准的规定（二）》第68条

第二百二十四条　【合同诈骗罪】 有下列情形之一，以非法占有为目的，在签订、履行合同过程中，骗取对方当事人财物，数额较大的，处三年以下有期徒刑或者拘役，并处或者单处罚金；数额巨大或者有其他严重情节的，处三年以上十年以下有期徒刑，并处罚金；数额特别巨大或者有其他特别严重情节的，处十年以上有期徒刑或者无期徒刑，并处罚金或者没收财产：

（一）以虚构的单位或者冒用他人名义签订合同的；

（二）以伪造、变造、作废的票据或者其他虚假的产权证明作担保的；

（三）没有实际履行能力，以先履行小额合同或者部分履行合同的方法，诱骗对方当事人继续签订和履行合同的；

（四）收受对方当事人给付的货物、货款、预付款或者担保财产后逃匿的；

（五）以其他方法骗取对方当事人财物的。

关联法规索引

《最高人民检察院、公安部关于公安机关管辖的刑事案件立案追诉标准的规定

[1] 参见最高人民检察院指导性案例第90号。

(二)》第 69 条

典型案例

温某某合同诈骗立案监督案[1]

※要旨：检察机关办理涉企业合同诈骗犯罪案件，应当严格区分合同诈骗与民事违约行为的界限。要注意审查涉案企业在签订、履行合同过程中是否具有非法占有目的和虚构事实、隐瞒真相的行为，准确认定是否具有诈骗故意。发现公安机关对企业之间的合同纠纷以合同诈骗进行刑事立案的，应当依法监督撤销案件。对于立案后久侦不结的“挂案”，检察机关应当向公安机关提出纠正意见。

第二百二十四条之一　【组织、领导传销活动罪】组织、领导以推销商品、提供服务等经营活动为名，要求参加者以缴纳费用或者购买商品、服务等方式获得加入资格，并按照一定顺序组成层级，直接或者间接以发展人员的数量作为计酬或者返利依据，引诱、胁迫参加者继续发展他人参加，骗取财物，扰乱经济社会秩序的传销活动的，处五年以下有期徒刑或者拘役，并处罚金；情节严重的，处五年以上有期徒刑，并处罚金。

条文解读

本条是关于组织、领导传销活动罪及其处罚的规定。组织、领导传销活动罪具有以下几个特征：一是以推销商品、提供服务等经营活动为名，要求参加者以缴纳费用或者购买商品、服务等方式获得加入资格；二是按照一定顺序组成层级；三是直接或者间接以发展人员的数量作为计酬或者返利依据，引诱、胁迫参加者继续发展他人参加；四是骗取财物，传销活动的最终目的都是骗取财物；五是扰乱经济社会秩序。这里需要特别指出的是，“拉人头”式传销与直销活动中的多层次计酬之

〔1〕 参见最高人民检察院指导性案例第 91 号。

间的区别:一是从是否交纳入门费来看,直销人员在获取从业资格时没有被要求交纳高额入门费,而“拉人头”式传销则要求交纳入门费;二是从经营对象来看,直销是以销售产品为导向,商品定价基本合理,而“拉人头”式传销根本没有产品销售,或者只是以质劣价高的产品为幌子,主要以“拉人头”为主要目的;三是从人员的收入来源来看,多层次计酬主要根据销售业绩,而“拉人头”式传销的收入主要决定于发展下线的人数;四是从组织存在和维系的条件来看,多层次计酬直销公司的生存与发展取决于产品销售业绩和利润,而“拉人头”式传销组织则取决于发展新会员收取费用的能力。

关联法规索引

《最高人民检察院、公安部关于公安机关管辖的刑事案件立案追诉标准的规定(二)》第70条;《最高人民法院、最高人民检察院、公安部关于办理组织领导传销活动刑事案件适用法律若干问题的意见》

典型案例

叶某生等组织、领导传销活动案[1]

※**要旨**:组织者或者经营者利用网络发展会员,要求被发展人员以缴纳或者变相缴纳“入门费”为条件,获得提成和发展下线的资格。通过发展人员组成层级关系,并以直接或者间接发展的人员数量作为计酬或者返利的依据,引诱被发展人员继续发展他人参加,骗取财物,扰乱经济社会秩序的,以组织、领导传销活动罪追究刑事责任。

第二百二十五条 【非法经营罪】违反国家规定,有下列非法经营行为之一,扰乱市场秩序,情节严重的,处五年以下有期徒刑或者拘役,并处或者单处违法所得一倍以上五倍以下罚金;情节特别严重的,处五年以上有期徒

〔1〕 参见最高人民检察院指导性案例第41号。

刑,并处违法所得一倍以上五倍以下罚金或者没收财产:

(一)未经许可经营法律、行政法规规定的专营、专卖物品或者其他限制买卖的物品的;

(二)买卖进出口许可证、进出口原产地证明以及其他法律、行政法规规定的经营许可证或者批准文件的;

(三)未经国家有关主管部门批准非法经营证券、期货、保险业务的,或者非法从事资金支付结算业务的;

(四)其他严重扰乱市场秩序的非法经营行为。

配套法规及解读

《最高人民法院、最高人民检察院关于办理非法从事资金支付结算业务、非法买卖外汇刑事案件适用法律若干问题的解释》(2019年1月31日)

第一条　违反国家规定,具有下列情形之一的,属于刑法第二百二十五条第三项规定的"非法从事资金支付结算业务":

(一)使用受理终端或者网络支付接口等方法,以虚构交易、虚开价格、交易退款等非法方式向指定付款方支付货币资金的;

(二)非法为他人提供单位银行结算账户套现或者单位银行结算账户转个人账户服务的;

(三)非法为他人提供支票套现服务的;

(四)其他非法从事资金支付结算业务的情形。

第二条　违反国家规定,实施倒买倒卖外汇或者变相买卖外汇等非法买卖外汇行为,扰乱金融市场秩序,情节严重的,依照刑法第二百二十五条第四项的规定,以非法经营罪定罪处罚。

第五条　非法从事资金支付结算业务或者非法买卖外汇,构成非法经营罪,同时又构成刑法第一百二十条之一规定的帮助恐怖活动罪或者第一百九十一条规定的洗钱罪的,依照处罚较重的规定定罪处罚。

※法规解读:

本解释第1条对"非法从事资金支付结算业务"行为作了明确规定。根据中国人民银行《支付结算办法》的规定,支付结算是指单位、个人在社会经济活动中使用票据、信用卡和汇兑、托收承付、委托收款等结算方式进行货币给付及其资金清算的行为。银行是支付结算和资金清算的中介机构。未经中国人民银行批准的非银行金融机构和其他单位不得作为中介机构经营支付结算业务,但法律、行政法规另有规定的除外。《刑法修正案(七)》对《刑法》第225条规定的非法经营罪作了进一步完善,规定非法从事资金支付结算业务,扰乱市场秩序,情节严重的,应认定为非法经营罪。近年来,随着互联网金融的迅猛发展,支付结算方式发生很大变化,由于《刑法》没有明确资金支付结算的具体情形,司法实践中对非法从事资金支付结算业务的认定存在争议。结合司法实际和有关案例,本解释第1条规定了3种属于"非法从事资金支付结算业务"的具体情形:第一种是虚构支付结算的情形,即使用受理终端或者网络支付接口等方法,以虚构交易、虚开价格、交易退款等非法方式向指定付款方支付货币资金的;第二种是公转私、套取现金情形,即非法为他人提供单位银行结算账户套现或者单位银行结算账户转个人账户服务的;第三种是支票套现的情形,俗称"支票串现金",即非法为他人提供支票套现服务的。此外,第1条第4项兜底项规定了其他非法从事资金支付结算业务的情形,以适应支付结算方式不断变化的需要。

本解释第2条对"非法买卖外汇"的行为作了明确规定。我国对外汇实行强制管理制度,任何组织、个人在我国境内从事外汇买卖、结汇业务,必须获得国家外汇管理部门的许可并在指定场所进行。根据《全国人民代表大会常务委员会关于惩治骗购外汇、逃汇和非法买卖外汇犯罪的决定》的规定,在国家规定的交易场所以外非法买卖外汇,扰乱市场秩序,情节严重的,以非法经营罪定罪处罚。根据《外汇管理条例》的规定,非法买卖外汇主要包括倒买倒卖外汇、变相买卖外汇等情形。实践中,地下钱庄非法买卖外汇主要有较为传统的以境内直接交易形式实施的倒买倒卖外汇行为和当前常见的以境内外"对敲"方式进行资金跨国(境)兑付的变相买卖外汇行为。倒买倒卖外汇,是指不法分子在国内外汇黑市进行低买高卖,从中赚取汇率差价。此类钱庄俗称"换汇黄牛"。变相买卖外汇,是指在形式上进行的不是人民币和外汇之间的直接买卖,而采取以外汇偿还人民币或以人民币偿还外汇、以外汇和人民币互换实现货币价值转换的行为。资金跨国(境)兑付是一种典型的变相买卖外汇行为。跨国(境)兑付型地下钱庄,是指不法分子与境外人员、企业、机构相勾结,或利用开立在境外的银行账户,协助他人进行跨境汇款、转移资金活动。这类地下钱庄又称"对敲型"地下钱庄,即资金在境内外实行单向循环,没有发生物理流动，通常以对账的形式来实现"两地平衡"。现在多数地下钱庄的主要业务是资金跨国(境)兑付，导致巨额资本外流，社会危害性巨大，属重点打击对象。据此，本解释规定，实施倒买倒卖外汇或者变相买卖外汇等非法买卖外汇行为，扰乱金融市场秩序，情节严重的，以非法经营罪定罪处罚。

本解释第5条就非法经营罪与帮助恐怖活动罪或者洗钱罪竞合时的处罚原则作了明确规定。地下钱庄和洗钱、恐怖融资有着天然的联系，地下钱庄已成为不法分子从事洗钱和转移资金的主要通道。我国《刑法》第191条、第120条之一分别规定了洗钱罪、帮助恐怖活动罪。司法实践中，对于地下钱庄实施非法从事资金支付结算业务或者非法买卖外汇行为，通过转账或者其他结算方式协助资金转移，或者协助将资金汇往境外，构成非法经营罪，同时构成洗钱罪或者帮助恐怖活动罪的，按照竞合犯处罚原则，依照处罚较重的规定定罪处罚。据此，本解释第5条明确了非法经营罪与帮助恐怖活动罪或者洗钱罪竞合时的处罚原则，彰显了我国依法严厉打击洗钱罪、帮助恐怖活动罪的态度和决心。

关联法规索引

《最高人民法院关于审理骗购外汇、非法买卖外汇刑事案件具体应用法律若干问题的解释》第3、4条；《最高人民法院关于审理非法出版物刑事案件具体应用法律若干问题的解释》第11～17条；《最高人民检察院、公安部关于公安机关管辖的刑事案件立案追诉标准的规定(二)》第71条；《最高人民法院、最高人民检察院关于办理危害食品安全刑事案件适用法律若干问题的解释》第16～18条；《最高人民法院关于审理破坏森林资源刑事案件适用法律若干问题的解释》第10条

典型案例

王某军非法经营再审改判无罪案[1]

※要旨：(1)对于《刑法》第225条第4项规定的"其他严重扰乱

〔1〕 参见最高人民法院指导性案例第97号。

市场秩序的非法经营行为”的适用，应当根据相关行为是否具有与《刑法》第 225 条前 3 项规定的非法经营行为相当的社会危害性、刑事违法性和刑事处罚必要性进行判断。(2)判断违反行政管理有关规定的经营行为是否构成非法经营罪，应当考虑该经营行为是否属于严重扰乱市场秩序。对于虽然违反行政管理有关规定，但尚未严重扰乱市场秩序的经营行为，不应当认定为非法经营罪。

孙某东非法经营案〔1〕

※**要旨**：对于为恶意透支的信用卡持卡人非法套现的行为，应当根据其与信用卡持卡人有无犯意联络、是否具有非法占有目的等，区分非法经营罪与信用卡诈骗罪。

第二百二十六条　【强迫交易罪】以暴力、威胁手段，实施下列行为之一，情节严重的，处三年以下有期徒刑或者拘役，并处或者单处罚金；情节特别严重的，处三年以上七年以下有期徒刑，并处罚金：

（一）强买强卖商品的；

（二）强迫他人提供或者接受服务的；

（三）强迫他人参与或者退出投标、拍卖的；

（四）强迫他人转让或者收购公司、企业的股份、债券或者其他资产的；

（五）强迫他人参与或者退出特定的经营活动的。

关联法规索引

《最高人民检察院、公安部关于公安机关管辖的刑事案件立案追诉标准的规定（一）》第 28 条

第二百二十七条　【伪造、倒卖伪造的有价票证罪】伪造或者倒卖伪造的车票、船票、邮票或者其他有价票证，数额较大的，处二年以下有期徒刑、拘

〔1〕 参见最高人民检察院指导性案例第 177 号。

役或者管制，并处或者单处票证价额一倍以上五倍以下罚金；数额巨大的，处二年以上七年以下有期徒刑，并处票证价额一倍以上五倍以下罚金。

【倒卖车票、船票罪】倒卖车票、船票，情节严重的，处三年以下有期徒刑、拘役或者管制，并处或者单处票证价额一倍以上五倍以下罚金。

关联法规索引

《最高人民法院关于对变造、倒卖变造邮票行为如何适用法律问题的解释》；《最高人民检察院关于非法制作、出售、使用IC电话卡行为如何适用法律问题的答复》；《最高人民检察院、公安部关于公安机关管辖的刑事案件立案追诉标准的规定（一）》第29、30条；《最高人民法院关于审理倒卖车票刑事案件有关问题的解释》

第二百二十八条　【非法转让、倒卖土地使用权罪】以牟利为目的，违反土地管理法规，非法转让、倒卖土地使用权，情节严重的，处三年以下有期徒刑或者拘役，并处或者单处非法转让、倒卖土地使用权价额百分之五以上百分之二十以下罚金；情节特别严重的，处三年以上七年以下有期徒刑，并处非法转让、倒卖土地使用权价额百分之五以上百分之二十以下罚金。

关联法规索引

《全国人民代表大会常务委员会关于〈中华人民共和国刑法〉第二百二十八条、第三百四十二条、第四百一十条的解释》；《最高人民检察院、公安部关于公安机关管辖的刑事案件立案追诉标准的规定（二）》第72条；《最高人民法院关于审理破坏土地资源刑事案件具体应用法律若干问题的解释》第1、2、8、9条

第二百二十九条　【提供虚假证明文件罪】承担资产评估、验资、验证、会计、审计、法律服务、保荐、安全评价、环境影响评价、环境监测等职责的中介组织的人员故意提供虚假证明文件，情节严重的，处五年以下有期徒刑或者拘役，并处罚金；有下列情形之一的，处五年以上十年以下有期徒刑，并处

罚金：

（一）提供与证券发行相关的虚假的资产评估、会计、审计、法律服务、保荐等证明文件，情节特别严重的；

（二）提供与重大资产交易相关的虚假的资产评估、会计、审计等证明文件，情节特别严重的；

（三）在涉及公共安全的重大工程、项目中提供虚假的安全评价、环境影响评价等证明文件，致使公共财产、国家和人民利益遭受特别重大损失的。

有前款行为，同时索取他人财物或者非法收受他人财物构成犯罪的，依照处罚较重的规定定罪处罚。

【出具证明文件重大失实罪】第一款规定的人员，严重不负责任，出具的证明文件有重大失实，造成严重后果的，处三年以下有期徒刑或者拘役，并处或者单处罚金。

条文解读

本条第1款是关于提供虚假证明文件罪及其处罚的规定。构成本罪须符合以下条件：(1)本罪的主体为特殊主体，须是中介机构的从业人员。“承担资产评估、验资、验证、会计、审计、法律服务、保荐、安全评价、环境影响评价、环境监测等职责的中介组织”，是指依法承担相关中介服务职责的资产评估机构、验资机构、验证机构、会计师事务所、审计师事务所、律师事务所、保荐机构、安全评价机构、环境影响评价机构、环境监测机构等。“人员”，是指在这些中介机构中，具有国家认可的专业资格的、负有相关职责的专业从业人员。(2)行为人实施了故意提供虚假证明文件的行为。这里所说的虚假证明文件，既包括伪造的证明文件，也包括内容虚假、有重大遗漏、有误导性内容的文件。这些文件的载体有多种形式，如资产评估报告、验资报告、发行保荐书、安全评价报告、环境影响报告书（表）等。这些文件有时是单一文件，有时还含有其他附属材料以佐证其结论，包括数据、材料、资料、样本等。上述证明文件如果属于虚假文件，内容不真实，就违反了法律法规、行业规则等对于资产评估、验资、验证、会计、审计、法律服务、保荐、安全评价、环境影响评价、环境监测等中介活动的要求，不能发挥证明作用。证明文件虚假，包括有关资料、报表、数据和各种结果、结论方面的报告和材料等不真实。(3)构成本罪需要符合“情节严重”的要件。情节严重,主要是指手段比较恶劣,如故意为违法犯罪活动提供方便和条件的,虚假的内容特别重要的以及故意提供虚假证明文件而造成严重后果的等。

根据本条第1款规定,以下3种情形需要提高刑罚幅度:(1)提供与证券发行相关的虚假的资产评估、会计、审计、法律服务、保荐等证明文件,情节特别严重的。本项规定的中介组织的范围是“资产评估、会计、审计、法律服务、保荐等”,只要是负责提供与证券发行相关的虚假证明文件的中介组织的人员,都属于本项规定的主体。本项规定,要“情节特别严重”才能适用第二档刑罚,如造成的损失特别巨大、手段特别恶劣等。故意提供与证券发行相关的虚假证明文件只具有一般情节的,适用本款第一档刑罚。(2)提供与重大资产交易相关的虚假的资产评估、会计、审计等证明文件,情节特别严重的。这里的“重大资产交易”,主要是指相关资产交易事项重要、金额巨大、影响广泛等情况,如重大的资产重组、收购、出售、转让、受让或者以其他方式进行的各种资产交易活动。本项规定的中介组织的范围是“资产评估、会计、审计等”,只要是负责提供与重大资产交易相关的虚假证明文件的中介组织的人员都属于本项规定的主体。本项规定,要“情节特别严重”才能适用第二档刑罚,如造成的损失特别巨大、手段特别恶劣等。如果故意提供与重大资产交易相关的虚假证明文件只具有一般情节的,适用本款第一档刑罚。(3)在涉及公共安全的重大工程、项目中提供虚假的安全评价、环境影响评价等证明文件,致使公共财产、国家和人民利益遭受特别重大损失的。“致使公共财产、国家和人民利益遭受特别重大损失”,包括特别重大的经济损失、造成人员重大伤亡、环境受到特别严重破坏等。这里的“致使”要求提供虚假证明文件的行为与“公共财产、国家和人民利益遭受特别重大损失”之间具有紧密的因果关系。如果承担重大工程、项目的安全评价、环境影响评价等职责的行为人故意提供虚假证明文件,但尚未“致使公共财产、国家和人民利益遭受特别重大损失”的,仍可以适用本款第一档刑罚处罚。

本条第2款是关于前款规定的人员索取他人财物或者非法收受他人财物,犯前款罪及其处罚的规定。中介组织的人员一般属于非国家工作人员,其受贿行为往往还涉嫌构成《刑法》第163条“非国家工作人员受贿罪”(另外,如果其中有属于国家工作人员范围的情况,则还可能涉嫌构成《刑法》第385条“受贿罪”)。因此,可能出现以下两种情况:一是行为人触犯本罪的量刑较高,同时触犯《刑法》第

163 条"非国家工作人员受贿罪"的量刑较低;二是行为人触犯本罪的量刑较低,同时触犯《刑法》第 163 条"非国家工作人员受贿罪"的量刑较高(如果属于国家工作人员,涉嫌《刑法》第 385 条"受贿罪",则也有类似情况)。对此,根据本条第 2 款规定,有前款行为,同时索取他人财物或者非法收受他人财物构成犯罪的,依照处罚较重的规定定罪处罚。

本条第 3 款是关于出具证明文件重大失实罪及其处罚的规定。出具证明文件重大失实罪,是指第 1 款规定的人员严重不负责任,出具的证明文件有重大失实,造成严重后果的行为。本罪是过失犯罪,即由于严重不负责任导致出具的证明文件有重大失实。所谓出具的证明文件有重大失实,是指所出具的证明文件,在内容上存在重大的不符合实际的错误或者内容虚假。造成严重后果,主要是指给国家、集体或公民个人造成严重损失以及在社会上产生特别恶劣的影响。

关联法规索引

《最高人民检察院关于公证员出具公证书有重大失实行为如何适用法律问题的批复》;《最高人民检察院、公安部关于公安机关管辖的刑事案件立案追诉标准的规定(二)》第 73、74 条;《最高人民法院、最高人民检察院关于办理危害生产安全刑事案件适用法律若干问题的解释(二)》第 6～9 条

第二百三十条 【逃避商检罪】违反进出口商品检验法的规定,逃避商品检验,将必须经商检机构检验的进口商品未报经检验而擅自销售、使用,或者将必须经商检机构检验的出口商品未报经检验合格而擅自出口,情节严重的,处三年以下有期徒刑或者拘役,并处或者单处罚金。

关联法规索引

《最高人民检察院、公安部关于公安机关管辖的刑事案件立案追诉标准的规定(二)》第 75 条

第二百三十一条　【单位犯扰乱市场秩序罪的处罚规定】单位犯本节第二百二十一条至第二百三十条规定之罪的，对单位判处罚金，并对其直接负责的主管人员和其他直接责任人员，依照本节各该条的规定处罚。

第四章　侵犯公民人身权利、民主权利罪

本章介绍

本章是关于侵犯公民人身权利、民主权利罪及其处罚的规定。侵犯公民人身权利、民主权利罪，是指故意或者过失侵犯公民人身权利，以及故意侵犯公民民主权利的行为。侵犯公民人身权利、民主权利罪客观上表现为，非法侵犯公民人身权利、民主权利的行为与结果。“侵犯”包括剥夺、破坏、妨害、损害、限制等行为；从表现上看，包括作为与不作为；从主观上看，包括故意与过失，除过失致人死亡罪、过失致人重伤罪以外，其他犯罪均为故意犯罪。侵犯公民人身权利、民主权利罪分为两类：一是侵犯公民人身权利罪；二是侵犯公民民主权利罪。

第二百三十二条　【故意杀人罪】故意杀人的，处死刑、无期徒刑或者十年以上有期徒刑；情节较轻的，处三年以上十年以下有期徒刑。

条文解读

本条是关于故意杀人罪及其处罚的规定。构成本罪须符合以下条件：(1)行为对象为他人，自杀行为不成立本罪。相约自杀的行为，因行为人均不具有故意剥夺他人生命的行为，所以对其中自杀未得逞的，一般不认为是故意杀人罪。但是，行为人受托而将对方杀死，继而自杀未得逞的，应构成故意杀人罪，量刑时可考虑从轻处罚；以相约自杀为名，诱骗他人自杀的，则应按故意杀人罪论处。(2)行为内容为剥夺他人生命。其特点是直接或者间接作用于人的肌体，使人的生命在自然死亡时期之前终结。剥夺他人生命的方式既可以是作为，也可以是不作为。(3)杀人行为必须具有非法性。执行命令枪决罪犯、符合法定条件的正当防卫杀人等行为，不构成故意杀人罪。安乐死行为不阻碍违法与责任，应认定为故意杀人罪，但在量刑时，可酌情考虑。本罪主观构成要件既可以是直接故意，也可以是间接故意。

关联法规索引

《最高人民法院、最高人民检察院关于办理组织、利用邪教组织破坏法律实施等刑事案件适用法律若干问题的解释》第11条;《最高人民法院、最高人民检察院、公安部关于办理涉窨井盖相关刑事案件的指导意见》第3条

第二百三十三条　【过失致人死亡罪】过失致人死亡的,处三年以上七年以下有期徒刑;情节较轻的,处三年以下有期徒刑。本法另有规定的,依照规定。

第二百三十四条　【故意伤害罪】故意伤害他人身体的,处三年以下有期徒刑、拘役或者管制。

犯前款罪,致人重伤的,处三年以上十年以下有期徒刑;致人死亡或者以特别残忍手段致人重伤造成严重残疾的,处十年以上有期徒刑、无期徒刑或者死刑。本法另有规定的,依照规定。

关联法规索引

《人体损伤程度鉴定标准》;《最高人民法院、最高人民检察院、公安部关于办理涉窨井盖相关刑事案件的指导意见》第3条

典型案例

钱某故意伤害案〔1〕

※要旨:检察机关应当健全量刑协商机制,规范认罪认罚案件量刑建议的形成过程。依法听取犯罪嫌疑人、辩护人或者值班律师的意见,通过出示有关证据、释法说理等方式,结合案件事实和情节开展量刑协商,促进协商一致。注重运用司法救助等制度措施化解矛盾,提升办案质效。

〔1〕 参见最高人民检察院指导性案例第82号。

第二百三十四条之一 【组织出卖人体器官罪】 组织他人出卖人体器官的，处五年以下有期徒刑，并处罚金；情节严重的，处五年以上有期徒刑，并处罚金或者没收财产。

未经本人同意摘取其器官，或者摘取不满十八周岁的人的器官，或者强迫、欺骗他人捐献器官的，依照本法第二百三十四条、第二百三十二条的规定定罪处罚。

违背本人生前意愿摘取其尸体器官，或者本人生前未表示同意，违反国家规定，违背其近亲属意愿摘取其尸体器官的，依照本法第三百零二条的规定定罪处罚。

条文解读

本条第1款是关于组织出卖人体器官罪及其处罚的规定。“组织他人出卖人体器官”，就是行为人在组织他人出卖人体器官过程中实施了策划、指挥、领导的行为。在实践中，这种行为一般表现为动员、拉拢、联络、串联、制订计划、下达命令、出谋划策等形式。本罪在主观方面只能由故意构成，过失不构成本罪。至于本罪是否以牟利为目的，本条未作规定。一般而言，非法组织他人出卖器官的行为多以牟利为目的，但并不以此目的为构成要件。

本条第2款是关于未经本人同意摘取其器官，或者摘取不满18周岁的人的器官（不管本人是否同意），或者强迫、欺骗他人捐献器官定罪处罚的规定。根据本款规定，有上述行为的，依照《刑法》第234条规定的故意伤害罪、第232条规定的故意杀人罪定罪处罚。

本条第3款是关于违背本人生前意愿摘取其尸体器官，或者本人生前未表示同意，违反国家规定，违背其近亲属意愿摘取其尸体器官的规定。根据本款规定，有上述行为的，依照《刑法》第302条规定的盗窃、侮辱、故意毁坏尸体、尸骨、骨灰罪定罪处罚。

第二百三十五条 【过失致人重伤罪】 过失伤害他人致人重伤的，处三年以下有期徒刑或者拘役。本法另有规定的，依照规定。

关联法规索引

《人体损伤程度鉴定标准》;《最高人民法院、最高人民检察院、公安部关于办理涉窨井盖相关刑事案件的指导意见》第3、10条

第二百三十六条　【强奸罪】以暴力、胁迫或者其他手段强奸妇女的,处三年以上十年以下有期徒刑。

奸淫不满十四周岁的幼女的,以强奸论,从重处罚。

强奸妇女、奸淫幼女,有下列情形之一的,处十年以上有期徒刑、无期徒刑或者死刑:

(一)强奸妇女、奸淫幼女情节恶劣的;

(二)强奸妇女、奸淫幼女多人的;

(三)在公共场所当众强奸妇女、奸淫幼女的;

(四)二人以上轮奸的;

(五)奸淫不满十周岁的幼女或者造成幼女伤害的;

(六)致使被害人重伤、死亡或者造成其他严重后果的。

条文解读

本条是关于强奸罪及其处罚的规定。本罪的犯罪主体一般是男子,教唆、帮助男子强奸妇女的女子,也可以成为强奸罪的共犯。丈夫强行与妻子发生性行为的,一般不能认定为强奸罪。本罪在客观方面表现为违背妇女意志强行与妇女发生性关系的行为。暴力手段,是指行为人使用殴打、捆绑等方法对被害人实行身体强制,使被害女性不能反抗。胁迫手段,是指行为人对被害人施以威胁、恫吓,进行精神上的强制,如杀伤被害人或其亲属、揭发其隐私等。其他手段,是指利用女性昏迷、重病之机实行奸淫等。

奸淫幼女,是指与不满14周岁的幼女发生性关系的行为。奸淫幼女的,无论幼女是否“同意”,即构成强奸罪。行为人与不满14周岁的幼女发生性交,构成本罪的,应以知道对方是幼女为要件。根据《最高人民法院、最高人民检察院、公安部、司法部关于办理性侵害未成年人刑事案件的意见》第17条的规定,知道或者应

当知道对方是不满 14 周岁的幼女,而实施奸淫等性侵害行为的,应当认定行为人"明知"对方是幼女。对不满 12 周岁的被害人实施奸淫等性侵害行为的,应当认定行为人"明知"对方是幼女。对已满 12 周岁不满 14 周岁的被害人,从其身体发育状况、言谈举止、衣着特征、生活作息规律等观察可能是幼女,而实施奸淫等性侵害行为的,应当认定行为人"明知"对方是幼女。

关于强奸罪的认定,行为人先前实施的强奸行为,构成强奸罪;行为人实施强奸行为后的杀人灭口行为,又构成故意杀人罪,实行数罪并罚。这种情况不属于强奸罪的加重情节,强奸罪的加重情节要发生在实施强奸罪的过程中,而不能发生在既遂之后。

配套法规及解读

《最高人民法院、最高人民检察院关于办理强奸、猥亵未成年人刑事案件适用法律若干问题的解释》(2023 年 5 月 24 日)

第一条 奸淫幼女的,依照刑法第二百三十六条第二款的规定从重处罚。具有下列情形之一的,应当适用较重的从重处罚幅度:

(一)负有特殊职责的人员实施奸淫的;

(二)采用暴力、胁迫等手段实施奸淫的;

(三)侵入住宅或者学生集体宿舍实施奸淫的;

(四)对农村留守女童、严重残疾或者精神发育迟滞的被害人实施奸淫的;

(五)利用其他未成年人诱骗、介绍、胁迫被害人的;

(六)曾因强奸、猥亵犯罪被判处刑罚的。

强奸已满十四周岁的未成年女性,具有前款第一项、第三项至第六项规定的情形之一,或者致使被害人轻伤、患梅毒、淋病等严重性病的,依照刑法第二百三十六条第一款的规定定罪,从重处罚。

第二条 强奸已满十四周岁的未成年女性或者奸淫幼女,具有下列情形之一的,应当认定为刑法第二百三十六条第三款第一项规定的"强奸妇女、奸淫幼女情节恶劣":

(一)负有特殊职责的人员多次实施强奸、奸淫的;

(二)有严重摧残、凌辱行为的;

(三)非法拘禁或者利用毒品诱骗、控制被害人的;

(四)多次利用其他未成年人诱骗、介绍、胁迫被害人的;

(五)长期实施强奸、奸淫的;

(六)奸淫精神发育迟滞的被害人致使怀孕的;

(七)对强奸、奸淫过程或者被害人身体隐私部位制作视频、照片等影像资料,以此胁迫对被害人实施强奸、奸淫,或者致使影像资料向多人传播,暴露被害人身份的;

(八)其他情节恶劣的情形。

第三条　奸淫幼女,具有下列情形之一的,应当认定为刑法第二百三十六条第三款第五项规定的“造成幼女伤害”:

(一)致使幼女轻伤的;

(二)致使幼女患梅毒、淋病等严重性病的;

(三)对幼女身心健康造成其他伤害的情形。

第四条　强奸已满十四周岁的未成年女性或者奸淫幼女,致使其感染艾滋病病毒的,应当认定为刑法第二百三十六条第三款第六项规定的“致使被害人重伤”。

第五条　对已满十四周岁不满十六周岁的未成年女性负有特殊职责的人员,与该未成年女性发生性关系,具有下列情形之一的,应当认定为刑法第二百三十六条之一规定的“情节恶劣”:

(一)长期发生性关系的;

(二)与多名被害人发生性关系的;

(三)致使被害人感染艾滋病病毒或者患梅毒、淋病等严重性病的;

(四)对发生性关系的过程或者被害人身体隐私部位制作视频、照片等影像资料,致使影像资料向多人传播,暴露被害人身份的;

(五)其他情节恶劣的情形。

第六条　对已满十四周岁的未成年女性负有特殊职责的人员,利用优势地位或者被害人孤立无援的境地,迫使被害人与其发生性关系的,依照刑法第二百三十六条的规定,以强奸罪定罪处罚。

※法规解读:

本解释第1~6条是关于强奸未成年人刑事案件适用法律问题的规定,具体包括以下四个方面的内容:

1.明确奸淫幼女适用“较重的从重处罚幅度”的情形。本解释第1条从特殊身份犯罪主体、危害性大的犯罪手段、特定犯罪场所、特别弱势犯罪对象、被告人有性侵前科劣迹等方面，对一些适用“较重的从重处罚幅度”的情形予以明确。对本解释所列情形，择其重点，分述如下：

(1)负有特殊职责的人员实施奸淫的情形。根据本解释第15条的规定，“负有特殊职责的人员”，是指对未成年人负有监护、收养、看护、教育、医疗等职责的人员，包括与未成年人具有共同生活关系且事实上负有照顾、保护等职责的人员。该条后半段之所以要求“共同生活”且必须“负有照护、保护等职责”，是因为双方如果只是在一起生活，但没有基于照护形成的不平等关系，就无特殊性可言，不能据此对双方自愿发生性关系的行为入罪或者加重处罚。比如，同在一个家庭中的哥哥与已满14周岁的未成年妹妹自愿发生性关系；或者只是偶尔一两次短暂受托看护未成年人，没有稳定的共同生活关系，就不宜认定为《刑法》和司法解释中规定的“特殊职责人员”。监护人、保姆、教师、教练、救助人、医生等对未成年人负有特殊职责的人员，具有接触被害人的便利条件，实施奸淫行为更为隐蔽，一般人难以发现，持续时间会更长，未成年被害人更难以抗拒和向有关部门揭露，危害更大。而且，此类人员实施的奸淫犯罪还有违其所负特殊职责，严重挑战社会伦理道德底线。故本解释第1条第1款第1项规定适用“较重的从重处罚幅度”，体现依法严惩。

(2)采取危害性大的手段实施奸淫的情形。奸淫幼女构成犯罪，不要求采取暴力、胁迫等强制手段实施，但如果行为人采取上述强制手段，则对被害人伤害更大，故对本解释第1条第1款第2项情形，应从严惩处。此外，本解释第1条第1款第5项，旨在严惩利用未成年人“猎艳”的行为。为奸淫未成年女性，引诱、腐蚀其他未成年人致使其成为强奸共犯，对被害人及被利用的未成年人均造成危害，故应从严惩处。

(3)侵入特定场所实施奸淫的情形。未成年人的住所、学生集体宿舍，是未成年人生活起居的主要场所，也是未成年人最应感到心理安全的场所。进入上述场所实施强奸、猥亵犯罪，严重冲击被害人的心理安全感，甚至在一定范围内造成公众恐慌，危害性大，故应从严惩处。

(4)针对特别弱势犯罪对象实施奸淫的。农村留守女童、严重残疾或者精神发育迟滞的被害人，是未成年人中的更脆弱者，更易受犯罪侵害，且危害更严重，故针对该类人员实施奸淫的,应从严惩处。

(5)有强奸、猥亵犯罪前科,又实施奸淫幼女犯罪的,若行为人的前后两种行为均属性侵害犯罪,则反映行为人主观恶性深、人身危险性大,故应从严惩处。

需要指出的是,本解释只是对实践中常见多发、相对较严重的情形予以列举,不能据此认为,对本解释没有规定的其他较严重情形,就不应从严惩处。例如,国家工作人员即使对未成年人并不负有监护、教育、救助等特殊职责,但其奸淫幼女的,相较于普通主体实施,危害、影响往往也更恶劣,同样应依法严惩。

2. 明确强奸未成年人、奸淫幼女"情节恶劣"的加重情节。本解释第2条旨在明确强奸未成年人、奸淫幼女"情节恶劣"加重处罚条款的认定标准。

(1)本解释第2条第1项旨在严惩特殊身份主体多次强奸、奸淫的行为。负有特殊职责人员强奸、奸淫未成年人的犯罪易发,且危害性大,影响恶劣,应适用较重的从重处罚幅度,但据此单一情节尚不足以加重处罚。此外,《刑法》第236条第3款所列6项加重处罚情节中,规定了"强奸妇女、奸淫幼女多人"的情形,未规定"多次强奸、奸淫"的情形,本解释第2条第1项综合考虑"特殊职责"身份与"多次实施强奸、奸淫"两项因素,明确为"情节恶劣"。

(2)本解释第2条第2项旨在严惩强奸、奸淫过程中严重摧残、凌辱被害人的恶劣行为。该类情形并非指单纯为了控制被害人而施加暴力的行为,而是指额外增加被害人身体及精神痛苦的变态行为。该类行为对被害人造成严重身体、精神痛苦与伤害,结合奸淫情节,足以加重处罚。

(3)本解释第2条第3项旨在严惩使被害人沦为"性奴"的行为。该类行为既侵犯被害人性自主权,又侵犯其人身自由、身心健康,危害严重。鉴于非法拘禁、诱骗吸毒与奸淫行为有牵连关系,以强奸罪一罪加重处罚,更有利于从严惩处犯罪。需要指出的是,鉴于加重法定刑的严厉性,对其中的"非法拘禁",应从持续时间等情节考察足以构成非法拘禁罪的情形,且行为人是出于奸淫目的而持续控制被害人。虽然实际拘禁时间短暂,但行为人控制被害人的具体情形足以反映其意图长期拘禁被害人以便奸淫的,也应认定为本项规定的"非法拘禁",依法予以加重处罚。

(4)本解释第2条第4项旨在严惩多次利用未成年人"猎艳"的行为,具体理由同第1条第1款第5项的说明,不再赘述。

(5)本解释第2条第5项旨在严惩长期强奸未成年女性的行为。"长期实施强奸、奸淫”是指在相对长的时间段内频繁强奸、奸淫的情形，侧重点在于强奸、奸淫次数多、频繁，不在于“多次强奸、奸淫”是否跨越了较长时间段，如半年或者1年。主要考虑：《刑法》中的“多次”概念指3次以上，但强奸3次即加重判处10年以上刑罚与行为的危害程度不相当，故本项规定为“长期实施强奸、奸淫”。该类行为对未成年人身心造成长期持续、反复的伤害，行为危害性大，行为人主观恶性深，在第一档3年至10年有期徒刑内处刑已无法罚当其罪，故有必要加重处罚。

(6)本解释第2条第6项旨在严惩奸淫精神发育迟滞被害人的行为。该类被害人自我防护意识和能力更弱甚至无防护意识和能力，因被奸淫而怀孕，往往不知求助、报案，易致身心受到更大伤害，并衍生其他社会问题，对行为人加重处罚，理据充足。

(7)本解释第2条第7项旨在严惩强奸并拍摄影像资料以此胁迫被害人的行为。在信息网络时代，拍摄被害人隐私影像资料并以此胁迫对被害人强奸的，危害更大，影响恶劣；扩散相关影像资料会对被害人精神带来二次伤害，对被害人名誉的负面影响更难消除，故有必要加重处罚。

需要指出的是，因本解释第2条所列情形对应的法定刑起点即10年有期徒刑，故解释设置的条件相对审慎。对只具有本条所列情形中部分情节、尚不足以加重处罚的，也应体现从严惩处。例如，特殊职责人员奸淫幼女，但未达多次的，或者对强奸过程拍摄被害人隐私影像资料，但未向多人扩散的，等等。

3. 明确奸淫“造成幼女伤害”的加重情节。《刑法》第236条第3款第6项本已规定造成重伤等严重后果的加重情节，《刑法修正案(十一)》新增“造成幼女伤害”的情形作为《刑法》第236条第3款第5项，显然旨在降低对幼女“伤害”程度的要求，即未达到“重伤”的，也可加重处罚。根据立法精神，本解释第3条对“伤害”的情形予以列举。

4. 明确负有照护职责人员性侵罪与强奸罪的界限及负有照护职责人员性侵罪“情节恶劣”的加重情节。鉴于强奸罪与负有照护职责人员性侵罪入罪条件和刑罚后果的差异，本解释第6条对两罪的区分作出明确规定，以避免轻纵犯罪、确保罪刑均衡。本解释第5条分别从发生性关系的次数、人数、手段、对被害人造成的伤害等方面，明确何为《刑法》第236条之一规定的负有照护职责人员性侵罪的“情节恶劣”。

第二百三十六条之一　【负有照护职责人员性侵罪】 对已满十四周岁不满十六周岁的未成年女性负有监护、收养、看护、教育、医疗等特殊职责的人员，与该未成年女性发生性关系的，处三年以下有期徒刑；情节恶劣的，处三年以上十年以下有期徒刑。

有前款行为，同时又构成本法第二百三十六条规定之罪的，依照处罚较重的规定定罪处罚。

条文解读

本条是关于负有照护职责人员性侵罪及其处罚的规定。根据本条第1款的规定，对已满14周岁不满16周岁的女性未成年人负有监护、收养、看护、教育、医疗等特殊职责的人员，与该女性未成年人发生性关系的，即构成本罪，处3年以下有期徒刑；情节恶劣的，处3年以上10年以下有期徒刑。这里的"情节恶劣"，主要是包括多人、多次给遭受性侵害的未成年人造成重大伤害等。

本条第2款是关于有前款行为，同时构成《刑法》第236条规定的强奸罪的，依照处罚较重的规定定罪处罚的规定。根据《刑法》第236条的规定，强奸罪是指违背妇女的意志，以暴力、胁迫或者其他手段强行与妇女发生性关系的行为。对已满14周岁不满16周岁的女性未成年人负有监护、收养、看护、教育、医疗等特殊职责的人员，如果行为人违背该女性未成年人的意志，以暴力、胁迫或者其他手段强行与该女性未成年人发生性关系的，属于强奸罪，应当依照处罚较重的规定定罪处罚。

实际适用中应当注意本罪与强奸罪的区别：(1)犯罪主体范围不同。强奸罪是一般主体，而本罪是特殊主体，即限于对已满14周岁不满16周岁的女性未成年人负有监护、收养、看护、教育、医疗等特殊职责的人员，不负有上述职责的人员与已满14周岁不满16周岁的女性未成年人发生性关系的，不构成本罪。(2)客观表现不同。本罪一般表现为行为人未采用暴力、胁迫等手段，而强奸罪表现为违背妇女意志，以暴力、胁迫或者其他手段强行与女性发生性关系。需要指出的是，如果对已满14周岁不满16周岁的女性未成年人负有监护、收养、看护、教育、医疗等特殊职责的人员，利用其优势地位或者使被害人处于孤立无援的境地，违背其意愿，迫使被害人就范，而与其发生性关系的，构成强奸罪。

第二百三十七条 【强制猥亵、侮辱罪】 以暴力、胁迫或者其他方法强制猥亵他人或者侮辱妇女的，处五年以下有期徒刑或者拘役。

聚众或者在公共场所当众犯前款罪的，或者有其他恶劣情节的，处五年以上有期徒刑。

【猥亵儿童罪】 猥亵儿童的，处五年以下有期徒刑；有下列情形之一的，处五年以上有期徒刑：

（一）猥亵儿童多人或者多次的；

（二）聚众猥亵儿童的，或者在公共场所当众猥亵儿童，情节恶劣的；

（三）造成儿童伤害或者其他严重后果的；

（四）猥亵手段恶劣或者有其他恶劣情节的。

条文解读

本条是关于强制猥亵、侮辱罪和猥亵儿童罪及其处罚的规定。

本条第 1 款是关于强制猥亵、侮辱罪及其处罚的规定。这里的“暴力”，是指行为人直接对他人或被害妇女施以伤害、殴打等危害他人或妇女人身安全和人身自由，使他人或妇女不能抗拒的行为。“胁迫”，是指行为人对他人或被害妇女施以威胁、恫吓，进行精神上的强制，迫使他人或妇女就范，不敢抗拒的行为。例如，以杀害被害人的亲属相威胁的；以揭发被害人的隐私相威胁的；利用职权、教养关系、从属关系及他人或妇女孤立无援的环境相胁迫的；等等。“其他方法”，是指行为人使用暴力、胁迫以外的使他人或被害妇女不能抗拒的方法。“强制猥亵”，主要是指违背他人的意愿，以淫秽下流的手段侵犯他人性权利的行为。“他人”，是指年满 14 周岁的人。“侮辱妇女”，主要是指对妇女实施猥亵行为以外的、损害妇女人格尊严的淫秽下流的、伤风败俗的行为。行为人“侮辱妇女”的，既是出于减损妇女的人格和名誉等目的，也是出于寻欢作乐的淫秽下流心理。

本条第 2 款是关于对强制猥亵、侮辱罪加重处罚情形的规定。强制猥亵他人、侮辱妇女是对被害人的人格、尊严等人身权利的严重侵害，而聚众或者在公共场所实施强制猥亵、侮辱的行为，以及多次实施等情节恶劣的行为，对被害人造成的伤害更大，社会影响更恶劣，应当予以严惩。“其他恶劣情节”，主要是指对多人实施猥亵或侮辱行为的，多次实施猥亵、侮辱行为的，造成被害人伤亡等严重后果的，以及手段特别恶劣的,等等。

本条第3款是关于猥亵儿童罪及其处罚的规定。猥亵儿童罪,是指猥亵不满14周岁的儿童的行为。“猥亵”,主要是指以抠摸、指奸、鸡奸等淫秽下流的手段猥亵儿童的行为。考虑到不满14周岁的儿童的认识能力,尤其是对性的认识能力很欠缺,为了保护儿童的身心健康,构成猥亵儿童罪并不要求以暴力、胁迫或者其他方法强制进行。只要对儿童实施了猥亵行为,就构成了本款规定的犯罪。

此外,行为人猥亵儿童时,造成儿童轻伤以上伤害、死亡等后果,同时符合《刑法》第234条或者第232条的规定,构成故意伤害罪、故意杀人罪的,应当依照处罚较重的规定定罪处罚。

配套法规及解读

《最高人民法院、最高人民检察院关于办理强奸、猥亵未成年人刑事案件适用法律若干问题的解释》(2023年5月24日)

第七条　猥亵儿童,具有下列情形之一的,应当认定为刑法第二百三十七条第三款第三项规定的“造成儿童伤害或者其他严重后果”:

(一)致使儿童轻伤以上的;

(二)致使儿童自残、自杀的;

(三)对儿童身心健康造成其他伤害或者严重后果的情形。

第八条　猥亵儿童,具有下列情形之一的,应当认定为刑法第二百三十七条第三款第四项规定的“猥亵手段恶劣或者有其他恶劣情节”:

(一)以生殖器侵入肛门、口腔或者以生殖器以外的身体部位、物品侵入被害人生殖器、肛门等方式实施猥亵的;

(二)有严重摧残、凌辱行为的;

(三)对猥亵过程或者被害人身体隐私部位制作视频、照片等影像资料,以此胁迫对被害人实施猥亵,或者致使影像资料向多人传播,暴露被害人身份的;

(四)采取其他恶劣手段实施猥亵或者有其他恶劣情节的情形。

第九条　胁迫、诱骗未成年人通过网络视频聊天或者发送视频、照片等方式,暴露身体隐私部位或者实施淫秽行为,符合刑法第二百三十七条规定的,以强制猥亵罪或者猥亵儿童罪定罪处罚。

胁迫、诱骗未成年人通过网络直播方式实施前款行为,同时符合刑法第二百三十七条、第三百六十五条的规定,构成强制猥亵罪、猥亵儿童罪、组织淫秽表演罪的,依照处罚较重的规定定罪处罚。

※法规解读:

本解释第7～9条是关于猥亵未成年人刑事案件适用法律问题的解释,具体包括三个方面的内容。

1. 明确猥亵"造成儿童伤害"的加重情节。本解释第7条旨在对《刑法》第237条第3款第3项规定的"造成儿童伤害或者其他严重后果"进行列举。鉴于《刑法》该款还规定了"猥亵儿童多人或者多次""猥亵手段恶劣"等加重情节,本解释第7条对"伤害或者其他严重后果"作出程度上的限定,以便法条之间平衡,避免交叉重叠。

(1)本解释第7条第1项,根据罪责刑相适应原则,对"伤害"程度相应限定为"轻伤以上",以匹配5年以上有期徒刑的刑罚幅度。根据人身伤害相关司法鉴定规定,对儿童伤害程度在鉴定时会考虑儿童身心的特殊性,故目前限定不会轻纵犯罪。

(2)本解释第7条第2项的主要考虑:致使儿童自残、自杀的,对儿童身心伤害较大,有必要界定为该条所规定的"其他严重后果",予以加重处罚。

(3)本解释第7条第3项,"身心健康造成其他伤害"可包括儿童精神心理上受到伤害的情形,如严重抑郁或者精神失常等,具体认定时可参照本解释第3条第3项考虑的因素综合判断。

2. 明确猥亵儿童"手段恶劣"的加重情节。本解释第8条所列情形,依照《刑法》规定均应判处5年以上至15年有期徒刑;同时考虑奸淫幼女犯罪第一档法定刑为3年至10年有期徒刑,第二档为10年以上有期徒刑、无期徒刑或者死刑,故在本条加重情形的设置上,既体现猥亵儿童普通情节与加重情节在危害程度上的区分,也兼顾猥亵与强奸犯罪之间的量刑平衡。

(1)本解释第8条第1项所列情形系侵入型猥亵,对儿童身心健康危害较大,不亚于强奸,但部分猥亵儿童案件既往存在量刑偏轻问题,故有必要根据《刑法》从严惩处猥亵儿童犯罪的立法修订精神,对相关加重情节予以明确列举。

(2)本解释第8条第2项规定的猥亵过程中有严重摧残、凌辱行为,会加重被害人身心痛苦,也反映出行为人主观恶性较深,应加重处罚。

(3)本解释第8条第3项规定的行为对被害人身心伤害特别是精神伤害更大，故应加重处罚。

3. 明确信息网络空间特殊猥亵行为的入罪标准。近年来，采取暴力、胁迫或者诱骗方式（例如，以招募童星、模特需试镜等为由），让未成年人进行网络裸聊、拍摄裸照及视频的案件时有发生，有的行为人甚至以此对被害人进行要挟、控制进而在线下实施其他性侵害行为。该类行为严重影响未成年人身心健康，与传统接触式猥亵行为的危害性没有实质差异，故本解释第9条明确将其界定为"猥亵"，符合《刑法》规定的，依法定罪处罚。需要指出的是，本解释第9条第1款针对的是猥亵儿童与猥亵已满14周岁不满18周岁的未成年人的两种情形，两种情形对构成猥亵犯罪涉及的犯罪对象、是否要求违背被害人意志有不同要求，故适用时需分别判断构成猥亵儿童罪还是强制猥亵罪，不能简单地认为诱骗未成年人裸聊、发裸照的，就必然属于"强制"猥亵，仍需根据在案证据，结合考虑未成年人身心特点，判断所采取的手段是否能达到违背未成年人意志的程度。

关联法规索引

《最高人民法院、最高人民检察院、公安部、司法部关于办理性侵害未成年人刑事案件的意见》

第二百三十八条　【非法拘禁罪】非法拘禁他人或者以其他方法非法剥夺他人人身自由的，处三年以下有期徒刑、拘役、管制或者剥夺政治权利。具有殴打、侮辱情节的，从重处罚。

犯前款罪，致人重伤的，处三年以上十年以下有期徒刑；致人死亡的，处十年以上有期徒刑。使用暴力致人伤残、死亡的，依照本法第二百三十四条、第二百三十二条的规定定罪处罚。

为索取债务非法扣押、拘禁他人的，依照前两款的规定处罚。

国家机关工作人员利用职权犯前三款罪的，依照前三款的规定从重处罚。

关联法规索引

《最高人民法院关于对为索取法律不予保护的债务非法拘禁他人行为如何定罪问题的解释》;《最高人民检察院关于渎职侵权犯罪案件立案标准的规定》第2部分第1项

第二百三十九条 【绑架罪】以勒索财物为目的绑架他人的,或者绑架他人作为人质的,处十年以上有期徒刑或者无期徒刑,并处罚金或者没收财产;情节较轻的,处五年以上十年以下有期徒刑,并处罚金。

犯前款罪,杀害被绑架人的,或者故意伤害被绑架人,致人重伤、死亡的,处无期徒刑或者死刑,并处没收财产。

以勒索财物为目的偷盗婴幼儿的,依照前两款的规定处罚。

条文解读

本条是关于绑架罪及其处罚的规定。绑架罪,是指利用被绑架人的近亲属或者其他人对被绑架人安危的忧虑,以勒索财物或满足其他不法要求为目的,使用暴力、胁迫或者麻醉方法劫持或以实力控制他人的行为。犯罪对象是任何他人,包括妇女、儿童和婴幼儿。绑架行为应具有强制性,即使用暴力、胁迫或者麻醉方法控制他人。对于缺乏或者丧失行动能力的被害人,采取偷盗、运送等方法使其处于行为人或第三者实力支配下的,也可能成立绑架罪。绑架罪的既遂并不要求其勒索行为必须发出,更不要求其目的一定实现。只要行为人主观上以勒索财物或其他要挟为目的,客观上实施了绑架行为,就可构成犯罪的既遂。行为人在绑架过程中,又以暴力、胁迫等手段当场劫取被害人财物,构成犯罪的,择一重罪处罚。行为人为索取债务(既可以是合法的,也可以是非法的),非法扣押、拘禁他人的,依照非法拘禁罪定罪处罚,而不认定为绑架罪。

关联法规索引

《最高人民法院关于对在绑架过程中以暴力、胁迫等手段当场劫取被害人财物的行为如何适用法律问题的答复》

典型案例

叶某强等绑架案[1]

※要旨：犯罪分子利用社交软件，隐瞒真实身份，将自己扮演成各种角色，在网络上物色、"钓取"可能会成为其犯罪对象的人，当取得对方信任后，就邀约见面，进一步实施绑架。

第二百四十条　【拐卖妇女、儿童罪】 拐卖妇女、儿童的，处五年以上十年以下有期徒刑，并处罚金；有下列情形之一的，处十年以上有期徒刑或者无期徒刑，并处罚金或者没收财产；情节特别严重的，处死刑，并处没收财产：

（一）拐卖妇女、儿童集团的首要分子；

（二）拐卖妇女、儿童三人以上的；

（三）奸淫被拐卖的妇女的；

（四）诱骗、强迫被拐卖的妇女卖淫或者将被拐卖的妇女卖给他人迫使其卖淫的；

（五）以出卖为目的，使用暴力、胁迫或者麻醉方法绑架妇女、儿童的；

（六）以出卖为目的，偷盗婴幼儿的；

（七）造成被拐卖的妇女、儿童或者其亲属重伤、死亡或者其他严重后果的；

（八）将妇女、儿童卖往境外的。

拐卖妇女、儿童是指以出卖为目的，有拐骗、绑架、收买、贩卖、接送、中转妇女、儿童的行为之一的。

配套法规及解读

《最高人民法院关于审理拐卖妇女儿童犯罪案件具体应用法律若干问题的解释》（2016年12月21日）

第一条　对婴幼儿采取欺骗、利诱等手段使其脱离监护人或者看护人的，视为

[1] 参见最高人民法院发布的《通过网络实施的侵犯妇女、未成年人等犯罪典型案例》之五。

刑法第二百四十条第一款第(六)项规定的“偷盗婴幼儿”。

第二条 医疗机构、社会福利机构等单位的工作人员以非法获利为目的,将所诊疗、护理、抚养的儿童出卖给他人的,以拐卖儿童罪论处。

第三条 以介绍婚姻为名,采取非法扣押身份证件、限制人身自由等方式,或者利用妇女人地生疏、语言不通、孤立无援等境况,违背妇女意志,将其出卖给他人的,应当以拐卖妇女罪追究刑事责任。

以介绍婚姻为名,与被介绍妇女串通骗取他人钱财,数额较大的,应当以诈骗罪追究刑事责任。

第四条 在国家机关工作人员排查来历不明儿童或者进行解救时,将所收买的儿童藏匿、转移或者实施其他妨碍解救行为,经说服教育仍不配合的,属于刑法第二百四十一条第六款规定的“阻碍对其进行解救”。

第五条 收买被拐卖的妇女,业已形成稳定的婚姻家庭关系,解救时被买妇女自愿继续留在当地共同生活的,可以视为“按照被买妇女的意愿,不阻碍其返回原居住地”。

第六条 收买被拐卖的妇女、儿童后又组织、强迫卖淫或者组织乞讨、进行违反治安管理活动等构成其他犯罪的,依照数罪并罚的规定处罚。

第七条 收买被拐卖的妇女、儿童,又以暴力、威胁方法阻碍国家机关工作人员解救被收买的妇女、儿童,或者聚众阻碍国家机关工作人员解救被收买的妇女、儿童,构成妨害公务罪、聚众阻碍解救被收买的妇女、儿童罪的,依照数罪并罚的规定处罚。

第八条 出于结婚目的收买被拐卖的妇女,或者出于抚养目的收买被拐卖的儿童,涉及多名家庭成员、亲友参与的,对其中起主要作用的人员应当依法追究刑事责任。

※法规解读:

本解释共10条,主要从拐卖妇女、儿童及收买被拐卖的妇女、儿童犯罪法定加重、从轻处罚情节的界定,罪与非罪、一罪与数罪的区分,以及收买被拐卖妇女、儿童犯罪案件的刑事政策把握等几个方面作了规定。

1. 关于偷盗婴幼儿的界定。不满1周岁的人为婴儿,1周岁以上不满6周岁的人为幼儿。我国《刑法》中使用“偷盗婴幼儿”概念的法条共有两处:其一,《刑法》第239条第3款规定,以勒索财物为目的偷盗婴幼儿的,依照绑架罪的规定处罚。

其二,第240条中规定,拐卖妇女、儿童的,处5年以上10年以下有期徒刑,并处罚金;具有"以出卖为目的,偷盗婴幼儿"等情节的,处10年以上有期徒刑或无期徒刑,并处罚金或者没收财产;情节特别严重的,处死刑,并处没收财产。两者的区别是主观目的不同。就拐卖儿童罪而言,如何准确理解"偷盗婴幼儿",关系到法定加重处罚情节的适用,有必要予以明确。实践中,趁婴幼儿熟睡无人察觉,将婴幼儿抱走,属于典型的偷盗婴幼儿。但对行为人以出卖为目的,采取给付玩具、外出游玩等哄骗、利诱手段拐走婴幼儿的行为,是认定为一般情节的拐卖儿童,还是认定为加重情节的偷盗婴幼儿拐卖,则存在较大争议。本解释第1条就此作出明确规定。从规范的意义上讲,采取欺骗、利诱等手段使婴幼儿脱离监护、看护,可视为针对监护人、看护人的偷盗,该情形与利用监护人、看护人疏于防范抱走熟睡的婴幼儿相比,具有共同特质,对婴幼儿及其家庭的社会危害也相当,应予同等法律评价,以体现对婴幼儿的特殊保护。

2. 关于拐卖妇女犯罪与介绍婚姻索取钱财的区分。拐卖妇女一般表现为将被拐妇女卖给他人迫使其结婚,或者将被拐妇女卖给他人迫使其卖淫。通常认为,介绍婚姻索取钱财,虽然行为人也有获利行为,但其是在明知男女双方自愿及地位平等的基础上,为促成婚姻的缔结而居间介绍、联系。在将被拐妇女卖与他人为妻的犯罪中,行为人出于牟利动机,通常违背妇女意志或者至少是不考虑妇女真实意愿,将妇女卖给他人,并常伴有暴力、胁迫等行为。行为人将妇女卖与他人为妻的过程中,没有实施明显的暴力、胁迫等行为的,与确属介绍婚姻并索取(或者收受)钱财的行为如何区分,涉及罪与非罪,在性质认定问题上易发生混淆,有必要予以明确。本解释第3条第1款规定:"以介绍婚姻为名,采取非法扣押身份证件、限制人身自由等方式,或者利用妇女人地生疏、语言不通、孤立无援等境况,违背妇女意志,将其出卖给他人的,应当以拐卖妇女罪追究刑事责任。"该款旨在明确,只要是违背妇女意志(如果妇女属无责任能力人,不能正确理解介绍婚姻行为的性质,也属违背妇女意志),将妇女出卖给他人的,就构成拐卖妇女罪。

本解释第3条第2款规定:"以介绍婚姻为名,与被介绍妇女串通骗取他人钱财,数额较大的,应当以诈骗罪追究刑事责任。"该款所涉情形,在法律适用方面本无争议,但鉴于实践中介绍人伙同被介绍的妇女以结婚为名骗取他人彩礼、介绍费的案件也时有发生,为提醒司法人员准确甄别此罪与彼罪,本解释特作提示性规定。

3. 关于收买被拐卖的妇女、儿童罪法定量刑情节的适用。对于收买被拐卖的儿童犯罪,本解释第4条将实践中较为常见的藏匿、转移所收买的儿童、经说服教育仍不配合等行为解释为“阻碍解救”,既有利于加大惩治力度,也有利于敦促收买人配合公安、司法机关及时解救被拐儿童。本解释第5条规定,收买被拐卖的妇女,业已形成稳定的婚姻家庭关系,解救时被买妇女自愿继续留在当地共同生活的,可以视为“按照被买妇女的意愿,不阻碍其返回原居住地”。该条旨在稳定业已形成的婚姻家庭关系。

4. 关于多名家庭成员、亲友参与收买被拐卖的妇女、儿童犯罪的刑事政策把握问题。本解释第8条规定:“出于结婚目的收买被拐卖的妇女,或者出于抚养目的收买被拐卖的儿童,涉及多名家庭成员、亲友参与的,对其中起主要作用的人员应当依法追究刑事责任。”该条规定主要是考虑,“买人为妻”“买人为子”一般会涉及多名家庭成员、亲友参与,加大对收买人打击力度,势必导致收买一人,众多亲友被作为共犯处理。刑法惩治的重点是在收买犯罪中起主要作用的人员,对其中情节轻微的共同参与人员,宜从刑事政策把握的角度将其排除在处罚范围之外,避免打击面过宽及影响社会稳定。

关联法规索引

《最高人民检察院法律政策研究室关于以出卖为目的的倒卖外国妇女的行为是否构成拐卖妇女罪的答复》;《最高人民法院关于审理拐卖妇女案件适用法律有关问题的解释》

第二百四十一条 【收买被拐卖的妇女、儿童罪】收买被拐卖的妇女、儿童的,处三年以下有期徒刑、拘役或者管制。

收买被拐卖的妇女,强行与其发生性关系的,依照本法第二百三十六条的规定定罪处罚。

收买被拐卖的妇女、儿童,非法剥夺、限制其人身自由或者有伤害、侮辱等犯罪行为的,依照本法的有关规定定罪处罚。

收买被拐卖的妇女、儿童,并有第二款、第三款规定的犯罪行为的,依照数罪并罚的规定处罚。

收买被拐卖的妇女、儿童又出卖的,依照本法第二百四十条的规定定罪处罚。

收买被拐卖的妇女、儿童,对被买儿童没有虐待行为,不阻碍对其进行解救的,可以从轻处罚;按照被买妇女的意愿,不阻碍其返回原居住地的,可以从轻或者减轻处罚。

关联法规索引

《最高人民法院、最高人民检察院、公安部、司法部关于依法惩治拐卖妇女儿童犯罪的意见》第20、30、31条

典型案例

王某民收买被拐卖的妇女、非法拘禁、强奸案[1]

※要旨: 被告人收买被拐卖的妇女后非法限制其自由,明知该妇女患有精神病,还多次与其发生性关系,其行为分别构成收买被拐卖的妇女罪、非法拘禁罪和强奸罪,应依法并罚。

收买被拐卖的妇女不仅侵犯了妇女的人格尊严,还往往滋生非法拘禁、强奸、伤害、侮辱等其他犯罪,严重侵犯了妇女的人身权利,社会危害不容低估。

第二百四十二条　【妨害公务罪】以暴力、威胁方法阻碍国家机关工作人员解救被收买的妇女、儿童的,依照本法第二百七十七条的规定定罪处罚。

【聚众阻碍解救被收买的妇女、儿童罪】聚众阻碍国家机关工作人员解救被收买的妇女、儿童的首要分子,处五年以下有期徒刑或者拘役;其他参与者使用暴力、威胁方法的,依照前款的规定处罚。

---

〔1〕参见最高人民法院发布的《惩治拐卖妇女儿童犯罪典型案例》之八。

关联法规索引

《最高人民法院关于审理拐卖妇女儿童犯罪案件具体应用法律若干问题的解释》第7条

第二百四十三条 【诬告陷害罪】 捏造事实诬告陷害他人，意图使他人受刑事追究，情节严重的，处三年以下有期徒刑、拘役或者管制；造成严重后果的，处三年以上十年以下有期徒刑。

国家机关工作人员犯前款罪的，从重处罚。

不是有意诬陷，而是错告，或者检举失实的，不适用前两款的规定。

条文解读

本条是关于诬告陷害罪及其处罚的规定。本罪的主观方面是故意。本罪的客观方面表现为行为人向公安、司法机关或有关国家机关告发捏造的犯罪事实，以引起司法机关的追究活动：(1)必须有向公安、司法机关或有关国家机关告发的行为。(2)行为对象为他人。向司法机关虚告自己犯罪的，不成立本罪；诬告没有达到法定年龄或者没有责任能力的人犯罪的，仍构成本罪。(3)必须有捏造犯罪事实的行为。捏造犯罪事实是引起刑事追究的前提条件。至于是否捏造了证据，不影响本罪的成立。捏造的事实可以是全部的，也可以是部分的。行为人只要以诬陷他人为目的，实施了捏造犯罪事实并告发的诬陷行为，就构成既遂。至于被诬陷者是否受到了刑事追究不影响犯罪既遂的认定。

第二百四十四条 【强迫劳动罪】 以暴力、威胁或者限制人身自由的方法强迫他人劳动的，处三年以下有期徒刑或者拘役，并处罚金；情节严重的，处三年以上十年以下有期徒刑，并处罚金。

明知他人实施前款行为，为其招募、运送人员或者有其他协助强迫他人劳动行为的，依照前款的规定处罚。

单位犯前两款罪的，对单位判处罚金，并对其直接负责的主管人员和其他直接责任人员，依照第一款的规定处罚。

关联法规索引

《最高人民检察院、公安部关于公安机关管辖的刑事案件立案追诉标准的规定(一)》第31条

第二百四十四条之一　【雇用童工从事危重劳动罪】违反劳动管理法规，雇用未满十六周岁的未成年人从事超强度体力劳动的，或者从事高空、井下作业的，或者在爆炸性、易燃性、放射性、毒害性等危险环境下从事劳动，情节严重的，对直接责任人员，处三年以下有期徒刑或者拘役，并处罚金；情节特别严重的，处三年以上七年以下有期徒刑，并处罚金。

有前款行为，造成事故，又构成其他犯罪的，依照数罪并罚的规定处罚。

关联法规索引

《最高人民检察院、公安部关于公安机关管辖的刑事案件立案追诉标准的规定(一)》第32条

第二百四十五条　【非法搜查罪；非法侵入住宅罪】非法搜查他人身体、住宅，或者非法侵入他人住宅的，处三年以下有期徒刑或者拘役。

司法工作人员滥用职权，犯前款罪的，从重处罚。

关联法规索引

《最高人民检察院关于渎职侵权犯罪案件立案标准的规定》第2部分第2项

第二百四十六条　【侮辱罪；诽谤罪】以暴力或者其他方法公然侮辱他人或者捏造事实诽谤他人，情节严重的，处三年以下有期徒刑、拘役、管制或者剥夺政治权利。

前款罪，告诉的才处理，但是严重危害社会秩序和国家利益的除外。

通过信息网络实施第一款规定的行为，被害人向人民法院告诉，但提供证据确有困难的，人民法院可以要求公安机关提供协助。

配套法规及解读

《最高人民法院、最高人民检察院关于办理利用信息网络实施诽谤等刑事案件适用法律若干问题的解释》(2013年9月6日)

第一条 具有下列情形之一的，应当认定为刑法第二百四十六条第一款规定的"捏造事实诽谤他人"：

（一）捏造损害他人名誉的事实，在信息网络上散布，或者组织、指使人员在信息网络上散布的；

（二）将信息网络上涉及他人的原始信息内容篡改为损害他人名誉的事实，在信息网络上散布，或者组织、指使人员在信息网络上散布的；

明知是捏造的损害他人名誉的事实，在信息网络上散布，情节恶劣的，以"捏造事实诽谤他人"论。

第二条 利用信息网络诽谤他人，具有下列情形之一的，应当认定为刑法第二百四十六条第一款规定的"情节严重"：

（一）同一诽谤信息实际被点击、浏览次数达到五千次以上，或者被转发次数达到五百次以上的；

（二）造成被害人或者其近亲属精神失常、自残、自杀等严重后果的；

（三）二年内曾因诽谤受过行政处罚，又诽谤他人的；

（四）其他情节严重的情形。

第三条 利用信息网络诽谤他人，具有下列情形之一的，应当认定为刑法第二百四十六条第二款规定的"严重危害社会秩序和国家利益"：

（一）引发群体性事件的；

（二）引发公共秩序混乱的；

（三）引发民族、宗教冲突的；

（四）诽谤多人，造成恶劣社会影响的；

（五）损害国家形象，严重危害国家利益的；

（六）造成恶劣国际影响的；

（七）其他严重危害社会秩序和国家利益的情形。

第四条　一年内多次实施利用信息网络诽谤他人行为未经处理，诽谤信息实际被点击、浏览、转发次数累计计算构成犯罪的，应当依法定罪处罚。

※法规解读：

本解释第1~4条分别规定了利用信息网络实施诽谤犯罪“捏造事实诽谤他人”的行为方式，“情节严重”的入罪标准，“严重危害社会秩序和国家利益”时适用公诉程序的条件，以及诽谤信息数量的累计计算等问题。

1.“捏造事实诽谤他人”的认定。本解释第1条对《刑法》第246条第1款中的“捏造事实诽谤他人”作出了具体规定，主要包括3种行为方式：一是“捏造并散布”。捏造并散布是最为典型的网络诽谤行为方式，具体是指行为人捏造损害他人名誉的事实后，由本人在信息网络上散布，或者行为人捏造损害他人名誉的事实后，组织、指使人员在信息网络上散布。后者也包括行为人捏造损害他人名誉的事实后，支付报酬雇用人员在信息网络上散布。二是“篡改并散布”。“篡改”是指用伪造的手段改动或曲解，也就是实质性修改，即故意改变事实。三是“明知是捏造而散布”。适用本解释第1条规定应注意把握以下问题：关于“明知”的认定。“明知”在刑法上包括两种情形：一是“知道”，即有证据证明行为人知道特定的事实，如行为人及其“上家”均承认，行为人明确知道在信息网络上散布的信息系“上家”捏造的损害他人名誉的事实；二是“应当知道”，即行为人虽否认自己知道在信息网络上散布的信息系捏造的损害他人名誉的事实，但基于相关证据，能够推定行为人知道该情况，且行为人对此不能作出合理解释。实践中，认定行为人“应当知道”要依法有据，不能主观指证，必须依据相关证据材料综合判断。

2.“情节严重”的认定。本解释第2条采取列举的方式，明确了认定网络诽谤犯罪情节严重的具体标准，规定了较为严格的入罪门槛。一是数量标准。如果一个捏造的损害他人名誉的信息被众多人点击、浏览而知晓，就足以说明被害人的名誉已经受到损害，具有现实的社会危害性。本解释将被点击、浏览次数确定为5000次，将被转发次数确定为500次，这是依据实证调研的结果，也参考了有关司法解释的先例。需要注意的是，本解释规定的上述数量标准，是指同一诽谤信息实际被点击、浏览或者被转发的次数。在计算具体数量时，应当扣除被害人自己点击、浏览或者转发的次数，也应当扣除网站管理人员为维护网站而点击的次数。此外，还应扣除其他故意为虚增而点击等导致统计失真的次数。二是危害后果标准。此种情形不问诽谤信息实际被点击、浏览或者被转发次数，凡是造成规定的严重后果的，均应当认定为情节严重。三是主观恶性标准。对于屡教不改，反复恶意诽谤他人的行为人，不论诽谤信息被点击、浏览、转发的次数，也不论是否造成被害人或者其近亲属精神失常、自残、自杀等后果，都应当认定为"情节严重"。

3."严重危害社会秩序和国家利益"的认定。本解释第3条列举了严重危害社会秩序和国家利益的7种情形，既充分尊重当事人的处分权，依法保护被害人的合法权益，也有助于惩治严重危害社会秩序和国家利益的诽谤犯罪。

广大网民利用信息网络进行"网络反腐"，对反腐倡廉工作发挥了积极的作用。一些腐败案件最先就是在网络上曝光，引起有关部门的高度重视，随后得到了及时的处理。对于广大网民通过信息网络检举、揭发他人违法违纪行为的，有关部门应当认真核实，及时公布调查结果。即使检举、揭发的部分内容失实，只要不是故意捏造事实诽谤他人的，或者不属明知是捏造的损害他人名誉的事实而在信息网络上散布的，就不应以诽谤罪追究刑事责任。但是，对于那些打着"网络反腐"的幌子，恶意捏造事实诽谤他人的行为，尤其是有组织地大肆诽谤他人的行为，事实清楚，证据确实充分，构成犯罪的，就应依法追究刑事责任。

关联法规索引

《最高人民法院关于审理非法出版物刑事案件具体应用法律若干问题的解释》第6条；《最高人民法院关于〈中华人民共和国刑法修正案（九）〉时间效力问题的解释》第4条；《最高人民法院、最高人民检察院、公安部关于依法惩治网络暴力违法犯罪的指导意见》第2、3、11、12条

典型案例

岳某侮辱案[1]

※要旨：利用信息网络散布被害人的裸体视频、照片及带有侮

〔1〕 参见最高人民检察院指导性案例第138号。

辱性的文字,公然侮辱他人,贬损他人人格、破坏他人名誉,导致出现被害人自杀等后果,严重危害社会秩序的,应当按照公诉程序,以侮辱罪依法追究刑事责任。

郎某、何某诽谤案〔1〕

※**要旨**:利用信息网络诽谤他人,破坏公众安全感,严重扰乱网络社会秩序,符合《刑法》第246条第2款"严重危害社会秩序"的,检察机关应当依法履行追诉职责,作为公诉案件办理。对公安机关未立案侦查,被害人已提出自诉的,检察机关应当处理好由自诉向公诉程序的转换。

第二百四十七条　【刑讯逼供罪;暴力取证罪】司法工作人员对犯罪嫌疑人、被告人实行刑讯逼供或者使用暴力逼取证人证言的,处三年以下有期徒刑或者拘役。致人伤残、死亡的,依照本法第二百三十四条、第二百三十二条的规定定罪从重处罚。

关联法规索引

《最高人民检察院关于渎职侵权犯罪案件立案标准的规定》第2部分第3、4项

第二百四十八条　【虐待被监管人罪】监狱、拘留所、看守所等监管机构的监管人员对被监管人进行殴打或者体罚虐待,情节严重的,处三年以下有期徒刑或者拘役;情节特别严重的,处三年以上十年以下有期徒刑。致人伤残、死亡的,依照本法第二百三十四条、第二百三十二条的规定定罪从重处罚。

监管人员指使被监管人殴打或者体罚虐待其他被监管人的,依照前款的规定处罚。

关联法规索引

《最高人民检察院关于渎职侵权犯罪案件立案标准的规定》第2部分第5项

〔1〕参见最高人民检察院指导性案例第137号。

第二百四十九条　【煽动民族仇恨、民族歧视罪】 煽动民族仇恨、民族歧视，情节严重的，处三年以下有期徒刑、拘役、管制或者剥夺政治权利；情节特别严重的，处三年以上十年以下有期徒刑。

第二百五十条　【出版歧视、侮辱少数民族作品罪】 在出版物中刊载歧视、侮辱少数民族的内容，情节恶劣，造成严重后果的，对直接责任人员，处三年以下有期徒刑、拘役或者管制。

关联法规索引

《最高人民法院关于审理非法出版物刑事案件具体应用法律若干问题的解释》第7条

第二百五十一条　【非法剥夺公民宗教信仰自由罪；侵犯少数民族风俗习惯罪】 国家机关工作人员非法剥夺公民的宗教信仰自由和侵犯少数民族风俗习惯，情节严重的，处二年以下有期徒刑或者拘役。

第二百五十二条　【侵犯通信自由罪】 隐匿、毁弃或者非法开拆他人信件，侵犯公民通信自由权利，情节严重的，处一年以下有期徒刑或者拘役。

关联法规索引

《全国人民代表大会常务委员会关于维护互联网安全的决定》第4条

第二百五十三条　【私自开拆、隐匿、毁弃邮件、电报罪】 邮政工作人员私自开拆或者隐匿、毁弃邮件、电报的，处二年以下有期徒刑或者拘役。

犯前款罪而窃取财物的，依照本法第二百六十四条的规定定罪从重处罚。

第二百五十三条之一　【侵犯公民个人信息罪】 违反国家有关规定，向他人出售或者提供公民个人信息，情节严重的，处三年以下有期徒刑或者拘役，并处或者单处罚金；情节特别严重的，处三年以上七年以下有期徒刑，并

处罚金。

违反国家有关规定，将在履行职责或者提供服务过程中获得的公民个人信息，出售或者提供给他人的，依照前款的规定从重处罚。

窃取或者以其他方法非法获取公民个人信息的，依照第一款的规定处罚。

单位犯前三款罪的，对单位判处罚金，并对其直接负责的主管人员和其他直接责任人员，依照各该款的规定处罚。

配套法规及解读

《最高人民法院、最高人民检察院关于办理侵犯公民个人信息刑事案件适用法律若干问题的解释》(2017年5月8日)

第一条　刑法第二百五十三条之一规定的"公民个人信息"，是指以电子或者其他方式记录的能够单独或者与其他信息结合识别特定自然人身份或者反映特定自然人活动情况的各种信息，包括姓名、身份证件号码、通信通讯联系方式、住址、账号密码、财产状况、行踪轨迹等。

第二条　违反法律、行政法规、部门规章有关公民个人信息保护的规定的，应当认定为刑法第二百五十三条之一规定的"违反国家有关规定"。

第三条　向特定人提供公民个人信息，以及通过信息网络或者其他途径发布公民个人信息的，应当认定为刑法第二百五十三条之一规定的"提供公民个人信息"。

未经被收集者同意，将合法收集的公民个人信息向他人提供的，属于刑法第二百五十三条之一规定的"提供公民个人信息"，但是经过处理无法识别特定个人且不能复原的除外。

第四条　违反国家有关规定，通过购买、收受、交换等方式获取公民个人信息，或者在履行职责、提供服务过程中收集公民个人信息的，属于刑法第二百五十三条之一第三款规定的"以其他方法非法获取公民个人信息"。

第八条　设立用于实施非法获取、出售或者提供公民个人信息违法犯罪活动的网站、通讯群组，情节严重的，应当依照刑法第二百八十七条之一的规定，以非法利用信息网络罪定罪处罚；同时构成侵犯公民个人信息罪的，依照侵犯公民个人信息罪定罪处罚。

※法规解读:

本解释对侵犯公民个人信息罪的定罪量刑标准和相关法律适用问题作了全面、系统的规定。

本解释第1条对公民个人信息的范围作了界定。明确公民个人信息包括身份识别信息和活动情况信息。此外,根据本解释第1条的规定,关于公民个人信息的外延,有以下几个具体问题值得注意:(1)公民个人信息,既包括中国公民的个人信息,也包括外国公民和其他无国籍人的个人信息。(2)公民个人信息须与特定自然人关联。这是公民个人信息所具有的关键属性。因此,经过处理无法识别特定个人且不能复原的信息,虽然也可能反映自然人活动情况,但与特定自然人无直接关联,不能成为公民个人信息。对于与特定自然人关联,既可以是识别特定自然人身份,也可以是反映特定自然人活动情况。需要注意的是,无论是识别特定自然人身份,还是反映特定自然人活动情况,都应当是能够单独或者与其他信息结合所具有的功能。例如,身份证号与公民个人身份一一对应,可以单独识别公民个人身份,而工作单位、家庭住址等无法单独识别公民个人身份,需要同其他信息结合才能识别公民个人身份。(3)与特定自然人关联的账号密码属于公民个人信息。对于账号密码能否纳入公民个人信息的范围,存在不同认识。本解释第1条明确将账号密码归入公民个人信息的范围。

本解释第2条对违反国家有关规定的认定问题作了规定。具体而言,将"国家有关规定"明确限于法律、行政法规、部门规章等国家层面的规定,不包括地方性法规等非国家层面的规定。

本解释第3条对非法提供公民个人信息的认定问题作了规定。根据《刑法》第253条之一第1、2款的规定,违反国家有关规定,向他人非法出售或者提供公民个人信息,是侵犯公民个人信息罪的客观行为方式之一。从司法适用的角度来看,以下两个问题值得关注。

1."提供"的认定。对于通过信息网络或者其他途径发布公民个人信息,是否属于提供公民个人信息,存在不同认识。本解释第3条第1款规定:"向特定人提供公民个人信息,以及通过信息网络或者其他途径发布公民个人信息的,应当认定为刑法第二百五十三条之一规定的'提供公民个人信息'。"

2.合法收集公民个人信息后非法提供的认定。基于大数据发展的现实需要,

《网络安全法》在法律层面为个人信息交易和流动留有一定空间，该法第44条规定，任何个人和组织“不得非法出售或者非法向他人提供个人信息”，即不仅允许合法提供公民个人信息，而且为合法出售公民个人信息留有空间。而且，《网络安全法》第42条第1款进一步明确了合法提供公民个人信息的情形，规定：“网络运营者不得泄露、篡改、毁损其收集的个人信息；未经被收集者同意，不得向他人提供个人信息。但是，经过处理无法识别特定个人且不能复原的除外。”据此，经被收集者同意，以及匿名化处理（剔除个人关联），是合法提供公民个人信息的两种情形，不能纳入刑事规制范围。基于此，本解释第3条第2款规定：“未经被收集者同意，将合法收集的公民个人信息向他人提供的，属于刑法第二百五十三条之一规定的‘提供公民个人信息’，但是经过处理无法识别特定个人且不能复原的除外。”

本解释第4条对非法获取公民个人信息的认定问题作了规定。根据《刑法》第253条之一第3款的规定，窃取或者以其他方法非法获取公民个人信息也是侵犯公民个人信息罪的客观行为方式之一。对于获取公民个人信息，《刑法》第253条之一第3款将犯罪情形直接表述为“非法获取”。基于体系解释的原理，对此处的“非法”，应当以是否违反国家有关规定作为判断标准。

本解释第8条对设立网站、通讯群组侵犯公民个人信息行为的定性问题作了规定。实践中，一些行为人通过建立网站供他人进行公民个人信息交换、买卖等活动，非法牟利。此类网站存储、流转公民个人信息量巨大，但网站建立者、直接负责的管理者未直接接触公民个人信息，不少情形下难以按照侵犯公民个人信息罪定罪处罚。对此本解释第8条明确规定：“设立用于实施非法获取、出售或者提供公民个人信息违法犯罪活动的网站、通讯群组，情节严重的，应当依照刑法第二百八十七条之一的规定，以非法利用信息网络罪定罪处罚；同时构成侵犯公民个人信息罪的，依照侵犯公民个人信息罪定罪处罚。”

关联法规索引

《最高人民法院、最高人民检察院、公安部关于依法惩治网络暴力违法犯罪的指导意见》第4条

典型案例

柯某侵犯公民个人信息案[1]

※**要旨**：业主房源信息是房产交易信息和身份识别信息的组合，包含姓名、联系方式、住址、交易价格等内容，属于法律保护的公民个人信息。未经信息主体另行授权，非法获取、出售限定使用范围的业主房源信息，系侵犯公民个人信息的行为，情节严重、构成犯罪的，应当依法追究刑事责任。检察机关办理案件时应当对涉案公民个人信息具体甄别，筛除模糊、无效及重复信息，准确认定侵犯公民个人信息数量。

李某祥侵犯公民个人信息刑事附带民事公益诉讼案[2]

※**要旨**：使用人脸识别技术处理的人脸信息以及基于人脸识别技术生成的人脸信息均具有高度的可识别性，能够单独或者与其他信息结合识别特定自然人身份或者反映特定自然人活动情况，属于《刑法》规定的公民个人信息。行为人未经公民本人同意，未具备获得法律、相关部门授权等个人信息保护法规定的处理个人信息的合法事由，利用软件程序等方式窃取或者以其他方法非法获取上述信息，情节严重的，应依照《最高人民法院、最高人民检察院关于办理侵犯公民个人信息刑事案件适用法律若干问题的解释》第5条第1款第4项等规定定罪处罚。

闻某等侵犯公民个人信息案[3]

※**要旨**：居民身份证信息包含自然人姓名、人脸识别信息、身份号码、户籍地址等多种个人信息，属于《最高人民法院、最高人民检察院关于办理侵犯公民个人信息刑事案件适用法律若干问题的解释》第5条第1款第4项规定的“其他可能影响人身、财产安全的公民个人信息”。非法获取、出售或者提供居民身份证信息，情节严重的，依照《刑法》第253条之一第1款规定，构

[1] 参见最高人民检察院指导性案例第140号。
[2] 参见最高人民法院指导性案例第192号。
[3] 参见最高人民法院指导性案例第193号。

成侵犯公民个人信息罪。

熊某恒等侵犯公民个人信息案[1]

※**要旨**：(1)违反国家有关规定，购买已注册但未使用的微信账号等社交媒体账号，通过具有智能群发、添加好友、建立讨论群组等功能的营销软件，非法制作带有公民个人信息可用于社交活动的微信账号等社交媒体账号出售、提供给他人，情节严重的，属于《刑法》第253条之一第1款规定的"违反国家有关规定，向他人出售或者提供公民个人信息"行为，构成侵犯公民个人信息罪。(2)未经公民本人同意，或未具备具有法律授权等个人信息保护法规定的理由，通过购买、收受、交换等方式获取在一定范围内已公开的公民个人信息进行非法利用，改变了公民公开个人信息的范围、目的和用途，不属于法律规定的合理处理，属于《刑法》第253条之一第3款规定的"以其他方法非法获取公民个人信息"行为，情节严重的，构成侵犯公民个人信息罪。

第二百五十四条　【报复陷害罪】国家机关工作人员滥用职权、假公济私，对控告人、申诉人、批评人、举报人实行报复陷害的，处二年以下有期徒刑或者拘役；情节严重的，处二年以上七年以下有期徒刑。

关联法规索引

《最高人民检察院关于渎职侵权犯罪案件立案标准的规定》第2部分第6项

第二百五十五条　【打击报复会计、统计人员罪】公司、企业、事业单位、机关、团体的领导人，对依法履行职责、抵制违反会计法、统计法行为的会计、统计人员实行打击报复，情节恶劣的，处三年以下有期徒刑或者拘役。

第二百五十六条　【破坏选举罪】在选举各级人民代表大会代表和国家

---

[1] 参见最高人民法院指导性案例第194号。

机关领导人员时，以暴力、威胁、欺骗、贿赂、伪造选举文件、虚报选举票数等手段破坏选举或者妨害选民和代表自由行使选举权和被选举权，情节严重的，处三年以下有期徒刑、拘役或者剥夺政治权利。

关联法规索引

《最高人民检察院关于渎职侵权犯罪案件立案标准的规定》第2部分第7项

第二百五十七条 【暴力干涉婚姻自由罪】以暴力干涉他人婚姻自由的，处二年以下有期徒刑或者拘役。

犯前款罪，致使被害人死亡的，处二年以上七年以下有期徒刑。

第一款罪，告诉的才处理。

第二百五十八条 【重婚罪】有配偶而重婚的，或者明知他人有配偶而与之结婚的，处二年以下有期徒刑或者拘役。

第二百五十九条 【破坏军婚罪】明知是现役军人的配偶而与之同居或者结婚的，处三年以下有期徒刑或者拘役。

利用职权、从属关系，以胁迫手段奸淫现役军人的妻子的，依照本法第二百三十六条的规定定罪处罚。

典型案例

孙某破坏军婚案[1]

※要旨：军人职业的特殊性、使命的特殊性，决定其婚姻家庭关系不同于普通家庭。现役军人为了保家卫国，远离家庭，艰苦奋斗，对军人婚姻家庭的破坏，严重伤害军人及其家属的感情，影响部队安全稳定和战斗力。我国法律对军婚给予特殊保护，依法惩治破坏军婚行为，给现役军人履职提供有效的司法保障，稳“小家”为“大家”，是检察机关应当履行的法定职责。

---

〔1〕 参见《全国检察机关依法惩治侵犯军人军属合法权益、危害国防利益犯罪典型案例》之五。

在办理破坏军婚案件时,应综合考虑全案证据,对被告人与现役军人配偶是否构成同居关系进行妥善认定。本案中,被告人与现役军人配偶存在共同生活事实,双方交往密切,被告甚至帮助接送女方孩子,女方也清楚表达了要与被告共同生活的意愿,在丈夫回家后仍居住于被告人家中,夜不归宿,已经具备了稳定性、持续性、日常性等特征,应认定为同居关系。

第二百六十条　【虐待罪】虐待家庭成员,情节恶劣的,处二年以下有期徒刑、拘役或者管制。

犯前款罪,致使被害人重伤、死亡的,处二年以上七年以下有期徒刑。

第一款罪,告诉的才处理,但被害人没有能力告诉,或者因受到强制、威吓无法告诉的除外。

关联法规索引

《最高人民法院关于〈中华人民共和国刑法修正案(九)〉时间效力问题的解释》第5条

第二百六十条之一　【虐待被监护、看护人罪】对未成年人、老年人、患病的人、残疾人等负有监护、看护职责的人虐待被监护、看护的人,情节恶劣的,处三年以下有期徒刑或者拘役。

单位犯前款罪的,对单位判处罚金,并对其直接负责的主管人员和其他直接责任人员,依照前款的规定处罚。

有第一款行为,同时构成其他犯罪的,依照处罚较重的规定定罪处罚。

条文解读

本条是关于虐待被监护、看护人罪及其处罚的规定。根据本条规定,本罪主体是负有监护、看护职责的人,如幼儿园的教师对在园幼儿、养老院的工作人员对在院老人、医生和护士对病人等负有监护、看护职责。这种监护、看护职责通常是基于合同、雇佣、服务等关系确定的,也可以通过口头约定、志愿性的服务等形式确定，如受邻居之托或自愿代人照顾老人、儿童。本罪的主观方面表现为故意，即行为人故意对被害人进行肉体或精神上的折磨和摧残，故意实施虐待行为，不论出于何种动机，均不影响本罪的成立。本罪侵犯的客体是被监护、看护的人的人身权利和监护、看护职责，未成年人、老年人、患病的人、残疾人等均是社会的弱势群体，行为人负有监护、看护职责，应尽职履责，做好照顾、服务工作，如果行为人对这些弱势群体实施虐待，就会对他们的身心造成严重伤害。这里的“未成年人”，是指不满18周岁的少年儿童和婴幼儿；“老年人”，是指60周岁以上的公民；“患病的人”，是指因病而处于被监护、看护状态的人；“残疾人”，是指在心理、生理、人体结构上，某种组织、功能丧失或者不正常，全部或者部分丧失以正常方式从事某种活动能力的人，包括视力残疾、听力残疾、言语残疾、肢体残疾、智力残疾、精神残疾、多重残疾和其他残疾的人。本罪的客观方面主要表现为“虐待”，即折磨、摧残被监护、看护人身心健康的行为。与《刑法》第260条规定的虐待罪的客观表现相似，本条的虐待行为同样具有经常性和连续性的特点，行为人对被监护、看护的人在相当长的时间里，进行经常或连续的肉体摧残、精神折磨，致使被害人的身心遭受严重创伤，通常表现为打骂、冻饿、捆绑、强迫超体力劳动、限制自由、凌辱人格行为等。偶尔发生的打骂、冻饿等行为，不构成犯罪。

“情节恶劣”是构成本罪的必要条件，也是区分罪与非罪的界限。“情节恶劣”，具体是指虐待的动机卑鄙、手段凶残，或者长期虐待被监护、看护人等。行为人虽有虐待被监护、看护的人的行为，但不够恶劣，对被监护、看护的人的身心健康也没有造成严重损害的，不构成本罪。依照本条第1款的规定，虐待被监护、看护的人，情节恶劣的，处3年以下有期徒刑或者拘役。

单位犯本罪的，对单位判处罚金，并对其直接负责的主管人员和其他直接责任人员，依照第1款的规定处罚。需要指出的是，单位犯罪也要求具备“情节恶劣”的条件。

犯本罪的同时构成其他犯罪的，从一重罪定罪处罚。行为人实施虐待行为，往往导致被害人重伤、死亡的后果，可能同时构成伤害、杀人等其他犯罪。在这种情形下，应当依照本条第3款规定，按照处罚较重的规定定罪处罚。需要指出的是，该款规定的“同时构成其他犯罪”中的其他犯罪，应是与虐待行为直接相关的罪名，如过失致人重伤罪、过失致人死亡罪等。行为人明显具有伤害、杀人的恶意且实施了严重的暴力行为，直接将被害人殴打成重伤，甚至直接将被害人杀害的，应当根据具体情况依照故意伤害罪、故意杀人罪的规定定罪处罚或者与本罪实行数罪并罚。如果行为人在实施虐待行为的同时实施了盗窃、抢劫等其他与虐待行为性质不同的犯罪,则应当与本罪数罪并罚。

第二百六十一条　**【遗弃罪】**对于年老、年幼、患病或者其他没有独立生活能力的人,负有扶养义务而拒绝扶养,情节恶劣的,处五年以下有期徒刑、拘役或者管制。

第二百六十二条　**【拐骗儿童罪】**拐骗不满十四周岁的未成年人,脱离家庭或者监护人的,处五年以下有期徒刑或者拘役。

第二百六十二条之一　**【组织残疾人、儿童乞讨罪】**以暴力、胁迫手段组织残疾人或者不满十四周岁的未成年人乞讨的,处三年以下有期徒刑或者拘役,并处罚金;情节严重的,处三年以上七年以下有期徒刑,并处罚金。

第二百六十二条之二　**【组织未成年人进行违反治安管理活动罪】**组织未成年人进行盗窃、诈骗、抢夺、敲诈勒索等违反治安管理活动的,处三年以下有期徒刑或者拘役,并处罚金;情节严重的,处三年以上七年以下有期徒刑,并处罚金。

第五章　侵犯财产罪

本章介绍

本章是关于侵犯财产罪及其处罚的规定。侵犯财产罪，是指以非法占有为目的，非法取得公私财物，或者挪用单位财物，故意毁坏公私财物以及拒不支付劳动报酬的行为。侵犯财产罪侵害的法益首先是财产所有权及其他本权，其次是需要通过法定程序改变现状（恢复应有状态）的占有。侵犯财产罪侵犯的对象为具有价值与管理可能的一切有体物、无体物与财产性利益。其行为包括取得行为、毁坏行为与不履行债务（不支付劳动报酬）的行为。行为结果为原则上给他人造成经济利益损失。侵犯财产罪的主观方面只能为故意。毁坏财产犯罪既可以为直接故意又可以为间接故意。挪用型犯罪以外的取得财物的犯罪除要求故意外，还要求有非法占有的目的。侵犯财产罪可分为三大类：取得型犯罪、毁弃型犯罪与不履行债务的犯罪。

第二百六十三条　【抢劫罪】 以暴力、胁迫或者其他方法抢劫公私财物的，处三年以上十年以下有期徒刑，并处罚金；有下列情形之一的，处十年以上有期徒刑、无期徒刑或者死刑，并处罚金或者没收财产：

（一）入户抢劫的；

（二）在公共交通工具上抢劫的；

（三）抢劫银行或者其他金融机构的；

（四）多次抢劫或者抢劫数额巨大的；

（五）抢劫致人重伤、死亡的；

（六）冒充军警人员抢劫的；

（七）持枪抢劫的；

（八）抢劫军用物资或者抢险、救灾、救济物资的。

条文解读

本条是关于抢劫罪及其处罚的规定。本罪的客观方面表现为对公私财物的所有者、保管者或者守护者使用暴力、胁迫或者其他对人身实行强制的方法,当场抢走财物或者迫使被害人交出财物的行为。"暴力",是指行为人以殴打、伤害、捆绑、禁闭等手段,足以压制被害人反抗,但不要求必须达到危及被害人身体健康或者生命安全的程度。这种暴力必须是针对人而故意实施的,直接作用于人的身体,一般是针对被害人本人,特殊情况下也可以针对在场的被害人亲属或者其他有关人员。"胁迫",是指行为人以立即实施暴力相威胁,实行精神强制。这种胁迫同样需要达到压制被害人反抗的程度,使其产生恐惧心理而不敢抗拒,胁迫通常是以明确的语言、示意或者动作进行威胁。"其他方法",是指行为人除了暴力或者胁迫方法之外,对被害人采取麻醉、麻痹等方法,使被害人不知反抗或者丧失反抗能力。单纯利用被害人不能反抗的状态取走财物的,不认定为本罪。

本条规定了 8 种加重处罚的情形:(1)入户抢劫。"户"是指住所,供他人家庭生活并与外界相对隔离。(2)在公共交通工具上抢劫。"在公共交通工具上抢劫",主要是指在从事旅客运输的各种公共汽车,大、中型出租车,火车,船只,飞机等正在运营中的机动公共交通工具上对旅客、司售、乘务人员实施的抢劫。在未运营中的大、中型公共交通工具上针对司售、乘务人员抢劫的,或者在小型出租车上抢劫的,不属于"在公共交通工具上抢劫"。(3)抢劫银行或者其他金融机构。"其他金融机构"指银行以外的依法从事货币资金的融通和信用的机构,如证券公司、保险公司等。抢劫对象为银行或者其他金融机构的经营资金、有价证券和客户的资金等。抢劫银行或者其他金融机构正在使用的运钞车,视为"抢劫银行或者其他金融机构"。(4)多次抢劫或者抢劫数额巨大。"多次",是指 3 次及以上。对于行为人基于一个犯意实施犯罪的,如在同一地点、时间对在场的多人实施抢劫的;基于同一犯意在同一地点实施连续抢劫犯罪的,如在同一地点连续对途经此地的多人进行抢劫的;在一次犯罪中对一栋居民楼中的几户居民连续实施入户抢劫的,一般应认定为一次犯罪。"抢劫数额巨大"标准应参照各地认定盗窃罪数额巨大的标准执行。(5)抢劫致人重伤、死亡。根据 2001 年 5 月23 日发布的《最高人民法院关于抢劫过程中故意杀人案件如何定罪问题的批复》的规定,行为人为劫取财物而预谋故意杀人,或者在劫取财物过程中,为制服被害人反抗而故意杀人的,以抢劫罪定罪处罚。对于在实施抢劫后,为逃避罪责杀人灭口,又将被害人杀害的,则应当分别认定为故意杀人罪和抢劫罪,实行数罪并罚。(6)冒充军警人员抢劫。认定"冒充军警人员抢劫",要注重对行为人是否穿着军警制服、是否携带枪支、是否出示军警证件等情节进行综合审查,判断是否足以使他人误以为是军警人员。(7)持枪抢劫。"持枪抢劫",是指行为人使用枪支或者向被害人显示持有、佩带的枪支进行抢劫的行为。(8)抢劫军用物资或者抢险、救灾、救济物资。"军用物资",是指除武器装备以外的,供军事上正在使用或储存备用的其他物品,如军用被服、粮食等。"抢险、救灾、救济物资",是指抢险、救灾、救济用途已经明确的正在使用或储存备用的物资。

配套法规及解读

《最高人民法院关于审理抢劫案件具体应用法律若干问题的解释》(2000 年 11 月 22 日)

第一条 刑法第二百六十三条第(一)项规定的"入户抢劫",是指为实施抢劫行为而进入他人生活的与外界相对隔离的住所,包括封闭的院落、牧民的帐篷、渔民作为家庭生活场所的渔船、为生活租用的房屋等进行抢劫的行为。

对于入户盗窃,因被发现而当场使用暴力或者以暴力相威胁的行为,应当认定为入户抢劫。

第二条 刑法第二百六十三条第(二)项规定的"在公共交通工具上抢劫",既包括在从事旅客运输的各种公共汽车,大、中型出租车,火车,船只,飞机等正在运营中的机动公共交通工具上对旅客、司售、乘务人员实施的抢劫,也包括对运行途中的机动公共交通工具加以拦截后,对公共交通工具上的人员实施的抢劫。

第三条 刑法第二百六十三条第(三)项规定的"抢劫银行或者其他金融机构",是指抢劫银行或者其他金融机构的经营资金、有价证券和客户的资金等。

抢劫正在使用中的银行或者其他金融机构的运钞车的,视为"抢劫银行或者其他金融机构"。

第四条 刑法第二百六十三条第(四)项规定的"抢劫数额巨大"的认定标准,参照各地确定的盗窃罪数额巨大的认定标准执行。

第五条 刑法第二百六十三条第(七)项规定的"持枪抢劫",是指行为人使用枪支或者向被害人显示持有、佩带的枪支进行抢劫的行为。“枪支”的概念和范围，适用《中华人民共和国枪支管理法》的规定。

※法规解读：

本解释第1条就“入户抢劫”的认定问题作了明确规定。准确把握这一问题的关键在于对“户”的理解。本解释第1条第1款规定，“入户抢劫”，是指为实施抢劫行为而进入他人生活的与外界相对隔离的住所，包括封闭的院落、牧民的帐篷、渔民作为家庭生活场所的渔船、为生活租用的房屋等进行抢劫的行为。认定公民住所问题，在实践中可能存在这样一种情形，即白天利用住所从事商品零售等经营活动，晚上做生活起居之用。根据本解释的规定，如果犯罪分子在白天进入上述场所进行抢劫，由于在营业时间该场所是开放的而不是封闭的生活空间，则不能认定为“入户抢劫”。如果犯罪分子在夜晚或者其他停止营业的时间进入该住所抢劫，则应当认定为“入户抢劫”。此外，实践中也曾发生因入户盗窃被发现，而当场使用暴力或者以暴力相威胁的情形，这种行为应如何定性也引发争议。从这种行为的特征上分析，虽然行为人入户的初始目的是盗窃，但在被发觉之后实施暴力或者以暴力相威胁的行为时，其主观目的已经发生转化，符合《刑法》第269条关于盗窃犯罪转化为抢劫犯罪的条件，应当认定为“入户抢劫”。本解释第1条第2款对此作了规定。

本解释第2条对“在公共交通工具上抢劫”的认定问题作了规定，明确不应当将发生在小型出租车上的抢劫行为认定为在公共交通工具上抢劫。虽然小型出租车从功能上讲属于公共交通工具，实践中在小型出租车上发生的抢劫案件也不少，但是，在小型出租车上发生的抢劫案件多是抢劫司机或乘客个人的财物，数额一般不大，受害人的范围较窄。换句话说，行为人仅因在小型出租车上抢劫特定受害对象（司机或乘客）的较少财物就被判处重刑，显然违背罪责刑相适应原则，也不完全符合《刑法》关于“在公共交通工具上抢劫”的立法本意。本解释第2条还规定，“对运行途中的机动公共交通工具加以拦截后，对公共交通工具上的人员实施的抢劫”，也要认定为“在公共交通工具上抢劫”。需要注意的是，这里提到的“公共交通工具”的范围，与本条解释前半部分关于公共交通工具的规定是一致的，即不能将小型出租汽车包括进来。

本解释第5条规定的“向被害人显示持有、佩带的枪支”进行抢劫的行为，虽然在客观危害上要小于实际使用枪支进行抢劫的行为，但是对被害人起到的精神威胁、恐吓作用是相当大的,社会影响同样十分恶劣。将这种行为认定为“持枪抢劫”,符合《刑法》第263条第7项的立法本意。实践中争议的另一个问题是对枪支的理解,即对于使用假枪、玩具枪进行抢劫的能否认定为“持枪抢劫”。“持枪抢劫”的最大危害(特别是潜在的危害)在于,被害人在不交出财物的情况下,有可能受到人身伤害,而这种伤害极有可能是致命的。《刑法》有关“持枪抢劫”的规定正是基于依法严惩这种危害十分严重的行为作出的。由此可以看出,行为人使用假枪进行抢劫,在客观上不可能借助“枪支”的功能给被害人施加伤害,这种“持枪抢劫”的危害性要远远小于使用真枪。因此,本解释第5条规定,持枪抢劫中“枪支”的概念和范围,适用《枪支管理法》的相关规定。

关联法规索引

《最高人民法院关于审理抢劫、抢夺刑事案件适用法律若干问题的意见》;《最高人民法院关于审理抢劫刑事案件适用法律若干问题的指导意见》

第二百六十四条 【盗窃罪】盗窃公私财物,数额较大的,或者多次盗窃、入户盗窃、携带凶器盗窃、扒窃的,处三年以下有期徒刑、拘役或者管制,并处或者单处罚金;数额巨大或者有其他严重情节的,处三年以上十年以下有期徒刑,并处罚金;数额特别巨大或者有其他特别严重情节的,处十年以上有期徒刑或者无期徒刑,并处罚金或者没收财产。

配套法规及解读

《最高人民法院、最高人民检察院关于办理盗窃刑事案件适用法律若干问题的解释》(2013年4月2日)

第一条 盗窃公私财物价值一千元至三千元以上、三万元至十万元以上、三十万元至五十万元以上的,应当分别认定为刑法第二百六十四条规定的“数额较大”、“数额巨大”、“数额特别巨大”。

各省、自治区、直辖市高级人民法院、人民检察院可以根据本地区经济发展状况,并考虑社会治安状况,在前款规定的数额幅度内,确定本地区执行的具体数额标准,报最高人民法院、最高人民检察院批准。

在跨地区运行的公共交通工具上盗窃,盗窃地点无法查证的,盗窃数额是否达到“数额较大”、“数额巨大”、“数额特别巨大”,应当根据受理案件所在地省、自治区、直辖市高级人民法院、人民检察院确定的有关数额标准认定。

盗窃毒品等违禁品,应当按照盗窃罪处理的,根据情节轻重量刑。

第二条　盗窃公私财物,具有下列情形之一的,“数额较大”的标准可以按照前条规定标准的百分之五十确定:

(一)曾因盗窃受过刑事处罚的;

(二)一年内曾因盗窃受过行政处罚的;

(三)组织、控制未成年人盗窃的;

(四)自然灾害、事故灾害、社会安全事件等突发事件期间,在事件发生地盗窃的;

(五)盗窃残疾人、孤寡老人、丧失劳动能力人的财物的;

(六)在医院盗窃病人或者其亲友财物的;

(七)盗窃救灾、抢险、防汛、优抚、扶贫、移民、救济款物的;

(八)因盗窃造成严重后果的。

第三条　二年内盗窃三次以上的,应当认定为“多次盗窃”。

非法进入供他人家庭生活,与外界相对隔离的住所盗窃的,应当认定为“入户盗窃”。

携带枪支、爆炸物、管制刀具等国家禁止个人携带的器械盗窃,或者为了实施违法犯罪携带其他足以危害他人人身安全的器械盗窃的,应当认定为“携带凶器盗窃”。

在公共场所或者公共交通工具上盗窃他人随身携带的财物的,应当认定为“扒窃”。

第四条　盗窃的数额,按照下列方法认定:

(一)被盗财物有有效价格证明的,根据有效价格证明认定;无有效价格证明,或者根据价格证明认定盗窃数额明显不合理的,应当按照有关规定委托估价机构估价;

(二)盗窃外币的,按照盗窃时中国外汇交易中心或者中国人民银行授权机构公布的人民币对该货币的中间价折合成人民币计算;中国外汇交易中心或者中国人民银行授权机构未公布汇率中间价的外币，按照盗窃时境内银行人民币对该货币的中间价折算成人民币，或者该货币在境内银行、国际外汇市场对美元汇率，与人民币对美元汇率中间价进行套算；

（三）盗窃电力、燃气、自来水等财物，盗窃数量能够查实的，按照查实的数量计算盗窃数额；盗窃数量无法查实的，以盗窃前六个月月均正常用量减去盗窃后计量仪表显示的月均用量推算盗窃数额；盗窃前正常使用不足六个月的，按照正常使用期间的月均用量减去盗窃后计量仪表显示的月均用量推算盗窃数额；

（四）明知是盗接他人通信线路、复制他人电信码号的电信设备、设施而使用的，按照合法用户为其支付的费用认定盗窃数额；无法直接确认的，以合法用户的电信设备、设施被盗接、复制后的月缴费额减去被盗接、复制前六个月的月均电话费推算盗窃数额；合法用户使用电信设备、设施不足六个月的，按照实际使用的月均电话费推算盗窃数额；

（五）盗接他人通信线路、复制他人电信码号出售的，按照销赃数额认定盗窃数额。

盗窃行为给失主造成的损失大于盗窃数额的，损失数额可以作为量刑情节考虑。

第五条 盗窃有价支付凭证、有价证券、有价票证的，按照下列方法认定盗窃数额：

（一）盗窃不记名、不挂失的有价支付凭证、有价证券、有价票证的，应当按票面数额和盗窃时应得的孳息、奖金或者奖品等可得收益一并计算盗窃数额；

（二）盗窃记名的有价支付凭证、有价证券、有价票证，已经兑现的，按照兑现部分的财物价值计算盗窃数额；没有兑现，但失主无法通过挂失、补领、补办手续等方式避免损失的，按照给失主造成的实际损失计算盗窃数额。

第六条 盗窃公私财物，具有本解释第二条第三项至第八项规定情形之一，或者入户盗窃、携带凶器盗窃，数额达到本解释第一条规定的"数额巨大"、"数额特别巨大"百分之五十的，可以分别认定为刑法第二百六十四条规定的"其他严重情节"或者"其他特别严重情节"。

第七条 盗窃公私财物数额较大，行为人认罪、悔罪，退赃、退赔，且具有下列情形之一，情节轻微的，可以不起诉或者免予刑事处罚；必要时，由有关部门予以行政处罚：

（一）具有法定从宽处罚情节的；

（二）没有参与分赃或者获赃较少且不是主犯的；

（三）被害人谅解的；

（四）其他情节轻微、危害不大的。

第八条　偷拿家庭成员或者近亲属的财物，获得谅解的，一般可不认为是犯罪；追究刑事责任的，应当酌情从宽。

第九条　盗窃国有馆藏一般文物、三级文物、二级以上文物的，应当分别认定为刑法第二百六十四条规定的“数额较大”、“数额巨大”、“数额特别巨大”。

盗窃多件不同等级国有馆藏文物的，三件同级文物可以视为一件高一级文物。

盗窃民间收藏的文物的，根据本解释第四条第一款第一项的规定认定盗窃数额。

第十条　偷开他人机动车的，按照下列规定处理：

（一）偷开机动车，导致车辆丢失的，以盗窃罪定罪处罚；

（二）为盗窃其他财物，偷开机动车作为犯罪工具使用后非法占有车辆，或者将车辆遗弃导致丢失的，被盗车辆的价值计入盗窃数额；

（三）为实施其他犯罪，偷开机动车作为犯罪工具使用后非法占有车辆，或者将车辆遗弃导致丢失的，以盗窃罪和其他犯罪数罪并罚；将车辆送回未造成丢失的，按照其所实施的其他犯罪从重处罚。

第十一条　盗窃公私财物并造成财物损毁的，按照下列规定处理：

（一）采用破坏性手段盗窃公私财物，造成其他财物损毁的，以盗窃罪从重处罚；同时构成盗窃罪和其他犯罪的，择一重罪从重处罚；

（二）实施盗窃犯罪后，为掩盖罪行或者报复等，故意毁坏其他财物构成犯罪的，以盗窃罪和构成的其他犯罪数罪并罚；

（三）盗窃行为未构成犯罪，但损毁财物构成其他犯罪的，以其他犯罪定罪处罚。

第十二条　盗窃未遂，具有下列情形之一的，应当依法追究刑事责任：

（一）以数额巨大的财物为盗窃目标的；

（二）以珍贵文物为盗窃目标的；

（三）其他情节严重的情形。

盗窃既有既遂，又有未遂，分别达到不同量刑幅度的，依照处罚较重的规定处罚;达到同一量刑幅度的,以盗窃罪既遂处罚。

第十三条 单位组织、指使盗窃,符合刑法第二百六十四条及本解释有关规定的,以盗窃罪追究组织者、指使者、直接实施者的刑事责任。

※法规解读:

本解释主要规定了以下几个方面的内容,具体解读如下。

1. 数额标准之考量。本解释第1条第1款规定,盗窃公私财物价值1000元至3000元以上、3万元至10万元以上、30万元至50万元以上的,应当分别认定为《刑法》第264条规定的"数额较大""数额巨大""数额特别巨大"。盗窃犯罪的社会危害性大小主要通过盗窃财物的数额体现出来。在充分考虑我国经济社会发展状况和国民收入增长情况的基础上,结合盗窃犯罪的社会危害,本解释明确了盗窃财物"数额较大""数额巨大""数额特别巨大"的标准。与《最高人民法院关于审理盗窃案件具体应用法律若干问题的解释》(以下简称《98年盗窃解释》)相比,数额标准均有所提高。

2. "数额较大"之特别规定。本解释第2条明确规定,组织、控制未成年人盗窃,在医院盗窃病人或者其亲友财物等8种情形下,"数额较大"标准可以按照第1条规定标准的50%确定。本条是"数额较大"标准的特别规定,目的是根据司法实践情况,避免"唯数额论"之不足,更好地贯彻罪责刑相适应原则。8种情形的第1、2项,是依法惩治具有盗窃惯习的人的规定。在实践中,盗窃犯罪行为人除部分初犯、偶犯外,多数具有盗窃惯习,受过刑事或者行政处罚。有针对性地惩治此类人员,是打击和预防违法犯罪行为的必然要求。第3~8项是情节恶劣和后果严重的规定,多角度评价了盗窃行为的社会危害性,充分体现了罪责刑相适应原则。尤其是第6项"在医院盗窃病人或者其亲友财物的"规定,充分体现了人道主义精神。盗窃"救命钱",客观危害相对更大,主观恶性更为严重。

3. 四类特殊盗窃行为之认定。"入户盗窃""携带凶器盗窃""扒窃",不仅侵害公民财产权,还对公民人身安全构成严重威胁。本解释对此三类行为分别作了规定,还结合有关方面意见,对"多次盗窃"予以明确界定。在公共场所或者公共交通工具上盗窃他人随身携带的财物的,应当认定为"扒窃"。非法进入供他人家庭生活,与外界相对隔离的住所盗窃的,应当认定为"入户盗窃"。携带枪支、爆炸物、管制刀具等国家禁止个人携带的器械盗窃,或者为了实施违法犯罪携带其他足以危害他人人身安全的器械盗窃的,应当认定为"携带凶器盗窃"。2年内盗窃3次以上的，应当认定为“多次盗窃”。

4. 不起诉或免除处罚之规定。盗窃犯罪案件数量多，情形复杂，办理盗窃犯罪案件时，如何区别对待，切实贯彻宽严相济刑事政策，一直是司法机关需要特别注意的事项之一。理解本解释第 7 条的规定，应把握两点。一是“可以不起诉或者免予刑事处罚”，针对的是盗窃财物数额达到较大标准的行为，即构成犯罪的行为。二是综合全案，可以认定为犯罪情节轻微。判断情节轻微的标准是：(1)行为人认罪、悔罪，且退赃、退赔。(2)同时具有下列情形之一：①具有法定从宽处罚情节；②没有参与分赃或者获赃较少且不是主犯；③被害人谅解；④其他情节轻微，危害不大。不构成犯罪而确有处罚必要，可由有关部门予以行政处罚。

5. 文物保护之特别规定。随着我国经济文化的繁荣发展，文物价值不断提升，加大文物保护力度，成为促进我国文化建设的重要手段。与《98 年盗窃解释》相比，本解释首先加大了对盗窃国有馆藏文物行为的打击力度，提高了量刑幅度。根据《98 年盗窃解释》，盗窃国家三级文物、二级文物、一级文物的，刑罚幅度与《刑法》规定的“数额较大”“数额巨大”“数额特别巨大”相对应。本解释则根据当前文物价值增长的实际，规定盗窃国有馆藏一般文物、三级文物、二级以上文物的，应认定为《刑法》规定的“数额较大”“数额巨大”“数额特别巨大”，即降低了入罪标准，提高了量刑幅度。其次，本解释修改了民间收藏文物的数额认定方法，将《98 年盗窃解释》规定的“按国有文物商店的一般零售价计算，或者按国家文物主管部门核定的价格计算”，修改为有有效价格证明的，根据有效价格证明认定；无有效价格证明或者根据价格证明认定盗窃数额明显不合理的，按照有关规定委托估价机构估价。

6. 盗窃未遂之处理。本解释第 12 条规定，以数额巨大的财物、珍贵文物为盗窃目标或者具有其他严重情节的，即使盗窃未遂，也应当依法追究刑事责任。上述规定与《刑法》规定相一致，是宽严相济刑事政策的具体体现。盗窃犯罪的社会危害性主要通过窃取财物的数额体现出来。对于盗窃未遂，尽管没有实际窃取到财物，但以数额巨大的财物、珍贵文物为盗窃目标或者具有其他严重情节的，仍然具有严重的社会危害性，应当追究刑事责任。

7. 单位组织、指使盗窃之处理。本解释第 13 条规定，单位组织、指使盗窃，符合《刑法》第 264 条及本解释有关规定的，以盗窃罪追究组织者、指使者、直接实施者的刑事责任。司法实践中，以单位形式组织、指使员工盗窃的行为时有发生，为此，本解释第 13 条作出如上规定。

关联法规索引

《最高人民法院关于审理扰乱电信市场管理秩序案件具体应用法律若干问题的解释》第7、8条;《最高人民法院关于审理破坏森林资源刑事案件适用法律若干问题的解释》第11条;《最高人民法院、最高人民检察院关于办理盗窃油气、破坏油气设备等刑事案件具体应用法律若干问题的解释》第3、4条;《最高人民法院、最高人民检察院关于办理妨害文物管理等刑事案件适用法律若干问题的解释》第2、8条

典型案例

臧某泉等盗窃、诈骗案[1]

※**要旨**:行为人利用信息网络,诱骗他人点击虚假链接而实际通过预先植入的计算机程序窃取财物构成犯罪的,以盗窃罪定罪处罚;虚构可供交易的商品或者服务,欺骗他人点击付款链接而骗取财物构成犯罪的,以诈骗罪定罪处罚。

第二百六十五条 【盗接他人通信线路、复制他人电信码号以及明知而使用行为的定罪处罚】以牟利为目的,盗接他人通信线路、复制他人电信码号或者明知是盗接、复制的电信设备、设施而使用的,依照本法第二百六十四条的规定定罪处罚。

关联法规索引

《最高人民法院、最高人民检察院关于办理盗窃刑事案件适用法律若干问题的解释》第4条

[1] 参见最高人民法院指导性案例第27号。

第二百六十六条　【诈骗罪】 诈骗公私财物，数额较大的，处三年以下有期徒刑、拘役或者管制，并处或者单处罚金；数额巨大或者有其他严重情节的，处三年以上十年以下有期徒刑，并处罚金；数额特别巨大或者有其他特别严重情节的，处十年以上有期徒刑或者无期徒刑，并处罚金或者没收财产。本法另有规定的，依照规定。

配套法规及解读

《最高人民法院、最高人民检察院关于办理诈骗刑事案件具体应用法律若干问题的解释》(2011 年 3 月 1 日)

第二条　诈骗公私财物达到本解释第一条规定的数额标准，具有下列情形之一的，可以依照刑法第二百六十六条的规定酌情从严惩处：

(一)通过发送短信、拨打电话或者利用互联网、广播电视、报刊杂志等发布虚假信息，对不特定多数人实施诈骗的；

(二)诈骗救灾、抢险、防汛、优抚、扶贫、移民、救济、医疗款物的；

(三)以赈灾募捐名义实施诈骗的；

(四)诈骗残疾人、老年人或者丧失劳动能力人的财物的；

(五)造成被害人自杀、精神失常或者其他严重后果的。

诈骗数额接近本解释第一条规定的“数额巨大”、“数额特别巨大”的标准，并具有前款规定的情形之一或者属于诈骗集团首要分子的，应当分别认定为刑法第二百六十六条规定的“其他严重情节”、“其他特别严重情节”。

第三条　诈骗公私财物虽已达到本解释第一条规定的“数额较大”的标准，但具有下列情形之一，且行为人认罪、悔罪的，可以根据刑法第三十七条、刑事诉讼法第一百四十二条[1]的规定不起诉或者免予刑事处罚：

(一)具有法定从宽处罚情节的；

(二)一审宣判前全部退赃、退赔的；

(三)没有参与分赃或者获赃较少且不是主犯的；

(四)被害人谅解的；

---

〔1〕 对应 2018 年 10 月 26 日修正后的《刑事诉讼法》第 177 条。

（五）其他情节轻微、危害不大的。

第四条 诈骗近亲属的财物，近亲属谅解的，一般可不按犯罪处理。

诈骗近亲属的财物，确有追究刑事责任必要的，具体处理也应酌情从宽。

第五条 诈骗未遂，以数额巨大的财物为诈骗目标的，或者具有其他严重情节的，应当定罪处罚。

利用发送短信、拨打电话、互联网等电信技术手段对不特定多数人实施诈骗，诈骗数额难以查证，但具有下列情形之一的，应当认定为刑法第二百六十六条规定的“其他严重情节”，以诈骗罪（未遂）定罪处罚：

（一）发送诈骗信息五千条以上的；

（二）拨打诈骗电话五百人次以上的；

（三）诈骗手段恶劣、危害严重的。

实施前款规定行为，数量达到前款第（一）、（二）项规定标准十倍以上的，或者诈骗手段特别恶劣、危害特别严重的，应当认定为刑法第二百六十六条规定的“其他特别严重情节”，以诈骗罪（未遂）定罪处罚。

第六条 诈骗既有既遂，又有未遂，分别达到不同量刑幅度的，依照处罚较重的规定处罚；达到同一量刑幅度的，以诈骗罪既遂处罚。

第七条 明知他人实施诈骗犯罪，为其提供信用卡、手机卡、通讯工具、通讯传输通道、网络技术支持、费用结算等帮助的，以共同犯罪论处。

※法规解读：

本解释第2条第1款第1项规定，通过发送短信、拨打电话或者利用互联网、广播电视、报刊杂志等发布虚假信息，对不特定多数人实施诈骗的，酌情从严惩处。本解释第5条第2款针对电信诈骗行为查处难、取证难，诈骗数额往往难以查清的实际，根据《刑法》总则有关犯罪未遂的规定，专门划定了“硬杠杠”，进行了明确、具体的规定：对电信诈骗数额难以查证，但发送诈骗信息5000条以上的，拨打诈骗电话500人次以上的，或者诈骗手段恶劣、危害严重的，即可以以诈骗罪（未遂）追究刑事责任。电信诈骗犯罪中，有的掌握网络技术、设备、资源的团伙，为谋取非法利益，专门为电信诈骗犯罪分子搭建网络电话诈骗平台，提供改号、群呼群拨、网络电话落地对接及运行维护等技术服务，为诈骗分子行骗提供技术支持。还有“地下钱庄”打着资金管理服务的招牌，专门为诈骗犯罪分子提供转移赃款、提取赃款服务，使被害人被骗取的汇款在短时间内被分转到不同的账户，并在不同的地方被迅速提取。这些行为是电信诈骗犯罪活动的重要环节，是电信诈骗猖獗、难以及时查处的重要原因。为此，本解释第 7 条专门规定："明知他人实施诈骗犯罪，为其提供信用卡、手机卡、通讯工具、通讯传输通道、网络技术支持、费用结算等帮助的，以共同犯罪论处。"

关联法规索引

《全国人民代表大会常务委员会关于〈中华人民共和国刑法〉第二百六十六条的解释》；《最高人民法院关于审理扰乱电信市场管理秩序案件具体应用法律若干问题的解释》第 9 条；《最高人民法院关于审理伪造货币等案件具体应用法律若干问题的解释（二）》第 5 条；《最高人民法院、最高人民检察院、公安部关于办理电信网络诈骗等刑事案件适用法律若干问题的意见（二）》第 3 条

典型案例

张某闵等 52 人电信网络诈骗案[1]

※**要旨**：跨境电信网络诈骗犯罪往往涉及大量的境外证据和庞杂的电子数据。对境外获取的证据应着重审查合法性，对电子数据应着重审查客观性。主要成员固定，其他人员有一定流动性的电信网络诈骗犯罪组织，可认定为犯罪集团。

第二百六十七条 【抢夺罪】抢夺公私财物，数额较大的，或者多次抢夺的，处三年以下有期徒刑、拘役或者管制，并处或者单处罚金；数额巨大或者有其他严重情节的，处三年以上十年以下有期徒刑，并处罚金；数额特别巨大或者有其他特别严重情节的，处十年以上有期徒刑或者无期徒刑，并处罚金或者没收财产。

携带凶器抢夺的，依照本法第二百六十三条的规定定罪处罚。

[1] 参见最高人民检察院指导性案例第 67 号。

配套法规及解读

《最高人民法院、最高人民检察院关于办理抢夺刑事案件适用法律若干问题的解释》(2013年11月11日)

第一条 抢夺公私财物价值一千元至三千元以上、三万元至八万元以上、二十万元至四十万元以上的,应当分别认定为刑法第二百六十七条规定的"数额较大""数额巨大""数额特别巨大"。

各省、自治区、直辖市高级人民法院、人民检察院可以根据本地区经济发展状况,并考虑社会治安状况,在前款规定的数额幅度内,确定本地区执行的具体数额标准,报最高人民法院、最高人民检察院批准。

第二条 抢夺公私财物,具有下列情形之一的,"数额较大"的标准按照前条规定标准的百分之五十确定:

(一)曾因抢劫、抢夺或者聚众哄抢受过刑事处罚的;

(二)一年内曾因抢夺或者哄抢受过行政处罚的;

(三)一年内抢夺三次以上的;

(四)驾驶机动车、非机动车抢夺的;

(五)组织、控制未成年人抢夺的;

(六)抢夺老年人、未成年人、孕妇、携带婴幼儿的人、残疾人、丧失劳动能力人的财物的;

(七)在医院抢夺病人或者其亲友财物的;

(八)抢夺救灾、抢险、防汛、优抚、扶贫、移民、救济款物的;

(九)自然灾害、事故灾害、社会安全事件等突发事件期间,在事件发生地抢夺的;

(十)导致他人轻伤或者精神失常等严重后果的。

第三条 抢夺公私财物,具有下列情形之一的,应当认定为刑法第二百六十七条规定的"其他严重情节":

(一)导致他人重伤的;

(二)导致他人自杀的;

(三)具有本解释第二条第三项至第十项规定的情形之一,数额达到本解释第一条规定的"数额巨大"百分之五十的。

第四条　抢夺公私财物,具有下列情形之一的,应当认定为刑法第二百六十七条规定的"其他特别严重情节":

(一)导致他人死亡的;

(二)具有本解释第二条第三项至第十项规定的情形之一,数额达到本解释第一条规定的"数额特别巨大"百分之五十的。

第五条　抢夺公私财物数额较大,但未造成他人轻伤以上伤害,行为人系初犯,认罪、悔罪,退赃、退赔,且具有下列情形之一的,可以认定为犯罪情节轻微,不起诉或者免予刑事处罚;必要时,由有关部门依法予以行政处罚:

(一)具有法定从宽处罚情节的;

(二)没有参与分赃或者获赃较少,且不是主犯的;

(三)被害人谅解的;

(四)其他情节轻微、危害不大的。

第六条　驾驶机动车、非机动车夺取他人财物,具有下列情形之一的,应当以抢劫罪定罪处罚:

(一)夺取他人财物时因被害人不放手而强行夺取的;

(二)驾驶车辆逼挤、撞击或者强行逼倒他人夺取财物的;

(三)明知会致人伤亡仍然强行夺取并放任造成财物持有人轻伤以上后果的。

※法规解读:

本解释着重对抢夺"数额较大""数额巨大""数额特别巨大"的认定标准作了调整;对几种情节严重的抢夺罪"数额较大"的认定标准作了特别规定。同时,明确了抢夺罪"其他严重情节""其他特别严重情节"的认定,驾驶车辆强行夺取财物的定性等问题。

1.明确"数额较大"的认定标准。适当调整了抢夺罪定罪的数额起点一般标准。本解释第1条第1款规定,抢夺公私财物价值1000元至3000元以上应当认定为《刑法》第267条规定的"数额较大",与2002年《最高人民法院关于审理抢夺刑事案件具体应用法律若干问题的解释》的规定相比,数额标准有所提高,即由原来规定的500元至2000元提高到1000元至3000元。考虑到各地经济发展状况和社会治安状况有所不同,本解释第1条第2款规定,各省、自治区、直辖市高级人民法院、人民检察院可以根据本地区经济发展状况,并考虑社会治安状况,在第1款规定的数额幅度内,确定本地区执行的具体数额标准,报最高人民法院、最高人民检察院批准。

针对实践中一些情节恶劣,社会危害性大,需要从严惩处的抢夺行为,本解释第2条规定了特别入罪标准,即只要达到第1条规定的“数额较大”标准的50%,又具有特定犯罪情形的,以抢夺罪追究刑事责任。第2条共列有10项情形。

2. 明确“数额巨大”、“数额特别巨大”及“其他严重情节”“其他特别严重情节”的认定标准。本解释第1条第1款规定,抢夺公私财物价值3万元至8万元以上的应认定为《刑法》第267条规定的“数额巨大”,20万元至40万元以上的应认定为“数额特别巨大”。

本解释第3、4条明确了抢夺罪“其他严重情节”“其他特别严重情节”的认定标准。抢夺公私财物,导致他人重伤、自杀或者具有本解释第2条第3项至第10项规定的情形之一,数额达到本解释第1条规定的“数额巨大”50%的,应当认定为抢夺罪“其他严重情节”;导致他人死亡或者具有本解释第2条第3项至第10项规定的情形之一,数额达到本解释第1条规定的“数额特别巨大”50%的,应当认定为抢夺罪“其他特别严重情节”。

3. 明确抢夺情节轻微可不起诉或者免予刑事处罚的情形。本解释第5条规定抢夺公私财物数额较大,但未造成他人轻伤以上伤害,行为人系初犯,认罪、悔罪,退赃、退赔,且具有法定从宽处罚情节的,没有参与分赃或者获赃较少且不是主犯的,被害人谅解的以及其他情节轻微、危害不大的,可以认定为犯罪情节轻微,不起诉或者免予刑事处罚;必要时,由有关部门依法予以行政处罚。本条规定体现了宽严相济刑事政策从宽的一面,对于抢夺犯罪情节轻微的可以不起诉或者免予刑事处罚。司法实践中需要注意:

一是抢夺罪可认定为犯罪情节轻微的前提条件,除行为人认罪、悔罪,退赃、退赔外,还需要具备行为人属于初犯、没有造成被害人轻伤以上伤害的情形。

二是可以“不起诉或者免予刑事处罚”针对的是抢夺公私财物数额达到较大标准的行为,即已经构成抢夺犯罪的行为。对于抢夺公私财物数额达到“数额巨大”以上的,均不能适用不起诉或者免予刑事处罚。

三是对于不起诉或者免予刑事处罚的,必要时由有关部门依法予以行政处罚。根据《治安管理处罚法》的规定应当处罚的,由治安管理部门予以相应的治安处罚。

4. 明确驾驶车辆夺取财物的定性问题。本解释第6条明确驾驶机动车、非机动车夺取他人财物时因被害人不放手而强行夺取的，驾驶车辆逼挤、撞击或者强行逼倒他人夺取财物的，或者明知会致人伤亡仍然强行夺取并放任造成财物持有人轻伤以上后果的，应当以抢劫罪定罪处罚。

需要注意的是，对于驾驶机动车夺取财物案件的定性，需要根据案件具体情况，区别适用本解释第2条第4项和第6条的规定。一般情况下，驾驶车辆抢夺应该作为抢夺罪从严惩处的情形，抢夺公私财物的数额只要达到本解释第1条规定的"数额较大"标准的50%，即以抢夺罪追究刑事责任。特殊情况下，具有本解释第6条规定的3种情形之一的，以抢劫罪定罪处罚。

关联法规索引

《最高人民法院关于审理抢劫、抢夺刑事案件适用法律若干问题的意见》第4条；《最高人民法院关于审理抢劫案件具体应用法律若干问题的解释》第6条；《最高人民法院、最高人民检察院、公安部关于依法办理"碰瓷"违法犯罪案件的指导意见》第4条

第二百六十八条 【聚众哄抢罪】聚众哄抢公私财物，数额较大或者有其他严重情节的，对首要分子和积极参加的，处三年以下有期徒刑、拘役或者管制，并处罚金；数额巨大或者有其他特别严重情节的，处三年以上十年以下有期徒刑，并处罚金。

第二百六十九条 【转化抢劫】犯盗窃、诈骗、抢夺罪，为窝藏赃物、抗拒抓捕或者毁灭罪证而当场使用暴力或者以暴力相威胁的，依照本法第二百六十三条的规定定罪处罚。

关联法规索引

《最高人民法院关于审理抢劫、抢夺刑事案件适用法律若干问题的意见》第5条；《最高人民法院关于审理未成年人刑事案件具体应用法律若干问题的解释》第10条

典型案例

陈某昌抢劫、盗窃,付某强盗窃案[1]

※**要旨**:(1)对于入户盗窃,因被发现而当场使用暴力或者以暴力相威胁的行为,应当认定为“入户抢劫”。(2)在人民法院宣告判决前,人民检察院发现被告人有遗漏的罪行可以一并起诉和审理的,可以补充起诉。(3)人民检察院认为同级人民法院第一审判决重罪轻判,适用刑罚明显不当的,应当提出抗诉。

第二百七十条 【侵占罪】将代为保管的他人财物非法占为己有,数额较大,拒不退还的,处二年以下有期徒刑、拘役或者罚金;数额巨大或者有其他严重情节的,处二年以上五年以下有期徒刑,并处罚金。

将他人的遗忘物或者埋藏物非法占为己有,数额较大,拒不交出的,依照前款的规定处罚。

本条罪,告诉的才处理。

条文解读

本条是关于侵占罪及其处罚的规定。侵占罪的客观方面表现为,行为人非法占有他人财物,数额较大,拒不退还或拒不交出的行为。这一罪名有以下 3 个要点:(1)非法占有他人财物的行为。这里所说的“非法占有”,是指行为人将他人财物非法据为己有,侵犯他人的所有权。他人财物仅限于 3 种情况:一是自己代为保管的他人财物;二是他人的遗忘物,即由于所有人、持有人不慎而暂时失去占有、控制的财物;三是埋藏物,是指埋藏于地下的时间较久,原所有人不明而根据法律规定属于国家所有的财物。(2)数额较大。(3)拒不退还或交出。

本罪属于告诉才处理的犯罪,司法机关不能主动追究行为人的刑事责任。

[1] 参见最高人民检察院指导性案例第 17 号。

第二百七十一条　【职务侵占罪】 公司、企业或者其他单位的工作人员，利用职务上的便利，将本单位财物非法占为己有，数额较大的，处三年以下有期徒刑或者拘役，并处罚金；数额巨大的，处三年以上十年以下有期徒刑，并处罚金；数额特别巨大的，处十年以上有期徒刑或者无期徒刑，并处罚金。

国有公司、企业或者其他国有单位中从事公务的人员和国有公司、企业或者其他国有单位委派到非国有公司、企业以及其他单位从事公务的人员有前款行为的，依照本法第三百八十二条、第三百八十三条的规定定罪处罚。

条文解读

本条第1款是关于职务侵占罪及其处罚的规定。构成本罪须符合以下3个条件：(1)主体是公司、企业或者其他单位的工作人员。(2)行为人必须具有侵占本单位财物的行为，即公司、企业或者其他单位的工作人员利用职务上的便利，将本单位的财物非法占为己有，且数额较大的行为。(3)行为人在主观方面是故意的，犯罪目的是非法占有本单位的财产，过失不能构成本罪。

注意职务侵占罪与侵占罪的区别：第一，犯罪主体不同。前罪主体为公司、企业或者其他单位的工作人员，后罪主体为一般主体。第二，犯罪对象不同。前罪的对象为行为人所在单位的财物，后罪的对象则是代为保管的他人财物或他人的遗忘物、埋藏物。第三，犯罪的客观表现不同。前罪表现为利用职务上的便利将本单位财物据为己有，后罪则与行为人的职务无关。本条规定的"公司、企业或者其他单位的工作人员"不包括国家工作人员。国家工作人员利用职务便利侵占本单位财物行为的，应以贪污罪论处。

关联法规索引

《最高人民法院、最高人民检察院关于办理贪污贿赂刑事案件适用法律若干问题的解释》第11条；《最高人民法院关于村民小组组长利用职务便利非法占有公共财物行为如何定性问题的批复》；《最高人民法院关于在国有资本控股、参股的股份有限公司中从事管理工作的人员利用职务便利非法占有本公司财物如何定罪问题

的批复》;《最高人民检察院、公安部关于公安机关管辖的刑事案件立案追诉标准的规定(二)》第76条

第二百七十二条 【挪用资金罪】公司、企业或者其他单位的工作人员,利用职务上的便利,挪用本单位资金归个人使用或者借贷给他人,数额较大、超过三个月未还的,或者虽未超过三个月,但数额较大、进行营利活动的,或者进行非法活动的,处三年以下有期徒刑或者拘役;挪用本单位资金数额巨大的,处三年以上七年以下有期徒刑;数额特别巨大的,处七年以上有期徒刑。

国有公司、企业或者其他国有单位中从事公务的人员和国有公司、企业或者其他国有单位委派到非国有公司、企业以及其他单位从事公务的人员有前款行为的,依照本法第三百八十四条的规定定罪处罚。

有第一款行为,在提起公诉前将挪用的资金退还的,可以从轻或者减轻处罚。其中,犯罪较轻的,可以减轻或者免除处罚。

条文解读

本条第1款是关于挪用资金罪及其处罚的规定。根据本款规定,构成挪用资金罪,须符合以下几个条件:

1. 行为人必须是公司、企业或者其他单位的工作人员。国有公司、企业或者其他国有单位中从事公务的人员和国有公司、企业或者其他国有单位委派到非国有公司、企业以及其他单位从事公务的人员不能构成本款规定的犯罪。对于上述人员挪用本单位资金的,应该按照挪用公款罪定罪处罚。

2. 行为人必须利用职务上的便利。"利用职务上的便利",主要是指利用自己在职务上所具有的主管、管理或者经手本单位财物的便利条件。应当注意的是,利用与其职责无关,只因工作关系而熟悉作案环境、条件,或者凭工作人员身份便于出入某单位,较易接近作案目标或者对象等便利条件的,不属于利用职务上的便利。

3. 行为人实施了挪用本单位资金的行为。"挪用",是指利用职务上的便利,非法擅自动用单位资金归本人或他人使用,但准备日后退还。"本单位资金",既包括

本单位所有的资金,也包括因为经营管理的需要,被本单位实际控制或使用的资金。例如,对于本单位在经济往来中暂收、预收、暂存其他单位或个人的款项、物品,或者对方支付的货款、交付的货物等,接收人已以单位名义履行接收手续的,所接收的财物应视为该单位资产。根据2000年10月9日《最高人民检察院关于挪用尚未注册成立公司资金的行为适用法律问题的批复》的规定,筹建公司的工作人员在公司登记注册前,利用职务上的便利,挪用准备设立的公司在银行开设的临时账户上的资金,归个人使用或者借贷给他人,数额较大、超过3个月未还的,或者虽未超过3个月,但数额较大、进行营利活动的,或者进行非法活动的,应当根据《刑法》第272条的规定,追究刑事责任。

需要注意的是,挪用本单位的资金,并非一经挪用即构成犯罪,只有情节严重、危害较大的挪用行为才构成犯罪,并依法追究刑事责任。对情节轻微危害不大的挪用行为,可以作为一般违法和违反公司财务纪律的行为,通过民事途径解决。

本条第2款规定的是国有公司、企业或者其他国有单位中从事公务的人员和国有公司、企业或者其他国有单位委派到非国有公司、企业以及其他单位从事公务的人员挪用本单位资金的,依照《刑法》第384条的规定处罚,即依照关于挪用公款罪的规定定罪处罚。

本条第3款是关于对挪用资金犯罪可以从宽处理的规定。对挪用资金犯罪从宽处理必须同时符合以下两个条件:一是在提起公诉前。“提起公诉”是人民检察院经全面审查,对事实清楚、证据确实充分,依法应当判处刑罚的行为,提交人民法院审判的诉讼活动。二是行为人必须将挪用的资金退还。这里的退还挪用资金,应当是指退还全部的挪用资金。在同时具备以上条件的前提下,根据本款的规定,可以从轻或者减轻处罚。其中,犯罪较轻的,可以减轻或者免除处罚。

关联法规索引

《最高人民检察院、公安部关于公安机关管辖的刑事案件立案追诉标准的规定(二)》第77条;《最高人民法院关于如何理解刑法第二百七十二条规定的“挪用本单位资金归个人使用或者借贷给他人”问题的批复》

第二百七十三条 【挪用特定款物罪】 挪用用于救灾、抢险、防汛、优抚、扶贫、移民、救济款物，情节严重，致使国家和人民群众利益遭受重大损害的，对直接责任人员，处三年以下有期徒刑或者拘役；情节特别严重的，处三年以上七年以下有期徒刑。

关联法规索引

《最高人民检察院关于挪用失业保险基金和下岗职工基本生活保障资金的行为适用法律问题的批复》；《最高人民法院、最高人民检察院关于办理妨害预防、控制突发传染病疫情等灾害的刑事案件具体应用法律若干问题的解释》第14条

第二百七十四条 【敲诈勒索罪】 敲诈勒索公私财物，数额较大或者多次敲诈勒索的，处三年以下有期徒刑、拘役或者管制，并处或者单处罚金；数额巨大或者有其他严重情节的，处三年以上十年以下有期徒刑，并处罚金；数额特别巨大或者有其他特别严重情节的，处十年以上有期徒刑，并处罚金。

配套法规及解读

《最高人民法院、最高人民检察院关于办理敲诈勒索刑事案件适用法律若干问题的解释》(2013年4月23日)

第一条 敲诈勒索公私财物价值二千元至五千元以上、三万元至十万元以上、三十万元至五十万元以上的，应当分别认定为刑法第二百七十四条规定的"数额较大"、"数额巨大"、"数额特别巨大"。

各省、自治区、直辖市高级人民法院、人民检察院可以根据本地区经济发展状况和社会治安状况，在前款规定的数额幅度内，共同研究确定本地区执行的具体数额标准，报最高人民法院、最高人民检察院批准。

第二条 敲诈勒索公私财物，具有下列情形之一的，"数额较大"的标准可以按照本解释第一条规定标准的百分之五十确定：

(一)曾因敲诈勒索受过刑事处罚的；

(二)一年内曾因敲诈勒索受过行政处罚的；

（三）对未成年人、残疾人、老年人或者丧失劳动能力人敲诈勒索的；

（四）以将要实施放火、爆炸等危害公共安全犯罪或者故意杀人、绑架等严重侵犯公民人身权利犯罪相威胁敲诈勒索的；

（五）以黑恶势力名义敲诈勒索的；

（六）利用或者冒充国家机关工作人员、军人、新闻工作者等特殊身份敲诈勒索的；

（七）造成其他严重后果的。

第三条 二年内敲诈勒索三次以上的，应当认定为刑法第二百七十四条规定的“多次敲诈勒索”。

第四条 敲诈勒索公私财物，具有本解释第二条第三项至第七项规定的情形之一，数额达到本解释第一条规定的“数额巨大”、“数额特别巨大”百分之八十的，可以分别认定为刑法第二百七十四条规定的“其他严重情节”、“其他特别严重情节”。

第五条 敲诈勒索数额较大，行为人认罪、悔罪，退赃、退赔，并具有下列情形之一的，可以认定为犯罪情节轻微，不起诉或者免予刑事处罚，由有关部门依法予以行政处罚：

（一）具有法定从宽处罚情节的；

（二）没有参与分赃或者获赃较少且不是主犯的；

（三）被害人谅解的；

（四）其他情节轻微、危害不大的。

第六条 敲诈勒索近亲属的财物，获得谅解的，一般不认为是犯罪；认定为犯罪的，应当酌情从宽处理。

被害人对敲诈勒索的发生存在过错的，根据被害人过错程度和案件其他情况，可以对行为人酌情从宽处理；情节显著轻微危害不大的，不认为是犯罪。

第七条 明知他人实施敲诈勒索犯罪，为其提供信用卡、手机卡、通讯工具、通讯传输通道、网络技术支持等帮助的，以共同犯罪论处。

第八条 对犯敲诈勒索罪的被告人，应当在二千元以上、敲诈勒索数额的二倍以下判处罚金；被告人没有获得财物的，应当在二千元以上十万元以下判处罚金。

※法规解读：

本解释主要规定了六个方面的内容。

1. 敲诈勒索"数额较大""数额巨大""数额特别巨大"的认定标准。本解释第1条规定,敲诈勒索公私财物价值2000元至5000元以上、3万元至10万元以上、30万元至50万元以上的,应当分别认定为《刑法》第274条规定的"数额较大""数额巨大""数额特别巨大"。各省、自治区、直辖市高级人民法院、人民检察院可以根据本地区经济发展状况和社会治安状况,在前述规定的数额幅度内,共同研究确定本地区执行的具体数额标准,报最高人民法院、最高人民检察院批准。

本解释第2条规定,对于具有"曾因敲诈勒索受过刑事处罚""以黑恶势力名义敲诈勒索"等情形之一的,"数额较大"的标准可以按照第1条规定标准的50%确定。本条是敲诈勒索"数额较大"标准的特别规定,旨在避免"唯数额论"的不足,对社会危害性严重的敲诈勒索行为降低入罪门槛,有利于更好地贯彻宽严相济刑事政策和罪责刑相适应原则。

需要特别指出的是,根据本解释第2条的规定,具有"曾因敲诈勒索受过刑事处罚"等情形之一的,只是"可以"而非"应当"降低入罪数额门槛。因此,综合考虑全案情节,降低入罪数额门槛明显有失妥当的,也可例外地不适用本条规定。

2."多次敲诈勒索"的认定。本解释第3条规定,2年内敲诈勒索3次以上的,应当认定为《刑法》第274条规定的"多次敲诈勒索"。"多次敲诈勒索",没有数额限制。只要2年内实施了3次以上的敲诈勒索行为,不管敲诈勒索数额多少,依法都可以定罪处罚。

3. 敲诈勒索"其他严重情节""其他特别严重情节"的认定。本解释第4条规定,敲诈勒索公私财物,具有本解释第2条第3项至第7项规定的情形之一,数额达到第1条规定的"数额巨大""数额特别巨大"80%的,可以分别认定为敲诈勒索罪的"其他严重情节""其他特别严重情节"。敲诈勒索公私财物的价值多少是其社会危害性程度的主要体现,故此处参照《最高人民法院、最高人民检察院关于办理盗窃刑事案件适用法律若干问题的解释》《最高人民法院、最高人民检察院关于办理诈骗刑事案件具体应用法律若干问题的解释》的相关规定,以数额加情节的方式规定了"其他严重情节""其他特别严重情节"的具体情形。

4. 敲诈勒索情节轻微可不起诉或者免除处罚的规定。为贯彻宽严相济刑事政策,本解释第5条规定,敲诈勒索数额较大,行为人认罪、悔罪,退赃、退赔,并具有法定从宽处罚情节、没有参与分赃或者获赃较少且不是主犯、被害人谅解等情形的,可以认定为犯罪情节轻微,不起诉或者免予刑事处罚,由有关部门依法予以行政处罚。

5. 敲诈勒索特殊情形的从宽处理。本解释第6条第1款规定:"敲诈勒索近亲属的财物,获得谅解的,一般不认为是犯罪;认定为犯罪的,应当酌情从宽处理。"司法实践中,对于敲诈勒索近亲属的财物,近亲属予以谅解的,根据个案情况,符合《刑法》第13条规定的"情节显著轻微危害不大"条件的,可以"不认为是犯罪";不符合《刑法》第13条规定条件的,虽认定为犯罪,但应当酌情从宽处理。

本解释第6条第2款规定:"被害人对敲诈勒索的发生存在过错的,根据被害人过错程度和案件其他情况,可以对行为人酌情从宽处理;情节显著轻微危害不大的,不认为是犯罪。"司法实践中,有些敲诈勒索案件确因被害人过错引起,行为人以被害人过错相威胁或要挟实施敲诈勒索的,与其他敲诈勒索的主观恶性和客观危害程度有所区别,不宜机械根据数额、情节定罪处罚。具体案件的处理,应当根据过错责任的性质、过错与犯罪之间的关联度大小等因素,综合确定定罪量刑幅度。

需要强调的是,本条使用"从宽处理"而不是"从轻处罚"的表述,意味着不仅在量刑上可以从轻处罚,在定罪(法定刑幅度)上也可以从宽处理。当然,适用本条规定应当严格限定条件、注重社会效果、实现罪刑相当。

6. 敲诈勒索共犯的认定。本解释第7条明确了敲诈勒索共同犯罪的认定,规定明知他人实施敲诈勒索犯罪,为其提供信用卡、手机卡、通讯工具、通讯传输通道、网络技术支持等帮助的,以共同犯罪论处。

关联法规索引

《最高人民法院、最高人民检察院关于办理利用信息网络实施诽谤等刑事案件适用法律若干问题的解释》第6条;《最高人民法院、最高人民检察院、公安部、司法部关于办理实施"软暴力"的刑事案件若干问题的意见》第8条;《最高人民法院、最高人民检察院、公安部关于依法办理"碰瓷"违法犯罪案件的指导意见》第2条

第二百七十五条 【故意毁坏财物罪】故意毁坏公私财物,数额较大或者有其他严重情节的,处三年以下有期徒刑、拘役或者罚金;数额巨大或者有其他特别严重情节的,处三年以上七年以下有期徒刑。

关联法规索引

《最高人民法院关于审理破坏公用电信设施刑事案件具体应用法律若干问题的解释》第3条;《最高人民检察院、公安部关于公安机关管辖的刑事案件立案追诉标准的规定(一)》第33条;《最高人民法院、最高人民检察院、公安部关于依法办理"碰瓷"违法犯罪案件的指导意见》第5条

第二百七十六条 【破坏生产经营罪】由于泄愤报复或者其他个人目的,毁坏机器设备、残害耕畜或者以其他方法破坏生产经营的,处三年以下有期徒刑、拘役或者管制;情节严重的,处三年以上七年以下有期徒刑。

关联法规索引

《最高人民检察院、公安部关于公安机关管辖的刑事案件立案追诉标准的规定(一)》第34条

第二百七十六条之一 【拒不支付劳动报酬罪】以转移财产、逃匿等方法逃避支付劳动者的劳动报酬或者有能力支付而不支付劳动者的劳动报酬,数额较大,经政府有关部门责令支付仍不支付的,处三年以下有期徒刑或者拘役,并处或者单处罚金;造成严重后果的,处三年以上七年以下有期徒刑,并处罚金。

单位犯前款罪的,对单位判处罚金,并对其直接负责的主管人员和其他直接责任人员,依照前款的规定处罚。

有前两款行为,尚未造成严重后果,在提起公诉前支付劳动者的劳动报酬,并依法承担相应赔偿责任的,可以减轻或者免除处罚。

配套法规及解读

《最高人民法院关于审理拒不支付劳动报酬刑事案件适用法律若干问题的解释》(2013年1月16日)

第一条 劳动者依照《中华人民共和国劳动法》和《中华人民共和国劳动合同

法》等法律的规定应得的劳动报酬，包括工资、奖金、津贴、补贴、延长工作时间的工资报酬及特殊情况下支付的工资等，应当认定为刑法第二百七十六条之一第一款规定的“劳动者的劳动报酬”。

第二条 以逃避支付劳动者的劳动报酬为目的，具有下列情形之一的，应当认定为刑法第二百七十六条之一第一款规定的“以转移财产、逃匿等方法逃避支付劳动者的劳动报酬”：

（一）隐匿财产、恶意清偿、虚构债务、虚假破产、虚假倒闭或者以其他方法转移、处分财产的；

（二）逃跑、藏匿的；

（三）隐匿、销毁或者篡改账目、职工名册、工资支付记录、考勤记录等与劳动报酬相关的材料的；

（四）以其他方法逃避支付劳动报酬的。

第三条 具有下列情形之一的，应当认定为刑法第二百七十六条之一第一款规定的“数额较大”：

（一）拒不支付一名劳动者三个月以上的劳动报酬且数额在五千元至二万元以上的；

（二）拒不支付十名以上劳动者的劳动报酬且数额累计在三万元至十万元以上的。

各省、自治区、直辖市高级人民法院可以根据本地区经济社会发展状况，在前款规定的数额幅度内，研究确定本地区执行的具体数额标准，报最高人民法院备案。

第四条 经人力资源社会保障部门或者政府其他有关部门依法以限期整改指令书、行政处理决定书等文书责令支付劳动者的劳动报酬后，在指定的期限内仍不支付的，应当认定为刑法第二百七十六条之一第一款规定的“经政府有关部门责令支付仍不支付”，但有证据证明行为人有正当理由未知悉责令支付或者未及时支付劳动报酬的除外。

行为人逃匿，无法将责令支付文书送交其本人、同住成年家属或者所在单位负责收件的人的，如果有关部门已通过在行为人的住所地、生产经营场所等地张贴责令支付文书等方式责令支付，并采用拍照、录像等方式记录的，应当视为“经政府有关部门责令支付”。

第五条 拒不支付劳动者的劳动报酬,符合本解释第三条的规定,并具有下列情形之一的,应当认定为刑法第二百七十六条之一第一款规定的"造成严重后果":

(一)造成劳动者或者其被赡养人、被扶养人、被抚养人的基本生活受到严重影响、重大疾病无法及时医治或者失学的;

(二)对要求支付劳动报酬的劳动者使用暴力或者进行暴力威胁的;

(三)造成其他严重后果的。

第六条 拒不支付劳动者的劳动报酬,尚未造成严重后果,在刑事立案前支付劳动者的劳动报酬,并依法承担相应赔偿责任的,可以认定为情节显著轻微危害不大,不认为是犯罪;在提起公诉前支付劳动者的劳动报酬,并依法承担相应赔偿责任的,可以减轻或者免除刑事处罚;在一审宣判前支付劳动者的劳动报酬,并依法承担相应赔偿责任的,可以从轻处罚。

对于免除刑事处罚的,可以根据案件的不同情况,予以训诫、责令具结悔过或者赔礼道歉。

拒不支付劳动者的劳动报酬,造成严重后果,但在宣判前支付劳动者的劳动报酬,并依法承担相应赔偿责任的,可以酌情从宽处罚。

第七条 不具备用工主体资格的单位或者个人,违法用工且拒不支付劳动者的劳动报酬,数额较大,经政府有关部门责令支付仍不支付的,应当依照刑法第二百七十六条之一的规定,以拒不支付劳动报酬罪追究刑事责任。

第八条 用人单位的实际控制人实施拒不支付劳动报酬行为,构成犯罪的,应当依照刑法第二百七十六条之一的规定追究刑事责任。

第九条 单位拒不支付劳动报酬,构成犯罪的,依照本解释规定的相应个人犯罪的定罪量刑标准,对直接负责的主管人员和其他直接责任人员定罪处罚,并对单位判处罚金。

※法规解读:

本解释共9条,主要包括四个方面的内容,具体解读如下:

1."劳动者的劳动报酬"的规定。本解释第1条明确了"劳动者的劳动报酬"的范围。其规定劳动者依照《劳动法》和《劳动合同法》等法律的规定应得的劳动报酬,包括工资、奖金、津贴、补贴、延长工作时间的工资报酬及特殊情况下支付的工资等,应当认定为《刑法》第276条之一第1款规定的"劳动者的劳动报酬"。需要注意的是,本条将"劳动者的劳动报酬"限定为劳动报酬。根据《劳动法》《劳动合同法》等法律的规定,劳动报酬是基于用人单位和劳动者之间建立劳动关系所产生的工资收入,而劳务报酬并非基于劳动关系产生,其属于普通民事法律关系调整的范畴。立法规定拒不支付劳动报酬罪,是为了强化对处于相对弱势地位的劳动者的保护,对平等民事主体之间的劳务报酬纠纷,应通过民事程序解决。

2.“经政府有关部门责令支付仍不支付”的规定。根据《刑法》第276条之一第1款的规定,“经政府有关部门责令支付仍不支付”是拒不支付劳动报酬罪的入罪要件之一。本解释第4条对此作了进一步明确。根据本解释第4条第1款的规定,责令支付主体包括但不限于人力资源社会保障部门。经人力资源社会保障部门或者政府其他有关部门依法以限期整改指令书、行政处理决定书等文书责令支付劳动者的劳动报酬后,在指定的期限内仍不支付的,应当认定为《刑法》第276条之一第1款规定的“经政府有关部门责令支付仍不支付”,但有证据证明行为人有正当理由未知悉责令支付或者未及时支付劳动报酬的除外。根据本解释第4条第2款的规定,行为人逃匿,无法将责令支付文书送交其本人、同住成年家属或者所在单位负责收件的人的,如果有关部门已通过在行为人的住所地、生产经营场所等地张贴责令支付文书等方式责令支付,并采用拍照、录像等方式记录的,应当视为“经政府有关部门责令支付”。

3.拒不支付劳动报酬罪定罪量刑标准的规定。本解释第3、5条分别对“数额较大”“造成严重后果”的具体情形作了规定。考虑到各地经济社会发展不平衡,本解释第3条第2款特别设置了幅度标准,各省、自治区、直辖市高级人民法院可以根据本地区经济社会发展状况,在规定的数额幅度内,研究确定本地区执行的具体数额标准,报最高人民法院备案。同时,本解释第3条在具体规定方面采用“期限+数额”或者“人数+数额”的模式,以贯彻宽严相济刑事政策的要求,防止打击面过宽、刑法介入过度。

本解释第5条对“造成严重后果”的情形作了规定。根据刑法原理,结果加重犯的成立以符合基本犯罪构成为前提,故该条特别规定,拒不支付劳动者的劳动报酬,符合本解释第3条的规定,并具有下列情形之一的,应当认定为《刑法》第276条之一第1款规定的“造成严重后果”:(1)造成劳动者或者其被赡养人、被扶养人、被抚养人的基本生活受到严重影响、重大疾病无法及时医治或者失学的;(2)对要求支付劳动报酬的劳动者使用暴力或者进行暴力威胁的;(3)造成其他严重后果的。

4. 拒不支付劳动报酬罪从宽处理的规定。本解释第6条第1、3款专门规定拒不支付劳动报酬能适用的从宽处罚情形。具体而言,拒不支付劳动者的劳动报酬,尚未造成严重后果,在刑事立案前支付劳动者的劳动报酬,并依法承担相应赔偿责任的,可以认定为情节显著轻微危害不大,不认为是犯罪;在提起公诉前支付劳动者的劳动报酬,并依法承担相应赔偿责任的,可以减轻或者免除刑事处罚;在一审宣判前支付劳动者的劳动报酬,并依法承担相应赔偿责任的,可以从轻处罚。拒不支付劳动者的劳动报酬,造成严重后果,但在宣判前支付劳动者的劳动报酬,并依法承担相应赔偿责任的,可以酌情从宽处罚。根据《刑法》第37条的规定,本解释第6条第2款专门规定,对于免除刑事处罚的,可以根据案件的不同情况,予以训诫、责令具结悔过或者赔礼道歉。

第六章　妨害社会管理秩序罪

本章介绍

本章是关于妨害社会管理秩序罪及其处罚的规定。妨害社会管理秩序罪，是指故意或者过失妨害国家对社会的管理活动，破坏社会秩序，情节严重的行为。妨害社会管理秩序罪客观上表现为，违反国家的秩序管理法规，妨害国家对社会的管理活动，破坏社会秩序。本罪的主观方面主要为故意，少数犯罪可以由过失构成。故意犯罪中，有少数犯罪要求行为人出于特定的目的。例如，制作、复制、出版、贩卖、传播淫秽物品牟利罪要求以牟利为目的。妨害社会管理秩序罪分为九类：扰乱公共秩序罪，妨害司法罪，妨害国（边）境管理罪，妨害文物管理罪，危害公共卫生罪，破坏环境资源保护罪，走私、贩卖、运输、制造毒品罪，组织、强迫、引诱、容留、介绍卖淫罪，制作、贩卖、传播淫秽物品罪。

第一节　扰乱公共秩序罪

第二百七十七条　【妨害公务罪】以暴力、威胁方法阻碍国家机关工作人员依法执行职务的，处三年以下有期徒刑、拘役、管制或者罚金。

以暴力、威胁方法阻碍全国人民代表大会和地方各级人民代表大会代表依法执行代表职务的，依照前款的规定处罚。

在自然灾害和突发事件中，以暴力、威胁方法阻碍红十字会工作人员依法履行职责的，依照第一款的规定处罚。

故意阻碍国家安全机关、公安机关依法执行国家安全工作任务，未使用暴力、威胁方法，造成严重后果的，依照第一款的规定处罚。

【袭警罪】暴力袭击正在依法执行职务的人民警察的，处三年以下有期徒刑、拘役或者管制；使用枪支、管制刀具，或者以驾驶机动车撞击等手段，严重危及其人身安全的，处三年以上七年以下有期徒刑。

条文解读

本条第1款是关于妨害公务罪及其处罚的规定。妨害公务罪主要是指以暴力、威胁方法阻碍国家机关工作人员依法执行职务的行为。这里的“暴力”,是指对国家机关工作人员的身体实施暴力打击或者人身强制,如捆绑、殴打、伤害;“威胁”,是指以杀害、伤害、毁坏财产、损坏名誉等对国家机关工作人员进行威逼、胁迫。如果行为人没有实施上述暴力、威胁的行为,则不能构成本罪。“阻碍国家机关工作人员依法执行职务”,是指以暴力、威胁方法阻挠、妨碍国家机关工作人员依法执行自己的职务,致使执法活动无法正常进行。“国家机关工作人员”,是指中央及地方各级权力机关、党政机关、司法机关和军事机关的工作人员。

本条第2款是关于以暴力、威胁方法阻碍全国人民代表大会和地方各级人民代表大会代表依法执行代表职务构成妨害公务罪的规定。“代表职务”,是指宪法和有关法律赋予人民代表行使国家权力的职责和任务。

本条第3款是关于在自然灾害和突发事件中,以暴力、威胁方法阻碍红十字会工作人员依法履行职责构成妨害公务罪的规定。

本条第4款是关于故意阻碍国家安全机关、公安机关依法执行国家安全工作任务,未使用暴力、威胁方法,造成严重后果构成妨害公务罪的规定。构成本款犯罪,应具备以下条件:(1)实施了故意阻碍行为。(2)行为人阻碍的是国家安全机关、公安机关依法执行国家安全工作任务。(3)本罪不以使用暴力、威胁方法为条件。(4)造成严重后果。“严重后果”,是指致使国家安全机关、公安机关执行国家安全工作任务受到严重妨害,如严重妨害对危害国家安全犯罪案件的侦破,或者造成严重的政治影响。

本条第5款是关于袭警罪及其处罚的规定。构成本款犯罪应当具备以下条件:(1)必须是实施了暴力袭击的行为。根据《最高人民法院、最高人民检察院、公安部关于依法惩治袭警违法犯罪行为的指导意见》第1条第1款的规定,对正在依法执行职务的民警实施下列行为的,属于“暴力袭击正在依法执行职务的人民警察”:实施撕咬、踢打、抱摔、投掷等,对民警人身进行攻击的;实施打砸、毁坏、抢夺民警正在使用的警用车辆、警械等警用装备,对民警人身进行攻击的。(2)暴力袭击的对象必须是正在依法执行职务的人民警察,如果行为人袭击的对象不是人民警察而是其他国家机关工作人员,或者袭击的人民警察不是正在依法执行职务,则不构成本款规定的犯罪。

在适用本条第5款规定的袭警罪时需要注意以下几点:一是本款规定的警察既包括执行刑事追诉相关侦查职责的警察,也包括根据其他法律执行治安管理等职责的警察;既包括公安机关、国家安全机关、监狱的人民警察,也包括人民法院、人民检察院的司法警察。二是实践中虽对正在依法执行职务的人民警察未实施暴力袭击,但以实施暴力相威胁,或者采用其他方法阻碍人民警察执行职务的,则不构成袭警罪,符合本条第1款规定的,应当以妨害公务罪定罪处罚。三是行为人只是辱骂民警,或者实施袭警情节轻微,如抓挠、一般的肢体冲突等,尚不构成犯罪,但构成违反治安管理行为的,应当依法给予治安管理处罚。四是行为人暴力袭击正在执行职务的人民警察,造成人民警察重伤、死亡或者其他严重后果,构成故意伤害罪、故意杀人罪等犯罪的,依照处罚较重的规定定罪处罚。五是本款规定的核心在于通过维护警察执法权威进而维护法律的权威,这里的法律既包括作为执法依据的法律,也包括规范管理对象的实体与程序权利的法律。

关联法规索引

《最高人民法院、最高人民检察院关于办理妨害预防、控制突发传染病疫情等灾害的刑事案件具体应用法律若干问题的解释》第8条;《最高人民法院、最高人民检察院关于办理非法生产、销售烟草专卖品等刑事案件具体应用法律若干问题的解释》第8条

第二百七十八条　【煽动暴力抗拒法律实施罪】煽动群众暴力抗拒国家法律、行政法规实施的,处三年以下有期徒刑、拘役、管制或者剥夺政治权利;造成严重后果的,处三年以上七年以下有期徒刑。

关联法规索引

《最高人民法院、最高人民检察院关于办理非法生产、销售烟草专卖品等刑事案件具体应用法律若干问题的解释》第8条;《最高人民法院、最高人民检察院关于办理利用信息网络实施诽谤等刑事案件适用法律若干问题的解释》第9条

第二百七十九条　【招摇撞骗罪】冒充国家机关工作人员招摇撞骗的，处三年以下有期徒刑、拘役、管制或者剥夺政治权利；情节严重的，处三年以上十年以下有期徒刑。

冒充人民警察招摇撞骗的，依照前款的规定从重处罚。

第二百八十条　【伪造、变造、买卖国家机关公文、证件、印章罪；盗窃、抢夺、毁灭国家机关公文、证件、印章罪】伪造、变造、买卖或者盗窃、抢夺、毁灭国家机关的公文、证件、印章的，处三年以下有期徒刑、拘役、管制或者剥夺政治权利，并处罚金；情节严重的，处三年以上十年以下有期徒刑，并处罚金。

【伪造公司、企业、事业单位、人民团体印章罪】伪造公司、企业、事业单位、人民团体的印章的，处三年以下有期徒刑、拘役、管制或者剥夺政治权利，并处罚金。

【伪造、变造、买卖身份证件罪】伪造、变造、买卖居民身份证、护照、社会保障卡、驾驶证等依法可以用于证明身份的证件的，处三年以下有期徒刑、拘役、管制或者剥夺政治权利，并处罚金；情节严重的，处三年以上七年以下有期徒刑，并处罚金。

关联法规索引

《最高人民法院关于审理破坏森林资源刑事案件适用法律若干问题的解释》第10条；《最高人民法院、最高人民检察院关于办理与盗窃、抢劫、诈骗、抢夺机动车相关刑事案件具体应用法律若干问题的解释》第2条；《最高人民法院、最高人民检察院关于办理妨害信用卡管理刑事案件具体应用法律若干问题的解释》第4条；《最高人民法院、最高人民检察院关于办理伪造、贩卖伪造的高等院校学历、学位证明刑事案件如何适用法律问题的解释》

第二百八十条之一　【使用虚假身份证件、盗用身份证件罪】在依照国家规定应当提供身份证明的活动中，使用伪造、变造的或者盗用他人的居民身份证、护照、社会保障卡、驾驶证等依法可以用于证明身份的证件，情节严重的，处拘役或者管制，并处或者单处罚金。

有前款行为，同时构成其他犯罪的，依照处罚较重的规定定罪处罚。

条文解读

本条是关于使用虚假身份证件、盗用身份证件罪及其处罚的规定。构成本罪须符合以下条件：

1. 行为人主观上是故意的，至于行为人出于何种动机不影响本罪成立。故意包括两种情形：一种情形是行为人明知这些身份证件是伪造、变造的或者可能是伪造、变造的，仍然予以使用；另一种情形是行为人明知是他人的身份证件，仍然盗用他人名义予以使用。

2. 行为人客观上在依照国家规定应当提供身份证明的活动中，实施了使用伪造、变造的或者盗用他人的居民身份证、护照、社会保障卡、驾驶证等依法可以用于证明身份的证件的行为。这里的“国家规定”，是指全国人民代表大会及其常务委员会制定的法律和决定，国务院制定的行政法规、规定的行政措施、发布的决定和命令等。

3. 情节严重。这里给该罪名设定了入罪门槛，只有情节严重的才能构成本罪，情节一般，危害不大的，不作为犯罪。这里的“情节严重”，主要是指使用伪造、变造或者盗用的身份证件次数多、数量大；非法牟利数额大；严重损害第三人的人身或者财产权益等。

从实践中的情况来看，使用伪造、变造的或者盗用他人身份证件的行为，往往与诈骗、洗钱、非法经营等违法犯罪行为相联系，很多情况下，本条规定的行为往往是行为人实施相关犯罪的手段，行为人的行为同时符合本条规定的犯罪和相关犯罪。这种情况下，根据本条第 2 款的规定，对行为人应当依照处罚较重的规定定罪处罚。

第二百八十条之二　【冒名顶替罪】盗用、冒用他人身份，顶替他人取得的高等学历教育入学资格、公务员录用资格、就业安置待遇的，处三年以下有期徒刑、拘役或者管制，并处罚金。

组织、指使他人实施前款行为的，依照前款的规定从重处罚。

国家工作人员有前两款行为，又构成其他犯罪的，依照数罪并罚的规定处罚。

条文解读

本条是关于冒名顶替罪及其处罚的规定。本条第1款是关于个人实施冒名顶替行为构成犯罪及其处罚的规定。本款含有以下三层意思:(1)盗用、冒用他人身份。“盗用、冒用他人身份”,是指盗用、冒用能够证明他人身份的证件、证明文件、身份档案、材料信息,以达到自己替代他人的社会或法律地位,行使他人相关权利的目的。根据实践中的情况,这些证件、证明文件、身份档案、材料信息等包括出生证明、身份证、户口簿、护照、军官证、学籍档案、录取通知书、数字证件等。盗用、冒用的一般是他人真实的身份。(2)顶替他人取得的高等学历教育入学资格、公务员录用资格、就业安置待遇。“高等学历教育入学资格”是指经过考试合格等程序依法获取的高等学历教育(专科教育、本科教育和研究生教育)的入学资格;“公务员录用资格”主要是根据《公务员法》规定的公务员录用程序取得的公务员录用资格;“就业安置待遇”是根据法律法规和相关政策规定由各级人民政府对特殊主体予以安排就业、照顾就业等优待。实践中广泛存在提供就业信息、争取上岗机会、帮助岗前培训等一般性的就业服务。这些就业服务面向不特定主体,起到提供就业机会,提高就业成功率的辅助性作用,但不能确保落实工作,与就业安置待遇有性质上的差异。因此,不能将一般性的就业服务等同于“就业安置待遇”。还需要注意的是,本条规定的“高等学历教育入学资格、公务员录用资格、就业安置待遇”是“他人取得的”,即相关资格和待遇与他人的身份一一对应。行为人只有实施“顶替”他人已经取得的资格和待遇的行为,才能构成本罪。(3)行为人实施冒名顶替行为的处罚。行为人触犯本罪的,处3年以下有期徒刑、拘役或者管制,并处罚金。

本条第2款是关于组织、指使他人实施冒名顶替行为,予以从重处罚的规定。“组织、指使他人实施前款行为”,主要是组织、指使他人帮助实现冒名顶替,即构成冒名顶替行为的共同犯罪,如伪造、变造、买卖国家机关公文、证件、印章、身份证件等行为。

本条第3款是关于国家工作人员实施冒名顶替相关行为如何处罚的规定。这里的“国家工作人员”,是指国家机关中从事公务的人员。国有公司、企业、事业单位、人民团体中从事公务的人员和国家机关、国有公司、企业、事业单位委派到非国有公司、企业、事业单位、社会团体从事公务的人员,以及其他依照法律从事公务的人员,以国家工作人员论。实践中,国家工作人员可能使用其公职、公务带来的影响力实施冒名顶替罪,或者组织、指使他人实施冒名顶替罪。根据本款规定,国家工作人员实施冒名顶替罪或者组织、指使他人实施冒名顶替罪,同时构成其他犯罪的,依照数罪并罚的规定处罚。

第二百八十一条　【非法生产、买卖警用装备罪】非法生产、买卖人民警察制式服装、车辆号牌等专用标志、警械,情节严重的,处三年以下有期徒刑、拘役或者管制,并处或者单处罚金。

单位犯前款罪的,对单位判处罚金,并对其直接负责的主管人员和其他直接责任人员,依照前款的规定处罚。

关联法规索引

《最高人民检察院、公安部关于公安机关管辖的刑事案件立案追诉标准的规定(一)》第35条

第二百八十二条　【非法获取国家秘密罪】以窃取、刺探、收买方法,非法获取国家秘密的,处三年以下有期徒刑、拘役、管制或者剥夺政治权利;情节严重的,处三年以上七年以下有期徒刑。

【非法持有国家绝密、机密文件、资料、物品罪】非法持有属于国家绝密、机密的文件、资料或者其他物品,拒不说明来源与用途的,处三年以下有期徒刑、拘役或者管制。

第二百八十三条　【非法生产、销售专用间谍器材、窃听、窃照专用器材罪】非法生产、销售专用间谍器材或者窃听、窃照专用器材的,处三年以下有期徒刑、拘役或者管制,并处或者单处罚金;情节严重的,处三年以上七年以下有期徒刑,并处罚金。

单位犯前款罪的,对单位判处罚金,并对其直接负责的主管人员和其他直接责任人员,依照前款的规定处罚。

第二百八十四条　【非法使用窃听、窃照专用器材罪】非法使用窃听、窃

照专用器材,造成严重后果的,处二年以下有期徒刑、拘役或者管制。

第二百八十四条之一 【组织考试作弊罪】 在法律规定的国家考试中,组织作弊的,处三年以下有期徒刑或者拘役,并处或者单处罚金;情节严重的,处三年以上七年以下有期徒刑,并处罚金。

为他人实施前款犯罪提供作弊器材或者其他帮助的,依照前款的规定处罚。

【非法出售、提供试题、答案罪】 为实施考试作弊行为,向他人非法出售或者提供第一款规定的考试的试题、答案的,依照第一款的规定处罚。

【代替考试罪】 代替他人或者让他人代替自己参加第一款规定的考试的,处拘役或者管制,并处或者单处罚金。

条文解读

本法第284条之一第1款是关于组织考试作弊罪及其处罚的规定。本款规定有以下几个方面的问题需要注意:

第一,关于"组织作弊"的行为。"组织作弊",即组织、指挥、策划进行考试作弊的行为,既包括构成犯罪集团的情况,也包括比较松散的犯罪团伙,还可以是个人组织他人进行作弊的情况;组织者既可以是一人,也可以是多人;既可以有比较严密的组织结构,也可以是为了进行一次考试作弊行为临时纠结在一起;既包括组织一个考场内的考生作弊的简单形态,也包括组织大范围的集体作弊的复杂情形。对于考试作弊,相关考试的规定中一般都有明确的认定,如《国家教育考试违规处理办法》第6条的规定、《公务员录用违规违纪行为处理办法》第7条的规定。

第二,关于考试的范围。考试范围限定在"法律规定的国家考试",即在法律中明确规定的国家考试。根据2019年《最高人民法院、最高人民检察院关于办理组织考试作弊等刑事案件适用法律若干问题的解释》第1条的规定,"法律规定的国家考试",仅限于全国人民代表大会及其常务委员会制定的法律所规定的考试。根据有关法律规定,下列考试属于"法律规定的国家考试":(1)普通高等学校招生考试、研究生招生考试、高等教育自学考试、成人高等学校招生考试等国家教育考试;(2)中央和地方公务员录用考试;(3)国家统一法律职业资格考试、国家教师资格考试、注册会计师全国统一考试、会计专业技术资格考试、资产评估师资格考试、医师资格考试、执业药师职业资格考试、注册建筑师考试、建造师执业资格考试等专业技术资格考试;(4)其他依照法律由中央或者地方主管部门以及行业组织的国家考试。前述规定的考试涉及的特殊类型招生、特殊技能测试、面试等考试,属于"法律规定的国家考试"。

第284条之一第2款是关于为他人实施组织考试作弊提供作弊器材或者其他帮助的犯罪规定。本款规定的帮助行为主要分为两大类:一是提供作弊器材。互联网和无线考试作弊器材是高科技作弊的关键环节,通过互联网,试题和答案得以大面积传播;有了无线考试作弊器材,试题和答案才得以在考场内外传递。从功能上看,作弊器材的作用就是将考场内的试题传出去或将答案发送给考生,相应地,相关器材包括密拍、发送和接收设备三大类。这里规定的"提供"作弊器材包括为其生产,向其销售、出租、出借等多种方式。二是提供其他帮助。"其他帮助"包括进行无线作弊器材使用培训,窃取、出售考生信息,以及作弊网站的设立与维护等。根据2019年《最高人民法院、最高人民检察院关于办理组织考试作弊等刑事案件适用法律若干问题的解释》第3条的规定,具有避开或者突破考场防范作弊的安全管理措施,获取、记录、传递、接收、存储考试试题、答案等功能的程序、工具,以及专门设计用于作弊的程序、工具,应当认定为"作弊器材"。难以确定的,依据省级以上公安机关或者考试主管部门出具的报告,结合其他证据作出认定;涉及专用间谍器材、窃听、窃照专用器材、"伪基站"等器材的,依照相关规定作出认定。

第284条之一第3款是关于非法出售、提供试题、答案罪及其处罚的规定。本款规定需要注意的是,行为人出售、提供试题、答案的对象不限于组织作弊的团伙或个人,也包括参加考试的人员及其亲友。

第284条之一第4款是关于代替考试罪及其处罚的规定。根据本款规定,代替他人或者让他人代替自己参加法律规定的国家考试的,处拘役或者管制,并处或者单处罚金。

实践中,组织考试作弊,在考试开始之前被查获,但已经非法获取考试试题、答案或者具有其他严重扰乱考试秩序情形的,应当认定为组织考试作弊罪既遂;为实施考试作弊行为,向他人非法出售或者提供法律规定的国家考试的试题、答案,试题不完整或者答案与标准答案不完全一致的,不影响非法出售、提供试题、答案罪的认定。

关联法规索引

《最高人民法院、最高人民检察院关于办理组织考试作弊等刑事案件适用法律若干问题的解释》

第二百八十五条　【非法侵入计算机信息系统罪】违反国家规定，侵入国家事务、国防建设、尖端科学技术领域的计算机信息系统的，处三年以下有期徒刑或者拘役。

【非法获取计算机信息系统数据、非法控制计算机信息系统罪】违反国家规定，侵入前款规定以外的计算机信息系统或者采用其他技术手段，获取该计算机信息系统中存储、处理或者传输的数据，或者对该计算机信息系统实施非法控制，情节严重的，处三年以下有期徒刑或者拘役，并处或者单处罚金；情节特别严重的，处三年以上七年以下有期徒刑，并处罚金。

【提供侵入、非法控制计算机信息系统程序、工具罪】提供专门用于侵入、非法控制计算机信息系统的程序、工具，或者明知他人实施侵入、非法控制计算机信息系统的违法犯罪行为而为其提供程序、工具，情节严重的，依照前款的规定处罚。

单位犯前三款罪的，对单位判处罚金，并对其直接负责的主管人员和其他直接责任人员，依照各该款的规定处罚。

配套法规及解读

《最高人民法院、最高人民检察院关于办理危害计算机信息系统安全刑事案件应用法律若干问题的解释》(2011 年 8 月 1 日)

第一条　非法获取计算机信息系统数据或者非法控制计算机信息系统，具有下列情形之一的，应当认定为刑法第二百八十五条第二款规定的“情节严重”：

(一)获取支付结算、证券交易、期货交易等网络金融服务的身份认证信息十组以上的；

(二)获取第(一)项以外的身份认证信息五百组以上的；

(三)非法控制计算机信息系统二十台以上的；

(四)违法所得五千元以上或者造成经济损失一万元以上的；

(五)其他情节严重的情形。

实施前款规定行为，具有下列情形之一的，应当认定为刑法第二百八十五条第二款规定的“情节特别严重”：

(一)数量或者数额达到前款第(一)项至第(四)项规定标准五倍以上的；

(二)其他情节特别严重的情形。

明知是他人非法控制的计算机信息系统，而对该计算机信息系统的控制权加以利用的，依照前两款的规定定罪处罚。

第二条　具有下列情形之一的程序、工具，应当认定为刑法第二百八十五条第三款规定的“专门用于侵入、非法控制计算机信息系统的程序、工具”：

(一)具有避开或者突破计算机信息系统安全保护措施，未经授权或者超越授权获取计算机信息系统数据的功能的；

(二)具有避开或者突破计算机信息系统安全保护措施，未经授权或者超越授权对计算机信息系统实施控制的功能的；

(三)其他专门设计用于侵入、非法控制计算机信息系统、非法获取计算机信息系统数据的程序、工具。

第三条　提供侵入、非法控制计算机信息系统的程序、工具，具有下列情形之一的，应当认定为刑法第二百八十五条第三款规定的“情节严重”：

(一)提供能够用于非法获取支付结算、证券交易、期货交易等网络金融服务身份认证信息的专门性程序、工具五人次以上的；

(二)提供第(一)项以外的专门用于侵入、非法控制计算机信息系统的程序、工具二十人次以上的；

(三)明知他人实施非法获取支付结算、证券交易、期货交易等网络金融服务身份认证信息的违法犯罪行为而为其提供程序、工具五人次以上的；

(四)明知他人实施第(三)项以外的侵入、非法控制计算机信息系统的违法犯罪行为而为其提供程序、工具二十人次以上的；

(五)违法所得五千元以上或者造成经济损失一万元以上的；

(六)其他情节严重的情形。

实施前款规定行为，具有下列情形之一的，应当认定为提供侵入、非法控制计算机信息系统的程序、工具“情节特别严重”：

（一）数量或者数额达到前款第（一）项至第（五）项规定标准五倍以上的；

（二）其他情节特别严重的情形。

第四条 破坏计算机信息系统功能、数据或者应用程序，具有下列情形之一的，应当认定为刑法第二百八十六条第一款和第二款规定的“后果严重”：

（一）造成十台以上计算机信息系统的主要软件或者硬件不能正常运行的；

（二）对二十台以上计算机信息系统中存储、处理或者传输的数据进行删除、修改、增加操作的；

（三）违法所得五千元以上或者造成经济损失一万元以上的；

（四）造成为一百台以上计算机信息系统提供域名解析、身份认证、计费等基础服务或者为一万以上用户提供服务的计算机信息系统不能正常运行累计一小时以上的；

（五）造成其他严重后果的。

实施前款规定行为，具有下列情形之一的，应当认定为破坏计算机信息系统“后果特别严重”：

（一）数量或者数额达到前款第（一）项至第（三）项规定标准五倍以上的；

（二）造成为五百台以上计算机信息系统提供域名解析、身份认证、计费等基础服务或者为五万以上用户提供服务的计算机信息系统不能正常运行累计一小时以上的；

（三）破坏国家机关或者金融、电信、交通、教育、医疗、能源等领域提供公共服务的计算机信息系统的功能、数据或者应用程序，致使生产、生活受到严重影响或者造成恶劣社会影响的；

（四）造成其他特别严重后果的。

第五条 具有下列情形之一的程序，应当认定为刑法第二百八十六条第三款规定的“计算机病毒等破坏性程序”：

（一）能够通过网络、存储介质、文件等媒介，将自身的部分、全部或者变种进行复制、传播，并破坏计算机系统功能、数据或者应用程序的；

（二）能够在预先设定条件下自动触发，并破坏计算机系统功能、数据或者应用程序的；

（三）其他专门设计用于破坏计算机系统功能、数据或者应用程序的程序。

第六条 故意制作、传播计算机病毒等破坏性程序，影响计算机系统正常运行，具有下列情形之一的，应当认定为刑法第二百八十六条第三款规定的“后果严重”：

（一）制作、提供、传输第五条第（一）项规定的程序，导致该程序通过网络、存储介质、文件等媒介传播的；

（二）造成二十台以上计算机系统被植入第五条第（二）、（三）项规定的程序的；

（三）提供计算机病毒等破坏性程序十人次以上的；

（四）违法所得五千元以上或者造成经济损失一万元以上的；

（五）造成其他严重后果的。

实施前款规定行为，具有下列情形之一的，应当认定为破坏计算机信息系统“后果特别严重”：

（一）制作、提供、传输第五条第（一）项规定的程序，导致该程序通过网络、存储介质、文件等媒介传播，致使生产、生活受到严重影响或者造成恶劣社会影响的；

（二）数量或者数额达到前款第（二）项至第（四）项规定标准五倍以上的；

（三）造成其他特别严重后果的。

第七条　明知是非法获取计算机信息系统数据犯罪所获取的数据、非法控制计算机信息系统犯罪所获取的计算机信息系统控制权，而予以转移、收购、代为销售或者以其他方法掩饰、隐瞒，违法所得五千元以上的，应当依照刑法第三百一十二条第一款的规定，以掩饰、隐瞒犯罪所得罪定罪处罚。

实施前款规定行为，违法所得五万元以上的，应当认定为刑法第三百一十二条第一款规定的“情节严重”。

单位实施第一款规定行为的，定罪量刑标准依照第一款、第二款的规定执行。

第八条　以单位名义或者单位形式实施危害计算机信息系统安全犯罪，达到本解释规定的定罪量刑标准的，应当依照刑法第二百八十五条、第二百八十六条的规定追究直接负责的主管人员和其他直接责任人员的刑事责任。

第九条　明知他人实施刑法第二百八十五条、第二百八十六条规定的行为，具有下列情形之一的，应当认定为共同犯罪，依照刑法第二百八十五条、第二百八十六条的规定处罚：

（一）为其提供用于破坏计算机信息系统功能、数据或者应用程序的程序、工具，违法所得五千元以上或者提供十人次以上的；

（二）为其提供互联网接入、服务器托管、网络存储空间、通讯传输通道、费用结算、交易服务、广告服务、技术培训、技术支持等帮助，违法所得五千元以上的；

（三）通过委托推广软件、投放广告等方式向其提供资金五千元以上的。

实施前款规定行为，数量或者数额达到前款规定标准五倍以上的，应当认定为刑法第二百八十五条、第二百八十六条规定的“情节特别严重”或者“后果特别严重”。

第十条 对于是否属于刑法第二百八十五条、第二百八十六条规定的“国家事务、国防建设、尖端科学技术领域的计算机信息系统”、“专门用于侵入、非法控制计算机信息系统的程序、工具”、“计算机病毒等破坏性程序”难以确定的，应当委托省级以上负责计算机信息系统安全保护管理工作的部门检验。司法机关根据检验结论，并结合案件具体情况认定。

第十一条 本解释所称“计算机信息系统”和“计算机系统”，是指具备自动处理数据功能的系统，包括计算机、网络设备、通信设备、自动化控制设备等。

本解释所称“身份认证信息”，是指用于确认用户在计算机信息系统上操作权限的数据，包括账号、口令、密码、数字证书等。

本解释所称“经济损失”，包括危害计算机信息系统犯罪行为给用户直接造成的经济损失，以及用户为恢复数据、功能而支出的必要费用。

※法规解读：

本解释主要涉及以下三个方面的内容。

1. 关于掩饰、隐瞒计算机信息系统数据、控制权行为的规定。本解释第 7 条规定，明知是非法获取计算机信息系统数据犯罪所获取的数据、非法控制计算机信息系统犯罪所获取的计算机信息系统控制权，而予以转移、收购、代为销售或者以其他方法掩饰、隐瞒，违法所得 5000 元以上的，以掩饰、隐瞒犯罪所得罪定罪处罚。主要理由：一是计算机信息系统数据、控制权是一种无形物，属于“犯罪所得”的范畴，理应成为掩饰、隐瞒犯罪所得罪的对象。将计算机信息系统数据、控制权解释为犯罪所得，符合罪刑法定原则。二是从刑法体系看，《刑法》第 312 条的掩饰、隐瞒犯罪所得罪的上游犯罪应该涵盖《刑法》第 191 条洗钱罪规定的上游犯罪以外的所有犯罪，理应适用于第 285、286 条规定的危害计算机信息系统安全犯罪。三是作出这种解释，也是司法实践的现实需要。从危害计算机信息系统安全犯罪的现状来看，掩饰、隐瞒计算机信息系统数据、控制权的现象十分突出，不予以打击将无法切断危害计算机信息系统安全犯罪的利益链条，难以切实保障计算机信息系统安全。

2. 关于危害计算机信息系统安全犯罪的共犯问题的规定。同传统犯罪不同，危害计算机信息系统安全犯罪活动分工细化，形成了利益链条，导致危害计算机信息系统安全犯罪活动迅速蔓延。为斩断危害计算机信息系统安全犯罪的利益链条，本解释第9条专门对危害计算机信息系统安全犯罪的共犯问题作出了规定，并根据宽严相济刑事政策的要求，对共犯的成立设置了独立的定罪量刑标准，对情节严重的行为予以刑事惩治。具体而言，主要有以下3种共同犯罪形式：一是明知他人实施破坏计算机信息系统犯罪行为，而为其提供用于破坏计算机信息系统功能、数据或者应用程序的程序、工具的；二是明知他人实施危害计算机信息系统安全犯罪行为，为其提供互联网接入、服务器托管、网络存储空间、通讯传输通道、费用结算、交易服务、广告服务、技术培训、技术支持等帮助的；三是明知他人实施危害计算机信息系统安全犯罪行为，通过委托推广软件、投放广告等方式向其提供资金的。

3. 关于"计算机信息系统"和"计算机系统"的范围的界定。《刑法》第285、286条使用了"计算机信息系统""计算机系统"两种表述，其中《刑法》第286条第3款有关制作、传播计算机病毒等破坏性程序的条款中使用的是"计算机系统"，其他条款使用的则是"计算机信息系统"。《刑法》区分这两者的原意是考虑侵入计算机信息系统，破坏计算机信息系统功能、数据或者应用程序的对象应当是数据库、网站等提供信息服务的系统，而传播计算机病毒如果只影响计算机操作系统（计算机系统）本身，即使不对系统上的信息服务造成影响也应当受到处罚。但随着计算机技术的发展，计算机操作系统与提供信息服务的系统已密不可分。例如，很多操作系统自身也提供WEB（互联网）服务、FTP（文件传输协议）服务，而侵入操作系统也就能够实现对操作系统上提供信息服务的系统的控制，破坏操作系统的数据或者功能也就能够破坏操作系统上提供信息服务的系统的数据或者功能，从技术角度无法准确划分出提供信息服务的系统和操作系统。因此，本解释对"计算机信息系统"和"计算机系统"作了统一界定。即"计算机信息系统"和"计算机系统"，是指具备自动处理数据功能的系统，包括计算机、网络设备、通信设备、自动化控制设备等。

关联法规索引

《最高人民法院关于审理危害军事通信刑事案件具体应用法律若干问题的解释》第6条

典型案例

张某杰等非法控制计算机信息系统案〔1〕

※**要旨**:(1)通过植入木马程序的方式,非法获取网站服务器的控制权限,进而通过修改、增加计算机信息系统数据,向相关计算机信息系统上传网页链接代码的,应当认定为《刑法》第285条第2款"采用其他技术手段"非法控制计算机信息系统的行为。(2)通过修改、增加计算机信息系统数据,对该计算机信息系统实施非法控制,但未造成系统功能实质性破坏或者不能正常运行的,不应当认定为破坏计算机信息系统罪,符合《刑法》第285条第2款规定的,应当认定为非法控制计算机信息系统罪。

叶某星、张某秋提供侵入计算机信息系统程序、谭某妹非法获取计算机信息系统数据案〔2〕

※**要旨**:对有证据证明用途单一,只能用于侵入计算机信息系统的程序,司法机关可依法认定为"专门用于侵入计算机信息系统的程序";难以确定的,应当委托专门部门或司法鉴定机构作出检验或鉴定。

第二百八十六条 【破坏计算机信息系统罪】违反国家规定,对计算机信息系统功能进行删除、修改、增加、干扰,造成计算机信息系统不能正常运行,后果严重的,处五年以下有期徒刑或者拘役;后果特别严重的,处五年以上有期徒刑。

〔1〕 参见最高人民法院指导性案例第145号。
〔2〕 参见最高人民检察院指导性案例第68号。

违反国家规定，对计算机信息系统中存储、处理或者传输的数据和应用程序进行删除、修改、增加的操作，后果严重的，依照前款的规定处罚。

故意制作、传播计算机病毒等破坏性程序，影响计算机系统正常运行，后果严重的，依照第一款的规定处罚。

单位犯前三款罪的，对单位判处罚金，并对其直接负责的主管人员和其他直接责任人员，依照第一款的规定处罚。

关联法规索引

《公安部关于对破坏未联网的微型计算机信息系统是否适用〈刑法〉第286条的请示的批复》;《最高人民法院、最高人民检察院关于办理危害计算机信息系统安全刑事案件应用法律若干问题的解释》第4～6、8～10条

典型案例

李某、何某民、张某勃等人破坏计算机信息系统案[1]

※要旨：环境质量监测系统属于计算机信息系统。用棉纱等物品堵塞环境质量监测采样设备，干扰采样，致使监测数据严重失真的，构成破坏计算机信息系统罪。

姚某杰等11人破坏计算机信息系统案[2]

※要旨：为有效打击网络攻击犯罪，检察机关应加强与公安机关的配合，及时介入侦查引导取证，结合案件特点提出明确具体的补充侦查意见。对被害互联网企业提供的证据和技术支持意见，应当结合其他证据进行审查认定，客观全面准确认定破坏计算机信息系统罪的危害后果。

〔1〕 参见最高人民法院指导性案例第104号。
〔2〕 参见最高人民检察院指导性案例第69号。

第二百八十六条之一 【拒不履行信息网络安全管理义务罪】 网络服务提供者不履行法律、行政法规规定的信息网络安全管理义务，经监管部门责令采取改正措施而拒不改正，有下列情形之一的，处三年以下有期徒刑、拘役或者管制，并处或者单处罚金：

（一）致使违法信息大量传播的；

（二）致使用户信息泄露，造成严重后果的；

（三）致使刑事案件证据灭失，情节严重的；

（四）有其他严重情节的。

单位犯前款罪的，对单位判处罚金，并对其直接负责的主管人员和其他直接责任人员，依照前款的规定处罚。

有前两款行为，同时构成其他犯罪的，依照处罚较重的规定定罪处罚。

条文解读

本条是关于拒不履行信息网络安全管理义务罪及其处罚的规定。根据本条规定，拒不履行信息网络安全管理义务罪须符合以下条件：

1. 犯罪的主体是网络服务提供者，包括通过计算机互联网、广播电视网、固定通信网、移动通信网等信息网络，向公众提供网络服务的机构和个人。根据其提供服务的内容，可以分为互联网接入服务提供者和互联网内容服务提供者。其中，互联网接入服务提供者为终端用户提供专线、拨号上网或者其他接入互联网的服务，包括物理网络提供商和网络接口提供商；互联网内容服务提供者向用户提供新闻、信息、资料、音视频等内容服务，如新浪、搜狐、网易等国内知名互联网企业就是典型的互联网内容提供商。此外，按照服务对象和提供的信息不同，还可以进一步分为网上媒体运营商、数据库运营商、信息咨询商和信息发布代理商等。

2. 犯罪的客观方面，须具备下列条件：(1)不履行法律、行政法规规定的信息网络安全管理义务。这方面的法律、行政法规主要有《全国人民代表大会常务委员会关于加强网络信息保护的决定》《互联网信息服务管理办法》《计算机信息网络国际联网安全保护管理办法》《电信条例》等。根据这些法律、行政法规的规定，网络服务提供者的安全管理义务主要有：①落实信息网络安全管理制度和安全保护技术措施。互联网服务提供者应当建立相应的管理制度，包括网站安全保障制度、信息安全保密管理制度、用户信息安全管理制度等。如《全国人民代表大会常务委员会关于加强网络信息保护的决定》要求网络服务提供者为用户办理网站接入服务，办理固定电话、移动电话等入网手续，或者为用户提供信息发布服务，应当在与用户签订协议或者确认提供服务时，要求用户提供真实身份信息。应当采取技术措施和其他必要措施，确保信息安全，防止在业务活动中收集的公民个人电子信息泄露、毁损、丢失。在发生或者可能发生信息泄露、毁损、丢失的情况时，应当立即采取补救措施。②及时发现、处置违法信息。根据《电信条例》《互联网信息服务管理办法》等规定，互联网信息服务提供者应当向上网用户提供良好的服务，并保证所提供的信息内容合法，发现违法信息，应当立即停止传输，同时保存有关记录，并向国家有关机关报告。③网络服务提供者在提供服务过程中，应当对网上信息和网络日志信息记录进行备份和留存。如《互联网信息服务管理办法》要求从事新闻、出版以及电子公告等服务项目的互联网信息服务提供者，应当记录提供的信息内容及其发布时间、互联网地址或者域名。互联网接入服务提供者应当记录上网用户的上网时间、用户账号、互联网地址或者域名、主叫电话号码等信息。互联网信息服务提供者和互联网接入服务提供者的记录备份应当保存60日，并在国家有关机关依法查询时，予以提供。(2)经监管部门责令采取改正措施而拒不改正。监管部门是指依据法律、行政法规的规定对网络服务提供者负有监督管理职责的各个部门。由于信息网络安全涉及面较广，相关监管部门也涉及各个领域。监管部门"责令采取改正措施"的形式和内容，往往要视具体情况而定。有的是监管部门发现网络服务提供者安全防范措施不符合要求，要求其采取加强措施；有的是发现网络服务提供者没有严格执行相关安全管理制度，如对网上信息内容和网络日志信息记录备份不全或留存时间过短等；有的是在日常安全检查时发现网络上出现违法信息，要求网络服务提供者采取临时性补救措施，如监管部门发现传播违法信息的网址、目录或者服务器，通知网络服务提供者删除信息、关闭服务，防止信息进一步扩散；还有的是依法采取相关处罚措施，如责令停业整顿或者暂时关闭网站等。(3)被监管部门责令采取改正措施而拒不改正，并导致了特定危害后果的发生。"拒不改正"，是指明知而故意加以拒绝，实践中，认定网络服务提供者是否"拒不改正"，应当考虑以下因素：①网络服务提供者是否收到监管部门提出的责令采取改正措施的要求；相关责令整改要求是否明确、具体。②网络服务提供者对监管部门提出的采取改正措施的要求，在主观上是否具有拖延或者拒绝执行的故意。

③网络服务提供者是否具有采取相应改正措施的能力。对于确实因为资源、技术等条件限制,没有或者一时难以达到监管部门要求的,不能认定为本条第1款规定的"拒不改正"。

只有网络服务提供者拒不采取改正措施,导致了下列危害后果发生的,才能追究其刑事责任:①致使违法信息大量传播。违法信息,是指其内容违反相关法律法规规定的信息。违法信息大量传播,会对公民的人身权利、财产权利以及国家安全、社会稳定等造成严重损害,因此网络服务提供者拒不采取改正措施,致使发生违法信息大量传播的危害后果的,应当依照本条第1款规定追究刑事责任。认定违法信息大量传播,主要可根据违法信息的数量、被转载的次数、受众的人数以及传播的具体渠道等因素综合考量。②致使用户信息泄露,造成严重后果。这里的"用户信息"主要包括三类:一是关于用户基本情况信息,如网络服务提供者在服务的过程中收集的个人用户的姓名、出生日期、身份证件号码、住址、电话号码以及企业用户商业信息等。这类信息通常涉及用户个人隐私,是法律保护的重点。二是用户的行为类信息,如用户购买服务或者产品的记录;与企业的联络记录;用户的消费行为、偏好、生活方式等相关信息。三是与用户行为相关的,反映和影响用户行为与心理的相关信息,包括用户的满意度、忠诚度、对产品或服务的偏好、竞争对手行为等。上述用户信息有的涉及公民个人隐私,有的属于商业秘密,根据相关法律、行政法规的规定,网络服务提供者应当对其收集或者保存的用户信息采取保护措施,防止信息的泄露。"造成严重后果"包括导致用户遭到人身伤害、名誉受到严重损害、受到较大经济损失、正常生活或者生产经营受到严重影响等。③致使刑事案件证据灭失,情节严重。这主要是指网络服务提供者未按照要求保存用户信息或者采取其他安全防卫措施,导致相关刑事追诉活动因为重要证据灭失而遭受严重障碍。这里的"情节严重",主要可以根据所涉及的案件的重大程度、灭失的证据的重要性、证据灭失是否可补救、对刑事追诉活动的影响等因素综合考量。④有其他严重情节。这一规定是为了应对实践中可能出现的各种复杂情况所作的一项兜底规定。

配套法规及解读

《最高人民法院、最高人民检察院关于办理非法利用信息网络、帮助信息网络犯罪活动等刑事案件适用法律若干问题的解释》(2019年10月21日)

第一条　提供下列服务的单位和个人,应当认定为刑法第二百八十六条之一第一款规定的“网络服务提供者”:

(一)网络接入、域名注册解析等信息网络接入、计算、存储、传输服务;

(二)信息发布、搜索引擎、即时通讯、网络支付、网络预约、网络购物、网络游戏、网络直播、网站建设、安全防护、广告推广、应用商店等信息网络应用服务;

(三)利用信息网络提供的电子政务、通信、能源、交通、水利、金融、教育、医疗等公共服务。

第二条　刑法第二百八十六条之一第一款规定的“监管部门责令采取改正措施”,是指网信、电信、公安等依照法律、行政法规的规定承担信息网络安全监管职责的部门,以责令整改通知书或者其他文书形式,责令网络服务提供者采取改正措施。

认定“经监管部门责令采取改正措施而拒不改正”,应当综合考虑监管部门责令改正是否具有法律、行政法规依据,改正措施及期限要求是否明确、合理,网络服务提供者是否具有按照要求采取改正措施的能力等因素进行判断。

※法规解读:

本解释对拒不履行信息网络安全管理义务罪、非法利用信息网络罪、帮助信息网络犯罪活动罪的定罪量刑标准和相关法律适用问题作了较为全面、系统的规定,择其要点解读如下:

一是拒不履行信息网络安全管理义务罪的主体范围。本解释第1条规定,提供下列服务的单位和个人,应当认定为《刑法》第286条之一第1款规定的“网络服务提供者”:(1)网络接入、域名注册解析等信息网络接入、计算、存储、传输服务;(2)信息发布、搜索引擎、即时通讯、网络支付、网络预约、网络购物、网络游戏、网络直播、网站建设、安全防护、广告推广、应用商店等信息网络应用服务;(3)利用信息网络提供的电子政务、通信、能源、交通、水利、金融、教育、医疗等公共服务。

二是拒不履行信息网络安全管理义务罪的前提要件。构成拒不履行信息网络安全管理义务罪,以“经监管部门责令采取改正措施而拒不改正”作为前提要件。

本解释第 2 条对“经监管部门责令采取改正措施而拒不改正”的认定作了明确。(1)“监管部门责令采取改正措施”的含义。《网络安全法》第 8 条第 1 款规定:“国家网信部门负责统筹协调网络安全工作和相关监督管理工作。国务院电信主管部门、公安部门和其他有关机关依照本法和有关法律、行政法规的规定,在各自职责范围内负责网络安全保护和监督管理工作。”据此,本解释第 2 条第 1 款规定,《刑法》第 286 条之一第 1 款规定的“监管部门责令采取改正措施”,是指网信、电信、公安等依照法律、行政法规的规定承担信息网络安全监管职责的部门,以责令整改通知书或者其他文书形式,责令网络服务提供者采取改正措施。(2)“经监管部门责令采取改正措施而拒不改正”的认定。根据司法实践反映的问题,基于拒不履行信息网络安全管理义务罪系不作为犯的属性,本解释第 2 条第 2 款进一步规定,认定“经监管部门责令采取改正措施而拒不改正”,应当综合考虑监管部门责令改正是否具有法律、行政法规依据,改正措施及期限要求是否明确、合理,网络服务提供者是否具有按照要求采取改正措施的能力等因素进行判断。

关联法规索引

《最高人民法院、最高人民检察院关于办理侵犯公民个人信息刑事案件适用法律若干问题的解释》第 9 条

第二百八十七条　【利用计算机实施犯罪的规定】利用计算机实施金融诈骗、盗窃、贪污、挪用公款、窃取国家秘密或者其他犯罪的,依照本法有关规定定罪处罚。

第二百八十七条之一　【非法利用信息网络罪】利用信息网络实施下列行为之一,情节严重的,处三年以下有期徒刑或者拘役,并处或者单处罚金:

(一)设立用于实施诈骗、传授犯罪方法、制作或者销售违禁物品、管制物品等违法犯罪活动的网站、通讯群组的;

(二)发布有关制作或者销售毒品、枪支、淫秽物品等违禁物品、管制物品或者其他违法犯罪信息的;

(三)为实施诈骗等违法犯罪活动发布信息的。

单位犯前款罪的，对单位判处罚金，并对其直接负责的主管人员和其他直接责任人员，依照第一款的规定处罚。

有前两款行为，同时构成其他犯罪的，依照处罚较重的规定定罪处罚。

条文解读

本法第287条之一是关于非法利用信息网络罪及其处罚的规定。根据本条的规定，利用信息网络实施以下三类行为，且情节严重的，依法追究刑事责任：

1. 设立用于实施诈骗、传授犯罪方法、制作或者销售违禁物品、管制物品等违法犯罪活动的网站、通讯群组。“网站”是其设立者或者维护者制作的用于展示特定内容的相关网页的集合，便于使用者发布信息或者获取信息；“通讯群组”是网上供具有相同需求的人群集合在一起进行交流的平台和工具，如QQ群、微信群等。网站和通讯群组为人们获取资讯、从事经济社会活动、相互通讯提供了极大便利，同时成为一些违法犯罪人员纠集聚合、实施犯罪的工具和手段。

2. 发布有关制作或者销售毒品、枪支、淫秽物品等违禁物品、管制物品或者其他违法犯罪信息。违法犯罪信息主要是指制作或者销售毒品、枪支、淫秽物品等违禁物品、管制物品的信息，但不限于这些信息，即还包括“其他违法犯罪信息”。实践中比较常见的发布“其他违法犯罪信息”的行为，包括发布招嫖，销售假证、假发票，赌博，传销的信息等。

3. 为实施诈骗等违法犯罪活动发布信息。行为人发布的信息从表面上看往往不具有违法性，但行为人发布信息的目的是吸引他人关注，借以实施诈骗等违法犯罪活动，相关信息只是其从事犯罪的幌子。如通过发布低价机票、旅游产品、保健品等商品信息，吸引他人购买，进而实施诈骗、传销等违法犯罪行为。

实施以上行为“情节严重”的，构成犯罪。关于“情节严重”的具体认定，可以结合行为人所发布信息的具体内容、数量、扩散范围，获取非法利益的数额，受害人的多少，造成的社会影响等因素综合考量。

关联法规索引

《最高人民法院关于审理毒品犯罪案件适用法律若干问题的解释》第14条；

《最高人民法院、最高人民检察院关于办理侵犯公民个人信息刑事案件适用法律若干问题的解释》第8条;《最高人民法院、最高人民检察院关于办理非法利用信息网络、帮助信息网络犯罪活动等刑事案件适用法律若干问题的解释》第7~10条

第二百八十七条之二 【帮助信息网络犯罪活动罪】明知他人利用信息网络实施犯罪,为其犯罪提供互联网接入、服务器托管、网络存储、通讯传输等技术支持,或者提供广告推广、支付结算等帮助,情节严重的,处三年以下有期徒刑或者拘役,并处或者单处罚金。

单位犯前款罪的,对单位判处罚金,并对其直接负责的主管人员和其他直接责任人员,依照第一款的规定处罚。

有前两款行为,同时构成其他犯罪的,依照处罚较重的规定定罪处罚。

条文解读

本条是关于帮助信息网络犯罪活动罪及其处罚的规定。构成本罪应当具备以下条件:

1. 行为人主观上明知他人利用信息网络实施犯罪。如果行为人对他人利用自己所提供的产品、服务进行犯罪不知情,则不能依据本条的规定追究其刑事责任。司法实践中,认定行为人主观上是否"明知",可以结合其对他人所实际从事活动的认知情况,他们之间往来、联络的情况,收取费用的情况等证据,综合审查判断。例如,2010年8月31日发布的《最高人民法院、最高人民检察院、公安部关于办理网络赌博犯罪案件适用法律若干问题的意见》规定,具有下列情形之一的,应当认定行为人"明知",但是有证据证明确实不知道的除外:(1)行为人收到行政主管机关书面等方式的告知后,仍然实施帮助行为的;(2)为赌博网站提供互联网接入、服务器托管、网络存储空间、通讯传输通道、投放广告、软件开发、技术支持、资金支付结算等服务,收取服务费明显异常的;(3)在执法人员调查时,通过销毁、修改数据、账本等方式故意规避调查或者向犯罪嫌疑人通风报信的;(4)有其他证据证明行为人明知的。

2. 行为人实施了帮助他人利用信息网络实施犯罪的行为。帮助行为主要有以下几种具体形式:(1)为他人利用信息网络实施犯罪提供互联网接入、服务器托管、

网络存储、通讯传输等技术支持。(2)为他人利用信息网络实施犯罪提供广告推广。这里的广告推广包括两种情况:一种情况是为利用网络实施犯罪的人做广告、拉客户。另一种情况是为他人设立的犯罪网站拉广告客户,帮助该犯罪网站获得广告收入,以支持犯罪网站的运营。打击此类行为,有利于切断犯罪网站收入来源。(3)为他人利用信息网络实施犯罪提供支付结算帮助。

3. 明知他人利用信息网络实施犯罪,而为其提供帮助,“情节严重”的,构成犯罪。对情节严重的认定,主要可结合行为人所帮助的具体网络犯罪的性质、危害后果,其帮助行为在相关网络犯罪中起到的实际作用,帮助行为非法获利的数额等情况综合考量。

关联法规索引

《最高人民法院、最高人民检察院关于办理非法利用信息网络、帮助信息网络犯罪活动等刑事案件适用法律若干问题的解释》第12条

第二百八十八条　【扰乱无线电通讯管理秩序罪】违反国家规定,擅自设置、使用无线电台(站),或者擅自使用无线电频率,干扰无线电通讯秩序,情节严重的,处三年以下有期徒刑、拘役或者管制,并处或者单处罚金;情节特别严重的,处三年以上七年以下有期徒刑,并处罚金。

单位犯前款罪的,对单位判处罚金,并对其直接负责的主管人员和其他直接责任人员,依照前款的规定处罚。

配套法规及解读

《最高人民法院、最高人民检察院关于办理扰乱无线电通讯管理秩序等刑事案件适用法律若干问题的解释》(2017年6月27日)

第一条　具有下列情形之一的,应当认定为刑法第二百八十八条第一款规定的“擅自设置、使用无线电台(站),或者擅自使用无线电频率,干扰无线电通讯秩序”:

(一)未经批准设置无线电广播电台(以下简称“黑广播”),非法使用广播电视

专用频段的频率的；

（二）未经批准设置通信基站（以下简称“伪基站”），强行向不特定用户发送信息，非法使用公众移动通信频率的；

（三）未经批准使用卫星无线电频率的；

（四）非法设置、使用无线电干扰器的；

（五）其他擅自设置、使用无线电台（站），或者擅自使用无线电频率，干扰无线电通讯秩序的情形。

第六条 擅自设置、使用无线电台（站），或者擅自使用无线电频率，同时构成其他犯罪的，按照处罚较重的规定定罪处罚。

明知他人实施诈骗等犯罪，使用“黑广播”“伪基站”等无线电设备为其发送信息或者提供其他帮助，同时构成其他犯罪的，按照处罚较重的规定定罪处罚。

※法规解读：

本解释第1条是关于“擅自设置、使用无线电台（站），或者擅自使用无线电频率，干扰无线电通讯秩序”的司法认定的规定。具体包括5项：第1项规定了未经批准设置“黑广播”，非法使用广播电视专用频段的频率向社会进行播音宣传的行为；第2项规定了未经批准设置“伪基站”，强行向不特定用户发送信息，非法使用公众移动通信频率的行为；第3项规定了未经批准使用卫星无线电频率的行为，在实践中，已出现擅自使用卫星频率的情况，鉴于这种行为可能造成严重危害后果，有必要对该行为规定刑罚予以惩戒；第4项规定了非法设置、使用无线电干扰器的行为；第5项是兜底条款。

本解释第6条是关于竞合犯的处断规则的规定。在实践中，行为人实施扰乱无线电通讯管理秩序犯罪可能与其他犯罪发生竞合，主要有两种情况：一是擅自设置、使用无线电台（站），或者擅自使用无线电频率，同时构成其他犯罪的；二是明知他人实施诈骗等犯罪，使用“黑广播”“伪基站”等无线电设备为其发送信息或者提供其他帮助，同时构成其他犯罪的。该条分两款规定了上述两种竞合的情形，并明确规定对这两种情形下的犯罪竞合，按照处罚较重的规定定罪处罚。

关联法规索引

《最高人民法院关于审理扰乱电信市场管理秩序案件具体应用法律若干问题

的解释》第5条;《最高人民法院关于审理危害军事通信刑事案件具体应用法律若干问题的解释》第6条

第二百八十九条　【聚众"打砸抢"的刑事责任】聚众"打砸抢",致人伤残、死亡的,依照本法第二百三十四条、第二百三十二条的规定定罪处罚。毁坏或者抢走公私财物的,除判令退赔外,对首要分子,依照本法第二百六十三条的规定定罪处罚。

关联法规索引

《最高人民法院、最高人民检察院关于办理妨害预防、控制突发传染病疫情等灾害的刑事案件具体应用法律若干问题的解释》第9条

第二百九十条　【聚众扰乱社会秩序罪】聚众扰乱社会秩序,情节严重,致使工作、生产、营业和教学、科研、医疗无法进行,造成严重损失的,对首要分子,处三年以上七年以下有期徒刑;对其他积极参加的,处三年以下有期徒刑、拘役、管制或者剥夺政治权利。

【聚众冲击国家机关罪】聚众冲击国家机关,致使国家机关工作无法进行,造成严重损失的,对首要分子,处五年以上十年以下有期徒刑;对其他积极参加的,处五年以下有期徒刑、拘役、管制或者剥夺政治权利。

【扰乱国家机关工作秩序罪】多次扰乱国家机关工作秩序,经行政处罚后仍不改正,造成严重后果的,处三年以下有期徒刑、拘役或者管制。

【组织、资助非法聚集罪】多次组织、资助他人非法聚集,扰乱社会秩序,情节严重的,依照前款的规定处罚。

条文解读

本条第1款是关于聚众扰乱社会秩序罪及其处罚的规定。"聚众扰乱社会秩序",是指纠集多人扰乱机关、企事业单位、人民团体及社会团体的工作、生产、营业、教学、科研、医疗秩序,如聚众侵入或者占领机关、单位、团体的工作场所以及封

闭其出入通道，进行纠缠、哄闹、辱骂等。“情节严重”，一般表现为扰乱的时间长、次数多，纠集的人数多，扰乱重要的工作、生产、营业和教学、科研、医疗活动，造成的影响比较恶劣，等等。“造成严重损失”，主要是指使经济建设、教学、科研、医疗等受到严重的破坏和损失。在这里，情节严重，致使机关、单位、团体的工作、生产、营业和教学、科研、医疗无法进行，造成严重损失，都是构成本罪的要件，缺一不可。对于一般违法行为，情节较轻，没有造成严重损失，危害不大的，不构成本罪，可以依照《治安管理处罚法》的规定处理。

本条第 2 款是关于聚众冲击国家机关罪及其处罚的规定。“国家机关”，是指管理国家某一方面事务的具体工作部门，包括各级国家权力机关、党政机关、司法机关和军事机关。“聚众冲击国家机关”，主要是指聚集多人强行包围、堵塞、冲入各级国家机关的行为。“致使国家机关工作无法进行”，是指国家机关及其工作人员行使管理职权，执行职务的活动，因受到聚众冲击而被迫中断或者停止。“造成严重损失”，是指造成的社会影响很恶劣，严重损害国家机关的权威；致使国家机关长时间无法行使管理职能，严重影响工作秩序；给国家、集体和个人造成严重经济损失；等等。

本条第 3 款是关于扰乱国家机关工作秩序罪及其处罚的规定。构成本罪需要同时具备多次扰乱国家机关工作秩序，经行政处罚后仍不改正，造成严重后果三个方面的要件。

本条第 4 款是关于组织、资助非法聚集罪及其处罚的规定。这里的“组织”，是指组织、策划、指挥、协调非法聚集活动的行为。“资助”，是指筹集、提供活动经费、物资以及其他物质便利的行为。“非法聚集”，是指未经批准在公共场所集会、集结的行为。本款规定的“扰乱社会秩序”，是指造成社会秩序混乱，致使工作、生产、营业和教学、科研、医疗等活动受到严重干扰，甚至无法进行的情况。如致使机场、车站、码头、商场、影剧院、运动场馆等人员密集场所秩序混乱，影响航空器、列车、船舶等大型客运交通工具正常运行，致使国家机关、学校、医院、厂矿企业等单位的工作、生产、经营、教学、科研、医疗等活动中断等。

第二百九十一条　【聚众扰乱公共场所秩序、交通秩序罪】聚众扰乱车站、码头、民用航空站、商场、公园、影剧院、展览会、运动场或者其他公共场所

秩序，聚众堵塞交通或者破坏交通秩序，抗拒、阻碍国家治安管理工作人员依法执行职务，情节严重的，对首要分子，处五年以下有期徒刑、拘役或者管制。

第二百九十一条之一　【投放虚假危险物质罪；编造、故意传播虚假恐怖信息罪】投放虚假的爆炸性、毒害性、放射性、传染病病原体等物质，或者编造爆炸威胁、生化威胁、放射威胁等恐怖信息，或者明知是编造的恐怖信息而故意传播，严重扰乱社会秩序的，处五年以下有期徒刑、拘役或者管制；造成严重后果的，处五年以上有期徒刑。

【编造、故意传播虚假信息罪】编造虚假的险情、疫情、灾情、警情，在信息网络或者其他媒体上传播，或者明知是上述虚假信息，故意在信息网络或者其他媒体上传播，严重扰乱社会秩序的，处三年以下有期徒刑、拘役或者管制；造成严重后果的，处三年以上七年以下有期徒刑。

条文解读

本法第291条之一第1款是关于投放虚假危险物质罪，编造、故意传播虚假恐怖信息罪及其处罚的规定。构成本款规定之罪应当同时具备以下条件：

一是行为人实施了投放虚假的爆炸性、毒害性、放射性、传染病病原体等物质，或者编造爆炸威胁、生化威胁、放射威胁等恐怖信息，或者明知是编造的恐怖信息而故意传播的行为。本款列举了3种犯罪行为，其中“投放虚假的爆炸性、毒害性、放射性、传染病病原体等物质”，是指以邮寄、放置、丢弃等方式将假的类似于爆炸性、毒害性、放射性、传染病病原体等物质的物品置于他人或者公众周围；“编造爆炸威胁、生化威胁、放射威胁等恐怖信息”，是指行为人编造要发生爆炸，生物化学物品泄漏，放射性物品泄漏以及使用生化、放射性武器等虚假信息；“明知是编造的恐怖信息而故意传播”，是指明知该恐怖信息出于他人编造，是假的信息，而故意向他人传播的行为。关于恐怖信息的范围，《最高人民法院关于审理编造、故意传播虚假恐怖信息刑事案件适用法律若干问题的解释》作了进一步的细化。根据该解释，虚假恐怖信息，是指以发生爆炸威胁、生化威胁、放射威胁、劫持航空器威胁、重大灾情、重大疫情等严重威胁公共安全的事件为内容，可能引起社会恐慌或者公共安全危机的不真实信息。

二是行为人的行为严重扰乱了社会秩序。“严重扰乱社会秩序”，主要是指该行为造成社会恐慌，严重影响生产、工作和社会生活的正常进行。关于严重扰乱社会秩序的具体认定，《最高人民法院关于审理编造、故意传播虚假恐怖信息刑事案件适用法律若干问题的解释》作了明确列举：(1)致使机场、车站、码头、商场、影剧院、运动场馆等人员密集场所秩序混乱，或者采取紧急疏散措施的；(2)影响航空器、列车、船舶等大型客运交通工具正常运行的；(3)致使国家机关、学校、医院、厂矿企业等单位的工作、生产、经营、教学、科研等活动中断的；(4)造成行政村或者社区居民生活秩序严重混乱的；(5)致使公安、武警、消防、卫生检疫等职能部门采取紧急应对措施的；(6)其他严重扰乱社会秩序的。

本条第2款是关于编造、故意传播虚假信息罪及其处罚的规定。对本款规定需要注意以下几个方面的内容：一是虚假信息的范围包括险情、疫情、灾情、警情。"险情"包括突发的可能造成重大人员伤亡或者财产损失的情况以及其他危险情况；"疫情"包括疫病尤其是传染病的发生、发展等情况；"灾情"包括火灾、水灾、地质灾害等灾害情况；"警情"包括有违法犯罪行为发生需要出警等情况。二是在行为方式上包括编造虚假信息后传播和明知是虚假信息故意传播两种情况。"编造"，是指出于各种目的故意虚构并不存在的险情、疫情、灾情、警情的情况。"传播"虚假信息，是指将编造的虚假信息在信息网络上发布、转发、转帖，在其他媒体上登载、刊发等情况。三是传播方式为在信息网络或者其他媒体发布或者传播。"信息网络"包括以计算机、电视机、固定电话机、移动电话机等电子设备为终端的计算机互联网、广播电视网、固定通信网、移动通信网等信息网络，以及向公众开放的局域网络。"其他媒体"，是指信息网络之外的报纸等传统媒体。四是本罪主观方面表现为故意。行为人确实无法辨别信息真伪，主观上认为是真实的信息而误传播的，不是本罪的适用范围。在实践中，有的行为人为了引起他人关注而编造虚假信息，有的是为了恶意中伤、诽谤他人或者单位，还有的是出于经济目的而编造虚假信息。何种动机通常并不影响本罪的定性。五是构成本罪需要达到"严重扰乱社会秩序"的程度。

配套法规及解读

《最高人民法院关于审理编造、故意传播虚假恐怖信息刑事案件适用法律若干问题的解释》(2013年9月18日)

第一条 编造恐怖信息，传播或者放任传播，严重扰乱社会秩序的，依照刑法

第二百九十一条之一的规定，应认定为编造虚假恐怖信息罪。

明知是他人编造的恐怖信息而故意传播，严重扰乱社会秩序的，依照刑法第二百九十一条之一的规定，应认定为故意传播虚假恐怖信息罪。

第二条　编造、故意传播虚假恐怖信息，具有下列情形之一的，应当认定为刑法第二百九十一条之一的“严重扰乱社会秩序”：

（一）致使机场、车站、码头、商场、影剧院、运动场馆等人员密集场所秩序混乱，或者采取紧急疏散措施的；

（二）影响航空器、列车、船舶等大型客运交通工具正常运行的；

（三）致使国家机关、学校、医院、厂矿企业等单位的工作、生产、经营、教学、科研等活动中断的；

（四）造成行政村或者社区居民生活秩序严重混乱的；

（五）致使公安、武警、消防、卫生检疫等职能部门采取紧急应对措施的；

（六）其他严重扰乱社会秩序的。

第三条　编造、故意传播虚假恐怖信息，严重扰乱社会秩序，具有下列情形之一的，应当依照刑法第二百九十一条之一的规定，在五年以下有期徒刑范围内酌情从重处罚：

（一）致使航班备降或返航；或者致使列车、船舶等大型客运交通工具中断运行的；

（二）多次编造、故意传播虚假恐怖信息的；

（三）造成直接经济损失20万元以上的；

（四）造成乡镇、街道区域范围居民生活秩序严重混乱的；

（五）具有其他酌情从重处罚情节的。

第四条　编造、故意传播虚假恐怖信息，严重扰乱社会秩序，具有下列情形之一的，应当认定为刑法第二百九十一条之一的“造成严重后果”，处五年以上有期徒刑：

（一）造成3人以上轻伤或者1人以上重伤的；

（二）造成直接经济损失50万元以上的；

（三）造成县级以上区域范围居民生活秩序严重混乱的；

（四）妨碍国家重大活动进行的；

（五）造成其他严重后果的。

第五条　编造、故意传播虚假恐怖信息，严重扰乱社会秩序，同时又构成其他犯罪的，择一重罪处罚。

第六条 本解释所称的“虚假恐怖信息”，是指以发生爆炸威胁、生化威胁、放射威胁、劫持航空器威胁、重大灾情、重大疫情等严重威胁公共安全的事件为内容，可能引起社会恐慌或者公共安全危机的不真实信息。

※法规解读：

本解释主要规定了以下六个方面的内容：

1. 明确界定了编造、故意传播虚假恐怖信息罪的认定标准。本解释第1条对《刑法》第291条之一第1款规定的编造、故意传播虚假恐怖信息罪的认定标准作了进一步明确。(1)对于编造恐怖信息，传播或放任传播，严重扰乱社会秩序的行为，应认定为编造虚假恐怖信息罪。在司法实践中，行为人编造虚假恐怖信息后往往会实施传播行为，有的行为人在编造虚假恐怖信息后，即使没有自行传播，也存在放任他人传播的情形。因此，编造者无论是否自行实施传播行为，只要编造的虚假恐怖信息实际被传播散布，严重扰乱了社会秩序，就应依法追究刑事责任。如果行为人编造虚假恐怖信息后，及时采取措施，有效防止了其编造的虚假恐怖信息被传播，没有扰乱社会秩序，不作为犯罪处理。(2)对于明知是他人编造的恐怖信息而故意传播，严重扰乱社会秩序的行为，应认定为故意传播虚假恐怖信息罪。故意传播虚假恐怖信息，是导致虚假恐怖信息引发严重危害社会后果的关键。即使行为人本人没有编造恐怖信息，但明知是虚假恐怖信息而故意传播，严重扰乱社会秩序的，也应依法追究刑事责任。

2. 明确规定了对于严重扰乱社会秩序的情形应当追究刑事责任。编造、故意传播虚假恐怖信息罪的入罪标准是“严重扰乱社会秩序”，本解释第2条采取列举的方式，从扰乱公共场所秩序，破坏公共交通秩序，破坏有关单位的正常工作秩序，破坏居民生活秩序，干扰国家职能部门的正常工作秩序，其他严重扰乱社会秩序等方面明确界定了“严重扰乱社会秩序”的几种情形。

3. 明确规定了应当酌情从重处罚的情形。本解释第3条明确规定了编造、故意传播虚假恐怖信息，严重扰乱社会秩序，应当在5年以下有期徒刑范围内酌情从重处罚的几种情形：(1)致使航班备降或返航；或者致使列车、船舶等大型客运交通工具中断运行的。(2)多次编造、故意传播虚假恐怖信息的。(3)造成直接经济损失20万元以上的。(4)造成乡镇、街道区域范围居民生活秩序严重混乱的。(5)具有其他酌情从重处罚情节的。

4. 明确了依法加重处罚的情形。本解释第 4 条通过列举的方式，对“造成严重后果”，应当加重处罚判处 5 年以上有期徒刑的情形进行了明确规定。具体包括以下情形：(1)造成3人以上轻伤或者1人以上重伤的。(2)造成直接经济损失50万元以上的。(3)造成县级以上区域范围居民生活秩序严重混乱的。(4)妨碍国家重大活动进行的。(5)造成其他严重后果的。

5. 对于编造、故意传播虚假恐怖信息同时构成数罪的择一重罪处罚。本解释第 5 条规定，编造、故意传播虚假恐怖信息，严重扰乱社会秩序，同时构成其他犯罪的，择一重罪定罪处罚。

6. 明确界定了“虚假恐怖信息”的范围。本解释第 6 条规定，“虚假恐怖信息”是指以发生爆炸威胁、生化威胁、放射威胁、劫持航空器威胁、重大灾情、重大疫情等严重威胁公共安全的事件为内容，可能引起社会恐慌或者公共安全危机的不真实信息。

关联法规索引

《最高人民法院、最高人民检察院关于办理妨害预防、控制突发传染病疫情等灾害的刑事案件具体应用法律若干问题的解释》第 10 条；《最高人民法院、最高人民检察院关于办理利用信息网络实施诽谤等刑事案件适用法律若干问题的解释》第 9 条

典型案例

李某强编造、故意传播虚假恐怖信息案[1]

※要旨：编造、故意传播虚假恐怖信息罪是选择性罪名。编造恐怖信息以后向特定对象散布，严重扰乱社会秩序的，构成编造虚假恐怖信息罪。编造恐怖信息以后向不特定对象散布，严重扰乱社会秩序的，构成编造、故意传播虚假恐怖信息罪。对于实施数个编造、故意传播虚假恐怖信息行为的，不实行数罪并罚，但应当将其作为量刑情节予以考虑。

〔1〕 参见最高人民检察院指导性案例第 9 号。

第二百九十一条之二 【高空抛物罪】 从建筑物或者其他高空抛掷物品，情节严重的，处一年以下有期徒刑、拘役或者管制，并处或者单处罚金。

有前款行为，同时构成其他犯罪的，依照处罚较重的规定定罪处罚。

条文解读

本条是关于高空抛物罪及其处罚的规定。构成本罪应当具备以下条件：

1. 行为人实施了从建筑物或者其他高空抛掷物品的行为。这里包含两层意思：(1)物品必须是从建筑物或者其他高空抛掷，如果不是从建筑物或者其他高空抛掷的，不构成本罪。这里所说的"建筑物"，是指人工建筑而成的东西，既包括居住建筑、公共建筑，也包括构筑物。构筑物，是指不具备、不包含或不提供人类居住功能的人工建筑，如桥梁、堤坝、隧道、水塔、电塔、纪念碑、围墙、水泥杆等。"其他高空"，是指距离地面有一定高度的空间，如飞机、热气球、脚手架、井架、施工电梯、吊装机械等。(2)行为人必须实施了抛掷物品的行为。这里所说的"抛掷物品"，是指向外投、扔、丢弃物品的行为。如果行为人没有实施抛掷物品的行为，物品是由于刮风、下雨等原因，从建筑物或高空中坠落的，即使该物品是行为人的，也不构成本罪，如果给受害人造成损害，可以依照《民法典》的有关规定处理。

2. 必须是情节严重的，只有情节严重才能构成本罪，情节一般，危害不大的，不宜作为犯罪；符合违反《治安管理处罚法》规定的，应当依法予以治安处罚；需要承担民事责任的，应当依照《民法典》的有关规定处理。这里所说的"情节严重"，主要是指多次实施高空抛掷物品行为；高空抛掷物品数量较大的；在人员密集场所实施的；造成一定损害等，具体可以视情节依照相关规定处理。

第二百九十二条 【聚众斗殴罪】 聚众斗殴的，对首要分子和其他积极参加的，处三年以下有期徒刑、拘役或者管制；有下列情形之一的，对首要分子和其他积极参加的，处三年以上十年以下有期徒刑：

（一）多次聚众斗殴的；

（二）聚众斗殴人数多，规模大，社会影响恶劣的；

（三）在公共场所或者交通要道聚众斗殴，造成社会秩序严重混乱的；

（四）持械聚众斗殴的。

聚众斗殴，致人重伤、死亡的，依照本法第二百三十四条、第二百三十二条的规定定罪处罚。

关联法规索引

《最高人民检察院、公安部关于公安机关管辖的刑事案件立案追诉标准的规定（一）》第36条

第二百九十三条　【寻衅滋事罪】有下列寻衅滋事行为之一，破坏社会秩序的，处五年以下有期徒刑、拘役或者管制：

（一）随意殴打他人，情节恶劣的；

（二）追逐、拦截、辱骂、恐吓他人，情节恶劣的；

（三）强拿硬要或者任意损毁、占用公私财物，情节严重的；

（四）在公共场所起哄闹事，造成公共场所秩序严重混乱的。

纠集他人多次实施前款行为，严重破坏社会秩序的，处五年以上十年以下有期徒刑，可以并处罚金。

关联法规索引

《最高人民法院、最高人民检察院关于办理妨害预防、控制突发传染病疫情等灾害的刑事案件具体应用法律若干问题的解释》第11条；《最高人民检察院、公安部关于公安机关管辖的刑事案件立案追诉标准的规定（一）》第37条；《最高人民法院、最高人民检察院关于办理利用信息网络实施诽谤等刑事案件适用法律若干问题的解释》第5、8条；《最高人民法院、最高人民检察院关于办理寻衅滋事刑事案件适用法律若干问题的解释》

第二百九十三条之一　【催收非法债务罪】有下列情形之一，催收高利放贷等产生的非法债务，情节严重的，处三年以下有期徒刑、拘役或者管制，并处或者单处罚金：

（一）使用暴力、胁迫方法的；

（二）限制他人人身自由或者侵入他人住宅的；

（三）恐吓、跟踪、骚扰他人的。

条文解读

本条是关于催收非法债务罪及其处罚的规定。“催收高利放贷等产生的非法债务”有以下含义：(1)行为人实施了“催收”行为，“催”是方式，“收”是目的。本条对催收高利放贷等产生的非法债务，情节严重的情形作了具体列举。(2)行为人催收的是“高利放贷等产生的非法债务”。《民法典》第 680 条第 1 款规定，禁止高利放贷，借款的利率不得违反国家有关规定。违反国家规定的借款利率，实施高利放贷产生的债务，就属于本条规定的非法债务。这里的“产生”既包括因高利放贷等非法行为直接产生，也包括由非法债务产生、延伸的所谓孳息、利息等。这里的“等”，根据实践中的情况，包括赌债、毒债等违法行为产生的债务，以及其他违法犯罪行为产生的债务。(3)本条规定，催收高利放贷等产生的非法债务要“情节严重”才能构成本罪，对于具有一定的社会危害性，但情节不算严重，违反《治安管理处罚法》的，可根据《治安管理处罚法》的有关规定予以行政处罚。

第二百九十四条　【组织、领导、参加黑社会性质组织罪】组织、领导黑社会性质的组织的，处七年以上有期徒刑，并处没收财产；积极参加的，处三年以上七年以下有期徒刑，可以并处罚金或者没收财产；其他参加的，处三年以下有期徒刑、拘役、管制或者剥夺政治权利，可以并处罚金。

【入境发展黑社会组织罪】境外的黑社会组织的人员到中华人民共和国境内发展组织成员的，处三年以上十年以下有期徒刑。

【包庇、纵容黑社会性质组织罪】国家机关工作人员包庇黑社会性质的组织，或者纵容黑社会性质的组织进行违法犯罪活动的，处五年以下有期徒刑；情节严重的，处五年以上有期徒刑。

犯前三款罪又有其他犯罪行为的，依照数罪并罚的规定处罚。

黑社会性质的组织应当同时具备以下特征：

（一）形成较稳定的犯罪组织，人数较多，有明确的组织者、领导者，骨干成员基本固定；

（二）有组织地通过违法犯罪活动或者其他手段获取经济利益，具有一定的经济实力，以支持该组织的活动；

（三）以暴力、威胁或者其他手段，有组织地多次进行违法犯罪活动，为非作恶，欺压、残害群众；

（四）通过实施违法犯罪活动，或者利用国家工作人员的包庇或者纵容，称霸一方，在一定区域或者行业内，形成非法控制或者重大影响，严重破坏经济、社会生活秩序。

关联法规索引

《最高人民法院关于审理黑社会性质组织犯罪的案件具体应用法律若干问题的解释》；《最高人民法院、最高人民检察院、公安部、司法部关于办理恶势力刑事案件若干问题的意见》；《最高人民法院、最高人民检察院、公安部、司法部关于办理黑恶势力州事案件中财产处置若干问题的意见》；《最高人民法院、最高人民检察院、公安部、司法部关于办理利用信息网络实施黑恶势力犯罪刑事案件若干问题的意见》

典型案例

史某振等组织、领导、参加黑社会性质组织案〔1〕

※要旨：在涉黑社会性质组织犯罪案件审理中，应当对查封、扣押、冻结财物及其孳息的权属进行调查，案外人对查封、扣押、冻结财物及其孳息提出权属异议的，人民法院应当听取其意见，确有必要的，人民法院可以通知其出庭，以查明相关财物权属。

〔1〕 参见最高人民法院指导性案例第188号。

龚某文等组织、领导、参加黑社会性质组织案[1]

※**要旨**：犯罪组织以其势力、影响和暴力手段的现实可能性为依托，有组织地长期采用多种“软暴力”手段实施大量违法犯罪行为，同时辅以“硬暴力”，“软暴力”有向“硬暴力”转化的现实可能性，足以使群众产生恐惧、恐慌进而形成心理强制，并已造成严重危害后果，严重破坏经济、社会生活秩序的，应认定该犯罪组织具有黑社会性质组织的行为特征。

第二百九十五条　【传授犯罪方法罪】传授犯罪方法的，处五年以下有期徒刑、拘役或者管制；情节严重的，处五年以上十年以下有期徒刑；情节特别严重的，处十年以上有期徒刑或者无期徒刑。

第二百九十六条　【非法集会、游行、示威罪】举行集会、游行、示威，未依照法律规定申请或者申请未获许可，或者未按照主管机关许可的起止时间、地点、路线进行，又拒不服从解散命令，严重破坏社会秩序的，对集会、游行、示威的负责人和直接责任人员，处五年以下有期徒刑、拘役、管制或者剥夺政治权利。

关联法规索引

《最高人民检察院、公安部关于公安机关管辖的刑事案件立案追诉标准的规定(一)》第38条

第二百九十七条　【非法携带武器、管制刀具、爆炸物参加集会、游行、示威罪】违反法律规定，携带武器、管制刀具或者爆炸物参加集会、游行、示威的，处三年以下有期徒刑、拘役、管制或者剥夺政治权利。

[1] 参见最高人民法院指导性案例第186号。

关联法规索引

《最高人民检察院、公安部关于公安机关管辖的刑事案件立案追诉标准的规定(一)》第39条

第二百九十八条　【破坏集会、游行、示威罪】扰乱、冲击或者以其他方法破坏依法举行的集会、游行、示威,造成公共秩序混乱的,处五年以下有期徒刑、拘役、管制或者剥夺政治权利。

关联法规索引

《最高人民检察院、公安部关于公安机关管辖的刑事案件立案追诉标准的规定(一)》第40条

第二百九十九条　【侮辱国旗、国徽、国歌罪】在公共场合,故意以焚烧、毁损、涂划、玷污、践踏等方式侮辱中华人民共和国国旗、国徽的,处三年以下有期徒刑、拘役、管制或者剥夺政治权利。

在公共场合,故意篡改中华人民共和国国歌歌词、曲谱,以歪曲、贬损方式奏唱国歌,或者以其他方式侮辱国歌,情节严重的,依照前款的规定处罚。

第二百九十九条之一　【侵害英雄烈士名誉、荣誉罪】侮辱、诽谤或者以其他方式侵害英雄烈士的名誉、荣誉,损害社会公共利益,情节严重的,处三年以下有期徒刑、拘役、管制或者剥夺政治权利。

条文解读

本法第299条之一是关于侵害英雄烈士名誉、荣誉罪及其处罚的规定。(1)"英雄烈士",包括近代以来,为国家、为民族、为人民作出牺牲和贡献的英烈先驱与革命先行者。英雄烈士既包括个人也包括群体,既包括有名英烈也包括无名英烈。本条保护的英雄烈士与《英雄烈士保护法》的保护范围是一致的,都是已经牺牲、逝世的英雄烈士。实践中,如果行为人侮辱、诽谤或者以其他方式侵害健在的英雄模

范人物的名誉、荣誉,应当依照本法关于侮辱、诽谤罪的规定追究行为人的刑事责任,不适用本条。对健在的英雄模范人物的褒奖、保护,适用《国家勋章和国家荣誉称号法》等相关法律法规。(2)"侮辱"主要是指通过语言、文字或者其他方式辱骂、贬低、嘲讽英雄烈士的行为。"诽谤"是指针对英雄烈士,捏造事实并进行散播,公然丑化、贬损英雄烈士,损害英雄烈士名誉、荣誉的行为。实践中比较常见的是通过网络、文学作品等形式侮辱、诽谤英雄烈士的情况。"以其他方式侵害英雄烈士的名誉、荣誉",是指采用侮辱、诽谤以外的其他方式侵害英雄烈士的名誉、荣誉的行为,如非法披露涉及英雄烈士隐私的信息或者图片,侵害英雄烈士隐私等。(3)"损害社会公共利益"是构成本罪的要件之一,也是侮辱、诽谤或者以其他方式侵害英雄烈士的名誉、荣誉可能导致的后果。英雄烈士及其精神,是中华民族共同记忆的一部分,是中华民族精神的内核之一,也是社会主义核心价值观的重要内容。民族的共同记忆、民族精神乃至社会主义核心价值观,无论是从我国的历史来看,还是从现行法律规定来看,都已经是社会公共利益的一部分。侮辱、诽谤或者以其他方式侵害英雄烈士的名誉、荣誉,会损害社会公共利益。(4)"情节严重",是指侮辱、诽谤或者以其他方式侵害英雄烈士的名誉、荣誉,损害社会公共利益,造成严重的不良影响或者侵害行为持续时间长、范围广等情形。

关联法规索引

《最高人民法院、最高人民检察院、公安部关于依法惩治侵害英雄烈士名誉、荣誉违法犯罪的意见》

典型案例

仇某侵害英雄烈士名誉、荣誉案[1]

※要旨:侵害英雄烈士名誉、荣誉罪中的"英雄烈士",是指已经牺牲、逝世的英雄烈士。在同一案件中,当行为人所侵害的群体中

〔1〕 参见最高人民检察院指导性案例第136号。

既有烈士，又有健在的英雄模范人物时，应当整体评价为侵害英雄烈士名誉、荣誉的行为，不宜区别适用侵害英雄烈士名誉、荣誉罪和侮辱罪、诽谤罪。《刑法修正案(十一)》实施后，以侮辱、诽谤或者其他方式侵害英雄烈士名誉、荣誉的行为，情节严重的，构成侵害英雄烈士名誉、荣誉罪。行为人利用信息网络侵害英雄烈士名誉、荣誉，引起广泛传播，造成恶劣社会影响的，应当认定为"情节严重"。英雄烈士没有近亲属或者近亲属不提起民事诉讼的，检察机关在提起公诉时，可以一并提起附带民事公益诉讼。

第三百条　【组织、利用会道门、邪教组织、利用迷信破坏法律实施罪】组织、利用会道门、邪教组织或者利用迷信破坏国家法律、行政法规实施的，处三年以上七年以下有期徒刑，并处罚金；情节特别严重的，处七年以上有期徒刑或者无期徒刑，并处罚金或者没收财产；情节较轻的，处三年以下有期徒刑、拘役、管制或者剥夺政治权利，并处或者单处罚金。

【组织、利用会道门、邪教组织、利用迷信致人重伤、死亡罪】组织、利用会道门、邪教组织或者利用迷信蒙骗他人，致人重伤、死亡的，依照前款的规定处罚。

犯第一款罪又有奸淫妇女、诈骗财物等犯罪行为的，依照数罪并罚的规定处罚。

配套法规及解读

《最高人民法院、最高人民检察院关于办理组织、利用邪教组织破坏法律实施等刑事案件适用法律若干问题的解释》(2017年1月25日)

第一条　冒用宗教、气功或者以其他名义建立，神化、鼓吹首要分子，利用制造、散布迷信邪说等手段蛊惑、蒙骗他人，发展、控制成员，危害社会的非法组织，应当认定为刑法第三百条规定的"邪教组织"。

第二条　组织、利用邪教组织，破坏国家法律、行政法规实施，具有下列情形之一的，应当依照刑法第三百条第一款的规定，处三年以上七年以下有期徒刑，并处罚金：

(一)建立邪教组织，或者邪教组织被取缔后又恢复、另行建立邪教组织的；

（二）聚众包围、冲击、强占、哄闹国家机关、企业事业单位或者公共场所、宗教活动场所，扰乱社会秩序的；

（三）非法举行集会、游行、示威，扰乱社会秩序的；

（四）使用暴力、胁迫或者以其他方法强迫他人加入或者阻止他人退出邪教组织的；

（五）组织、煽动、蒙骗成员或者他人不履行法定义务的；

（六）使用"伪基站""黑广播"等无线电台（站）或者无线电频率宣扬邪教的；

（七）曾因从事邪教活动被追究刑事责任或者二年内受过行政处罚，又从事邪教活动的；

（八）发展邪教组织成员五十人以上的；

（九）敛取钱财或者造成经济损失一百万元以上的；

（十）以货币为载体宣扬邪教，数量在五百张（枚）以上的；

（十一）制作、传播邪教宣传品，达到下列数量标准之一的：

1. 传单、喷图、图片、标语、报纸一千份（张）以上的；

2. 书籍、刊物二百五十册以上的；

3. 录音带、录像带等音像制品二百五十盒（张）以上的；

4. 标识、标志物二百五十件以上的；

5. 光盘、U 盘、储存卡、移动硬盘等移动存储介质一百个以上的；

6. 横幅、条幅五十条（个）以上的。

（十二）利用通讯信息网络宣扬邪教，具有下列情形之一的：

1. 制作、传播宣扬邪教的电子图片、文章二百张（篇）以上，电子书籍、刊物、音视频五十册（个）以上，或者电子文档五百万字符以上、电子音视频二百五十分钟以上的；

2. 编发信息、拨打电话一千条（次）以上的；

3. 利用在线人数累计达到一千以上的聊天室，或者利用群组成员、关注人员等账号数累计一千以上的通讯群组、微信、微博等社交网络宣扬邪教的；

4. 邪教信息实际被点击、浏览数达到五千次以上的。

（十三）其他情节严重的情形。

第八条 实施本解释第二条至第五条规定的行为，具有下列情形之一的，从重处罚：

（一）与境外机构、组织、人员勾结，从事邪教活动的；

（二）跨省、自治区、直辖市建立邪教组织机构、发展成员或者组织邪教活动的；

（三）在重要公共场所、监管场所或者国家重大节日、重大活动期间聚集滋事，公开进行邪教活动的；

（四）邪教组织被取缔后，或者被认定为邪教组织后，仍然聚集滋事，公开进行邪教活动的；

（五）国家工作人员从事邪教活动的；

（六）向未成年人宣扬邪教的；

（七）在学校或者其他教育培训机构宣扬邪教的。

第九条　组织、利用邪教组织破坏国家法律、行政法规实施，符合本解释第四条规定情形，但行为人能够真诚悔罪，明确表示退出邪教组织、不再从事邪教活动的，可以不起诉或者免予刑事处罚。其中，行为人系受蒙蔽、胁迫参加邪教组织的，可以不作为犯罪处理。

组织、利用邪教组织破坏国家法律、行政法规实施，行为人在一审判决前能够真诚悔罪，明确表示退出邪教组织、不再从事邪教活动的，分别依照下列规定处理：

（一）符合本解释第二条规定情形的，可以认定为刑法第三百条第一款规定的"情节较轻"；

（二）符合本解释第三条规定情形的，可以不认定为刑法第三百条第一款规定的"情节特别严重"，处三年以上七年以下有期徒刑，并处罚金。

第十条　组织、利用邪教组织破坏国家法律、行政法规实施过程中，又有煽动分裂国家、煽动颠覆国家政权或者侮辱、诽谤他人等犯罪行为的，依照数罪并罚的规定定罪处罚。

第十一条　组织、利用邪教组织，制造、散布迷信邪说，组织、策划、煽动、胁迫、教唆、帮助其成员或者他人实施自杀、自伤的，依照刑法第二百三十二条、第二百三十四条的规定，以故意杀人罪或者故意伤害罪定罪处罚。

第十二条　邪教组织人员以自焚、自爆或者其他危险方法危害公共安全的，依照刑法第一百一十四条、第一百一十五条的规定，以放火罪、爆炸罪、以危险方法危害公共安全罪等定罪处罚。

第十三条　明知他人组织、利用邪教组织实施犯罪，而为其提供经费、场地、技术、工具、食宿、接送等便利条件或者帮助的，以共同犯罪论处。

第十四条 对于犯组织、利用邪教组织破坏法律实施罪、组织、利用邪教组织致人重伤、死亡罪，严重破坏社会秩序的犯罪分子，根据刑法第五十六条的规定，可以附加剥夺政治权利。

※法规解读：

本解释第1条明确规定，冒用宗教、气功或者以其他名义建立，神化、鼓吹首要分子，利用制造、散布迷信邪说等手段蛊惑、蒙骗他人，发展、控制成员，危害社会的非法组织，应当认定为《刑法》第300条规定的"邪教组织"。

本解释第2条规定，组织、利用邪教组织，破坏国家法律、行政法规实施，符合使用"伪基站""黑广播"等无线电台(站)或者无线电频率宣扬邪教；以货币为载体宣扬邪教，数量在500张(枚)以上；利用通讯信息网络宣扬邪教等13种情形的，处3年以上7年以下有期徒刑，并处罚金。

本解释第8条明确了7种邪教犯罪从重处罚的情形：与境外机构、组织、人员勾结，从事邪教活动的；跨省、自治区、直辖市建立邪教组织机构、发展成员或者组织邪教活动的；在重要公共场所、监管场所或者国家重大节日、重大活动期间聚集滋事，公开进行邪教活动的；邪教组织被取缔后，或者被认定为邪教组织后，仍然聚集滋事，公开进行邪教活动的；国家工作人员从事邪教活动的；向未成年人宣扬邪教的；在学校或者其他教育培训机构宣扬邪教的。

本解释第9条第1款指出，组织、利用邪教组织破坏国家法律、行政法规实施，情节较轻，但行为人能够真诚悔罪，明确表示退出邪教组织、不再从事邪教活动的，可以不起诉或者免予刑事处罚。其中，行为人系受蒙蔽、胁迫参加邪教组织的，可以不作为犯罪处理。

本解释第11、12条规定，组织、利用邪教组织，制造、散布迷信邪说，组织、策划、煽动、胁迫、教唆、帮助其成员或者他人实施自杀、自伤的，以故意杀人罪或者故意伤害罪定罪处罚。邪教组织人员以自焚、自爆或者其他危险方法危害公共安全的，以放火罪、爆炸罪、以危险方法危害公共安全罪等定罪处罚。

关联法规索引

《全国人民代表大会常务委员会关于取缔邪教组织、防范和惩治邪教活动的决定》

第三百零一条　【聚众淫乱罪】 聚众进行淫乱活动的，对首要分子或者多次参加的，处五年以下有期徒刑、拘役或者管制。

【引诱未成年人聚众淫乱罪】 引诱未成年人参加聚众淫乱活动的，依照前款的规定从重处罚。

关联法规索引

《最高人民检察院、公安部关于公安机关管辖的刑事案件立案追诉标准的规定(一)》第41、42条

第三百零二条　【盗窃、侮辱、故意毁坏尸体、尸骨、骨灰罪】 盗窃、侮辱、故意毁坏尸体、尸骨、骨灰的，处三年以下有期徒刑、拘役或者管制。

条文解读

本条是关于盗窃、侮辱、故意毁坏尸体、尸骨、骨灰罪及其处罚的规定。本罪的构成要件主要包括：(1)本罪的行为对象是尸体、尸骨、骨灰。“尸体”是指人死亡后遗留的躯体，尚未死亡的被害人的身体，不是尸体。“尸骨”是指人死后留下的遗骨。“骨灰”是指人的尸体焚烧后骨骼化成的灰。受传统观念的影响，各种传统的丧葬习俗延续至今，人们对死者的遗留物，特别是对人死后的尸体、尸骨、骨灰最大限度地予以保护。(2)行为人实施了盗窃、侮辱、故意毁坏尸体、尸骨、骨灰的行为。这里的“盗窃”，是指行为人秘密窃取尸体、尸骨、骨灰的行为，也就是行为人采取他人不知晓的方法将尸体、尸骨、骨灰置于自己实际控制支配之下，如从墓地、停尸房或其他场所秘密窃取尸体、尸骨、骨灰等。“侮辱”，主要是指直接对死者尸体、尸骨、骨灰进行奸淫、猥亵、鞭打、遗弃等凌辱行为。这里的侮辱行为应当是直接针对尸体、尸骨、骨灰实施的，如果只是以书面、文字或言词等形式侮辱贬损死者名誉，不应适用本罪。“故意毁坏”，主要是指对尸体、尸骨、骨灰予以物理上或者化学性的损伤或破坏，既包括对整个尸体、尸骨、骨灰的毁损或破坏，也包括对尸体、尸骨、骨灰一部分的损坏，如肢解、割裂或非法解剖尸体，毁损死者的面容，抛撒骨灰等。(3)行为人主观上应当是故意的，即行为人不仅认识到其行为侵害的对象是尸体、

尸骨、骨灰,而且具有窃取、侮辱、毁坏之故意。如果行为人由于过失而损坏或玷污尸体、尸骨、骨灰,则不构成本罪。盗窃、侮辱、故意毁坏尸体、尸骨、骨灰的行为,其社会危害性的实质在于行为人的行为损害了社会风气和道德良俗,贬损了死者的形象,侵害了死者亲属的情感,扰乱了社会公共秩序。

第三百零三条 【赌博罪】以营利为目的,聚众赌博或者以赌博为业的,处三年以下有期徒刑、拘役或者管制,并处罚金。

【开设赌场罪】开设赌场的,处五年以下有期徒刑、拘役或者管制,并处罚金;情节严重的,处五年以上十年以下有期徒刑,并处罚金。

【组织参与国(境)外赌博罪】组织中华人民共和国公民参与国(境)外赌博,数额巨大或者有其他严重情节的,依照前款的规定处罚。

条文解读

本条第1款是关于赌博罪及其处罚的规定。构成本罪应当符合以下条件:

1.必须以营利为目的。"以营利为目的",是指参与赌博的人或者以赌博为业的人是以获取金钱、财物或者财产性利益为目的。这是构成本罪的主观要件,如果不以营利为目的,只是以娱乐消遣为目的,即使有赌博行为,也不能构成本罪。

2.行为人实施了聚众赌博或者以赌博为业的行为。本款规定的赌博犯罪共列举了两种行为。第一种是"聚众赌博"的行为。聚众赌博属于赌博中危害性严重的情形,是指行为人组织、召集较多的人纠集在一起进行赌博的行为,而有的行为人通过聚众赌博,从中抽头渔利,俗称"赌头"。这里所说的"赌博",是指用有价值的东西做注码争输赢的行为。《最高人民法院、最高人民检察院关于办理赌博刑事案件具体应用法律若干问题的解释》第1条规定:以营利为目的,有下列情形之一的,属于《刑法》第303条规定的"聚众赌博":(1)组织3人以上赌博,抽头渔利数额累计达到5000元以上的;(2)组织3人以上赌博,赌资数额累计达到5万元以上的;(3)组织3人以上赌博,参赌人数累计达到20人以上的;(4)组织中华人民共和国公民10人以上赴境外赌博,从中收取回扣、介绍费的。本人是否参加赌博并不影响本罪的成立。第二种是"以赌博为业"的行为。"以赌博为业",是指以赌博为常业,即以赌博所得为其生活或者挥霍的主要来源的行为。

本条第 2 款是关于开设赌场罪及其处罚的规定。“开设赌场”，是指开设专门用于赌博的场所。这种场所既可以由本人直接支配，也可以委托他人间接支配；行为人提供的场所既可以是自己的住宅或者他人的住宅，也可以是旅馆、宾馆等提供的房间。实践中，常见的多是不法分子利用一些偏僻的场院、宾馆或地下室等不易被发现的地方，雇用一些看家护院的打手，配有专门用于赌博的设备。开设赌场的人是否直接参与赌博，以及开设赌场是否以营利为目的都不影响本罪的成立。

随着科技的发展，赌博的形式在发生变化，在网上进行网络赌博的情况也不断增加。为依法惩治网络赌博犯罪活动，《最高人民法院、最高人民检察院关于办理赌博刑事案件具体应用法律若干问题的解释》第 2 条规定，以营利为目的，在计算机网络上建立赌博网站，或者为赌博网站担任代理，接受投注的，属于《刑法》第 303 条规定的“开设赌场”。《最高人民法院、最高人民检察院、公安部关于办理网络赌博犯罪案件适用法律若干问题的意见》第 1 条第 1 款规定，利用互联网、移动通讯终端等传输赌博视频、数据，组织赌博活动，具有下列情形之一的，属于《刑法》第 303 条第 2 款规定的“开设赌场”行为：(1)建立赌博网站并接受投注的；(2)建立赌博网站并提供给他人组织赌博的；(3)为赌博网站担任代理并接受投注的；(4)参与赌博网站利润分成的。

本条第 3 款是关于组织参与国(境)外赌博罪及其处罚的规定。根据本款规定，构成本罪应当符合以下条件：

1. 本罪的犯罪主体是组织者。这里所说的“组织者”，是指组织、召集中国公民参与国(境)外赌博的人员，既包括犯罪集团，也包括比较松散的犯罪团伙，还可以是个人组织他人参与国(境)外赌博；组织者可以是一个人，也可以是多人；可以有比较严密的组织结构，也可以是为了进行一次赌博行为而临时纠结在一起。

2. 组织的对象必须是中华人民共和国公民。这里所说的“中华人民共和国公民”仅限于具有中华人民共和国国籍的人。如果组织境外人员参与赌博，则不构成本罪。

3. 行为人实施了组织中华人民共和国公民参与国(境)外赌博的行为。这里所说的“组织中华人民共和国公民参与国(境)外赌博”，包括直接组织中国公民赴国(境)外赌博，或者以旅游、公务的名义组织中国公民赴国(境)外赌博，或者以提供赌博场所、提供赌资、设定赌博方式等形式组织中国公民赴国(境)外赌博，或者利用信息网络、通讯终端等传输赌博视频、数据，组织中国公民参与国(境)外赌博等。

4. 必须达到数额巨大或者有其他严重情节。这是构成本罪的必要条件。"数额巨大",主要是指赌资数额巨大,可能造成大量外汇流失的情形,具体数额应当通过相关司法解释予以明确。"赌资",主要是指赌博犯罪中用作赌注的款物、换取筹码的款物和通过赌博赢取的款物。"有其他严重情节",是指赌资虽未达到数额巨大,但接近数额巨大的条件,有其他严重情节的情况,如抽头渔利的数额较多,参赌人数较多,组织、胁迫、引诱、教唆、容留未成年人参与赌博,强迫他人赌博或者结算赌资等情形。

配套法规及解读

《最高人民法院、最高人民检察院关于办理赌博刑事案件具体应用法律若干问题的解释》(2005 年 5 月 11 日)

第一条 以营利为目的,有下列情形之一的,属于刑法第三百零三条规定的"聚众赌博":

(一)组织 3 人以上赌博,抽头渔利数额累计达到 5000 元以上的;

(二)组织 3 人以上赌博,赌资数额累计达到 5 万元以上的;

(三)组织 3 人以上赌博,参赌人数累计达到 20 人以上的;

(四)组织中华人民共和国公民 10 人以上赴境外赌博,从中收取回扣、介绍费的。

第二条 以营利为目的,在计算机网络上建立赌博网站,或者为赌博网站担任代理,接受投注的,属于刑法第三百零三条规定的"开设赌场"。

第三条 中华人民共和国公民在我国领域外周边地区聚众赌博、开设赌场,以吸引中华人民共和国公民为主要客源,构成赌博罪的,可以依照刑法规定追究刑事责任。

第四条 明知他人实施赌博犯罪活动,而为其提供资金、计算机网络、通讯、费用结算等直接帮助的,以赌博罪的共犯论处。

第五条 实施赌博犯罪,有下列情形之一的,依照刑法第三百零三条的规定从重处罚:

(一)具有国家工作人员身份的;

(二)组织国家工作人员赴境外赌博的;

（三）组织未成年人参与赌博，或者开设赌场吸引未成年人参与赌博的。

第六条　未经国家批准擅自发行、销售彩票，构成犯罪的，依照刑法第二百二十五条第（四）项的规定，以非法经营罪定罪处罚。

第七条　通过赌博或者为国家工作人员赌博提供资金的形式实施行贿、受贿行为，构成犯罪的，依照刑法关于贿赂犯罪的规定定罪处罚。

第八条　赌博犯罪中用作赌注的款物、换取筹码的款物和通过赌博赢取的款物属于赌资。通过计算机网络实施赌博犯罪的，赌资数额可以按照在计算机网络上投注或者赢取的点数乘以每一点实际代表的金额认定。

赌资应当依法予以追缴；赌博用具、赌博违法所得以及赌博犯罪分子所有的专门用于赌博的资金、交通工具、通讯工具等，应当依法予以没收。

第九条　不以营利为目的，进行带有少量财物输赢的娱乐活动，以及提供棋牌室等娱乐场所只收取正常的场所和服务费用的经营行为等，不以赌博论处。

※法规解读：

本解释主要包括三个方面的内容。

1. 关于赌博罪的营利目的。这里的"以营利为目的"，指行为人实施聚众赌博、开设赌场、以赌博为业的行为，是为了获取数额较大的金钱或者其他财物，而不是为了消遣、娱乐。行为人获取财物的方式主要包括以下几种：（1）抽头渔利，即组织、招引他人赌博，从他人赌博赢取的财物中按照一定比例（如5%或者10%等）抽取费用；（2）开设赌场获取非法收益；（3）直接参赌获利，既包括聚众赌博的组织者自己参赌获利，也包括以赌博为业者参赌获利；（4）组织中国公民赴境外赌博，获取回扣、介绍费等费用。当然，行为人客观上是否实际获利并不影响对主观目的的认定。在司法实践中，认定行为人是否"以营利为目的"，主要根据行为人实施赌博行为的方式来进行综合判断。一般来讲，实施了符合本解释规定的标准行为的人，就可以认定是"以营利为目的"。

2. 关于聚众赌博的认定。本解释第1条规定，以营利为目的，有下列情形之一的，属于"聚众赌博"：（1）组织3人以上赌博，抽头渔利数额累计达到5000元以上的；（2）组织3人以上赌博，赌资数额累计达到5万元以上的；（3）组织3人以上赌博，参赌人数累计达到20人以上的；（4）组织中华人民共和国公民10人以上赴境外赌博，从中收取回扣、介绍费的。由此可以看出，该条前3项分别规定了抽头渔利数额、赌资数额和参赌人数3项标准。行为人只要符合上述标准之一，即可认定为聚众赌博。该条最后一项标准主要针对的是一些旅行社、导游、境外赌场在境内设立的代理机构等。在适用本项标准时,应注意以下几点:(1)被组织人数不累计计算,必须一次组织中华人民共和国公民10人以上赴境外赌博;(2)这里的"境"指"国(边)境",组织中华人民共和国公民赴我国港、澳、台地区赌博的,也适用本项规定;(3)必须有证据证明,行为人组织中华人民共和国公民赴境外是进行赌博,而不是旅游;(4)行为人必须有从中收取回扣、介绍费的行为,至于收费数额的多少,则不影响构成犯罪。

3. 关于建立赌博网站行为的法律适用。传统的开设赌场,是指以营利为目的,营业性地为赌博提供场所,设定赌博方式,提供赌具、筹码,接受赌客投注的行为。从网站内容及运营方式来看,赌博网站与传统赌场很相似,而且,赌博网站的每一级代理均全权代表赌博网站与赌博客户发生业务关系。因此,本解释第2条规定,以营利为目的,在计算机网络上建立赌博网站,或者为赌博网站担任代理,接受投注的,属于《刑法》第303条规定的"开设赌场"。与传统赌场赌博不同的是,网络赌博更加快捷、方便,投注、资金交割只需轻点鼠标即可完成,赌资数额更加巨大,参赌者范围更广,网站收入更加丰厚,其社会危害性也更加严重。司法实践中,只要查明行为人建立了赌博网站,或者为赌博网站担任代理,接受赌客投注的,即可认定其属于开设赌场。

需要注意的是,《刑法修正案(六)》将非法开设赌场的行为单列出来,规定为开设赌场罪,这样便缩小了传统赌博罪的范围。因此,对于本解释,必须在《刑法修正案(六)》第18条的基础上加以理解。

关联法规索引

《最高人民法院关于对设置圈套诱骗他人参赌又向索还钱财的受骗者施以暴力或暴力威胁的行为应如何定罪问题的批复》;《最高人民法院、最高人民检察院、公安部关于办理网络赌博犯罪案件适用法律若干问题的意见》;《最高人民检察院、公安部关于公安机关管辖的刑事案件立案追诉标准的规定(一)》第43、44条;《最高人民法院、最高人民检察院、公安部关于办理利用赌博机开设赌场案件适用法律若干问题的意见》

典型案例

谢某军、高某、高某樵、杨某彬开设赌场案[1]

※要旨：以营利为目的，通过邀请人员加入微信群，利用微信群进行控制管理，以抢红包的方式进行赌博，在一段时间内持续组织赌博活动的行为属于《刑法》第303条第2款规定的"开设赌场"。

陈某豪、陈某娟、赵某海开设赌场案[2]

※要旨：以"二元期权"交易的名义，在法定期货交易场所之外利用互联网招揽"投资者"，以未来某段时间外汇品种的价格走势为交易对象，按照"买涨""买跌"确定盈亏，买对涨跌方向的"投资者"得利，买错的本金归网站（庄家）所有，盈亏结果不与价格实际涨跌幅度挂钩的，本质是"押大小、赌输赢"，是披着期权交易外衣的赌博行为。对相关网站应当认定为赌博网站。

第三百零四条　【故意延误投递邮件罪】邮政工作人员严重不负责任，故意延误投递邮件，致使公共财产、国家和人民利益遭受重大损失的，处二年以下有期徒刑或者拘役。

关联法规索引

《最高人民检察院、公安部关于公安机关管辖的刑事案件立案追诉标准的规定（一）》第45条

---

〔1〕 参见最高人民法院指导性案例第106号。
〔2〕 参见最高人民法院指导性案例第146号。

第二节　妨害司法罪

第三百零五条　【伪证罪】在刑事诉讼中，证人、鉴定人、记录人、翻译人对与案件有重要关系的情节，故意作虚假证明、鉴定、记录、翻译，意图陷害他人或者隐匿罪证的，处三年以下有期徒刑或者拘役；情节严重的，处三年以上七年以下有期徒刑。

条文解读

本条是关于伪证罪及其处罚的规定。伪证行为，是指行为人故意作虚假证明、鉴定、记录、翻译。构成本罪，行为人的伪证行为必须发生在刑事诉讼过程中，即发生在侦查、起诉、审判的整个过程。无论行为人作虚假证明还是虚假鉴定，抑或虚假记录或翻译，只要实施行为之一，便足以成立本罪。

需要注意划清伪证与误证的界限。二者的关键区别是行为人是否故意作伪证和有无陷害他人或隐匿罪证的意图。此外，由于诬告陷害罪的行为人为了达到陷害他人的目的，常常虚构事实、伪造证据，因此，诬告陷害罪就有可能在表现形式上与本罪相同。二者的区别在于犯罪主体不同（本罪主体为特殊主体），犯罪发生的时间不同（本罪限定于刑事诉讼过程中），以及犯罪意图不同（本罪行为人的犯罪意图既可能是陷害无罪之人，也可能是包庇有罪之人，诬告陷害罪的行为人的犯罪意图只能是陷害他人）。

第三百零六条　【辩护人、诉讼代理人毁灭证据、伪造证据、妨害作证罪】在刑事诉讼中，辩护人、诉讼代理人毁灭、伪造证据，帮助当事人毁灭、伪造证据，威胁、引诱证人违背事实改变证言或者作伪证的，处三年以下有期徒刑或者拘役；情节严重的，处三年以上七年以下有期徒刑。

辩护人、诉讼代理人提供、出示、引用的证人证言或者其他证据失实，不是有意伪造的，不属于伪造证据。

第三百零七条　【妨害作证罪】以暴力、威胁、贿买等方法阻止证人作证

或者指使他人作伪证的，处三年以下有期徒刑或者拘役；情节严重的，处三年以上七年以下有期徒刑。

【帮助毁灭、伪造证据罪】帮助当事人毁灭、伪造证据，情节严重的，处三年以下有期徒刑或者拘役。

司法工作人员犯前两款罪的，从重处罚。

第三百零七条之一　【虚假诉讼罪】以捏造的事实提起民事诉讼，妨害司法秩序或者严重侵害他人合法权益的，处三年以下有期徒刑、拘役或者管制，并处或者单处罚金；情节严重的，处三年以上七年以下有期徒刑，并处罚金。

单位犯前款罪的，对单位判处罚金，并对其直接负责的主管人员和其他直接责任人员，依照前款的规定处罚。

有第一款行为，非法占有他人财产或者逃避合法债务，又构成其他犯罪的，依照处罚较重的规定定罪从重处罚。

司法工作人员利用职权，与他人共同实施前三款行为的，从重处罚；同时构成其他犯罪的，依照处罚较重的规定定罪从重处罚。

配套法规及解读

《最高人民法院、最高人民检察院关于办理虚假诉讼刑事案件适用法律若干问题的解释》(2018 年 9 月 26 日)

第一条　采取伪造证据、虚假陈述等手段，实施下列行为之一，捏造民事法律关系，虚构民事纠纷，向人民法院提起民事诉讼的，应当认定为刑法第三百零七条之一第一款规定的“以捏造的事实提起民事诉讼”：

(一)与夫妻一方恶意串通，捏造夫妻共同债务的；

(二)与他人恶意串通，捏造债权债务关系和以物抵债协议的；

(三)与公司、企业的法定代表人、董事、监事、经理或者其他管理人员恶意串通，捏造公司、企业债务或者担保义务的；

(四)捏造知识产权侵权关系或者不正当竞争关系的；

(五)在破产案件审理过程中申报捏造的债权的；

(六)与被执行人恶意串通，捏造债权或者对查封、扣押、冻结财产的优先权、担保物权的；

（七）单方或者与他人恶意串通，捏造身份、合同、侵权、继承等民事法律关系的其他行为。

隐瞒债务已经全部清偿的事实，向人民法院提起民事诉讼，要求他人履行债务的，以"以捏造的事实提起民事诉讼"论。

向人民法院申请执行基于捏造的事实作出的仲裁裁决、公证债权文书，或者在民事执行过程中以捏造的事实对执行标的提出异议、申请参与执行财产分配的，属于刑法第三百零七条之一第一款规定的"以捏造的事实提起民事诉讼"。

第二条 以捏造的事实提起民事诉讼，有下列情形之一的，应当认定为刑法第三百零七条之一第一款规定的"妨害司法秩序或者严重侵害他人合法权益"：

（一）致使人民法院基于捏造的事实采取财产保全或者行为保全措施的；

（二）致使人民法院开庭审理，干扰正常司法活动的；

（三）致使人民法院基于捏造的事实作出裁判文书、制作财产分配方案，或者立案执行基于捏造的事实作出的仲裁裁决、公证债权文书的；

（四）多次以捏造的事实提起民事诉讼的；

（五）曾因以捏造的事实提起民事诉讼被采取民事诉讼强制措施或者受过刑事追究的；

（六）其他妨害司法秩序或者严重侵害他人合法权益的情形。

第三条 以捏造的事实提起民事诉讼，有下列情形之一的，应当认定为刑法第三百零七条之一第一款规定的"情节严重"：

（一）有本解释第二条第一项情形，造成他人经济损失一百万元以上的；

（二）有本解释第二条第二项至第四项情形之一，严重干扰正常司法活动或者严重损害司法公信力的；

（三）致使义务人自动履行生效裁判文书确定的财产给付义务或者人民法院强制执行财产权益，数额达到一百万元以上的；

（四）致使他人债权无法实现，数额达到一百万元以上的；

（五）非法占有他人财产，数额达到十万元以上的；

（六）致使他人因为不执行人民法院基于捏造的事实作出的判决、裁定，被采取刑事拘留、逮捕措施或者受到刑事追究的；

（七）其他情节严重的情形。

第四条　实施刑法第三百零七条之一第一款行为，非法占有他人财产或者逃避合法债务，又构成诈骗罪，职务侵占罪，拒不执行判决、裁定罪，贪污罪等犯罪的，依照处罚较重的规定定罪从重处罚。

第五条　司法工作人员利用职权，与他人共同实施刑法第三百零七条之一前三款行为的，从重处罚；同时构成滥用职权罪，民事枉法裁判罪，执行判决、裁定滥用职权罪等犯罪的，依照处罚较重的规定定罪从重处罚。

第六条　诉讼代理人、证人、鉴定人等诉讼参与人与他人通谋，代理提起虚假民事诉讼、故意作虚假证言或者出具虚假鉴定意见，共同实施刑法第三百零七条之一前三款行为的，依照共同犯罪的规定定罪处罚；同时构成妨害作证罪，帮助毁灭、伪造证据罪等犯罪的，依照处罚较重的规定定罪从重处罚。

第七条　采取伪造证据等手段篡改案件事实，骗取人民法院裁判文书，构成犯罪的，依照刑法第二百八十条、第三百零七条等规定追究刑事责任。

第八条　单位实施刑法第三百零七条之一第一款行为的，依照本解释规定的定罪量刑标准，对其直接负责的主管人员和其他直接责任人员定罪处罚，并对单位判处罚金。

※法规解读：

本解释主要包括以下内容。

1.关于虚假诉讼罪的行为方式及其认定问题。根据本解释第1条的规定，实践中需要注意从以下几个方面加以理解和把握：

一是虚假诉讼罪限于“无中生有型”虚假诉讼行为。本解释明确，《刑法》规定的“以捏造的事实提起民事诉讼”是指捏造民事法律关系，虚构民事纠纷，向人民法院提起民事诉讼的行为。其中，“捏造”是指无中生有、凭空捏造和虚构；“事实”是指行为人据以提起民事诉讼，人民法院据以立案受理，构成民事案由的事实。“捏造事实”行为的本质是捏造民事法律关系，虚构民事纠纷，两者应当同时具备，缺一不可。

对于“部分篡改型”虚假诉讼行为，即民事法律关系和民事纠纷客观存在，行为人只是对具体的诉讼标的额、履行方式等部分事实作夸大或者隐瞒的行为，不属于《刑法》规定的虚假诉讼罪的范畴。

二是“以捏造的事实提起民事诉讼”包括特定“隐瞒真相”的行为。本解释明确，隐瞒债务已经全部清偿的事实，向人民法院提起民事诉讼，要求他人履行债务的，以“以捏造的事实提起民事诉讼”论。

三是虚假诉讼罪包括“单方欺诈”和“双方串通”两种类型。前者是指一方当事人提起虚假诉讼，侵害另一方当事人合法权益，双方当事人之间存在实质的利益对抗关系；后者是指双方当事人恶意串通进行虚假诉讼，侵害案外第三人合法权益，损害国家、公共利益，或者逃避履行法定义务，规避相关管理义务，双方当事人之间不存在实质对抗关系。本解释明确，虚假诉讼包括单方或者与他人恶意串通，捏造身份、合同、侵权、继承等民事法律关系的行为。需要注意的是，《民事诉讼法》第115、116条规制的是“双方串通”虚假诉讼行为，而《刑法》规制的是“单方欺诈”和“双方串通”两种虚假诉讼行为，在范围上广于《民事诉讼法》的规制范围。

四是虚假诉讼罪适用民事执行程序。本解释明确，向人民法院申请执行基于捏造的事实作出的仲裁裁决、公证债权文书，或者在民事执行过程中以捏造的事实对执行标的提出异议、申请参与执行财产分配的，属于“以捏造的事实提起民事诉讼”。

2. 关于虚假诉讼罪的定罪量刑标准。根据《刑法》第307条之一第1款的规定，虚假诉讼罪以“妨害司法秩序或者严重侵害他人合法权益”作为入罪标准，以“情节严重”作为法定刑升档标准。本解释第2、3条在明确上述定罪量刑标准时主要把握了以下三个方面的原则：

一是注意惩治犯罪与保护诉权并重。2015年人民法院改革了案件受理制度，实行立案登记制，简化了立案流程，便利了群众诉讼。如果一概不加区分地以人民法院受理立案作为入罪标准，则可能不当扩大刑事打击面，给人民群众提起民事诉讼造成思想顾虑，不利于依法保护诉权。因此，本解释将人民法院立案后采取保全措施，开庭审理或者作出裁判文书等重要程序节点作为入罪标准。

二是注意刑事处罚与司法处罚合理衔接。根据《民事诉讼法》第115条的规定，对于虚假诉讼行为，人民法院应当驳回当事人请求，并根据情节轻重予以罚款、拘留；构成犯罪的，依法追究刑事责任。因此，本解释在明确入罪标准时避免以行为入罪架空《民事诉讼法》的规定，为司法处罚留出空间，形成刑事处罚与司法处罚合理衔接的层次关系。

三是注意“妨害司法秩序”与“严重侵害他人合法权益”的内在统一。在虚假诉讼罪中，“妨害司法秩序”与“严重侵害他人合法权益”两种犯罪构成要件既表现为并列关系，也是内在统一的，两者在司法实践中存在交叉重合关系，很难完全割裂或者截然分开。因此,本解释在入罪标准中对两种犯罪构成要件一并作出规定,同时注意体现入罪标准和法定刑升档标准之间的对应层次关系。基于该原则,本解释第2条规定了6项入罪标准,第3条规定了7项法定刑升档标准,包括妨害司法秩序情节严重和侵害他人合法权益情节严重的7种情形。

3.关于虚假诉讼罪与其他犯罪竞合的处理原则。根据《刑法》第307条之一第3款的规定,本解释第4条明确了实施以骗取财物为目的的虚假诉讼犯罪又构成其他犯罪的处理原则,即实施以骗取财物为目的的虚假诉讼犯罪,又构成诈骗罪,职务侵占罪,拒不执行判决、裁定罪,贪污罪等犯罪的,依照处罚较重的规定定罪从重处罚。需要注意的是,《刑法》第307条之一第3款规定的处理原则,主要针对以骗取财物为目的的虚假诉讼犯罪与侵财类犯罪成立想象竞合犯的情况,不宜扩大到与其他手段行为犯罪成立牵连犯的情况。根据《刑法》第307条之一第4款的规定,本解释第5条明确了司法工作人员利用职权实施虚假诉讼犯罪的处理原则,即司法工作人员利用职权,与他人共同实施虚假诉讼行为的,从重处罚;同时构成滥用职权罪,民事枉法裁判罪,执行判决、裁定滥用职权罪等犯罪的,依照处罚较重的规定定罪从重处罚。本解释第6条明确了诉讼参与人实施虚假诉讼共同犯罪的处理原则,即诉讼参与人与他人通谋,共同实施虚假诉讼行为的,依照共同犯罪的规定定罪处罚;同时构成妨害作证罪,帮助毁灭、伪造证据罪等犯罪的,依照处罚较重的规定定罪从重处罚。

关联法规索引

《最高人民法院关于〈中华人民共和国刑法修正案(九)〉时间效力问题的解释》第7条;《最高人民法院、最高人民检察院、公安部、司法部关于进一步加强虚假诉讼犯罪惩治工作的意见》;《最高人民法院、最高人民检察院、公安部关于依法办理"碰瓷"违法犯罪案件的指导意见》第1条;《最高人民检察院、公安部关于公安机关管辖的刑事案件立案追诉标准的规定(二)》第78条

典型案例

周某琼等虚假诉讼案[1]

※**要旨**:行为人恶意串通,捏造债权债务关系,向人民法院提起民事诉讼,妨害司法秩序,严重侵害他人合法权益,情节严重,行为均已构成虚假诉讼罪,且系共同犯罪。

刘某春、杨某勇虚假诉讼案[2]

※**要旨**:行为人在民事执行过程中以捏造的事实对执行标的提出异议,妨害司法秩序,严重侵害他人合法权益,情节严重,行为均已构成虚假诉讼罪,且系共同犯罪。

第三百零八条 【打击报复证人罪】对证人进行打击报复的,处三年以下有期徒刑或者拘役;情节严重的,处三年以上七年以下有期徒刑。

第三百零八条之一 【泄露不应公开的案件信息罪】司法工作人员、辩护人、诉讼代理人或者其他诉讼参与人,泄露依法不公开审理的案件中不应当公开的信息,造成信息公开传播或者其他严重后果的,处三年以下有期徒刑、拘役或者管制,并处或者单处罚金。

有前款行为,泄露国家秘密的,依照本法第三百九十八条的规定定罪处罚。

【披露、报道不应公开的案件信息罪】公开披露、报道第一款规定的案件信息,情节严重的,依照第一款的规定处罚。

单位犯前款罪的,对单位判处罚金,并对其直接负责的主管人员和其他直接责任人员,依照第一款的规定处罚。

---

〔1〕 参见2023年最高人民法院《依法惩治通过虚假诉讼逃废债典型刑事案例》之一。
〔2〕 参见2023年最高人民法院《依法惩治通过虚假诉讼逃废债典型刑事案例》之二。

条文解读

本法第 308 条之一第 1 款是关于泄露不应公开的案件信息罪及其处罚的规定。本罪的主体是司法工作人员、辩护人、诉讼代理人或者其他诉讼参与人，即参与不公开审理的案件诉讼活动，知悉不应当公开的案件信息的人。“司法工作人员”，在刑事诉讼中，包括侦查人员、检察人员、审判人员和有监管职责的人员，在民事诉讼、行政诉讼中主要是审判人员。“辩护人”，是指在刑事诉讼中接受犯罪嫌疑人、被告人的委托或者法律援助机构的指派，为犯罪嫌疑人、被告人提供法律帮助的人，包括律师，人民团体或者犯罪嫌疑人、被告人所在单位推荐的人和犯罪嫌疑人、被告人的监护人、亲友。“诉讼代理人”，是指接受刑事公诉案件被害人及其法定代理人或者近亲属、自诉案件自诉人及其法定代理人、刑事附带民事诉讼案件当事人及其法定代理人、民事诉讼案件当事人及其法定代理人、行政诉讼案件当事人及其法定代理人的委托，代为参加诉讼和提供法律帮助的人，包括律师，基层法律服务工作者，当事人的近亲属，工作人员，当事人所在社区、单位以及有关社会团体推荐的公民等。“其他诉讼参与人”，是指除司法工作人员、辩护人、诉讼代理人之外其他参加诉讼的人员，包括证人、鉴定人、出庭的有专门知识的人、记录人、翻译人等。本罪的主观方面包括故意和过失，即故意泄露和过失泄露案件信息都可能构成本罪。

根据本条规定，构成泄露不应公开的案件信息罪在客观方面必须具备以下条件：一是泄露依法不公开审理的案件中不应当公开的信息。“依法不公开审理的案件”，是指依照《刑事诉讼法》《民事诉讼法》《行政诉讼法》《未成年人保护法》等法律规定，应当不公开审理或者经当事人提出申请，人民法院决定不公开审理的案件。“不应当公开的信息”，是指公开以后可能对国家安全和利益、当事人受法律保护的隐私权、商业秘密造成损害，以及对涉案未成年人的身心健康造成不利影响的信息。相关信息既包括案件涉及的国家秘密、个人隐私、商业秘密本身，也包括其他与案件有关不宜为诉讼参与人以外人员知悉的信息，如案件事实的细节，诉讼参与人在参加庭审时所发表言论的具体内容，被性侵犯的被害人的个人信息等。对于未成年人犯罪案件，未成年犯罪嫌疑人、被告人的姓名、住所、照片、图像以及可能推断出该未成年人的资料，都属于不应当公开的信息。行为人的故意或者过失，造成不应当知悉有关案件信息的人员知悉有关案件信息的，即属于泄露该信息的行为。二是造成信息公开传播或者其他严重后果。这是构成本罪的结果条件。"信息公开传播",是指信息在一定数量的公众中广泛传播。如果泄露的案件信息只是为个别人私下知悉,没有公开传播,不构成本罪。"其他严重后果",是指信息公开传播以外的其他严重的危害后果,如造成被害人不堪受辱而自杀,造成审判活动被干扰无法顺利进行等。

行为人泄露不公开审理案件中的国家秘密的,同时构成本条和《刑法》第398条的犯罪,依照《刑法》第398条的规定定罪处罚。这样规定体现了对泄露国家秘密犯罪从严惩处的精神。

个人和媒体、网站等单位,虽然不是泄露不公开审理的案件信息的行为人,但通过各种渠道获得不公开审理的案件信息后,公开披露、报道,甚至大肆炒作,有的造成严重后果,对司法秩序和有关当事人的合法权益造成严重损害。这种行为与泄露不公开审理的案件信息具有同样的社会危害性,应当追究刑事责任,依照本条第1款规定处罚。"公开披露",是指通过各种途径向他人和公众发布有关案件信息。"报道",主要是指报刊、广播、电视、网站等媒体向公众公开传播有关案件信息。在网络自媒体发达的今天,公开披露和媒体报道有关信息,会使相关信息被广泛传播,从而损害当事人合法权益。"情节严重",是公开披露、报道本条第1款规定的案件信息行为构成犯罪的条件,其具体含义可以参照本条第1款的规定,主要是造成信息大量公开传播,为公众所知悉,给司法秩序和当事人合法权益造成严重损害,以及其他与此类似的严重后果。

第三百零九条 【扰乱法庭秩序罪】有下列扰乱法庭秩序情形之一的,处三年以下有期徒刑、拘役、管制或者罚金:

(一)聚众哄闹、冲击法庭的;

(二)殴打司法工作人员或者诉讼参与人的;

(三)侮辱、诽谤、威胁司法工作人员或者诉讼参与人,不听法庭制止,严重扰乱法庭秩序的;

(四)有毁坏法庭设施,抢夺、损毁诉讼文书、证据等扰乱法庭秩序行为,情节严重的。

条文解读

本条是关于扰乱法庭秩序罪及其处罚的规定。本罪的主体主要是参加法庭审判活动的人员，既包括当事人、辩护人、诉讼代理人、鉴定人等，也包括法庭上的旁听人员和非法进入法庭的人员。本罪的主观方面是故意。根据本条规定，本罪行为的本质特征是扰乱法庭秩序，即破坏了作为审判活动场所的法庭的正常秩序，对审判活动的正常进行造成妨害。本条规定了 4 种扰乱法庭秩序的行为。

第一种是聚众哄闹、冲击法庭的。“聚众”一般是指纠集 3 人以上共同实施。聚众哄闹法庭，是指纠集众人在法庭上以喧哗、叫嚷、吹口哨等方式起哄捣乱，干扰诉讼活动正常进行的行为。聚众冲击法庭，是指纠集众人，在未得到法庭许可的情况下进入法庭，甚至冲上审判台，致使法庭秩序混乱的行为。本条未规定聚众哄闹、冲击法庭的只对首要分子进行处罚，但在司法实践中，应当主要对首要分子和在犯罪中起主要作用的人员进行处罚，对于被裹挟参与了哄闹、冲击法庭行为，情节显著轻微的人员，可以不作为犯罪处理。

第二种是殴打司法工作人员或者诉讼参与人的。对审判人员、公诉人、法警等司法工作人员，以及其他当事人、辩护人或者代理律师等诉讼参与人实施殴打行为的，都构成本条规定的犯罪。这一规定，在进一步强化对法庭秩序的维护的同时，也加强了对诉讼参与人人身权利的保护。

第三种是侮辱、诽谤、威胁司法工作人员或者诉讼参与人，不听法庭制止，严重扰乱法庭秩序的。“侮辱”，是指公然诋毁他人人格，破坏他人名誉的行为。“诽谤”，是指故意捏造事实，损害他人人格和名誉的行为。“威胁”，是指以作出对他人人身、名誉或者社会公共利益不利的行为进行胁迫的行为。根据本条第 3 项的规定，实施侮辱、诽谤、威胁司法工作人员或者诉讼参与人的行为，且不听法庭制止，严重扰乱法庭秩序的，才构成本条规定的犯罪。在法庭上因为一时控制不住情绪言辞激烈，经过法庭制止及时停止的，或者没有严重扰乱法庭秩序的，都不构成本条规定的犯罪。“严重扰乱法庭秩序”，是指对法庭审判活动的正常进行造成严重妨害，致使审判活动难以进行或者无法进行。如造成司法工作人员难以或者无法继续履行职责；使庭审陷入双方当事人“骂战”无法正常进行等。

第四种是有毁坏法庭设施，抢夺、损毁诉讼文书、证据等扰乱法庭秩序行为，情节严重的。故意打砸、损坏法庭设施以发泄不满，抢夺、损毁诉讼文书、证据等行为,都是实践中常见的损害司法权威,妨害诉讼活动正常进行的扰乱法庭秩序的行为。为此,本条第4项将有上述行为,情节严重的规定为犯罪。这里规定的"情节严重",也是指对法庭秩序造成严重破坏,如毁坏法庭重要设施给法院造成严重损失,损毁重要诉讼文书给诉讼活动造成严重困难等。

第三百一十条 【窝藏、包庇罪】明知是犯罪的人而为其提供隐藏处所、财物,帮助其逃匿或者作假证明包庇的,处三年以下有期徒刑、拘役或者管制;情节严重的,处三年以上十年以下有期徒刑。

犯前款罪,事前通谋的,以共同犯罪论处。

条文解读

本条是关于窝藏、包庇罪及其处罚的规定。本罪是故意犯罪,"明知是犯罪的人"是构成本罪的主观要件。"明知是犯罪的人",是指行为人已知道被包庇的人犯有罪行。这里的"明知"应包括"应当知道"的含义,即虽然犯罪分子没有告知行为人其犯罪行为,但行为人从其言谈举止中可以判断出其犯罪的,应认定为"明知是犯罪的人"。根据2021年《最高人民法院、最高人民检察院关于办理窝藏、包庇刑事案件适用法律若干问题的解释》第5条的规定,应当根据案件的客观事实,结合行为人的认知能力,接触被窝藏、包庇的犯罪人的情况,以及行为人和犯罪人的供述等主、客观因素来认定行为人是否为"明知"。行为人将犯罪的人所犯之罪误认为其他犯罪的,不影响"明知"的认定。行为人虽然实施了提供隐藏处所、财物等行为,但现有证据不能证明行为人知道犯罪的人实施了犯罪行为的,不能认定为"明知"。

帮助犯罪人逃避法律追究有两种表现:(1)为犯罪人提供隐藏处所、财物,帮助犯罪人逃匿,即将自己的住处、管理的房屋提供给犯罪人或者给予犯罪人钱、物,包括食品、衣被等,帮助犯罪人隐藏或者逃跑,逃避法律追究。(2)作假证明包庇犯罪的人,即向司法机关提供假的证明来帮助犯罪分子逃避法律追究,如作假证明表示犯罪人不在犯罪现场等。

对于事前通谋犯本条规定之罪的,以共犯论处。需要注意的是,共同犯罪人之间互相实施的窝藏、包庇行为,不以窝藏、包庇罪定罪处罚,但对共同犯罪人以外的犯罪人实施窝藏、包庇行为的，以所犯共同犯罪和窝藏、包庇罪并罚。

关联法规索引

《最高人民法院、最高人民检察院关于办理窝藏、包庇刑事案件适用法律若干问题的解释》

第三百一十一条　【拒绝提供间谍犯罪、恐怖主义犯罪、极端主义犯罪证据罪】明知他人有间谍犯罪或者恐怖主义、极端主义犯罪行为，在司法机关向其调查有关情况、收集有关证据时，拒绝提供，情节严重的，处三年以下有期徒刑、拘役或者管制。

第三百一十二条　【掩饰、隐瞒犯罪所得、犯罪所得收益罪】明知是犯罪所得及其产生的收益而予以窝藏、转移、收购、代为销售或者以其他方法掩饰、隐瞒的，处三年以下有期徒刑、拘役或者管制，并处或者单处罚金；情节严重的，处三年以上七年以下有期徒刑，并处罚金。

单位犯前款罪的，对单位判处罚金，并对其直接负责的主管人员和其他直接责任人员，依照前款的规定处罚。

条文解读

本法第312条是关于掩饰、隐瞒犯罪所得、犯罪所得收益罪及其处罚的规定。构成本罪须具备以下条件：(1)行为人是故意犯罪，即行为人明知是犯罪所得及其产生的收益而故意予以掩饰、隐瞒的。“犯罪所得”，是指通过犯罪直接获得的非法利益。“其产生的收益”，是指利用犯罪所得从事经营活动所产生的经济利益。(2)行为人实施了窝藏、转移、收购、代为销售或者以其他方法掩饰、隐瞒犯罪所得及其收益的行为。“窝藏”，是指为犯罪分子提供藏匿犯罪所得及其所产生的收益的住所，为犯罪分子隐藏、保管等，使司法机关不能或者难以发现的行为。“转移”，是指搬动、运输等改变犯罪所得及其产生的收益的存放地点的行为。“收购”，主要是指以出卖为目的收买犯罪所得及其收益的行为。“代为销售”，是指代替犯罪分子将犯罪所得及其收益卖出的行为。“其他方法掩饰、隐瞒”，是指以窝藏、转移、收购、代为销售以外的各种方法掩饰、隐瞒犯罪所得及其收益的行为，如银行转账、投资经营、汇往境外等。

关联法规索引

《全国人民代表大会常务委员会关于〈中华人民共和国刑法〉第三百四十一条、第三百一十二条的解释》；《最高人民法院关于审理掩饰、隐瞒犯罪所得、犯罪所得收益刑事案件适用法律若干问题的解释》；《最高人民法院、最高人民检察院关于办理危害计算机信息系统安全刑事案件应用法律若干问题的解释》第7条；《最高人民法院、最高人民检察院关于办理妨害文物管理等刑事案件适用法律若干问题的解释》第9条；《最高人民法院、最高人民检察院关于办理与盗窃、抢劫、诈骗、抢夺机动车相关刑事案件具体应用法律若干问题的解释》第1、4、6条

第三百一十三条　【拒不执行判决、裁定罪】对人民法院的判决、裁定有能力执行而拒不执行，情节严重的，处三年以下有期徒刑、拘役或者罚金；情节特别严重的，处三年以上七年以下有期徒刑，并处罚金。

单位犯前款罪的，对单位判处罚金，并对其直接负责的主管人员和其他直接责任人员，依照前款的规定处罚。

配套法规及解读

《最高人民法院关于审理拒不执行判决、裁定刑事案件适用法律若干问题的解释》(2020年12月29日修正)

第一条　被执行人、协助执行义务人、担保人等负有执行义务的人对人民法院的判决、裁定有能力执行而拒不执行，情节严重的，应当依照刑法第三百一十三条的规定，以拒不执行判决、裁定罪处罚。

第二条　负有执行义务的人有能力执行而实施下列行为之一的，应当认定为全国人民代表大会常务委员会关于刑法第三百一十三条的解释中规定的“其他有能力执行而拒不执行，情节严重的情形”：

(一)具有拒绝报告或者虚假报告财产情况、违反人民法院限制高消费及有关

消费令等拒不执行行为,经采取罚款或者拘留等强制措施后仍拒不执行的;

(二)伪造、毁灭有关被执行人履行能力的重要证据,以暴力、威胁、贿买方法阻止他人作证或者指使、贿买、胁迫他人作伪证,妨碍人民法院查明被执行人财产情况,致使判决、裁定无法执行的;

(三)拒不交付法律文书指定交付的财物、票证或者拒不迁出房屋、退出土地,致使判决、裁定无法执行的;

(四)与他人串通,通过虚假诉讼、虚假仲裁、虚假和解等方式妨害执行,致使判决、裁定无法执行的;

(五)以暴力、威胁方法阻碍执行人员进入执行现场或者聚众哄闹、冲击执行现场,致使执行工作无法进行的;

(六)对执行人员进行侮辱、围攻、扣押、殴打,致使执行工作无法进行的;

(七)毁损、抢夺执行案件材料、执行公务车辆和其他执行器械、执行人员服装以及执行公务证件,致使执行工作无法进行的;

(八)拒不执行法院判决、裁定,致使债权人遭受重大损失的。

第四条　本解释第三条规定的自诉案件,依照刑事诉讼法第二百一十二条的规定,自诉人在宣告判决前,可以同被告人自行和解或者撤回自诉。

第六条　拒不执行判决、裁定的被告人在一审宣告判决前,履行全部或部分执行义务的,可以酌情从宽处罚。

第七条　拒不执行支付赡养费、扶养费、抚育费、抚恤金、医疗费用、劳动报酬等判决、裁定的,可以酌情从重处罚。

※法规解读:

本解释共8条,重点包括以下内容。

1.关于拒不执行判决、裁定罪的主体范围。本解释第1条明确了拒不执行判决、裁定罪的主体范围,即拒不执行判决、裁定罪的主体为“被执行人、协助执行义务人、担保人等负有执行义务的人”。2002年发布的《全国人民代表大会常务委员会关于〈中华人民共和国刑法〉第三百一十三条的解释》规定:“下列情形属于刑法第三百一十三条规定的‘有能力执行而拒不执行,情节严重’的情形:(一)被执行人隐藏、转移、故意毁损财产或者无偿转让财产、以明显不合理的低价转让财产,致使判决、裁定无法执行的;(二)担保人或者被执行人隐藏、转移、故意毁损或者转让已向人民法院提供担保的财产,致使判决、裁定无法执行的;(三)协助执行义务人接到人民法院协助执行通知书后，拒不协助执行，致使判决、裁定无法执行的；（四）被执行人、担保人、协助执行义务人与国家机关工作人员通谋，利用国家机关工作人员的职权妨害执行，致使判决、裁定无法执行的；（五）其他有能力执行而拒不执行，情节严重的情形。”该规定间接列举了被执行人、担保人、协助执行义务人均可以成为拒不执行判决、裁定罪主体，但仍缺乏统一的概括性表述。本解释将被执行人、担保人、协助执行义务人等可以构成拒不执行判决、裁定罪主体的人进行定义，概括表述为“负有执行义务的人”，以涵盖被执行人、担保人、协助执行义务人及其他犯罪主体，便于本解释的主体定位及日后与其他法律法规的衔接。

2. 关于拒不执行判决、裁定罪行为的具体表现。本解释第2条在现有法律法规的基础上，结合执行工作的司法实践，对拒不执行判决、裁定罪行为的具体表现作了进一步规定。除立法解释中规定的4种情形外，又列举了8种应当认定为“其他有能力执行而拒不执行，情节严重的情形”。

关联法规索引

《全国人民代表大会常务委员会关于〈中华人民共和国刑法〉第三百一十三条的解释》；《最高人民法院研究室关于拒不执行人民法院调解书的行为是否构成拒不执行判决、裁定罪的答复》

典型案例

毛某文拒不执行判决、裁定案[1]

※要旨：有能力执行而拒不执行判决、裁定的时间从判决、裁定发生法律效力时起算。具有执行内容的判决、裁定发生法律效力后，负有执行义务的人有隐藏、转移、故意毁损财产等拒不执行行为，致使判决、裁定无法执行，情节严重的，应当以拒不执行判决、裁定罪定罪处罚。

〔1〕 参见最高人民法院指导性案例第71号。

第三百一十四条　【非法处置查封、扣押、冻结的财产罪】隐藏、转移、变卖、故意毁损已被司法机关查封、扣押、冻结的财产，情节严重的，处三年以下有期徒刑、拘役或者罚金。

第三百一十五条　【破坏监管秩序罪】依法被关押的罪犯，有下列破坏监管秩序行为之一，情节严重的，处三年以下有期徒刑：

（一）殴打监管人员的；

（二）组织其他被监管人破坏监管秩序的；

（三）聚众闹事，扰乱正常监管秩序的；

（四）殴打、体罚或者指使他人殴打、体罚其他被监管人的。

第三百一十六条　【脱逃罪】依法被关押的罪犯、被告人、犯罪嫌疑人脱逃的，处五年以下有期徒刑或者拘役。

【劫夺被押解人员罪】劫夺押解途中的罪犯、被告人、犯罪嫌疑人的，处三年以上七年以下有期徒刑；情节严重的，处七年以上有期徒刑。

第三百一十七条　【组织越狱罪】组织越狱的首要分子和积极参加的，处五年以上有期徒刑；其他参加的，处五年以下有期徒刑或者拘役。

【暴动越狱罪；聚众持械劫狱罪】暴动越狱或者聚众持械劫狱的首要分子和积极参加的，处十年以上有期徒刑或者无期徒刑；情节特别严重的，处死刑；其他参加的，处三年以上十年以下有期徒刑。

第三节　妨害国（边）境管理罪

第三百一十八条　【组织他人偷越国（边）境罪】组织他人偷越国（边）境的，处二年以上七年以下有期徒刑，并处罚金；有下列情形之一的，处七年以上有期徒刑或者无期徒刑，并处罚金或者没收财产：

（一）组织他人偷越国（边）境集团的首要分子；

（二）多次组织他人偷越国（边）境或者组织他人偷越国（边）境人数众多的；

（三）造成被组织人重伤、死亡的；

（四）剥夺或者限制被组织人人身自由的；

（五）以暴力、威胁方法抗拒检查的；

（六）违法所得数额巨大的；

（七）有其他特别严重情节的。

犯前款罪，对被组织人有杀害、伤害、强奸、拐卖等犯罪行为，或者对检查人员有杀害、伤害等犯罪行为的，依照数罪并罚的规定处罚。

关联法规索引

《最高人民法院、最高人民检察院关于办理妨害国（边）境管理刑事案件应用法律若干问题的解释》第1、7条；《最高人民法院、最高人民检察院、公安部、国家移民管理局关于依法惩治妨害国（边）境管理违法犯罪的意见》第2、3、5～7条

第三百一十九条　【骗取出境证件罪】以劳务输出、经贸往来或者其他名义，弄虚作假，骗取护照、签证等出境证件，为组织他人偷越国（边）境使用的，处三年以下有期徒刑，并处罚金；情节严重的，处三年以上十年以下有期徒刑，并处罚金。

单位犯前款罪的，对单位判处罚金，并对其直接负责的主管人员和其他直接责任人员，依照前款的规定处罚。

关联法规索引

《最高人民法院、最高人民检察院关于办理妨害国（边）境管理刑事案件应用法律若干问题的解释》第2条

第三百二十条　【提供伪造、变造的出入境证件罪；出售出入境证件罪】为他人提供伪造、变造的护照、签证等出入境证件，或者出售护照、签证等出入境证件的，处五年以下有期徒刑，并处罚金；情节严重的，处五年以上有期徒刑，并处罚金。

关联法规索引

《最高人民法院、最高人民检察院关于办理妨害国(边)境管理刑事案件应用法律若干问题的解释》第3、7条

第三百二十一条 【运送他人偷越国(边)境罪】 运送他人偷越国(边)境的,处五年以下有期徒刑、拘役或者管制,并处罚金;有下列情形之一的,处五年以上十年以下有期徒刑,并处罚金:

(一)多次实施运送行为或者运送人数众多的;

(二)所使用的船只、车辆等交通工具不具备必要的安全条件,足以造成严重后果的;

(三)违法所得数额巨大的;

(四)有其他特别严重情节的。

在运送他人偷越国(边)境中造成被运送人重伤、死亡,或者以暴力、威胁方法抗拒检查的,处七年以上有期徒刑,并处罚金。

犯前两款罪,对被运送人有杀害、伤害、强奸、拐卖等犯罪行为,或者对检查人员有杀害、伤害等犯罪行为的,依照数罪并罚的规定处罚。

关联法规索引

《最高人民法院、最高人民检察院关于办理妨害国(边)境管理刑事案件应用法律若干问题的解释》第4、7条;《最高人民法院、最高人民检察院、公安部、国家移民管理局关于依法惩治妨害国(边)境管理违法犯罪的意见》第4、12条

第三百二十二条 【偷越国(边)境罪】 违反国(边)境管理法规,偷越国(边)境,情节严重的,处一年以下有期徒刑、拘役或者管制,并处罚金;为参加恐怖活动组织、接受恐怖活动培训或者实施恐怖活动,偷越国(边)境的,处一年以上三年以下有期徒刑,并处罚金。

条文解读

本条是关于偷越国(边)境罪及其处罚的规定。构成本罪须满足以下条件:

1. 构成本罪的犯罪主体,既可以是中国公民,也可以是外国人。

2. 本罪在主观方面表现为故意,即行为人明知自己违反国(边)境管理法规,仍然偷越国(边)境。这里所说的"违反国(边)境管理法规",是指违反我国关于出入境管理的法律、法规规定。为了加强边境和出入境管理,我国制定了《出境入境管理法》《中国公民因私事往来香港地区或者澳门地区的暂行管理办法》《出境入境边防检查条例》《外国人入境出境管理条例》等一系列法律、法规。同时,根据《出境入境管理法》第 90 条的规定,同毗邻国家接壤的省、自治区,在经国务院批准后,也可以根据中国与有关国家签订的边界管理协定制定地方性法规,对两国边境接壤地区的居民往来作出规定。若未按照这些法律法规规定的条件、程序出入境,就会违反我国出入境管理的法律、法规。实施本罪的动机多种多样,不同的动机可能会影响行为人行为是否构成"情节严重",同时是确定刑罚轻重的一个因素。如果行为人不知道是我国国(边)境,没有偷越国(边)境的意图,而误出或者误入国(边)境,不构成本罪。

3. 本罪在客观方面表现为"偷越国(边)境",即行为人违反国(边)境管理法律、法规,非法出入我国国(边)境。在实践中,偷越国(边)境的手段和方法是多种多样的,有的是没有出入境证件在边防检查站蒙混过关的;有的是在陆上、海上没有设立边防检查站的地方靠车马、步行或者用船非法穿越国(边)境线的;有的是藏在进出国(边)境的飞机、船只、汽车或者集装箱、行李箱中穿越国(边)境的;有的是使用伪造、变造、涂改的出入境证件或者冒用他人的出入境证件非法出入国(边)境的;有的是以虚假的出入境事由,隐瞒真实身份,冒用他人身份证件等方式骗取出入境证件或者用其他蒙骗方法和手段蒙混过关的。对于"国(边)境",不能仅从地理意义上进行理解,国(边)境不仅限于两国接壤的区域,还包括内地能够出入境的机场、港口等。

4. 情节严重的行为。这里的"情节严重"是构成本罪的必要条件。对于偷越国(边)境的行为是否属于情节严重,应当根据行为人的主观意图、客观手段、危害后果等综合判断。2012 年 12 月 12 日,最高人民法院、最高人民检察院联合发布了《关于办理妨害国(边)境管理刑事案件应用法律若干问题的解释》,该解释第 5 条规定:“偷越国(边)境,具有下列情形之一的,应当认定为刑法第三百二十二条规定的‘情节严重’:(一)在境外实施损害国家利益行为的;(二)偷越国(边)境三次以上或者三人以上结伙偷越国(边)境的;(三)拉拢、引诱他人一起偷越国(边)境的;(四)勾结境外组织、人员偷越国(边)境的;(五)因偷越国(边)境被行政处罚后一年内又偷越国(边)境的;(六)其他情节严重的情形。”其他情节严重的情形,可以根据犯罪的具体情况确定。偷越国(边)境情节不严重的,不按照犯罪处理,应当依照《出境入境管理法》及其他相关的法律法规予以相应的处罚。

根据本条规定,违反国(边)境管理法规,偷越国(边)境,情节严重的,处 1 年以下有期徒刑、拘役或者管制,并处罚金;为参加恐怖活动组织、接受恐怖活动培训或者实施恐怖活动,偷越国(边)境的,处 1 年以上 3 年以下有期徒刑,并处罚金。这里所说的“接受恐怖活动培训”,是指到境外学习恐怖主义思想、主张,接受心理、体能、实战训练或者接受制造工具、武器、炸弹等方面的犯罪技能和方法培训等。根据本条规定,为参加恐怖活动组织、接受恐怖活动培训或者实施恐怖活动,偷越国(边)境的,本身就是“情节严重”的行为,且应当判处更为严厉的第二档刑。

关联法规索引

《最高人民法院、最高人民检察院关于办理妨害国(边)境管理刑事案件应用法律若干问题的解释》第 5 条

典型案例

廖某甲等 4 人偷越国境案[1]

※要旨:中国公民出境入境,应当依法申请办理护照或者其他旅行证件,且应当从对外开放的口岸出境入境,在特殊情况下,可以从国务院或者国务院授权的部门批准的地点出境入境。无论出于什么目的,违反国(边)境管理法规,偷越国(边)境,情节严重,构成偷越国(边)境罪的,应依法予以惩处。

[1] 参见《最高人民检察院依法惩治妨害国(边)境管理犯罪典型案例》之二。

吴某某偷越国境案[1]

※要旨：为了促进我国与边境国家的经济社会合作与发展，我国与有关边境国家签订边界管理合作协议，允许境外边民持临时边界通行证合法进入我国边境地区，从事探亲访友、旅游、互市贸易等活动。临时边界通行证持证人只限在规定的区域和有效期限内停留，对于违反国境管理规定，非法越过边界通行证准许的活动范围，未获批准进入内地，情节严重的，应当以偷越国境罪定罪处罚。

第三百二十三条　【破坏界碑、界桩罪；破坏永久性测量标志罪】故意破坏国家边境的界碑、界桩或者永久性测量标志的，处三年以下有期徒刑或者拘役。

第四节　妨害文物管理罪

第三百二十四条　【故意损毁文物罪】故意损毁国家保护的珍贵文物或者被确定为全国重点文物保护单位、省级文物保护单位的文物的，处三年以下有期徒刑或者拘役，并处或者单处罚金；情节严重的，处三年以上十年以下有期徒刑，并处罚金。

【故意损毁名胜古迹罪】故意损毁国家保护的名胜古迹，情节严重的，处五年以下有期徒刑或者拘役，并处或者单处罚金。

【过失损毁文物罪】过失损毁国家保护的珍贵文物或者被确定为全国重点文物保护单位、省级文物保护单位的文物，造成严重后果的，处三年以下有期徒刑或者拘役。

---

〔1〕 参见《最高人民检察院依法惩治妨害国（边）境管理犯罪典型案例》之三。

条文解读

本条是关于故意损毁文物罪、故意损毁名胜古迹罪和过失损毁文物罪及其处罚的规定。"珍贵文物"，主要是指可移动文物。根据《文物保护法》和《文物藏品定级标准》的规定，凡属一、二级的文物均属珍贵文物，部分三级文物也属珍贵文物。"文物保护单位"，是指人民政府按照法定程序确定的，具有历史、艺术、科学价值的革命遗址、纪念建筑物、古文化遗址、古墓葬、古建筑、石窟寺、石刻等不可移动的文物。"故意损毁"，是指故意将国家保护的珍贵文物毁坏，将全国重点文物保护单位、省级文物保护单位的文物破坏的行为。其中，"损毁"包括打碎、涂抹、拆散、烧毁等使文物失去文物价值的破坏行为。

本条第2款中的"名胜古迹"，是指可供人游览的著名的风景区以及虽未被人民政府核定公布为文物保护单位但也具有一定历史意义的古建筑、雕塑、石刻等历史陈迹。

关联法规索引

《最高人民检察院、公安部关于公安机关管辖的刑事案件立案追诉标准的规定(一)》第46~48条；《最高人民法院、最高人民检察院关于办理妨害文物管理等刑事案件适用法律若干问题的解释》第3~5条

典型案例

张某明、毛某明、张某故意损毁名胜古迹案[1]

※**要旨：**风景名胜区的核心景区属于《刑法》第324条第2款规定的"国家保护的名胜古迹"。对核心景区内的世界自然遗产实施打岩钉等破坏活动，严重破坏自然遗产的自然性、原始性、完整性和稳定性的，综合考虑有关地质遗迹的特点、损坏程度等，可以认定为故意损毁国家保护的名胜古迹"情节严重"。

[1] 参见最高人民法院指导性案例第147号。

第三百二十五条 【非法向外国人出售、赠送珍贵文物罪】 违反文物保护法规，将收藏的国家禁止出口的珍贵文物私自出售或者私自赠送给外国人的，处五年以下有期徒刑或者拘役，可以并处罚金。

单位犯前款罪的，对单位判处罚金，并对其直接负责的主管人员和其他直接责任人员，依照前款的规定处罚。

条文解读

本条是关于非法向外国人出售、赠送珍贵文物罪及其处罚的规定。正确适用本条需要注意区分罪与非罪的界限：(1)只有向外国人私自出售、私自赠送珍贵文物的才构成本罪，这里的外国人包括外国国籍的人和无国籍的人。向中国公民私自出售、私自赠送珍贵文物的，不构成本罪。(2)必须是私自出售、私自赠送珍贵文物给外国人，如果是经批准过的，是合法的行为，不构成犯罪。(3)出售、赠送的是珍贵文物才可能构成本罪，如果是一般文物则不构成本罪。

第三百二十六条 【倒卖文物罪】 以牟利为目的，倒卖国家禁止经营的文物，情节严重的，处五年以下有期徒刑或者拘役，并处罚金；情节特别严重的，处五年以上十年以下有期徒刑，并处罚金。

单位犯前款罪的，对单位判处罚金，并对其直接负责的主管人员和其他直接责任人员，依照前款的规定处罚。

关联法规索引

《最高人民法院、最高人民检察院关于办理妨害文物管理等刑事案件适用法律若干问题的解释》第6条

第三百二十七条 【非法出售、私赠文物藏品罪】 违反文物保护法规，国有博物馆、图书馆等单位将国家保护的文物藏品出售或者私自送给非国有单位或者个人的，对单位判处罚金，并对其直接负责的主管人员和其他直接责任人员，处三年以下有期徒刑或者拘役。

条文解读

本条是关于非法出售、私赠文物藏品罪及其处罚的规定。本罪的主体是特殊主体,为国有博物馆、图书馆等单位。非国有单位和个人不能成为本罪的主体。本罪与非法向外国人出售、赠送珍贵文物罪的区别:(1)犯罪主体不同。(2)犯罪对象不同。本罪的犯罪对象是国有博物馆、图书馆等单位收藏的文物,非法向外国人出售、赠送珍贵文物罪的犯罪对象是单位或个人收藏的国家禁止出口的珍贵文物。(3)出售或者赠送对象不同。本罪出售、赠送的对象是非国有单位和具有中国国籍的人,非法向外国人出售、赠送珍贵文物罪出售、赠送的对象是外国人。

关联法规索引

《最高人民法院、最高人民检察院关于办理妨害文物管理等刑事案件适用法律若干问题的解释》第7条

第三百二十八条　【盗掘古文化遗址、古墓葬罪】盗掘具有历史、艺术、科学价值的古文化遗址、古墓葬的,处三年以上十年以下有期徒刑,并处罚金;情节较轻的,处三年以下有期徒刑、拘役或者管制,并处罚金;有下列情形之一的,处十年以上有期徒刑或者无期徒刑,并处罚金或者没收财产:

(一)盗掘确定为全国重点文物保护单位和省级文物保护单位的古文化遗址、古墓葬的;

(二)盗掘古文化遗址、古墓葬集团的首要分子;

(三)多次盗掘古文化遗址、古墓葬的;

(四)盗掘古文化遗址、古墓葬,并盗窃珍贵文物或者造成珍贵文物严重破坏的。

【盗掘古人类化石、古脊椎动物化石罪】盗掘国家保护的具有科学价值的古人类化石和古脊椎动物化石的,依照前款的规定处罚。

条文解读

本条是关于盗掘古文化遗址、古墓葬罪和盗掘古人类化石、古脊椎动物化石罪

及其处罚的规定。“盗掘”，是指以出卖或者非法占有为目的，私自秘密发掘古文化遗址和古墓葬的行为。“古文化遗址”，是指在人类历史发展中由古代人类创造并留下的表明其文化发展水平的地区，如周口店。“古墓葬”，是指古代（一般指清代以前，包括清代）人类将逝者及其生前遗物按一定方式放置于特定场所并建造的固定设施。辛亥革命以后，与著名历史事件有关的名人墓葬、遗址和纪念地也视同古墓葬、古遗址，受国家保护。

“古脊椎动物化石”，是指石化的古脊椎动物的遗骸或遗迹，主要指1万年以前埋藏于地下的古爬行动物、哺乳动物和鱼类化石等。“古人类化石”，是指石化的古人类的遗骸或遗迹，主要指距今1万年前的直立人，早期、晚期智人的遗骸，如牙齿、头盖骨、骨骼等。

关联法规索引

《最高人民法院、最高人民检察院关于办理妨害文物管理等刑事案件适用法律若干问题的解释》第8条

第三百二十九条　【抢夺、窃取国有档案罪】 抢夺、窃取国家所有的档案的，处五年以下有期徒刑或者拘役。

【擅自出卖、转让国有档案罪】 违反档案法的规定，擅自出卖、转让国家所有的档案，情节严重的，处三年以下有期徒刑或者拘役。

有前两款行为，同时又构成本法规定的其他犯罪的，依照处罚较重的规定定罪处罚。

第五节　危害公共卫生罪

第三百三十条　【妨害传染病防治罪】 违反传染病防治法的规定，有下列情形之一，引起甲类传染病以及依法确定采取甲类传染病预防、控制措施的传染病传播或者有传播严重危险的，处三年以下有期徒刑或者拘役；后果特别严重的，处三年以上七年以下有期徒刑：

（一）供水单位供应的饮用水不符合国家规定的卫生标准的；

（二）拒绝按照疾病预防控制机构提出的卫生要求，对传染病病原体污染的污水、污物、场所和物品进行消毒处理的；

（三）准许或者纵容传染病病人、病原携带者和疑似传染病病人从事国务院卫生行政部门规定禁止从事的易使该传染病扩散的工作的；

（四）出售、运输疫区中被传染病病原体污染或者可能被传染病病原体污染的物品，未进行消毒处理的；

（五）拒绝执行县级以上人民政府、疾病预防控制机构依照传染病防治法提出的预防、控制措施的。

单位犯前款罪的，对单位判处罚金，并对其直接负责的主管人员和其他直接责任人员，依照前款的规定处罚。

甲类传染病的范围，依照《中华人民共和国传染病防治法》和国务院有关规定确定。

关联法规索引

《最高人民检察院、公安部关于公安机关管辖的刑事案件立案追诉标准的规定（一）》第 49 条

典型案例

郭某某妨害传染病防治案[1]

※要旨：被告人出国旅游返回后故意隐瞒出入境情况，不执行隔离规定，多次出入公共场所，造成 43 名密切接触者被集中隔离，单位所在办公大楼被封闭 7 天，社会危害严重，影响恶劣，应依法从严惩处。

[1] 参见《人民法院依法惩处妨害疫情防控犯罪典型案例（第三批）》之一。

吴某某妨害传染病防治案[1]

※**要旨：**被告人作为餐饮店经营者，不执行卫生防疫机构依照传染病防治法提出的隔离控制措施，引起新型冠状病毒传播的严重危险，其行为构成妨害传染病防治罪，应依法惩处。

第三百三十一条　【传染病菌种、毒种扩散罪】从事实验、保藏、携带、运输传染病菌种、毒种的人员，违反国务院卫生行政部门的有关规定，造成传染病菌种、毒种扩散，后果严重的，处三年以下有期徒刑或者拘役；后果特别严重的，处三年以上七年以下有期徒刑。

关联法规索引

《最高人民检察院、公安部关于公安机关管辖的刑事案件立案追诉标准的规定（一）》第50条

第三百三十二条　【妨害国境卫生检疫罪】违反国境卫生检疫规定，引起检疫传染病传播或者有传播严重危险的，处三年以下有期徒刑或者拘役，并处或者单处罚金。

单位犯前款罪的，对单位判处罚金，并对其直接负责的主管人员和其他直接责任人员，依照前款的规定处罚。

关联法规索引

《最高人民检察院、公安部关于公安机关管辖的刑事案件立案追诉标准的规定（一）》第51条

---

〔1〕 参见《人民法院依法惩处妨害疫情防控犯罪典型案例（第三批）》之三。

第三百三十三条　【非法组织卖血罪;强迫卖血罪】非法组织他人出卖血液的,处五年以下有期徒刑,并处罚金;以暴力、威胁方法强迫他人出卖血液的,处五年以上十年以下有期徒刑,并处罚金。

有前款行为,对他人造成伤害的,依照本法第二百三十四条的规定定罪处罚。

关联法规索引

《最高人民检察院、公安部关于公安机关管辖的刑事案件立案追诉标准的规定(一)》第52、53条

第三百三十四条　【非法采集、供应血液、制作、供应血液制品罪】非法采集、供应血液或者制作、供应血液制品,不符合国家规定的标准,足以危害人体健康的,处五年以下有期徒刑或者拘役,并处罚金;对人体健康造成严重危害的,处五年以上十年以下有期徒刑,并处罚金;造成特别严重后果的,处十年以上有期徒刑或者无期徒刑,并处罚金或者没收财产。

【采集、供应血液、制作、供应血液制品事故罪】经国家主管部门批准采集、供应血液或者制作、供应血液制品的部门,不依照规定进行检测或者违背其他操作规定,造成危害他人身体健康后果的,对单位判处罚金,并对其直接负责的主管人员和其他直接责任人员,处五年以下有期徒刑或者拘役。

关联法规索引

《最高人民法院、最高人民检察院关于办理非法采供血液等刑事案件具体应用法律若干问题的解释》;《最高人民检察院、公安部关于公安机关管辖的刑事案件立案追诉标准的规定(一)》第54、55条

第三百三十四条之一　【非法采集人类遗传资源、走私人类遗传资源材料罪】违反国家有关规定,非法采集我国人类遗传资源或者非法运送、邮寄、

携带我国人类遗传资源材料出境，危害公众健康或者社会公共利益，情节严重的，处三年以下有期徒刑、拘役或者管制，并处或者单处罚金；情节特别严重的，处三年以上七年以下有期徒刑，并处罚金。

条文解读

本条是关于非法采集人类遗传资源、走私人类遗传资源材料罪及其处罚的规定。本罪包括两种行为：

一是非法采集人类遗传资源的行为。《人类遗传资源管理条例》第11条明确规定，采集我国重要遗传家系、特定地区人类遗传资源或者采集国务院卫生健康主管部门规定种类、数量的人类遗传资源的，应经国务院卫生健康主管部门批准，同时满足下列条件：(1)具有法人资格；(2)采集目的明确、合法；(3)采集方案合理；(4)通过伦理审查；(5)具有负责人类遗传资源管理的部门和管理制度；(6)具有与采集活动相适应的场所、设施、设备和人员。

二是走私人类遗传资源材料出境的行为。主要是指违反国家有关规定，非法运送、邮寄、携带我国人类遗传资源材料出境的行为。在行为方式上主要包括运送、邮寄、携带出境。携带通常是行为人亲自携带，可以放置于衣服、背包，甚至可以采用藏置体内等方式，运送和邮寄主要是借助交通工具或者其他载体。这里的运送、邮寄、携带行为都要求出境，在境内实施上述行为如果符合行政处罚的条件，对行为人进行行政处罚即可。

根据本条规定，非法采集我国人类遗传资源或者非法运送、邮寄、携带我国人类遗传资源材料出境的行为要“危害公众健康或者社会公共利益，情节严重的”才构成犯罪，对行为人追究刑事责任。危害公众健康或者社会公共利益，主要是指在采集过程中因采集方法、采集的设备或者程序等因素造成被采集人感染疾病、组织器官造成伤害、部分功能丧失或者造成我国特定地区或者种系的遗传资源遭到严重破坏等。对于“情节严重”及“情节特别严重”的判断，可以从行为方式上区分，也可以从造成危害结果的角度考量。对于尚不构成犯罪的，应当根据《生物安全法》等相关规定予以行政处罚。

第三百三十五条 【医疗事故罪】 医务人员由于严重不负责任，造成就诊人死亡或者严重损害就诊人身体健康的，处三年以下有期徒刑或者拘役。

关联法规索引

《最高人民检察院、公安部关于公安机关管辖的刑事案件立案追诉标准的规定(一)》第56条

第三百三十六条 【非法行医罪】 未取得医生执业资格的人非法行医，情节严重的，处三年以下有期徒刑、拘役或者管制，并处或者单处罚金；严重损害就诊人身体健康的，处三年以上十年以下有期徒刑，并处罚金；造成就诊人死亡的，处十年以上有期徒刑，并处罚金。

【非法进行节育手术罪】 未取得医生执业资格的人擅自为他人进行节育复通手术、假节育手术、终止妊娠手术或者摘取宫内节育器，情节严重的，处三年以下有期徒刑、拘役或者管制，并处或者单处罚金；严重损害就诊人身体健康的，处三年以上十年以下有期徒刑，并处罚金；造成就诊人死亡的，处十年以上有期徒刑，并处罚金。

配套法规及解读

《最高人民法院关于审理非法行医刑事案件具体应用法律若干问题的解释》(2016年12月16日修正)

第一条 具有下列情形之一的，应认定为刑法第三百三十六条第一款规定的“未取得医生执业资格的人非法行医”：

(一)未取得或者以非法手段取得医师资格从事医疗活动的；

(二)被依法吊销医师执业证书期间从事医疗活动的；

(三)未取得乡村医生执业证书，从事乡村医疗活动的；

(四)家庭接生员实施家庭接生以外的医疗行为的。

第二条 具有下列情形之一的，应认定为刑法第三百三十六条第一款规定的“情节严重”：

（一）造成就诊人轻度残疾、器官组织损伤导致一般功能障碍的；

（二）造成甲类传染病传播、流行或者有传播、流行危险的；

（三）使用假药、劣药或不符合国家规定标准的卫生材料、医疗器械，足以严重危害人体健康的；

（四）非法行医被卫生行政部门行政处罚两次以后，再次非法行医的；

（五）其他情节严重的情形。

※法规解读：

本解释第1条对《刑法》第336条第1款规定的“未取得医生执业资格的人非法行医”列举了以下4种情形：

(1)未取得或者以非法手段取得医师资格从事医疗活动。通过医师资格考试，取得了执业医师资格或者执业助理医师资格，即视为取得医师资格。对取得医师资格但尚未进行医师注册取得执业证书的人从事诊疗活动，可以予以行政处罚，不宜一律按照非法行医罪处理。以非法手段取得医师资格的人，主要指以伪造、欺骗、行贿等手段取得医师资格证书的人。

(2)被依法吊销医师执业证书期间从事医疗活动。被吊销医师执业证书的人等同于未取得医师执业资格的人，被依法吊销医师执业证书期间从事医疗活动的人，可以构成非法行医罪的主体。这种情况与一般的有医师资格没有进行执业注册的情况有本质区别。

(3)未取得乡村医生执业证书，从事乡村医疗活动。《乡村医生从业管理条例》对尚未取得执业医师资格，经注册在村医疗机构从事预防、保健和一般医疗服务的乡村医生作出了规定。我国乡村医生大多数在乡村医疗卫生机构工作，在为广大农民提供预防、保健和一般医疗服务方面发挥着重要作用。但是，这些乡村医生的学历和业务水平参差不齐，如果强制要求他们取得执业医师资格，恐怕不大现实。考虑到农村广大人民群众的医疗卫生状况，有必要把乡村医生的规定单独列出来，即对于虽未取得执业医师资格，但根据国务院《乡村医生从业管理条例》的规定，经县级卫生行政管理部门注册后，在乡村医疗机构从事一般医疗服务的乡村医生，不能按照非法行医处理。

(4)家庭接生员实施家庭接生以外的医疗行为。依照法律规定，取得家庭接生员资格的人，除从事家庭接生外未取得从事其他行医行为的资格，这些人员实施家庭接生以外的医疗行为，情节严重的，可按非法行医罪追究责任。

本解释第 2 条对《刑法》第 336 条第 1 款规定的"情节严重"的情形进行了规定。

(1)造成就诊人轻度残疾、器官组织损伤导致一般功能障碍的。这是从非法行医造成的严重后果考虑的。该规定参照的是国务院《医疗事故处理条例》的规定，相当于三级医疗事故。判断标准依照原卫生部《医疗事故分级标准(试行)》的相关规定，三级医疗事故分为甲、乙、丙、丁、戊 5 个等级，共 135 种情形。

(2)造成甲类传染病传播、流行或者有传播、流行危险的。甲类传染病，是指《传染病防治法》第 3 条第 2 款规定的鼠疫和霍乱。

(3)非法行医行为人和非法诊所受经济利益的驱动，使用危害人体健康的假药、劣药，或者使用无生产批号、无地址、未检测的地下工厂生产的不符合国家规定标准的卫生材料、医疗器械等，危害公共卫生安全、人体生命健康的。

(4)非法行医被卫生行政部门行政处罚两次以后，再次非法行医的。非法行医行为人在被行政处罚两次以后，明知非法行医的行为扰乱了医疗服务市场秩序和社会治安，仍然无视人民群众的生命权、健康权，因利益的驱动再次非法行医，说明行为人主观恶性很大，社会危害性也大，这种行为应当视为"情节严重"。

(5)其他情节严重的情形。

关联法规索引

《最高人民法院、最高人民检察院关于办理妨害预防、控制突发传染病疫情等灾害的刑事案件具体应用法律若干问题的解释》第 12 条;《最高人民检察院、公安部关于公安机关管辖的刑事案件立案追诉标准的规定(一)》第 57、58 条

第三百三十六条之一　【非法植入基因编辑、克隆胚胎罪】将基因编辑、克隆的人类胚胎植入人体或者动物体内，或者将基因编辑、克隆的动物胚胎植入人体内，情节严重的，处三年以下有期徒刑或者拘役，并处罚金；情节特别严重的，处三年以上七年以下有期徒刑，并处罚金。

条文解读

本条是关于非法植入基因编辑、克隆胚胎罪及其处罚的规定。基因编辑是指改变细胞或生物体的DNA,包括插入、删除或修改基因或基因序列,以实现基因的沉默、增强或其他改变基因特征的技术。经过基因编辑和克隆的人类胚胎不管是植入动物还是人体都是被禁止的。根据本条的规定,只有将基因编辑或者克隆的胚胎植入体内才构成犯罪,处于试验或者研究阶段在体外进行的基因编辑或者克隆并不属于《刑法》的规制范围。"植入",即将体外培养的受精卵或者胚胎移植到子宫内的过程,至于是否着床或植入是否成功不影响"植入"行为的完成。

"情节严重"是本罪的入罪门槛,同时"情节严重""情节特别严重"也是两档法定刑科处刑罚的条件。根据相关规定,对人体胚胎进行基因编辑基础研究,应遵守14天原则,即自细胞受精或者核移植开始计算在体外培养的期限最长为14天,对于虽然超过14天但能及时(如胚盘的三胚层尚未建立或分化)销毁,未造成严重后果或恶劣影响的,通过职业禁止规定对行为人处罚或给予其相关行政处罚即可。"情节严重""情节特别严重"的认定标准可以参考《生物技术研究开发安全管理办法》中生物技术研究开发活动潜在风险程度,高风险等级、较高风险等级的标准。

第三百三十七条 【妨害动植物防疫、检疫罪】违反有关动植物防疫、检疫的国家规定,引起重大动植物疫情的,或者有引起重大动植物疫情危险,情节严重的,处三年以下有期徒刑或者拘役,并处或者单处罚金。

单位犯前款罪的,对单位判处罚金,并对其直接负责的主管人员和其他直接责任人员,依照前款的规定处罚。

关联法规索引

《最高人民检察院、公安部关于公安机关管辖的刑事案件立案追诉标准的规定(一)》第59条

第六节　破坏环境资源保护罪

第三百三十八条　【污染环境罪】 违反国家规定，排放、倾倒或者处置有放射性的废物、含传染病病原体的废物、有毒物质或者其他有害物质，严重污染环境的，处三年以下有期徒刑或者拘役，并处或者单处罚金；情节严重的，处三年以上七年以下有期徒刑，并处罚金；有下列情形之一的，处七年以上有期徒刑，并处罚金：

（一）在饮用水水源保护区、自然保护地核心保护区等依法确定的重点保护区域排放、倾倒、处置有放射性的废物、含传染病病原体的废物、有毒物质，情节特别严重的；

（二）向国家确定的重要江河、湖泊水域排放、倾倒、处置有放射性的废物、含传染病病原体的废物、有毒物质，情节特别严重的；

（三）致使大量永久基本农田基本功能丧失或者遭受永久性破坏的；

（四）致使多人重伤、严重疾病，或者致人严重残疾、死亡的。

有前款行为，同时构成其他犯罪的，依照处罚较重的规定定罪处罚。

配套法规及解读

《最高人民法院、最高人民检察院关于办理环境污染刑事案件适用法律若干问题的解释》（2023年8月8日）

第一条　实施刑法第三百三十八条规定的行为，具有下列情形之一的，应当认定为“严重污染环境”：

（一）在饮用水水源保护区、自然保护地核心保护区等依法确定的重点保护区域排放、倾倒、处置有放射性的废物、含传染病病原体的废物、有毒物质的；

（二）非法排放、倾倒、处置危险废物三吨以上的；

（三）排放、倾倒、处置含铅、汞、镉、铬、砷、铊、锑的污染物，超过国家或者地方污染物排放标准三倍以上的；

（四）排放、倾倒、处置含镍、铜、锌、银、钒、锰、钴的污染物，超过国家或者地方污染物排放标准十倍以上的；

（五）通过暗管、渗井、渗坑、裂隙、溶洞、灌注、非紧急情况下开启大气应急排放通道等逃避监管的方式排放、倾倒、处置有放射性的废物、含传染病病原体的废物、有毒物质的；

（六）二年内曾因在重污染天气预警期间，违反国家规定，超标排放二氧化硫、氮氧化物等实行排放总量控制的大气污染物受过二次以上行政处罚，又实施此类行为的；

（七）重点排污单位、实行排污许可重点管理的单位篡改、伪造自动监测数据或者干扰自动监测设施，排放化学需氧量、氨氮、二氧化硫、氮氧化物等污染物的；

（八）二年内曾因违反国家规定，排放、倾倒、处置有放射性的废物、含传染病病原体的废物、有毒物质受过二次以上行政处罚，又实施此类行为的；

（九）违法所得或者致使公私财产损失三十万元以上的；

（十）致使乡镇集中式饮用水水源取水中断十二小时以上的；

（十一）其他严重污染环境的情形。

第二条 实施刑法第三百三十八条规定的行为，具有下列情形之一的，应当认定为“情节严重”：

（一）在饮用水水源保护区、自然保护地核心保护区等依法确定的重点保护区域排放、倾倒、处置有放射性的废物、含传染病病原体的废物、有毒物质，造成相关区域的生态功能退化或者野生生物资源严重破坏的；

（二）向国家确定的重要江河、湖泊水域排放、倾倒、处置有放射性的废物、含传染病病原体的废物、有毒物质，造成相关水域的生态功能退化或者水生生物资源严重破坏的；

（三）非法排放、倾倒、处置危险废物一百吨以上的；

（四）违法所得或者致使公私财产损失一百万元以上的；

（五）致使县级城区集中式饮用水水源取水中断十二小时以上的；

（六）致使永久基本农田、公益林地十亩以上，其他农用地二十亩以上，其他土地五十亩以上基本功能丧失或者遭受永久性破坏的；

（七）致使森林或者其他林木死亡五十立方米以上，或者幼树死亡二千五百株以上的；

（八）致使疏散、转移群众五千人以上的；

（九）致使三十人以上中毒的；

（十）致使一人以上重伤、严重疾病或者三人以上轻伤的；

（十一）其他情节严重的情形。

第三条　实施刑法第三百三十八条规定的行为，具有下列情形之一的，应当处七年以上有期徒刑，并处罚金：

（一）在饮用水水源保护区、自然保护地核心保护区等依法确定的重点保护区域排放、倾倒、处置有放射性的废物、含传染病病原体的废物、有毒物质，具有下列情形之一的：

1. 致使设区的市级城区集中式饮用水水源取水中断十二小时以上的；

2. 造成自然保护地主要保护的生态系统严重退化，或者主要保护的自然景观损毁的；

3. 造成国家重点保护的野生动植物资源或者国家重点保护物种栖息地、生长环境严重破坏的；

4. 其他情节特别严重的情形。

（二）向国家确定的重要江河、湖泊水域排放、倾倒、处置有放射性的废物、含传染病病原体的废物、有毒物质，具有下列情形之一的：

1. 造成国家确定的重要江河、湖泊水域生态系统严重退化的；

2. 造成国家重点保护的野生动植物资源严重破坏的；

3. 其他情节特别严重的情形。

（三）致使永久基本农田五十亩以上基本功能丧失或者遭受永久性破坏的；

（四）致使三人以上重伤、严重疾病，或者一人以上严重残疾、死亡的。

第四条　实施刑法第三百三十九条第一款规定的行为，具有下列情形之一的，应当认定为“致使公私财产遭受重大损失或者严重危害人体健康”：

（一）致使公私财产损失一百万元以上的；

（二）具有本解释第二条第五项至第十项规定情形之一的；

（三）其他致使公私财产遭受重大损失或者严重危害人体健康的情形。

第五条　实施刑法第三百三十八条、第三百三十九条规定的犯罪行为，具有下列情形之一的，应当从重处罚：

（一）阻挠环境监督检查或者突发环境事件调查，尚不构成妨害公务等犯罪的；

（二）在医院、学校、居民区等人口集中地区及其附近，违反国家规定排放、倾倒、处置有放射性的废物、含传染病病原体的废物、有毒物质或者其他有害物质的；

（三）在突发环境事件处置期间或者被责令限期整改期间，违反国家规定排放、倾倒、处置有放射性的废物、含传染病病原体的废物、有毒物质或者其他有害物质的；

（四）具有危险废物经营许可证的企业违反国家规定排放、倾倒、处置有放射性的废物、含传染病病原体的废物、有毒物质或者其他有害物质的；

（五）实行排污许可重点管理的企业事业单位和其他生产经营者未依法取得排污许可证，排放、倾倒、处置有放射性的废物、含传染病病原体的废物、有毒物质或者其他有害物质的。

第六条 实施刑法第三百三十八条规定的行为，行为人认罪认罚，积极修复生态环境，有效合规整改的，可以从宽处罚；犯罪情节轻微的，可以不起诉或者免予刑事处罚；情节显著轻微危害不大的，不作为犯罪处理。

第七条 无危险废物经营许可证从事收集、贮存、利用、处置危险废物经营活动，严重污染环境的，按照污染环境罪定罪处罚；同时构成非法经营罪的，依照处罚较重的规定定罪处罚。

实施前款规定的行为，不具有超标排放污染物、非法倾倒污染物或者其他违法造成环境污染的情形的，可以认定为非法经营情节显著轻微危害不大，不认为是犯罪；构成生产、销售伪劣产品等其他犯罪的，以其他犯罪论处。

第八条 明知他人无危险废物经营许可证，向其提供或者委托其收集、贮存、利用、处置危险废物，严重污染环境的，以共同犯罪论处。

第九条 违反国家规定，排放、倾倒、处置含有毒害性、放射性、传染病病原体等物质的污染物，同时构成污染环境罪、非法处置进口的固体废物罪、投放危险物质罪等犯罪的，依照处罚较重的规定定罪处罚。

第十条 承担环境影响评价、环境监测、温室气体排放检验检测、排放报告编制或者核查等职责的中介组织的人员故意提供虚假证明文件，具有下列情形之一的，应当认定为刑法第二百二十九条第一款规定的“情节严重”：

（一）违法所得三十万元以上的；

（二）二年内曾因提供虚假证明文件受过二次以上行政处罚，又提供虚假证明文件的；

（三）其他情节严重的情形。

实施前款规定的行为，在涉及公共安全的重大工程、项目中提供虚假的环境影响评价等证明文件，致使公共财产、国家和人民利益遭受特别重大损失的，应当依照刑法第二百二十九条第一款的规定，处五年以上十年以下有期徒刑，并处罚金。

实施前两款规定的行为，同时索取他人财物或者非法收受他人财物构成犯罪的，依照处罚较重的规定定罪处罚。

第十一条　违反国家规定，针对环境质量监测系统实施下列行为，或者强令、指使、授意他人实施下列行为，后果严重的，应当依照刑法第二百八十六条的规定，以破坏计算机信息系统罪定罪处罚：

（一）修改系统参数或者系统中存储、处理、传输的监测数据的；

（二）干扰系统采样，致使监测数据因系统不能正常运行而严重失真的；

（三）其他破坏环境质量监测系统的行为。

重点排污单位、实行排污许可重点管理的单位篡改、伪造自动监测数据或者干扰自动监测设施，排放化学需氧量、氨氮、二氧化硫、氮氧化物等污染物，同时构成污染环境罪和破坏计算机信息系统罪的，依照处罚较重的规定定罪处罚。

从事环境监测设施维护、运营的人员实施或者参与实施篡改、伪造自动监测数据、干扰自动监测设施、破坏环境质量监测系统等行为的，依法从重处罚。

第十二条　对于实施本解释规定的相关行为被不起诉或者免予刑事处罚的行为人，需要给予行政处罚、政务处分或者其他处分的，依法移送有关主管机关处理。有关主管机关应当将处理结果及时通知人民检察院、人民法院。

第十三条　单位实施本解释规定的犯罪的，依照本解释规定的定罪量刑标准，对直接负责的主管人员和其他直接责任人员定罪处罚，并对单位判处罚金。

第十四条　环境保护主管部门及其所属监测机构在行政执法过程中收集的监测数据，在刑事诉讼中可以作为证据使用。

公安机关单独或者会同环境保护主管部门，提取污染物样品进行检测获取的数据，在刑事诉讼中可以作为证据使用。

第十五条　对国家危险废物名录所列的废物，可以依据涉案物质的来源、产生过程、被告人供述、证人证言以及经批准或者备案的环境影响评价文件、排污许可证、排污登记表等证据，结合环境保护主管部门、公安机关等出具的书面意见作出认定。

对于危险废物的数量，依据案件事实，综合被告人供述，涉案企业的生产工艺、物耗、能耗情况，以及经批准或者备案的环境影响评价文件等证据作出认定。

第十六条 对案件所涉的环境污染专门性问题难以确定的,依据鉴定机构出具的鉴定意见,或者国务院环境保护主管部门、公安部门指定的机构出具的报告,结合其他证据作出认定。

第十七条 下列物质应当认定为刑法第三百三十八条规定的“有毒物质”:

(一)危险废物,是指列入国家危险废物名录,或者根据国家规定的危险废物鉴别标准和鉴别方法认定的,具有危险特性的固体废物;

(二)《关于持久性有机污染物的斯德哥尔摩公约》附件所列物质;

(三)重金属含量超过国家或者地方污染物排放标准的污染物;

(四)其他具有毒性,可能污染环境的物质。

第十八条 无危险废物经营许可证,以营利为目的,从危险废物中提取物质作为原材料或者燃料,并具有超标排放污染物、非法倾倒污染物或者其他违法造成环境污染的情形的行为,应当认定为“非法处置危险废物”。

第十九条 本解释所称“二年内”,以第一次违法行为受到行政处罚的生效之日与又实施相应行为之日的时间间隔计算确定。

本解释所称“重点排污单位”,是指设区的市级以上人民政府环境保护主管部门依法确定的应当安装、使用污染物排放自动监测设备的重点监控企业及其他单位。

本解释所称“违法所得”,是指实施刑法第二百二十九条、第三百三十八条、第三百三十九条规定的行为所得和可得的全部违法收入。

本解释所称“公私财产损失”,包括实施刑法第三百三十八条、第三百三十九条规定的行为直接造成财产损毁、减少的实际价值,为防止污染扩大、消除污染而采取必要合理措施所产生的费用,以及处置突发环境事件的应急监测费用。

本解释所称“无危险废物经营许可证”,是指未取得危险废物经营许可证,或者超出危险废物经营许可证的经营范围。

※法规解读:

本解释主要涉及以下十个方面的问题。

1. 关于污染环境罪的定罪量刑标准。内容主要包括:

一是关于污染环境罪的入罪门槛。2016 年《最高人民法院、最高人民检察院关于办理环境污染刑事案件适用法律若干问题的解释》(以下简称《2016 年环境污染解释》)第 1 条对污染环境罪的入罪门槛“严重污染环境”共列出 18 项具体情形:第1项至第7项为行为入罪,第8项至第17项基本为结果入罪,第18项为兜底项。为体现加大污染环境犯罪惩治力度的立法精神,本解释第1条将污染环境罪的入罪门槛由“行为入罪+结果入罪”调整为主要以行为入罪。修改后,污染环境罪的入罪标准“严重污染环境”共列有11项情形。有7项是沿用《2016年环境污染解释》规定,有3项规定在《2016年环境污染解释》的基础上作了修改完善,加大了处罚力度。新增第6项规定,旨在推动解决人民群众感受最为直接、反映最为强烈的大气污染问题,为打赢蓝天保卫战提供有力刑事司法保障。需要注意的是,“实行排放总量控制的大气污染物”,目前主要为二氧化硫和氮氧化物,这一规定能否扩展适用于其他大气污染物,应严格依据相关国家政策和法律法规的明确规定,结合污染物检测技术水平依法作出判断。删去两项入罪情形,一是“造成生态环境严重损害的”规定,二是“违法减少防治污染设施运行支出一百万元以上的”规定。此外,为适应《刑法修正案(十一)》对污染环境罪的修改,合理确定污染环境罪的定罪量刑体系、标准,本解释第1条将《2016年环境污染解释》第1条规定中的部分结果入罪情形,如农田、森林毁坏,人员疏散、转移、中毒等,规定为加重法定刑情形。

二是关于污染环境罪的升档量刑标准。本解释降低了升档量刑标准,重新设置了污染环境罪第二档法定刑适用标准“情节严重”的具体情形,修改后的升档量刑情形也有11项,除兜底项外,还包括:第一,针对排放危险废物,违法所得或致公私财产损失以及致饮用水水源取水中断3项入罪情形,分别设置升档量刑标准;第二,针对污染环境罪新增的4项第三档量刑情形,相应规定所涉行为适用第二档法定刑的标准;第三,沿用《2016年环境污染解释》的相关规定,针对致森林毁坏,疏散、转移群众以及致人中毒3种情况,设置相关升档量刑情形,并对数量标准作出完善。

三是关于污染环境罪第三档法定刑的具体适用情形。本解释第3条对适用7年以上有期徒刑的情形作了明确规定,具体包括:

第一,针对“在饮用水水源保护区、自然保护地核心保护区等依法确定的重点保护区域排放、倾倒、处置有放射性的废物、含传染病病原体的废物、有毒物质,情节特别严重的”规定,从取水中断情况,生态系统影响,国家重点保护物种及其栖息地、生长环境破坏等方面,细化为“情节特别严重”3类具体适用情形;同时考虑实践情况复杂,设置兜底规定交由司法实践裁量把握。

第二，针对“向国家确定的重要江河、湖泊水域排放、倾倒、处置有放射性的废物、含传染病病原体的废物、有毒物质，情节特别严重的”规定，从对生态系统造成影响，对国家重点保护野生动植物种造成危害等方面，细化了情节特别严重的适用情形，明确为“造成国家确定的重要江河、湖泊水域生态系统严重退化的”“造成国家重点保护的野生动植物资源严重破坏的”两目，并作了兜底规定。

第三，针对《刑法》关于“致使大量永久基本农田基本功能丧失或者遭受永久性破坏的”规定，将“大量”量化为“五十亩以上”。同时，这一规定也与第二档法定刑适用情形“致使永久基本农田、公益林地十亩以上……基本功能丧失或者遭受永久性破坏”之间形成5倍的倍数关系，实现有序衔接。

第四，针对《刑法》关于“致使多人重伤、严重疾病，或者致人严重残疾、死亡的”规定，将“致使三人以上重伤、严重疾病，或者一人以上严重残疾、死亡”明确为第三档刑的适用情形之一，彰显了依法严惩污染环境犯罪，保障人民群众生命健康安全的坚定立场。

2. 关于涉危险废物环境污染行为的处理规则。本解释多个条文对涉危险废物行为的处理作出规定。除污染环境罪、非法处置进口的固体废物罪之中涉危险废物行为的定罪量刑标准之外，还主要包括：

一是关于危险废物的含义。本解释第17条根据《固体废物污染环境防治法》修订情况，专门对危险废物的定义作出调整，将“具有危险特性的废物”修改为“具有危险特性的固体废物”。需要说明的是，固体废物并不限于物理上的固态废物，根据《固体废物污染环境防治法》规定，还包括半固态和置于容器中的气态的物品、物质以及法律、行政法规规定纳入固体废物管理的物品、物质。

二是关于危险废物的认定。考虑到《国家危险废物名录》对于废物类别、行业来源（危险废物的产生源）、废物代码、危险特性（腐蚀性、毒性、易燃性、反应性和感染性）以及产生阶段均有明确描述，原则上，对于列入《国家危险废物名录》的废物，可以直接依据该名录认定；但是，如果该危险废物已经同非危险废物混合，或者系未列入目录，则原则上应当对物品的特征进行鉴别，符合相应特征的，才能认定为危险废物。

三是关于危险废物数量的认定。对于行为人非法排放、倾倒、处置危险废物的数量，除当场查获的外，还可以依据其他证据材料予以综合认定。为了加大对危险废物产生企业非法处置等行为的规制力度，本解释第15条第2款沿用《2016年环境污染解释》的规定,重申了对危险废物数量的认定规则。

四是关于非法利用危险废物行为的定性。司法实践中,对于非法处置危险废物的行为,特别是处置行为与利用行为之间的关系,存在不同认识。经研究认为,利用本身也是一种处置行为,但核心在于判断是否违法造成环境污染。为统一认识,本解释第18条沿用了《2016年环境污染解释》的规定。

五是关于非法处置危险废物行为的处理。非法处置危险废物以未取得经营许可证为前提,对于是否以违法造成环境污染为要件,则存在不同认识。本解释坚持对环境法益的实质考量:一方面,确立无危险废物经营许可证从事收集、贮存、利用、处置危险废物经营活动的入罪以违法造成环境污染为实质要件,未违法造成环境污染的,可以认定为情节显著轻微危害不大,不认为是犯罪(当然,构成生产、销售伪劣产品等其他犯罪的,可以其他犯罪论处);另一方面,针对当前危险废物污染环境犯罪的严峻形势,加大对此类行为的刑事惩处力度,对无资质处置危险废物,违法造成环境污染的情形允许适用非法经营罪,对同时符合污染环境罪和非法经营罪的情形择一重罪处断。

3.关于环境污染关联犯罪的处理规则。本解释对环境污染关联犯罪的规定,主要涉及环境领域的提供虚假证明文件罪和破坏计算机信息系统罪。

首先,关于环境领域提供虚假证明文件罪的适用规则。本解释在《2016年环境污染解释》规定的基础上,对环境领域提供虚假证明文件罪的适用规则作了进一步完善。具体而言,明确行为主体,将涉碳排放数据造假行为纳入刑事规制范围,规定定罪量刑标准。

其次,关于破坏环境质量监测系统行为的处理规则。环境监测数据是环境决策的重要基础。破坏环境质量监测系统,会影响监测系统正常运行,误导环境决策,危害严重。对此,《2016年环境污染解释》第10条规定对实施修改参数,干扰采样等破坏环境质量监测系统的相关行为的,适用破坏计算机信息系统罪。本解释第11条第1款在《2016年环境污染解释》规定的基础上,仅对相关表述作了微调。

最后,关于涉环境监测数据造假犯罪的适用界限。根据本解释第1、10、11条的规定,相关伪造环境监测数据的行为,可能涉及3个罪名:污染环境罪、提供虚假证明文件罪和破坏计算机信息系统罪。在实践中,宜立足犯罪构成,区分行为主体、行为对象、行为方式等,准确评价行为社会危害性,依法妥当适用相关罪名保证良好办案效果。

4. 关于环境污染犯罪宽严相济刑事政策的把握。一是关于环境污染犯罪的从重处罚情形。本解释第5条沿用《2016年环境污染解释》的规定,列举了4项从重处罚情形。同时,根据《排污许可管理条例》,增加第5项规定,以进一步衔接前置法规定,推动排污许可制度落实,遏制非法排污行为。二是关于从宽处理规则。根据宽严相济刑事政策的要求,要实现对生态环境的有效保护和恢复,应当坚持惩罚犯罪与修复生态并重,全面推行恢复性司法机制。基于此,本解释第6条根据恢复性司法的要求,进一步完善了对环境污染犯罪的从宽处理规则。

5. 关于非法处置进口的固体废物罪的升档量刑。针对《刑法》第339条规定的"致使公私财产遭受重大损失或者严重危害人体健康"和《刑法》第408条规定的"致使公私财产遭受重大损失或者造成人身伤亡的严重后果",《2016年环境污染解释》第2条统一规定了具体适用情形。根据实践中的新情况,本解释第4条对相关规定作出调整,具体而言:一是不再针对《刑法》第339条第2款和《刑法》第408条作出规定;二是明确了《刑法》第339条第1款"致使公私财产遭受重大损失或者严重危害人体健康"的适用情形。

6. 关于环境监测、检测数据的审查使用规则。本解释第14条沿用《2016年环境污染解释》的规定,对环境保护主管部门收集的监测数据、公安部门提取污染物样品的检测数据等的证据资格问题作出明确规定。

7. 关于有毒物质的适用范围。本解释第17条明确了有毒物质的范围,基本沿用《2016年环境污染解释》第15条的规定,并根据实践情况对相关情形作出调整。

8. 关于反向行刑衔接规则。对于实施相关环境污染行为,被不起诉或者免予刑事处罚的行为人,需要给予行政处罚、政务处分或者其他处分的,本解释第12条明确规定依法移送有关主管机关处理,避免"不刑不罚"、变相放纵环境污染的违法行为,以进一步强化刑事司法与行政执法部门的工作合力,完善"刑""行"双向衔接的治理体系。

9. 关于专门性问题的认定规则。本解释第16条明确了关于环境污染犯罪案件专门性问题的认定规则。具体而言,基于当前司法鉴定机构的现实情况,确立了鉴定与报告"两条腿走路"原则,既可以出具鉴定意见,也允许由国务院环境保护主管部门、公安部门指定的机构出具报告。

10. 关于环境污染犯罪的其他问题。一是环境污染犯罪的竞合适用规则。对于违反国家规定,排放、倾倒、处置含有毒害性、放射性、传染病病原体等物质的污染物,可能同时构成污染环境罪、非法处置进口的固体废物罪、投放危险物质罪等犯罪的,本解释第9条明确规定:"依照处罚较重的规定定罪处罚。"二是单位犯罪的处理规则。本解释第13条明确了单位实施相关环境污染犯罪的,适用自然人犯罪的定罪量刑标准,以切实加大对单位环境污染行为的惩治力度。三是相关术语的含义。本解释第19条还对"二年内""重点排污单位""违法所得""公私财产损失""无危险废物经营许可证"的含义作了明确。

关联法规索引

《最高人民法院、最高人民检察院关于办理妨害预防、控制突发传染病疫情等灾害的刑事案件具体应用法律若干问题的解释》第13条;《最高人民检察院、公安部关于公安机关管辖的刑事案件立案追诉标准的规定(一)》第60条

典型案例

左某、徐某污染环境刑事附带民事公益诉讼案[1]

※要旨:对于必要、合理、适度的环境污染处置费用,人民法院应当认定属于污染环境刑事附带民事公益诉讼案件中的公私财产损失及生态环境损害赔偿范围。对于明显超出必要合理范围的处置费用,不应当作为追究被告人刑事责任,以及附带民事公益诉讼被告承担生态环境损害赔偿责任的依据。

第三百三十九条　【非法处置进口的固体废物罪】违反国家规定,将境外的固体废物进境倾倒、堆放、处置的,处五年以下有期徒刑或者拘役,并处罚金;造成重大环境污染事故,致使公私财产遭受重大损失或者严重危害人体健康的,处五年以上十年以下有期徒刑,并处罚金;后果特别严重的,处十

〔1〕参见最高人民法院指导性案例第203号。

年以上有期徒刑,并处罚金。

【擅自进口固体废物罪】未经国务院有关主管部门许可,擅自进口固体废物用作原料,造成重大环境污染事故,致使公私财产遭受重大损失或者严重危害人体健康的,处五年以下有期徒刑或者拘役,并处罚金;后果特别严重的,处五年以上十年以下有期徒刑,并处罚金。

以原料利用为名,进口不能用作原料的固体废物、液态废物和气态废物的,依照本法第一百五十二条第二款、第三款的规定定罪处罚。

关联法规索引

《最高人民检察院、公安部关于公安机关管辖的刑事案件立案追诉标准的规定(一)》第61、62条;《最高人民法院、最高人民检察院关于办理环境污染刑事案件适用法律若干问题的解释》第4、5条

第三百四十条 【非法捕捞水产品罪】违反保护水产资源法规,在禁渔区、禁渔期或者使用禁用的工具、方法捕捞水产品,情节严重的,处三年以下有期徒刑、拘役、管制或者罚金。

关联法规索引

《最高人民法院关于审理发生在我国管辖海域相关案件若干问题的规定(二)》第4条;《最高人民检察院、公安部关于公安机关管辖的刑事案件立案追诉标准的规定(一)》第63条;《最高人民法院、最高人民检察院关于办理破坏野生动物资源刑事案件适用法律若干问题的解释》第3条

第三百四十一条 【危害珍贵、濒危野生动物罪】非法猎捕、杀害国家重点保护的珍贵、濒危野生动物的,或者非法收购、运输、出售国家重点保护的珍贵、濒危野生动物及其制品的,处五年以下有期徒刑或者拘役,并处罚金;情节严重的,处五年以上十年以下有期徒刑,并处罚金;情节特别严重的,处

十年以上有期徒刑，并处罚金或者没收财产。

【非法狩猎罪】违反狩猎法规，在禁猎区、禁猎期或者使用禁用的工具、方法进行狩猎，破坏野生动物资源，情节严重的，处三年以下有期徒刑、拘役、管制或者罚金。

【非法猎捕、收购、运输、出售陆生野生动物罪】违反野生动物保护管理法规，以食用为目的非法猎捕、收购、运输、出售第一款规定以外的在野外环境自然生长繁殖的陆生野生动物，情节严重的，依照前款的规定处罚。

关联法规索引

《全国人民代表大会常务委员会关于〈中华人民共和国刑法〉第三百四十一条、第三百一十二条的解释》；《最高人民检察院、公安部关于公安机关管辖的刑事案件立案追诉标准的规定（一）》第 64 ~ 66 条；《最高人民法院、最高人民检察院关于办理破坏野生动物资源刑事案件适用法律若干问题的解释》第 4 ~ 8 条

第三百四十二条　【非法占用农用地罪】违反土地管理法规，非法占用耕地、林地等农用地，改变被占用土地用途，数量较大，造成耕地、林地等农用地大量毁坏的，处五年以下有期徒刑或者拘役，并处或者单处罚金。

关联法规索引

《全国人民代表大会常务委员会关于〈中华人民共和国刑法〉第二百二十八条、第三百四十二条、第四百一十条的解释》；《最高人民法院关于审理破坏土地资源刑事案件具体应用法律若干问题的解释》第 3、8、9 条；《最高人民检察院、公安部关于公安机关管辖的刑事案件立案追诉标准的规定（一）》第 67 条；《最高人民法院关于审理破坏森林资源刑事案件适用法律若干问题的解释》第 1、13 条

第三百四十二条之一　【破坏自然保护地罪】违反自然保护地管理法规,在国家公园、国家级自然保护区进行开垦、开发活动或者修建建筑物,造成严重后果或者有其他恶劣情节的,处五年以下有期徒刑或者拘役,并处或者单处罚金。

有前款行为,同时构成其他犯罪的,依照处罚较重的规定定罪处罚。

条文解读

本条是关于破坏自然保护地罪及其处罚的规定。

1.“违反自然保护地管理法规”,是指违反有关自然保护地管理、保护的法律、行政法规等,包括《自然保护区条例》,以及将来拟制定的自然保护地立法等。2018年公布的《土壤污染防治法》第31条第3款规定,“各级人民政府应当加强对国家公园等自然保护地的保护,维护其生态功能”;2019年中共中央办公厅、国务院办公厅印发的《关于建立以国家公园为主体的自然保护地体系的指导意见》规定,自然保护地按照生态价值和保护强度高低分为三类:国家公园、自然保护区和自然公园(包括森林公园、地质公园、海洋公园、湿地公园等各类自然公园),逐步形成以国家公园为主体、自然保护区为基础、各类自然公园为补充的自然保护地分类系统。

2.“国家公园”是我国自然保护地最重要类型之一,属于全国主体功能区规划中的禁止开发区域,纳入全国生态保护红线区域管控范围,对国家公园实行最严格的保护。

3.关于“国家级自然保护区”。根据《自然保护区条例》的规定,自然保护区是指对有代表性的自然生态系统、珍稀濒危野生动植物物种的天然集中分布区、有特殊意义的自然遗迹等保护对象所在的陆地、陆地水体或者海域,依法划出一定面积予以特殊保护和管理的区域。自然保护区分为国家级自然保护区和地方级自然保护区。在国内外有典型意义,在科学上有重大国际影响或者有特殊科学研究价值的自然保护区,列为国家级自然保护区。

第三百四十三条　【非法采矿罪】违反矿产资源法的规定,未取得采矿许可证擅自采矿,擅自进入国家规划矿区、对国民经济具有重要价值的矿区和他人矿区范围采矿，或者擅自开采国家规定实行保护性开采的特定矿种，情节严重的，处三年以下有期徒刑、拘役或者管制，并处或者单处罚金；情节特别严重的，处三年以上七年以下有期徒刑，并处罚金。

【破坏性采矿罪】违反矿产资源法的规定，采取破坏性的开采方法开采矿产资源，造成矿产资源严重破坏的，处五年以下有期徒刑或者拘役，并处罚金。

配套法规及解读

《最高人民法院、最高人民检察院关于办理非法采矿、破坏性采矿刑事案件适用法律若干问题的解释》(2016年11月28日)

第一条　违反《中华人民共和国矿产资源法》《中华人民共和国水法》等法律、行政法规有关矿产资源开发、利用、保护和管理的规定的，应当认定为刑法第三百四十三条规定的“违反矿产资源法的规定”。

第二条　具有下列情形之一的，应当认定为刑法第三百四十三条第一款规定的“未取得采矿许可证”：

（一）无许可证的；

（二）许可证被注销、吊销、撤销的；

（三）超越许可证规定的矿区范围或者开采范围的；

（四）超出许可证规定的矿种的（共生、伴生矿种除外）；

（五）其他未取得许可证的情形。

第三条　实施非法采矿行为，具有下列情形之一的，应当认定为刑法第三百四十三条第一款规定的“情节严重”：

（一）开采的矿产品价值或者造成矿产资源破坏的价值在十万元至三十万元以上的；

（二）在国家规划矿区、对国民经济具有重要价值的矿区采矿，开采国家规定实行保护性开采的特定矿种，或者在禁采区、禁采期内采矿，开采的矿产品价值或者造成矿产资源破坏的价值在五万元至十五万元以上的；

（三）二年内曾因非法采矿受过两次以上行政处罚，又实施非法采矿行为的；

（四）造成生态环境严重损害的；

（五）其他情节严重的情形。

实施非法采矿行为，具有下列情形之一的，应当认定为刑法第三百四十三条第一款规定的“情节特别严重”：

（一）数额达到前款第一项、第二项规定标准五倍以上的；

（二）造成生态环境特别严重损害的；

（三）其他情节特别严重的情形。

第四条 在河道管理范围内采砂，具有下列情形之一，符合刑法第三百四十三条第一款和本解释第二条、第三条规定的，以非法采矿罪定罪处罚：

（一）依据相关规定应当办理河道采砂许可证，未取得河道采砂许可证的；

（二）依据相关规定应当办理河道采砂许可证和采矿许可证，既未取得河道采砂许可证，又未取得采矿许可证的。

实施前款规定行为，虽不具有本解释第三条第一款规定的情形，但严重影响河势稳定，危害防洪安全的，应当认定为刑法第三百四十三条第一款规定的“情节严重”。

第五条 未取得海砂开采海域使用权证，且未取得采矿许可证，采挖海砂，符合刑法第三百四十三条第一款和本解释第二条、第三条规定的，以非法采矿罪定罪处罚。

实施前款规定行为，虽不具有本解释第三条第一款规定的情形，但造成海岸线严重破坏的，应当认定为刑法第三百四十三条第一款规定的“情节严重”。

第六条 造成矿产资源破坏的价值在五十万元至一百万元以上，或者造成国家规划矿区、对国民经济具有重要价值的矿区和国家规定实行保护性开采的特定矿种资源破坏的价值在二十五万元至五十万元以上的，应当认定为刑法第三百四十三条第二款规定的“造成矿产资源严重破坏”。

第七条 明知是犯罪所得的矿产品及其产生的收益，而予以窝藏、转移、收购、代为销售或者以其他方法掩饰、隐瞒的，依照刑法第三百一十二条的规定，以掩饰、隐瞒犯罪所得、犯罪所得收益罪定罪处罚。

实施前款规定的犯罪行为，事前通谋的，以共同犯罪论处。

第八条 多次非法采矿、破坏性采矿构成犯罪，依法应当追诉的，或者二年内多次非法采矿、破坏性采矿未经处理的，价值数额累计计算。

※法规解读：

本解释主要包括以下内容。

1. 关于“违反矿产资源法的规定”的含义。根据《刑法》第343条的规定，“违反矿产资源法的规定”为非法采矿罪、破坏性采矿罪构成犯罪的违法性前提。本解释第1条明确规定，违反《矿产资源法》《水法》等法律、行政法规有关矿产资源开发、利用、保护和管理的规定的，应当认定为《刑法》第343条规定的“违反矿产资源法的规定”。主要考虑是：关于矿产资源开发、利用、保护和管理，除《矿产资源法》作了集中规定外，其他有关法律法规也有所涉及。例如，《水法》第39条第1款对河道采砂作了专门规定：“国家实行河道采砂许可制度。河道采砂许可制度实施办法，由国务院规定。”《河道管理条例》第44条规定，未经批准或者不按照河道主管机关的规定在河道管理范围内采砂的，有关部门应给予相应行政处罚；构成犯罪的，依法追究刑事责任。

2. 关于“未取得采矿许可证”的具体情形。根据《刑法》第343条第1款的规定，“未取得采矿许可证擅自采矿”属于非法采矿罪的行为方式之一。本解释第2条规定明确了5种应当认定为“未取得采矿许可证”的具体情形。

3. 关于非法开采河砂和开采海砂的定性处理问题和入罪标准。鉴于目前开采河砂和开采海砂的行政许可情况不同，本解释第4、5条分别对非法开采河砂和非法开采海砂的定性处理和入罪标准作了规定。

4. 关于掩饰、隐瞒破坏矿产资源犯罪所得及其收益的定性处理问题。本解释第7条明确了掩饰、隐瞒破坏矿产资源犯罪所得及其收益的定性处理问题。从司法实践来看，破坏矿产资源犯罪形成了利益链条，后续的窝藏、转移、收购、代为销售等环节成为此类犯罪蔓延的重要原因之一。为有效惩治此类犯罪，保护国家矿产资源，该条明确，明知是犯罪所得的矿产品及其产生的收益，而予以窝藏、转移、收购、代为销售或者以其他方法掩饰、隐瞒的，以掩饰、隐瞒犯罪所得、犯罪所得收益罪定罪处罚；事前通谋的，以共同犯罪论处。

5. 关于破坏矿产资源犯罪的数额累计计算规则。本解释第8条明确了破坏矿产资源犯罪的数额累计计算规则，即多次非法采矿、破坏性采矿构成犯罪，依法应当追诉的，或者2年内多次非法采矿、破坏性采矿未经处理的，价值数额累计计算。

关联法规索引

《最高人民法院、最高人民检察院关于办理盗窃油气、破坏油气设备等刑事案件具体应用法律若干问题的解释》第6条;《最高人民检察院、公安部关于公安机关管辖的刑事案件立案追诉标准的规定(一)》第68、69条

典型案例

刘某桂非法采矿刑事附带民事公益诉讼案[1]

※要旨:跨行政区划的非法采砂刑事案件,可以由非法开采行为实施地、矿产品运输始发地、途经地、目的地等与犯罪行为相关的人民法院管辖。

对于采售一体的非法采砂共同犯罪,应当按照有利于查明犯罪事实、便于生态环境修复的原则,确定管辖法院。该共同犯罪中一人犯罪或一环节犯罪属于管辖法院审理的,则该采售一体非法采砂刑事案件均可由该法院审理。

非法采砂造成流域生态环境损害,检察机关在刑事案件中提起附带民事公益诉讼,请求被告人承担生态环境修复责任、赔偿损失和有关费用的,人民法院依法予以支持。

第三百四十四条　【危害国家重点保护植物罪】违反国家规定,非法采伐、毁坏珍贵树木或者国家重点保护的其他植物的,或者非法收购、运输、加工、出售珍贵树木或者国家重点保护的其他植物及其制品的,处三年以下有期徒刑、拘役或者管制,并处罚金;情节严重的,处三年以上七年以下有期徒刑,并处罚金。

关联法规索引

《最高人民法院、最高人民检察院关于适用〈中华人民共和国刑法〉第三百四

[1] 参见最高人民法院指导性案例第212号。

十四条有关问题的批复》;《最高人民法院关于审理破坏森林资源刑事案件适用法律若干问题的解释》第2条

第三百四十四条之一　【非法引进、释放、丢弃外来入侵物种罪】违反国家规定,非法引进、释放或者丢弃外来入侵物种,情节严重的,处三年以下有期徒刑或者拘役,并处或者单处罚金。

条文解读

我国涉及外来物种管理的《国境卫生检疫法》《进出境动植物检疫法》《动物防疫法》《野生动物保护法》等法律,对防范外来物种入侵作了原则性规定。2003年国务院办公厅转发质检总局提出的《关于加强防范外来有害生物传入工作的意见》,对外来有害生物入侵的防范、调查、预警和应对机制作了规定,并要求及时调整禁止进境动物、植物危险性有害生物名录和禁止进境物名录。2005年国家林业局制定《引进陆生野生动物外来物种种类及数量审批管理办法》,规定了引进陆生野生动物外来物种种类及数量审批许可制度。《野生动物保护法》对引进野生动物物种的审批作了具体规定。《生物安全法》及其有关配套规定对外来入侵物种的防范和管理以及名录等作了进一步细化和全面的规定。引进、处置外来物种应当依照包括上述法律法规在内的"国家规定"确定的条件、程序和要求进行。

引进外来入侵物种应当依照有关法律法规的规定,实行行政审批许可,处置外来入侵物种按照国家有关规定进行。任何单位和个人未经批准,不得擅自引进、释放或者丢弃外来物种。本条中的"引进",主要是指从国外非法携带、运输、邮寄、走私外来入侵物种进境等行为。"释放""丢弃"是非法处置外来入侵物种的行为,包括将经过批准引进的物种,在进行实验研究之后予以非法野外放养或者随意丢弃等。犯本罪的,处3年以下有期徒刑或者拘役,并处或者单处罚金。

第三百四十五条　【盗伐林木罪】盗伐森林或者其他林木,数量较大的,处三年以下有期徒刑、拘役或者管制,并处或者单处罚金;数量巨大的,处三年以上七年以下有期徒刑,并处罚金;数量特别巨大的,处七年以上有期徒刑,并处罚金。

【滥伐林木罪】违反森林法的规定，滥伐森林或者其他林木，数量较大的，处三年以下有期徒刑、拘役或者管制，并处或者单处罚金；数量巨大的，处三年以上七年以下有期徒刑，并处罚金。

【非法收购、运输盗伐、滥伐林木罪】非法收购、运输明知是盗伐、滥伐的林木，情节严重的，处三年以下有期徒刑、拘役或者管制，并处或者单处罚金；情节特别严重的，处三年以上七年以下有期徒刑，并处罚金。

盗伐、滥伐国家级自然保护区内的森林或者其他林木的，从重处罚。

关联法规索引

《最高人民检察院、公安部关于公安机关管辖的刑事案件立案追诉标准的规定（一）》第72～74条；《最高人民法院关于审理破坏森林资源刑事案件适用法律若干问题的解释》第3～9条

第三百四十六条　【单位犯破坏环境资源保护罪的处罚规定】单位犯本节第三百三十八条至第三百四十五条规定之罪的，对单位判处罚金，并对其直接负责的主管人员和其他直接责任人员，依照本节各该条的规定处罚。

第七节　走私、贩卖、运输、制造毒品罪

第三百四十七条　【走私、贩卖、运输、制造毒品罪】走私、贩卖、运输、制造毒品，无论数量多少，都应当追究刑事责任，予以刑事处罚。

走私、贩卖、运输、制造毒品，有下列情形之一的，处十五年有期徒刑、无期徒刑或者死刑，并处没收财产：

（一）走私、贩卖、运输、制造鸦片一千克以上、海洛因或者甲基苯丙胺五十克以上或者其他毒品数量大的；

（二）走私、贩卖、运输、制造毒品集团的首要分子；

（三）武装掩护走私、贩卖、运输、制造毒品的；

（四）以暴力抗拒检查、拘留、逮捕，情节严重的；

（五）参与有组织的国际贩毒活动的。

走私、贩卖、运输、制造鸦片二百克以上不满一千克、海洛因或者甲基苯丙胺十克以上不满五十克或者其他毒品数量较大的，处七年以上有期徒刑，并处罚金。

走私、贩卖、运输、制造鸦片不满二百克、海洛因或者甲基苯丙胺不满十克或者其他少量毒品的，处三年以下有期徒刑、拘役或者管制，并处罚金；情节严重的，处三年以上七年以下有期徒刑，并处罚金。

单位犯第二款、第三款、第四款罪的，对单位判处罚金，并对其直接负责的主管人员和其他直接责任人员，依照各该款的规定处罚。

利用、教唆未成年人走私、贩卖、运输、制造毒品，或者向未成年人出售毒品的，从重处罚。

对多次走私、贩卖、运输、制造毒品，未经处理的，毒品数量累计计算。

配套法规及解读

《最高人民法院关于审理毒品犯罪案件适用法律若干问题的解释》（2016年4月6日）

第一条　走私、贩卖、运输、制造、非法持有下列毒品，应当认定为刑法第三百四十七条第二款第一项、第三百四十八条规定的“其他毒品数量大”：

（一）可卡因五十克以上；

（二）3,4－亚甲二氧基甲基苯丙胺（MDMA）等苯丙胺类毒品（甲基苯丙胺除外）、吗啡一百克以上；

（三）芬太尼一百二十五克以上；

（四）甲卡西酮二百克以上；

（五）二氢埃托啡十毫克以上；

（六）哌替啶（度冷丁）二百五十克以上；

（七）氯胺酮五百克以上；

（八）美沙酮一千克以上；

（九）曲马多、γ－羟丁酸二千克以上；

（十）大麻油五千克、大麻脂十千克、大麻叶及大麻烟一百五十千克以上；

（十一）可待因、丁丙诺啡五千克以上；

（十二）三唑仑、安眠酮五十千克以上；

（十三）阿普唑仑、恰特草一百千克以上；

（十四）咖啡因、罂粟壳二百千克以上；

（十五）巴比妥、苯巴比妥、安钠咖、尼美西泮二百五十千克以上；

（十六）氯氮卓、艾司唑仑、地西泮、溴西泮五百千克以上；

（十七）上述毒品以外的其他毒品数量大的。

国家定点生产企业按照标准规格生产的麻醉药品或者精神药品被用于毒品犯罪的，根据药品中毒品成分的含量认定涉案毒品数量。

第二条 走私、贩卖、运输、制造、非法持有下列毒品，应当认定为刑法第三百四十七条第三款、第三百四十八条规定的“其他毒品数量较大”：

（一）可卡因十克以上不满五十克；

（二）3，4－亚甲二氧基甲基苯丙胺（MDMA）等苯丙胺类毒品（甲基苯丙胺除外）、吗啡二十克以上不满一百克；

（三）芬太尼二十五克以上不满一百二十五克；

（四）甲卡西酮四十克以上不满二百克；

（五）二氢埃托啡二毫克以上不满十毫克；

（六）哌替啶（度冷丁）五十克以上不满二百五十克；

（七）氯胺酮一百克以上不满五百克；

（八）美沙酮二百克以上不满一千克；

（九）曲马多、γ－羟丁酸四百克以上不满二千克；

（十）大麻油一千克以上不满五千克、大麻脂二千克以上不满十千克、大麻叶及大麻烟三十千克以上不满一百五十千克；

（十一）可待因、丁丙诺啡一千克以上不满五千克；

（十二）三唑仑、安眠酮十千克以上不满五十千克；

（十三）阿普唑仑、恰特草二十千克以上不满一百千克；

（十四）咖啡因、罂粟壳四十千克以上不满二百千克；

（十五）巴比妥、苯巴比妥、安钠咖、尼美西泮五十千克以上不满二百五十千克；

（十六）氯氮卓、艾司唑仑、地西泮、溴西泮一百千克以上不满五百千克；

（十七）上述毒品以外的其他毒品数量较大的。

第三条　在实施走私、贩卖、运输、制造毒品犯罪的过程中，携带枪支、弹药或者爆炸物用于掩护的，应当认定为刑法第三百四十七条第二款第三项规定的“武装掩护走私、贩卖、运输、制造毒品”。枪支、弹药、爆炸物种类的认定，依照相关司法解释的规定执行。

在实施走私、贩卖、运输、制造毒品犯罪的过程中，以暴力抗拒检查、拘留、逮捕，造成执法人员死亡、重伤、多人轻伤或者具有其他严重情节的，应当认定为刑法第三百四十七条第二款第四项规定的“以暴力抗拒检查、拘留、逮捕，情节严重”。

第四条　走私、贩卖、运输、制造毒品，具有下列情形之一的，应当认定为刑法第三百四十七条第四款规定的“情节严重”：

（一）向多人贩卖毒品或者多次走私、贩卖、运输、制造毒品的；

（二）在戒毒场所、监管场所贩卖毒品的；

（三）向在校学生贩卖毒品的；

（四）组织、利用残疾人、严重疾病患者、怀孕或者正在哺乳自己婴儿的妇女走私、贩卖、运输、制造毒品的；

（五）国家工作人员走私、贩卖、运输、制造毒品的；

（六）其他情节严重的情形。

※法规解读：

理解本解释，需要重点把握以下问题。

1. 关于量刑数量标准的规定。本解释在第 1 条第 1 款和第 2 条中，系统规定了 28 类毒品的“数量大”和“数量较大”标准。其中，保留了原有司法解释和规范性文件中规定的 15 类，下调了 1 类，新增了 12 类。(1)保留的 15 类毒品的定罪量刑数量标准。可卡因、苯丙胺类（甲基苯丙胺除外）、吗啡、二氢埃托啡、哌替啶（杜冷丁）、大麻类、咖啡因、罂粟壳 8 类毒品的定罪量刑数量标准，来自《最高人民法院关于审理毒品案件定罪量刑标准有关问题的解释》（以下简称《2000 年毒品标准解释》）的规定；美沙酮、三唑仑、安眠酮、氯氮卓、艾司唑仑、地西泮、溴西泮 7 类毒品的定罪量刑数量标准，来自《最高人民法院、最高人民检察院、公安部办理毒品犯罪案件适用法律若干问题的意见》的规定。在调研过程中，未发现原有标准存在明显问题，故在本解释中予以保留，未作调整。(2)下调的 1 类和新增的 12 类毒品的定罪量刑数量标准。本解释对氯胺酮的定罪量刑数量标准作了调整，新规定了芬太尼、甲卡西酮、曲马多、γ-羟丁酸、可待因、丁丙诺啡、阿普唑仑、恰特草、巴比妥、苯巴比妥、安钠咖、尼美西泮12类毒品的定罪量刑数量标准。(3)其他麻醉药品、精神药品(以下简称麻精药品)的定罪量刑数量标准。根据2013年版《麻醉药品品种目录》和《精神药品品种目录》的规定,我国共有270种列管麻精药品。据了解,实践中还有咪达唑仑、布桂嗪等列管麻精药品出现个别、散在滥用,但尚未形成规模,且滥用数量随着药品管制的加强呈现下降趋势。鉴于现阶段司法解释还不可能对所有已列管麻精药品的定罪量刑数量标准作出规定,故本解释主要立足于解决当前已经出现一定规模滥用或者存在较大滥用潜力的毒品的定罪量刑数量标准问题,对于其他滥用问题尚不突出或者滥用潜力不大的毒品,暂不作规定。

2. 关于走私、贩卖、运输、制造毒品罪的量刑情节问题。(1)对于武装掩护走私、贩卖、运输、制造毒品的认定。该问题的核心在于对于"武装掩护"的界定。本解释将"武装掩护"明确界定为携带枪支、弹药或者爆炸物用于掩护毒品犯罪的情形。其中,"武装"限定于枪支、弹药、爆炸物,不包括尖刀、棍棒等普通器械;"携带"既包括随身携带、随包携带、随车携带,也包括在制毒场所存放等。考虑到该行为具有高度的危险性,故既不要求显示、出示、使用,对枪支、弹药或者爆炸物的数量亦无要求。之所以强调"用于掩护",旨在从用途和目的上加以限制,对于只携带子弹而没有携带枪支,不可能实现掩护目的的,不能认定为武装掩护。此外,对于枪支、弹药、爆炸物种类的认定,参照《最高人民法院关于审理非法制造、买卖、运输枪支、弹药、爆炸物等刑事案件具体应用法律若干问题的解释》执行。例如,枪支主要包括军用枪支、以火药为动力发射枪弹的非军用枪支、以压缩气体等为动力的其他非军用枪支等。(2)对于以暴力抗拒检查、拘留、逮捕,情节严重的认定。该问题的核心在于对于"情节严重"的认定。考虑到该情节对应的法定刑为15年有期徒刑、无期徒刑直至死刑,为体现罚当其罪,本解释将情节严重规定为造成执法人员死亡、重伤,多人轻伤或者具有其他严重情节的情形。其他严重情节主要是指严重程度与所列举情形相当的其他情节,如造成执法人员2人轻伤、多人轻微伤或者造成公私财产重大损失等情形。

3. 对于《刑法》第347条第4款中走私、贩卖、运输、制造少量毒品情节严重的认定。(1)本解释第4条第1项源自《2000年毒品标准解释》第3条第4项规定的"向多人贩毒或者多次贩毒"。此次修改为"向多人贩卖毒品或者多次走私、贩卖、运输、制造毒品",主要是为了应对实践中存在的其他情形。需要注意的是,向多人贩卖毒品或者多次走私、贩卖、运输、制造毒品的，具有较大的社会危害性，也体现了犯罪分子较深的主观恶性，应重点打击、从严惩处，故未设定最低数量限制。(2)本解释第4条第2项将《2000年毒品标准解释》第3条第3项中的“戒毒监管场所”修改为“戒毒场所、监管场所”，扩大了条文覆盖面。戒毒场所包括强制隔离戒毒所、自愿戒毒所、社区戒毒治疗门诊、戒毒医院等，监管场所包括拘留所、看守所、监狱等。(3)本解释第4条第3项是结合实践增加的内容。为体现对在校学生的特殊保护，严厉打击向在校学生贩卖毒品的犯罪活动，本解释增加了此项规定。这里的在校学生包括中小学、中等职业学校学生和普通高等学校中的本、专科学生(不包括研究生)。其中，中等职业学校包括中专、职高、技校，普通高等学校包括全日制大学、学院、职业技术学院、高等专科学校。(4)实践中，部分犯罪分子组织、利用残疾人、艾滋病人、乙肝病人、尿毒症患者、癌症病人以及怀孕或者正在哺乳自己婴儿的妇女等特殊群体走私、贩卖、运输、制造毒品，加大了查缉工作的难度，严重影响了打击毒品犯罪的力度和效果，故本解释第4条第4项将利用上述特殊群体实施毒品犯罪的行为增列为情节严重情形。(5)本解释第4条第5项是《2000年毒品标准解释》的原有内容。毒品犯罪属于严重妨害社会管理秩序、危害人民群众身心健康的犯罪，国家工作人员本应自觉抵制毒品、积极与毒品犯罪作斗争，而具有该特定身份的人员转而实施毒品犯罪，无疑具有更为恶劣的社会影响和更大的社会危害，应当从严惩处。

关联法规索引

《办理毒品犯罪案件适用法律若干问题的意见》;《最高人民检察院、公安部关于公安机关管辖的刑事案件立案追诉标准的规定(三)》第1条;《最高人民法院、最高人民检察院、公安部关于办理走私、非法买卖麻黄碱类复方制剂等刑事案件适用法律若干问题的意见》

典型案例

王某贩卖、制造毒品案[1]

※**要旨**:行为人利用未列入国家管制的化学品为原料,生产、销售含有国家管制的麻醉药品、精神药品成分的食品,明知该成分毒品属性的,应当认定为贩卖、制造毒品罪。检察机关办理新型毒品犯罪案件,应当审查毒品含量,依法准确适用刑罚。对于毒品犯罪所得的财物及其孳息、收益和供犯罪所用的本人财物,应当依法予以追缴、没收。

马某某走私、贩卖毒品案[2]

※**要旨**:行为人明知系国家管制的麻醉药品、精神药品,出于非法用途走私、贩卖的,应当以走私、贩卖毒品罪追究刑事责任。行为人出于非法用途,以贩卖为目的非法购买国家管制的麻醉药品、精神药品的,应当认定为贩卖毒品罪既遂。

第三百四十八条 【非法持有毒品罪】非法持有鸦片一千克以上、海洛因或者甲基苯丙胺五十克以上或者其他毒品数量大的,处七年以上有期徒刑或者无期徒刑,并处罚金;非法持有鸦片二百克以上不满一千克、海洛因或者甲基苯丙胺十克以上不满五十克或者其他毒品数量较大的,处三年以下有期徒刑、拘役或者管制,并处罚金;情节严重的,处三年以上七年以下有期徒刑,并处罚金。

关联法规索引

《最高人民法院关于审理毒品犯罪案件适用法律若干问题的解释》第1、2、5条

〔1〕 参见最高人民检察院指导性案例第150号。
〔2〕 参见最高人民检察院指导性案例第151号。

第三百四十九条　【包庇毒品犯罪分子罪；窝藏、转移、隐瞒毒品、毒赃罪】 包庇走私、贩卖、运输、制造毒品的犯罪分子的，为犯罪分子窝藏、转移、隐瞒毒品或者犯罪所得的财物的，处三年以下有期徒刑、拘役或者管制；情节严重的，处三年以上十年以下有期徒刑。

缉毒人员或者其他国家机关工作人员掩护、包庇走私、贩卖、运输、制造毒品的犯罪分子的，依照前款的规定从重处罚。

犯前两款罪，事先通谋的，以走私、贩卖、运输、制造毒品罪的共犯论处。

条文解读

本条是关于包庇毒品犯罪分子罪和窝藏、转移、隐瞒毒品、毒赃罪及其处罚的规定。"包庇走私、贩卖、运输、制造毒品的犯罪分子"，是指采取窝藏犯罪分子或者作假证等方法，帮助毒品犯罪分子逃避法律追究的行为。"窝藏"毒品或者犯罪所得的财物，是指将犯罪分子的毒品或者通过毒品犯罪得到的财物隐藏在自己的住所或者其他隐蔽的场所，以逃避司法机关追查的行为。"转移"毒品或者犯罪所得的财物，是指将犯罪分子的毒品或者通过毒品犯罪所得的财物从一地转移到另一地，以抗拒司法机关对毒品或者对通过毒品犯罪所得财物追缴的行为。"隐瞒"毒品或者犯罪所得的财物，是指当司法机关追查毒品和赃物并询问时，故意不讲毒品、犯罪所得财物隐藏处的行为。

本条第 2 款是关于缉毒人员或者其他国家机关工作人员掩护、包庇走私、贩卖、运输、制造毒品的犯罪分子的规定。根据本款规定，缉毒人员或者其他国家机关工作人员掩护、包庇走私、贩卖、运输、制造毒品的犯罪分子的，依照第 1 款的规定从重处罚。

本条第 3 款中的"事先通谋"，是指在犯罪分子进行毒品犯罪活动之前，与犯罪分子共同策划、商议并事后包庇犯罪分子或为其窝藏、转移、隐瞒毒品及犯罪所得财物的行为。

关联法规索引

《最高人民检察院、公安部关于公安机关管辖的刑事案件立案追诉标准的规定

(三)》第3、4条;《最高人民法院关于审理毒品犯罪案件适用法律若干问题的解释》第6条

第三百五十条 【非法生产、买卖、运输制毒物品、走私制毒物品罪】 违反国家规定,非法生产、买卖、运输醋酸酐、乙醚、三氯甲烷或者其他用于制造毒品的原料、配剂,或者携带上述物品进出境,情节较重的,处三年以下有期徒刑、拘役或者管制,并处罚金;情节严重的,处三年以上七年以下有期徒刑,并处罚金;情节特别严重的,处七年以上有期徒刑,并处罚金或者没收财产。

明知他人制造毒品而为其生产、买卖、运输前款规定的物品的,以制造毒品罪的共犯论处。

单位犯前两款罪的,对单位判处罚金,并对其直接负责的主管人员和其他直接责任人员,依照前两款的规定处罚。

关联法规索引

《最高人民法院、最高人民检察院、公安部关于办理制毒物品犯罪案件适用法律若干问题的意见》;《最高人民检察院、公安部关于公安机关管辖的刑事案件立案追诉标准的规定(三)》第5、6条;《最高人民法院、最高人民检察院、公安部关于办理走私、非法买卖麻黄碱类复方制剂等刑事案件适用法律若干问题的意见》;《最高人民法院关于审理毒品犯罪案件适用法律若干问题的解释》第7、8条

第三百五十一条 【非法种植毒品原植物罪】 非法种植罂粟、大麻等毒品原植物的,一律强制铲除。有下列情形之一的,处五年以下有期徒刑、拘役或者管制,并处罚金:

(一)种植罂粟五百株以上不满三千株或者其他毒品原植物数量较大的;

(二)经公安机关处理后又种植的;

(三)抗拒铲除的。

非法种植罂粟三千株以上或者其他毒品原植物数量大的,处五年以上有期徒刑,并处罚金或者没收财产。

非法种植罂粟或者其他毒品原植物，在收获前自动铲除的，可以免除处罚。

条文解读

本条是关于非法种植毒品原植物罪及其处罚的规定。本罪对象限于罂粟、大麻等毒品原植物。“非法”，是指行为人违反了国家《麻醉药品和精神药品管理条例》等有关法规的规定，擅自种植毒品原植物，包括未获批准种植与超计划种植。“种植”，是指为了获得毒品原植物而进行的播种、培植、施肥、灌溉等农作活动。

本条第3款规定，在收获前自动铲除非法种植的毒品原植物的，可以免除处罚。“自动铲除”，是指非法种植毒品原植物的人主动进行铲除，而不是在执法人员的强制下铲除。如果行为人在铲除后利用被铲除的毒品原植物制造毒品，则不能适用本款的规定。

关联法规索引

《最高人民检察院、公安部关于公安机关管辖的刑事案件立案追诉标准的规定(三)》第7条；《最高人民法院关于审理毒品犯罪案件适用法律若干问题的解释》第9条

第三百五十二条　【非法买卖、运输、携带、持有毒品原植物种子、幼苗罪】非法买卖、运输、携带、持有未经灭活的罂粟等毒品原植物种子或者幼苗，数量较大的，处三年以下有期徒刑、拘役或者管制，并处或者单处罚金。

关联法规索引

《最高人民检察院、公安部关于公安机关管辖的刑事案件立案追诉标准的规定(三)》第8条；《最高人民法院关于审理毒品犯罪案件适用法律若干问题的解释》第10条

第三百五十三条 【引诱、教唆、欺骗他人吸毒罪】 引诱、教唆、欺骗他人吸食、注射毒品的，处三年以下有期徒刑、拘役或者管制，并处罚金；情节严重的，处三年以上七年以下有期徒刑，并处罚金。

【强迫他人吸毒罪】 强迫他人吸食、注射毒品的，处三年以上十年以下有期徒刑，并处罚金。

引诱、教唆、欺骗或者强迫未成年人吸食、注射毒品的，从重处罚。

关联法规索引

《最高人民检察院、公安部关于公安机关管辖的刑事案件立案追诉标准的规定(三)》第9、10条；《最高人民法院关于审理毒品犯罪案件适用法律若干问题的解释》第11条

典型案例

郭某某欺骗他人吸毒案[1]

※要旨： 行为人明知系国家管制的麻醉药品、精神药品而向他人的饮料、食物中投放，欺骗他人吸食的，应当以欺骗他人吸毒罪追究刑事责任。对于有证据证明行为人为实施强奸、抢劫等犯罪而欺骗他人吸食麻醉药品、精神药品的，应当按照处罚较重的罪名追究刑事责任。

第三百五十四条 【容留他人吸毒罪】 容留他人吸食、注射毒品的，处三年以下有期徒刑、拘役或者管制，并处罚金。

关联法规索引

《最高人民检察院、公安部关于公安机关管辖的刑事案件立案追诉标准的规定(三)》

〔1〕 参见最高人民检察院指导性案例第152号。

第 11 条;《最高人民法院关于审理毒品犯罪案件适用法律若干问题的解释》第 12 条

第三百五十五条　【非法提供麻醉药品、精神药品罪】依法从事生产、运输、管理、使用国家管制的麻醉药品、精神药品的人员,违反国家规定,向吸食、注射毒品的人提供国家规定管制的能够使人形成瘾癖的麻醉药品、精神药品的,处三年以下有期徒刑或者拘役,并处罚金;情节严重的,处三年以上七年以下有期徒刑,并处罚金。向走私、贩卖毒品的犯罪分子或者以牟利为目的,向吸食、注射毒品的人提供国家规定管制的能够使人形成瘾癖的麻醉药品、精神药品的,依照本法第三百四十七条的规定定罪处罚。

单位犯前款罪的,对单位判处罚金,并对其直接负责的主管人员和其他直接责任人员,依照前款的规定处罚。

关联法规索引

《最高人民检察院法律政策研究室关于安定注射液是否属于刑法第三百五十五条规定的精神药品问题的答复》;《最高人民检察院、公安部关于公安机关管辖的刑事案件立案追诉标准的规定(三)》第 12 条;《最高人民法院关于审理毒品犯罪案件适用法律若干问题的解释》第 13 条

第三百五十五条之一　【妨害兴奋剂管理罪】引诱、教唆、欺骗运动员使用兴奋剂参加国内、国际重大体育竞赛,或者明知运动员参与上述竞赛而向其提供兴奋剂,情节严重的,处三年以下有期徒刑或者拘役,并处罚金。

组织、强迫运动员使用兴奋剂参加国内、国际重大体育竞赛的,依照前款的规定从重处罚。

条文解读

本条是关于妨害兴奋剂管理罪及其处罚的规定。本罪的主体是一般主体,常见的是组织运动员参加竞赛的体育社会团体、运动员管理单位或者教练员、队医等运动员辅助人员。

本条第1款规定了两类犯罪行为。(1)引诱、教唆、欺骗运动员使用兴奋剂参加国内、国际重大体育竞赛,情节严重的。"引诱",是指以提高比赛成绩,给予物质奖励等条件诱使运动员使用兴奋剂。"教唆",是指唆使运动员使用兴奋剂。"欺骗",是指使用欺诈手段使运动员在不知情的情况下使用兴奋剂,如谎称是服用正常药品等。(2)明知运动员参加国内、国际重大体育竞赛而向其提供兴奋剂,情节严重的。这是帮助运动员在重大体育竞赛中使用兴奋剂的行为。"明知",是指知道或应当知道运动员参加国内、国际重大体育竞赛。"向其提供",既包括向运动员本人提供,也包括通过运动员的教练员、队医等辅助人员向运动员提供。"情节严重",是指引诱、教唆、欺骗运动员使用兴奋剂或者提供兴奋剂的数量较大,涉及人数较多,给国家荣誉和形象造成不良影响,对运动员健康造成不良影响等,具体可由司法机关制定司法解释确定。

本条第2款是关于组织、强迫运动员使用兴奋剂的犯罪的规定。"组织",是指利用管理、指导运动员的机会等,使多名运动员有组织地使用兴奋剂。"强迫",是指迫使运动员违背本人意愿使用兴奋剂。根据本款规定,组织、强迫运动员使用兴奋剂参加国内、国际重大体育竞赛的,即可构成犯罪,之所以没有规定"情节严重"的条件,是因为组织、强迫使用兴奋剂的行为,比第1款规定的引诱、教唆、欺骗运动员使用兴奋剂和提供兴奋剂的行为社会危害性更大。

实践中,执行本条规定应当注意以下几个方面的问题:

1. 本条未将运动员本人使用兴奋剂的行为规定为犯罪,但运动员本人使用兴奋剂的行为仍然是违法行为,应当依照有关法律法规和体育组织的规定予以处罚。运动员本人参与本条规定的犯罪行为的,应当依法追究刑事责任。

2. 与兴奋剂相关的有关犯罪行为的处理。2019年11月18日公布的《最高人民法院关于审理走私、非法经营、非法使用兴奋剂刑事案件适用法律若干问题的解释》对与兴奋剂相关的犯罪行为的法律适用作了规定:(1)运动员、运动员辅助人员走私兴奋剂目录所列物质,或者其他人员以在体育竞赛中非法使用为目的走私兴奋剂目录所列物质,涉案物质属于国家禁止进出口的货物、物品,具有特定情形的,应当依照《刑法》第151条第3款的规定,以走私国家禁止进出口的货物、物品罪定罪处罚。(2)对未成年人、残疾人负有监护、看护职责的人组织未成年人、残疾人在体育运动中非法使用兴奋剂,具有特定情形的,应当认定为《刑法》第260条之一第1款规定的"情节恶劣",以虐待被监护、看护人罪定罪处罚。(3)实施有关兴奋剂犯罪行为,涉案物质属于毒品、制毒物品等,构成毒品、制毒物品有关犯罪的,依照相应犯罪定罪处罚。

第三百五十六条　【毒品犯罪的再犯】因走私、贩卖、运输、制造、非法持有毒品罪被判过刑,又犯本节规定之罪的,从重处罚。

关联法规索引

《最高人民法院关于贯彻宽严相济刑事政策的若干意见》第11条

第三百五十七条　【毒品的范围及毒品数量的计算原则】本法所称的毒品,是指鸦片、海洛因、甲基苯丙胺(冰毒)、吗啡、大麻、可卡因以及国家规定管制的其他能够使人形成瘾癖的麻醉药品和精神药品。

毒品的数量以查证属实的走私、贩卖、运输、制造、非法持有毒品的数量计算,不以纯度折算。

关联法规索引

《最高人民法院、最高人民检察院、公安部关于规范毒品名称表述若干问题的意见》

第八节　组织、强迫、引诱、容留、介绍卖淫罪

第三百五十八条　【组织卖淫罪;强迫卖淫罪】组织、强迫他人卖淫的,处五年以上十年以下有期徒刑,并处罚金;情节严重的,处十年以上有期徒刑或者无期徒刑,并处罚金或者没收财产。

组织、强迫未成年人卖淫的,依照前款的规定从重处罚。

犯前两款罪,并有杀害、伤害、强奸、绑架等犯罪行为的,依照数罪并罚的规定处罚。

【协助组织卖淫罪】为组织卖淫的人招募、运送人员或者有其他协助组织他人卖淫行为的，处五年以下有期徒刑，并处罚金；情节严重的，处五年以上十年以下有期徒刑，并处罚金。

配套法规及解读

《最高人民法院、最高人民检察院关于办理组织、强迫、引诱、容留、介绍卖淫刑事案件适用法律若干问题的解释》(2017 年 7 月 21 日)

第一条 以招募、雇佣、纠集等手段，管理或者控制他人卖淫，卖淫人员在三人以上的，应当认定为刑法第三百五十八条规定的“组织他人卖淫”。

组织卖淫者是否设置固定的卖淫场所、组织卖淫者人数多少、规模大小，不影响组织卖淫行为的认定。

第二条 组织他人卖淫，具有下列情形之一的，应当认定为刑法第三百五十八条第一款规定的“情节严重”：

(一)卖淫人员累计达十人以上的；

(二)卖淫人员中未成年人、孕妇、智障人员、患有严重性病的人累计达五人以上的；

(三)组织境外人员在境内卖淫或者组织境内人员出境卖淫的；

(四)非法获利人民币一百万元以上的；

(五)造成被组织卖淫的人自残、自杀或者其他严重后果的；

(六)其他情节严重的情形。

第三条 在组织卖淫犯罪活动中，对被组织卖淫的人有引诱、容留、介绍卖淫行为的，依照处罚较重的规定定罪处罚。但是，对被组织卖淫的人以外的其他人有引诱、容留、介绍卖淫行为的，应当分别定罪，实行数罪并罚。

第四条 明知他人实施组织卖淫犯罪活动而为其招募、运送人员或者充当保镖、打手、管账人等的，依照刑法第三百五十八条第四款的规定，以协助组织卖淫罪定罪处罚，不以组织卖淫罪的从犯论处。

在具有营业执照的会所、洗浴中心等经营场所担任保洁员、收银员、保安员等，从事一般服务性、劳务性工作，仅领取正常薪酬，且无前款所列协助组织卖淫行为的，不认定为协助组织卖淫罪。

第五条　协助组织他人卖淫，具有下列情形之一的，应当认定为刑法第三百五十八条第四款规定的“情节严重”：

（一）招募、运送卖淫人员累计达十人以上的；

（二）招募、运送的卖淫人员中未成年人、孕妇、智障人员、患有严重性病的人累计达五人以上的；

（三）协助组织境外人员在境内卖淫或者协助组织境内人员出境卖淫的；

（四）非法获利人民币五十万元以上的；

（五）造成被招募、运送或者被组织卖淫的人自残、自杀或者其他严重后果的；

（六）其他情节严重的情形。

第六条　强迫他人卖淫，具有下列情形之一的，应当认定为刑法第三百五十八条第一款规定的“情节严重”：

（一）卖淫人员累计达五人以上的；

（二）卖淫人员中未成年人、孕妇、智障人员、患有严重性病的人累计达三人以上的；

（三）强迫不满十四周岁的幼女卖淫的；

（四）造成被强迫卖淫的人自残、自杀或者其他严重后果的；

（五）其他情节严重的情形。

行为人既有组织卖淫犯罪行为，又有强迫卖淫犯罪行为，且具有下列情形之一的，以组织、强迫卖淫“情节严重”论处：

（一）组织卖淫、强迫卖淫行为中具有本解释第二条、本条前款规定的“情节严重”情形之一的；

（二）卖淫人员累计达到本解释第二条第一、二项规定的组织卖淫“情节严重”人数标准的；

（三）非法获利数额相加达到本解释第二条第四项规定的组织卖淫“情节严重”数额标准的。

※法规解读：

理解本解释，需要重点把握以下两点。

1. 关于组织卖淫罪的概念。司法实践中，对如何认定组织卖淫，一直存在困惑。最高人民法院、最高人民检察院于1992年12月11日发布的《关于执行〈全国人民代表大会常务委员会关于严禁卖淫嫖娼的决定〉的若干问题的解答》中规定：

“组织他人卖淫罪,是指以招募、雇佣、强迫、引诱、容留等手段,控制多人从事卖淫的行为。”该解答关于组织卖淫的基本内涵是正确的,但是,司法实践也表明,该解答关于组织卖淫的定义需要完善。

第一,组织行为方面。该解答的缺陷有两处:一是容易混淆引诱、容留、介绍卖淫与组织卖淫的概念。因此,本解释采用了“招募、雇佣、纠集等手段”的表述方法,将引诱、容留等手段隐含在组织人员的方法之中,以将组织卖淫与一般的引诱、容留及介绍行为区别开来。二是容易混淆组织卖淫和强迫卖淫的概念。虽然在某种程度上组织卖淫可以包括强迫卖淫,但是,强迫卖淫涵盖不了组织卖淫。因此,本解释将该解答的“控制多人从事卖淫”改为“管理或者控制他人卖淫”,以体现出不少卖淫人员是自愿卖淫。有人提出,组织卖淫行为应体现在行为人的组织性上,然而,《刑法》中类似于黑社会性质组织犯罪这类的组织性犯罪与本罪在本质上是不一样的。本罪的罪质特征主要体现在其组织行为上,如一个人也可以组织他人卖淫,而不是体现在组织者的组织机构上。

第二,规模要件即卖淫人数方面。该解答关于控制多人卖淫的概念总体上是对的,而且多人就是指3人以上,也符合法律术语的一般理解,但在调研中,有意见认为,只要符合“管理或者控制他人卖淫”的形式,即使组织一人或者二人也可以以组织卖淫罪处理。为澄清这种认识,并且明确组织卖淫和容留卖淫的区别,同时也避免在同一个法律文件内出现对一个名词自我解释的现象,本解释将组织卖淫罪中被组织人员的人数明确规定为3人以上。

第三,场所要件。本解释第1条规定:“以招募、雇佣、纠集等手段,管理或者控制他人卖淫,卖淫人员在三人以上的,应当认定为刑法第三百五十八条规定的‘组织他人卖淫’。组织卖淫者是否设置固定的卖淫场所、组织卖淫者人数多少、规模大小,不影响组织卖淫行为的认定。”

2. 关于协助组织卖淫罪的含义。《刑法》第358条第4款规定了协助组织卖淫罪的基本概念,即“为组织卖淫的人招募、运送人员或者有其他协助组织他人卖淫行为的”。司法解释需要明确3个问题:一是应当明确协助组织卖淫的行为人是否必须对组织卖淫行为“明知”;二是应当明确其他协助组织行为的基本范围;三是应当对协助组织卖淫的人是否为组织卖淫罪的从犯作出明确。关于第一个问题,实践中确实有一些人不知是卖淫人员而认为是运送、招募劳务人员,实际协助了组织卖淫的情况。本解释对此予以明确:不构成协助组织卖淫罪。关于第二个问题,本解释将《刑法》第358条第4款规定的“其他协助组织他人卖淫行为的”解释为“充当保镖、打手、管账人等”。关于第三个问题,《刑法》第358条第4款单独规定了协助组织卖淫罪,说明这类行为应当确定为独立的罪名,适用单独的法定刑,不再适用《刑法》关于从犯的处罚原则。因此,本解释明确规定,“以协助组织卖淫罪定罪处罚,不以组织卖淫罪的从犯论处”。另外,需要注意的是,既然协助组织卖淫罪是一个单独的罪名,对协助组织卖淫行为本身,也就可以依照《刑法》关于共同犯罪的有关规定区分主从犯。

关联法规索引

《最高人民检察院、公安部关于公安机关管辖的刑事案件立案追诉标准的规定(一)》第75~77条

第三百五十九条　【引诱、容留、介绍卖淫罪】引诱、容留、介绍他人卖淫的,处五年以下有期徒刑、拘役或者管制,并处罚金;情节严重的,处五年以上有期徒刑,并处罚金。

【引诱幼女卖淫罪】引诱不满十四周岁的幼女卖淫的,处五年以上有期徒刑,并处罚金。

条文解读

本条是关于引诱、容留、介绍卖淫罪和引诱幼女卖淫罪及其处罚的规定。引诱、容留、介绍卖淫罪是选择式罪名,包含3种行为:(1)“引诱”他人卖淫,是指行为人以金钱诱惑或通过宣扬腐朽生活方式等手段,诱使没有卖淫习性的人从事卖淫活动的行为。(2)“容留”他人卖淫,是指行为人故意为他人从事卖淫、嫖娼活动提供场所的行为。“容留”既包括在自己所有的、管理的、使用的、经营的固定或者临时租借的场所容留卖淫、嫖娼人员从事卖淫、嫖娼活动,也包括在流动场所,如运输工具中容留他人卖淫、嫖娼。(3)“介绍”他人卖淫,是指为卖淫人员与嫖娼人员寻找对象,并在他们中间牵线搭桥的行为。

引诱幼女卖淫,是指引诱不满14周岁的幼女卖淫的行为,可以认为是引诱卖

淫行为中的特殊情况。

关联法规索引

《最高人民检察院、公安部关于公安机关管辖的刑事案件立案追诉标准的规定(一)》第78、79条;《最高人民法院、最高人民检察院关于办理组织、强迫、引诱、容留、介绍卖淫刑事案件适用法律若干问题的解释》

第三百六十条 【传播性病罪】明知自己患有梅毒、淋病等严重性病卖淫、嫖娼的,处五年以下有期徒刑、拘役或者管制,并处罚金。

条文解读

本条是关于传播性病罪及其处罚的规定。构成本罪须符合以下3个条件:

第一,行为人必须患有梅毒、淋病等严重性病。"性病",亦称为"性传染疾病",过去被称为"花柳病",主要通过性接触、性行为传播,包括艾滋病、梅毒、淋病、软下疳、性病性淋巴肉芽肿、生殖道沙眼衣原体感染、尖锐湿疣、生殖器疱疹、腹股沟肉芽肿、生殖器念珠菌病、阴道毛滴虫病、细菌性阴道病、阴虱病等。"严重性病",主要是指对人体健康危害较重或者传染性较强,发病率较高的性病。本条列举了梅毒、淋病两种严重性病,至于其他严重性病,未作明确规定。在司法实践中,司法机关应在《传染病防治法》规定的性病和原卫生部规定实行性病监测的性病范围内从严掌握,不能将普通性病都作为严重性病,防止扩大打击面。也就是说,该性病必须是与梅毒、淋病的危害特点相当的性病。

第二,行为人主观上必须是"明知",即行为人清楚地知道自己患有严重性病,从事卖淫、嫖娼活动会造成性病被传播的后果,而放任或希望这种危害后果的发生。因此,这种犯罪是故意犯罪。如果行为人不明知自己患有严重性病,即便实施了卖淫、嫖娼行为,也不构成本罪。"明知"在本罪中是划分罪与非罪的主要界限。根据有关司法解释,下列情形可以认定为"明知":一是有证据证明行为人曾到医院就医或检查,被诊断为患有严重性病的;二是根据本人的知识和经验,能够知道自己患有严重性病的;三是通过其他方法能够证明行为人是"明知"的,如行为人的朋友曾告诉过行为人其病症极有可能是严重性病而行为人本人也真的怀疑过自己患上性病的,或行为人曾告诉过别人自己患有严重性病的,等等。

第三,行为人实施了卖淫、嫖娼的行为。这里的卖淫、嫖娼行为不仅限于性交方式,还包括手淫、口淫或者其他与性接触有关的行为。

应当说明的是,本条原有第 2 款规定了嫖宿幼女罪,即"嫖宿不满十四周岁的幼女的,处五年以上有期徒刑,并处罚金"。《刑法修正案(九)》删除了该款内容,取消了嫖宿幼女罪,对这类行为可以适用《刑法》第 236 条第 2 款关于奸淫幼女的以强奸论,从重处罚的规定。

关联法规索引

《最高人民检察院、公安部关于公安机关管辖的刑事案件立案追诉标准的规定(一)》第 80 条

第三百六十一条 【特定单位的人员组织、强迫、引诱、容留、介绍卖淫的处理规定】 旅馆业、饮食服务业、文化娱乐业、出租汽车业等单位的人员,利用本单位的条件,组织、强迫、引诱、容留、介绍他人卖淫的,依照本法第三百五十八条、第三百五十九条的规定定罪处罚。

前款所列单位的主要负责人,犯前款罪的,从重处罚。

第三百六十二条 【窝藏、包庇罪】 旅馆业、饮食服务业、文化娱乐业、出租汽车业等单位的人员,在公安机关查处卖淫、嫖娼活动时,为违法犯罪分子通风报信,情节严重的,依照本法第三百一十条的规定定罪处罚。

第九节 制作、贩卖、传播淫秽物品罪

第三百六十三条 【制作、复制、出版、贩卖、传播淫秽物品牟利罪】 以牟利为目的,制作、复制、出版、贩卖、传播淫秽物品的,处三年以下有期徒刑、拘役或者管制,并处罚金;情节严重的,处三年以上十年以下有期徒刑,并处罚

金；情节特别严重的，处十年以上有期徒刑或者无期徒刑，并处罚金或者没收财产。

【为他人提供书号出版淫秽书刊罪】为他人提供书号，出版淫秽书刊的，处三年以下有期徒刑、拘役或者管制，并处或者单处罚金；明知他人用于出版淫秽书刊而提供书号的，依照前款的规定处罚。

条文解读

本条第1款是关于制作、复制、出版、贩卖、传播淫秽物品牟利罪及其处罚的规定。本罪的行为对象是淫秽物品。"淫秽物品"，是指具体描绘性行为或者露骨宣扬色情的诲淫性书刊、影片、录像带、图片及其他淫秽物品。制作、复制、出版、贩卖、传播淫秽物品牟利罪的行为表现为制作、复制、出版、贩卖、传播淫秽物品。"制作"，是指生产、录制、编写、译著、绘画、印刷、刻印、摄制、洗印等行为。"复制"，是指通过翻印、翻拍、复印、复写、复录等方式对已有的淫秽物品进行重复制作的行为。"出版"，是指编辑、印刷出版发行淫秽书刊。"贩卖"，是指销售淫秽物品的行为，包括发行、批发、零售、倒卖等。"传播"，是指通过播放、出租、出借、承运、邮寄等方式致使淫秽物品流传的行为。行为人只要以牟利为目的，实施了"制作、复制、出版、贩卖、传播"这5种行为之一的，即构成本罪。本罪主观上必须有牟利的目的。

本条第2款是关于为他人提供书号出版淫秽书刊罪及其处罚的规定。本罪在客观方面表现为，为他人提供书号，出版淫秽书刊。这里的书号应从广义上理解，包括狭义的书号、刊号、版号，三者分别为中国标准书号、中国标准刊号、中国标准版号的简称。本罪为过失犯罪，主观构成要件为过失，即行为人应当预见自己提供书号的行为可能导致他人出版淫秽书刊的结果，因为疏忽大意而没有预见，或者已经预见而轻信能够避免。如果明知他人将书号用于出版淫秽书刊而提供书号，则属于故意犯罪，成立第1款规定的出版淫秽物品牟利罪。

关联法规索引

《最高人民法院关于审理非法出版物刑事案件具体应用法律若干问题的解释》

第8、9、16条;《最高人民检察院、公安部关于公安机关管辖的刑事案件立案追诉标准的规定(一)》第82、83条

典型案例

钱某制作、贩卖、传播淫秽物品牟利案[1]

※要旨: 自然人在私密空间的日常生活属于《民法典》保护的隐私。行为人以牟利为目的,偷拍他人性行为并制作成视频文件,以贩卖、传播方式予以公开,不仅侵犯他人隐私,而且该偷拍视频公开后具有描绘性行为、宣扬色情的客观属性,符合《刑法》关于"淫秽物品"的规定,构成犯罪的,应当以制作、贩卖、传播淫秽物品牟利罪追究刑事责任。以牟利为目的提供互联网链接,使他人可以通过偷拍设备实时观看或者下载视频文件的,属于该罪的"贩卖、传播"行为。

第三百六十四条　【传播淫秽物品罪】传播淫秽的书刊、影片、音像、图片或者其他淫秽物品,情节严重的,处二年以下有期徒刑、拘役或者管制。

【组织播放淫秽音像制品罪】组织播放淫秽的电影、录像等音像制品的,处三年以下有期徒刑、拘役或者管制,并处罚金;情节严重的,处三年以上十年以下有期徒刑,并处罚金。

制作、复制淫秽的电影、录像等音像制品组织播放的,依照第二款的规定从重处罚。

向不满十八周岁的未成年人传播淫秽物品的,从重处罚。

关联法规索引

《最高人民法院关于审理非法出版物刑事案件具体应用法律若干问题的解释》第10条;《最高人民法院、最高人民检察院关于办理利用互联网、移动通讯终端、声

[1] 参见最高人民检察院指导性案例第139号。

讯台制作、复制、出版、贩卖、传播淫秽电子信息刑事案件具体应用法律若干问题的解释》第3条;《最高人民法院、最高人民检察院关于办理利用互联网、移动通讯终端、声讯台制作、复制、出版、贩卖、传播淫秽电子信息刑事案件具体应用法律若干问题的解释(二)》第2、3、5条;《最高人民检察院、公安部关于公安机关管辖的刑事案件立案追诉标准的规定(一)》第84、85条

第三百六十五条 【组织淫秽表演罪】组织进行淫秽表演的,处三年以下有期徒刑、拘役或者管制,并处罚金;情节严重的,处三年以上十年以下有期徒刑,并处罚金。

关联法规索引

《最高人民检察院、公安部关于公安机关管辖的刑事案件立案追诉标准的规定(一)》第86条

第三百六十六条 【单位犯制作、贩卖、传播淫秽物品罪的处罚】单位犯本节第三百六十三条、第三百六十四条、第三百六十五条规定之罪的,对单位判处罚金,并对其直接负责的主管人员和其他直接责任人员,依照各该条的规定处罚。

第三百六十七条 【淫秽物品的范围】本法所称淫秽物品,是指具体描绘性行为或者露骨宣扬色情的诲淫性的书刊、影片、录像带、录音带、图片及其他淫秽物品。

有关人体生理、医学知识的科学著作不是淫秽物品。

包含有色情内容的有艺术价值的文学、艺术作品不视为淫秽物品。

关联法规索引

《最高人民法院、最高人民检察院关于办理利用互联网、移动通讯终端、声讯台制作、复制、出版、贩卖、传播淫秽电子信息刑事案件具体应用法律若干问题的解释》第9条

第七章　危害国防利益罪

本章介绍

本章是关于危害国防利益罪及其处罚的规定。本罪的法益是国防利益。危害国防利益罪客观上表现为,危害国防利益的行为与结果。从表现形式上看,有的犯罪只能是作为,有的犯罪只能是不作为,有的犯罪既可以是作为也可以是不作为。危害国防利益罪在主观方面包括故意与过失,即除过失损坏武器装备、军事通信罪和过失提供不合格武器装备、军事设施罪外,其他犯罪只能由故意构成。危害国防利益罪可分为平时危害国防利益的犯罪和战时危害国防利益的犯罪。

第三百六十八条　【阻碍军人执行职务罪】以暴力、威胁方法阻碍军人依法执行职务的,处三年以下有期徒刑、拘役、管制或者罚金。

【阻碍军事行动罪】故意阻碍武装部队军事行动,造成严重后果的,处五年以下有期徒刑或者拘役。

典型案例

朱某某阻碍军人执行职务案〔1〕

※**要旨:**(1)军人执行演习演训等军事任务及抢险救灾等非战争军事行动,受到法律保护。检察机关应当加大对阻碍军人执行职务犯罪的惩治力度,切实维护军事利益和国防利益。(2)坚持惩教结合,加强认罪悔罪教育。办理阻碍军人执行职务案件,要坚持惩罚与教育相结合,做好认罪认罚教育转化工作。对没有造成阻碍军事演习继续进行等严重危害后果的,要通过释

〔1〕　参见《全国检察机关依法惩治侵犯军人军属合法权益、危害国防利益犯罪典型案例》之二。

法说理，促使被告人充分认识到自身行为的社会危害性，自愿认罪悔罪。

第三百六十九条 【破坏武器装备、军事设施、军事通信罪】 破坏武器装备、军事设施、军事通信的，处三年以下有期徒刑、拘役或者管制；破坏重要武器装备、军事设施、军事通信的，处三年以上十年以下有期徒刑；情节特别严重的，处十年以上有期徒刑、无期徒刑或者死刑。

【过失损坏武器装备、军事设施、军事通信罪】 过失犯前款罪，造成严重后果的，处三年以下有期徒刑或者拘役；造成特别严重后果的，处三年以上七年以下有期徒刑。

战时犯前两款罪的，从重处罚。

关联法规索引

《最高人民法院关于审理危害军事通信刑事案件具体应用法律若干问题的解释》

第三百七十条 【故意提供不合格武器装备、军事设施罪】 明知是不合格的武器装备、军事设施而提供给武装部队的，处五年以下有期徒刑或者拘役；情节严重的，处五年以上十年以下有期徒刑；情节特别严重的，处十年以上有期徒刑、无期徒刑或者死刑。

【过失提供不合格武器装备、军事设施罪】 过失犯前款罪，造成严重后果的，处三年以下有期徒刑或者拘役；造成特别严重后果的，处三年以上七年以下有期徒刑。

单位犯第一款罪的，对单位判处罚金，并对其直接负责的主管人员和其他直接责任人员，依照第一款的规定处罚。

关联法规索引

《最高人民检察院、公安部关于公安机关管辖的刑事案件立案追诉标准的规定(一)》第87、88条

第三百七十一条 【聚众冲击军事禁区罪】 聚众冲击军事禁区，严重扰乱军事禁区秩序的，对首要分子，处五年以上十年以下有期徒刑；对其他积极参加的，处五年以下有期徒刑、拘役、管制或者剥夺政治权利。

【聚众扰乱军事管理区秩序罪】 聚众扰乱军事管理区秩序，情节严重，致使军事管理区工作无法进行，造成严重损失的，对首要分子，处三年以上七年以下有期徒刑；对其他积极参加的，处三年以下有期徒刑、拘役、管制或者剥夺政治权利。

关联法规索引

《最高人民检察院、公安部关于公安机关管辖的刑事案件立案追诉标准的规定(一)》第89、90条

第三百七十二条 【冒充军人招摇撞骗罪】 冒充军人招摇撞骗的，处三年以下有期徒刑、拘役、管制或者剥夺政治权利；情节严重的，处三年以上十年以下有期徒刑。

条文解读

本条是关于冒充军人招摇撞骗罪及其处罚的规定。假冒军人身份主要包括3种情况：一是非军人冒充军人；二是级别较低的军人假冒级别较高的军人；三是一般部门的军人假冒要害部门的军人。“招摇撞骗”，是指假借军人身份进行炫耀、蒙骗，但不包括骗取数额巨大的财物的行为；对冒充军人骗取数额巨大财物的，应认定为诈骗罪。冒充军人使用伪造、变造、盗窃的武装部队车辆号牌，造成恶劣影响的，也构成本罪。

典型案例

李某某、葛某某冒充军人招摇撞骗案[1]

※**要旨**：冒充军人招摇撞骗不仅损害了被害人的合法权益，更影响了社会对军人、军队的信任，进而对国防利益和军事安全产生危害。本案被告人冒充现役军人身份，以现役适龄军人为目标，通过网络恋爱骗取钱财，严重侵害了军人的合法权益，对人民军队的威信造成不良影响。办理此类案件，应准确适用法律，综合考虑作案次数、犯罪金额等情节，合理提出量刑建议，确保对涉军犯罪的精准打击。

第三百七十三条 【煽动军人逃离部队罪；雇用逃离部队军人罪】 煽动军人逃离部队或者明知是逃离部队的军人而雇用，情节严重的，处三年以下有期徒刑、拘役或者管制。

关联法规索引

《最高人民检察院、公安部关于公安机关管辖的刑事案件立案追诉标准的规定（一）》第91、92条

第三百七十四条 【接送不合格兵员罪】 在征兵工作中徇私舞弊，接送不合格兵员，情节严重的，处三年以下有期徒刑或者拘役；造成特别严重后果的，处三年以上七年以下有期徒刑。

关联法规索引

《最高人民检察院、公安部关于公安机关管辖的刑事案件立案追诉标准的规定（一）》第93条

[1] 参见《全国检察机关依法惩治侵犯军人军属合法权益、危害国防利益犯罪典型案例》之一。

第三百七十五条　【伪造、变造、买卖武装部队公文、证件、印章罪；盗窃、抢夺武装部队公文、证件、印章罪】伪造、变造、买卖或者盗窃、抢夺武装部队公文、证件、印章的，处三年以下有期徒刑、拘役、管制或者剥夺政治权利；情节严重的，处三年以上十年以下有期徒刑。

【非法生产、买卖武装部队制式服装罪】非法生产、买卖武装部队制式服装，情节严重的，处三年以下有期徒刑、拘役或者管制，并处或者单处罚金。

【伪造、盗窃、买卖、非法提供、非法使用武装部队专用标志罪】伪造、盗窃、买卖或者非法提供、使用武装部队车辆号牌等专用标志，情节严重的，处三年以下有期徒刑、拘役或者管制，并处或者单处罚金；情节特别严重的，处三年以上七年以下有期徒刑，并处罚金。

单位犯第二款、第三款罪的，对单位判处罚金，并对其直接负责的主管人员和其他直接责任人员，依照各该款的规定处罚。

关联法规索引

《最高人民检察院、公安部关于公安机关管辖的刑事案件立案追诉标准的规定（一）》第94条；《最高人民法院、最高人民检察院关于办理妨害武装部队制式服装、车辆号牌管理秩序等刑事案件具体应用法律若干问题的解释》

第三百七十六条　【战时拒绝、逃避征召、军事训练罪】预备役人员战时拒绝、逃避征召或者军事训练，情节严重的，处三年以下有期徒刑或者拘役。

【战时拒绝、逃避服役罪】公民战时拒绝、逃避服役，情节严重的，处二年以下有期徒刑或者拘役。

关联法规索引

《最高人民检察院、公安部关于公安机关管辖的刑事案件立案追诉标准的规定（一）》第95、96条

第三百七十七条 【战时故意提供虚假敌情罪】 战时故意向武装部队提供虚假敌情，造成严重后果的，处三年以上十年以下有期徒刑；造成特别严重后果的，处十年以上有期徒刑或者无期徒刑。

第三百七十八条 【战时造谣扰乱军心罪】 战时造谣惑众，扰乱军心的，处三年以下有期徒刑、拘役或者管制；情节严重的，处三年以上十年以下有期徒刑。

第三百七十九条 【战时窝藏逃离部队军人罪】 战时明知是逃离部队的军人而为其提供隐蔽处所、财物，情节严重的，处三年以下有期徒刑或者拘役。

关联法规索引

《最高人民检察院、公安部关于公安机关管辖的刑事案件立案追诉标准的规定（一）》第97条

第三百八十条 【战时拒绝、故意延误军事订货罪】 战时拒绝或者故意延误军事订货，情节严重的，对单位判处罚金，并对其直接负责的主管人员和其他直接责任人员，处五年以下有期徒刑或者拘役；造成严重后果的，处五年以上有期徒刑。

关联法规索引

《最高人民检察院、公安部关于公安机关管辖的刑事案件立案追诉标准的规定（一）》第98条

第三百八十一条 【战时拒绝军事征收、征用罪】 战时拒绝军事征收、征用，情节严重的，处三年以下有期徒刑或者拘役。

关联法规索引

《最高人民检察院、公安部关于公安机关管辖的刑事案件立案追诉标准的规定(一)》第99条

第八章　贪污贿赂罪

本章介绍

本章是关于贪污贿赂罪及其处罚的规定。贪污贿赂,是指国家工作人员利用职务之便,贪污、挪用公共财物,索取、收受贿赂,不履行法定义务,侵犯职务行为的廉洁性、不可收买性的行为。这只是一般性的表述,贪污贿赂罪还包括一般主体与单位的犯罪。贪污贿赂罪客观上表现为,实施侵犯职务行为的廉洁性、不可收买性的行为,包括作为与不作为两种形式。贪污贿赂罪在主观方面为故意,其中的贪污罪要求以非法占有为目的;过失不构成本章的犯罪。贪污贿赂罪分为两大类:贪污犯罪与贿赂犯罪。前者又可分为贪污罪、挪用公款罪、私分国有资产罪、私分罚没财物罪、巨额财产来源不明罪与隐瞒境外存款罪;后者包括各种受贿犯罪、行贿犯罪与介绍贿赂犯罪。

第三百八十二条　【贪污罪】国家工作人员利用职务上的便利,侵吞、窃取、骗取或者以其他手段非法占有公共财物的,是贪污罪。

受国家机关、国有公司、企业、事业单位、人民团体委托管理、经营国有财产的人员,利用职务上的便利,侵吞、窃取、骗取或者以其他手段非法占有国有财物的,以贪污论。

与前两款所列人员勾结,伙同贪污的,以共犯论处。

条文解读

本条是关于贪污罪及其处罚的规定。根据本条第1款的规定,构成贪污罪必须具有下列条件:(1)贪污罪的主体为特殊主体,即国家工作人员。非国家工作人员不能单独成为贪污罪的主体,但是如果他们与国家工作人员勾结,利用国家工作人员的职务便利,共同侵吞、窃取、骗取或者以其他手段非法占有公共财物的,以贪污罪共犯论处。(2)贪污罪侵犯的对象是公共财物。(3)贪污罪在客观方面表现为利用职务上的便利,侵吞、窃取、骗取或者以其他手段非法占有公共财物。"侵吞",是指将暂时由自己合法管理、支配、使用或经手的财物非法据为己有;"窃取",是指行为人利用职务上的便利,秘密地将由其本人合法保管的财物据为己有;"骗取",是指行为人利用职务上的便利,采用虚构事实、隐瞒真相的方法,非法占有单位的财物。"其他手段",是指行为人利用职务上的便利,使用侵吞、窃取、骗取以外的其他手段,非法占有公共财物。行为人"利用职务上的便利"是构成本罪的必要条件,指行为人利用其职务范围内的权力和地位所形成的主管、管理、经手、经营公共财物的有利条件。

本条第 2 款是关于受国家机关、国有公司、企业、事业单位、人民团体委托管理、经营国有财产的人员,利用职务上的便利,侵吞、窃取、骗取或者以其他手段非法占有国有财物以贪污论的规定。第 2 款规定的"国有财物"与第 1 款规定的"公共财物"是有区别的。前者只限于国家所有(或全民所有)的财产;后者还包括集体所有的财产、用于社会公益事业的财产等。

本条第 3 款是对与前两款所列人员勾结,伙同贪污的,以共犯论处的规定。

关联法规索引

《最高人民法院、最高人民检察院关于办理妨害预防、控制突发传染病疫情等灾害的刑事案件具体应用法律若干问题的解释》第 14 条;《最高人民法院关于审理贪污、职务侵占案件如何认定共同犯罪几个问题的解释》

典型案例

杨某虎等贪污案[1]

※要旨:(1)贪污罪中的"利用职务上的便利",是指利用职务上主管、管理、经手公共财物的权力及方便条件,既包括利用本人职务

[1] 参见最高人民法院指导性案例第 11 号。

上主管、管理公共财物的职务便利,也包括利用职务上有隶属关系的其他国家工作人员的职务便利。(2)土地使用权具有财产性利益,属于《刑法》第 382 条第 1 款规定的“公共财物”,可以成为贪污的对象。

沈某某、郑某某贪污案[1]

※**要旨:**对于国家工作人员利用职务便利,在期货交易中通过增设相互交易环节侵吞公款的行为,可以依法认定为贪污罪。在审查时重点围绕交易行为的异常性、行为人获利与职务便利之间的关联性进行分析论证。对于贪污犯罪数额,可以结合案件具体情况,根据行为人实际获利数额予以认定。

第三百八十三条 【贪污罪的处罚规定】对犯贪污罪的,根据情节轻重,分别依照下列规定处罚:

(一)贪污数额较大或者有其他较重情节的,处三年以下有期徒刑或者拘役,并处罚金。

(二)贪污数额巨大或者有其他严重情节的,处三年以上十年以下有期徒刑,并处罚金或者没收财产。

(三)贪污数额特别巨大或者有其他特别严重情节的,处十年以上有期徒刑或者无期徒刑,并处罚金或者没收财产;数额特别巨大,并使国家和人民利益遭受特别重大损失的,处无期徒刑或者死刑,并处没收财产。

对多次贪污未经处理的,按照累计贪污数额处罚。

犯第一款罪,在提起公诉前如实供述自己罪行、真诚悔罪、积极退赃,避免、减少损害结果的发生,有第一项规定情形的,可以从轻、减轻或者免除处罚;有第二项、第三项规定情形的,可以从轻处罚。

犯第一款罪,有第三项规定情形被判处死刑缓期执行的,人民法院根据犯罪情节等情况可以同时决定在其死刑缓期执行二年期满依法减为无期徒刑后,终身监禁,不得减刑、假释。

---

[1] 参见最高人民检察院指导性案例第 187 号。

关联法规索引

《最高人民法院关于〈中华人民共和国刑法修正案(九)〉时间效力问题的解释》第8条;《最高人民法院、最高人民检察院关于办理贪污贿赂刑事案件适用法律若干问题的解释》第1~4、19条

第三百八十四条 【挪用公款罪】国家工作人员利用职务上的便利,挪用公款归个人使用,进行非法活动的,或者挪用公款数额较大、进行营利活动的,或者挪用公款数额较大、超过三个月未还的,是挪用公款罪,处五年以下有期徒刑或者拘役;情节严重的,处五年以上有期徒刑。挪用公款数额巨大不退还的,处十年以上有期徒刑或者无期徒刑。

挪用用于救灾、抢险、防汛、优抚、扶贫、移民、救济款物归个人使用的,从重处罚。

配套法规及解读

《全国人民代表大会常务委员会关于〈中华人民共和国刑法〉第三百八十四条第一款的解释》(2002年4月28日)

有下列情形之一的,属于挪用公款"归个人使用":

(一)将公款供本人、亲友或者其他自然人使用的;

(二)以个人名义将公款供其他单位使用的;

(三)个人决定以单位名义将公款供其他单位使用,谋取个人利益的。

※法规解读:

本立法解释规定,以下3种情形属于挪用公款"归个人使用":

1. 将公款供本人、亲友或者其他自然人使用的。无论是本人、亲友还是其他自然人,相对于单位来讲都是个人。这是一种典型的挪用公款归个人使用的表现形式。

2. 以个人名义将公款供其他单位使用的。该种行为的关键是"以个人名义",是指打着个人的旗号。实践中多表现为在单位的出借款条上或者其他提供款项的文件上签的是个人的名字,且无单位的公章。这样虽然把单位的公款借给了其他

单位,但手续上反映的却是个人把钱借出。解释中的“供”是提供的意思,包括借出或者赠与。公款属于单位,而非个人。虽然单位负责人在职权范围内有决定一定数额公款使用的权力,但这实际上是单位赋予其代表单位正确支配、使用公款的权力,绝不意味着单位授权其以个人名义任意非法支配、使用单位公款。以个人名义将公款供其他单位使用,本身就是将公款非法置于个人支配之下的一种表现形式。根据本解释的规定,以个人名义将公款供其他单位使用的,无须再看是否谋取个人利益,即可认定挪用公款“归个人使用”。

3. 个人决定以单位名义将公款供其他单位使用,谋取个人利益的。该行为属于“归个人使用”,主要是基于以下考虑:个人决定以单位名义将公款供其他单位使用,谋取个人利益,实际上是以公款谋取个人私利的一种方式,符合将公款非法置于个人的支配之下公款私用的本质特征。“个人决定”,既包括行为人在其职权范围内作出决定,也包括超越职权作出决定。但是,单位集体讨论决定的,不属于“个人决定”。“以单位名义”,是指在出借、提供公款的主体处清楚地写着单位的名称,而非个人的名字。这里所说“其他单位”中的“单位”,与《刑法》第 30 条中单位的范围是一致的,即包括公司、企业、事业单位、机关、团体。“谋取个人利益”,既包括谋取合法利益,也包括谋取非法利益;既包括谋取财产性利益,如钱物,也包括谋取非财产性利益,如为子女解决住房等。

关联法规索引

《最高人民检察院关于挪用失业保险基金和下岗职工基本生活保障资金的行为适用法律问题的批复》;《最高人民检察院关于挪用国库券如何定性问题的批复》;《最高人民检察院关于国家工作人员挪用非特定公物能否定罪的请示的批复》;《最高人民法院关于挪用公款犯罪如何计算追诉期限问题的批复》;《最高人民法院关于审理挪用公款案件具体应用法律若干问题的解释》;《最高人民法院、最高人民检察院关于办理贪污贿赂刑事案件适用法律若干问题的解释》第 5、6 条

典型案例

李某等人挪用公款案[1]

※要旨：办理金融领域挪用公款犯罪案件，应从实质上把握“归个人使用”等要件。对于为个人从事营利活动而违规使用单位公款，给公款安全造成风险，如果公款形式上归单位使用，但是实质上为个人使用的，可以认定挪用公款“归个人使用”。他人因行为人挪用公款犯罪直接获利，虽不构成犯罪或未被追究刑事责任，但主观上对利益违法性有认知的，对他人的直接获利应认定为违法所得，检察机关可以向监察机关提出建议，依法予以追缴或者责令退赔。

第三百八十五条　【受贿罪】国家工作人员利用职务上的便利，索取他人财物的，或者非法收受他人财物，为他人谋取利益的，是受贿罪。

国家工作人员在经济往来中，违反国家规定，收受各种名义的回扣、手续费，归个人所有的，以受贿论处。

条文解读

本条是关于受贿罪及其处罚的规定。本罪为身份犯，行为主体是国家工作人员。国家工作人员利用职务上的便利为请托人谋取利益，并与请托人事先约定，在其离退休后或者离职后收受请托人财物，构成犯罪的，以受贿罪定罪处罚。一般公民与国家工作人员相勾结，伙同受贿的，以受贿罪的共犯论处。

受贿行为表现为两种情形：第一，索取他人财物，即索贿，是指行为人在公务活动中主动向他人索要财物，包括向他人勒索财物。无论行为人索取他人财物后是否为他人谋取了利益，均应以受贿罪论处。在司法实践中，“索取”一般表现为公开索要和刁难性的暗示。第二，收受他人财物，为他人谋取利益，指在行贿人主动提供财物时，行为人不予拒绝，并许诺、着手或者已经在公务活动中为行贿人谋取利

〔1〕 参见最高人民检察院指导性案例第189号。

益的行为。其中,许诺的方式可以是明示,也可以是默示;许诺可以直接向行贿人作出,也可以通过第三人间接作出。至于为他人谋取的利益是否正当,为他人谋取的利益是否兑现,为他人谋取利益是在收受贿赂之前、当时还是之后,均不影响本罪的成立。对于通过受贿行为索取、收受的"财物",应作扩大性解释,是指具有价值的可以管理的有体物、无体物以及财产性利益;非财产性利益,如性贿赂,不包括在内。司法实践中,有国家工作人员利用职务上的便利为请托人谋取利益,并与请托人事先约定,在其离退休后收受请托人财物,构成犯罪的,根据2000年7月13日公布的《最高人民法院关于国家工作人员利用职务上的便利为他人谋取利益离退休后收受财物行为如何处理问题的批复》,应以受贿罪定罪处罚。

本条第2款规定了另一种受贿方式,即国家工作人员在经济往来中,违反国家规定,收受各种名义的回扣、手续费,归个人所有的行为。这里所说的"手续费",是指在经济活动中,除回扣以外,违反国家规定支付给对方的各种名义的钱或物,如佣金、信息费、顾问费、劳务费、辛苦费、好处费等。根据本款规定,收受回扣或者各种名义的手续费归个人所有的,应以受贿罪论处。

配套法规及解读

《最高人民法院、最高人民检察院关于办理贪污贿赂刑事案件适用法律若干问题的解释》(2016年4月18日)

第十二条 贿赂犯罪中的"财物",包括货币、物品和财产性利益。财产性利益包括可以折算为货币的物质利益如房屋装修、债务免除等,以及需要支付货币的其他利益如会员服务、旅游等。后者的犯罪数额,以实际支付或者应当支付的数额计算。

第十三条 具有下列情形之一的,应当认定为"为他人谋取利益",构成犯罪的,应当依照刑法关于受贿犯罪的规定定罪处罚:

(一)实际或者承诺为他人谋取利益的;

(二)明知他人有具体请托事项的;

(三)履职时未被请托,但事后基于该履职事由收受他人财物的。

国家工作人员索取、收受具有上下级关系的下属或者具有行政管理关系的被管理人员的财物价值三万元以上,可能影响职权行使的,视为承诺为他人谋取利益。

第十六条　国家工作人员出于贪污、受贿的故意，非法占有公共财物、收受他人财物之后，将赃款赃物用于单位公务支出或者社会捐赠的，不影响贪污罪、受贿罪的认定，但量刑时可以酌情考虑。

特定关系人索取、收受他人财物，国家工作人员知道后未退还或者上交的，应当认定国家工作人员具有受贿故意。

第十七条　国家工作人员利用职务上的便利，收受他人财物，为他人谋取利益，同时构成受贿罪和刑法分则第三章第三节、第九章规定的渎职犯罪的，除刑法另有规定外，以受贿罪和渎职犯罪数罪并罚。

※法规解读：

本解释第12条对贿赂犯罪的对象范围和财产性利益的具体认定作出了规定。该规定主要借鉴了2008年《最高人民法院、最高人民检察院关于办理商业贿赂刑事案件适用法律若干问题的意见》第7条的规定："商业贿赂中的财物，既包括金钱和实物，也包括可以用金钱计算数额的财产性利益，如提供房屋装修、含有金额的会员卡、代币卡(券)、旅游费用等。具体数额以实际支付的资费为准。"除文字调整之外，本解释将财产性利益作了进一步的归类细分，明确财产性利益包括可以折算为货币的物质利益和需要支付货币才能获得的其他利益两种。前者如房屋装修、债务免除等，其本质上是一种物质利益；后者如会员服务、旅游，就其性质而言不属于物质利益，但由于取得这种利益需要支付相应的货币对价，故应当在法律上将这种利益视同为财产性利益。

本解释第13条第1款明确了3种应当认定为"为他人谋取利益"的情形。第1项规定明确，实际或者承诺为他人谋取利益即可认定为为他人谋取利益，是否着手为他人谋取利益以及为他人谋利事项是否已完成均在所不问，既不影响定罪也不影响既遂的认定。第2项规定的要点在于具体请托事项，只要收受财物与职务相关的具体请托事项建立起关联，即应当以受贿犯罪处理。具体包括两种情况：一是行贿人告知受贿人具体请托事项，或者受贿人基于客观情况能够判断出行贿人有请托事项，受贿人收受对方财物的，虽然受贿人尚未实施具体谋取利益行为，但也应认定为受贿人为他人谋取利益；二是受贿人知道或者应当知道行贿人的具体请托事项，但并不想具体实施为对方谋取利益的行为，此种情形同样属于基于具体职务行为的权钱交易行为，公职人员的职务廉洁性同样受到侵害，故也应当认定为受贿人为他人谋取利益。第3项是针对事后受贿作出的新规定。受贿人在履行职责时没有受贿故意,双方亦未就请托事项进行意思沟通,但受贿人在履行职责后收取他人财物的,只要收受财物与其先前职务行为存在关联,其收受财物的行为就同样侵犯了国家工作人员的职务廉洁性。第13条第2款规定的是受贿犯罪与"感情投资"的界限划分问题。对于日常意义上的"感情投资",有必要在法律上作进一步区分:一种是与行为人的职务无关的"感情投资";另一种是与行为人职务行为有着具体关联的所谓的"感情投资"。对于后者,由于行贿受贿双方在职务活动中紧密的关系,谋利事项要么已经通过具体的职务行为得以实现,要么可以推断出给付金钱有对对方职务行为施加影响的意图,在这种情况下只要能够排除正常人情往来的,同样应认定为受贿。基于这一理解,第13条第2款规定:"国家工作人员索取、收受具有上下级关系的下属或者具有行政管理关系的被管理人员的财物价值三万元以上,可能影响职权行使的,视为承诺为他人谋取利益。"在具体适用本款规定时,要注意把"价值三万元以上"和"可能影响职权行使"结合起来作整体理解:一方面,"价值三万元以上"可以累计计算,而不以单笔为限;另一方面,对于确实属于正常人情往来,不影响职权行使的部分,不宜计入受贿数额。

本解释第16条明确了实践中较为常见的两个与贪污、受贿故意认定相关的问题的具体处理意见。一是赃款赃物去向与贪污、受贿故意的认定关系问题。本解释明确规定,只要以个人非法占有为目的而实施贪污、受贿行为,不管事后赃款赃物的去向如何,均不影响贪污、受贿罪的认定。将赃款赃物用于单位公务支出或者社会捐赠的,量刑时可以酌情考虑。二是国家工作人员办事,"身边人"收钱行为的刑事定罪问题。本着主客观相一致的定罪原则,此行为是否能认定国家工作人员构成受贿犯罪,关键看国家工作人员对收钱一事是否知情及知情后的态度。为此,本解释明确规定,特定关系人索取、收受他人财物,国家工作人员知道后未退还或者上交的,应当认定国家工作人员具有受贿故意。

本解释第17条对受贿犯罪同时构成渎职犯罪的处理作了规定。在受贿犯罪当中,受贿人往往在为请托人谋取利益时存在渎职行为。第17条明确了国家工作人员同时构成受贿罪和《刑法》分则第3章第3节、第9章规定的渎职犯罪的,除《刑法》另有规定外,均应当以受贿罪和渎职犯罪实行数罪并罚。

关联法规索引

《最高人民检察院法律政策研究室关于集体性质的乡镇卫生院院长利用职务之便收受他人财物的行为如何适用法律问题的答复》

典型案例

潘某梅、陈某受贿案[1]

※**要旨**:(1)国家工作人员利用职务上的便利为请托人谋取利益,并与请托人以"合办"公司的名义获取"利润",没有实际出资和参与经营管理的,以受贿论处。(2)国家工作人员明知他人有请托事项而收受其财物,视为承诺"为他人谋取利益",是否已实际为他人谋取利益或谋取到利益,不影响受贿的认定。(3)国家工作人员利用职务上的便利为请托人谋取利益,以明显低于市场的价格向请托人购买房屋等物品的,以受贿论处,受贿数额按照交易时当地市场价格与实际支付价格的差额计算。(4)国家工作人员收受财物后,因与其受贿有关联的人、事被查处,为掩饰犯罪而退还的,不影响认定受贿罪。

第三百八十六条　【受贿罪的处罚规定】 对犯受贿罪的,根据受贿所得数额及情节,依照本法第三百八十三条的规定处罚。索贿的从重处罚。

第三百八十七条　【单位受贿罪】 国家机关、国有公司、企业、事业单位、人民团体,索取、非法收受他人财物,为他人谋取利益,情节严重的,对单位判处罚金,并对其直接负责的主管人员和其他直接责任人员,处三年以下有期徒刑或者拘役;情节特别严重的,处三年以上十年以下有期徒刑。

前款所列单位,在经济往来中,在帐外暗中收受各种名义的回扣、手续费的,以受贿论,依照前款的规定处罚。

[1] 参见最高人民法院指导性案例第3号。

关联法规索引

《最高人民检察院研究室关于国有单位的内设机构能否构成单位受贿罪主体问题的答复》

第三百八十八条 【斡旋受贿犯罪】 国家工作人员利用本人职权或者地位形成的便利条件,通过其他国家工作人员职务上的行为,为请托人谋取不正当利益,索取请托人财物或者收受请托人财物的,以受贿论处。

第三百八十八条之一 【利用影响力受贿罪】 国家工作人员的近亲属或者其他与该国家工作人员关系密切的人,通过该国家工作人员职务上的行为,或者利用该国家工作人员职权或者地位形成的便利条件,通过其他国家工作人员职务上的行为,为请托人谋取不正当利益,索取请托人财物或者收受请托人财物,数额较大或者有其他较重情节的,处三年以下有期徒刑或者拘役,并处罚金;数额巨大或者有其他严重情节的,处三年以上七年以下有期徒刑,并处罚金;数额特别巨大或者有其他特别严重情节的,处七年以上有期徒刑,并处罚金或者没收财产。

离职的国家工作人员或者其近亲属以及其他与其关系密切的人,利用该离职的国家工作人员原职权或者地位形成的便利条件实施前款行为的,依照前款的规定定罪处罚。

第三百八十九条 【行贿罪】 为谋取不正当利益,给予国家工作人员以财物的,是行贿罪。

在经济往来中,违反国家规定,给予国家工作人员以财物,数额较大的,或者违反国家规定,给予国家工作人员以各种名义的回扣、手续费的,以行贿论处。

因被勒索给予国家工作人员以财物,没有获得不正当利益的,不是行贿。

关联法规索引

《最高人民法院、最高人民检察院关于办理贪污贿赂刑事案件适用法律若干问题的解释》第12条

第三百九十条　【行贿罪的处罚规定】 对犯行贿罪的，处三年以下有期徒刑或者拘役，并处罚金；因行贿谋取不正当利益，情节严重的，或者使国家利益遭受重大损失的，处三年以上十年以下有期徒刑，并处罚金；情节特别严重的，或者使国家利益遭受特别重大损失的，处十年以上有期徒刑或者无期徒刑，并处罚金或者没收财产。

有下列情形之一的，从重处罚：

（一）多次行贿或者向多人行贿的；

（二）国家工作人员行贿的；

（三）在国家重点工程、重大项目中行贿的；

（四）为谋取职务、职级晋升、调整行贿的；

（五）对监察、行政执法、司法工作人员行贿的；

（六）在生态环境、财政金融、安全生产、食品药品、防灾救灾、社会保障、教育、医疗等领域行贿，实施违法犯罪活动的；

（七）将违法所得用于行贿的。

行贿人在被追诉前主动交待行贿行为的，可以从轻或者减轻处罚。其中，犯罪较轻的，对调查突破、侦破重大案件起关键作用的，或者有重大立功表现的，可以减轻或者免除处罚。

条文解读

本条是关于行贿罪处罚的规定。根据本条第1款的规定，行贿罪的刑罚结构分为3档：第一档为起点刑，“处三年以下有期徒刑或者拘役，并处罚金”。根据相关司法解释的规定，向国家工作人员行贿，数额在3万元以上的，应当追究刑事责任；或者，行贿数额在1万元以上不满3万元，有下列情形之一的，应当追究刑事责任：(1)向3人以上行贿的；(2)将违法所得用于行贿的；(3)通过行贿谋取职务提拔、调整的；(4)向负有食品、药品、安全生产、环境保护等监督管理职责的国家工作人员行贿，实施非法活动的；(5)向司法工作人员行贿，影响司法公正的；(6)造成经济损失数额在50万元以上不满100万元的。第二档是对“情节严重”或“使国家利益遭受重大损失”的犯罪行为的刑罚，“处三年以上十年以下有期徒刑，并处罚金”。根据相关司法解释的规定，有下列情形之一的，应当认定为“情节严重”：

(1)行贿数额在100万元以上不满500万元的;(2)行贿数额在50万元以上不满100万元,并具有前述第1项至第5项规定的情形之一的;(3)其他严重的情节。向国家工作人员行贿,造成经济损失数额在100万元以上不满500万元的,应当认定为"使国家利益遭受重大损失"。第三档是对"情节特别严重"或"使国家利益遭受特别重大损失"的犯罪行为的刑罚,"处十年以上有期徒刑或者无期徒刑,并处罚金或者没收财产"。根据相关司法解释的规定,具有下列情形之一的,应当认定为"情节特别严重":(1)行贿数额在500万元以上的;(2)行贿数额在250万元以上不满500万元,并具有前述第1项至第5项规定的情形之一的;(3)其他特别严重的情节。向国家工作人员行贿,造成经济损失数额在500万元以上的,应当认定为"使国家利益遭受特别重大损失"。需要指出的是,本款原来规定的起点刑是"五年以下有期徒刑或者拘役,并处罚金",第二档刑是"五年以上十年以下有期徒刑,并处罚金"。《刑法修正案(十二)》对其进行了修改,将起点刑改为"三年以下有期徒刑或者拘役,并处罚金",将第二档刑改为"三年以上十年以下有期徒刑,并处罚金",即将量刑节点由原来的"五年"修改为"三年"。

本条第2款为《刑法修正案(十二)》新增加内容,规定了从重处罚的行贿情形,包括多次行贿或者向多人行贿等7类情形。(1)7类情形从不同角度作出规定,相互间可能会存在有所交叉的情况,如第2项"国家工作人员行贿的"与第4项"为谋取职务、职级晋升、调整行贿的",当国家工作人员为谋求岗位晋升而行贿时,同时符合第2项与第4项,这时只作为一个从重情节予以考虑更为妥当。(2)第3项关于"国家重点工程、重大项目"的确定,可以参考国家发展和改革委员会每年发布的有关重点项目清单等。(3)第5项规定"对监察、行政执法、司法工作人员行贿的",这里的"行政执法"与第6项规定的"生态环境"等8个具体领域有重合,第5项规定主要是从通过行贿干涉案件公正处理的角度作出,两者有所不同。(4)第6项列举的领域主要涉及重要民生领域和公众人身、财产安全领域,体现了对民生和公共安全的保护。同时,根据情况变化和需要,本项同时保留"等"字,为其他需要从重处罚的情形提供法律依据。本项中的"实施违法犯罪活动",不是指行贿本身获取不正当利益都属于"实施违法犯罪活动",而是指行贿所从事的事项本身属于"实施违法犯罪活动",如为了生产销售伪劣食品、安全生产不达标、排污等而行贿的。将两项条件合在一起,更好地把握了从重范围和条件。(5)行贿罪定罪量刑标准的"情节"以数额为基础,同时考虑其他情节。这里的其他情节与第2款从重处罚情形具有交叉。需要注意的是,不能将相关情形重复评价,既将相关情形作为定罪量刑的标准,又作为从重处罚的依据。例如,在向司法工作人员行贿的情形下,如果行贿数额不满3万元,但在1万元至3万元之间,根据相关司法解释的规定,应当追究刑事责任,这时已经体现了对"向司法工作人员行贿"情形的从重处罚,只不过是在定罪环节考虑的该因素。不能在定罪的基础上又依据该情形予以从重处罚。但如果行贿数额超过3万元,定罪时没有考虑该情形,那么可以在定罪后将该情形作为从重处罚的依据。

本条第3款是对行贿罪附条件从宽处罚的规定。根据相关司法解释的规定,根据行贿犯罪的事实、情节,可能被判处3年有期徒刑以下刑罚的,可以认定为"犯罪较轻"。根据犯罪的事实、情节,已经或者可能被判处10年有期徒刑以上刑罚的,或者案件在本省、自治区、直辖市或者全国范围内有较大影响的,可以认定为"重大案件"。具有下列情形之一的,可以认定为"对侦破重大案件起关键作用":(1)主动交待办案机关未掌握的重大案件线索的;(2)主动交待的犯罪线索不属于重大案件的线索,但该线索对于重大案件侦破有重要作用的;(3)主动交待行贿事实,对于重大案件的证据收集有重要作用的;(4)主动交待行贿事实,对于重大案件的追逃、追赃有重要作用的。

在实践中要正确处理第3款"从宽处罚"与第2款"从重处罚"的关系。《刑法修正案(十二)》增加第2款的意义不仅是在量刑上要从重处罚,更在于或者主要目的在于对7类严重行贿情形要重点查处,该立案的坚决予以立案,该处罚的坚决作出处罚,一般情况下不能轻易不立案、不处罚,而是应当从严把握。解决行贿惩处偏弱问题的关键环节在于法律适用和执法工作,需要有关方面进一步把握好查处行贿犯罪的政策尺度,拓宽证据收集途径,进一步完善有关贿赂认定的证明标准和机制,改善执法办案过于依赖行贿人口供的情况,同时要立足于行贿发生的复杂原因,加强综合治理。

关联法规索引

《最高人民法院、最高人民检察院关于办理贪污贿赂刑事案件适用法律若干问题的解释》第7~9、14条

第三百九十条之一　【对有影响力的人行贿罪】为谋取不正当利益，向国家工作人员的近亲属或者其他与该国家工作人员关系密切的人，或者向离职的国家工作人员或者其近亲属以及其他与其关系密切的人行贿的，处三年以下有期徒刑或者拘役，并处罚金；情节严重的，或者使国家利益遭受重大损失的，处三年以上七年以下有期徒刑，并处罚金；情节特别严重的，或者使国家利益遭受特别重大损失的，处七年以上十年以下有期徒刑，并处罚金。

单位犯前款罪的，对单位判处罚金，并对其直接负责的主管人员和其他直接责任人员，处三年以下有期徒刑或者拘役，并处罚金。

条文解读

本条是关于对有影响力的人行贿罪及其处罚的规定。本罪的犯罪主体是一般主体，行贿的对象包括五类：第一类是国家工作人员的近亲属；第二类是与该国家工作人员关系密切的人；第三类是离职的国家工作人员；第四类是离职的国家工作人员的近亲属；第五类是其他与离职的国家工作人员关系密切的人。“近亲属”，主要是指夫、妻、父、母、子、女、同胞兄弟姐妹、祖父母、外祖父母、孙子女、外孙子女。“谋取不正当利益”，是指根据法律及有关政策规定不应得到的利益。“离职的国家工作人员”，是指曾经是国家工作人员，但目前的状态是已离开国家工作人员的岗位，包括离休、退休、辞职、辞退等情况的人。至于“关系密切的人”具体指哪些人，可由司法机关根据案件的具体情况确定，也可由司法机关依法作出司法解释。根据本条规定，为谋取不正当利益，向上述人员行贿的，处 3 年以下有期徒刑或者拘役，并处罚金；对于情节严重或者使国家利益遭受重大损失的，处 3 年以上 7 年以下有期徒刑，并处罚金；对于情节特别严重或者使国家利益遭受特别重大损失的，处 7 年以上 10 年以下有期徒刑，并处罚金。

第三百九十一条　【对单位行贿罪】为谋取不正当利益，给予国家机关、国有公司、企业、事业单位、人民团体以财物的，或者在经济往来中，违反国家规定，给予各种名义的回扣、手续费的，处三年以下有期徒刑或者拘役，并处罚金；情节严重的，处三年以上七年以下有期徒刑，并处罚金。

单位犯前款罪的，对单位判处罚金，并对其直接负责的主管人员和其他直接责任人员，依照前款的规定处罚。

条文解读

本条是关于对单位行贿罪及其处罚的规定。本条第 1 款是关于个人向单位行贿或给予回扣、手续费及其处罚的规定。根据本款规定，行贿的对象仅限于国家机关、国有公司、企业、事业单位、人民团体。构成本罪，包括两种情形：一是为谋取不正当利益，给予国家机关、国有公司、企业、事业单位、人民团体以财物；二是在经济往来中，违反国家规定，给予各种名义的回扣、手续费。本罪规定了两档刑罚。对构成本罪的，处 3 年以下有期徒刑或者拘役，并处罚金；情节严重的，处 3 年以上 7 年以下有期徒刑，并处罚金。本款在《刑法修正案（十二）》出台前没有情节严重的规定，《刑法修正案（十二）》增加一档情节严重的处罚规定，情节严重的，处 3 年以上 7 年以下有期徒刑，并处罚金，提高了个人对单位行贿罪的法定刑。

本条第 2 款是关于单位向单位行贿或给予回扣、手续费及其处罚的规定。本款规定的“单位”包括任何所有制形式的单位。依照本款的规定，单位向国家机关、国有公司、企业、事业单位、人民团体行贿的，对单位判处罚金，并对其直接负责的主管人员和其他直接责任人员，依照第 1 款的规定处罚。本款虽然在《刑法修正案（十二）》中未明确修改，但《刑法修正案（十二）》修改了本条第 1 款，增加了“情节严重的，处 3 年以上 7 年以下有期徒刑，并处罚金”的规定，按照第 2 款“依照前款的规定处罚”的表述，第 2 款也适用和第 1 款同样的刑罚。

关联法规索引

《最高人民法院、最高人民检察院关于办理商业贿赂刑事案件适用法律若干问题的意见》第 1 条

第三百九十二条　【介绍贿赂罪】向国家工作人员介绍贿赂，情节严重的，处三年以下有期徒刑或者拘役，并处罚金。

介绍贿赂人在被追诉前主动交待介绍贿赂行为的，可以减轻处罚或者免

除处罚。

第三百九十三条 【单位行贿罪】 单位为谋取不正当利益而行贿，或者违反国家规定，给予国家工作人员以回扣、手续费，情节严重的，对单位判处罚金，并对其直接负责的主管人员和其他直接责任人员，处三年以下有期徒刑或者拘役，并处罚金；情节特别严重的，处三年以上十年以下有期徒刑，并处罚金。因行贿取得的违法所得归个人所有的，依照本法第三百八十九条、第三百九十条的规定定罪处罚。

条文解读

本法第393条是关于单位行贿罪及其处罚的规定。本罪的犯罪主体是单位，具体包括公司、企业、事业单位、机关、团体。本罪在行为上主要表现为单位为谋取不正当利益而行贿，或者违反国家规定，给予国家工作人员以回扣、手续费情节严重的行为。这里所说的"违反国家规定"给予回扣、手续费，是指故意违反国家有关主管机关的禁止性规定或规章制度在账外暗中给予回扣、手续费。"情节严重"，主要是指行贿或者给予回扣、手续费多次、多人或数额较大，或者给国家利益造成严重损失等。2012年公布的《最高人民法院、最高人民检察院关于办理行贿刑事案件具体应用法律若干问题的解释》第12条规定，行贿犯罪中的"谋取不正当利益"，是指行贿人谋取的利益违反法律、法规、规章、政策规定，或者要求国家工作人员违反法律、法规、规章、政策、行业规范的规定，为自己提供帮助或者方便条件。违背公平、公正原则，在经济、组织人事管理等活动中，谋取竞争优势的，应当认定为"谋取不正当利益"。本条规定的"情节严重"是构成本罪的必要条件。

单位行贿的直接负责的主管人员和其他直接责任人员将通过单位行贿而获得的违法所得占为己有的，即个人以单位名义行贿，实际上将得到的不正当利益中饱私囊的，实质上就是个人行贿行为，根据本条规定，应对直接负责的主管人员和其他直接责任人员依照《刑法》第389条、第390条有关行贿罪的规定定罪处罚。对直接负责的主管人员和其他直接责任人员不是按单位犯罪处罚，而是按个人行贿罪处罚，即最高法定刑可处无期徒刑。

关联法规索引

《最高人民法院、最高人民检察院关于办理商业贿赂刑事案件适用法律若干问题的意见》第1条

第三百九十四条　【违规收受礼物不交公的处罚】国家工作人员在国内公务活动或者对外交往中接受礼物，依照国家规定应当交公而不交公，数额较大的，依照本法第三百八十二条、第三百八十三条的规定定罪处罚。

第三百九十五条　【巨额财产来源不明罪】国家工作人员的财产、支出明显超过合法收入，差额巨大的，可以责令该国家工作人员说明来源，不能说明来源的，差额部分以非法所得论，处五年以下有期徒刑或者拘役；差额特别巨大的，处五年以上十年以下有期徒刑。财产的差额部分予以追缴。

【隐瞒境外存款罪】国家工作人员在境外的存款，应当依照国家规定申报。数额较大、隐瞒不报的，处二年以下有期徒刑或者拘役；情节较轻的，由其所在单位或者上级主管机关酌情给予行政处分。

关联法规索引

《全国法院审理经济犯罪案件工作座谈会纪要》第5条

典型案例

任某厚受贿、巨额财产来源不明违法所得没收案[1]

※要旨：涉嫌巨额财产来源不明犯罪的人在立案前死亡，依照刑法规定应当追缴其违法所得及其他涉案财产的，可以依法适用违法所得没收程序。对涉案的巨额财产，可以由其近亲属或其他利害关系人说明来源。没有近亲属或其他利害关系人主张权利或者说明来源，或者近亲属或其他利害关系人主张权利所提供的证据达不到相应证明标准，或说明的来源经查证不属

〔1〕 参见最高人民检察院指导性案例第130号。

实的，依法认定为违法所得予以申请没收。违法所得与合法财产混同并产生孳息的，可以按照违法所得占比计算孳息予以申请没收。

第三百九十六条 【私分国有资产罪】 国家机关、国有公司、企业、事业单位、人民团体，违反国家规定，以单位名义将国有资产集体私分给个人，数额较大的，对其直接负责的主管人员和其他直接责任人员，处三年以下有期徒刑或者拘役，并处或者单处罚金；数额巨大的，处三年以上七年以下有期徒刑，并处罚金。

【私分罚没财物罪】 司法机关、行政执法机关违反国家规定，将应当上缴国家的罚没财物，以单位名义集体私分给个人的，依照前款的规定处罚。

第九章　渎 职 罪

本章介绍

本章是关于渎职罪及其处罚的规定。渎职罪在客观方面表现为，国家机关工作人员利用职务上的便利或者徇私舞弊、滥用职权、玩忽职守，致使国家和人民利益遭受重大损失的行为。渎职罪在主观方面大多为故意，少数为过失，故意与过失的具体内容因具体犯罪不同而不同。以渎职主体为标准，可以将渎职罪分为3种类型，即一般国家机关工作人员的渎职罪、司法工作人员的渎职罪和特定机关工作人员的渎职罪。

第三百九十七条　【滥用职权罪；玩忽职守罪】国家机关工作人员滥用职权或者玩忽职守，致使公共财产、国家和人民利益遭受重大损失的，处三年以下有期徒刑或者拘役；情节特别严重的，处三年以上七年以下有期徒刑。本法另有规定的，依照规定。

国家机关工作人员徇私舞弊，犯前款罪的，处五年以下有期徒刑或者拘役；情节特别严重的，处五年以上十年以下有期徒刑。本法另有规定的，依照规定。

条文解读

本条是关于滥用职权罪和玩忽职守罪及其处罚的规定。滥用职权主要表现为：一是超越职权，擅自决定或处理没有具体决定、处理权限的事项；二是玩弄职权，随心所欲地对事项作出决定或者处理；三是故意不履行应当履行的职责，或者任意放弃职责；四是以权谋私，假公济私，不正确地履行职责。“重大损失”，是指造成人员伤亡、重大经济损失、严重损害国家声誉、造成恶劣社会影响等情况。滥用职权罪在主观方面为故意。“玩忽职守”，是指行为人严重不负责任，不履行或者不正确履行职责的行为。不履行,是指行为人应当履行且有条件、有能力履行职责,但违背职责没有履行,其中包括擅离职守的行为;不正确履行,是指在履行职责过程中,违反职责规定,粗心大意。玩忽职守罪在主观方面为过失。

本条第2款是关于国家机关工作人员徇私舞弊,犯本条第1款罪的处罚规定。国家机关工作人员担负着管理国家事务的职责,必须秉公守法,任何徇私舞弊的行为都应当予以惩处。

配套法规及解读

《全国人民代表大会常务委员会关于〈中华人民共和国刑法〉第九章渎职罪主体适用问题的解释》(2002年12月28日)

在依照法律、法规规定行使国家行政管理职权的组织中从事公务的人员,或者在受国家机关委托代表国家机关行使职权的组织中从事公务的人员,或者虽未列入国家机关人员编制但在国家机关中从事公务的人员,在代表国家机关行使职权时,有渎职行为,构成犯罪的,依照刑法关于渎职罪的规定追究刑事责任。

※法规解读:

根据本立法解释,除国家机关工作人员以外,在行使国家权力时,玩忽职守、滥用职权、徇私舞弊构成犯罪,应依照《刑法》关于渎职罪的规定追究刑事责任的还包括以下几类人员:

1. 在依照法律、法规规定行使国家行政管理职权的组织中从事公务的人员。《行政处罚法》第19条规定:"法律、法规授权的具有管理公共事务职能的组织可以在法定授权范围内实施行政处罚。"近年来,随着机构改革的深入和政府部分权力的下放,一些法律、法规授权某些非国家机关的组织在某些领域行使国家行政管理职权。虽然法律授权行使国家行政管理职权的主体由过去的国家机关变为现在的非国家机关的组织,但从职权的性质和权限上来讲,其仍属于国家管理职权的一部分,与过去由国家机关行使时的权限是一样的。在依照法律、法规规定行使国家行政管理职权的组织中从事公务的人员的权力与过去该权力由国家机关行使时国家机关工作人员的权力也是一样的。

2. 在受国家机关委托代表国家机关行使职权的组织中从事公务的人员。《行政处罚法》第20条规定,行政机关依照法律、法规或者规章的规定,可以在其法定权限内书面委托符合法定条件的组织实施行政处罚。受委托组织在委托范围内,以委托行政机关的名义实施行政处罚。在实践中,一些国家行政机关将部分行政处罚权进行了委托授权。接受委托的组织行使的仍是国家的行政处罚权。在受委托的组织中从事公务的人员,与委托授权的国家机关工作人员所拥有的该项行政处罚权是相同的。

3. 虽未列入国家机关人员编制但在国家机关中从事公务的人员。这主要是指那些虽不属于国家机关的正式在编人员,但由于临时借调、聘用关系而在国家机关中行使国家机关职权的人员。如在监狱承担监管、看守职责的合同制民警等。

应当指出的是,本解释所要解决的不是上述几类人员的"血统""身份"问题,而是要解决当这些人在行使国家机关职权的过程中,有渎职行为构成犯罪时,如何适用《刑法》追究刑事责任的问题。因此,本解释强调上述几类人员必须是在代表国家机关行使职权时发生的渎职行为构成犯罪的,才依照渎职罪追究刑事责任。换言之,虽在这类组织中或者在国家机关中工作,但不是从事公务,而是从事其他事务,如从事劳务的人员,也就谈不上"代表国家机关行使职权",即使有犯罪行为,也不应按渎职罪追究刑事责任。

《最高人民法院、最高人民检察院关于办理渎职刑事案件适用法律若干问题的解释(一)》(2012年12月7日)

第一条　国家机关工作人员滥用职权或者玩忽职守,具有下列情形之一的,应当认定为刑法第三百九十七条规定的"致使公共财产、国家和人民利益遭受重大损失":

(一)造成死亡1人以上,或者重伤3人以上,或者轻伤9人以上,或者重伤2人、轻伤3人以上,或者重伤1人、轻伤6人以上的;

(二)造成经济损失30万元以上的;

(三)造成恶劣社会影响的;

(四)其他致使公共财产、国家和人民利益遭受重大损失的情形。

具有下列情形之一的,应当认定为刑法第三百九十七条规定的"情节特别严重":

(一)造成伤亡达到前款第(一)项规定人数3倍以上的;

(二)造成经济损失150万元以上的;

（三）造成前款规定的损失后果，不报、迟报、谎报或者授意、指使、强令他人不报、迟报、谎报事故情况，致使损失后果持续、扩大或者抢救工作延误的；

（四）造成特别恶劣社会影响的；

（五）其他特别严重的情节。

第二条 国家机关工作人员实施滥用职权或者玩忽职守犯罪行为，触犯刑法分则第九章第三百九十八条至第四百一十九条规定的，依照该规定定罪处罚。

国家机关工作人员滥用职权或者玩忽职守，因不具备徇私舞弊等情形，不符合刑法分则第九章第三百九十八条至第四百一十九条的规定，但依法构成第三百九十七条规定的犯罪的，以滥用职权罪或者玩忽职守罪定罪处罚。

第三条 国家机关工作人员实施渎职犯罪并收受贿赂，同时构成受贿罪的，除刑法另有规定外，以渎职犯罪和受贿罪数罪并罚。

第四条 国家机关工作人员实施渎职行为，放纵他人犯罪或者帮助他人逃避刑事处罚，构成犯罪的，依照渎职罪的规定定罪处罚。

国家机关工作人员与他人共谋，利用其职务行为帮助他人实施其他犯罪行为，同时构成渎职犯罪和共谋实施的其他犯罪共犯的，依照处罚较重的规定定罪处罚。

国家机关工作人员与他人共谋，既利用其职务行为帮助他人实施其他犯罪，又以非职务行为与他人共同实施该其他犯罪行为，同时构成渎职犯罪和其他犯罪的共犯的，依照数罪并罚的规定定罪处罚。

第五条 国家机关负责人员违法决定，或者指使、授意、强令其他国家机关工作人员违法履行职务或者不履行职务，构成刑法分则第九章规定的渎职犯罪的，应当依法追究刑事责任。

以“集体研究”形式实施的渎职犯罪，应当依照刑法分则第九章的规定追究国家机关负有责任的人员的刑事责任。对于具体执行人员，应当在综合认定其行为性质、是否提出反对意见、危害结果大小等情节的基础上决定是否追究刑事责任和应当判处的刑罚。

第六条 以危害结果为条件的渎职犯罪的追诉期限，从危害结果发生之日起计算；有数个危害结果的，从最后一个危害结果发生之日起计算。

第七条 依法或者受委托行使国家行政管理职权的公司、企业、事业单位的工作人员，在行使行政管理职权时滥用职权或者玩忽职守，构成犯罪的，应当依照《全国人民代表大会常务委员会关于〈中华人民共和国刑法〉第九章渎职罪主体适用问题的解释》的规定,适用渎职罪的规定追究刑事责任。

第八条 本解释规定的"经济损失",是指渎职犯罪或者与渎职犯罪相关联的犯罪立案时已经实际造成的财产损失,包括为挽回渎职犯罪所造成损失而支付的各种开支、费用等。立案后至提起公诉前持续发生的经济损失,应一并计入渎职犯罪造成的经济损失。

债务人经法定程序被宣告破产,债务人潜逃、去向不明,或者因行为人的责任超过诉讼时效等,致使债权已经无法实现的,无法实现的债权部分应当认定为渎职犯罪的经济损失。

渎职犯罪或者与渎职犯罪相关联的犯罪立案后,犯罪分子及其亲友自行挽回的经济损失,司法机关或者犯罪分子所在单位及其上级主管部门挽回的经济损失,或者因客观原因减少的经济损失,不予扣减,但可以作为酌定从轻处罚的情节。

第九条 负有监督管理职责的国家机关工作人员滥用职权或者玩忽职守,致使不符合安全标准的食品、有毒有害食品、假药、劣药等流入社会,对人民群众生命、健康造成严重危害后果的,依照渎职罪的规定从严惩处。

第十条 最高人民法院、最高人民检察院此前发布的司法解释与本解释不一致的,以本解释为准。

※法规解读:

本解释共计10条,主要规定了八个方面的问题。

1. 首次明确滥用职权罪和玩忽职守罪的定罪量刑标准。本解释第1条第1款对滥用职权罪和玩忽职守罪的定罪标准即"致使公共财产、国家和人民利益遭受重大损失"这一结果要件的认定作出了规定,并于第2款明确了加重量刑情节即"情节特别严重"的认定标准。其中,为贯彻惩防并举的方针,充分发挥刑事司法的预防功能,第2款第3项特别规定,"造成前款规定的损失后果,不报、迟报、谎报或者授意、指使、强令他人不报、迟报、谎报事故情况,致使损失后果持续、扩大或者抢救工作延误的",应当认定为"情节特别严重"予以加重处罚。

2. 进一步明确渎职犯罪一般罪名和特别罪名的法条适用。《刑法》分则第9章在规定滥用职权罪和玩忽职守罪两个渎职犯罪的一般罪名之外,还结合特殊主体、特殊领域等规定了35个渎职犯罪的特别罪名。本解释第2条第2款明确规定:"国家机关工作人员滥用职权或者玩忽职守,因不具备徇私舞弊等情形,不符合刑法分则第九章第三百九十八条至第四百一十九条的规定,但依法构成第三百九十七条规定的犯罪的，以滥用职权罪或者玩忽职守罪定罪处罚。”同时，为防止重罪轻处，本解释第2条第1款规定：“国家机关工作人员实施滥用职权或者玩忽职守犯罪行为，触犯刑法分则第九章第三百九十八条至第四百一十九条规定的，依照该规定定罪处罚。”

3. 首次明确实施渎职行为并收受贿赂的应当数罪并罚。对于实施渎职行为并收受贿赂，同时构成渎职犯罪和受贿罪的，是择一重罪处罚还是实行数罪并罚的问题，本解释第3条规定：“国家机关工作人员实施渎职犯罪并收受贿赂，同时构成受贿罪的，除刑法另有规定外，以渎职犯罪和受贿罪数罪并罚。”

4. 从3个层面进一步明确相关共同犯罪的处理意见。负有查禁犯罪活动职责的国家机关工作人员放纵或者帮助他人实施犯罪活动的，社会影响极为恶劣，也是司法实践中较为复杂的一类渎职犯罪。本解释第4条从3个层面明确了该问题的处理意见：一是国家机关工作人员单纯放纵他人犯罪或者帮助他人逃避刑事处罚的，因《刑法》已将放纵或者帮助他人实施犯罪的渎职行为单独规定为犯罪，应以单一的渎职罪处理；二是国家机关工作人员与他人共谋，利用其职务行为帮助他人实施其他犯罪的，因同时构成了其他犯罪的共犯，应在渎职犯罪和其他犯罪的共犯之间择一重处；三是国家机关工作人员与他人共谋，既利用其职务行为帮助他人实施其他犯罪，又以非职务行为与他人共同实施该其他犯罪行为的，因同时实施了数个行为并触犯了数个罪名，应以渎职犯罪和其他犯罪的共犯实行数罪并罚。

5. 首次明确以“集体研究”形式实施渎职犯罪应依法追究负有责任人员的刑事责任。对于多人特别是上下级共同实施的渎职犯罪，违法决定的负责人员往往以仅负有间接的领导责任为由为自己开脱罪责，或者以经集体研究为托辞推诿责任，在实践中有的只追究了具体执行人员的刑事责任。这种“抓小放大”的现象违背了问责机制的基本要求，既不公平，也不利于预防和惩处犯罪。为明确刑事责任主体，确保刑事打击重点，本解释第5条规定，国家机关负责人员违法决定，或者指使、授意、强令其他国家机关工作人员违法履行职务或者不履行职务，或者以“集体研究”形式实施渎职犯罪的，应依法追究负有责任人员的刑事责任；而对于具体执行人员，可视具体情节决定是否追究刑事责任和应当判处的刑罚。

6. 进一步明确以危害结果为条件的渎职犯罪的追诉期限从危害结果发生之日起计算。渎职犯罪的危害结果通常具有滞后性，一些渎职犯罪的危害结果甚至在渎职行为实施多年之后才发生或呈现出来。由于多数渎职犯罪都是结果犯，且渎职犯罪的法定刑期普遍不高,实践中往往因为渎职行为的危害结果尚未发生,因而难以追究刑事责任;等到危害结果发生或呈现出来后,又可能因渎职行为已过追诉期限而不能追究刑事责任。出现这个问题的原因在于对法律规定理解的偏差,《刑法》规定追诉期限自"犯罪之日"起计算,以危害结果为条件的渎职犯罪的"犯罪之日"应为危害结果发生之日。为防止因追诉期限计算不当而轻纵犯罪,本解释第6条明确,以危害结果为条件的渎职犯罪的追诉期限,从危害结果发生之日起计算。

7. 首次明确渎职罪主体涵盖依法或者受委托行使国家行政管理职权的公司、企业、事业单位的工作人员。本解释第7条规定,依法或者受委托行使国家行政管理职权的公司、企业、事业单位的工作人员,在行使行政管理职权时滥用职权或者玩忽职守,构成犯罪的,应当依照《全国人民代表大会常务委员会关于〈中华人民共和国刑法〉第九章渎职罪主体适用问题的解释》的规定,适用渎职罪的规定追究刑事责任。

8. 进一步强调对食品、药品监管领域的渎职犯罪予以从严惩处。食品、药品安全直接关系人民群众生命健康。有效遏制食品、药品安全犯罪,必须依法严惩食品、药品监管渎职犯罪。为此,本解释第9条强调,负有监督管理职责的国家机关工作人员滥用职权或者玩忽职守,致使不符合安全标准的食品、有毒有害食品、假药、劣药等流入社会,对人民群众生命、健康造成严重危害后果的,依照渎职罪的规定从严惩处。

关联法规索引

《最高人民检察院关于合同制民警能否成为玩忽职守罪主体问题的批复》;《最高人民检察院关于属工人编制的乡(镇)工商所所长能否依照刑法第397条的规定追究刑事责任问题的批复》;《最高人民法院、最高人民检察院关于办理盗窃油气、破坏油气设备等刑事案件具体应用法律若干问题的解释》第7条;《最高人民法院、最高人民检察院关于办理与盗窃、抢劫、诈骗、抢夺机动车相关刑事案件具体应用法律若干问题的解释》第3条;《最高人民检察院关于渎职侵权犯罪案件立案标准的规定》第1部分第1、2项

第三百九十八条　【故意泄露国家秘密罪;过失泄露国家秘密罪】　国家机关工作人员违反保守国家秘密法的规定,故意或者过失泄露国家秘密,情

节严重的，处三年以下有期徒刑或者拘役；情节特别严重的，处三年以上七年以下有期徒刑。

非国家机关工作人员犯前款罪的，依照前款的规定酌情处罚。

关联法规索引

《最高人民检察院关于渎职侵权犯罪案件立案标准的规定》第1部分第3、4项；《最高人民法院关于审理为境外窃取、刺探、收买、非法提供国家秘密、情报案件具体应用法律若干问题的解释》第6条

第三百九十九条　【徇私枉法罪】司法工作人员徇私枉法、徇情枉法，对明知是无罪的人而使他受追诉、对明知是有罪的人而故意包庇不使他受追诉，或者在刑事审判活动中故意违背事实和法律作枉法裁判的，处五年以下有期徒刑或者拘役；情节严重的，处五年以上十年以下有期徒刑；情节特别严重的，处十年以上有期徒刑。

【民事、行政枉法裁判罪】在民事、行政审判活动中故意违背事实和法律作枉法裁判，情节严重的，处五年以下有期徒刑或者拘役；情节特别严重的，处五年以上十年以下有期徒刑。

【执行判决、裁定失职罪；执行判决、裁定滥用职权罪】在执行判决、裁定活动中，严重不负责任或者滥用职权，不依法采取诉讼保全措施、不履行法定执行职责，或者违法采取诉讼保全措施、强制执行措施，致使当事人或者其他人的利益遭受重大损失的，处五年以下有期徒刑或者拘役；致使当事人或者其他人的利益遭受特别重大损失的，处五年以上十年以下有期徒刑。

司法工作人员收受贿赂，有前三款行为的，同时又构成本法第三百八十五条规定之罪的，依照处罚较重的规定定罪处罚。

关联法规索引

《最高人民检察院法律政策研究室关于非司法工作人员是否可以构成徇私枉法罪共犯问题的答复》；《最高人民检察院关于渎职侵权犯罪案件立案标准的规

定》第1部分第5~8项

第三百九十九条之一 **【枉法仲裁罪】** 依法承担仲裁职责的人员，在仲裁活动中故意违背事实和法律作枉法裁决，情节严重的，处三年以下有期徒刑或者拘役；情节特别严重的，处三年以上七年以下有期徒刑。

第四百条 **【私放在押人员罪】** 司法工作人员私放在押的犯罪嫌疑人、被告人或者罪犯的，处五年以下有期徒刑或者拘役；情节严重的，处五年以上十年以下有期徒刑；情节特别严重的，处十年以上有期徒刑。

【失职致使在押人员脱逃罪】 司法工作人员由于严重不负责任，致使在押的犯罪嫌疑人、被告人或者罪犯脱逃，造成严重后果的，处三年以下有期徒刑或者拘役；造成特别严重后果的，处三年以上十年以下有期徒刑。

关联法规索引

《最高人民检察院关于工人等非监管机关在编监管人员私放在押人员行为和失职致使在押人员脱逃行为适用法律问题的解释》；《最高人民检察院关于渎职侵权犯罪案件立案标准的规定》第1部分第9、10项

第四百零一条 **【徇私舞弊减刑、假释、暂予监外执行罪】** 司法工作人员徇私舞弊，对不符合减刑、假释、暂予监外执行条件的罪犯，予以减刑、假释或者暂予监外执行的，处三年以下有期徒刑或者拘役；情节严重的，处三年以上七年以下有期徒刑。

关联法规索引

《最高人民检察院关于渎职侵权犯罪案件立案标准的规定》第1部分第11项

第四百零二条 **【徇私舞弊不移交刑事案件罪】** 行政执法人员徇私舞弊，对依法应当移交司法机关追究刑事责任的不移交，情节严重的，处三年以下有期徒刑或者拘役；造成严重后果的，处三年以上七年以下有期徒刑。

关联法规索引

《最高人民检察院关于渎职侵权犯罪案件立案标准的规定》第1部分第12项

典型案例

胡某刚、郑某徇私舞弊不移交刑事案件案[1]

※**要旨**:诉讼监督,是人民检察院依法履行法律监督的重要内容。在实践中,检察机关和办案人员应当坚持办案与监督并重,建立健全行政执法与刑事司法有效衔接的工作机制,善于在办案中发现各种职务犯罪线索;对于行政执法人员徇私舞弊,不移送有关刑事案件构成犯罪的,应当依法追究刑事责任。

第四百零三条 【滥用管理公司、证券职权罪】 国家有关主管部门的国家机关工作人员,徇私舞弊,滥用职权,对不符合法律规定条件的公司设立、登记申请或者股票、债券发行、上市申请,予以批准或者登记,致使公共财产、国家和人民利益遭受重大损失的,处五年以下有期徒刑或者拘役。

上级部门强令登记机关及其工作人员实施前款行为的,对其直接负责的主管人员,依照前款的规定处罚。

关联法规索引

《最高人民检察院关于渎职侵权犯罪案件立案标准的规定》第1部分第13项

第四百零四条 【徇私舞弊不征、少征税款罪】 税务机关的工作人员徇私舞弊,不征或者少征应征税款,致使国家税收遭受重大损失的,处五年以下有期徒刑或者拘役;造成特别重大损失的,处五年以上有期徒刑。

〔1〕 参见最高人民检察院指导性案例第7号。

关联法规索引

《最高人民检察院关于渎职侵权犯罪案件立案标准的规定》第1部分第14项

第四百零五条　【徇私舞弊发售发票、抵扣税款、出口退税罪】税务机关的工作人员违反法律、行政法规的规定，在办理发售发票、抵扣税款、出口退税工作中，徇私舞弊，致使国家利益遭受重大损失的，处五年以下有期徒刑或者拘役；致使国家利益遭受特别重大损失的，处五年以上有期徒刑。

【违法提供出口退税凭证罪】其他国家机关工作人员违反国家规定，在提供出口货物报关单、出口收汇核销单等出口退税凭证的工作中，徇私舞弊，致使国家利益遭受重大损失的，依照前款的规定处罚。

关联法规索引

《最高人民检察院关于渎职侵权犯罪案件立案标准的规定》第1部分第15、16项

第四百零六条　【国家机关工作人员签订、履行合同失职被骗罪】国家机关工作人员在签订、履行合同过程中，因严重不负责任被诈骗，致使国家利益遭受重大损失的，处三年以下有期徒刑或者拘役；致使国家利益遭受特别重大损失的，处三年以上七年以下有期徒刑。

关联法规索引

《最高人民检察院关于渎职侵权犯罪案件立案标准的规定》第1部分第17项

第四百零七条　【违法发放林木采伐许可证罪】林业主管部门的工作人员违反森林法的规定，超过批准的年采伐限额发放林木采伐许可证或者违反规定滥发林木采伐许可证，情节严重，致使森林遭受严重破坏的，处三年以下有期徒刑或者拘役。

关联法规索引

《最高人民检察院关于渎职侵权犯罪案件立案标准的规定》第1部分第18项

第四百零八条 【环境监管失职罪】 负有环境保护监督管理职责的国家机关工作人员严重不负责任，导致发生重大环境污染事故，致使公私财产遭受重大损失或者造成人身伤亡的严重后果的，处三年以下有期徒刑或者拘役。

关联法规索引

《最高人民检察院关于渎职侵权犯罪案件立案标准的规定》第1部分第19项；《最高人民法院、最高人民检察院关于办理环境污染刑事案件适用法律若干问题的解释》

第四百零八条之一 【食品、药品监管渎职罪】 负有食品药品安全监督管理职责的国家机关工作人员，滥用职权或者玩忽职守，有下列情形之一，造成严重后果或者有其他严重情节的，处五年以下有期徒刑或者拘役；造成特别严重后果或者有其他特别严重情节的，处五年以上十年以下有期徒刑：

（一）瞒报、谎报食品安全事故、药品安全事件的；

（二）对发现的严重食品药品安全违法行为未按规定查处的；

（三）在药品和特殊食品审批审评过程中，对不符合条件的申请准予许可的；

（四）依法应当移交司法机关追究刑事责任不移交的；

（五）有其他滥用职权或者玩忽职守行为的。

徇私舞弊犯前款罪的，从重处罚。

关联法规索引

《食品药品行政执法与刑事司法衔接工作办法》

第四百零九条 【传染病防治失职罪】 从事传染病防治的政府卫生行政部门的工作人员严重不负责任，导致传染病传播或者流行，情节严重的，处三年以下有期徒刑或者拘役。

关联法规索引

《最高人民法院、最高人民检察院关于办理妨害预防、控制突发传染病疫情等灾害的刑事案件具体应用法律若干问题的解释》第16条；《最高人民检察院关于渎职侵权犯罪案件立案标准的规定》第1部分第20项

第四百一十条 【非法批准征收、征用、占用土地罪；非法低价出让国有土地使用权罪】 国家机关工作人员徇私舞弊，违反土地管理法规，滥用职权，非法批准征收、征用、占用土地，或者非法低价出让国有土地使用权，情节严重的，处三年以下有期徒刑或者拘役；致使国家或者集体利益遭受特别重大损失的，处三年以上七年以下有期徒刑。

关联法规索引

《全国人民代表大会常务委员会关于〈中华人民共和国刑法〉第二百二十八条、第三百四十二条、第四百一十条的解释》；《最高人民检察院关于渎职侵权犯罪案件立案标准的规定》第1部分第21、22项；《最高人民法院关于审理破坏土地资源刑事案件具体应用法律若干问题的解释》第4～6、9条；《最高人民法院关于审理破坏草原资源刑事案件应用法律若干问题的解释》第3条

第四百一十一条 【放纵走私罪】 海关工作人员徇私舞弊，放纵走私，情节严重的，处五年以下有期徒刑或者拘役；情节特别严重的，处五年以上有期徒刑。

关联法规索引

《最高人民法院、最高人民检察院、海关总署关于办理走私刑事案件适用法律若干问题的意见》第16条;《最高人民检察院关于渎职侵权犯罪案件立案标准的规定》第1部分第23项

第四百一十二条 【商检徇私舞弊罪】国家商检部门、商检机构的工作人员徇私舞弊,伪造检验结果的,处五年以下有期徒刑或者拘役;造成严重后果的,处五年以上十年以下有期徒刑。

【商检失职罪】前款所列人员严重不负责任,对应当检验的物品不检验,或者延误检验出证、错误出证,致使国家利益遭受重大损失的,处三年以下有期徒刑或者拘役。

关联法规索引

《最高人民检察院关于渎职侵权犯罪案件立案标准的规定》第1部分第24、25项

第四百一十三条 【动植物检疫徇私舞弊罪】动植物检疫机关的检疫人员徇私舞弊,伪造检疫结果的,处五年以下有期徒刑或者拘役;造成严重后果的,处五年以上十年以下有期徒刑。

【动植物检疫失职罪】前款所列人员严重不负责任,对应当检疫的检疫物不检疫,或者延误检疫出证、错误出证,致使国家利益遭受重大损失的,处三年以下有期徒刑或者拘役。

关联法规索引

《最高人民检察院关于渎职侵权犯罪案件立案标准的规定》第1部分第26、27项

第四百一十四条 【放纵制售伪劣商品犯罪行为罪】 对生产、销售伪劣商品犯罪行为负有追究责任的国家机关工作人员，徇私舞弊，不履行法律规定的追究职责，情节严重的，处五年以下有期徒刑或者拘役。

关联法规索引

《最高人民法院、最高人民检察院关于办理生产、销售伪劣商品刑事案件具体应用法律若干问题的解释》第 8 条；《最高人民检察院关于渎职侵权犯罪案件立案标准的规定》第 1 部分第 28 项

第四百一十五条 【办理偷越国(边)境人员出入境证件罪；放行偷越国(边)境人员罪】 负责办理护照、签证以及其他出入境证件的国家机关工作人员，对明知是企图偷越国(边)境的人员，予以办理出入境证件的，或者边防、海关等国家机关工作人员，对明知是偷越国(边)境的人员，予以放行的，处三年以下有期徒刑或者拘役；情节严重的，处三年以上七年以下有期徒刑。

关联法规索引

《最高人民检察院关于渎职侵权犯罪案件立案标准的规定》第 1 部分第 29、30 项

第四百一十六条 【不解救被拐卖、绑架妇女、儿童罪】 对被拐卖、绑架的妇女、儿童负有解救职责的国家机关工作人员，接到被拐卖、绑架的妇女、儿童及其家属的解救要求或者接到其他人的举报，而对被拐卖、绑架的妇女、儿童不进行解救，造成严重后果的，处五年以下有期徒刑或者拘役。

【阻碍解救被拐卖、绑架妇女、儿童罪】 负有解救职责的国家机关工作人员利用职务阻碍解救的，处二年以上七年以下有期徒刑；情节较轻的，处二年以下有期徒刑或者拘役。

关联法规索引

《最高人民检察院关于渎职侵权犯罪案件立案标准的规定》第1部分第31、32项

第四百一十七条 【帮助犯罪分子逃避处罚罪】 有查禁犯罪活动职责的国家机关工作人员，向犯罪分子通风报信、提供便利，帮助犯罪分子逃避处罚的，处三年以下有期徒刑或者拘役；情节严重的，处三年以上十年以下有期徒刑。

关联法规索引

《最高人民检察院关于渎职侵权犯罪案件立案标准的规定》第1部分第33项；《最高人民法院、最高人民检察院、公安部、国家工商行政管理局关于依法查处盗窃、抢劫机动车案件的规定》第10条

第四百一十八条 【招收公务员、学生徇私舞弊罪】 国家机关工作人员在招收公务员、学生工作中徇私舞弊，情节严重的，处三年以下有期徒刑或者拘役。

关联法规索引

《最高人民检察院关于渎职侵权犯罪案件立案标准的规定》第1部分第34项

第四百一十九条 【失职造成珍贵文物损毁、流失罪】 国家机关工作人员严重不负责任，造成珍贵文物损毁或者流失，后果严重的，处三年以下有期徒刑或者拘役。

关联法规索引

《最高人民检察院关于渎职侵权犯罪案件立案标准的规定》第1部分第35项；《最高人民法院、最高人民检察院关于办理妨害文物管理等刑事案件适用法律若干问题的解释》第10条

第十章　军人违反职责罪

本章介绍

本章是关于军人违反职责罪及其处罚的规定。军人违反职责罪，是指军人违反职责，危害国家军事利益，依照法律应当受刑罚处罚的行为。本类犯罪的法益是国家的军事利益。本罪的行为主体为军人，包括现役军官、文职干部、士兵及具有军籍的学员，武警部队的现役警官、文职干部、士兵及具有军籍的学员，以及执行军事任务的预备役人员和其他人员。本罪在主观方面包括故意与过失。军人违反职责罪，根据具体犯罪的法益，可分为五类：危害作战利益的犯罪，违反部队管理制度的犯罪，危害军事秘密的犯罪，危害部队物资保障的犯罪，侵犯部属、伤病军人、平民、战俘利益的犯罪。

第四百二十条　**【军人违反职责罪的概念】**军人违反职责，危害国家军事利益，依照法律应当受刑罚处罚的行为，是军人违反职责罪。

第四百二十一条　**【战时违抗命令罪】**战时违抗命令，对作战造成危害的，处三年以上十年以下有期徒刑；致使战斗、战役遭受重大损失的，处十年以上有期徒刑、无期徒刑或者死刑。

第四百二十二条　**【隐瞒、谎报军情罪；拒传、假传军令罪】**故意隐瞒、谎报军情或者拒传、假传军令，对作战造成危害的，处三年以上十年以下有期徒刑；致使战斗、战役遭受重大损失的，处十年以上有期徒刑、无期徒刑或者死刑。

第四百二十三条　**【投降罪】**在战场上贪生怕死，自动放下武器投降敌人的，处三年以上十年以下有期徒刑；情节严重的，处十年以上有期徒刑或者无期徒刑。

投降后为敌人效劳的，处十年以上有期徒刑、无期徒刑或者死刑。

第四百二十四条 【战时临阵脱逃罪】战时临阵脱逃的，处三年以下有期徒刑；情节严重的，处三年以上十年以下有期徒刑；致使战斗、战役遭受重大损失的，处十年以上有期徒刑、无期徒刑或者死刑。

第四百二十五条 【擅离、玩忽军事职守罪】指挥人员和值班、值勤人员擅离职守或者玩忽职守，造成严重后果的，处三年以下有期徒刑或者拘役；造成特别严重后果的，处三年以上七年以下有期徒刑。

战时犯前款罪的，处五年以上有期徒刑。

第四百二十六条 【阻碍执行军事职务罪】以暴力、威胁方法，阻碍指挥人员或者值班、值勤人员执行职务的，处五年以下有期徒刑或者拘役；情节严重的，处五年以上十年以下有期徒刑；情节特别严重的，处十年以上有期徒刑或者无期徒刑。战时从重处罚。

第四百二十七条 【指使部属违反职责罪】滥用职权，指使部属进行违反职责的活动，造成严重后果的，处五年以下有期徒刑或者拘役；情节特别严重的，处五年以上十年以下有期徒刑。

第四百二十八条 【违令作战消极罪】指挥人员违抗命令，临阵畏缩，作战消极，造成严重后果的，处五年以下有期徒刑；致使战斗、战役遭受重大损失或者有其他特别严重情节的，处五年以上有期徒刑。

第四百二十九条 【拒不救援友邻部队罪】在战场上明知友邻部队处境危急请求救援，能救援而不救援，致使友邻部队遭受重大损失的，对指挥人员，处五年以下有期徒刑。

第四百三十条 【军人叛逃罪】在履行公务期间，擅离岗位，叛逃境外或者在境外叛逃，危害国家军事利益的，处五年以下有期徒刑或者拘役；情节严重的，处五年以上有期徒刑。

驾驶航空器、舰船叛逃的，或者有其他特别严重情节的，处十年以上有期徒刑、无期徒刑或者死刑。

第四百三十一条 【非法获取军事秘密罪】以窃取、刺探、收买方法，非法获取军事秘密的，处五年以下有期徒刑；情节严重的，处五年以上十年以下有期徒刑；情节特别严重的，处十年以上有期徒刑。

【为境外窃取、刺探、收买、非法提供军事秘密罪】为境外的机构、组织、人员窃取、刺探、收买、非法提供军事秘密的，处五年以上十年以下有期徒刑；情节严重的，处十年以上有期徒刑、无期徒刑或者死刑。

第四百三十二条 【故意泄露军事秘密罪；过失泄露军事秘密罪】违反保守国家秘密法规，故意或者过失泄露军事秘密，情节严重的，处五年以下有期徒刑或者拘役；情节特别严重的，处五年以上十年以下有期徒刑。

战时犯前款罪的，处五年以上十年以下有期徒刑；情节特别严重的，处十年以上有期徒刑或者无期徒刑。

第四百三十三条 【战时造谣惑众罪】战时造谣惑众，动摇军心的，处三年以下有期徒刑；情节严重的，处三年以上十年以下有期徒刑；情节特别严重的，处十年以上有期徒刑或者无期徒刑。

第四百三十四条 【战时自伤罪】战时自伤身体，逃避军事义务的，处三年以下有期徒刑；情节严重的，处三年以上七年以下有期徒刑。

第四百三十五条 【逃离部队罪】违反兵役法规，逃离部队，情节严重的，处三年以下有期徒刑或者拘役。

战时犯前款罪的，处三年以上七年以下有期徒刑。

关联法规索引

《最高人民法院、最高人民检察院关于对军人非战时逃离部队的行为能否定罪处罚问题的批复》；《军人违反职责罪案件立案标准的规定》第1～18条

第四百三十六条 【武器装备肇事罪】违反武器装备使用规定，情节严重，因而发生责任事故，致人重伤、死亡或者造成其他严重后果的，处三年以下有期徒刑或者拘役；后果特别严重的，处三年以上七年以下有期徒刑。

关联法规索引

《中国人民解放军军事法院关于审理军人违反职责罪案件中几个具体问题的处理意见》第1、4条；《军人违反职责罪案件立案标准的规定》第19条

第四百三十七条 【擅自改变武器装备编配用途罪】违反武器装备管理规定，擅自改变武器装备的编配用途，造成严重后果的，处三年以下有期徒刑或者拘役；造成特别严重后果的，处三年以上七年以下有期徒刑。

第四百三十八条 【盗窃、抢夺武器装备、军用物资罪】盗窃、抢夺武器装备或者军用物资的，处五年以下有期徒刑或者拘役；情节严重的，处五年以上十年以下有期徒刑；情节特别严重的，处十年以上有期徒刑、无期徒刑或者死刑。

【盗窃、抢夺枪支、弹药、爆炸物、危险物质罪】盗窃、抢夺枪支、弹药、爆炸物的，依照本法第一百二十七条的规定处罚。

第四百三十九条 【非法出卖、转让武器装备罪】非法出卖、转让军队武器装备的，处三年以上十年以下有期徒刑；出卖、转让大量武器装备或者有其他特别严重情节的，处十年以上有期徒刑、无期徒刑或者死刑。

第四百四十条 【遗弃武器装备罪】违抗命令，遗弃武器装备的，处五年以下有期徒刑或者拘役；遗弃重要或者大量武器装备的，或者有其他严重情节的，处五年以上有期徒刑。

第四百四十一条 【遗失武器装备罪】遗失武器装备，不及时报告或者有其他严重情节的，处三年以下有期徒刑或者拘役。

第四百四十二条 【擅自出卖、转让军队房地产罪】违反规定，擅自出卖、转让军队房地产，情节严重的，对直接责任人员，处三年以下有期徒刑或者拘役；情节特别严重的，处三年以上十年以下有期徒刑。

第四百四十三条 【虐待部属罪】滥用职权，虐待部属，情节恶劣，致人重伤或者造成其他严重后果的，处五年以下有期徒刑或者拘役；致人死亡的，处五年以上有期徒刑。

第四百四十四条 【遗弃伤病军人罪】在战场上故意遗弃伤病军人，情节恶劣的，对直接责任人员，处五年以下有期徒刑。

第四百四十五条 【战时拒不救治伤病军人罪】战时在救护治疗职位上，有条件救治而拒不救治危重伤病军人的，处五年以下有期徒刑或者拘役；造成伤病军人重残、死亡或者有其他严重情节的，处五年以上十年以下有期徒刑。

第四百四十六条 【战时残害居民、掠夺居民财物罪】 战时在军事行动地区,残害无辜居民或者掠夺无辜居民财物的,处五年以下有期徒刑;情节严重的,处五年以上十年以下有期徒刑;情节特别严重的,处十年以上有期徒刑、无期徒刑或者死刑。

第四百四十七条 【私放俘虏罪】 私放俘虏的,处五年以下有期徒刑;私放重要俘虏、私放俘虏多人或者有其他严重情节的,处五年以上有期徒刑。

第四百四十八条 【虐待俘虏罪】 虐待俘虏,情节恶劣的,处三年以下有期徒刑。

第四百四十九条 【战时缓刑】 在战时,对被判处三年以下有期徒刑没有现实危险宣告缓刑的犯罪军人,允许其戴罪立功,确有立功表现时,可以撤销原判刑罚,不以犯罪论处。

第四百五十条 【本章适用的主体范围】 本章适用于中国人民解放军的现役军官、文职干部、士兵及具有军籍的学员和中国人民武装警察部队的现役警官、文职干部、士兵及具有军籍的学员以及文职人员、执行军事任务的预备役人员和其他人员。

第四百五十一条 【战时的界定】 本章所称战时,是指国家宣布进入战争状态、部队受领作战任务或者遭敌突然袭击时。

部队执行戒严任务或者处置突发性暴力事件时,以战时论。

关联法规索引

《军人违反职责罪案件立案标准的规定》第 20～31 条

附　　则

第四百五十二条　【施行日期及法律的废止与保留】本法自 1997 年 10 月 1 日起施行。

列于本法附件一的全国人民代表大会常务委员会制定的条例、补充规定和决定，已纳入本法或者已不适用，自本法施行之日起，予以废止。

列于本法附件二的全国人民代表大会常务委员会制定的补充规定和决定予以保留。其中，有关行政处罚和行政措施的规定继续有效；有关刑事责任的规定已纳入本法，自本法施行之日起，适用本法规定。

附件一

全国人民代表大会常务委员会制定的下列条例、补充规定和决定，已纳入本法或者已不适用，自本法施行之日起，予以废止：

1. 中华人民共和国惩治军人违反职责罪暂行条例
2. 关于严惩严重破坏经济的罪犯的决定
3. 关于严惩严重危害社会治安的犯罪分子的决定
4. 关于惩治走私罪的补充规定
5. 关于惩治贪污罪贿赂罪的补充规定
6. 关于惩治泄露国家秘密犯罪的补充规定
7. 关于惩治捕杀国家重点保护的珍贵、濒危野生动物犯罪的补充规定
8. 关于惩治侮辱中华人民共和国国旗国徽罪的决定
9. 关于惩治盗掘古文化遗址古墓葬犯罪的补充规定
10. 关于惩治劫持航空器犯罪分子的决定
11. 关于惩治假冒注册商标犯罪的补充规定
12. 关于惩治生产、销售伪劣商品犯罪的决定

13. 关于惩治侵犯著作权的犯罪的决定
14. 关于惩治违反公司法的犯罪的决定
15. 关于处理逃跑或者重新犯罪的劳改犯和劳教人员的决定

附件二

全国人民代表大会常务委员会制定的下列补充规定和决定予以保留，其中，有关行政处罚和行政措施的规定继续有效；有关刑事责任的规定已纳入本法，自本法施行之日起，适用本法规定：

1. 关于禁毒的决定〔1〕
2. 关于惩治走私、制作、贩卖、传播淫秽物品的犯罪分子的决定
3. 关于严禁卖淫嫖娼的决定〔2〕
4. 关于严惩拐卖、绑架妇女、儿童的犯罪分子的决定
5. 关于惩治偷税、抗税犯罪的补充规定〔3〕
6. 关于严惩组织、运送他人偷越国（边）境犯罪的补充规定〔4〕
7. 关于惩治破坏金融秩序犯罪的决定
8. 关于惩治虚开、伪造和非法出售增值税专用发票犯罪的决定

---

〔1〕 根据《禁毒法》第71条的规定，本决定自2008年6月1日起废止。——编者注，下同。

〔2〕 根据《全国人民代表大会常务委员会关于废止有关收容教育法律规定和制度的决定》，本决定第4条第2、4款自2019年12月29日起废止。

〔3〕 根据《全国人民代表大会常务委员会关于废止部分法律的决定》，本决定自2009年6月27日起废止。

〔4〕 根据《全国人民代表大会常务委员会关于废止部分法律的决定》，本决定自2009年6月27日起废止。

附　录

全国人民代表大会常务委员会关于惩治骗购外汇、逃汇和非法买卖外汇犯罪的决定

1. 1998年12月29日第九届全国人民代表大会常务委员会第六次会议通过
2. 1998年12月29日中华人民共和国主席令第14号公布

为了惩治骗购外汇、逃汇和非法买卖外汇的犯罪行为，维护国家外汇管理秩序，对刑法作如下补充修改：

一、有下列情形之一，骗购外汇，数额较大的，处五年以下有期徒刑或者拘役，并处骗购外汇数额百分之五以上百分之三十以下罚金；数额巨大或者有其他严重情节的，处五年以上十年以下有期徒刑，并处骗购外汇数额百分之五以上百分之三十以下罚金；数额特别巨大或者有其他特别严重情节的，处十年以上有期徒刑或者无期徒刑，并处骗购外汇数额百分之五以上百分之三十以下罚金或者没收财产：

（一）使用伪造、变造的海关签发的报关单、进口证明、外汇管理部门核准件等凭证和单据的；

（二）重复使用海关签发的报关单、进口证明、外汇管理部门核准件等凭证和单据的；

（三）以其他方式骗购外汇的。

伪造、变造海关签发的报关单、进口证明、外汇管理部门核准件等凭证和单据，并用于骗购外汇的，依照前款的规定从重处罚。

明知用于骗购外汇而提供人民币资金的，以共犯论处。

单位犯前三款罪的，对单位依照第一款的规定判处罚金，并对其直接负责的主管人员和其他直接责任人员，处五年以下有期徒刑或者拘役；数额巨大或者有其他严重情节的，处五年以上十年以下有期徒刑；数额特别巨大或者有其他特别严重情节的，处十年以上有期徒刑或者无期徒刑。

二、买卖伪造、变造的海关签发的报关单、进口证明、外汇管理部门核准件等凭证和单据或者国家机关的其他公文、证件、印章的，依照刑法第二百八十条的规定定罪处罚。

三、将刑法第一百九十条修改为：公司、企业或者其他单位，违反国家规定，擅自将外汇存放境外，或者将境内的外汇非法转移到境外，数额较大的，对单位判处逃汇数额百分之五以上百分之三十以下罚金，并对其直接负责的主管人员和其他直接责任人员，处五年以下有期徒刑或者拘

役;数额巨大或者有其他严重情节的,对单位判处逃汇数额百分之五以上百分之三十以下罚金,并对其直接负责的主管人员和其他直接责任人员,处五年以上有期徒刑。

四、在国家规定的交易场所以外非法买卖外汇,扰乱市场秩序,情节严重的,依照刑法第二百二十五条的规定定罪处罚。

单位犯前款罪的,依照刑法第二百三十一条的规定处罚。

五、海关、外汇管理部门以及金融机构、从事对外贸易经营活动的公司、企业或者其他单位的工作人员与骗购外汇或者逃汇的行为人通谋,为其提供购买外汇的有关凭证或者其他便利的,或者明知是伪造、变造的凭证和单据而售汇、付汇的,以共犯论,依照本决定从重处罚。

六、海关、外汇管理部门的工作人员严重不负责任,造成大量外汇被骗购或者逃汇,致使国家利益遭受重大损失的,依照刑法第三百九十七条的规定定罪处罚。

七、金融机构、从事对外贸易经营活动的公司、企业的工作人员严重不负责任,造成大量外汇被骗购或者逃汇,致使国家利益遭受重大损失的,依照刑法第一百六十七条的规定定罪处罚。

八、犯本决定规定之罪,依法被追缴、没收的财物和罚金,一律上缴国库。

九、本决定自公布之日起施行。

全国人民代表大会常务委员会
关于维护互联网安全的决定

1. 2000年12月28日第九届全国人民代表大会常务委员会第十九次会议通过
2. 根据2009年8月27日第十一届全国人民代表大会常务委员会第十次会议《关于修改部分法律的决定》修正

我国的互联网,在国家大力倡导和积极推动下,在经济建设和各项事业中得到日益广泛的应用,使人们的生产、工作、学习和生活方式已经开始并将继续发生深刻的变化,对于加快我国国民经济、科学技术的发展和社会服务信息化进程具有重要作用。同时,如何保障互联网的运行安全和信息安全问题已经引起全社会的普遍关注。为了兴利除弊,促进我国互联网的健康发展,维护国家安全和社会公共利益,保护个人、法人和其他组织的合法权益,特作如下决定:

一、为了保障互联网的运行安全,对有下列行为之一,构成犯罪的,依照刑法有关规定追究刑事责任:

(一)侵入国家事务、国防建设、尖端科学技术领域的计算机信息系统;

(二)故意制作、传播计算机病毒等破坏性程序,攻击计算机系统及通信网络,致使计算机系统及通信网络遭受损害；

（三）违反国家规定，擅自中断计算机网络或者通信服务，造成计算机网络或者通信系统不能正常运行。

二、为了维护国家安全和社会稳定，对有下列行为之一，构成犯罪的，依照刑法有关规定追究刑事责任：

（一）利用互联网造谣、诽谤或者发表、传播其他有害信息，煽动颠覆国家政权、推翻社会主义制度，或者煽动分裂国家、破坏国家统一；

（二）通过互联网窃取、泄露国家秘密、情报或者军事秘密；

（三）利用互联网煽动民族仇恨、民族歧视，破坏民族团结；

（四）利用互联网组织邪教组织、联络邪教组织成员，破坏国家法律、行政法规实施。

三、为了维护社会主义市场经济秩序和社会管理秩序，对有下列行为之一，构成犯罪的，依照刑法有关规定追究刑事责任：

（一）利用互联网销售伪劣产品或者对商品、服务作虚假宣传；

（二）利用互联网损害他人商业信誉和商品声誉；

（三）利用互联网侵犯他人知识产权；

（四）利用互联网编造并传播影响证券、期货交易或者其他扰乱金融秩序的虚假信息；

（五）在互联网上建立淫秽网站、网页，提供淫秽站点链接服务，或者传播淫秽书刊、影片、音像、图片。

四、为了保护个人、法人和其他组织的人身、财产等合法权利，对有下列行为之一，构成犯罪的，依照刑法有关规定追究刑事责任：

（一）利用互联网侮辱他人或者捏造事实诽谤他人；

（二）非法截获、篡改、删除他人电子邮件或者其他数据资料，侵犯公民通信自由和通信秘密；

（三）利用互联网进行盗窃、诈骗、敲诈勒索。

五、利用互联网实施本决定第一条、第二条、第三条、第四条所列行为以外的其他行为，构成犯罪的，依照刑法有关规定追究刑事责任。

六、利用互联网实施违法行为，违反社会治安管理，尚不构成犯罪的，由公安机关依照《治安管理处罚法》予以处罚；违反其他法律、行政法规，尚不构成犯罪的，由有关行政管理部门依法给予行政处罚；对直接负责的主管人员和其他直接责任人员，依法给予行政处分或者纪律处分。

利用互联网侵犯他人合法权益，构成民事侵权的，依法承担民事责任。

七、各级人民政府及有关部门要采取积极措施，在促进互联网的应用和网络技术的普及过程中，重视和支持对网络安全技术的研究和开发，增强网络的安全防护能力。有关主管部门要加强对互联网的运行安全和信息安全的宣传教育，依法实施有效的监督管理，防范和制止利用互联网进行的各种违法活动，为互联网的健康发展创造良好的社会环境。从事互联网业务的单位要依法开展活动，发现互联网上出现违法犯罪行为和有害信息时，要采取措施，停止传输有害信息，并及时向有关机关报告。任何单位和个人在利用互联网时，都要遵纪守法，抵制各种违法犯罪行为和有害信息。人民法院、人民检察院、公安机关、国家安全机关要各司其职，密切配合，依法严厉打击利用互联网实施的各种犯罪活动。要动员全社会的力量，依靠全社会的共同努力，保障互联网的运行安全与信息安全，促进社会主义精神文明和物质文明建设。

全国人民代表大会常务委员会关于《中华人民共和国刑法》第九十三条第二款的解释

1．2000 年 4 月 29 日第九届全国人民代表大会常务委员会第十五次会议通过

2．根据 2009 年 8 月 27 日第十一届全国人民代表大会常务委员会第十次会议《关于修改部分法律的决定》修正

全国人民代表大会常务委员会讨论了村民委员会等村基层组织人员在从事哪些工作时属于刑法第九十三条第二款规定的“其他依照法律从事公务的人员”，解释如下：

村民委员会等村基层组织人员协助人民政府从事下列行政管理工作，属于刑法第九十三条第二款规定的“其他依照法律从事公务的人员”：

（一）救灾、抢险、防汛、优抚、扶贫、移民、救济款物的管理；

（二）社会捐助公益事业款物的管理；

（三）国有土地的经营和管理；

（四）土地征收、征用补偿费用的管理；

（五）代征、代缴税款；

（六）有关计划生育、户籍、征兵工作；

（七）协助人民政府从事的其他行政管理工作。

村民委员会等村基层组织人员从事前款规定的公务，利用职务上的便利，非法占有公共财物、挪用公款、索取他人财物或者非法收受他人财物，构成犯罪的，适用刑法第三百八十二条和第三百八十三条贪污罪、第三百八十四条挪用公款罪、第三百八十五条和第三百八十六条受贿罪的规定。

现予公告。

全国人民代表大会常务委员会关于《中华人民共和国刑法》第二百二十八条、第三百四十二条、第四百一十条的解释

1．2001 年 8 月 31 日第九届全国人民代表大会常务委员会第二十三次会议通过
2．根据 2009 年 8 月 27 日第十一届全国人民代表大会常务委员会第十次会议《关于修改部分法律的决定》修正

全国人民代表大会常务委员会讨论了刑法第二百二十八条、第三百四十二条、第四百一十条规定的"违反土地管理法规"和第四百一十条规定的"非法批准征收、征用、占用土地"的含义问题，解释如下：

刑法第二百二十八条、第三百四十二条、第四百一十条规定的"违反土地管理法规"，是指违反土地管理法、森林法、草原法等法律以及有关行政法规中关于土地管理的规定。

刑法第四百一十条规定的"非法批准征收、征用、占用土地"，是指非法批准征收、征用、占用耕地、林地等农用地以及其他土地。

现予公告。

全国人民代表大会常务委员会关于《中华人民共和国刑法》第三百八十四条第一款的解释

2002 年 4 月 28 日第九届全国人民代表大会常务委员会第二十七次会议通过

全国人民代表大会常务委员会讨论了刑法第三百八十四条第一款规定的国家工作人员利用职务上的便利，挪用公款"归个人使用"的含义问题，解释如下：

有下列情形之一的，属于挪用公款"归个人使用"：

（一）将公款供本人、亲友或者其他自然人使用的；

（二）以个人名义将公款供其他单位使用的；

（三）个人决定以单位名义将公款供其他单位使用，谋取个人利益的。

现予公告。

全国人民代表大会常务委员会关于《中华人民共和国刑法》第二百九十四条第一款的解释

2002年4月28日第九届全国人民代表大会常务委员会第二十七次会议通过

全国人民代表大会常务委员会讨论了刑法第二百九十四条第一款规定的“黑社会性质的组织”的含义问题，解释如下：

刑法第二百九十四条第一款规定的“黑社会性质的组织”应当同时具备以下特征：

（一）形成较稳定的犯罪组织，人数较多，有明确的组织者、领导者，骨干成员基本固定；

（二）有组织地通过违法犯罪活动或者其他手段获取经济利益，具有一定的经济实力，以支持该组织的活动；

（三）以暴力、威胁或者其他手段，有组织地多次进行违法犯罪活动，为非作恶，欺压、残害群众；

（四）通过实施违法犯罪活动，或者利用国家工作人员的包庇或者纵容，称霸一方，在一定区域或者行业内，形成非法控制或者重大影响，严重破坏经济、社会生活秩序。

现予公告。

全国人民代表大会常务委员会关于《中华人民共和国刑法》第三百一十三条的解释

2002年8月29日第九届全国人民代表大会常务委员会第二十九次会议通过

全国人民代表大会常务委员会讨论了刑法第三百一十三条规定的“对人民法院的判决、裁定有能力执行而拒不执行，情节严重”的含义问题，解释如下：

刑法第三百一十三条规定的“人民法院的判决、裁定”，是指人民法院依法作出的具有执行内容并已发生法律效力的判决、裁定。人民法院为依法执行支付令、生效的调解书、仲裁裁决、公证债权文书等所作的裁定属于该条规定的裁定。

下列情形属于刑法第三百一十三条规定的“有能力执行而拒不执行，情节严重”的情形：

（一）被执行人隐藏、转移、故意毁损财产或者无偿转让财产、以明显不合理的低价转让财产，致使判决、裁定无法执行的；

（二）担保人或者被执行人隐藏、转移、故意毁损或者转让已向人民法院提供担保的财产，致使判决、裁定无法执行的；

（三）协助执行义务人接到人民法院协助执行通知书后，拒不协助执行，致使判决、裁定无法执行的；

（四）被执行人、担保人、协助执行义务人与国家机关工作人员通谋，利用国家机关工作人员的职权妨害执行，致使判决、裁定无法执行的；

（五）其他有能力执行而拒不执行，情节严重的情形。

国家机关工作人员有上述第四项行为的，以拒不执行判决、裁定罪的共犯追究刑事责任。国家机关工作人员收受贿赂或者滥用职权，有上述第四项行为的，同时又构成刑法第三百八十五条、第三百九十七条规定之罪的，依照处罚较重的规定定罪处罚。

现予公告。

全国人民代表大会常务委员会
关于《中华人民共和国刑法》第九章
渎职罪主体适用问题的解释

2002年12月28日第九届全国人民代表大会常务委员会第三十一次会议通过

全国人大常委会根据司法实践中遇到的情况，讨论了刑法第九章渎职罪主体的适用问题，解释如下：

在依照法律、法规规定行使国家行政管理职权的组织中从事公务的人员，或者在受国家机关委托代表国家机关行使职权的组织中从事公务的人员，或者虽未列入国家机关人员编制但在国家机关中从事公务的人员，在代表国家机关行使职权时，有渎职行为，构成犯罪的，依照刑法关于渎职罪的规定追究刑事责任。

现予公告。

全国人民代表大会常务委员会
关于《中华人民共和国刑法》
有关信用卡规定的解释

2004年12月29日第十届全国人民代表大会常务委员会第十三次会议通过

全国人民代表大会常务委员会根据司法实践中遇到的情况,讨论了刑法规定的“信用卡”的含义问题,解释如下:

刑法规定的“信用卡”,是指由商业银行或者其他金融机构发行的具有消费支付、信用贷款、转账结算、存取现金等全部功能或者部分功能的电子支付卡。

现予公告。

全国人民代表大会常务委员会关于
《中华人民共和国刑法》有关文物的规定
适用于具有科学价值的古脊椎
动物化石、古人类化石的解释

2005年12月29日第十届全国人民代表大会常务委员会第十九次会议通过

全国人民代表大会常务委员会根据司法实践中遇到的情况,讨论了关于走私、盗窃、损毁、倒卖或者非法转让具有科学价值的古脊椎动物化石、古人类化石的行为适用刑法有关规定的问题,解释如下:

刑法有关文物的规定,适用于具有科学价值的古脊椎动物化石、古人类化石。

现予公告。

全国人民代表大会常务委员会关于《中华人民共和国刑法》有关出口退税、抵扣税款的其他发票规定的解释

2005 年 12 月 29 日第十届全国人民代表大会常务委员会第十九次会议通过

全国人民代表大会常务委员会根据司法实践中遇到的情况，讨论了刑法规定的“出口退税、抵扣税款的其他发票”的含义问题，解释如下：

刑法规定的“出口退税、抵扣税款的其他发票”，是指除增值税专用发票以外的，具有出口退税、抵扣税款功能的收付款凭证或者完税凭证。

现予公告。

全国人民代表大会常务委员会关于《中华人民共和国刑法》第三十条的解释

2014 年 4 月 24 日第十二届全国人民代表大会常务委员会第八次会议通过

全国人民代表大会常务委员会根据司法实践中遇到的情况，讨论了刑法第三十条的含义及公司、企业、事业单位、机关、团体等单位实施刑法规定的危害社会的行为，法律未规定追究单位的刑事责任的，如何适用刑法有关规定的问题，解释如下：

公司、企业、事业单位、机关、团体等单位实施刑法规定的危害社会的行为，刑法分则和其他法律未规定追究单位的刑事责任的，对组织、策划、实施该危害社会行为的人依法追究刑事责任。

现予公告。

全国人民代表大会常务委员会
关于《中华人民共和国刑法》
第一百五十八条、第一百五十九条的解释

2014 年 4 月 24 日第十二届全国人民代表大会常务委员会第八次会议通过

全国人民代表大会常务委员会讨论了公司法修改后刑法第一百五十八条、第一百五十九条对实行注册资本实缴登记制、认缴登记制的公司的适用范围问题，解释如下：

刑法第一百五十八条、第一百五十九条的规定，只适用于依法实行注册资本实缴登记制的公司。

现予公告。

全国人民代表大会常务委员会
关于《中华人民共和国刑法》
第二百六十六条的解释

2014 年 4 月 24 日第十二届全国人民代表大会常务委员会第八次会议通过

全国人民代表大会常务委员会根据司法实践中遇到的情况，讨论了刑法第二百六十六条的含义及骗取养老、医疗、工伤、失业、生育等社会保险金或者其他社会保障待遇的行为如何适用刑法有关规定的问题，解释如下：

以欺诈、伪造证明材料或者其他手段骗取养老、医疗、工伤、失业、生育等社会保险金或者其他社会保障待遇的，属于刑法第二百六十六条规定的诈骗公私财物的行为。

现予公告。

全国人民代表大会常务委员会关于《中华人民共和国刑法》第三百四十一条、第三百一十二条的解释

2014 年 4 月 24 日第十二届全国人民代表大会常务委员会第八次会议通过

全国人民代表大会常务委员会根据司法实践中遇到的情况，讨论了刑法第三百四十一条第一款规定的非法收购国家重点保护的珍贵、濒危野生动物及其制品的含义和收购刑法第三百四十一条第二款规定的非法狩猎的野生动物如何适用刑法有关规定的问题，解释如下：

知道或者应当知道是国家重点保护的珍贵、濒危野生动物及其制品，为食用或者其他目的而非法购买的，属于刑法第三百四十一条第一款规定的非法收购国家重点保护的珍贵、濒危野生动物及其制品的行为。

知道或者应当知道是刑法第三百四十一条第二款规定的非法狩猎的野生动物而购买的，属于刑法第三百一十二条第一款规定的明知是犯罪所得而收购的行为。

现予公告。